中国社会科学院创新工程学术出版资助项目

构建中国特色马克思主义史学理论和史学学科创新体系

——中国社会科学院第二届唯物史观与马克思主义史学理论论坛文集

下

卜宪群 主编

中国社会科学出版社

目　录

（下　册）

唯物史观视域下的历史虚无主义批判
历史发展的一元性与多元性

唯物史观的现实生命力 …………………………………… 吴　英（527）
当代中国岂能以胡适为旗帜 ……………………………… 梁　柱（533）
唯物史观与实证历史研究 ………………………………… 杨　军（545）
"国家历史安全"与当代中国史的研究编纂 ……………… 宋月红（552）
唯物史观视域下"元历史学"的本体论追问 ……………… 韩　炯（568）
驳近期历史虚无主义对五四运动的贬损 ………………… 李方祥（590）
评李怀印对近代中国宏大叙事的思考 …………………… 黄仁国（600）
从文化根柢上战胜历史虚无主义 ………………………… 邱　琳（623）
革命、传统与历史话语权的建构
　　——基于《人民日报（1949—1989）》对历史虚无主义的
　　　解析 ………………………………………… 王　瑾　文世芳（632）
马克思主义论断释义中隐含的历史虚无主义倾向
　　——以历史评价二重尺度释义为例 …………… 杨　玉（650）
历史唯物主义"起源"之作
　　——读《关于费尔巴哈的提纲》 ……………… 梅荣政（659）
世界文明的东方源头活水
　　——中华文明世界历史地位新论 ……………… 王　东（676）
天人合一的哲学思辨
　　——从哲学恒等式子到哲学基因结构 ………… 焦万慧（716）

民初联邦论思潮探析 …………………………………… 邹小站（743）
从国际因素看斯大林时代 ………………………………… 苑秀丽（761）
论俄罗斯联邦唯物主义史观自觉重建
　　——基于新版历史教科书"苏联"问题的实证分析 …… 李　琳（784）
解读与解构：西马、后马对唯物史观的理解 …………… 张彦台（813）
西方史家论历史唯物主义 ………………………………… 苏东剑（825）

马克思主义理论及其中国化研究

史学在构建中国特色哲学社会科学中的作用
　　——学习习近平总书记在哲学社会科学工作座谈会上
　　讲话体会 ………………………………………… 卜宪群（839）
建设中国特色政治经济学应加强历史研究 ……………… 武　力（847）
唯物史观下中国发展奇迹原因的辨析 …………………… 郑有贵（865）
马克思主义发展史视域中的唯物史观 …………………… 桁　林（871）
试论习近平历史观的时代特色 …………………………… 刘　仓（899）
人类命运共同体思想的生成逻辑和价值旨归 …………… 张家惠（914）
中国共产党人初心、赤心、信心和雄心的
　　多维诠释 ………………………………… 高正礼　佘　君（926）
马克思主义文化观视角下的"文化援藏"工作初探 ……… 张永攀（935）
"和"与马克思主义的共通性 ……………………………… 李海玲（952）
从社会主义的价值观到社会主义的核心价值观
　　——1990—2012年社会主义核心价值观的发展脉络
　　研究 ……………………………………………… 宋钟亮（974）
世界历史视域下"中国梦"的历史叙述与逻辑澄明
　　——兼对国外关于"中国梦"认知偏见的
　　驳斥 …………………………………… 陈宗权　武丽丽（983）
构建中国边疆学需要理论与实践的结合 ……………… 吕文利（1003）

马克思主义社会形态理论的认识及当代意义

史学理论要引导史学研究揭示社会发展规律 ………… 周溯源（1013）

探寻人类社会发展本质：马克思恩格斯"两种生产"理论的
　　考古学观察 ………………………………………… 周广明（1016）
红山文明在中华五千年文明进程中的地位和影响 ……… 刘国祥（1025）
社会形态从低级向高级发展规律的再认识和再检验 …… 庞卓恒（1027）
从马克思的资本有机构成原理看共产主义的历史
　　必然性 ……………………………………………… 李天成（1049）
马克思恩格斯关于原始社会历史的理论及其启示 ……… 沙健孙（1053）
社会形态理论的回溯及其当代应用 ……………………… 周　群（1081）
全球史视野下的资本主义萌芽研究 ……………………… 曹守亮（1098）
马克思社会形态思想视域下的中国道路 ………………… 陈广亮（1110）
从社会形态的有机性整体性认识我国目前最紧迫的
　　任务 ………………………………………………… 高永丽（1126）
原始社会私有制产生与社会大分工模式问题的考古
　　新认识 ……………………………………………… 何　驽（1153）
唯物史观中"决定"的涵义探微 …………………………… 陈元明（1170）
文本解读和历史再认知：从马克思恩格斯"多国说"到
　　列宁"一国说"的理论与实践创新 ………………… 王旭东（1181）
"社会对抗形式"的条件
　　——基于租值耗散理论的解读 …………………… 盛　洋（1192）
人性与价值体系 …………………………………………… 岳德常（1200）

唯物史观视域下的历史虚无主义批判
历史发展的一元性与多元性

唯物史观的现实生命力

吴 英

在社会转型时期唯物史观面临重大挑战。而要应对这种挑战，就必须根据唯物史观的基本原理对社会转型作出合理的解释，做到以理服人，以彰显唯物史观的科学性和现实性。

一 唯物史观面临的挑战

中国史学界有关唯物史观的论战与中国现实社会的发展进程息息相关，而且都是处于社会的转型时期。

第一次论战发生于20世纪二三十年代，这次论战是关于中国社会性质和中国向何处去问题的论战，被称为"社会史大论战"。当时中国的现状是第一次国内革命战争因蒋介石的背叛而失败，国民党的黑暗统治迫使知识分子思考中国向何处去的问题。唯物史观作为参加论战的一派逐渐占据上风，后来作为指导理论使中国走上了新民主主义和社会主义革命道路。第一次大论战使唯物史观由"一派史观"逐渐成为占主导地位的史观。

第二次论战从20世纪80年代中后期开始，一直持续到现在。随着改革开放的深入，各种西方史学思潮涌入国内，唯物史观对历史学的指导地位逐渐受到蚕食。最初是运用自然科学的方法，像三论（系统论、控制论、信息论）研究历史，尤其是用于解释中国封建社会长期延续的问题（如金观涛、刘青峰）；后来是借鉴年鉴学派的新史学方法，进行社会史研究；再后来受后现代思潮的影响，进行新文化史研究；还有从用现代化史观指导历史研究，到全球史观的影响不断扩大，再到后现代史观、文明史观等的并起，唯物史观面临前所未有的挑战。这次论战的各方虽然不如第一次论战那样营垒分明，甚至是各说各话，但其间表现出的史观的针锋相对也是非常明显的，间或会引发一些小规模的论战。这次延续较长时间论战的核心，实际上也是有关中国向何处去的问题。中国走有中国特色社会主义发展的道路，被一些人说成是放弃社会主义道路，由此认为马克思主义理论已经过时。再加上国际大背景的影响（在苏东剧变后经历一个低潮），使唯物史观的主导地位受到质疑。接受各种新史观的人呼吁结束唯物史观的主导地位，甚至有人呼吁结束唯物史观的历史使命。因此，如果我们不能正确应对这场挑战，唯物史观就很有可能沦为一种普通史观，与其他各种史观相提并论，甚至被边缘化。

在西方学术界也是如此。马克思理论一次次被宣布过时或被证伪，但却一次次重新引起学者，甚至普通百姓的兴趣。第二次世界大战至今就有两次大的起落。第二次世界大战后西方发达资本主义国家实行福利国家制度，人民生活水平普遍有所提高，社会矛盾得到缓和，一些人由此宣布马克思主义理论已经过时，因为马克思所说的那些资本主义弊病已经被克服。但是20世纪70年代的两次滞胀危机，使西方社会的社会矛盾重新尖锐起来，里根、撒切尔的新自由主义政策以向福利制度开刀来应对危机，导致社会矛盾加剧。这一时期产生了一批研究唯物史观、研究阶级问题的著作，到70年代末分析马克思主义学派的兴起，马克思主义理论的影响力不断扩大。20世纪80年代末90年代初，苏东剧变再次使一些人宣布马克思主义的终结，甚至宣称历史也将终结于资本主义制度，代表人物是福山。但是90年代后期西方的经济危机使得这种宣告马克思主义理论和历史已经终结的谎言被打破。进入21世纪后，发达资本主义国家的金融危机、经济危机使得《资本论》《共产党宣言》等马克思的代表作不断重印，伊格尔顿的《马克思为什么是对的》等研究马克思主义理论的著作成为畅销书，福山也不得不承认，资本主义并不是历史的终结。

在社会转型的大背景下，唯物史观一次次被宣布过时或被证伪，但又一次次重新被重视，关键就在于它是迄今为止唯一能够对重大社会历史变迁作出科学解释的理论。在当今的中国学术界，唯物史观可以说面临着巨大的挑战，它能否继续保有生命力，继续为人们所接受，关键是看运用唯物史观的基本原理能不能解释当代社会的变迁，这种解释能不能为人们所信服。

二 发展马克思主义，必须坚持唯物史观的基本原理

现在有一种说法，唯物史观提供的仅仅是方法，至于它的基本理论由于是马克思针对19世纪的现实提出的，所以已经不能解释新时代的新情况。这种认识是成问题的，是打着坚持马克思主义"方法"的旗号，而实际上有可能违背唯物史观的基本原理，因为他们所归纳的方法仅仅是像"实事求是""具体问题具体分析"等很模糊的方法，而到底是什么样的"是"或"如何才能做到具体分析"，他们并没有作出界定，而是可以任意发挥的。

一些西方马克思主义学者就是在发展马克思主义的口号下，对马克思主义作出五花八门解读的。例如，法兰克福学派（马尔库塞、哈贝马斯等）的马克思主义将马克思主义解读为一种单纯的"批判理论"，认为马克思主要就是对资本主义社会的不平等现象作出批判，这就无视马克思对人类社会历史发展规律的揭示，而无法科学揭示究竟如何才能消除资本主义的不平等现象；存在主义的马克思主义（萨特）将马克思主义解读为一种人道主义，认为马克思坚持以人为本，但却将人理解为抽象的人、精神的人，从而抽象地谈论人的自由，而未能把握马克思有关人如何才能走向自由的理论；结构主义的马克思主义（阿尔都塞）将马克思主义解读为一种结构主义，认为马克思主张物质结构尤其是经济结构决定人的发展，因此人是被动的被决定者，而未认识到结构形成和发展的真正动因正是人们的物质生产实践活动和物质生产能力的发展。

由此可见，我们在发展马克思主义时，必须以坚持唯物史观的基本原理为前提，即坚持生产力决定生产关系；坚持经济基础决定上层建筑；坚持社会存在决定社会意识。如果在历史研究中像韦伯那样用精神因素解释资本主义的产生，那他就绝对不是在应用马克思主义的方法，因为我们必须追问，资本主义精神是如何产生发展和由什么决定的；如果像诺斯那样用法律制度、产权制度等上层建筑因素来解释资本主义的产生和发展，那它也肯定不是马克思主义的研究方法，因为我们必须追问，产权制度又是如何产生的和由什么决定的。

问题在于，我们过去对唯物史观的解释确实存在缺陷和模糊的地方。①例如，生产力到底是指什么，是指劳动工具、劳动对象，还是指劳动生产能力？如何衡量生产力的发展水平，是用劳动工具，还是用劳动生产率来衡量？什么是生产关系，它主要指生产资料所有制吗？那所有制又是由什么决定的呢？诸如此类的问题需要做进一步细致的研究。在唯物史观基本原理的阐释上，我们的确还有广阔的探索空间。中央启动马克思主义理论研究和建设工程就是要解决这方面的问题，要通过研究确定哪些是必须长期坚持的马克思主义基本原理，哪些是需要结合新的实际加以丰富和发展的理论判断，哪些是必须破除的对马克思主义的教条式的理解，哪些是必须澄清的附加在马克思主义名下的错误观点。因此，我们必须加强对唯物史观基本原理的研究和解释工作，而不是空洞地、口号性地坚持，否则只会坐视唯物史观失去其主导地位。

三　唯物史观的现实生命力

唯物史观不仅提供了科学的研究方法，而且它的基本理论也能够科学地解释许多令人困惑的当代变迁，至今仍然具有合理性和生命力，只是需要我们去做充分的挖掘和研究。比如说当前被许多人认为是唯物史观无法解释的当代资本主义的生命力问题，这是对马克思的理论体系片面理解所致。马克思在他系统阐释唯物史观基本原理的《〈政治经济学批判〉序言》中就曾明确指出："无论哪一个社会形态，在它所能容纳的全部生产力发挥出来以前，是决不会灭亡的；而新的更高的生产关系，在它的物质存在条件在旧社会的胎胞里成熟以前，是决不会出现的。"② 而且资本主义在应对自身危机的过程中也借鉴了社会主义的一些做法，比如在一定程度上实行计划发展和中央政府对经济的调控。还需注意的是，资本主义在发展过程中越来越多地表现出自我扬弃的趋势，社会主义成分在逐渐增加。马克思在《共产党宣言》中提出的十条改造资本主义的措施，绝大多数已

---

① 中国人民大学陈先达教授在《哲学动态》1999年第10期发表的文章《唯物史观在新中国的五十年》中指出："我们对什么是生产力、什么是生产关系、什么是经济基础、什么是上层建筑、什么是社会存在、什么是社会意识，至今仍然不很清楚。"

② 《马克思恩格斯文集》第2卷，人民出版社2009年版，第592页。

经在当代资本主义社会中得到实现或正在实现。① 这种自我扬弃式的发展，正是马克思在《资本论》第三卷提出的资本主义向社会主义过渡的另一条道路。还有一条道路是我们以前强调的无产阶级通过暴力手段推翻资产阶级的统治。西方学者也认识到马克思理论中有两条向社会主义过渡的道路。② 当然，资本家阶级是不会自动放弃他们的既得利益的，必须通过群众的斗争才能逐步赢得群众的解放。

另一个令许多人感到困惑的问题是苏东剧变和中国向市场经济转型的问题，这同样是片面理解马克思的理论体系所致。马克思在论述向社会主义过渡时区分了两类国家：一类是在《哥达纲领批判》等文献中提出的发达资本主义国家向社会主义过渡的路径问题，马克思提出要限制甚至取消市场的作用。但在《给维·伊·查苏利奇复信》《给〈祖国纪事〉杂志编辑部的信》等文献中，马克思提出了后发国家有可能跨越资本主义制度的"卡夫丁峡谷"，但最主要的条件就是要吸纳资本主义发展的一切积极成果来发展自身的生产力。在对"一切积极成果"的解读上，列宁将资本主义的发展成果主要理解为物质层面的东西，认为社会主义就是苏维埃政权加电气化；此后的社会主义实践者也大都排斥市场的作用，认为它是资本主义的本质属性。直到后来，邓小平同志解决了这个问题，那就是"市场经济不是判断资本主义的标准"，正如邓小平同志所指出的："计划经济不等于社会主义，资本主义也有计划；市场经济不等于资本主义，社会主义也有市场。计划和市场都是经济手段。"③ 正是得益于邓小平同志领导的市场经济改革，才将中国引向经济迅速发展的正轨。哈佛大学的教科书《发展经济学》在参照了中国等社会主义国家的改革经验后也指出："资本主义和社会主义两种经济制度都不是纯而又纯的，所有市场经济都被政府加以

---

① 《马克思恩格斯文集》第 2 卷，第 52—53 页。这十条措施包括：1. 剥夺地产，把地租用于国家支出；2. 征收高额累进税；3. 废除继承权；4. 没收一切流亡分子和叛乱分子的财产；5. 通过拥有国家资本和独享垄断权的国家银行，把信贷集中在国家手里；6. 把全部运输业集中在国家手里；7. 按照共同的计划增加国家工厂和生产工具，开垦荒地和改良土壤；8. 实行普遍劳动义务制，成立产业军，特别是在农业方面；9. 把农业和工业结合起来，促使城乡对立逐步消灭；10. 对所有儿童实行公共的和免费的教育，取消现在这种形式的儿童的工厂劳动，把教育同物质生产结合起来，等等。

② ［美］丹尼尔·贝尔的《后工业社会的来临》一书中有一节的名字就叫"马克思的两大图式"。丹尼尔·贝尔：《后工业社会的来临》，高铦译，新华出版社 1997 年版，第一章第一节。

③ 《邓小平文选》第 3 卷，人民出版社 1993 年版，第 373 页。

管理。"①

　　当代西方资本主义社会的阶级结构问题也是人们普遍认为唯物史观无法解释的问题。当代西方社会阶级结构最显著的变化就是新中间阶级的兴起，该阶级的兴起缩小了与西方社会的贫富差距，提高了人民的生活水平，增加了社会的稳定性。一些人认为马克思的唯物史观主张的是社会阶级结构两极化的理论，无法解释新中间阶级的兴起，所以在对这一问题的研究上接受韦伯的分层理论，而拒绝马克思的阶级理论。的确，马克思在《共产党宣言》中确实有无产阶级和资产阶级两极对立的说法，但马克思在后来写作的《剩余价值理论》中深刻洞察了中间阶级的兴起这一事实，他指出："他（马尔萨斯——作者加）的最高希望是，中等阶级的人数将增加，无产阶级（有工作的无产阶级）在总人口中的比例将相对越来越小（虽然他的人数会绝对地增加）……然而实际上资产阶级社会的发展进程却正是这样。"② 马克思还指出了中间阶级增加的社会政治影响，"他（李嘉图——作者加）忘记指出：介于工人为一方和资本家、土地所有者为另一方之间的中间阶级不断增加，中间阶级的大部分在越来越大的范围内直接依靠收入过活，成了作为社会基础的工人身上的沉重负担，同时也增加了上流社会的社会安全和力量"。③ 马克思对新中间阶级的认识是同有关资本主义的自我扬弃式的发展道路的认识联系在一起的。

　　由此可见，在唯物史观面临被边缘化的紧迫形势下，有责任感的理论工作者需要下大力气去重新解释唯物史观的基本理论和基本原理，与时俱进地深化对该理论真谛的理解与把握，以使更多人服膺唯物史观的科学理性。

（作者单位：中国社会科学院世界历史研究所）

---

① ［美］马尔科姆·吉斯利等：《发展经济学》，中国人民大学出版社1998年版，第95页。
② 《马克思恩格斯全集》第26卷第3册，人民出版社1974年版，第63页。
③ 《马克思恩格斯全集》第26卷第2册，人民出版社1973年版，第653页。

当代中国岂能以胡适为旗帜

梁　柱

近些年来，对胡适的研究成为学术界的一个热点，这本来是属于学术研究和历史人物评价的问题，是可以理解的，现在也具备了这样的客观条件；但其间也不乏一些立论缺乏科学依据，或者用以表达自身的政治诉求，这是值得关注和商榷的。比如，有的学者颂扬"胡适是一面旗帜"，认为"这是一面足以激发人们合理地看待历史与现实的旗帜"，"这对中国的健全发展具有决定性作用"；要求以胡适为"动力"，"去把中国的现代建国事业、社会建设事业、文化建设事业顽强地推向现代境地"。有的则称"适之先生作为现代中国思想的一个代言者，开启了现代中国新生的思想传统"，认为近当代中国"被激进主义纠缠"，"偏离了中国乃至世界的大传统，变得面目全非，越来越激进化、革命化和左倾化"，等等。这些言论，远远越出了学术研究的范围和底线，成为直接关系我们国家发展方向的大是大非问题。

一　胡适其人与历史的真实

在近现代中国历史上，胡适确是一个多面的、复杂的历史人物，对他一生的功过是非是可以研究和评说的，而且今天在这方面的研究也有了很大的进展；但其间也不乏离开唯物史观的科学方法，任意拔高、无原则颂扬胡适的文论，而上述的言论，则把这种拔高和颂扬推向了极致，变成了一种政治要求。用他们的话来说，就是要"重思胡适：为当下注入思想的力量"。这种"思想的力量"，不但被用来否定近代中国历史发展的方向，而且要改变当代中国前进的道路。在他们笔下的胡适，"其深沉、其执着、其理性，尤其是博大的世界视野、人类眼光，以及对传统所怀抱的亲和态度"，成为超越历史的思想力量；遗憾的是，这种"思想的力量"被激进主义即革命打断了，今天他们要"重新激活这个思想符号"，目的就在于"他还有没有政治上的指引的意义？"作者的答案显然是肯定的。那么，历史上的胡适究竟是一个什么样的人？在近代中国历史发展中究竟起了什么作用？他的思想真的像他们所描述的直到今天仍具有普世之光吗？这是首先必须弄清楚的。

胡适作为20世纪初官费留美学生，师从美国实用主义哲学家杜威，深受当时流行的实用主义、自由主义、世界主义潮流和美式民主政治模式的影响。1917年回国前后，提倡白话文，主张文学革命，就任北京大学教授，参加陈独秀主持的《新青年》编辑部工作，在新文化运动中成为著名人物。他在哲学、文学、史学以及新红学研究等方面有过建树，这是应当加以肯定的。但在政治上，他是一个改良主义者，主张一点一滴的改良，反对中国早期马克思主义者李大钊等对中国社会根本改造，即根本变革的革命主张。胡适在五四运动及其后的所作所为，使新文化运动的统一战线发生破裂。1922年他离开《新青年》，创办《努力周刊》，竟然认为帝国主义对华侵略是"海外奇谈"，连近代中国屡遭列强侵略、陷入半殖民地半封建悲惨境地这一基本事实也加以否认。在当时风起云涌的国民革命大潮中，胡适参加段祺瑞策划的善后会议，抵制孙中山倡导的国民会议。他把改良主义的希望寄托在封建军阀政府的身上，而站到了国民革命的对立面。

胡适作为自由主义者，确实经常鼓吹民主、自由、人权，对于专制独裁也发出过非难的声音，但他始终是要求按照"美国模式"改造中国，始终不赞成当时中国社会迫切需要的革命的发展方向。他到过十月革命后的苏俄，看到这个原来落后的国家发生了翻天覆地的变化，当时也写诗著文加以赞美、赞叹，但最终还是明确反对苏俄的无产阶级专政。当时，中国共产党对他也进行过争取，寄予希望。1923年，毛泽东在《外力、军阀与革命》一文中，分析当时中国各派政治势力的状况时，指出中国存在三种政治势力，即"革命的民主派，非革命的民主派，反动派"，认为胡适是属于"非革命的民主派"，在政治上是应当而且可以联合的力量。① 当胡适在莫斯科考察期间，李大钊在北京对友人说："我们应该写信给适之，劝他仍旧从俄国回来，不要让他往西去打美国回来。"这时离李大钊被捕牺

---

① 《毛泽东文集》第1卷，人民出版社1993年版，第10页。

牲仅一两个月的时间,而他说这话的时候,胡适早已到了美国,"往西去"了。

在蒋介石叛变革命、建立全国性政权之后,胡适确也常以反对派自居,也曾不时发出批评的声音,但他们之间谁都清楚,这不过是属于"小骂大帮忙"的性质。小骂,是出于恨铁不成钢;而在必要时,他就走上前台公开为反动政权辩护。正如瞿秋白在《中国人权派真面目》《王道诗话》等诗文中,对胡适的政治本质作了深刻揭露和辛辣讽刺,他在《王道诗话》两首绝句中写道:"文化班头博士衔,人权抛却说王权。朝廷自古多屠戮,此理今凭实验权。""人权王道两翻新,为感君恩奏圣明。虐政何妨援律例,杀人如草不闻声。"这是对胡适和蒋介石关系的辛辣写照。

有人一再颂扬胡适的所谓人格力量,所谓"自由人格,坦坦荡荡,是做人的基本风范",而不顾历史事实,或有意掩盖历史事实。孔子有云:"今吾于人也,听其言而观其行。"实际是最有说服力的。这里不妨用一个实例说明之。蒋介石上台后,为了巩固其大地主大资产阶级的反动统治,屠杀了数十万共产党人和其他革命分子,全国陷入了一片反革命白色恐怖之中。1930 年蒋介石在打败各派军阀、取得所谓统一之后,在集中力量军事"围剿"各革命根据地的同时,也加紧在国民党统治区进行文化"围剿"。随后就有柔石等五位革命作家惨遭杀害。11 月,国民党左派领袖邓演达被杀。这一切,引起广大人民群众的无比愤怒。1932 年,国民党民主派宋庆龄、蔡元培等发起组织中国民权保障同盟,维护和争取民权,公开反对蒋介石的法西斯暴政。同盟为营救被蒋介石关押的革命者,争取改善政治犯的待遇,做了许多工作。这时胡适表示赞同民权保障同盟的基本主张,加入同盟并担任北平分会的主席。但很快这位"人权斗士"的真实面目就暴露了,分道扬镳了。

事情的原委是:1933 年 2 月,由宋庆龄签署,并经同盟临时全国执行委员会通过,在北京《燕京新闻》上发表要求无条件释放一切政治犯的文章,并附有北平军人反省分院一批被关押的政治犯写给民权保障同盟的信,控诉国民党当局对政治犯使用酷刑等非人道待遇。同盟事先将这篇文章寄给胡适,希望北平分会作出响应。而当胡适读到这篇文章后,即持反对态度,立即给蔡元培、林语堂写信,声称他视察北平监狱时,无一人说及"有何种私刑吊打",反省院"已决犯中必无用此种私刑拷打之需要",他认定陆军反省院政治犯的控诉书是"有意捏造的"。胡适反诬宋庆龄误信伪造的信件，他说："孙夫人不加考察，遽信为真，遍登各外国报纸，并用'全国执行委员会'的名义发表，这是大错。""如果一二私人可以擅用本会最高机关的名义，发表不负责任的匿名稿件，那么，我们北平的几个朋友，是决定不能参加这种团体的。"公开以退会相威胁。他同时给《燕京新闻》编辑部写信，公开为国民党当局辩护，完全否认监狱中有虐待政治犯的行为，说他同监狱中三分之一以上的政治犯谈过话，"他们当时是处在一种可以畅所欲言而不怕被狱官察觉的地位的。他们当中没有一个人提到上述呼吁书所描绘的那些骇人听闻的酷刑"①。他罔顾同盟一再向他说明事实真相，揭露国民党当局掩盖真实情况的阴谋，竟至公开在报章上强调国民党政府镇压革命的必要性，声称"一个政府为了保卫它自己，应该允许它有权去对付那些威胁本身生存的行为"。他指责民权保障同盟提出的"立即无条件释放一切政治犯"的要求，"这不是保障民权，这是对一个政府要求革命的自由权。一个政府要存在，自然不能不制裁一切推翻政府或反抗政府的行为"。公开站到了反对革命的立场上，为反人民的法西斯政权张目。前面引的瞿秋白当时写的两首绝句，就是对胡适这种行径的鞭挞。民权保障同盟多次致信蔡元培、宋庆龄，致电胡适，希望他尊重事实，改正错误。胡适依然坚持其错误立场，拒不作复。鉴于胡适违背同盟的基本原则，为了保持民权保障同盟队伍的纯洁性，同盟临时中央执行委员会和随后召开的会员大会，决定开除胡适的会籍。民权保障同盟临时中央执行委员会主席宋庆龄当时代表同盟发表文章说："本同盟清除了这样一个'朋友'实在是应该庆贺的，同时，还要尽力防止类似事件及破坏再度发生。"② 这就是历史的事实，历史的评判。

由上可见，胡适加入民权保障同盟，和他发表许多有关民主、人权一类华丽文字一样，并不是要争取真正的人民的民主和人权，而是要在保持和维护国民党统治的前提下，只是要求在国民党法律许可的范围内取得某些改良，反对人民革命运动，反对释放政治犯。在当时革命和反动两种势力尖锐对立与斗争的历史条件下，胡适究竟站在哪一边不是十分清楚吗?！值得注意的是，现在有人对这样重要的史实讳莫如深，而一味颂扬胡适近乎洁白无瑕的人格力量，对民主、自由和人权的执着追求，这难道是历史

---

① 《胡适书信集》（上），北京大学出版社1996年版，第580—584页。
② 宋庆龄：《为新中国而奋斗》，人民出版社1953年版，第32页。

上真实的胡适吗?像这样的所谓学术研究现象是值得我们深思的。

到了中国面临光明与黑暗、进步与反动两种命运决战的解放战争时期,胡适公开追随即将被人民革命埋葬的蒋家王朝。他帮助蒋家王朝平息学生运动,力图稳定北方大学形势;在蒋介石授意下,出任所谓立宪的国民大会主席,领衔提出《戡乱条例》,公开赤裸裸地反对共产党领导的人民革命;随后蒋介石又拉胡适做陪衬,怂恿他参加竞选总统,胡适则帮助蒋介石穿上在大陆寿终正寝的"总统"寿衣。对此,郭沫若在《替胡适改诗》短文中讽刺道:"卒子过河,可当小车,横冲直撞,有进无退。看样子,他似乎很想擒红棋的老王了。"一语道破了胡适的用心。但是,人民革命的洪流浩浩荡荡,岂是螳臂当车所能阻挡得了的。最后,这位北京大学校长,远走美国,后又重归台湾。而北京大学——有人称为胡适营造的"圣地",最后也只有三两个教授追随这位"圣人"去了台湾,绝大多数教授都留下迎接光明,迎接解放。对胡适来说,也真可谓"茕茕孑立,形影相吊"了。

列宁说过:"在分析任何一个社会问题时,马克思主义理论的绝对要求,就是要把问题提到一定的历史范围之内。"[①] 这是唯物史观的一个基本要求。任何历史现象都是在一定的历史背景下发生的,它们之间有着内在的、必然的联系。对历史事件或历史人物的分析,是不能离开一定的历史条件和语境的,只有这样,才能再现历史的真实,揭示历史的本质。很显然,有人是按照他们的政治诉求,离开了历史的真实来塑造和美化胡适,用历史的现象掩盖历史的本质,这是反历史的唯心主义的惯用手法。

二 所谓"新文化运动和五四运动是两档事情"是伪命题

上述言论有一个共同特点,就是竭力否定近代中国的革命取向,特别是马克思主义的指引,借以把胡适"拒绝红色的激进主义"的所谓现代性作为历史发展的主流。有人说:"我们要把'新文化运动'和'五四运动'两者作出重大的区别,新文化运动和五四运动是两档事情。新文化运动那一拨学人,以胡适为代表。他们所开启的是'古典的现代性'道路,

---

[①] 《列宁选集》第2卷,人民出版社1995年版,第375页。

与'五四运动'所开辟的革命激进主义的现代性道路有本质的区别。"这就是为了上述的目的而制造的一个伪命题。

之所以是一个伪命题，因为它不是从区别新文化运动与五四运动的角度说的，而是从否认和切断两者之间内在联系与发展的角度说的。历史事实告诉我们，新文化运动的反对封建主义文化思想斗争，为五四运动的发生做了重要的思想准备，也锻炼了一批敢于冲锋陷阵的战士；而原来还属于旧民主主义范畴的新文化运动并没有找到国家出路的历史经验，也为以五四运动为标志的新的探索做了重要的铺垫。也正是在这一历史转变的关头，胡适同革命的新文化阵营分道扬镳了。这用胡适自己的话来说，就是他要"很热烈的颂扬西洋的近代文明"①。

应该肯定，以胡适为代表的作为政治思潮的自由主义，即以英美为模式的资本主义的发展要求，在反封建文化中是具有一定进步作用的，但随着斗争的深入，特别是马克思主义在中国的传播，这个队伍便很快分裂和分化了。胡适于1917年回国到北京大学任教时，曾表示过"打定二十年不谈政治的决心，要想在思想文艺上替中国政治建筑一个革新的基础"，事实上他很快就改变了这个不谈政治的决心，而热心于政治了。究竟是什么原因促使他发生这种变化呢？胡适在1922年所写的《我的歧路》一文中作了这样的自述："一九一九年六月中，独秀被捕，我接办《每周评论》，方才有不能不谈政治的感觉。那时……国内的'新'分子闭口不谈具体的政治问题，却高谈什么无政府主义与马克思主义。我看不过了，忍不住了，——因为我是一个实验主义的信徒，——于是发愤谈政治。我在《每周评论》第三十一号里提出我的政治导言，叫做《多研究些问题，少谈些主义》。"结果呢，他说："我的导言引起了无数抗议：北方的社会主义者驳我，南方的无政府主义者痛骂我。"② 1930年胡适在《介绍我自己的思想》一文中又一次声明："当时（民国八年）承五四、六三之后国内正倾向于谈主义，我预料到这个趋势的危险，故发表'多研究些问题，少谈些主义'的警告。"③ 从这里不难看出，胡适发表《多研究些问题，少谈些主义》一文的鲜明针对性，他把这篇文章称作他的"政治导言"，也

---

① 《中国现代思想史资料简编》第2卷，浙江人民出版社1982年版，第166页。
② 同上书，第82页。
③ 《中国现代思想史资料简编》第3卷，浙江人民出版社1982年版，第161页。

就是胡适的"政治宣言",用实用主义、改良主义反对马克思主义。这正是他挑起的"问题与主义"之争的实质,所以他把李大钊提出根本解决社会问题的革命主张,说成是"中国思想界的破产的铁证","是中国社会改良的死刑宣告"①,也就不奇怪了。

那么,胡适的自由主义、实用主义、改良主义,是不是真像有人所说的"为我们指明了方向"呢?在一定意义上说,也确是指明了方向,问题在于是什么样的方向,是推动历史前进,还是拉历史的车轮向后退?

胡适一生膺服杜威。他在谈到杜威对他的影响时曾说:"杜威先生教我怎样思想,教我处处顾到当前的问题,教我把一切学说理想都看作待证的假设,教我处处顾到思想的结果。"② 胡适所宣扬的实验主义,原名实用主义,源于19世纪美国的皮尔士,20世纪的代表是杜威和詹姆士。这种实用主义的哲学思想,实际上是贝克莱的主观唯心主义的变种,是马赫的经验批判主义在20世纪的新的表现形式。它否认客观真理,认为真理是"人造的",是"人造出来供人使用的",只要是"有用""有效"就是真理,并为此而提出所谓"大胆的假设,小心的求证"的形而上学的方法。实用主义宣扬庸俗的进化论,否认社会发展的客观规律,把历史的发展看成是没有任何规律可循的偶然的凑合,极度夸大个人的作用和偶然性。用胡适的说法,就是"一个人吐一口痰在地上,也许可以毁灭一村一族。他起一个念头,也许可以引起几十年的血战。他也许'一言可以兴邦,一言可以丧邦'。善亦不朽,恶亦不朽"。由此可以看到,实用主义在哲学上是彻头彻尾的主观唯心主义,在政治上是一点一滴的改良主义,在人生观上是极端的个人主义和功利主义。这种实用主义适应了垄断资产阶级的需要,这时就成了帝国主义用它来反对马克思主义的传播,阻遏和扼杀社会主义运动的思想武器。

如前所述,胡适的实用主义在政治上就表现为社会改良主义。面对极其严重的民族危机和社会危机,是通过渐进式的点滴改良,还是要进行革命变革的根本改造?这是五四时期先进分子思考的一个根本性的问题。我们并不完全地反对改良,因为改良也是对社会发展起着某种推动的作用。但是,中国近代历史的基本要求,就是对外要推翻帝国主义的统治和压

---

① 《中国现代思想史资料简编》第1卷,浙江人民出版社1982年版,第293—294页。
② 《中国现代思想史资料简编》第3卷,浙江人民出版社1982年版,第160页。

迫，对内要进行经济制度和政治制度的根本变革，只有这样，才能解放和发展社会生产力。这就是说，当社会矛盾空前尖锐的时候，就要把革命提上日程，彻底改变腐朽的社会制度，而不是进行一点一滴的改良。历史证明，胡适的社会改良主义不但不能解决中国的问题，反而成为抵制马克思主义传播的武器，进而走到了同蒋介石独裁政权沆瀣一气的道路上去了。正如郭沫若指出的：胡适"由学术界、教育界而政界，他和蒋介石两人一文一武，难兄难弟，倒真有点像'两峰对峙，双水分流'"。

　　胡适的实用主义的方法，就是"大胆假设，小心求证"。近些年来，把它奉为圭臬的不乏其人。事实上，实用主义的"大胆的假设，小心的求证"，同我们所坚持的实践的观点，是完全对立的两种世界观和方法论。诚然，在科学研究中，"假设"和"求证"都是必不可少的。问题在于：有科学价值的假设，是以一定的客观实际为依据的，详细占有材料，采取严谨的科学态度，求得对客观事物的规律性认识。所以，认识是源于实践，假设是要奠立在一定的客观依据之上，而不在于大胆不大胆，如果离开了这一根本点，越大胆就有可能越荒谬。而实用主义是信奉对我有用即真理，是一种主观唯心主义，这就是它的"大胆的假设"的实质所在。至于求证，同样不在于小心不小心，而在于是否从客观的事实出发，是否从整体上和联系中去把握事实。列宁指出："在社会现象领域，没有哪种方法比胡乱抽出一些个别事实和玩弄实例更普遍、更站不住脚的了。挑选任何例子是毫不费劲的，但这没有任何意义，或者有纯粹消极的意义，因为问题完全在于，每一个别情况都有其具体的历史环境。如果从事实的整体上、从它们的联系中去掌握事实，那么，事实不仅是'顽强的东西'，而且是绝对确凿的证据。如果不是从整体上、不是从联系中去掌握事实，如果事实是零碎的和随意挑出来的，那么它们就只能是一种儿戏，或者连儿戏也不如。"[①] 在社会现象领域，实用主义的"小心求证"玩弄的往往就是这样的儿戏。1930年11月，胡适在一篇对自己思想作经验性回顾的文章中说："科学的方法只是'大胆的假设，小心的求证'十个字。""用这个方法来做学问，可以无大差失；用这种态度来做人处事，可以不至于被人蒙着眼睛牵着鼻子走。……被孔子、朱熹牵着鼻子走，固然不算高明；

[①] 《列宁全集》第28卷，人民出版社1990年版，第364页。

被马克思、列宁、斯大林牵着鼻子走,也算不得好汉。"① 这里所谓"被马克思、列宁、斯大林牵着鼻子走",应读作"抵制和反对马克思主义的指导",这就是胡适的"大胆的假设,小心的求证"的真实目的。

  在中国近代政治思想史上,胡适的"大胆的假设,小心的求证",着实闹了不少的笑话。远的不说,1959年3月,西藏上层反动集团在外国势力怂恿下,公开撕毁《关于西藏和平解放办法的协议》,发动武装叛乱。中国人民解放军奉命平息叛乱。这时候胡适就以抗战时日军进不了他那多山的家乡为证,断言人民解放军进不了高山峻岭的西藏。结果呢,叛乱被迅速平定,百万农奴获得翻身。4月15日,毛泽东在第16次最高国务会议上谈到西藏平叛胜利时,讲了这样一番话:"此人在台湾,名为胡适。他讲,据他看,这个'革命军'(就是叛乱分子)灭不了。他说,他是徽州人,日本人打中国的时候,占领了安徽,但是没有去徽州。什么道理呢?徽州山太多了,地形复杂。日本人连徽州的山都不敢去,西藏那个山共产党敢去?我说,胡适这个方法论就不对,他那个'大胆假设'是危险的。他大胆假设,他推理,说徽州山小,日本人尚且不敢去,那末西藏的山大得多、高得多,共产党难道敢去吗?因此结论:共产党一定不敢去,共产党灭不了那个地方的叛乱武装。现在要批评胡适这个方法论,我看他是要输的,他并不'小心求证',只有'大胆假设'。"②

  上述可见,有人"要把'新文化运动'和'五四运动'两者作出重大的区别"的说法,是为了否定以五四运动为起点的中国历史发展的新取向,用玄而又玄的所谓"古典的现代性"来重新包装胡适,认为这才是中国近代历史以至当代中国发展的"正理""正道"。这种根本违背中国历史发展的要求和事实,彻头彻尾的主观唯心主义的梦呓,也可算是只有"大胆假设",而不"小心求证"的一例。

三　反科学的学术研究与现实的政治诉求

  对包括胡适在内的一些历史人物进行评价,提出一些新的见解,都是属于学术讨论和研究的范围,都应该是允许的、有益的。但这种讨论应当

---

  ① 《中国现代思想史资料简编》第3卷,浙江人民出版社1982年版,第172—173页。
  ② 《毛泽东文集》第8卷,人民出版社1999年版,第44页。

以事实为依据，是符合历史实际、真有道理的。这就是我们所提倡的，只有忠于事实，才能忠于真理。上述对胡适评价的根本问题，就是违背了学术研究必须坚持的实事求是的原则，而是从自己设定的政治诉求出发，要求以胡适为旗帜，来判断近代中国的历史和当代中国的发展方向，这样做就必然是违背中国历史实际的，必然得出任意践踏我们国家立国之本底线的荒谬性结论。

他们设定的政治诉求，首先是否定十月革命道路，否定近代中国革命的历史必然性和正义性。近年来泛起和泛滥的历史虚无主义思潮，它的一个突出表现，就是竭力贬损和否定革命，诋毁和嘲弄中国人民为争取民族独立和人民民主而进行的反帝反封建的革命斗争，所以"告别革命论"就成为这种思潮的出发点和归宿。因而，近些年来出现的无原则拔高胡适的文论中，否定革命，颂扬改良，也就成为一种时髦。有人说："胡适所开辟的古典的现代性，作为一种自由主义的新传统，其价值与意义之所在"，它的一个重要表现，就是"拒绝红色的激进主义的所谓现代性，因为红色的东西是苏俄的现代性，那是一种走向极权主义的现代性"。在这些人的眼里，激进主义就是革命的代名词，他特别注明"红色的激进主义"，无非是要告诉人们，就是指我们党领导的革命斗争，也就是中国人民在旧民主主义革命时期遭到无数次失败之后，选择的十月革命道路。这些人根本无视和有意掩盖历史的本质和主流，否认十月革命开辟的历史新纪元，对人类历史发展所产生的深远变化，如在一系列国家建立了社会主义制度，从根本上改变了这些国家的面貌，并且在社会主义运动的影响下结束了旧殖民主义的悲惨的时代，为人类指明了希望；否认十月革命后的苏联在短短的几十年时间里，从一个落后的封建军事帝国发展成为是世界第二强国，特别是在世界反法西斯战争中作出的卓越贡献。他们是在世界社会主义运动处在低潮的特定历史条件下，丧失信心，另找出路，极力夸大社会主义国家犯过的错误，攻其一点，不及其余，学舌西方，把十月革命、社会主义制度等同于所谓的极权主义，把它作为历史发展的一个错误的方向和道路加以否定。他们这样做的一个政治意图，就是要从根上否定中国走上社会主义道路的历史依据，因为我们是把中国革命看作是十月革命的继续，是马克思主义在中国的胜利。他们以为，一个"极权主义"的判定，就可以打倒一切，就可以使地球停止转动。这种历史的幼稚病和狂妄性，只能使人想起他们口口声声反对的"文化大革命"中那些红卫兵的极端做法，这是并不奇怪的，极左和极右是可以相通的，因为他们思想方法的片面性是相同的。

应当指出，他们要求以胡适为旗帜，是为了改变中国的社会主义发展方向。他们认为："近百年来，中国整个社会政治的演变一直处在激进的变革过程之中，从新文化运动到五四运动，到国民革命，再到共产党建立新中国，直到'文化大革命'，甚至随着改革开放三十多年到今天，一股激进化的思想和民情在涌荡。"这就是说，百年以来直到改革开放的今天，中国都没有摆脱激进主义即革命的"纠缠"，结果呢？"一种正常的现代伦理生活，一个优良的现代政治架构，一个富有生命力的现代文明形态，并没有通过这场持续经久的激进革命而形成。"这真是天下奇闻。难道不是通过中国革命的胜利，结束了"百年魔怪舞翩跹"的混乱局面，实现了国家空前未有的统一和稳定？难道不是社会主义制度改变了国家贫穷落后的局面，初步实现了国家的现代化，使中华民族屹立于世界民族之林？难道不是改革开放使中国成为世界第二大的经济实体？这一切都不在他们的眼里，而断定共产党的领导和社会主义道路是解决不了中国的现代化问题，中国还"处在大国崛起的十字路口"，而不是阔步行进在中国特色社会主义的大道上。于是，只有请出胡适这个亡灵，要以胡适作为"激发人们合理地看待历史与现实的旗帜"，才有可能解决中国的现代性问题。

他们给胡适的现代性起了一个很古怪的名字，叫作"古典的现代性"，虽然费解，但他们的答案是明确的："在西方世界，这个古典的现代性就是英美的现代性道路。"原来如此，他们重新抬出胡适，断定胡适"确确实实是为当代中国立下精神规则和建国规则"，要求以胡适为动力，"推动我们去探讨中国问题，去努力建设好一个常态的现代国家，去把中国的现代建国事业、社会建设事业、文化建设事业顽强的推想现代境地"。说白了，以胡适为动力，就是以西化为动力，就是要"全盘西化"。这就是一些人"要对胡适的思想应该持一种重新礼敬"的理由，就是他们"从精神层上与胡适先生发生共鸣的最重要的理由"。

这里有一个值得我们关注的现象，有人对中国革命斗争，对社会主义的新中国，左一个"激进主义的纠缠"，右一个"极权主义"，横加指责，欲置于死地而后快；而对西方则礼敬有加，不但闭口不谈资本——帝国主义侵略、掠夺的本性和对世界、对近代中国造成的历史伤害，而且对于今天的霸权主义的为所欲为，更是讳莫如深。他们精神世界的爱憎是如此的分明。先生们，如果你们真的是生活在极权主义的社会里，却可以有这样毫无顾忌的"言论自由"，可以这样任意歪曲历史，践踏宪法，又能够享受到专家教授甚至长江学者的荣光和待遇，难道世界上有这样的极权主义吗?！笔者愿以一个历史的过来人真诚地奉劝某些人，如果今天要按照胡适"立下的精神规则和建国规则"来改变中国，可以断定，不但百年以来中国人民梦寐以求的国家富强会化为泡影，甚至连民族独立也会重新丧失而成为某个大国的附庸，这不是危言耸听，近代中国的历史教训是刻骨铭心的，当今世界的格局也是无情的。

（作者单位：北京大学马克思主义学院）

唯物史观与实证历史研究

杨 军

历史虚无主义在历史研究中，否定唯物史观，崇尚实证主义研究方式，似乎因此就掌握了"科学的研究方法"，能够把握历史的真实面貌。其实，唯物史观并不排斥实证研究，关于实证历史研究的理论和方法论有丰富的思想，并由此制定了实证历史研究的科学规范。历史虚无主义在背离唯物史观的同时，也就背离了科学的实证方法，形成了一系列错误。

一 唯物史观是实证历史研究的科学指引

唯物史观的诞生，在整个世界观上实现了科学的变革。对于历史研究而言，唯物史观探索了人们历史活动思想动机的根源，探索了历史发展的客观规律，并以"自然科学的精准性去研究群众生活的社会条件以及这些条件的变更"[①]，克服了以往一切历史理论的主要缺点，是历史学成为科学的可靠指南。在实证历史研究的理论方面，唯物史观提出了很多重要的思想原则，为实证历史研究提供了科学指引。主要是：

其一，原则不是研究的出发点，历史研究"必须从既有的事实出发"[②]。唯物史观认为，人类史，即人类社会发展的过程，其本质具有客观性。人们依赖从前人那里获得的、既定的生产力从事生产，"在自己生活的社会生产中发生一定的、必然的、不以他们的意志为转移的关系，即同他们的物质生产力的一定发展阶段相适合的生产关系。这些生产关系的总和构成社会的经济结构，即有法律的和政治的上层建筑竖立其上并有一定的社会意识形式与之相适应的现实基础"[③]。生产力与生产关系之间、经济

---

① 《列宁专题文集：论马克思主义》，人民出版社2009年版，第14页。
② 《马克思恩格斯文集》第9卷，人民出版社2009年版，第440页。
③ 《马克思恩格斯选集》第2卷，人民出版社2012年版，第2页。

基础与上层建筑之间的矛盾运动,推动了社会的发展,也从根本上塑造着历史的面貌。任何重大的历史事件或历史进程的出现,归根到底是由社会的基本矛盾决定的。这就是历史发展最具本质性的"事实"。

因此,研究历史首先要尊重历史,即历史研究不能出于某种观念,或者某种特定的意图,必须反对以理论原则为研究的前提,而要"从对每个时代的个人的现实生活过程和活动的研究中"认识研究的前提,重视现实生活的经济状况,把握经济因素在历史发展中归根到底的决定性作用,把握历史发展客观规律对人类历史活动的影响。只有这样人类关于自身以往活动的认识和描述才能够最大程度接近客观的历史活动。对经济状况及其作用的忽略,必然是历史研究产生错误的根源。

其二,历史活动的主体隶属于一定的阶级,阶级分析方法是历史研究的基本方法。唯物史观认为,自从原始社会解体、社会分化出阶级对立之后,一切有文字记载的社会文明史,都是阶级斗争史。阶级的划分和阶级之间的矛盾斗争,不是外界力量强加给历史的主观臆想,而是人类社会发展到一定阶段的客观存在。在阶级社会和有阶级存在的社会里,"没有一个活着的人能够不站到这个或那个阶级方面来"①。阶级斗争是阶级社会发展的直接动力。因此,阶级分析方法对于历史研究有重要意义。

实证历史研究必须结合阶级分析方法。因为阶级分析实质是利益分析,其核心在于辨清利益。运用阶级分析法,能够把握隐藏在不同阶级政治思想行为背后的、最终起决定作用的阶级的物质利益,从经济上揭示阶级斗争的特点和规律;能够分析历史事件、历史活动中各个阶级的政治面貌、立场态度及其力量对比,分析不同历史主体所代表的经济关系和利益,从而为深入认识历史主体的活动和历史事件的性质特点提供支持。这样实证历史研究就能避免从抽象的"人性"出发考察历史,不会停留在浅层次的现象观察和细节描述上,而是能够深入到历史本质和规律的层面。同时,坚持阶级分析法能够帮助研究者更好地运用史料。由于阶级社会里人都分属于不同阶级,由于经济利益和政治权利的差别,在思想观念上存在鲜明的差别。因此,在历代留下的史料中,或多或少地会保存着阶级的烙印。采用阶级分析法,对史料的思想内容进行鉴别分析,才能可以防止对史料的误读误用。

---

① 《列宁选集》第 1 卷,人民出版社 2012 年版,第 135 页。

其三，重视人在历史发展中的作用，但反对夸大英雄的历史作用。唯物史观本身是"关于现实的人及其历史发展的科学"①。它在强调历史过程具有客观性质的同时，强调历史活动中重要的"是行动着的群众"。"历史活动是群众的活动，随着历史活动的深入，必将是群众队伍的扩大。"② 历史发展规律的形成、存在正是在人的实践活动中实现的，所表现出的是一种最终决定人类行为结局的力量，本质上是"人们自己的社会行动的规律"③。离开了人类社会和人的有意识、有目的的活动，社会规律就不可能存在并发生作用。这样，人类历史进程就是客观规律的必然作用与人们创造历史的能动作用的统一。

但是，重视人的历史活动，并不是夸大英雄人物的历史作用。在历史中英雄人物的个人主观因素固然不可忽视，但所起作用的大小，最终在于与客观历史环境要求的契合程度，历史人物的贡献或局限归根到底是时势所造。脱离具体的社会历史条件评价历史人物，或者脱离历史发展过程、以某个时段的证据来判断历史人物，都会对历史人物形成错误的判断。

二　唯物史观借助辩证法确立起实证历史研究的科学规范

历史观决定了历史研究的方法论，唯物史观把历史研究置于唯物主义的基础之上，这就决定了它必然同时也要用辩证法观察历史问题。④ 正如恩格斯所说，"唯物主义历史观及其在现代的无产阶级和资产阶级之间的阶级斗争上的特别应用，只有借助于辩证法才有可能"⑤。"因为辩证法在考察事物及其在观念上的反映时，本质上是从它们的联系、它们的联结、它们的运动、它们的产生和消逝方面去考察的。"⑥ 马克思主义的历史辩证法对历史研究提出多方面的要求，实际是确立起历史研究的科学规范。这些规范包括：

---

① 《马克思恩格斯选集》第4卷，人民出版社2012年版，第247页。
② 《马克思恩格斯文集》第1卷，人民出版社2009年版，第287页。
③ 《马克思恩格斯选集》第3卷，人民出版社2012年版，第671页。
④ 朱佳木：《坚持用唯物史观研究中国共产党的历史》，《前线》2013年第8期。
⑤ 《马克思恩格斯选集》第3卷，人民出版社2012年版，第746—747页。
⑥ 同上书，第397页。

其一，坚持普遍联系的观点和发展的观点。人类社会如同"一幅由种种联系和相互作用无穷无尽地交织起来的画面，其中没有任何东西是不动的和不变的，而是一切都在运动、变化、产生和消逝"①。人类历史的一切现象和过程，在时间和空间上都是相互联系和相互作用的。因此，研究历史应该采取发展的、变化的、互相联系的观点，将历史对象等置于一定的历史关联环节中考察。

其二，坚持矛盾的观点。矛盾普遍存在于社会生活的各个领域，历史的发展充满了矛盾的运动。社会基本矛盾的运动推动了社会发展和历史进步。矛盾具有特殊性，在历史过程中具体的矛盾及每一个矛盾的各个方面都有其特点，矛盾及其各个方面在不同发展阶段也各有特点，所以，分析历史现象要坚持具体问题具体分析，做到分清主次、把握重点、把握主流。

其三，正确处理必然性与偶然性的关系。在历史发展中，偶然性的确会起到或大或小的作用。"如果'偶然性'不起任何作用的话，那么世界历史就会带有非常神秘的性质。"② 但是历史发展最终是受隐藏在偶然性之中的必然性支配的。"通过各种偶然性来为自己开辟道路的必然性，归根到底仍然是经济的必然性。"③ 经济的必然性，是由生产力的发展水平来决定的。因此，历史研究不能被大量的偶然性所纠缠，而要通过对历史过程中大量偶然性的概括，把握其中的必然性。

其四，通过现象把握本质。历史现象是丰富多彩的，它们掩盖着历史的本质。科学研究就是要从大量的现象中去解释事物的内部联系。否则，仅仅抓住事物的外表，并当作"最终的东西"，这样的研究就没有任何意义。历史研究不能仅限于观察、描述现象，更不能为现象尤其是假象所迷惑，必须辨识形式与内容、现象与本质，深入到现象背后把握本质。列宁曾针对多种政党、政治派别存在的现象，指出"要从发展中观察一切现象，不要只满足于作表面的东西，不要相信漂亮的招牌，要分析各个政党的经济基础和阶级基础，要研究预先决定这些政党的政治活动的意义和结局的客观政治环境"。

---

① 《马克思恩格斯选集》第 3 卷，人民出版社 2012 年版，第 395 页。
② 《马克思恩格斯文集》第 10 卷，人民出版社 2009 年版，第 354 页。
③ 同上书，第 669 页。

其五，用历史的观点对历史对象作出评价。由于人只能"在直接碰到的、既定的、从过去承继下来的条件下创造"①自己的历史，所以科学考察历史对象，必须将其"提到一定的历史范围之内"，应根据具体的社会历史环境、其所处的社会关系中来考察人的思想和活动，以获得对历史过程的正确理解。尤其是评价历史人物，应当把他放到整个社会发展的过程中进行评价，要考察历史人物自身的发展变化，考察历史人物相比其前辈提供了什么新的东西，考察社会历史条件对历史人物的制约。

其六，历史研究"必须充分地占有材料，分析它的各种发展形式"，而后才有可能探寻出"这些形式的内在联系"②。历史"最终的结果总是从许多单个的意志的相互冲突中产生出来的"③，对宏阔历史过程的研究首先要充分占有史料，要求对史料进行考证、比对和辨伪。因为史料大多是由文字记载流传下来的间接材料。它们本身由人记录，包含了记录者的价值倾向和选择，未必能与真实的历史事实完全吻合。即使是历史事件的亲历者、目击者的回忆录等，也会因为观察视角、考虑声誉、维护利益、自我肯定或逃避责任等多种原因，不能反映历史事件的真实和全貌。所以，历史研究需要在充分占有历史材料的基础上，对历史材料进行分析筛选，去伪存真，然后再从正确地（近似正确地）反映客观历史事实的真实材料出发。其次，要深入分析史料的"各种发展形式"。人类历史不是若干历史细节的简单拼凑，历史学并不是史料学，对历史的深刻叙述绝不是史料的简单堆积。科学的历史研究应该在占有史料的基础上，深入把握史料所反映的各种史实之间的互相联系，发现历史的规律性，从而达到对历史整体真实的把握。

三 历史虚无主义背离唯物史观的主要错误

社会科学研究是遵循一定的规范和程序的学术探索行为，某个学科的研究应依照学科特有的研究规范和程序展开，这是保证学术研究科学性的基本前提。唯物史观为科学的历史研究提供了规范。但是历史虚无

---

① 《马克思恩格斯选集》第 1 卷，人民出版社 2012 年版，第 669 页。
② 《马克思恩格斯选集》第 2 卷，人民出版社 2012 年版，第 93 页。
③ 《马克思恩格斯文集》第 10 卷，人民出版社 2009 年版，第 592 页。

主义出于特定的政治意图，背离唯物史观，把唯物史观视为"机械的历史决定论"，"忽视了人的作用，忽视了人性"，宣扬历史研究要"价值中立"，持"超然的客观主义态度"，树立一种超阶级性的评价标准。这决定了历史虚无主义在研究中，违反历史辩证法，背离科学的实证研究规范。因而在历史虚无主义关于中国近现代历史的评说中有诸多错误。主要是：

其一，简化论错误。简化论（reductionism）错误在历史虚无主义中表现有两种：一是以微观层次的证据解释宏观层次的历史过程。按照实证研究的思路，历史虚无主义在研究历史中偏爱使用历史过程中微观、个体层次的证据，如个人的日记、回忆录、某篇文章和某个文件，等等。对于这些证据，往往不进行"大量的、批判性的审查"，不做必要的辨析、考证、比对，"经常把文献的历史和现实的历史当作意义相同的东西而混淆起来"[①]，简单根据这些证据来解释整个历史过程，形成新的判断，从而推翻马克思主义史学得出的相关结论。如根据《蒋介石日记》就要"改写中国近现代历史"，根据民国时期一些知识分子的优越生活就认定"民国值得缅怀"，无视中华民国饱受列强欺凌、军阀混战、民不聊生。二是局限于用某类特征来分析和解释各种复杂的社会现象。对于中共党史，历史虚无主义将"权力斗争"作为基本特征，并把它作为考察党史的主线。无论是整党整风，还是党内关于如何建设社会主义的理论讨论，党的政策制定与调整，甚至是一场战斗的安排，都被置于"权力斗争"中进行评判，完全背离了具体问题具体分析。对于毛泽东，历史虚无主义毫无根据地把所谓的"心理阴暗""帝王思想"确定为毛泽东的基本特征，并以此解释毛泽东一生的思想和行为。

其二，选择性观察。所谓选择性观察（selective observation），是指研究者将注意力集中到某些特殊的案例或者情况，特别是当这些案例情况符合研究者的想法时。研究者往往对符合自己想法的事例、证据特别敏感，而对与自己想法不一致，甚至冲突的信息予以忽略、排斥。在历史虚无主义式的研究中，由于研究者有预设的目标，往往把研究和叙述的注意力放在三种情况上：一是说明资本—帝国主义在中国"有功"；二是说明国民党和中华民国政府在大陆"有作为"；三是说明中国共产党在 95 年历史中

[①] 《马克思恩格斯全集》第 3 卷，人民出版社 1960 年版，第 551 页。

的曲折和错误。比如，研究民国，就重点讨论民国时期大学的学术自由，国民党对大学教授的尊重和优待，而对国民党控制高校、残害进步学者和学生只字不提；研究抗战，就重点讨论国民党付出了多少牺牲，而有意回避蒋介石与日本的暗中联系、国民党中大量官员和军队投敌；研究中国共产党，就重点讨论"大跃进"运动、三年困难时期、反"右"扩大化和"文化大革命"等，完全屏蔽中国共产党对中国作出的伟大贡献。

其三，过度概括。过度概括（over generalization）通常是指把一定范围内收集到的有效证据推广到有效范围之外。应该说，任何证据只是在它适用的一定范围才是有效的。如果归纳、推论超出证据的有效范围，证据就无法支撑结论，那么结论就是谬误。在国史党史中，一些重大事件如"大跃进"运动、反"右"扩大化和"文化大革命"的发生，的确需要从我国的政治体制和工作机制上分析原因。但是历史虚无主义将体制、机制方面的问题扩展为社会主义根本制度的问题，认为社会主义根本制度"不合理""不合乎人性"，进而否定马克思主义的科学性，就陷入了过度概括的错误之中。

其四，晕轮效应。晕轮效应（halo effect）是指认知者对他人的认知判断主要是根据个人的好恶得出，在对一个人的某种特征形成好或坏的印象后，又据此推论该人其他方面的特征。晕轮效应在很大程度上只是一种主观臆测，本质上是一种以偏概全的认知偏误。这种错误，历史虚无主义在对历史人物的评价上表现得非常明显。历史虚无主义论者一方面打着"价值中立"旗号，另一方面却以个人的好恶对历史人物进行评价。首先是从"人性"角度"精心"找出好人的某些缺点、弱点，找出坏人的某个亮点；其次以对抗的态度，颠覆马克思主义史学中的既有结论，抓住一点否定或者肯定一个历史人物的全部。正是通过这种"晕轮"，历史中的好人不好、坏人不坏，判断是非黑白的标准都被扰乱。

上述四种错误结合表明，历史虚无主义所奉行的实证研究，已陷于伪实证和形式实证的状态，因此这样研究得出的结论必然是非科学的，缺乏学术价值。而对实证研究的滥用，恰恰证明历史虚无主义的根本任务不在于推进历史研究。

（作者单位：武汉大学马克思主义学院）

"国家历史安全"
与当代中国史的研究编纂

宋月红

  经济社会发展是国家安全的物质基础，国家安全是经济社会发展的前提条件。治党治国的一个重大原则是增强忧患意识，做到居安思危。在改革开放和中国特色社会主义现代化建设事业向前发展的历史进程中，国家安全的内涵和外延日益丰富，制约和影响国家安全的内外因素日益复杂。其中，国家历史是怎样的，广大民众和社会对国家历史具有什么样的认知和认同，也日益成为影响国家政治安全、意识形态安全、文化安全和社会稳定的重大思想认识问题和社会心理问题，集中表现为坚持什么样的历史观和如何对待国家历史，并彰显出国家历史是否"安全"的问题。国家历史处于"安全"状态，而不是成为任人任意"打扮的小姑娘"，才能成为国家和民族赖以发展进步的文化根基、精神家园和力量源泉。"国家历史安全"由此产生。

  维护"国家历史安全"，在坚持和贯彻总体国家安全观中具有重要战略地位与作用。维护"国家历史安全"，必须通过加强国家历史研究编纂工作，为总体国家安全观提供历史观和历史认识基础，为认识和处理"国家历史安全"问题提供历史科学体系。

一 "国家历史安全"及其对总体国家安全观的意义

  概括地说，所谓"国家历史安全"，就是国民和社会对国家历史的基本面貌与内涵、主题与主线、主流与本质、经验与教训、趋势与特点具有合乎历史实际的认识，具有对国家历史的自信和认同，并从中获得有利于发展进步的精神动力。否则，国家和社会在"国家历史安全"上出现问题，就会造成人们思想、价值的混乱，进而对总体国家安全观产生严重危害。只有坚持正确的历史观，正确地对待历史，使广大民众和社会获得合乎历史实际的历史认知，同时反对和克服当前颇有市场的历史虚无主义和民族分裂主义等错误思潮，才能推动国家和社会从历史深处正确地把握和走向未来。

准确把握当前国家安全形势变化新特点新趋势，坚持总体国家安全观，走出一条中国特色国家安全道路，需要在思想认识上确立"国家历史安全"的意识和理念，加强"国家历史安全"理论研究和话语体系建设。

当前，影响我国国家安全的因素十分复杂，我国国家安全面临的问题和潜在风险也十分尖锐。其中，威胁"国家历史安全"的主要政治社会思潮，一是历史虚无主义；二是以"台独""藏独"和"疆独"为代表的民族分裂主义及其历史观。

历史虚无主义思潮以唯心史观为哲学基础，对历史进行所谓的"反思""重评"而消解和重构，与唯物史观争夺在历史问题认识上的主导权和话语权。就国史来说，历史虚无主义思潮企图通过解构当代中国史，否定党的领导和社会主义制度，并进而在思想理论和社会心理上消解中国特色社会主义道路自信、理论自信、制度自信和文化自信。

以"台独""藏独"和"疆独"为代表的民族分裂主义及其历史观，通过否定、歪曲和颠覆中国国家历史中中央与地方之间的历史关系、人为地"制造"台湾、西藏和新疆等地方的主权归属问题，并使之国际化。"台独""藏独"和"疆独"为代表的民族分裂主义在境内外依然猖獗，其"独立"历史观向社会传播和渗透，严重威胁国家主权统一和领土完整，也侵害社会大众特别是青少年的历史观和社会伦理。例如，台湾现行的"课纲"是李登辉和陈水扁当局"去中国化"的"台独"课纲，马英九当局也只是对其进行了微调，诸如把"中国"改为"中国大陆"，将"日本统治"改成"日本殖民统治"，将"接收台湾"改为"光复台湾"等，却引发"台独"势力的不满，一些台湾高中生则效仿"太阳花"，发起所谓"反课纲运动"，并冲击台湾当局教育部门。这一事件折射出"台独"历史观对台湾社会特别是台湾年轻一代产生的深刻影响。若长此以往，必将对海峡两岸关系和平发展、对祖国统一大业产生不可估量的危害和阻碍。

国家历史是当代中国一切发展进步的基础与来源。正由于此，我们坚持以马克思主义唯物史观为指导，正确对待历史特别是中国、中华民族的历史，科学总结历史经验教训，探索人类社会发展规律、共产党执政规律和社会主义建设规律，存史资政育人、护国利民。但也正由于此，历史虚无主义和民族分裂主义，将历史特别是中国共产党的历史、中华人民共和国的历史和中华民族的历史作为重要突破口，大做模糊、混淆、解构和颠倒历史史实、历史认知、历史价值的文章，兜售其错误和荒谬的历史观，以扰乱、扭曲和危害人们的历史观、人生观和世界观，进而导致一系列政治安全、意识形态安全和文化安全等安全问题，威胁总体国家安全。

欲知大道，必先为史；忘记过去，就意味着背叛；要懂得些中国历史，这是我们的精神动力，等等，都充分表明认识和研究历史的意义与作用。在中国革命、建设、改革的各个历史时期，我们党运用历史唯物主义，系统、具体、历史地分析中国社会运动及其发展规律，在认识世界和改造世界过程中不断把握规律、积极运用规律，不断开辟当代中国马克思主义发展新境界，推动党和人民事业向前发展。

"国家历史安全"在总体国家安全观中具有基础性、战略性的地位与作用。历史观问题是关系人们的理想信念问题、一个政党的思想理论发展方向问题、一个国家和民族的价值观问题的基础性问题，历史观问题及其指导下的历史认识问题，是"国家历史安全"问题的认识基础与根源。历史认识和研究的关键在于坚持什么样的历史观。

维护"国家历史安全"，具有社会系统性，涉及面广，摆在首位的是统筹组织国家历史的研究、编纂和宣传出版工作，树立国家专门机构对国家历史研究、编纂的科学性、权威性和话语权，巩固和增强马克思主义唯物史观在国家历史研究和教育中的指导地位，不断培育和壮大国家历史研究和编纂的社会基础和群众基础。

将维护"国家历史安全"纳入总体国家安全体系。丰富总体国家安全观的内涵，将维护"国家历史安全"提升到国家安全战略的高度，在坚持和贯彻总体国家安全观中加强历史思维，运用马克思主义唯物史观的基本立场、观点和方法认识和处理国家安全问题。

深入开展历史与现实相结合的重大历史理论、历史经验研究。一方面，通过中国历史研究，加强马克思主义史学理论研究和建设；另一方面，加强中国专门史和通史研究。其中，中国古代史研究需要深入开展中华文明的起源、中华民族的形成、中国国家起源与形成、中国古代社会形态变迁、古代中国国家治理、古代中国对外交流史，以及"夏商周断代工程""清史编纂工程""儒藏工程"等,系统阐释中华传统文化、中华民族精神,深刻揭示古代中国与世界的历史与逻辑关系;中国近代史研究需要着力于中国社会基本矛盾、半殖民地半封建社会形态、中华民族抵御外敌入侵、中国近代革命、中国近代化和中国近代政党等;当代中国史研究应主要围绕中国道路、中国经验和马克思主义中国化等,深入研究由新民主主义向社会主义过渡、由农业国向工业国发展、改革开放及其前后两个历史时期的关系,以及全面建成小康社会和实现中华民族伟大复兴,重点研究中国特色社会主义道路、理论体系和制度;中国的世界历史研究需要回答中国历史与世界历史、中华文明与世界文明的关系,特别是世界社会主义运动的历史规律与经验教训、苏联解体的原因及其启示等。

进一步推进中国由历史研究大国向历史研究强国的发展。国家历史研究应充分运用历史文化资源和精神财富,着眼于修史护国、资政育人,着力于建设中华文明、中华文化、社会主义核心价值观的话语权和话语体系,系统地认识和把握中华传统优秀文化与马克思主义的关系、革命与建设的关系、改革开放前后两个历史时期的关系,以及中国与世界的关系等国家历史发展中的基本问题,为坚持和发展中国特色社会主义提供历史文化基础、思想理论支撑和精神动力。

二 完整、准确地把握"第二个历史决议"的科学内涵

党的十一届六中全会通过《关于建国以来党的若干历史问题的决议》(简称"第二个历史决议"),标志党在指导思想上完成拨乱反正的任务。"第二个历史决议"关于党史国史的思想认识成果和精神意涵,核心在于坚持以唯物史观为指导,回顾建党特别是新中国成立以来波澜壮阔的历史进程和伟大成就,深刻总结中国革命和建设的历史经验,同时面向改革开放和社会主义现代化建设事业,从思想理论上解决了关乎改革开放的两个相互联系的重大历史课题,即如何正确评价毛泽东的历史地位和怎样坚持社会主义建设道路,为开创中国特色社会主义提供了深厚的思想政治基础。

"第二个历史决议"是政治性与科学性的高度统一,而且是正确历史观同错误历史观、正确思想同错误思潮相斗争,并划清历史是非、理论曲直之间界限的光辉历史文献,形成一系列关于党史国史的基本理论、认识

论和方法论。

在当代中国史上,"第二个历史决议"具有重要的思想理论地位和意义,因而成为历史虚无主义等错误思潮的众矢之的。历史虚无主义等错误思潮诋毁、歪曲党史国史特别是鼓吹"非毛化",否定蕴含在"第二个历史决议"之中的关于坚持党的领导和社会主义制度的历史必然性与规律性。

在党史国史问题上,反对历史虚无主义等错误思潮,必须完整、准确地把握"第二个历史决议"的基本内涵和精神实质。"第二个历史决议"以其坚持和运用唯物史观的基本立场、观点和方法认识党史国史,而成为反对历史虚无主义等错误思潮的典范,并以其深刻揭示中国革命和社会主义建设的规律性认识,而成为坚持改革开放正确方向的重要思想基础和来源。

"第二个历史决议"最根本的任务在于正确评价毛泽东的历史地位。毛泽东为中国革命胜利、新中国成立和社会主义建设事业建立了永远不可磨灭的历史功勋,为世界社会主义运动和人类进步事业作出了重大历史贡献。历史昭示,如果没有毛泽东多次从危机中挽救中国革命,如果没有以他为首的党中央给全党、全国各族人民和人民军队指明坚定正确的政治方向,党和人民可能还要在黑暗中摸索更长的时间。这一切无可辩驳地奠定了毛泽东的历史地位。但人无完人,即使是杰出人物、领袖人物也是如此。主要由于毛泽东晚年错误发动了"文化大革命",给党、国家和人民的事业造成严重挫折和损失,使如何评价毛泽东的历史地位问题自然变得"复杂"起来。评价毛泽东的历史地位,既是政治问题又是历史问题,必须将毛泽东的全部思想和实践融入中国革命和社会主义建设的历史进程中,系统地而不是零碎地,具体地、历史地而不是空洞地和"虚无"地,才能科学把握毛泽东的历史贡献,以及正确处理毛泽东的历史功过之间的关系。

正确评价毛泽东的历史地位,一要根据客观历史事实,功就是功,过就是过,不夸大也不缩小,实事求是;二要站在党、国家和人民的立场上,以是否推动历史进步和合乎人民的利益为根本尺度。"第二个历史决议"把毛泽东的一生放在新民主主义革命和社会主义建设的历史进程中全面认识,放在党领导人民艰苦奋斗、艰辛探索,努力实现国家独立、富强、民主、文明和中华民族伟大复兴的历史进程中科学把握,实现了中国革命和建设的历史发展逻辑与毛泽东思想的理论逻辑的高度统一。

"第二个历史决议"是在同"非毛化"的斗争中形成的。决议第一次提出了"毛泽东的晚年错误"这一历史范畴,并结合社会历史条件,辩证分析了发生这些错误的主客观因素及其错误的性质,指出毛泽东对于"文化大革命"这一全局性的、长时间的"左"倾严重错误负有主要责任,但就他的一生来看,他对中国革命的功绩远远大于他的过失。他的功绩是第一位的,错误是第二位的。正确评价毛泽东的历史地位,既要把毛泽东的历史功绩放在第一位,又不要回避,也没有必要掩盖"毛泽东的晚年错误"。在毛泽东的历史功绩面前,指出"毛泽东的晚年错误",并不会削弱毛泽东的历史地位,也不会损害毛泽东思想的科学价值及其对中国革命和建设的指导作用。

正确评价毛泽东的历史地位,关键在于科学揭示毛泽东思想的科学体系。所谓把毛泽东思想分为"正确的毛泽东思想"与"错误的毛泽东思想",以及以"毛泽东的晚年错误"否定毛泽东思想,不仅不是对毛泽东思想的准确的完整的理解,而是对毛泽东思想的庸俗化,对毛泽东思想的割裂、歪曲和损害。"第二个历史决议"把经过长期历史考验形成科学理论的毛泽东思想,同"毛泽东的晚年错误"区别开来。在决议起草之前,邓小平就指出:"我们坚持的和要当作行动指南的是马列主义、毛泽东思想的基本原理,或者说是由这些基本原理构成的科学体系。至于个别的论断,那末,无论马克思、列宁和毛泽东同志,都不免有这样那样的失误。但是这些都不属于马列主义、毛泽东思想的基本原理所构成的科学体系。""第二个历史决议"阐明,毛泽东思想是马克思列宁主义普遍原理和中国革命具体实践相结合的产物,是马克思列宁主义在中国的运用和发展,是被实践证明了的关于中国革命的正确的理论原则和经验总结,是中国共产党集体智慧的结晶。因此,不能把"毛泽东的晚年错误"归入毛泽东思想,"毛泽东的晚年错误"是同毛泽东思想不相容的,"毛泽东的晚年错误"之所以发生,也是违背毛泽东思想的必然结果。毛泽东思想是一个科学的理论体系,丢掉毛泽东思想这个旗帜,实际上就否定了其所代表的党和国家的一段历史。邓小平强调,决议稿中阐述毛泽东思想的这一部分不能不要,如果不写或写不好这个部分,整个决议都不如不做。而且,不写或不坚持毛泽东思想,要犯历史性的大错误。

"第二个历史决议"是充分发扬党内民主、集中全党智慧和意志的产物。决议起草历时一年零八个月之久，几易其稿。其间，从 1980 年 10 月中旬至 11 月下旬，中央政治局组织开展了对决议草稿的四千人大讨论。

当时，陈丕显担任湖北省委第一书记。1980 年 11 月 3 日，他在湖北省委召开的学习《关于建国以来党的若干历史问题的决议（草案）》讨论会各组召集人会上发表了讲话。讲话记述了讨论的一些情形。当时，湖北省委召开的学习讨论会已经开了 13 天，其中阅读文件 5 天，讨论 8 天。陈丕显建议会议再延长 3 天，并希望大家进一步解放思想，消除顾虑，畅所欲言，对建国以来党的历史全面回顾一下，深入讨论，从理论、路线的高度分清大是大非，积极提出修改补充的意见。

邓小平主持了整个决议的起草工作，并把正确评价毛泽东的历史地位、坚持和发展毛泽东思想，确定为最根本、最核心和最关键的原则。邓小平坚持和贯彻这一原则也最坚决和彻底，在"第二个历史决议"起草工作中发挥了不可替代的重要作用。因为这一原则合乎党史国史的实际，并在党内具有广泛而深厚的思想基础，形成全党的共同意志。党的十一届六中全会正是在此基础上通过了"第二个历史决议"。

总而言之，"第二个历史决议"是一篇闪耀着唯物史观科学理论光芒的马克思主义历史文献。这一历史文献是对党和国家历史经验教训的科学总结，是解放思想、实事求是的思想产物，也是同历史虚无主义等错误思潮相斗争的必然结果，必须倍加珍惜。坚持和发展中国特色社会主义，必须坚持"第二个历史决议"关于党史国史的基本精神和原则，从中汲取推进马克思主义中国化、全面建成小康社会和实现中华民族伟大复兴"中国梦"的强大精神力量。

三 将台湾史纳入中华人民共和国史研究编纂

维护"国家历史安全"，一项基础性的工作就是将台湾史纳入中华人民共和国史研究编纂。这是由台湾是中国神圣领土不可分割的一部分所决定的。

中华人民共和国中央人民政府自成立起，就历史地继承了这一国家主权事实与原则，并作为中国的唯一合法政府，以"台湾省"赋予台湾在中华人民共和国中的政治和法律地位，在全国行政区划中设有台湾省建制，在全国人民代表大会中设有台湾省代表团，共同捍卫着台湾的主权归属中国，代表着台湾人民参加国家政治生活和社会事务管理，推进着祖国和平统一大业。

中华人民共和国史是国家主权范围内的历史，即一个中国原则的国家历史。台湾尽管至今仍与中国大陆处于分离状态，但台湾的主权归属决定了台湾史是中华人民共和国史的有机组成部分，而且是一种具有特殊地位和意义的省级地方历史。作为中华人民共和国史，理应把台湾史纳入其研究编纂范围，并加以全面认识、辩证对待和统筹处理。这样做，是完全符合中国历史发展实际的。台湾是中国神圣领土不可分割的一部分，是中华人民共和国史将台湾史纳入研究编纂范围的根本依据和最高原则。

《当代中国》丛书，是在党的十一届六中全会通过《关于建国以来党的若干历史问题的决议》以来，经中央批准，中宣部、中国社会科学院、新闻出版署等部门共同组织编纂的我国第一部全面记录中华人民共和国国史的大型丛书。该丛书自1983年开始启动，历时15年，共150卷，1亿字、3万幅图片。按内容，丛书大致分为如下五种题材类型：（1）综合性的；（2）部门、行业性的；（3）专题性的；（4）以省、市、自治区为单位编写的地区性的；（5）人物传记。其中，以省、市、自治区为单位编写的地区性的，如《当代中国的北京》《当代中国的河南》《当代中国的西藏》等，几乎涵盖了当时的22省、5个自治区和3个直辖市，却独缺"台湾卷"即《当代中国的台湾》。这样一套《当代中国》丛书奠基了改革开放以来对中华人民共和国史的研究编纂，意义重大，影响也是深远的。

这样一套《当代中国》丛书的研究编纂，是学术性的，更是政治性的。然而，没有"台湾卷"的《当代中国》丛书，不仅造成中华人民共和国史研究编纂内容的不完整、结构性的缺陷，而且让人对中华人民共和国史产生错误的历史认识，似乎台湾史不在中华人民共和国国史之列，进而对台湾的主权归属中国产生不应有的错觉。显然，这是与《当代中国》丛书研究编纂的初衷和目的不相符的。

之所以造成这样的尴尬局面，主要有如下三个方面的原因：

一是关于中华人民共和国史的性质与定位问题。

《当代中国》丛书在"总序"中将中华人民共和国史界定为"社会主义创业史"和"社会主义中国的历史"。根据这样的界定，将台湾史纳入中华人民共和国史研究编纂范围，不是是否存在反对意见的问题，而是从一开始就没有考虑要这样做。

这一界定主要是就社会制度而言的，揭示了中华人民共和国史的主题与主线、主流与本质。但这并不是中华人民共和国史的全部。中华人民共和国史，是历史的一般性和多样性、整体性与局部性、主体性与综合性的统一，不能以一般性、整体性和主体性代替或排斥多样性、局部性和综合性，而且社会主义中国的建设和发展，本身就是包括当代中国社会矛盾运动的两个方面的。台湾在中国国民党的统治下，实行的是资本主义制度，这是不可能动摇大陆的社会主义制度的，但它却构成了社会主义建设和发展所必须面对的一个环境条件和挑战，国家主权维护、政权建设与反分裂斗争是内在地联系在一起的。

二是启动《当代中国》丛书研究编纂工作时，台湾在中国国民党的统治之下，"台独"问题尚不尖锐，因此，对于将台湾史纳入中华人民共和国史研究编纂范围，缺乏强烈的意识和紧迫感。

改革开放以来，为解决台湾问题，我们形成了"和平统一、一国两制"的方针。1981年9月30日，全国人民代表大会常务委员会委员长叶剑英向新华社记者发表重要谈话，提出了关于大陆和台湾实现和平统一的九条方针政策，作为处理有关台湾事务的基本原则。此后，海峡两岸关系虽然逐步有所调整和改善，但并没有结束双方敌对状态。在这种形势下，将台湾史特别是当代台湾史纳入中华人民共和国史的研究编纂范围，受到政治环境的制约，不具备必要的政治社会条件。

三是当时大陆关于台湾史研究编纂的基础薄弱，学术条件不成熟。

中华人民共和国史研究编纂虽然在新中国成立初期已经开始，但在"文化大革命"中受到干扰，基本上处于中断状态。《当代中国》丛书启动时，中华人民共和国史研究编纂工作才刚刚恢复，学科年轻，学术研究成果和人才队伍都十分有限。研究编纂台湾史，因不可回避"台湾问题"这一比较敏感问题，有关学术机构也只有中国社会科学院、北京大学、厦门大学等，而关于台湾史的研究成果则几乎寥寥，并大多是关于古代和近代台湾历史的，当代台湾史研究更是一片空白，有待填补。因此，将台湾史纳入中华人民共和国史研究编纂范围，缺乏一定的学术研究基础。

如今，将台湾史纳入中华人民共和国史研究编纂范围，具备了相应的政治条件、学术基础。从反"台独"斗争来说，这项工作也具有很强的紧迫性。

自2008年马英九当局上台以来，海峡两岸逐步形成和平发展关系，经济文化交流不断扩大,人员往来频繁,同时两岸政治互信加深,协商机制制度化发展,"九二共识"成为制衡"台独"的有力武器,台湾的经济发展也越来越离不开大陆。海峡两岸和平发展,成为不可阻挡、不可逆转的历史大势和时代潮流。当年《当代中国》丛书研究编纂所处的政治环境和条件大为改观和改善,已基本适合在一个中国的原则下将台湾史整体性地纳入中华人民共和国史研究编纂范围。

经过多年的发展,台湾研究、台湾史研究在大陆已形成专门研究领域或学科分支,关于台湾古代、近代和现代的历史,关于台湾的政治变迁、经济变动、文化和社会,关于台湾与大陆的关系,关于台湾问题、台湾史的文献档案史料,已经有了比较扎实的多方面研究成果。台湾史的通史研究编纂也有了积极进展,比较有代表性的著述,如中国社会科学院台湾史研究中心编写出版的《台湾史稿》(上、下卷)(张海鹏、陶文钊主编,凤凰出版社2012年版)、陈孔立编写的《台湾历史纲要》(九州图书出版社1996年版)、宋光宇编写的《台湾史》(人民出版社1997年版),以及黄嘉树编写的《国民党在台湾》(南海出版公司1991年版)、茅家琦编写的《台湾三十年(1949—1979)》(河南人民出版社1988年版)、宋春等主编的《中国国民党台湾四十年(1949—1989)》(吉林文史出版社1990年版)等。目前,大陆学术界已在中国社会科学院、北京大学、厦门大学和北京联合大学等建有专门研究机构,培养和储存了一大批专门研究人才,而且这些机构和研究人员与台湾方面有着比较好的合作交流关系和经常性的合作交流机制。

将台湾史纳入中华人民共和国史研究编纂,是推进祖国和平统一大业、反对"台独"斗争的迫切需要。用历史捍卫一个中国原则,是维护祖国和平统一大业的重要法宝。同时,"九二共识"坚持一个中国原则,却越来越受到来自"台独"历史观的威胁和侵害。如近来李登辉抛出"日本祖国论",为"台独"叫嚣;台湾发生高中生"反课纲"事件,则折射出"台独"历史观对社会特别是对青少年的侵害之深。当前,由于国民党执政能力不足,秉持"台独"立场的民进党气势大增,作为民进党参选2016年台湾当局领导人的蔡英文,在两岸关系问题上搞模糊战术,虽口头上喊"维持现状",但"台独"立场并没有发生改变。随着"台独"势力的嚣张,"台独"历史观必将愈加强势,并对祖国和平统一大业造成严重侵蚀。"台独"与反"台独"斗争,就是坚持一个中国原则的历史观与

"台独"历史观之间的斗争。对此,我们必须提高警惕,进一步加强一个中国原则的国家历史的研究编纂,通过反对和阻止"台独"历史观,深入开展反"台独"斗争,推进祖国和平统一大业。

将台湾史纳入中华人民共和国史研究编纂范围是国家主权所系、势所必然,并具有重要而深远意义。

一是有利于更好地反映中华人民共和国史的整体面貌,深刻反映中华人民共和国尚未实现完全统一的实际国情。台湾是中国神圣领土不可分割的一部分,本身就蕴含了台湾人民、台湾社会为祖国的创造和发展尽了自己的光荣责任。将中华人民共和国史界定为"社会主义创业史"和"社会主义中国的历史",不应排斥台湾史。而且,社会主义中国的建设和发展,是在推进祖国统一大业、反分裂斗争中实现的,将台湾史纳入中华人民共和国史的研究编纂范围,有利于通过国家的全部历史,更深刻地认识中华人民共和国建设和发展的历史经验及其规律,并为爱国主义教育提供权威历史教材。

二是有利于扭转《当代中国》丛书未列"台湾卷"造成的尴尬局面,为祖国和平统一大业提供维护台湾主权归属中国的根本历史依据。"灭人之国,必先去其史","台独"历史观是这样做的,"台独"在历史上"去中国化";而不将台湾史纳入中华人民共和国史研究编纂范围,客观上也会造成"去台湾化"的严重后果,而坠入"台独"历史观的逻辑陷阱。这是不将台湾史纳入中华人民共和国史研究编纂范围的要害之所在。将台湾史纳入中华人民共和国史研究编纂范围,就从根本上维护了台湾的主权归属中国这一铁的历史事实。这当然是"台独"势力所恐惧的,也注定了"台独"历史观的必然破产。

三是有利于促进台湾是中国不可分割一部分的话语权和话语体系建设,为反"台独"历史观提供学理支持和话语权支撑。与台湾"解禁"前相比,台湾社会基础、人口结构和思想意识都已发生很大变化。向台湾民众宣讲"一个中国原则""和平统一、一国两制"方针和台湾与大陆的关系问题,历史是最好的教科书。通过国家历史研究编纂,讲好台湾与祖国大陆发展史的"故事",发展好台湾是中国不可分割一部分的历史表述,才能传播好台湾是中国不可分割一部分的主权立场与原则,并有效地引导台湾社会和民众,巩固和增强反"台独"历史观的社会基础。

将台湾史纳入中华人民共和国史研究编纂范围,就是根据一个中国原则,在祖国统一历史观的指导下,既要写祖国和平统一大业史和对台工作史,又要写台湾地方史特别是地方经济社会史;既要写台湾专题史、专门史,以及台湾问题的由来与演变,又要写台湾通史及其与祖国大陆关系史,等等,把台湾史融入中华人民共和国史之中,为维护祖国统一、反对各种形式的"台独"分裂势力及其活动,提供历史依据。

适时启动《当代中国》丛书的续编工作,增补《当代中国的台湾》卷。总体上讲,《当代中国》丛书大都将历史写到了20世纪80年代中期,此后至今也有了30年的历史,而且是改革开放事业全面展开和深入发展的历史,值得大书特书。当前,启动《当代中国》丛书的续编工作是必要的,条件也已基本具备和成熟。在这一方面,将台湾史纳入中华人民共和国史研究编纂范围,不仅要在相应卷中修订和续编涉台内容,而且要在以省、市、自治区为单位编写的地区性的研究编纂中,增补《当代中国的台湾》卷,实现该项工作对我国行政区划的全覆盖。

在一个中国原则下,加强中华人民共和国史研究编纂学科体系建设,处理和解决将台湾史纳入中华人民共和国史的有关学理问题,构建和完善反"台独"历史观的话语体系。

四 加强改革开放历史经验研究

改革开放史,从1978年十一届三中全会召开计算。迄今已有38年。研究编纂当代中国史、改革开放史的分量越来越重。深刻揭示改革开放史的主题与主线、主流与本质,则需要加强改革开放历史经验研究。

改革开放的理论和实践,从一开始就是在正确方向同错误方向、正确道路同错误道路的斗争中艰辛探索和发展的。当前,民主社会主义、新自由主义、普世价值、西方宪政民主和历史虚无主义等错误思潮颇有市场,质疑改革开放和中国特色社会主义的社会主义性质,诋毁我们党的领导和中国特色社会主义道路、理论体系和制度。坚持和发展中国特色社会主义,既是社会主义在中国的历史性的伟大实践,又是决定当代中国举什么旗帜、走什么道路的尖锐的意识形态斗争。我们必须根据正在发展着的马克思主义中国化的科学理论成果和改革开放的伟大实践,科学、系统地研究和总结改革开放的历史经验,充分彰显改革开放的历史必然性和中国特色社会主义的社会主义性质,为推进改革开放和中国特色社会主义现代化建设事业提供强大的精神动力和理论力量。

改革开放以来，我们党的全部理论和实践，归结起来就是创造性地探索和回答了什么是马克思主义、怎样对待马克思主义，什么是社会主义、怎样建设社会主义，建设什么样的党、怎样建设党，实现什么样的发展、怎样发展等关系社会主义、中国、中国人民、中华民族和中国共产党前途命运的重大理论和实践课题。改革开放历史经验，是党领导全国各族人民在进行改革开放、推进中国特色社会主义现代化建设事业中创造出来的具有规律性的理论和实践成果，是党艰辛探索人类社会发展规律、社会主义建设规律和共产党执政规律的重要组成部分，是党在新的历史条件下始终坚持和发展中国特色社会主义必须遵循的基本原则。改革开放历史经验，深刻蕴含于马克思主义中国化和中国特色社会主义的伟大实践和理论发展，集中体现于中国特色社会主义道路、理论体系和制度。

我们党向来高度重视并善于总结历史经验，用以把握现实和走向未来。在马克思主义中国化、改革开放理论与实践的发展中，改革开放历史经验不断得到丰富和发展，并赋予新的时代内涵。党的十八大以来，习近平总书记指出，改革开放是一场深刻革命，必须坚持正确方向，沿着正确道路推进。改革开放是前无古人的崭新事业，必须坚持正确的方法论，在不断实践探索中推进。改革开放是一个系统工程，必须坚持全面改革，在各项改革协同配合中推进。稳定是改革发展的前提，必须坚持改革发展稳定的统一，坚持把改革的力度、发展的速度和社会可承受的程度统一起来，把改善人民生活作为正确处理改革发展稳定关系的结合点。改革开放是亿万人民自己的事业，必须坚持尊重人民首创精神，坚持在党的领导下推进，善于通过提出和贯彻正确的路线方针政策带领人民前进，善于从人民的实践创造和发展要求中完善政策主张，使改革发展成果更多更公平地惠及全体人民，不断为深化改革开放夯实群众基础。

总之，改革开放历史经验，是关于改革开放规律性的认识成果和实践成果，是中国特色社会主义道路、理论体系和制度的具体而生动的体现，是中国特色社会主义理论体系与时俱进发展的重要源泉，也是批驳对改革开放和中国特色社会主义性质质疑的历史依据和建立在历史自信基础上的理论武器。改革开放历史经验，来之不易，必须倍加珍惜并不断继承和发展。

加强改革开放历史经验研究，需要在我们党科学总结改革开放历史经验的指导下，全面、系统和深入地研究改革开放的理论和实践，并结合现实和时代特点，深刻阐释中国特色社会主义道路、理论体系和制度。根据改革开放的理论与实践、道路与方向、历史进程与意义，探索改革开放的发展规律，讲好中国道路、中国经验、中国价值和中国精神。

1. 关于改革开放以来我国社会基本矛盾、主要矛盾和改革开放各阶段各领域面临的各类矛盾问题，以及党和政府在改革开放中是如何认识和处理的。为什么要改革开放和怎样进行改革开放，都是由改革开放以来我国社会的基本矛盾和主要矛盾所决定的，改革开放在各阶段各领域面临的各类矛盾问题也是由社会基本矛盾和主要矛盾所派生出来的。而且，改革开放中的矛盾只能用改革开放中的办法来解决。因此，抓住改革开放以来我国社会基本矛盾、主要矛盾和各阶段各领域面临的各类矛盾问题，才能更加深刻地揭示改革开放的历史必然性和规律性。在这一问题上，需要着重研究我国社会基本矛盾和主要矛盾在改革开放以来的内在发展变化，以及各类社会矛盾问题是如何在改革开放中产生和发展，并通过改革开放而解决的。为此，需要研究改革开放以来我国的社会形态、社会发展阶段与水平，以及世情、党情和国情的深刻变化，深刻把握改革开放的国情实际、时代背景和历史方位。

2. 关于我们党在改革开放的历史进程中对什么是马克思主义、怎样对待马克思主义，什么是社会主义、怎样建设社会主义，建设什么样的党、怎样建设党，实现什么样的发展、怎样发展等重大理论和实践课题，是如何创造性地探索和回答的。我们党对这些历史性课题的探索和回答，高度概括了党领导全国各族人民进行改革开放和社会主义现代化建设的全部理论和实践。这是研究改革开放历史经验的全部历史依据。离开这一理论和实践，不仅无从研究改革开放历史经验，而且将偏离正确的政治方向和学术导向。在这一问题上，需要围绕中国特色社会主义理论体系的形成与发展，着力研究我们党在改革开放历史进程中是如何把坚持马克思主义基本原理同推进马克思主义中国化结合起来，把推进中国特色社会主义伟大事业同推进党的建设新的伟大工程结合起来，实现科学社会主义理论逻辑与中国社会发展历史逻辑的有机统一的。着力围绕改革开放和中国特色社会主义现代化建设事业的总体布局及其实践，研究社会主义市场经济、民主政治、先进文化、和谐社会和生态文明的建设和发展，深刻揭示中国特色社会主义道路的开创和拓展。着力围绕党和国家领导制度、体制机制的改革，研究我国根本政治制度、基本政治制度、法律体系、基本经济制度，以及建立在这些制度基础上的经济体制、政治体制、文化体制、社会体制等各项具体制度的建设和发展，深刻揭示中国特色社会主义制度的确立和发展。

3. 深刻总结坚持改革开放同坚持四项基本原则相结合的历史经验，正确把握全面深化改革的总目标，为推进国家治理体系和治理能力现代化提供智力支持。改革开放具有根本意义的一条历史经验是，必须把坚持改革开放同坚持四项基本原则结合起来。研究改革开放历史经验，必须深刻把握社会主义初级阶段基本路线，深刻揭示坚持改革开放同坚持四项基本原则的历史与逻辑关系，深刻总结坚持改革开放同坚持四项基本原则相结合的历史经验。改革开放的历史发展表明，以经济建设为中心同四项基本原则、改革开放这两个基本点统一于发展中国特色社会主义的伟大实践。一个中心、两个基本点，是相互贯通、相互依存、不可分割的统一整体。离开经济建设这个中心，社会主义社会的一切发展和进步就会失去物质基础；离开四项基本原则和改革开放，经济建设就会迷失方向和丧失动力。四项基本原则保证改革开放的正确方向，又通过改革开放赋予四项基本原则新的时代内涵。

党的十八届三中全会提出，全面深化改革的总目标是完善和发展中国特色社会主义制度，推进国家治理体系和治理能力现代化。研究改革开放历史经验，需要深刻把握完善和发展中国特色社会主义制度，推进国家治理体系和治理能力现代化这一全面深化改革的总目标，深入探讨改革开放以来国家治理体系和治理能力现代化建设的制度基础、内在机理和基本经验，并用改革开放的理论和实践，结合历史与现实，探索和回答全面深化改革所面临的各种矛盾问题，为推进国家治理体系和治理能力现代化提供智力支持。

从改革开放历史经验中汲取协调推进"四个全面"战略布局的强大动力。历史和现实表明，改革开放在认识和实践上的每一次突破和发展，改革开放中每一个新生事物的产生和发展，改革开放每一个方面经验的创造和积累，都给党和国家的发展进步注入了生机与活力。坚持改革开放、不断深化改革开放，贯穿于中国特色社会主义现代化建设的整个历史进程。改革开放中的矛盾只能用改革开放中的办法来解决。为此，需要深入研究改革开放的历史经验，继承和发展改革开放的历史经验，并结合现实情况，回答和解决改革开放事业发展中所面临的各种矛盾问题，为协调推进"四个全面"战略布局提供历史依据和智力支持。

深刻把握改革开放前和改革开放后两个历史时期的辩证统一关系，进一步贯通改革开放的整个历史进程，并结合现实，从宏观上和总体上系统而深入地研究改革开放的历史经验，深刻揭示改革开放历史发展的主题与主线、主流与本质、精神与价值。

根据中国特色社会主义建设的总依据、总任务和总布局，进一步具体而深入地研究改革开放在经济建设、政治建设、文化建设、社会建设和生态文明建设，以及党的建设中的理论与实践，深刻认识改革开放在中国特色社会主义建设各个领域中的历史发展及其经验，拓展和深化对改革开放历史经验的研究。

进一步把我国改革开放史放在社会主义与资本主义长期并存、相互竞争的世界体系和世界社会主义发展史中进行考察，深入研究我国改革开放的社会制度基础、道路与方向，以及对世界社会主义发展的历史意义，从时代背景、世界历史发展和中国国情的结合上，从历史比较的角度，进一步深入研究改革开放的历史经验及其对世界的贡献，深刻揭示改革开放的基本内涵与实质。

紧跟党的理论创新步伐，面对"四个全面"战略布局新要求和思想理论工作新任务，从理论与实践、历史与现实的结合上，深入研究阐释习近平总书记系列重要讲话精神特别是关于改革开放及其历史经验的论述，联系新的实际，深入研究和回答改革开放中的深层次思想理论问题和热点难点问题。

改革开放是社会主义的改革开放，是坚持和发展中国特色社会主义的正确道路和必由之路。中国特色社会主义是社会主义而不是什么其他主义。改革开放是一场深刻革命，不能走封闭僵化的老路，不能走改旗易帜的邪路。坚持改革开放的正确方向，坚持和发展中国特色社会主义，中国特色社会主义道路必将越走越宽广。

（作者单位：中国社会科学院当代中国研究所）

唯物史观视域下"元历史学"的本体论追问

韩 炯

20 世纪 70 年代初，与历史研究实践中微观史学和新文化史研究的兴起大抵呈同步推进之势，西方历史哲学领域出现了一个重要变化，即所谓从"分析的历史哲学"转向"叙事的历史哲学"。以往学者谈及这一转变时多依据美国学者海登·怀特的奠基性著作《元史学——19 世纪欧洲的历史想象》，且将 1973 年该书问世作为这一转变发生和后现代主义史学大致形成的标志。[①] 笔者在论及"元历史学"（metahistory）的含义及其分析哲学源流和逻辑预设以为，叙事主义历史哲学同样受到分析哲学的影响，相当于沃尔什所述"分析的历史哲学"的第二阶段。[②] 何兆武先生明确指出，"后现代史学理论应该属于分析的历史哲学的继续延伸与发展，它与西方的分析哲学、语言哲学的发展是一脉相承的"[③]。笔者在此试图围绕"元历史学"本体论内涵进一步展开探讨，以审视其理论贡献和局限。并通过对唯物史观本体论创立意义的回顾，阐明唯物史观在当代史学理论和实践中的重要价值。

一 "元历史学"本体论的变易：从实体本体、观念本体到语言本体

史学本体论，是指历史学研究中关于历史现象存在的本源和性质的观

[①] Hayden White, *Metahistory: The Historical Imagination in Nineteenth-Century Europe*, Baltimore, MD: Johns Hopkins University Press, 1973. 中译本见陈新译《元史学——19 世纪欧洲的历史想象》，译林出版社 2004 年版。文中采用"元历史学"表示 metahistory。

[②] 参见拙著《何谓元史学》，载姜芃编著《世纪之交的西方史学》，社科文献出版社 2012 年版。

[③] 尉佩云：《真理不是北极——对话何兆武教授》，《首都师范大学学报》（社会科学版）2014 年第 5 期。中国社会科学网 2015 年 3 月 17 日 09：17，http://www.cssn.cn/sjs/sjs_sxllysxs/201503/t20150317_1548767_1.shtml。

点和理论。如果说哲学中的本体论是关于世界或存在的世界观,那么史学本体论中最基本的就是社会历史观。[①] 它涉及对历史社会存在和历史本质等根本性问题的理解和看法。具体来说,包括历史活动者及其历史进程中的作用、历史发展动力、历史发展规律、历史进步性、历史必然性和偶然性、历史过程中人的主观能动性与客观限定性等。"元历史学"理论想要摆脱形而上学的史学本体论(其理论表现形态就是沃尔什所说的"思辨的历史哲学",它总是试图寻求历史发展终极动力、普遍规律、终极解释或终极判断)的困扰和纠缠,但是史学本体论如同历史学的幽灵,它从门口被踢出去,又从窗户钻进来。史学本体论是无法回避的。

传统西方历史学(维柯之前的历史学还谈不上历史哲学)对史学本体的探讨,或者将之归为特殊的自然物质,或者归之为神秘的天命、神意,例如研究历史被认为是"寻找命运打击不到的地方",中世纪著名的教父哲学家奥古斯汀认为历史就是上帝意志在尘世之城和天国之城的展现。或者归结为"善""恶""经济人"等人性,或者如"自由""理性"之类抽象的特性或属性。虽然近代哲学对本体论问题的探讨是在认识论的框架中进行的,当近代哲学家开始从认识论的角度思考实体问题时,本身就表明它所涉及的不再是单纯的"历史存在"或"实在"自身的问题。近代不可知论者休谟就曾以因果无法关系无法识别质疑追寻本体论的可能性。康德认为,历史就是人类理性观念的发展过程。历史发展的动因在于人具有非社会的社会性,即组成社会和促成社会解体的特性,因而,人类历史具有合目的性和合规律性的双重特点。这种认识突破了传统客体中心主义的本体论,实现了对以往旧自然本体论、物质本体论和心灵本体论的革命。接替康德并以哲学眼光来考察世界历史发展并将它从经验层面提升到普遍层面上的,非黑格尔莫属。但黑格尔按照"实体即主体"的原则,以其"绝对理念"再度复兴了传统的精神本体论,并且一度达到思辨历史哲学的极致。总体上看,黑格尔以前的史学本体论是将某种单一化、凝固化的实体或观念当作追求目标,并用这种实体终极地解释和说明人类社会历史进程中的一切,究其实质而言,就是"实体中心主义",或"实体本体论"。

---

① 庞卓恒:《历史学的本体论、认识论和方法论》,《历史研究》1988 年第 1 期,第 3—7 页;另见《什么是哲学,什么是历史哲学》,《史学理论研究》2000 年第 4 期,第 8—9 页。

无论是冠以"分析的历史哲学"之名的 20 世纪 70 年代前的"元历史学"理论（其拥护者我们或可称为"元历史学"的"分析派"），还是之后被称为"叙事主义历史哲学"的"元历史学"理论（其拥护者我们或可称为"元历史学"的"叙事派"），他们都似乎坚定地批判那种思辨的、带有历史目的论和命定论特征、与现实的历史进程严重不相符的历史理论，把它作为"形而上学"的学说加以弃绝。[①] 受 20 世纪分析哲学和语言哲学影响，"元历史学"在历史学本体论方面表现出下述特征：

首先，悬置乃至否定真实的历史存在，用史学家心中观念的历史世界或者历史编纂文本世界来置换现实的历史世界。

元历史学的这种主张与它关于"外部反思"不介入历史世界本身的逻辑预设相关。就"元历史学"的"分析派"而言，他们对历史事实的悬置是从对兰克秉笔直书的历史学方法的批判开始的。在"分析派"看来，兰克倚重的历史事实不是真实的历史，这并非仅仅因为作为历史学研究对象的世界一去不返难以在现实中触及，还在于每一位历史研究者开展研究时总要遭遇到他本人的时代局限和认识能力局限，更在于作为"史实"判定重要依据的史料不可避免地会带有记录者自身的价值倾向、情感偏好和主体选择（档案馆中的卷宗也不例外）。标榜"秉笔直书"的兰克史学本身就体现出浓厚的普鲁士专制主义意识形态。那种相信历史会静静地躺在档案馆内等待历史学者去"发现"，或者认为可以排除"询问者"的个人偏见让"历史事实""开口说话"，只是一种幼稚的、朴素的"历史实在论"。历史研究工作是在"缄默的知识"（tacit knowledge）基础上展开的，历史学家很少能明确意识到这一点。

按照《分析的历史哲学》作者阿瑟·丹图的看法，一些公认的"历史事实"产生之初并非作为事实而存在。例如，作为特定概念的"三十年战争"，其实在 1648 年之前并未采用，因为这场宗教性质的战争在 1618 年开始之时没有人知道会持续多久，而作为所谓"历史事实"的"三十年战争"其实只是从它的言辞上概括而成。同样，"工业革命"的概念并非与 18 世纪工业化进程相伴而生，而是直到 1884 年前后老汤因比的使用才推广开来。类似地，"文艺复兴""启蒙运动"等一般人认为的所谓"历史

---

① 参见拙著《何谓元史学》，载姜芃编著《世纪之交的西方史学》，社科文献出版社 2012 年版。

事实",只是后来历史学家的观念"建构",而且它们很可能会随着后来历史学认识的变化而改变。再如,关于中国封建社会的"停滞说"等所谓的"事实",并非"不可改变"。至于学界耳熟能详的命题"一切历史都是思想史""一切真历史都是当代史"共同表达的正是这个道理。而上述命题的提出者柯林武德、克罗齐之所以被誉为"新黑格尔主义者"[①],在笔者看来,正在于他们延续着黑格尔相同的理论思路和范式:用历史学家偏爱的、臆造的"观念"来化约乃至取代现实中的真正的历史现象。不过,需要说明的是,丹图等人的语言分析更多停留在语义层面和词汇层面,而且更侧重于对历史学理解和解释性质的特定概念,如"历史规律""历史必然性"等的分析,远远没有达到后来的语用学和语境学的分析程度。

同样,元历史学的"叙事派"不承认有作为历史事实的"过去"存在。叙事派认为,不存在作为具有解释性的整体意义上的历史事实(historical fact),通常说的"历史事实"已经包含了作者的一种判断,即认为它为真或为假(true or false)。当提到"事实是……"或"事实上"的时候,这只能是言说者的主观认识,其他言说者未必认为如此。因此,关于历史事实的存在的讨论只有放在语言的范围内才有意义。如果一定要找出某种历史存在,它只能是作为单个的历史事件(historical accident),它涉及的是"实在"或是"虚构"(real or fictional)问题。但是,单个的历史事件在历史解释中毫无用处,因为历史研究就是要说明许多事件之间的复杂关系,孤单的一个事件显然无法履行这种认识功能。[②] 怀特认为,所谓"历史事实"始终是某种被想象出来的东西。历史只不过充当研究过去的假设模型而已。一切形式的历史编纂都包含有叙事的成分,而叙事之中离不开作者虚构。即使是在纯粹的编年体性质的历史编纂中也不例外。一个简单的连词,甚至一个标点符号,都可能表达出作者的某种态度。例如,《圣加尔年代记》记录中的一条"1065年亨利皇帝去世了;然后他的儿子亨利继位"。其中"然后"一词把两件事情连接起来。表面上作者未曾显示出对于人类道德和法律制度的关心。但是,作者已经想当然地接受一种法则(即家族继承法)和一种观念(即把它当成是一种正当地支配着权威

---

① 何兆武、陈启能主编《当代西方史学理论》,中国社会科学出版社1994年版。
② 参见拙著《在现代与后现代之间——从〈邂逅:后现代主义之后的历史哲学〉谈起》,《史学理论研究》(京)2009年第1期,第28—35页。

从一代过渡到下一代的原则)。正是这种法则和观念使得这两个事件发生了联系,由此构成了一个包括开头和结尾的简短叙事。这种观念往往是不易为读者所觉察的。即使是历史研究者本人,有时也未必认识到他进行解释所依赖的前提假设,或者隐含的假设。而怀特认为,必须揭示出这些支配着历史研究者的暗含的原则,这也是对于历史研究的"高度反思"(hyper reflective)。在索斯盖特(Beverley Southgate)看来,历史学家试图彻底澄清事实、通过资料获取真相的做法是在自欺欺人。根据他的观点,历史事实不过是主体建构的产物,无异于历史学家的一种虚构或发明。[1]

其次,否定历史现象之间的内在因果关联,倡导用"经验""人性""常理"的逻辑或叙事逻辑来把握历史现象间的复杂关系。"元历史学"悬置真实历史世界的必然结果就是不再关注历史现象的现实来源,放弃对于历史进程中各种复杂现象共生关系的因果探讨。

"元历史学"的"分析派"提出一个康德式的问题,即"历史认识何以可能",强调在关于历史现象研究之前先澄清历史命题的基本含义,比问题的解决更有意义。没有对历史学中"因果关系"的充分认识,历史学家是不可能发现历史因果联系的。历史现象间的关联把握其实就是靠运用"经验规则""常理",或者借助"人性"设身处地、移情式的体验。在因果关系问题上,"分析派"的理论态度可以概括为实证主义理论模式和反实证主义理论模式。实证主义理论模式包括亨普尔的普遍规律模式、斯克里文的"常理模式"和波普尔的证伪模式。实证主义总体上接受了休谟因果观的潜在前提,认为原因与结果是可以分离、单独描述的,否则原因和结果间的联系就不会是偶然的,也不会是以经验为根据的。因果解释不仅揭示出为什么如此,而且解释为什么没有如此,或者说必须排除可能发生的情形,恰好满足事件发生的充分而必要条件。"对一个历史事件原因的完全令人满意的解释必须规定此事件发生的必然且充分的条件。这一原则实际上纳入了概括律模式。"由于实证主义因果观不能提出严格的、普遍的解释,最后退却到"覆盖率模式",这就为否定因果联系的可能性留下

---

[1] Beverley Southgate, *History: What and Why? Ancient, Modern and Postmodern Perspectives*, London, 1996. 另见"History and Metahistory: Marwick versus White"; Wulf Kansteiner, "Searching for an Audience: The Historical Profession in the Media Age—A Comment on Arthur Marwick and Hayden White"; Geoffrey Roberts, "Narrative History as a Way of Life," in: *Journal of Contemporary History*, Vol. 31, No. 1, January 1996.

了漏洞。另外,"分析派"的反实证主义因果观包括柯林武德的思想重演模式、德雷的合理解释模式、唐纳冈(Alan Donagan)的逻辑关联论证模式和冯·赖特的准原因解释模式。柯林武德把历史现象间的因果关系归为作为个人的历史行为者的动机与其行为之间和他的行为及其后果之间的关系,这种解释存在明显的局限,第一,对于解释众多个人和群体、阶层和阶级参与的历史事件和过程中的因果关系勉为其难。第二,对于解释制度兴废、人口迁移、价格波动等中长期的历史现象无能为力。第三,有将一切想法、动机、意图泛化为"思想"的嫌疑,促成有些"意想不到的事件"(unintended result)发生的动机或意图,可能连历史当事人自己都无法准确把握,作为局外人的历史学家如何能够单凭"思想"就能捕捉到呢?第四,历史活动者本身的思想的产生及其演变过程不得而知,也就是说,对于制约历史研究对象的思想生成变化的因素,存在解释的盲点。其他几位学者也像柯林武德那样,不同程度地把因果解释纳入历史活动者的意识活动作用中,其实质是坚持历史现象的非因果解释,放弃对历史现象的科学的因果解释。

  分析哲学代表人物之一加登纳列举了四项理由来论证不可解开的因果之谜。第一项理由,"陈述事实间的联系"未必能够确证被陈述事实之间确实存在的联系,而且并不能肯定二者之间的联系就是因果联系;简单地说,因果联系并非是历史现象之间的唯一联系。第二项理由,支撑因果关系的根据,有时仅仅是生活中的常识,无法或者不必进行清晰地阐释,只能靠理解。最重要的是第三点,即在历史解释中,常常存在一种简单化的认定,即认为两种现象间的因果关系的推理或认定是不言自明的,或者诉诸直觉就可得出的。由此以比喻或者类比来认定两种现象间的因果关系,不具有足够的可靠性。第四项理由是,历史学家寻求的是"真实世界中的潜在联系",其中的因果关系,与历史事件本身一样,不具有普遍性,对因果关系的规律性解释在历史中是不恰当的。[①] 基于这四大困难,加登纳干脆主张部分程度地拒绝因果解释。作者虽然并不赞成用非因果的方式去解释历史中的一切现象,也不承认支配非因果方式的是什么神秘莫测的东西,但是至少承认它在解释人类行为方面是有用的。[②] 但历史解释的关键

[①] [英]帕特里克·加登纳:《历史解释的性质》,江怡译,文津出版社2005年版,第84页。
[②] 同上书,第89页。

恰恰在于不应混淆这两类不同的解释。

而元历史学的"叙事派"认为，历史现象之间逻辑关系的推定依靠文本的形式主义分析，进而言之，更多地借助修辞和想象。历史学家在开始工作之前，更重要的是要明白究竟"历史地思考是什么"。如前所述，在"叙事派"看来，一旦寻求解释，就离不开一定的方式来连接相关的系列事件。不同的解释者往往会选择不同的连接方式来加以解释，这种连接方式代表了一定的主观倾向性。由于过去不复存在，历史事件不可重复，无法用经验的方法研究，只能依靠历史解释，而且对历史事件的解释本身因其无法证明而无所谓高下之分。因而，说一种解释是事实，另一种解释不是事实，这种说法本身就不可靠。鉴于过去不复存在，历史一去不返，人们可资依赖的达致这个过去的历史世界的唯一工具就是文本，而人们将其历史研究的终端成果付诸表现的载体也是文本。因此，文本分析构成了我们历史研究的根本所在。文本中体现出的"历史思考"方式，从浅层次上看，把历史描绘为包括"开端—发展—高潮—结局"不同类型的悲喜剧、浪漫剧或者讽刺剧，本质上是一种文学式思考；从深层上看，其中揭示的历史构图的逻辑其实就是"隐喻—转喻—提喻—反讽"的修辞（文学中的另一说法称为转义）逻辑，本质上是一种语言学的思考。总体上看，它是文本的叙事逻辑。因此，不仅历史事实是"叙"出来的，历史意义的全部内容和奥秘都在于"叙"的方法和"叙"的技巧，与构成所谓历史事实要素的"历史事件"本身无关紧要。这在关于人类普遍历史之类的"宏大叙事"结构中表现尤为明显。

再次，在严格的因果关系论证不再可能的情况下，可以借助修辞逻辑来把握历史现象间的关系。从三段论的逻辑形式上看，进行任何历史解释之前，必然包含一个作为大前提的最初"逻辑预设"，而这个逻辑预设未经证明，其有效性是不存在的，由此必然引起历史解释中的"无穷追溯"。怀特认为，可以借助修辞逻辑来把握历史现象间的关系，以避免对"终极预设"形而上的追问。虽然修辞学的逻辑也很模糊，但是它提供了"即兴话语"的理论。"即兴话语"借助唤起读者的联想，通过整体与部分关系的转换（转义），可以把陌生的现象纳入读者熟悉的范围之内，由此成为一种有效的认识手段。如上所述，修辞逻辑预先决定了历史学家利用史料的方式，并且预示了历史叙事的情节编制、论证方式和意识形态的层面。就元语言的特性而言，一切比喻都是隐喻，而且一切历史书写都具有隐喻特征。① 由于历史学没有类似于科学中所用的术语，它只能采用日常生活语言，而且历史语言是通过隐喻的方式运作的。从这种意义上说，所有致力于再现历史事件和事实的叙事话语都具有一种先在的比喻性质。因此，这种深层的比喻结构决定了历史理解的诗学性质，而不是科学性质，即历史意识具有一种不可还原的想象纬度。怀特就这样从语言学上证明了历史学不是科学，并将他设定的"什么是历史地思考"命题的答案锁定在修辞和文本分析方面。

"叙事派"的另一位学者，荷兰历史哲学家安克斯密特对历史学家的书写语言做语义分析，受莱布尼茨"整体主义"本体论影响。在他看来，单个的历史陈述（historical statement）因为其具有特定的指涉对象，其陈述可以辨别为真或者为假。但是，作为整体的历史记述（historical account），即叙事实体（narrative substance），它的意义来源于其相互之间的指示，它不与外部世界相对应，而只是与外部世界"相关"而已。② 叙事实体是对于消失在过去中的实在本身的替代物，如同艺术品是对于实在中的某物的替代一样，无所谓真伪。此后，伴随实践领域内微观史学的兴起和对"叙事史复兴"的呼唤，加上这两位理论家的推波助澜，一度出现历史学的所谓"叙事的转向"③。安克斯密特在回应对手批判时声明，如果能够将叙事语言、文本作为历史本体看待，发展相关的一套哲学逻辑，那么，依照"现代主义"的观念，它同样具有正当性。例如，历史文本是对于不在场的过去的替代；就叙事涉及的内容而言，文本是自足的，绝非指向它外部的实在世界。④ 由此，叙事语言、历史文本、话语研究遮蔽了作为实在的历史进程及其动力、发展规律和特征的研究。不难发现，叙事实体论的本质就是为叙事在历史学中确立本体的地位。固然，历史叙事语言作为形式可能包含一定的内容，但如果抽掉其指涉的内容，语言本身也失去了意义。更重要的是，语言作为一种表意符号，它的产生、发展、变化

---

① Hayden White, *Metahistory: The Historical Imagination in Nineteenth-Century Europe*, Baltimore, 1973, p. 29.

② Frank Ankersmit, *Historical Representation*, Stanford University Press, 2001, p. 41.

③ 历史学实践中"复兴叙事史"的"叙事"含义与理论界"叙事主义历史哲学"中的叙事含义并不一致，斯通在时隔20年后告诫指出"叙事主义"理论带来的危害是"历史学已经到了濒临灭绝的危险"。Lawren Stone, "History and Postmodernism," *The Postmodern History Reader*, Keith Jenkins (ed.), London & New York: Routledge, 1997, p. 258.

④ Ankersmit F. R., "Reply to Professor Zagorin," *History and Theory* 29, 1990, pp. 295 – 296.

无不源于数千年来现实中人们生产生活的创造。语言和语言学本身的发展总体上伴随客观历史的发展变化,而加强语言学研究正是要充分认识语言的特性和特定情势下的不同功能,以便更好地认识语言和思维、语言和存在的关系。历史本体的地位只能赋予作为客观进程的、实在的历史,而不是作为历史认识和历史书写语言中的历史。围绕历史进程的动力、发展的规律性等的认识才是历史本体论的核心内容。

表面上看,"语言实体"史学本体论提醒读者更贴近地阅读历史文本,洞穿历史话语背后的内容,展示出不同于语言指涉对象本身的更多的"剩余意义",但这种认识只能是零碎的,表面启发性的。对历史学进行文本分析,虽然有利于纠正历史客观主义的缺陷,但借此只能透过语言缝隙瞥见克里奥女神裙裾袜一角,永远无法欣赏到她的真实全貌。更关键的是,基于这种语言实体本体论构建的历史学,只是怀特和部分历史学家的"掌控幻象"(illusion of mastery)[1],与现实的世界实际上关系不大。因此,"元历史学"从自身的角度来看是一个很迷人的主题,它被看作是语言学认识论的一个分支,但是,它与实际历史学家的活动没有什么关系。[2] 带有后现代主义倾向的"叙事主义历史哲学"热闹一阵之后终于走向式微。[3]

综上,按照"元历史学"构建的理论逻辑,历史学或者沦为科学性很弱、不能揭示出规律的"精神科学"或"人文科学",或者干脆降到历史发现与历史想象参半的"历史诗学"境地,历史学在人类知识的地盘上合理性存在和"真实"信誉最后仅仅依赖于其作为数千年发展累积的知识"技艺"。在历史学实践领域,层出不穷的"新史学",如经济社会史、计量史学、性别史、日常生活史、生态环境史、新文化史、医疗史,越来越趋向于对短时段和琐碎问题的"重笔濡染",故事性和娱乐性特征越来越强,而追索真理、垂鉴资政的特征越来越弱。(只有马克思主义史学及全球史和部分现代化史学、文明史等史学流派依然坚持宏大叙事的取向。)笔者以为,造成上述理论困境和实践史学不够令人满意的关键在于,基于

---

[1] Simmon Gunn, *History and cultural Theory*, Pearson Education Limited, 2006, p. 46. 中文版参见〔英〕西蒙·冈恩著《历史学与文化理论》,韩炯译,北京大学出版社 2012 年版,第 52 页。

[2] B. Tierney, *Religion, Law, and the Growth of Constitutional Thought* 1150 – 1650, New York: Cambridge University Press, 1982, pp. vii – viii.

[3] "后现代主义与历史思潮"专题,《史学理论研究》2010 年第 1 期。

其语言哲学的逻辑预设,更深层地说,在于当代西方的"元历史学"回避并放弃了对科学的史学本体论的探求。"元历史学"的"分析派"和"叙事派"在放逐了历史存在和历史事实、抛弃了历史现象间的科学的因果关系以及"终极解释"之后,也放逐了历史真理和历史规律。不过,这并不意味着它们就真的不存在本体论。实际上,"元历史学"的"分析派"奉行的其实是一种历史学家的"观念本体论",而"叙事派"奉行的是一种语言本体论,或称为"叙事主义"本体论,或者"文本主义"本体论。它们转化成历史认识论,自然是否定历史话语的真理性及其判准的不可确定;转化成方法论,必然是多元折中的相对主义方法论,以及虚无主义的价值观。准此而论,"元历史学"超越西方形而上学本体论的努力并不成功,叙事主义的历史哲学开始式微并逐渐转化,人们已经开始谈论后叙事主义历史哲学。①

值得提出的是,无论史学界是否接受叙事派和分析派的史学观念,有关历史存在和历史本质的思考无法停止或者回避,而是不可避免地以新的方式进一步继续着。早在20世纪90年代,德国历史学家吕森也展开了新的元历史学研究。吕森同样是出于历史学学科的"自我建构"目标,即寻找"一个关于一般历史思维和具体学术思想的所有相关原则的系统规则"②。不过,他的研究基础是德罗伊森的"Historik"概念。与怀特把历史学的学科基础消融在更广泛的文化批评理论中进而否定历史学的科学地位的做法不同,吕森认为,"元历史学"是要通过摆脱其他学科研究范式对历史学的干扰,以融贯一致的方式来确立历史学特有的规则、规范、前提假设以及研究目标。吕森在《元历史学领域的研究》(*Studies in Metahistory*) 一书中,论述了历史思维的规则。在吕森看来,元历史学与其说是一种理论或者方法,倒不如说是一种知识框架,即植根于实际的学术研究工作和史学编撰记录中的历史知识的总规则。为此,吕森把历史知识框架概括成包括五项基本内容的总体系:"第一,人类对过去的普遍兴趣;第二,历史意识在为人类在时间中的定位的作用;第三,我们对过去的观念;第四,经验研究的方法;第五,经验研究的成果被呈现出来的形式。

---

① 最新著作见 Jouni-Matti Kuukkanen, *Postnarrativist*, *Philosophy of Historiography*, Palgrave Macmillan, 2015.

② 陈新:《对历史与历史研究的思考:约恩·吕森教授访谈录》,《史学理论研究》2004 年第 3 期,第 68 页。

前两者属于生活实践的部分内容,它会根据特定的时空情势而变化;后三者属于作为专门性学科的历史,它受制于证实的原则,其有效性和自明性如同自然科学和社会科学一样。"① 吕森的研究受到哈贝马斯的影响,既关注于历史学成为"生活史"(living history),又关注于历史学成为规范性学科和科学。后来,吕森进一步发展其前期的思考,从认知心理和情感的角度将历史思维概括为包括历史认知、政治意图和历史审美的三层次的体系。面对 20 世纪 90 年代学界的情形,吕森认为,历史知识或"元历史学"(Historik or metahistory)的任务在于,针对政治科学、经济学、人类学和人口学等新学科的侵入,重申历史学科的地位和性质:"一门为有目的和有组织的记住过去以便理解现在和预知未来的认同形成过程"的学科。要成为一门科学,历史知识必须符合通行的科学标准,而不应该被另一种科学的特定标准所同化。

近年来,"元历史学"的"叙事派"质疑语言本身在"驯服过去"的表现力,有放弃语言本体论倾向。怀特在努力寻求"中性的"书写语言未果的情况下,提出"实践的历史"的概念。② 而安克斯密特提出"历史经验"范畴来取代"叙事实体"的观念,将历史学的关注点引导到历史书写语言所难以到达或者为其所摒弃的过去世界。在这个世界中,历史书写者自我浸淫于史料所带来的极端陌生的感受,通常借助语言依靠逻辑、理性和认知建构的历史只是这个世界当中的一小部分,而更多的情感体验的成分存在于历史研究者的书写语言之外。这个世界或可称为"历史经验的世界"。有学者已经批评这个"历史经验"本体"带有自闭症倾向和神秘主义色彩",并质疑它是否足以支撑起新的理论范型。③ 从唯物史观的角度看,只要不能本质地切中社会现实,这种史学本体论的价值和意义就很有限。

---

① Jorn Rusen, *Studies in Metahistory*, Human Sciences Research Council, Pretoria, 1993, pp. i - ii.

② Hayden White, "Writing in the Middle Voice," *Stanford Literature Review*, Vol. 9, No. 2, Fall 1992, pp. 179 - 187; F. Ankersmit, "Hayden White's Appeal to the Historians," *History and Theory*, Vol. 37, No. 2, 1998, pp. 182 - 183;陈新:《实验史学:后现代主义在史学领域的诉求》,《北京师范大学学报》(社会科学版) 2004 年第 5 期。

③ 彭刚:《叙事的转向:当代西方史学理论的考察》,北京大学出版社 2009 年版,第 75—76 页。另见彭刚《当代西方史学理论中的安克斯密特》,《史学理论研究》2011 年第 3 期,第 9 页。

二 唯物史观本体论革命的启示与当代意义

对马克思的社会历史存在论颇多微词的海德格尔曾经指出:"因为马克思在体会到异化的时候,深入到历史的本质性的一度中去了,所以马克思主义关于历史的观点比其余的历史学优越。但因为胡塞尔没有,据我看萨特也没有在存在中认识到历史事物的本质性,所以现象学没有、存在主义也没有达到这样的一度中,在此一度中才有可能有资格和马克思主义交谈。"① 无独有偶,《元历史学》出版5年后,巴勒克拉夫指出,只有热衷神学的历史学家才会偏爱"元历史学",摒弃历史哲学构成当代历史研究趋势中一个最突出的特征。但是巴氏仍然指出,马克思主义"对历史学家的思想产生了明显的影响",是"今天仍保持生命力和内在潜力的唯一的'历史哲学'"。② 上述评论都充分肯定了马克思历史观在当代西方哲学史和历史哲学中的重要意义和价值。回顾唯物史观创立时期马克思关于黑格尔哲学本体论扬弃以及关于语言的批判或许可以给今日历史哲学发展带来一些重要启示。

众所周知,唯物史观在方法论上扬弃了黑格尔的唯心辩证法。不仅如此,唯物史观从本体论上超越和扬弃了黑格尔为代表的思辨的历史哲学观念,发动了深刻的史学本体论革命。

第一,社会历史的存在就是现实的人的活动,历史的本质性就是社会现实性,即在社会现实中生成而后通过社会现实得以显现出来的人的实践活动及其进程和结果(表现为现象、事件以及人物本身)。

在对历史存在和历史本质的理解方面,朴素的历史实在论者往往把凡是过去发生的一切都当作"历史","元历史学"的"分析派"认为只有那些为历史学家所发现和记载下来的过去的事实才堪称历史,因此历史学家的"观念"比事实本身更重要。而按照"元历史学"的"叙事派"的观点,用不同的形式和情节对以往发生的碎片性的事件进行组合,由此产

---

① 《海德格尔选集》上卷,孙周兴选编,上海三联书店1996年版,第383页。
② [英]巴勒克拉夫:《当代史学主要趋势》,杨豫译,上海译文出版社1987年版(该书根据 Mouton Publishers, 1978 年版译出),第259页。以赛亚·伯林也有类似表达,参见该书第261—262页。Geoffrey Barraclough, *Main Trends in History*, expanded and updated by Michael Burns, New York: Holmes & Meier Publishers, Inc., 1991, p.163.

生的话语及其汇聚成的各种"文本"才是历史,也就是说历史是形式主义的、多版本的,历史书写方式本身才是决定"历史"面貌的关键所在。①"元历史学"理论对历史本质性的阐释与诸多的西方历史哲学一样,都从绝对的时间、空间前提出发,恰好暴露出其社会历史观的局限与偏颇。

唯物史观在论述意识和存在关系的时候特别指出,"意识在任何时候都只能是被意识到了的存在,而人们的存在就是他们的现实生活过程"②。海德格尔上述所谓历史的"本质性一度"就是社会现实,而从现代形而上学的范围看,对社会现实的本体作用的首次发现,最初是与黑格尔哲学相联系的。黑格尔第一次明确把理解社会现实作为一项科学(wissenschaft)的任务标举出来,并使这一任务的实现成为可能。③ 但是,一方面黑格尔把市民社会现象的矛盾直接归入到"本质中的理念中的统一",对作为理念的国家的本质的揭示变成了对现存事物的哲学辩护;另一方面使"实存"仅仅表现为这些理念的化身。为此,马克思把这样一种思辨哲学状况概括为"非批判的实证主义和同样非批判的唯心主义"④。尽管黑格尔试图在社会现实的内容中为历史运动找到一种深刻的表达,但他"只是作为历史的运动找到抽象的、逻辑的思辨的表达",而且,由于这种表达本身的"非批判性",黑格尔历史哲学中揭示的历史还不是"作为一个当作前提的主体的人的现实历史"⑤。相反,这种抽象的思想反而将作为本质内容的社会现实彻底遮蔽。马克思超越黑格尔的地方正在于,重新强调历史哲学应当是"有前提"的哲学,历史哲学的主体应当是"有前提"的"现实的人"。

一方面,在人类社会的历史起源问题上,马克思坚持一种劳动创造了人的劳动发展史。"黑格尔把人的自我产生看做一个过程,把对象化看做

---

① 参见 Keith Jenkins and Alun Munslow(eds.),*The Nature of History Reader*,London:Routledge,2004. 两位作者将当代史学理论分成四大派别:(1)重构主义;(2)构造主义;(3)解构主义;(4)终结主义。亦可参见彭刚《什么是历史学——彭刚教授在中国人民大学的讲演》,作者把20世纪西方史学理论中的三类认识历史的路径概括为重构论、建构论、解构论,并剖析了这三类历史观的局限。另见彭刚《叙事的转向:当代西方史学理论的考察》,北京大学出版社2009年版。
② 《马克思恩格斯选集》第1卷,人民出版社1995年版,第72页。
③ 吴晓明:《作为历史科学方法论的历史唯物主义》,《中国社会科学》2008年第1期,第24页。另见《哲学之思与社会现实》,武汉大学出版社2010年版,第174—176页。
④ 《马克思恩格斯全集》第3卷,2002年版,第318页。
⑤ 同上书,第316页。

非对象化,看做外化和这种外化的扬弃;可见,他抓住了劳动的本质,把对象性的人、现实的因而是真正的人理解为人自己的劳动的结果。人同作为类存在物的自身发生现实的、能动的关系,或者说,人作为现实的类存在物即作为人的存在物的实现,只有通过下述途径才有可能:人确实显示出自己的全部类力量——这又只有通过人的全部活动、只有作为历史的结果才有可能。"①"劳动是整个人类生活的第一个基本条件,而且达到这样的程度,以致我们在某种意义上不得不说:劳动创造了人本身。"② 把基于旧本体论所提出的最初的人和自然的创造者问题斥为一种"抽象的产物"。"不要那样想,也不要那样向我提问,因为一旦你那样想,那样提问,你就会把自然界和人的存在抽象掉,这是没有任何意义的。"③ 绝对唯心主义所设想的那种本质,说到底乃是与人和自然界的一切现实规定性毫不相关地生成的本质,因而真正说来乃是"非现实的本质"。马克思在《1844年经济学哲学手稿》中特别详尽地阐发了这个观点。"任何一个存在物只有当它用自己的双脚站立的时候,才认为自己是独立的,而且只有当它依靠自己而存在的时候,它才是用自己的双脚站立的。"④ 因此,人的实践活动是人类历史发展自身的原因,或者说构成了人类历史的"终极原因"和"终极动力"。人类只有首先从理论上把自己作为自身的原因来看待,才能达到其本质和实存的现实的统一。"终极原因"所倚重的"最初"社会事实就是"人类首先必须吃喝住穿,然后才能从事生产劳动"。至此,一切形而上学的关于历史发展的"终极原因"和"终极动力"的相关"无穷追溯"问题在这一自明事实中得到解决。

另一方面,马克思牢固确立了"现实的个人"或"现实的人"这个唯物史观的出发点,强调在"现实的人的劳动"中找到了"社会历史发展的锁钥"。"现实的人"首先是具有生命活动特性、"从事生产活动的、进行物质生产的"人;其次,还是处于一定的社会关系中、具有一定阶级属性的人(马克思后来的政治哲学也是从这一点出发);再次,还是依靠自身实践活动不断推动着自己从低级向高级发展,进而推动着人类社会不断发

---

① 《马克思恩格斯文集》第1卷,人民出版社2009年版,第205页。
② 《马克思恩格斯文集》第9卷,人民出版社2009年版,第550页。
③ [德]马克思:《1844年经济学哲学手稿》,人民出版社1985年版,第87页。
④ 《马克思恩格斯全集》第3卷,人民出版社2002年版,第309页。

展的人,而不是具有抽象的"爱""自由""人性"的人。① 马克思和恩格斯在《德意志意识形态》中为我们了提供了一幅"现实的个人"依靠自身劳动推动自我和人类社会不断进步的历史构图。

第一,历史事实只是在社会现实中构成并通过社会现实而显现出来,历史事实的客观性归根结底不过是社会现实的客观性。如果我们持这样的"历史观",那么"历史现实—历史事实"的非对应和非均衡关系就能够破解。持历史学"观念本体论"者或"语言本体论"者的一个基本理由就是,作为可感的"经验现实"的东西,并非总是完全对应于历史事实。给定现代的信息技术手段能够全息记录当下所发生的一切,毕竟我们现在所知道的"历史事实",无论是通过历史学家构想出来的,还是通过文本表达出来的,只能是"过去事实"或者"过去现实"微不足道的一部分。一旦"现在"驶入"过去"黑洞之中,只有些微的部分有机会成为"历史事实"。按照唯物史观观点,"过去"不等于全部"历史"。只有重新嵌入或者与当下人们的现实生产生活、思考劳作等实践活动发生一定的"现实的联系"、打上人的烙印之后,才成为"历史事实"。典型的事例是,清末内阁多达数袋的档案,曾被醇亲王下令销毁,正是有了罗振玉、陈垣等的抢救性保护,其中记录的部分事实才有机会成为"历史事实"。正是这种"现实的联系"使得"现实"并未完全消散在过去之中,而是部分地存在于现实的人的记忆中,或者在现实中留下若干印迹,与"现实"发生这样那样的联系。因此,历史科学的真正任务就在于切中并把握社会的现实,从而揭示历史事实本身的客观意义。

第二,历史现象之间的联系本质上是"现实的人的联系",历史学的本质就在于揭示出不同历史现象之间联系生成和变化的因果关系。

历史事实的另一规定性在于历史现象之间的社会联系。单个的事实不成其为历史事实,只有社会性的事实才可能成为历史事实。"黑人天生不是奴隶",只有在进入特定的社会关系中才成为奴隶。同样,抛开"查理一世"所处的社会关系来看待他本人,可以认为他本身不构成历史事实,"查理一世被送上断头台"才构成历史事实。历史学的功能不是单纯去描绘一种生物性的事实或者存在,更在于揭示出这种存在发生变化的动力和机理,透过"现实的人"的多样联系去寻找到一种本质性的联系。套用海

---

① 庞卓恒:《唯物史观与历史科学》,高等教育出版社1999年版,第24—30页。

德格尔的观念,历史"存在"不是"存在者"本身,而在于不同历史存在者之间的关系。当然,这里的"现实的人"的联系并不只是人与人之间的联系,不只是处于一定社会关系中的人,同时也是指处于自然界中人与自然发生的联系。同时,历史学揭示的联系是"现实的"本质联系,不是抽象的、神秘的、天意的联系:"在这里,历史哲学、法哲学、宗教哲学等等也都是以哲学家头脑中臆造的联系来代替应当在事变中指出的现实的联系,把历史(其全部和各个部分)看做观念的逐渐实现,而且当然始终只是哲学家本人所喜爱的那些观念的逐渐实现。这样看来,历史是不自觉地、但必然是为了实现某种预定的理想目的而努力,例如在黑格尔那里,是为了实现他的绝对观念而努力,而达到这个绝对观念的坚定不移的意向就构成了历史事变中的内在联系。这样,人们就用一种新的——不自觉的或逐渐自觉的——神秘的天意来代替现实的、尚未知道的联系。因此,在这里也完全象在自然领域里一样,应该发现现实的联系,从而清除这种臆造的人为的联系;这一任务,归根到底,就是要发现那些作为支配规律在人类社会的历史上为自己开辟道路的一般运动规律。"[1]

黑格尔认为现实就是绝对精神的外化和自我实现,而马克思将它归于人的劳动和劳动推动下的人类社会的实存与本质的统一,历史发展也即人类社会发展的本质是人的活动推动人的能力的发展,以及人与人的社会关系统摄下的人与自然关系的改善和进步。黑格尔的"绝对精神"、现象学的"本质直观"都是非现实的本质,只有唯物史观坚持的是"现实的本质",即人的活动和活动中增长的能力的变化,决定社会生产方式的变化。当然这种生产方式不是单纯的劳动工具、劳动技术,而是劳动过程中人与人的分工协作方式。这种本质性的联系同时也是"现实的规律"。唯物史观是本质的现实与现实的本质的统一。

第三,唯物史观揭示了人类社会发展规律的历史必然性和世界历史实现的可能性。唯物史观从"现实"出发,并且置换了历史学本体论的问题域,也就是说,将对于史学本体的追求与对于史学功能的思考结合起来。唯物史观认为,对历史本体的追求只有结合历史研究的目的才能得到合理的说明。"从前的一切哲学家只知道解释世界,而问题在于改变世界。"马克思正是抱着彻底改变现实世界的目的去研究哲学,去揭示出人类社会的

---

[1] 《马克思恩格斯选集》第4卷,人民出版社1972年版,第242—243页。

发展规律和资本运行的规律,从而论证了资本主义必然灭亡、世界历史实现的可能性和历史必然性。

马克思的历史理论过去往往被误解成机械的教条式的"五种生产方式",或者误解成命定的规律。这种误解严重背离了马克思的历史观和方法论。马克思揭示的人类社会的规律不是即成的规律,而是随着人们永不停息的活动而变动、并不断丰富人类社会历史内涵的规律。规律覆盖的内容在扩展,规律本身的解释力也在扩展。但是,这是对于原来规律的更高层次的超越,不是一种否定和取代,是对规律中"终极事实"的深层追问,同时也因为规律的覆盖范围的扩大而将覆盖层推进到更高一级。① 马克思在世界历史理论上凸显了他对于历史发展规律的限定性和作为历史发展主体的人实践能动性的认识。这种观念是对于黑格尔、康德和费尔巴哈思想的科学继承和理性扬弃。有一位西方学者曾经指出,"马克思把以下两方面结合了起来,一方面是他以自然主义方式从黑格尔的思辨历史观中吸收过来的对发展过程之必然性的理论理解;另一方面是更能让人想起康德哲学的对于历史的实践取向"②。

可见,唯物史观确立的"现实的人及其历史活动"为核心的社会历史观,完全不同于"分析派"以主观观念或客观心理为历史本体的唯心史观;也有别于"叙事派"关于历史就是历史书写者笔下"叙事性散文话语为形式的一种言辞结构"的文本史观,后二者是自觉或不自觉带有虚无主义特征的社会历史观。

三 语言与历史书写实践关系:有待深入探讨的唯物史观史学本体论问题域

如前所述,作为"元历史学"前提和重要逻辑预设的一个命题是,"语言是一个不透明的自足世界",如果依照唯物史观的见解,社会历史存在意味着"现实的人"也即"追求自己目的的人"的活动,历史本质就是社会现实性,历史研究就是要揭示出不同人群面对不同的自然环境和人文

---

① 庞卓恒:《唯物史观与历史科学》,高等教育出版社1998年版,第59—62页。
② [美] 托马斯·麦卡锡:《对康德以来普遍历史观念的评论》,《哲学分析》2010年第1卷第4期,第90—91页。

环境在人类社会不同发展阶段各个领域和各个层次上的历史活动规律。那么，如何看待语言在个体的人和不同人群以及族群的日常活动中的运用及其作用呢？经典作家没有专门给出关于语言的系统论述，但在对黑格尔本体论的哲学批判时所做的语言批判能给我们带来一定的启示。

首先，从语言本身的历史性的角度看，语言是实践的产物，是现实中活动的人们与他人交往的迫切需要所产生的。"语言和意识具有同样长久的历史；语言是一种实践的、既为别人存在并仅仅因此也为我自己存在的、现实的意识。"① 20 世纪以前的本体论主要是围绕世界观和宇宙观问题，基本上将世界的本体归为各种各样的物质"实体"或精神"实体"，如"火""原子""气""道""人性""理念"等。② 20 世纪以来，随着语言逐渐成为哲学重要研究对象之一，③ 出现了一批像石里克、索绪尔、奥斯汀、维特根斯坦、奎因等颇有成就的语言学家或哲学家，他们认为，由不透明的语言所构成的世界自成一体。叙事主义者安克斯密特就持一种叙事实体论。抽象地看，作为历史研究的对象似乎"以其消逝在过去中"而不复存在，历史留下的遗迹只能是语言、符号为表现工具的各类"文本"，似乎唯有透过文本的分析才能了解以往的历史构图，而且在作为历史研究终端的历史作品的语言表述中，少不了历史研究者本身的主观认识和见解。但是，极端文本主义者如"文本之外别无他物"，如此历史观显然割断了语言与指涉对象（无论是对应指涉关系，还是所谓的"相关"关系）、过去与现实、现实与遗迹之间的联系。就历史学而论，语言能否构成历史学研究的本体，值得更审慎的思索。

其次，语言作为现实意识的本性，决定其形成、发展变化的规律也受制于现实世界演进以及运用者的生产生活状况的影响。如前所述，"意识在任何时候都只能是被意识到了的存在，而人们的存在就是他们的现实生

---

① 《马克思恩格斯全集》第 3 卷，人民出版社 1960 年版，第 34 页。
② 叶秀山：《世纪的困惑——中西哲学对"本体"问题之思考》，《中国哲学史研究》1997 年第 1 期。叶先生认为，学科的困惑，来自其思考"对象"（问题、题目、课题）之困惑。"本体""本质""物自体"的困惑，是西方哲学的"世纪"的"困惑"，而扩大开来看，又可能是我们人类的持久的困惑。
③ 俞吾金：《哲学思维的四个触角》，转引自中国社会科学网 http：//www.cssn.cn/news/380145.htm。哲学思维触及的另外三个世界分别是外部世界、内部世界以及镜像世界。原刊于《解放日报》2010 年 2 月 28 日。

活过程"①。语言意义的丰富性、多样性、特定语境下的语用功能的复杂性,归根到底,要诉诸现实世界才能得到恰当的理解。并不否认,语言形成发展过程中也逐渐形成其自身的表达规律。特定语言的形成也会"塑造"出一些历史概念和历史事实。比如,上述提到的"工业革命""文艺复兴"等概念,更多是人们在一种特定认识基础上形成了一种"历史事实"或"历史实在"。表面上看,似乎这是语言"创造"历史的证据,但关键在于,这种创造出来的"历史实在"在多大程度上能够与真实的历史进程相符合,否则,纵然有无数历史学家无数次塑造,这也并不能成为真正意义上的"历史事实"。"工业革命"的概念并不是伴随18—19世纪欧洲的实际历史进程同步产生的。尽管有像沃勒斯坦这样的学者也曾质疑它内涵的模糊性,但据此认为它只是一个"为理解过去而提出的一个解释工具","并非历史实在中一个巨大的与人无关的力量"②,可能仍然有悖事实,因为该词的所指当中包含一个相对固定的核心,而这个核心的确指向了这一时期欧洲经济社会生活的巨大变化。而该词之所以被继续运用而不是被淘汰,正因为其本身所指含义的不容否定性。

再次,从意识和存在的决定关系上看,语言本身不能成为一个独立的意义王国。语言只是一种感性的、实践的因而始终是"现实的意识",这个王国本身建筑在"现实王国"之上,尽管它与现实表现出这样那样的背离。"正象哲学家们把思维变成一种独立的力量那样,他们也一定要把语言变成某种独立的特殊的王国。这就是哲学语言的秘密,在哲学语言里,思想通过词的形式具有自己本身的内容。从思想世界降到现实世界的问题,变成了从语言降到生活中的问题。"③ 我们从唯心主义哲学家和历史学家那里看到的是:思想摆脱现实成为自足的王国,而语言又摆脱思想成为自足的王国。而真实的情形应当是,现实世界孕育了思想——思想诉诸语言表达形式化、具体化形成语言世界。那么,为什么以往的哲学家要把语言变成"特殊的王国"呢?其"哲学语言的秘密"在于为了借助哲学语言的另类运用得以更方便地表达自己的思想内容。"哲学家们只要把自己的语言还原为它从中抽象出来的普通语言,就可以认清他们的

---

① 《马克思恩格斯选集》第1卷,人民出版社1995年版,第72页。
② 彭刚:《安克斯密特与西方史学理论的新趋向》,《史学理论研究》2011年第3期。
③ 《马克思恩格斯全集》第3卷,人民出版社1960年版,第525页。

语言是被歪曲了的现实世界的语言,就可以懂得,无论思想或语言都不能独自组成特殊的王国,它们只是现实生活的表现。"① 这样我们就看到,"哲学语言的秘密"其实正是对于普通语言的含义的新运用或者新发挥(马克思针对当时唯心主义哲学家的做法贬之为曲解),而这种背离普通语言规则或者语法规则的新用法带来的新含义,其实就是语言哲学家所说的"能指"与"所指"的差别。马克思在这里揭示的"哲学语言的秘密"其实就是语言本体论的秘密,它不过是传统"实体"本体论的另类表现。

复次,必须防止"以辞害意"之类历史书写语言的滥用,防止把历史消融在历史书写者"自我意识"中的做法。马克思没有探讨整体的语言形式(文本主义)与语言内容和语言意义之间的关系。一方面是因为当时形式主义的确尚未发展到这一步②;另一方面是因为在马克思看来,唯物史观表明,"历史并不是作为'产生于精神的精神'消融在'自我意识'中,历史的每一阶段都遇到有一定的物质结果,一定数量的生产力总和"③,也就是说,从每一阶段物质生产力的基础及其发展变化这一根本出发,对人类历史生成发展变化总体规律的认识和把握,远比从意识、精神或者语言等出发来得更为合理、更为科学。理念终究是现实的反映形式,语言则是这种理念的表达形式。从历史作品的书写风格角度去抽象语言内容本身,无疑是"形式的形式"。依照怀特的观点,历史(鉴于其所作的思想史研究)的确是作为"产生于精神的精神"而消融在历史书写者的"自我意识"中,更确切地说,是消融在关于修辞或者关于情节结构的"自我意识"中。怀特及其辩护者可能会说,历史书写者笔下作品的形式本身已经包含了内容,是作为形式的内容而存在的,按照赫克斯特的说法,修辞陷于历史书写内容之中正如奶油已经深深地浸入蛋糕的糕体中一样。但是这种形式的内容始终只是"关于"内容的一些无关紧要的部分,绝非内容指涉对象本身或者全部。所以这些作为历史书写语言形式的"内容"告诉我们的并非是确切的认知,而是文本解读者自己的"自我意识"。如果说诠释学的本质直观是透过作为内容的

---

① 《马克思恩格斯全集》第 3 卷,人民出版社 1960 年版,第 525 页。
② 关于形式主义的发展阶段,参见刘万勇《西方形式主义溯源》,昆仑出版社 2006 年版。
③ 《马克思恩格斯选集》第 1 卷,人民出版社 1972 年版,第 43 页。

本质象征的形式去洞察现象的本质，不再设立现象/本质的两分法，或者形式/内容的两分法，那么怀特的直观则是完全抛弃了内容的直观，是从"形式的形式"去直观内容，去直观本质。结果只剩下历史的悲喜剧，只剩下历史的论证方法，只剩下修辞本身。这种直观告诉了我们什么呢？从心理学的元认知角度看，似乎揭示出这些历史学原型有助于理解文本的主旨和作者的意图，但是没有这种原型意识的读者同样具备这方面的理解力。如同没有文学原型概念的人，读到"黎明、春天"同样会产生关于"希望"的联想。这些原型意识或者常识，只是叙述的一种形式载体，而非叙述内容本身。

实际当中，语言与现实的人的活动之间的关系要复杂得多。例如，如何才能确保包括历史书写在内的一切现实生产生活中做到精准记录、精准表达、精准理解？进而，如何理解口述史学和历史书写实践中"言不尽意"和"言在意外"以及"言不由衷"的情形？如何看待同一时期不同历史书写群体的语言风格的相似性和差异性？如何看待不同历史时期围绕同一历史现象的历史书写的相似性和差异性？俚语、俗语、下流话、段子等，是否能够折射出一个群体或一个时代的特征？这些问题语言学转向后的新文化史不同程度地有所提及，或许为唯物史观的理解提供了可资借鉴地方。不过要详细阐明，仍然有待通过对唯物史观本体论的发掘和创新来进一步揭示和探讨。或许，可以基本肯定的是，以语言世界取代或者置换社会现实世界的语言本体论，不符合社会历史存在和历史本质的本真意涵，充其量，只能构成后者的重要一部分。

余　　论

与现代西方的"元历史学"理论相比，唯物史观包含的史学本体论，同样表现出对思辨历史哲学抽象本体论的批判，同样表现出共有的极致性和超越性，即都试图探寻影响历史判断、历史认识和历史价值背后的深层的理论和支配性要素，都试图探寻某种或可称为"终极事实"、"终极解释"和"终极价值"，甚至可以说都有建构历史学"第一根基"或提供历史研究指南的宏伟抱负。但在对新本体论探索方面，唯物史观与"元历史学"的本质区别在于，唯物史观将历史学的本体归结为带有"现实性"的本体，即"现实的活动的人"或者说"现实的人的活动"，它不同于以抽象的、主观或客观的观念为本体的唯心史观，也不同于以"语言"或"文本"之类需要借助其他进行解释才能说明其合理来源的隐性唯心史观，也不同于某种永恒的、单一的实体为本体、遵循固定不变历史演进图式的教条历史观。此外，"现实性"的本体内含的生存论和规律性（按照黑格尔的界定，"现实"不同于"实在"和"实存"之处在于其包含规律），意味着唯物史观本身是坚持人民群众为本和人类社会历史发展存在规律的学说。唯物史观学说一经创立之后，其创始人就将历史研究理论视域锁定于其生活时代的根本性现实问题——资本批判和资本主义制度病症的诊断上，并且致力于对资本主义社会发展阶段的革命性扬弃和对人类历史发展规律指向的人类自由个性全面发展的价值目标的热忱追求上。也正是基于上述见解，是否承认劳动人民群众历史主体地位以及人类社会历史是具有规律性的"个体本身力量发展史"和"劳动发展史"，是区分唯物史观与一切虚无主义历史观的试金石。

（作者单位：上海财经大学马克思主义学院）

驳近期历史虚无主义对五四运动的贬损

李方祥

五四运动是中国近代史上一次彻底的反帝反封建的伟大的爱国运动，不仅揭开了新民主主义的开端，而且为中国共产党的诞生在思想上、组织上作了准备。早在1940年，毛泽东在《新民主主义论》这篇著名文章中就明确指出："五四运动是反帝国主义的运动，又是反封建的运动。"[①] 同时，五四运动作为中国近代史上一件重大历史事件，早已在史学界形成共识并写进教科书。然而不久前，有人对五四运动学生与政府关系进行了所谓的"再考察"，通过精心挑选史料而拼凑出一个"五四运动"，得出的结论竟然是"发现事实完全是另一回事"。其主要依据是："五四学生运动之所以发生，不是为了反对'北洋军阀政府'；学生没有把政府作为反对的目标，政府也没有'残酷镇压'或'严厉镇压'，学生与政府的关系并非对立的"[②]，认为学生与政府之间只存在良性互动，从而来否定五四运动是一场反帝反封建的爱国运动。此论虽也找到一些史料作为文献支撑，但得出的结论为什么完全有悖历史事实呢？

一

五四运动究竟是一场什么性质的运动，首先要搞清楚是什么原因引发这场声势浩大的运动，这场运动所要达到的目的是什么。

有一个基本事实已经是很清楚，那就是引发五四运动的直接导火线是巴黎和会中国外交的失败。中国在第一次世界大战期间参加协约国集团，

---

① 《毛泽东选集》第2卷，人民出版社1991年版，第699页。
② 李新宇：《五四运动学生与政府关系再考察》，《炎黄春秋》2016年第5期。

第一次世界大战以协约国一方取得了战争的胜利，尽管中国没有出兵，但本来也属于战胜国的行列。由于这个国际地位，自1840年鸦片战争以来中国人在西方列强的船坚炮利面前受尽屈辱，统治集团卑躬屈膝，签订了一系列不平等条约，特别是袁世凯当权时签订的二十一条卖国条约，使中国丧失了一系列主权。当时中国人民迫切希望能够以此为契机，改变这种国际地位，废除二十一条，收回被德国侵占的山东主权。当时美国总统威尔逊在巴黎和会前提出了冠冕堂皇的十四条，而善良的中国人却对巴黎和会抱以幻想，天真地认为这次和会召开，中国可以"挽百十年国际上之失败"，"与英法美并驾齐驱"①。

然而巴黎和会是一个由少数几个帝国主义国家操纵的国际分赃会议，从一开始，中国就没有得到应有的平等待遇和作为战胜国之一应得到的尊重。中国政府出席巴黎和会的代表之一王正廷说："我们只被给予了三等国家的待遇。五个主导的战胜国分别是英国、美国、法国、意大利和日本，他们每个国家都被授予五个席位，另外像比利时、巴西和塞尔维亚被授予四个席位，而中国是唯一一个只被分配到两个席位的国家，尽管我们的地域广、人口多。"② 可以说，事实上中国从出席巴黎和会的开始就处于尴尬甚至屈辱的国际地位。中国代表团向和会提出包括废弃势力范围在内的七项提案和废除二十一条的提案，均遭到拒绝。此刻，中国人对巴黎和会寄予的唯一希望就是能够顺利解决山东问题，即德国战败后收回对山东的主权。然而，即使是这样一个天经地义的正当要求，竟然也遭到大会的断然拒绝，没有任何回旋的余地，日本继承德国在山东攫取的各项权利竟然在和约中明文规定下来。在巴黎和会上，英、法默许日本对山东的无理要求，这是由于此前两国已经与日本就山东问题达成秘密妥协。第一次世界大战爆发后，日本对德宣战，趁机出兵占领山东。英法俄等国希望北洋政府加入协约国，但遭到日本的阻挠。日本与英、法、俄等国密约，以承认日本继承德国在山东的一切权利为条件，来换取日本支持和承认中国加入协约国。这样，日本在巴黎和会上就有恃无恐，蛮横要求继承德国在山东的一切权利。

1915年1月，日本政府向中国下达二十一条要求，5月7日向中国下

---

① 上海《民国日报》1919年1月5日。
② 王正廷：《顾往观来——王正廷自传》，凌天出版社2012年版，第79页。

达最后通牒。25日，外交总长陆征祥与日本签订《关于南满洲及东部内蒙古之条约》和《关于山东省之条约》，承认日本关于确定在南满与东蒙之权益和"欣然同意"继承德国在山东之一切权益的要求。然而令北洋政府难堪的是，日本政府出席巴黎和会的代表竟然将此公开了。这样，北洋政府原先出卖国家利益的行为却成为收回山东主权的主要阻碍，"各国执此反唇相讥，谓既已自愿，何又反悔。此为主张失败之最大原因"[①]。1919年3—4月，中国出席巴黎和会代表王正廷向上海报界透露，"吾国人中有因私利而让步者，其事与商人违法贩卖者无异，此实卖国之徒也。所望全国舆论对于该卖国贼群起而攻之，然后我辈在此乃能有讨论取消该条件之余地"[②]。王正廷透露国内有"卖国贼"的信息经各报馆披露后无疑似投入一重磅炸弹，群情愤怒。起初大家怀疑叶恭绰，后又群疑梁启超，蔡元培、王宠惠、范源濂出面为梁启超辩诬澄清，梁启超本人也从巴黎致电国民外交协会自辩。后来真相逐渐呈露于光天化日之下，竟然是大名鼎鼎亲日派之大金刚曹汝霖、章宗祥、陆宗舆三人，举国上下舆论哗然、群情沸腾，人民群众对巴黎和会上日本帝国主义的蛮横无理、对腐败无能的北洋政府的满腔怒火，自然而然就集中到三位卖国贼身上。怒火早在五四运动之前的1919年4月中旬就已经初步点燃了。在驻日公使章宗祥回国之际，日本政要等前往送行，中国在日本的数百人留学生忽然出现，章氏夫妇误以为留学生来欢送，然而学生们纷纷诘问其卖国行为，并且向其抛掷写有"卖国贼"三字的旗帜。这一出其不意的事件令章宗祥饱受惊吓。

在五四时期，还没有打倒帝国主义的提法，但是从五四运动的斗争指向看，虽然没有直接出现"推翻政府"等类似的口号或行动，斗争的靶子直接指向曹、章、陆三人的卖国行径，实际上是把斗争指向北洋政府及其卖国政策。从五四时期的斗争口号来看，包括了"外争国权，内惩国贼""打倒卖国贼""取消二十一条""还我青岛""据理力争""保我主权""宁为玉碎不为瓦全""头可断青岛不可失"等，哪一个不足以体现出学生们的反帝爱国之心，不足以体现出学生们对卖国行为的抗争？

[①] 中国社会科学院近代史研究所近代史资料编辑组编《五四爱国运动》（上），中国社会科学出版社1979年版，第158页。

[②] 杨亮功：《早期三十年的教学生活：五四》，黄山书社2008年版，第115页。

二　五四运动取得胜利是北洋政府"倾听国民呼声""顺应民意"的结果吗？

前述李新宇一文认为，北洋军阀政府罢免曹、陆、章三人以及最后拒签和约，是"倾听国民呼声""顺应民意"的结果。① 北洋政府在五四运动中是这样的"开明""民主"吗？我们不妨来看看以下这些历史事实。

先说说曹、陆、章三人是如何被罢免的。他们三人从五四运动一发端就被视作卖国贼的代表，罢免三人是五四运动的两大目标之一。然而在五四运动爆发后，北洋政府对曹、陆、章三人是仍然采取袒护态度，掩盖他们的卖国行径。据 5 月 11 日《每周评论》报道：5 月 4 日火烧赵家楼之后，曹汝霖藏匿于六国饭店，打电话给总统徐世昌请徐替他做主。紧接着梁士诒等社会名流、新旧交通系要员以及新国会的康士铎等人，纷纷前来慰问。② 5 月 8 日，北洋政府发布大总统徐世昌慰留曹汝霖指令，污蔑学生的爱国行动"流言诋毁，致酿事端""扰害秩序"，同时称赞曹汝霖"从政有年，体国公诚"。③ 14 日，北洋政府又发布慰留陆宗舆的指令，称陆在任驻日公使期间"有裨大局""勋勤夙著"。④ 可见，北洋政府在五四运动爆发后是公然支持曹、陆、章三人，并为他们的卖国行为掩盖。

北京大学校长蔡元培由于受到各种压力而被迫辞职出走，社会各界代表纷纷要求北洋政府挽留。在社会舆论的压力下，北洋政府于 14 日下达挽留蔡元培命令，但同时也挽留曹汝霖、陆宗舆。很显然，北洋政府的阴谋是以挽留蔡元培为名把两位卖国贼也保护起来。北洋政府这一倒行逆施进一步激怒了广大爱国学生，16 日，北大学生发起成立"北京中等以上学校学生联合会"。19 日公布罢课宣言，决定自即日起各校学生一律罢课，直至学生的要求得到满足为止。同时，宣言痛斥北洋政府袒护曹、章、陆，"曹汝霖、章宗祥、陆宗舆，国人皆曰可杀，乃政府不惟置舆论之掊

---

① 李新宇：《五四运动学生与政府关系再考察》，《炎黄春秋》2016 年第 5 期。
② 中国社会科学院近代史研究所近代史资料编辑组编《五四爱国运动》（上），中国社会科学出版社 1979 年版，第 507 页。
③ 中国第二历史档案馆编《中华民国史档案资料汇编》第三辑（民众运动），江苏古籍出版社，第 338 页。
④ 同上书，第 340 页。

击于不顾，而于其要挟求去，反宠令慰留"①。然而，北洋政府指责学生罢课为"纠众滋事，扰乱治安"，限令三日内复课，并且派军警包围北大三院。联合会决定冲出军警的包围封锁，派代表到天津、上海、武汉等地进行联络、发动。

与此同时，北京学联决定从6月1日起冲出军警的封锁举行演讲。

北京大逮捕的消息很快就传到全国各地，得到了上海等地工人阶级及社会各界的声援，工人罢工、商人罢市、学生罢课，特别是工人罢工运动使北洋政府感到恐慌。6月7日，北京总商会在给北京政府的呈文中，讲到北京地区的情况时警告当局："水能载舟，亦能覆舟，民气之奋兴，诚未可遏塞而致使溃决。侧闻罢学罢市，各省已有逐渐响应之虑，京师彼此激刺，亦暗有浮动情形。"② 6月10日这一天，北京各团体代表面见徐世昌，"陈述险象，恐生大变，乞纳民意，以息风潮"③。6月7日，北洋政府被迫宣布释放被捕学生。然而，被捕学生坚持斗争、毫不妥协，6月6日、7日，教育部派代表以及徐世昌总统派员前往劝说学生回校，均遭到拒绝。被捕学生召开临时联合会讨论办法，认为政府对待学生毫无诚意，或以武力胁迫，或以客气笼络，如果政府要表示诚意，就应当惩办国贼，彼一日不惩办国贼，我辈一日不出拘留所。④ 8日，有人提议与其死守在拘留所，不如仿效申包胥七日之哭一起到总统府门前痛哭，不杀国贼誓不返校。这个提议得到大家的赞成。当日晚，各校开会决定，自10日起北京中等以上学校包括女校在内各带行李做好露宿准备，共同前往总统府门前哭。迫于全国民众的压力，10日北京政府开始下达处理国贼的命令。但是当日上午仅仅发布了一条准免曹汝霖职务的命令，"陆章并无下文"，这当然不足以平民愤，于是"由学生联合会曾举出代表六人，赴国务院、教育部两处，请见总理及傅次长。结果当局告以陆章免职令立时可下"⑤。同在10日下午，天津总商会急电北京政府："本日仅准曹汝霖辞职，似此可以谢国人乎？……查栖息于津埠之劳动者数十万众，现已发生不稳之象，

---

① 许德珩：《为了民主与科学——许德珩回忆录》，中国青年出版社1987年版，第72页。
② 《申报》1919年6月12日。
③ 同上。
④ 杨亮功：《早期三十年的教学生活：五四》，黄山书社2008年版，第145—146页。
⑤ 上海《时报》1919年6月13日。

倘迁延不决，演成实事，其危厄之局，痛苦有过于罢市者。"① 天津总商会的急电，使北洋政府极为震惊。因天津近在咫尺，如果那里的几十万工人大罢工将直接威胁北京，使其反动中央呈动摇之势。在这种"危厄之局"的逼迫下，北京政府才又发布了准免章宗祥本职的命令。② 在最后一次命令下达后，北京政府已十分恐惧，急忙将以上三种命令带往天津，"提示大众，劝其开市"③。这时，已经是6月10日的深夜了。在各界群众的愤怒抗议下，北京政府才又不得不在当日午后发布了一条准免陆宗舆职务的命令。至此，五四运动要求罢免曹、章、陆三位卖国贼的斗争取得了胜利。

拒约是五四爱国运动的另一个目标。罢免三位卖国贼，五四运动取得了阶段性胜利，然而斗争还未取得完全胜利。正如当时上海《民国日报》所说，"卖国条约未废，亡国之祸终难幸免"④。当时北洋政府对于巴黎和约出卖中国主权是什么态度呢？北洋政府虽然迫于社会压力明令罢免曹、章、陆，但是在国际上仍然不敢维护国家主权，唯恐得罪西方列强特别是日本帝国主义，"若竟拒绝签字，不惟有负各国调停之苦，抑且不啻自绝于国际联盟之保障，各国将来更难过问"。北洋政府的软弱态度和卖国立场，使压抑许久的中国人民胸中怒火再次迸发出来。由于巴黎和会是直接要牺牲山东的利益，山东人民长期饱受德国侵略者的欺凌，而第一次世界大战后不但没有扬眉吐气，反而现在又要遭受日本帝国主义的蹂躏。山东社会各界忍无可忍，特别是六三之后掀起了罢工、罢市、罢课以及抵制日货等爱国行动。6月18日，山东各团体发起声势浩大的赴京请愿运动，推出代表109人，于19日晋京向北洋政府请愿，得到北京及其他全国各省民众的呼应和声援。在代表们义正词严的泣诉和举国一致的要求下，总统徐世昌不得不在口头上做出拒绝等承诺。然而，国务院6月25日批复花言巧语、欺骗人民，山东请愿代表石愚山回忆，"这样的答复，不但纯粹是敷衍搪塞，一点没有能够解决我们的正义要求，而且埋伏着许多出卖祖国的阴谋"⑤。请愿代表们极度不满，表示无法归见山东父老。显然，事已

---

① 《晨报》1919年6月13日。
② 《公言报》1919年6月11日。
③ 《晨报》1919年6月11日。
④ 彭明：《五四运动史（修订本）》，人民出版社1998年版，第407页。
⑤ 胡汶本、田克深编：《五四运动在山东资料选辑》，山东人民出版社1980年版，第317页。

至此，北洋政府在拒约问题上仍然态度暧昧，一味敷衍欺骗人民，企图蒙混过关。济南学生及社会各界怒不可遏，立即致电北京指责抗议，电文痛斥北洋当局"弄智饰非，不诚无物"，警告当局"国所以立，实基于民意，政府如不自绝于民，仍悬当机立断"①，立即拒绝签约，以顺舆情，平息民怨。同时社会各界决定组织第二批代表到北京支援。学生联合会决定于27日由各校推出数百位代表前往总统府请愿，迫使徐世昌电令专使拒绝签字。迫于强大的社会压力，徐世昌表示：专使如未签字，即电令拒绝签字；如已签字，则将来和约交到中国时，一定予以批驳。②北京学生的爱国举动也深深激励了远在巴黎的留法学生和爱国华侨。他们在和约签字那一天全体赴中国专使住所，阻止他们赴会签字，并扬言如果专使去签字，大家就以国内学生对付曹汝霖的办法对待他们。

从上述史实可见，北洋军阀政府罢免卖国贼曹汝霖、章宗祥、陆宗舆以及在巴黎和会拒签和约，是极不情愿的，根本不是政府与人民群众相互协商妥协的产物，而是广大人民同北洋政府进行不屈不挠的斗争，一步一步地最终取得斗争的胜利。这体现了人民群众蕴含着伟大的力量，人民群众才是推进中国社会进步的根本力量。李文美化、抬高北洋军阀，抹杀人民群众的力量，是根本违背了历史唯物主义，从而坠入虚无主义的泥潭。

三 北洋军阀政府真的没有镇压学生运动吗？

李文一文认为北洋军阀政府没有"残酷镇压"或"严厉镇压"五四运动。③然而事实却并非如此。

1919年5月4日火烧赵家楼后，警察总监吴炳湘和督军统领李长泰率大批军警赶到，用武力驱散群众，并开始逮捕，共32人被捕，其中学生31人，市民1人。学生们被捕后备受苦辛，"三十二人共住一房，如待贼寇，看管颇严"④。对于这些被捕入狱人员，北洋军阀政府强加上"党派阴

---

① 胡汶本、田克深编：《五四运动在山东资料选辑》，山东人民出版社1980年版，第314页。
② 中国社会科学院近代史研究所近代史资料编辑组编《五四爱国运动》（上），中国社会科学出版社1979年版，第502页。
③ 李新宇：《五四运动学生与政府关系再考察》，《炎黄春秋》2016年第5期。
④ 中国社会科学院近代史研究所近代史资料编辑组编《五四爱国运动》（上），中国社会科学出版社1979年版，第293页。

谋""过激举动"等罪名,"拟兴大狱,处以非刑"①。同时,北洋政府在5月5日后加强了对学生的监视和镇压。5日,教育部严禁学生游行集会,指责学生爱国行为"实属过度狂热",通令各校严加管束,"其有不遵约束者,应即立予开除,不得姑宽"②。6日,大总统饬令京师警察总监,指责在5月4日当天"调度失宜""防范无方",明令要求"倘再有藉名纠众扰乱秩序不服弹压者,著即贪污逮捕惩办"③。学生因爱国举动而无端被捕,获得社会各界的同情并激起对军阀政府的公愤。5日,北京各大专学校开始总罢课。6日,天津、上海等20多所院校行动起来,声援北京学生爱国运动。社会名流和各界人士也纷纷谴责反动当局,甚至连有的安福国会议员也表示要弹劾政府。在社会各界的舆论压力下,7日被捕学生全部释放回校。但以日本帝国主义为靠山的皖系首领段祺瑞等人却相当不满,一方面他们公开为三位卖国贼辩护,攻击教育界纵容学生,并威胁要撤换蔡元培校长职务,迫使蔡元培不告而别,辞职出走;另一方面派出大批军警大规模地镇压学生、群众的爱国运动。5月8日,北京政府下达了镇压学生运动的命令,命令要求反动军警"遇到纠众滋事不服弹压者,仍遵照前令,依法逮惩",同时要求各级行政机关约束学生"毋得干预政治","其有不率训诫,纠众滋事者,查明斥退"④。5月9日,北洋政府派出大批军警到北京各学校监视,并禁止学生进行爱国活动。北洋政府的倒行逆施进一步激起爱国学生的怒火。学生联合会决定从5月19日起全市各校同时宣告罢课,并向全国各团体各报馆发出罢课宣言,向北洋政府抗议要求撤除监视学生的军警等要求。从19日起,各校学生纷纷走出校门,在北京各街道、胡同、公园等处宣传演讲,向市民揭露日军帝国主义无理侵占中国山东青岛的各项权利,揭发反动军阀政府向日本屈膝妥协出卖国家主权的行径,劝告群众抵制日货。广大群众深受触动,激发起爱国情感,埋藏在胸中已久的对日本侵略者的愤怒和对无能政府的痛恨被点燃。

5月19日北京学生开始罢课斗争后,北洋政府任命王怀庆担任督军统

---

① 中国社会科学院近代史研究所近代史资料编辑组编《五四爱国运动》(上),中国社会科学出版社1979年版,第294页。
② 中国第二历史档案馆编《中华民国史档案资料汇编》第三辑(民众运动),江苏古籍出版社,第337页。
③ 同上。
④ 中国科学院历史研究所第三所近代史资料编辑组编《五四爱国运动资料》,科学出版社1959年版,第167页。

领,进一步严厉镇压学生一切爱国活动。6月1日,总统徐世昌下达"诰诫学生令"责令各校即日上课,并查禁学生义勇队,"犯者即予革惩"。紧接着第二天,在东安市场逮捕售卖国货的7名学生。为了表示强烈抗议,北京学生联合会于2日决议从3日起各校有组织地发表演讲,决不屈服,誓与反动势力抗争到底。周予同当时在北京师范学校读书,他也参加了游行,他回忆:当各校学生走出校门高举写有标语的旗帜大声学说时,步军统领衙门的军队和警察蜂拥而来,军区的枪支上了白晃晃的刺刀,并间用马队迎头冲击,这种凶恶的手段是五四那一天还没有出现的。[1] 6月8日《每周评论》发表《军警压迫中的学生运动》一文,报道了6月4日、5日两天北京军警在各处肆意抓捕上街演说的学生的情形:6月4日当天"街心的警察比平常增加好几倍,又有穿灰衣的马队,背着枪,骑着马,四处乱跑。遇到有人讲演,不问他人多人少,放马过去左冲右突也不知道踏伤了几多人。把听的人冲散之后,便让游缉队、保安队把演说的学生两人夹一人,送到北河沿法科大学里边去监禁起来"[2]。5日上午,《每周评论》记者从前门经过,亲眼所见三个学生站在路旁演说,"来了几个警察,身长黑面,犹如城隍庙里的阎王一般,把三个学生一人捉一个,那三个学生两手虽然被他们捉住,嘴里还说个不止,听的人不知道有多少都流下泪来"[3]。经过几天的大逮捕,被拘禁的学生达一两千人。由于被捕学生人数暴增,仅法科一处临时关押点已经容纳不下,北洋政府临时又把理科大学占用作为另一处临时监狱。

北京大镇压的同时,南京、武汉以及福建等地也发生了军阀逮捕、殴打爱国学生的事件。根据1919年9月上海中华书局出版《学界风潮纪》一书:暨南、农业两校学生在下关被巡士用枪锋刺伤28人,金陵大学学生在大行宫被巡士横遭驱逐,有的被打倒在地受人踩踏,有的被刺伤血流如注,有的被捕拘禁,更多的是被殴打致伤。武汉也发生了军警逮捕殴打爱国学生的事件,中华大学有20多人被逮捕或殴打致伤,文华大学8人受伤,重任致死1人,湖南中学8人被捕,高等商业9人受伤,甲种工业、

---

[1] 中国社会科学院近代史研究所编《五四运动回忆录》上,中国社会科学出版社1979年版,第300页。
[2] 中国社会科学院近代史研究所近代史资料编辑组编《五四爱国运动》(上),中国社会科学出版社1979年版,第511页。
[3] 同上。

农业两校 10 多人被捕……①

  有的人可能会提出质疑，5 月 4 日游行警察不就没有采取武力手段对待学生吗？不可否认，的确存在这类现象，但是这不是由于他们的仁慈和宽容，而是由于他们在当时那种特定的环境和氛围下，被学生们的爱国之情、赤子之心所感染。参加当天天安门游行的王统照回忆：当时游行队伍行进中，在队伍左右有穿黑灰军服的军区持枪随行，有些学生边走边谈，不断地向他们宣讲爱国的道理和为什么举行这一次游行，学生们"汗泪融合的共同表现使他们也有多少感染"②。当游行队伍到达赵家楼胡同时，数百名军警早已把胡同口封住、严阵以待。据北京大学学生、五四运动的领袖之一许德珩回忆：他们当时向军警和和气气地讲明来意说，我们是爱国学生，来这里是找曹总长谈谈国事，交换意见，要他爱中国。我们学生手无寸铁。你们也是中国人，难道你们不爱中国吗？学生们做了很多说服教育工作，果然起了效果，军警让他们进入胡同。可是曹宅大门紧闭，学生们仍然用说服的办法，"用三四个人包围一个军警的方式，向他们说服，几乎等于缴械"③。

  综上所述，五四运动是一场反帝反封建的爱国主义运动，维护了民族的尊严，其历史地位和历史意义不容贬低和抹杀。

（作者单位：福建师范大学马克思主义学院）

---

  ① 中国社会科学院近代史研究所近代史资料编辑组编《五四爱国运动》（上），中国社会科学出版社 1979 年版，第 391 页。
  ② 中国社会科学院近代史研究所编《五四运动回忆录》上，中国社会科学出版社 1979 年版，第 248 页。
  ③ 中国社会科学院近代史研究所编《五四运动回忆录》续，中国社会科学出版社 1979 年版，第 53 页。

评李怀印对近代中国宏大叙事的思考

黄仁国

2013 年，美国得克萨斯大学奥斯汀校区历史系教授李怀印著 Reinventing Modern China: Imagination and Authenticity in Chinese Historical Writing 在美国出版后，中国大陆也于同年出版了其中译版《重构近代中国：中国历史写作中的想象与真实》。针对该书英文版，汪荣祖曾发表书评《现代中国："重新发明"还是"重新发现"?》[①]，指出李著的诸多矛盾和缺陷。针对中文版，大陆有论者则认为："李怀印提议要对中国晚近的历史展开'不含目的论的、回归时间原点的'探究，同时对中国当代及今后的发展作'不预设终点的'的研判，在此基础上，重新建构中国近现代历史的宏大叙事。关于这一点，在学界达成共识相对容易。"[②]

对李著的不同评价引人思考。李怀印在书中表示反对碎片化和主张宏大叙事，提出要追求"理解中国过去的经历及其不断变化的现实"的"更为可行的诠释方案"，这些虽然不是他的首创，但也是国内学界颇为关注的问题。问题是，现有近代中国宏大叙事是否已经过时？李著提出的"在时开放观"是否可行？这些都需要仔细研习。

一

李著说："对革命叙事最为权威的表达，见于范文澜的作品。……范氏的工作在共产党史学史上具有重要意义，与其说是为马克思主义的中国近现代史研究奠定了基础，还不如说他为共产党史学开启了一个强调实用

[①] 汪荣祖：《现代中国："重新发明"还是"重新发现"?》，《东方早报》2013 年 12 月 8 日。

[②] 韩晓东：《2014 年，想读的几本社科书》，《博览群书》2014 年第 2 期，第 49 页。

目的的新传统,亦即不惜牺牲历史表达的客观性,利用历史服务于现实政治。"① 这表明,李著对"革命叙事",一开始就是持批判态度。

李著对范文澜的评述很不严肃。首先,在一些基本史实上存在明显错误,或者前后矛盾。如李著认为范文澜"缺乏马克思主义熏陶的背景",在说及范文澜入党时间时前后矛盾,即"范氏于 1940 年加入中共"②、"他最终于 1938 年加入共产党的新四军,负责宣传工作,并于次年 9 月成为中共党员"③。其实,范文澜的马克思主义背景很容易讲清楚。1979 年版《范文澜历史论文选集》所附"范文澜同志生平年表"中有明确记载。刘大年曾指出:"范文澜 1926 年第一次加入中国共产党,1927 年在北京会见中国共产主义运动的先驱李大钊。他接触马克思主义著作应该开始于这个时候。"④ 卞孝萱在为范文澜写小传时说,范文澜曾在天津、北京、河南等著名高校宣讲共产主义,与党组织失去联系后,仍与个别党员以及党所领导的团体——教联、左联、互救会发生联系,并于 1939 年 9 月重新加入共产党。⑤

其次,对范文澜的评价不是从学术语言出发,而是多次使用反感和嘲讽的语句。如,"毛泽东钦命的共产党官方史学家","他的强烈的大汉族主义的民族认同和种族情结,使他痴迷于晚清政治中的满汉矛盾","他在著作中不能条理清晰地叙述反帝和反封建的革命主题","发现自己陷入了一个无法摆脱的困境","挣扎于传统和革命之间","在这种挣扎中从未成功"。"但是他的著作确实在中国马克思主义史学上开启了一个新的传统,即以近代中国的起义和革命为中心,颂扬起义和革命并妖魔化它们的敌人。这种浪漫的写史风格,以历史的客观性为代价,始自 20 世纪 40 年代,一直持续到 1949 年以后,在此后数十年,形塑了中华人民共和国的中国近代史书写和再写,而范氏本人则在'文化大革命'期间差一点沦为更为政治化史学的牺牲品。"⑥ 这些表述带有明显的政治批判倾向。

再次,肯定范文澜科学成就的被视为"拔高",指出范文澜不足的则

---

① 李怀印:《重构近代中国:中国历史写作中的想象与真实》,中华书局 2013 年版,第 19 页。
② 同上书,第 79 页。
③ 同上书,第 97 页。
④ 刘大年:《光大范文澜的科学业绩》,《近代史研究》1994 年第 1 期,第 8 页。
⑤ 卞孝萱:《范文澜》,载张舜徽主编《中国史学家传》,辽宁人民出版社 1984 年版,第 348、349 页。
⑥ 李怀印:《重构近代中国:中国历史写作中的想象与真实》,中华书局 2013 年版,第 78 页。

被夸大。前者如:"他在1946年首版于延安的《中国近代史》,后来被一位权威的马克思主义史学家誉为'用科学观点对系统研究中国近代史开了一个头'(刘大年1979:1)。同样,范氏亦被颂扬为'系统地、科学地研究中国近代史的奠基者','他所奠定的基本框架和提出的一系列深刻论断,影响了近代史研究达数十年之久'(陈其泰1993:72)。"① 后者如:"对范氏过分强调满汉对立的做法","刘大年等""提出严厉批评"②。

根据李著引文,可以看到,刘大年在评价范著"用科学观点对系统研究中国近代史开了一个头"时说:"第一次非常鲜明地向读者强调指出了近代中国半殖民地半封建的时代特征,指出了人民与统治阶级所走的不同道路,以及人民群众创造历史的伟大力量这样一些根本事实。"③ 陈其泰在评价范著"奠定基本格局、全驱先路的功绩"时说:"《中国近代史》(上册)造端宏大,材料新颖,深刻、丰富、生动地再现了中国历史的进程,中肯地评价了各个历史时期,体现了革命性与科学性的高度结合。它的产生,标志着近代史研究达到了新的阶段,它所奠定的基本框架和提出的一系列深刻论断,影响了近代史研究达数十年之久。"并展开分析说:"本书严正地驳斥帝国主义和买办文人的恶意歪曲,富有说服力地证明一部中国近代史就是帝国主义侵华史和中国人民英勇反抗斗争史。""对近代史的重大事例和问题作多层面的开掘,鲜明地揭示出半殖民地半封建社会的性质,是本书的又一突出成就。"在分析范著"开阔的视野 卓越的史识"时说:"十分重视中国史与世界史的联结,放在世界史的背景中论述中国史。""善于运用马克思主义分析中国近代历史的进程,发现事件或人物之间的本质联系,作出确当的论断,表现出卓越的史识。"④ 李著置这些评论不顾,只抓住"起义和革命"这一"中心",并将革命性与科学性阉割,武断地认为只要讲革命就是牺牲历史的客观性,除了表明对"革命"的反感外,什么也说明不了。

刘大年确实对范文澜学术研究中的缺点进行过批评。他一方面指出范文澜有"历史观点上受浙东学派的束缚"的缺点;另一方面指出:"整个

---

① 李怀印:《重构近代中国:中国历史写作中的想象与真实》,中华书局2013年版,第79页。
② 同上书,第93页。
③ 《刘大年集》,中国社会科学出版社2000年版,第255页。
④ 陈其泰:《范文澜〈中国近代史〉的开拓意义——纪念范文澜诞生100周年》,《中国社会科学院研究生院学报》1993年第6期,第74—78页。

清代，抱有反满观念的不限于浙东学派那些人。但他们结合儒家传统思想，通过学术、理论的形式发表议论，更加深入人心。""封建阶级、资产阶级站在他们的地位来认识那些矛盾和斗争，看不出一点光明、前进，只有黑暗、倒退，带有极大的表面性。"结合这部分内容前面的评价，如，范文澜"政治思想的不断前进，使他的学术思想终于大踏步地迈上了马克思主义的康庄大道"，他"比较好地把马克思主义和我国的民族特点结合起来，造就了自己著作的个性，具有独特的风格"①，可以看出这并非所谓的"严厉批评"。刘大年还指出："书上的缺点自然可以举出一些。阶级分析中，次要的情节讲得多，对中国社会各阶级相互关系演变的过程、关键讲得不突出。由于写作条件限制造成的若干史实错误，后来陆续有所修订。大部分篇幅记述重大的政治事件，缺少社会生活、经济文化的内容。但这些都只占次要的地位，小疵大醇，缺点并不掩盖它的大辂椎轮，前驱先路的重大功绩。"②与李著将范文澜简单地定性为"浪漫主义"史学家代表不同，刘大年则突出范文澜实事求是的治学态度，如："勇于自我批评，又勇于接受别人的批评，实事求是，表现了一个马克思主义者纠正错误，坚持真理，不知疲倦地推进科学研究的态度。""范老的研究工作是重视革命性、科学性以及二者的统一的。"③

最后，有意忽略范文澜"叙事"对蒋廷黻"叙事"缺点的克服，不愿直面范著的科学性和开创性。李著指出蒋廷黻的现代化叙事"全然忽略社会经济关系和阶级结构"，"完全忽略了普通民众的作用"，"在解释中国现代化屡次失败背后的原因时，他更强调中国社会内生的因素，尤其是其文化传统，而不是外来因素"④。范著没有这些缺陷，从范文澜开始，中国近代史的书写在整体性方面取得了突破性的进展。但是，为了说明范文澜是"浪漫主义"史学代表，李著反复强调范"是毛泽东所信赖的史家和私交"⑤，不惜笔墨地分析"毛和范的结盟"，认为："专注于民族生存和/或党内政治的实际问题，他们都对纯粹的马列学说缺乏兴趣。""毛和范本质

---

① 《范文澜历史论文选集》，中国社会科学院出版社1979年版，序，第9—12页。
② 同上书，序，第3页。
③ 同上书，序，第6、9页。
④ 李怀印：《重构近代中国：中国历史写作中的想象与真实》，中华书局2013年版，第55页。
⑤ 同上书，第77页。

上是民族主义者和务实的革命者,而非他们自己宣称的真正的马克思主义者。"① 并得出结论说:"这使得毛和他的史学家在抗战最艰难的岁月里,根据党同国民党斗争的需要,随心所欲地解释历史,而不管其解释背离'正确的'路径有多远。"李著将斯大林和共产国际视为"正宗"马克思主义,除了表明对马克思主义的本质属性和马克思主义中国化认识肤浅外,当然还有其主观意图。至于片面夸大毛泽东的个人权力、意志和作用等,那完全是英雄史观的陈词滥调,无法科学地解释历史。范文澜《中国近代史》上册出版后即在包括非解放区在内的民众中广受欢迎,此后又不断修订出版,至今仍受到重视,这绝对不是毛泽东个人能够决定的,而是由广大人民群众的需要决定的,也是由当时的时代特征所决定的。范著如果是"随心所欲地解释历史",毫无科学性可言,自然早就被人所遗忘。李著不愿直面范著的科学性和开创性,无法对范著进行有说服力的评述,也无法对20世纪以来中国马克思主义史学发展的路径进行理性分析,遑论对近代中国宏大叙事进行科学论说了。

二

近代中国研究在20世纪以来经历了初创、成长和繁荣的不同发展阶段。以近代史研究所(含近代史所的前身北方大学和华北大学历史研究室)为例,范文澜、刘大年、张海鹏可以视为这三个发展阶段的代表性人物,并都拥有反映近代中国宏大叙事思想的近代史著作。但李著仅仅分析了范文澜的近代史著作,对刘大年主撰的《中国史稿》第四册、《中国近代史稿》第一至三册,张海鹏主编的《中国近代史》(1840—1949)、《中国近代通史》(10卷本)却只字不提,只是简单地将刘大年、张海鹏说成是反对"现代化叙事"的代表。分析近代中国宏大叙事的演进,不仅要看史学家们说了什么,更重要的是要看他们做了什么,写了什么专著。这样,尽管李著将近代中国叙事一分为二并试图一一解构,读者并没有看到真实的近代中国叙事的发展演进,看到的多半是思想层面的而非实体层面的内容,如此对"革命叙事"进行解构,并随之匆匆解构"现代化叙事",过于随意,甚至是否真正存在两大叙事的对立,也让读者质疑。

---

① 李怀印:《重构近代中国:中国历史写作中的想象与真实》,中华书局2013年版,第107页。

刘大年主撰的《中国史稿》第四册是1960年最有影响的近代史著作。姜涛认为：《中国史稿》第四册"为中国近代史搭起了一个新的架子，有的地方作出了可喜的概括"。"以前讲中国近代史的著作，包括拥有众多读者的范文澜的《中国近代史》，一般带有纪事本末的特点，而且内容偏重于政治史。《中国史稿》第四册有了重大的改变。刘大年认为，1840年至1919年近代中国80年的历史，可以以1864年太平天国失败和1901年义和团失败为界，明显地区分为三个不同的时期。在这几个时期里，帝国主义、中国社会各阶级的相互关系、它们之间的矛盾斗争各有特点。其中社会经济状况、阶级斗争、意识形态是结合在一起的，统一的。因此，这部新的著作决定根据历史演变的时间顺序讲述事件：不仅讲政治事件，也讲经济基础、意识形态、文化发展；不仅讲汉族地区的历史，也讲国内各民族在斗争中与全国的联系。"[①] 通过统计分析，张海鹏、赵庆云认为"《中国史稿》第四册力求反映近代史的全貌"，指出："可以看出，政治史、革命史为主干，同时将经济、思想文化、边疆少数民族纽结其中，均有比较充分的反映，《中国史稿》所构建的理论体系容纳历史内容的全面与均衡，在1960年代实为难能可贵。而且，对于统治层的活动如洋务运动、清末新政、预备立宪等均给予了一定的位置。对于两次鸦片战争、中日战争、中法战争这些由清政府主导的涉外民族战争，也有较为公允的评价。……就这个框架看来，虽然蕴含着'三次革命高潮'的基本精神，却明显体现了突破'革命史'框架的意图。""《中国史稿》第四册的这些认识及编纂方法，是对建国以来中国近代史学科研究成果的概括，实际上为中国近代通史的编纂构建了一个具有一定科学性的初步框架。"[②] 这表明，刘著与范著相比，在中国近代史书写的整体性方面，又大为前进了。

刘大年通过主撰《中国史稿》第四册和《中国近代史稿》第一、第二、第三册以及撰写史学研究论文，对历史学如何成为科学作了深度思考。他再三强调，不能把历史学当作解释政治任务的工具。他通过分析古今中外的众多史学理论流派，提出历史研究的对象是"与一定生产力相联系的、以生产关系为中心的社会关系、社会联系及其运动、变迁"[③]，明确

---

① 姜涛：《马克思主义史学家刘大年》，《史学理论研究》1998年第2期，第14、15页。
② 张海鹏、赵庆云：《试论刘大年的中国近代史研究》，《历史研究》2011年第3期，第155页。
③ 《刘大年史学论文选集》，第68页。

指出生产关系是历史研究的中心，认为"生产关系、社会关系和联系，集中表现了人创造历史各种形式、各个方面的关系、联系和运动。抓住他们，才抓住了历史运动的本质。"① 他反复强调历史是一个整体运动，历史研究既要突出历史运动的主线，又要充分注意历史空间的展开性、时间的连续性和时空的交融性。他晚年提出对中国近代史上两个基本问题的看法，认为一方面"民族独立与近代化，是两件事，不能互相代替"，民族独立"从根本上说是要解决生产关系的问题"，近代化"从根本上说是要解决生产力的问题"；另一方面，"它们紧密地联系在一起，不是各自孤立的。没有民族独立，不能实现近代化；没有近代化，政治、经济、文化永远落后，不能实现真正的民族独立"②。与李著简单地将"革命叙述"和"现代化叙事"割裂和对立起来不同，刘大年则从整体性高度将二者有机结合起来，提出科学的、符合近代中国实际的宏大叙事思想。

范文澜、刘大年都主张中国近代史的下限是1949年中华人民共和国成立。但是，考虑到历史需要沉淀，范文澜的《中国近代史》只出了上册，写到1901年义和团运动；刘大年的《中国史稿》第四册只写到1919年五四运动，《中国近代史稿》只出了前三册，写到义和团运动。张海鹏主编的《中国近代史（1840—1949）》、《中国近代通史》（10卷本），特别是后者，弥补了这些遗憾，是构建近代中国宏大叙事的最新成果。

新中国成立50周年时，张海鹏主编的《中国近代史（1840—1949）》出版发行。张海鹏指出，这部书主要把握了两个方面，即："一、所谓中国近代史，它起于1840年英国为侵略中国发动的鸦片战争，终于1949年中华人民共和国成立，由于这个历史事件，结束了中国半殖民地半封建社会的历史，开创了中国历史的新纪元；二、近代中国的历史发展过程，不仅经历了由于帝国主义侵略和封建腐败统治的双重作用，不断向半殖民地半封建社会的深渊沉沦，并且沉沦到谷底，更经历了冲出谷底，向上发展，进而走出半殖民地半封建社会的魔影，走向社会主义现代化的新中国的历程。"③ 他还说："此书第一次按照新的分期法，按照中国近代历史发展的逻辑顺序安排章节。有学者评论，认为该书提出了对中国近代史新的

---

① 《刘大年史学论文选集》，第63页。
② 《刘大年集》，第7—8页。
③ 张海鹏：《中国近代史（1840—1949）》，群众出版社1999年版，前言，第7页。

理论构架，是对中国近代史撰写上的一次突破。但因篇幅小，只能涉及政治史，在内容上很不完善。撰写此书，是为了撰写《中国近代通史》做的一次实验。"①

2005年，张海鹏评论"革命史范式"与"现代化范式"说："'革命史范式'是近些年来学术界颇为弥漫的一种说法，提出者的本意含有否定这种学术体系的意味。……考虑到'革命史范式'这个提法虽然不是很准确，但是它反映了中国近代史学科体系的核心内容，且为许多学者所采用。在找到更为准确的提法以前，本文在讨论时也采用这个提法，当然不包含否定或轻视的意味。"②他认为："运用现代化理论研究近代中国的历史，具有一定的积极意义，但简单地以'现代化范式'替代'革命史范式'，未必是正确的思考方向。近代中国的时代基调是革命，中国近代史上的政治、经济、军事、文化思想、社会变迁，以及中外关系的处理，区域发展，少数民族问题，阶级斗争的状况，无不或多或少与革命的进程相联系。中国近代史学科体系只能在'革命史范式'主导下，兼采'现代化范式'的视角，更多关注经济的发展及其对于革命进程的作用，使'革命史范式'臻于完善。"③ 2008年，他进一步指出："所谓革命史观，所谓现代化史观，都不是指导历史研究的正确的史观。指导历史研究的正确史观，是马克思主义的唯物史观。按照唯物史观考察近代中国历史，应该认识，反帝反封建是近代中国的历史主题，旧民主主义革命和新民主主义革命是贯穿近代中国历史的真正的主线，现代化进程在近代中国虽然在缓慢地进行，却从来没有居于主导地位。""按照唯物史观，现代化进程在中国社会发展中成为主流，是在1949年10月中华人民共和国成立之后，特别是在国家政权巩固、社会经济全面恢复并有所发展之后，现代化进程实际进入中国社会生活领域。在这个时候，现代化进程是主导方向，阶级斗争是次要方向。"④

新中国成立60周年时，张海鹏主编的《中国近代通史》（10卷本）

---

① 张海鹏：《中国近代通史》第1卷，江苏人民出版社2009年版，第56页。
② 张海鹏：《20世纪中国近代史学科体系问题的探索》，《近代史研究》2005年第1期，第17页。
③ 同上。
④ 张海鹏：《近年来中国近代史若干问题的讨论》，《思想理论教育导刊》2008年第6期，第64、65页。

出版发行。该书正是以唯物史观为指导，通过研究 1949 年前 70 多种中国近代史著作和 1949 年后出版的中国近代史的主要著作，既吸收学术界的积极成果又表达个人的研究心得，以科学性、系统性、综合性、准确性为目标而编写的鸿篇巨制。该书明确中国近代史发展的主题是"只有首先取得了民族独立，才为现代化的展开和实现奠定基础、提供前提"①，全书"贯穿着政治史的基本线索"并涉及"经济史、思想文化史、社会史等领域"②，在分卷原则里"参考了七次革命高潮的看法"③。该书以主线牵引、多线互动的形式清晰地展示了近代中国 110 年反帝反封建的全貌，揭示了近代中国走向社会主义道路的复杂历程。

李著避开刘大年和张海鹏主撰的中国近代史专著，空谈新中国成立以来史学界的所谓"学科化"与"激进化"、"新启蒙"与"现代化"等标签，偏离了学术界建构近代中国叙事的主线。

三

李著肯定胡绳"在晚年仍然坚持近代中国革命叙事的核心观点，依然相信在帝国主义和封建主义的支配之下，中国不可能成功发展为资本主义，因此，反帝反封建的革命是中国经济发展的先决条件"④。却又说胡绳在 1992 年之前"没有公开表达自己在中国近代史上一些重大问题的看法"以及晚年"背离革命叙事"⑤。前者引用的是李慎之致李普的一封信的相关内容，信中推测胡绳 1987 年在《人民日报》头版发表的《为什么中国不能走资本主义道路？》"可能是奉命"而作，并称"记得在一次党组会上"，胡绳因此文受到称赞时对李慎之说："其实我不过回答了一半的问题；还有一半问题根本没有谈呢！"该信接着对胡绳"并没有回答"的问题进行推测。⑥ 该信的内容是否可信暂且不说，李慎之的推测怎么能够代表胡绳的观点呢？

---

① 《中国近代通史》第 1 卷，第 63 页。
② 同上书，第 65 页。
③ 同上书，第 67 页。
④ 李怀印：《重构近代中国：中国历史写作中的想象与真实》，中华书局 2013 年版，第 247 页。
⑤ 同上。
⑥ 《李慎之文集　胡绳何许人——致李普信》，引自 http://cn.rocidea.com/roc-8239.aspx，上网时间：2013 年 8 月 22 日。

李著归纳胡绳晚年"背离革命叙事"的要点有三:"第一,所有的有助于近代中国资本主义发展的努力都值得称赞;第二,共产党革命并不一定是近代中国历史发展的必然结果;第三,社会主义并不是共产党革命之后的必然选择。"①

关于第一点,李著只标注引用了《胡绳论"从五四运动到人民共和国成立"》第 5 页的内容。原文如下:"怎样跨越资本主义呢?陈独秀等当时当然回答不了,直到毛主席的新民主主义论,才提出中国革命要分上、下篇,只有做了上篇,才能做好下篇,并说中国目前不是资本主义多了,而是资本主义少了。这种话在此之前恐怕共产党内无人说过。甚至到今天我们还在解决、回答如何跨越资本主义阶段建设社会主义的问题。所以在旧中国,发展资本主义是进步的主张,不能认为凡是不同意马克思主义,不赞成当时搞社会主义的就都是反动的。问题在于资本主义道路一直走不通。"② 胡绳的上述观点是 1995 年在武汉讲的③,当时没有对"资本主义"概念进行界定,1999 年他用毛泽东在中共七大口头报告里的话对"资本主义"概念进行了界定:"在我(指毛泽东)的报告里,对资本主义问题已经有所发挥,比较充分地肯定了它。这有什么好处呢?是有好处的。我是在这样的条件下肯定的,就是孙中山所说的'不能操纵国民之生计'的资本主义。至于操纵国民生计的大地主、大银行家、大买办,那是不包括在里面的。"④ 但李著却推断:"胡绳认为,资本主义发展是中国近代史上的主题;共产党革命的目的正是为了消除封建主义,去除资本主义发展的障碍,并为资本主义而不是社会主义的发展铺平道路。""他(指胡绳)断言,近代中国所需的就是资本主义,中国存在的问题是资本主义'少了'而不是'多了'。因此,发展资本主义是'进步的主张','不能认为凡是同意马克思主义,不赞成当时搞社会主义都是反动的'。胡绳指出,应当'重新评价'所有的'想走资本主义道路或倾向于资本主义'的人。"⑤ 这就完全歪曲了胡绳所称赞的毛泽东的新民主主义论,把胡绳"资本主义道

---

① 李怀印:《重构近代中国:中国历史写作中的想象与真实》,中华书局 2013 年版,第 247 页。
② "从五四运动到人民共和国成立"课题组:《胡绳论"从五四运动到人民共和国成立"》,社会科学文献出版社 2001 年版,第 5 页。
③ 同上书,第 3 页。
④ 胡绳:《毛泽东的新民主主义论再评价》,《中共党史研究》1999 年第 3 期,第 9 页。
⑤ 李怀印:《重构近代中国:中国历史写作中的想象与真实》,中华书局 2013 年版,第 248 页。

路一直走不通"这个关键性的论点删去,另造一个"中国近代史上的主题",并抛出第5页没有却被打上引号的所谓"重新评价"论。

关于第二点,李著只标注引用了《胡绳论"从五四运动到人民共和国成立"》第4页的内容。该书第3页说:"乔木同志一次谈过去的文学时曾说国民党的人只是一小撮,我们的人也很少,实际上是第三种人占大多数。政治也是如此。革命能胜利,是因为我们党把中间势力拉过来了,如果中间势力都倒向国民党,共产党就不可能胜利。"① 李著把这些内容解释为:"他(指胡绳)提醒人们,在共产党革命期间,支持国民党或是支持共产党的人'数量都很少'。在两种力量之间,数量最多的是'中间势力'。"② 这里的"支持"显然是曲解了胡绳的原意。胡绳书第4页说:"中间势力是什么人?包括知识分子,工商界,搞工业的,搞教育的,等等。过去说,资产阶级是中间力量,工农、小资产阶级属于共产党一边的,是革命的依靠、基础。实际上工农、小资产阶级只是革命的可能的基础。就阶级说,它们是革命的,就具体的人说,它们当中大多数在政治上是处于中间状态,不可能一开始都自动跟共产党走。要做很多工作,才能使他们跟共产党走。这一部分人可以走社会主义道路,也可以走资本主义道路。在半殖民地半封建的中国,发展资本主义是进步的事情。那时候,假如有一个阶级、政党真正能实现资本主义,工农、小资产阶级中的很多人也可以跟着它走资本主义道路,不一定都跟着共产党走。应当说,中间的力量自发顺着的是走资本主义道路。"③ 李著抓住最后这一两句话推断:"这样,胡绳的解释直接背离了传统的观点。"④ 显然,胡绳在这里明确了工农、小资产阶级的阶级属性是革命的,并没有背离传统的观点,而是深化了传统的观点,突出了共产党的领导作用。

关于第三点,李著说:"胡绳继续说,不幸的是,早在1953年,中国共产党发起了'农业、手工业的个体经济和私人资本主义工商业的社会主义改造',并于1956年完成。中国共产党犯了一个民粹主义错误,直接跳过了新民主主义阶段。而毛泽东本人在1949年以前曾对此做过警告。两年后,毛泽东进一步发动'大跃进',试图加快中国向共产主义过渡的步

---

① 《胡绳论"从五四运动到人民共和国成立"》,第3页。
② 李怀印:《重构近代中国:中国历史写作中的想象与真实》,中华书局2013年版,第248页。
③ 《胡绳论"从五四运动到人民共和国成立"》,第4页。
④ 李怀印:《重构近代中国:中国历史写作中的想象与真实》,中华书局2013年版,第248页。

伐。实际上，当时中国工业化刚开始起步，农业仍像以前一样落后。胡绳批评道，这个路线'倒向民粹主义，而离开了社会主义'。"① 李著这里标注引用的是胡绳的《毛泽东的新民主主义论再评价》。在胡绳的文章里，"倒向民粹主义，而离开了社会主义"是直接针对孙中山的观点——"趁资本主义还少，甚至还没有的时候，赶快搞社会主义革命，这样做，比以后资本主义多了时再搞社会主义革命容易得多"②，并不是批评新中国走上社会主义道路的"这个路线"。胡绳批评的是社会主义改造完成之后的"大跃进"和人民公社化，他指出："可以说，领导思想失之毫厘，民粹主义的思想就在下面大为膨胀。"③ 并认为人民公社存在的20多年间的"这种穷过渡的思想，当然只能使人联想到民粹主义"④。胡绳最后还辩证分析了"新中国建立后的差不多前30年"的成就和问题，指出"那30年间得到的经验中最重要的一条，是决不能不顾生产力发展的水平而追求社会主义生产关系的提高"，并明确指出"我们不可能重新走新民主主义道路"⑤。2001年，石仲泉在纪念胡绳逝世一周年座谈会上说："我可以负责地说，他写的文章和著作，都是遵循第二个《历史决议》精神，基本肯定三大改造的。"⑥ 但李著不这样认为，相反地，把"社会主义阶段初级阶段"视为新民主主义阶段，把"为建设社会主义而利用资本主义"视同退回到资本主义社会，进而推论说："至于中国何时能够完成从资本主义社会到社会主义社会的过渡，胡绳回答，人类世界如果以20、21、22三个世纪大体上完成从资本主义到社会主义的过程，在人类历史上'不算太慢'。"并说"胡绳的话后来被解释为'三百年不谈社会主义'"⑦。其实，胡绳所谓"不算太慢"的话有两个自然段，分别是："20世纪初期，社会主义不仅是以一种思想体系，而且是以一种活生生的社会制度兴起。到了这个世纪的最后十年，当一些人以为社会主义制度死亡的信号已经发出的时候，社会主义制度正深入地总结自己的经验。不仅在中国，而且在世界

---

① 李怀印：《重构近代中国：中国历史写作中的想象与真实》，中华书局2013年版，第251页。
② 胡绳：《毛泽东的新民主主义论再评价》，第12页。
③ 同上书，第13页。
④ 同上书，第13、14页。
⑤ 同上书，第14页。
⑥ 石仲泉：《与时俱进：胡绳学术晚年的新辉煌》，《中共党史研究》2002年第2期，第62页。
⑦ 李怀印：《重构近代中国：中国历史写作中的想象与真实》，中华书局2013年版，第251页。

各国。中国人咀嚼这种经验时有特别深切的体会。""可以设想,在新的世纪中,社会主义制度由于总结经验而恢复其生命力,并在再下一个世纪取得更大的胜利。人类世界如果以 20、21、22 三个世纪大体上完成从资本主义到社会主义的过程,在人类历史年表上不算太慢。"① 明确指出中国是社会主义社会,不存在"中国何时能够完成从资本主义社会到社会主义社会的过渡"的问题。至于李著引用龚育之的话说"胡绳的话后来被解释为'三百年不谈社会主义'",更为可笑,因为龚育之的原话是:"曾有人问我:'听人说,胡绳认为三百年不要谈社会主义,怎么回事?'这真是匪夷所思!眼睛一眨,老母鸡变鸭,三百年社会主义全世界胜利的乐观坚信论变成了三百年不谈社会主义的悲观绝望论!""我真希望争鸣属于学者而流言止于智者。"②

李著进一步推论说:"胡绳是资深正统史学家中第一个挑战自己曾经信奉的观点的人。""胡绳的新解释集中反映了革命叙事的退却,并让步于现代化叙事。""胡绳和他的许多同龄人独特的知识独立性和批判性思维,说明了为什么在共产党革命之后的几十年,当毛泽东的激进政策同其判断相抵触时,他们感到'困惑'和无助;但作为官方史学家或作家,他们却不得不为党的政治路线和政策辩护。胡绳是个例外。在晚年,他大胆和坦率地承认自己几乎所有的著作和文章都与一定时期的政治有关,他几乎没有'纯学术'作品。""因此,在晚年,当他感到是时候告诉人们自己心目中真正的中国近代史是什么了,并且当中国社会现实也允许这么做的时候,胡绳开始挑战中国近代史的正统解释,并因此否定自己的大多数作品,便不足为奇。"③ 胡绳的原话是:"我一生所写的文章,虽然有一些可以说有或多或少的学术性,但是总的来说,无一篇不是和当时的政治相关的(当然这里说的政治是在比较宽泛的意义上说的)。可说是'纯学术性'的文章几乎没有。对此我并不后悔。"这明显是自谦的话,且立足点在"学术和政治并不绝对矛盾"。他还说:"人人都热衷于政治和理论的焦

---

① 胡绳:《社会主义和资本主义的关系:世纪之交的回顾和前瞻——纪念党的十一届三中全会召开二十周年》,《中共党史研究》1998 年第 6 期,第 2 页。李著在书中注明为引自《胡绳全书》第 2 卷,引言,第 4 页,但该引言根本就没有第 4 页,引言中也没有相关内容。
② 龚育之:《送别回来琐忆》,《百年潮》2000 年第 6 期,第 23 页。
③ 李怀印:《重构近代中国:中国历史写作中的想象与真实》,中华书局 2013 年版,第 252、253 页。

点、热点,或者人人都远远避开政治和理论,我以为都不是正常现象。""展望 21 世纪的世界与中国,我们必须进一步解放思想,不受一切过时的成见的拘束,大胆地又是用最严谨的科学态度提出适合时代要求的新的观点、新的理论。"①

经过一系列的错误推论后,李著又将"胡绳是个例外"转换成"胡绳现象",说:"事实上,这种独立思考并不只限于胡绳本人,一些资深的共产党作家、哲学家、史学家,如……亦皆如此。在历经几十年的政治跟从之后,他们都在晚年公开质疑革命正统。中共高级知识分子的这种倾向,因为胡绳的大名而冠之以'胡绳现象',可以视为第六章所讨论的 1980 年代中国知识分子'新启蒙'精神的绝佳体现。"其实,石仲泉在 2002 年最先提出"新时期的胡绳现象"时是这样界定的:"什么是'胡绳现象'呢?在我看来,这就是他与时俱进,解放思想,一往无前,老益弥坚,攀登高峰,不断创新,终于铸就最后 20 多年学术的新辉煌。这在当代中国理论界是个奇迹!这在中国学术史上是个奇迹!"② 但李著完全忽略"胡绳精神"的原意,只引用某纪实刊物一篇文章的观点③,且不加辨析。

四

为了解构近代中国的"革命叙事",李著在歪曲胡绳晚年思想后,进而指出:"导致革命史学危机的,不仅是老一代革命史学家从原来立场的退却,而且也是现代化叙事倡导者的持续攻击。"④ 关于后者,提到周东华关于"现代化范式"和"革命范式"争论的文章,流行电视剧《太平天国》和《走向共和》,以及《冰点》事件。周文在总结争论时说:"'新范式'的出现,的确'泼掉了污水',但并没有'倒掉孩子'——争取民族独立、争取社会进步这两大主题都被保留下来"⑤,这个观点没有被李著采纳,李著从中"抽象"的是:"当'新自由主义'开始主宰 2000 年主流

---

① 胡绳:《学术和政治并不绝对矛盾》,《社会科学管理与评论》1999 年第 1 期,第 44、45 页。
② 石仲泉:《与时俱进:胡绳学术晚年的新辉煌》,《中共党史研究》2002 年第 2 期,第 60 页。
③ 李一蠡:《胡绳、周扬现象背后》,《炎黄春秋》2002 年第 7 期,第 22 页。
④ 李怀印:《重构近代中国:中国历史写作中的想象与真实》,中华书局 2013 年版,第 254 页。
⑤ 周东华:《正确对待中国近代史研究的"现代化范式"和"革命范式"——与吴剑杰、龚书铎等先生商榷》,《社会科学论坛》2005 年第 5 期,第 104 页。

知识分子的思想，并且形塑党治国家的经济政策时，在批评近代中国的革命、颂扬现代化改革以及西方对中国现代化史学家的'积极影响'方面，现代化史学家走得更远。其中，最激进的现代化史学家公开谴责革命'造成了严重的社会动乱'和'扰乱现代化进程'（周东华 2005：94）。"① 查看周文第 94 页，确实有"革命化造成了严重的社会动乱"，但只引用了 1935 年商务印书馆版陈公禄著《中国近代史》（上册）的言论；没有明说"扰乱现代化进程"，但确实有"革命化造成的社会动乱不利于现代化发展，以太平天国革命为例"，不过引用的是"［台北］中央院近史所 1981 年版"苏云峰文章的观点，以及 1986 年台湾中研院近代史研究所编《近代中国区域史研究讨论会论文集》中张朋园文章的观点，引文中还涉及了"［台北］中央院近史所 1982 年版"李国祁文章的观点。② 陈公禄、苏云峰、张朋园和李国祁在李著中竟然成了 2000 年中国"最激进的现代化史学家"！

电视剧《太平天国》和《走向共和》是不是纯学术作品，姑且不说。关于"《冰点》事件"，早在 2010 年，李怀印便写过英文文章进行评论。③《中国青年报》冰点周刊 2006 年 1 月 11 日发表《现代化与历史教科书》一文，其观点是要否定新中国成立以来我国学术界以马克思主义为指导研究中国近代史所取得的基本结论，冰点周刊因此停刊整顿，3 月 1 日复刊。奇怪的是，李著竟然说："令人惊讶的是，共产党和共青团的严厉指责，并未造成一场抨击文章的政治运动，或者是进行人身攻击。""复刊后的第一期，刊登了中国社会科学院近代史研究所所长张海鹏的文章——《反帝反封建是近代中国历史的主题》。在文中，作者重申中国近代史的官方意见，并就具体史实小心谨慎地与袁伟时展开争辩，而不点其名，亦无谩骂之辞。而袁伟时仍如以前那样活跃，写了另一篇驳斥文章《为何、何时、如何反帝反封建》，发表于 4 月 3 日的香港《亚洲周刊》。"④ 李著把"革命叙事"等同"官方意见"，认为需要以"进行人身攻击"来维护，实在

---

① 李怀印：《重构近代中国：中国历史写作中的想象与真实》，中华书局 2013 年版，第 254 页。
② 《正确对待中国近代史研究的"现代化范式"和"革命范式"——与吴剑杰、龚书铎等先生商榷》，第 94、106 页。
③ Huaiyin Li, "From Revolution to Modernization: The Paradigmatic Transition in Chinese Historiography in the Reform Era," *History and Theory* 49, 2010, pp. 336 – 360.
④ 李怀印：《重构近代中国：中国历史写作中的想象与真实》，中华书局 2013 年版，第 255、256 页。

荒谬，应该好好体味张海鹏文章的结束语："《现》文所叙述的历史，不是建立在研究大量、扎实历史资料的基础上，而是按照自己的好恶，随意拈出几条史料，随心所欲地作出历史评论，这样的历史评论，脱离了史料基础，只是个人感想，它是无源之水、无本之木，乍看吓人，却是没有根基的，没有说服力的，经不起史料鉴证的。"①

近代中国宏大叙事必须反映近代中国整体性的社会变迁过程。20世纪以来，中国社会经历了从革命到建设的不同时期，不同的阶段有不同的现实议题，这些议题或多或少地影响着近代中国的研究。革命史、现代化史、文化史和社会史等受到重视，都有一定的现实因素在起作用。但现实与历史又有着明显界限和区别，现实议题的转换可以丰富近代历史的研究，却无法改变近代历史的实质，所以，不同领域学术研究的演进也不断凝聚着对近代中国宏大叙事的共识。李著对这种共识视而不见，却片面夸大不同领域之间的学术矛盾，无助于科学认识近代中国社会运动的全貌。

五

李著通过贬低范文澜，无视刘大年和张海鹏在建构近代中国叙事方面的积极探索，歪曲胡绳晚年思想，虚构现代化叙事倡导者对革命叙事的持续攻击，片面宣称："到1990年代末和2000年代初，随着中国在相当程度上完成了市场经济转型，并且与西方资本主义世界日益一体化（不仅是在经济上，而且也在文化上，甚至在意识形态上），现代化叙事也在中国近代史写作中确立起主导地位。相形之下，革命叙事已经从学术著作中基本消失，仅仅停留于官方共产党革命的辞令中，对读者的吸引力也日渐减少。一如人文社会科学其他诸多领域，20世纪的中国史学，以自由主义对其老对手（正统的和激进的马克思主义传统）的最终胜利而告结束。"②

李著在声称所谓"自由主义"在20世纪的中国史学取得完胜之后，又以默顿的"中层理论"和布罗代尔的"整体史"在中国受到重视来论述所谓"超越主叙事"，简单地将"革命史学和现代化史学"一起解构。在

---

① 张海鹏：《反帝反封建是近代中国历史的主题》，《中国青年报》冰点特稿，2006年3月1日。

② 李怀印：《重构近代中国：中国历史写作中的想象与真实》，中华书局2013年版，第28、29页。

论述"中国史学的'后现代转向'"时,一方面认为在这些外来理论指导下的"新一代史学家历史研究的学科自主性意识日益增长";另一方面又指出"尽管他们致力于外来理论的'本土化',但在重建过去的过程中,独立自主地建构理论解释框架的前景仍不明朗"①。并说:"对于中国史学家来说,21世纪一个根本的挑战,是摆脱对外来理论和方法的依赖,并且不再满足于纯史实的研究,在摒弃20世纪的旧诠释架构之后,独立自主地建构中国近现代史的诠释架构。"② 由此提出"在时开放史观",主张抛开以客观历史为依归的"纯史学"的研究去挖掘历史中当时没有成为现实的"各种各样的可能性"③,并以"现尚无法预料"的"最终目标"来"辨清现今的中国在通往最终目标的漫长道路上所处的位置"④。

"在时和开放史观"似乎是主张以"想象"的历史来取代"真实"的历史,用"终端开放"来取消中国近代史的研究,尽管该"史观"事实上会导致这样的结果,但实际上并没有这么简单。考察其"前瞻:全球化的中国",可以发现,李著实际上是主张以"'发达的'经济政治实体所提供的现存现代化'模式'"⑤ 作为中国近代史的"终端"去重构近代中国。可见,在认识论上,李著尚停留在福山的"历史终结论"上。

李著说:"用在时开放史观重构中国近现代史,将为我们提供一个新的制高点,重新评价今日的中国及其未来。历时30多年的毛时代的社会主义,自1950年代即被视作中国近现代历史的归宿,但事实证明它仅仅是暂时的、过渡性的。同样,始自1980年代,已历时30多年的改革开放,旨在维持现存政府体制的前提下,使中国经济发生市场化转型,并纳入全球资本主义经济体系;但这些变化,最好亦被视作诸多过渡性的试验之一。至于它们终将中国引向何方,中国的近现代史将在何处终结,现尚无法预料。"⑥ 接下来用"中华文明""史无前例的再生"替代新中国60多年来的政权建设成就,指出:"为了理解新中国在21世纪所经历的大转型及其在世界史上的意义,有必要把'中国近现代史'重新界定为正在进

---

① 李怀印:《重构近代中国:中国历史写作中的想象与真实》,中华书局2013年版,第256—264页。
② 同上书,第270页。
③ 同上书,第279页。
④ 同上书,第282、283页。
⑤ 同上书,第288页。
⑥ 同上书,第282、283页。

评李怀印对近代中国宏大叙事的思考 / 617

行的、终端开放的历程,并把近现代中国的'时间'延长至现存叙事所囊括的进程之前和之后的时段;也有必要把近现代中国从虚拟的'民族国家'(nation-state)空间中解救出来,把它放回到一个历史空间;正是在此空间,中华文明通过与其他文明的创造性互动,正经历着一场史无前例的再生。为了寻求可替代的主叙事,并且在全球化的大背景下正确理解中国近现代史的意义和目标,我们可以从有关中国正在经历的大转型及其终极目标的政治或学术概念中找到线索。"① 在用"中华文明""再生"概念"去史""去国"后,又用自拟的"中华民族的伟大复兴"否定坚持走和平发展、合作共赢道路的"中华民族的伟大复兴"。李著说:"对于中国领导者及公众来说,'中华民族的伟大复兴'有多重含义:它不仅意味着中国经济的现代化,还意味着恢复中华帝国在19世纪之前曾经享有的对其他政治实体的政治及军事上的至高无上地位,以及中华文明曾经拥有的超越其他文化和文明的无与伦比的恢宏气派和巨大影响力。""但是,这种提法并没有一个成熟的理论或意识形态作后盾;唯一能够支撑此一提法的是儒家话语中的文明周期概念,它对于理解当今中国及其以后发展,已失去大部分意义。因此,虽然'中华民族的伟大复兴'超越了传统的革命及现代化表述,可用来作为一个在中国社会达成共识的政治方案,甚至能够充当一个制定国家政策以指导中国未来发展的平台,可是,作为一个历史的和诠释的架构,它是不成熟的,缺乏理论的精密性和说服力,不足以说明中国面临的挑战及在全球化背景下的发展本质,也不能充作一个可行的中国近现代史的主叙事,以取代革命和现代化。"②

如何"取代革命和现代化"呢?李著提出:"为理解中国的未来进程及近现代史的最终目标,我们可以从后冷战时代占主流地位,并被中国新自由派知识分子及政治家所广泛支持的发展方案中找到线索。"③ 并指出这个线索就是"西方式民主":"虽然威权体制在改革时代的中国看似非常稳固,新自由派中最乐观的那部分人坚持认为,西方式民主在中国将不可避免并最终获胜,并认为它是解决自1990年代以来一直困扰中国的各种社会及政治问题的良方。"④ 尽管认识到"当中国进入21世纪第二个十年时,

---

① 李怀印:《重构近代中国:中国历史写作中的想象与真实》,中华书局2013年版,第284页。
② 同上书,第285页。
③ 同上书,第285、286页。
④ 同上书,第286页。

在其政治和经济现实中，仍然没有令人信服的迹象，去印证新自由派知识分子所期待的中国未来发展的可能方向"，但坚信："中国未来的发展必然不同于前苏联和东欧其他的社会主义国家的经验，这些国家在历史上处于西方文明的边缘，并准备皈依欧洲核心区域的经济政治模式；中国的未来发展，亦将不同于东亚邻国的历史经历，后者在冷战时代受美国霸权的保护而获得发展。""因此，对于中国来说，并非不可能见证一个新的现代化模式的崛起，但它不同于任何其他新兴工业化和民主化社会的历史和现实。然而，这并不意味着新出现的'中国模式'，仅仅靠中国的传统文化或现存的政治经济安排，就能构筑其生命力和有效性；它仍只不过是一种过渡模式，在本质上是暂时的。考虑到其赖以产生的全球化背景，以及中国再也不可能回到改革开放前的自我封闭状态，这种模式也并不意味着中国未来的发展道路，将会免受'发达的'经济政治实体所提供的现存现代化'模式'的影响。"① 这样，经过多次错误、矛盾的推论和主观臆想，绕了几个大圈子，"中国必将西化"就成了李著的最终结论。所谓"中华文明"的"史无前例的再生"被定义为"'发达的'经济政治实体所提供的现存现代化'模式'"的"再生"。解构中国化的"现代化叙事"后，又抛出陈旧的西方现代化叙事。

六

李著的西方"终端"论，根源在于不能正确地理解近代以来中国与世界的互动关系，而这正是正确理解中国未来发展道路的至关重要的线索。过分强调外部因素，在革命叙事方面强调"共产国际和苏联所发挥的关键作用"②，在现代化叙事方面过分强调西方理论的作用，都不是科学的观点，只能得出片面的结论。

近代中国的社会性质问题，是建构近代中国叙事的一个重要理论问题。李著认为："从1920年代后期和1930年代开始，中国的共产党人和马克思主义史学家，已经接受了共产国际对中国社会'半封建半殖民地'的界定，也接受了中国的共产党革命是一场'反封建主义和帝国主义'革

---

① 李怀印：《重构近代中国：中国历史写作中的想象与真实》，中华书局2013年版，第288页。
② 同上书，第269页。

命的论断"①。这种错误认识，影响着李著分析中国马克思主义史学在建构近代中国叙事方面的路径。半殖民地半封建概念的形成，自然有列宁和共产国际的一些影响，但不能夸大这些影响而忽略中国自身的建构作用。事实上，这个概念被广泛采用，恰恰是建立在中国共产党人和学术界长期实证、争鸣的基础上，是中国化的成果。列宁和共产国际都没有提出过"半殖民地半封建社会"的完整概念，决定这个概念形成和被广为使用的是1920年代末和1930年代初的中国社会性质大论战。这次论战中，一批资深学者深入调查当时中国社会的具体现实，通过广泛的实证研究，从经济结构角度分析中国社会现状，第一次对中国的社会性质作出了科学的论述和系统的理论阐述。在这个基础上，1933年5月，吕振羽在《中国社会形势发展的诸阶段》中第一次提出完整的"半殖民地和半封建社会"概念②；1936年，何干之明确提出，中国是"半殖民地半封建社会"，中国现阶段革命是"过渡到社会主义的新的民主革命"③。此后，毛泽东在1939年的《中国革命和中国共产党》中第一次在党内确定使用"半殖民地半封建社会"的提法并系统概述了有关理论，使这一提法成为全党认识中国社会性质的定型概念。而该概念的定型，对于中国共产党探寻中国革命的道路起到了关键性的作用。

关于近代中国与世界的争论，美国学术界称之为中国历史"剧情主线"的争论，包括西方主线决定论和中国主线决定论。这两条主线，虽然各自含有某些合理的成分，其实都不能辩证地看待近代中国与世界的关系，或者过高地估计西方的作用，或者为帝国主义侵华辩护。1990年，刘大年曾对此作了深刻分析，指出："倘若有人以为那对立的两条主线，非此即彼，二者必居其一，必定使自己陷进泥潭里，无法自拔。说外国侵入不起决定作用，那等于说，中国是自己把自己变成了半殖民地，变成了被压迫民族的。不会有人听信如此荒唐无稽之言！说中国内部力量不起决定作用，那等于说，中国的民族独立是外部侵略势力开恩赐予的，而不是中国人民战胜了所有强大敌手所获得的。同样不会有人听信如此荒唐无稽之言！历史是一个过程。一切都在运动变化中。静止观念，绝对观念，不可

---

① 李怀印：《重构近代中国：中国历史写作中的想象与真实》，中华书局2013年版，第115页。
② 《"半殖民地半封建社会"的概念是怎样提出和确定的》，第6、7页。
③ 《中国近代通史》第1卷，第106页。

能科学认识历史。"① 他分析柯文的"中国中心观"说:"'中国中心观'显得过于看轻了外部世界的作用,对于外部势力深入到中国社会内部结构里面发生的毒害影响估计不足。他们的'内部取向'观念有的含糊不清,或者变成了陈旧的心理史观。但是中国主线论批驳那种以为在近代历史舞台上,西方扮演主动的角色,中国只扮演消极、被动的角色,以及批评殖民主义观点的遗留,是正确的和有说服力的。他们强调中国是具有自身运动能力的实体,中国的近代是中国这个实体的内部结构生产的各种巨大势力不断发生作用,不断为自己选择方向、开辟前进的道路所形成的。也就是说,中国近代历史的演变和方向,最后是由中国内部力量所决定的。无疑地这符合于历史运动的本质。"还指出:"'中国中心观'的学者极力寻找中国内部情节。中国民族自身的特点如何,理应受到注意。但从柯文的研究评述中,完全看不到这一点。"②

李著抛开刘大年的辩证分析,对柯文等人观点的认识只能自相矛盾。在"解构叙事"中,李著说:"通过将历史学家的注意力转移到被西方中心观和线性历史叙事所忽视或歪曲的领域,柯文和杜赞奇提出的新方法,有助于历史学家克服中国及中国以外原有史学中固有的问题,并描绘一个全面的、更为真实的近代中国的画面。但是他们没有提供重构可替代的主叙事的线索。""总之,中国中心观和复线历史观都有助于丰富我们对过去的知识,甚至颠覆现存的主叙事,但对主叙事重构贡献甚少。"③ 但在论述"在时和开放的中国近代史"时,却说"欲构建被结果驱动史观所扭曲的历史实际,不仅需要空间视角的转变,亦即像柯文、杜赞奇所倡导的那样,从西方中心观转到中国中心观,从明显趋势和主流力量所构成的线性历史转到被压抑及隐匿的小写历史"④,把柯文等人的观点又纳入构建新叙事时进行"空间视角的转变"的重要依据。

中国与世界的关系是互动的关系,在当下"全球看中国"的景象中,这种辩证关系可以看得更清楚。汪荣祖指出李著"犯了'时间错乱'的谬误",并不能就"20 世纪三四十年代中国学者的现代化叙事架构与五六十

---

① 《刘大年集》,第39、40页。
② 同上书,第42页。
③ 李怀印:《重构近代中国:中国历史写作中的想象与真实》,中华书局2013年版,第277、278页。
④ 同上书,第282页。

年代西方盛行的现代化理论之间的某种相似性"作出合理的解释，因为李怀印看不到或者根本就不承认非西方对西方的学术影响。众所周知，马克思主义出现后，首先影响到的是资本主义国家，而社会主义国家出现后，马克思主义在两种不同社会制度的国家都产生程度不同的影响。资本主义国家曾一度视马克思主义为"洪水猛兽"，美国还盛行过麦卡锡主义。但是，1957年10月4日苏联卫星上天的"斯普特尼克时刻"，令美国朝野震惊。1958年9月2日，美国总统艾森豪威尔签署《国防教育法》，该法律成为美国发展国际教育交流的最重要的法律之一。根据《国防教育法》，美国国防部拨巨款资助各大学开展对包括中文在内的"关键语言"的教学以及对社会主义国家的研究。美国对社会主义国家的研究在多大程度上影响了美国的学术发展，当然需要实证研究和具体分析，不能简单定论，但以为美国的所有学术思想都是独创、丝毫不受非西方学术思想的影响的观点怎么也说不过去。

李著说："自1970年代甚至更早以来，欧洲和北美的史学发生了显著变化，诸如从宏观进程的探究转向集矢于地方事件和普通老百姓日常生活的微观史观；从传统的政治史转向社会史和文化史……"并认为："西方史学的新趋势直接或间接地影响了1990年代及2000年代中国历史的书写。""在21世纪之交激发新一代史学家灵感的，正是来自西方的理论和方法，及其学术'国际化'的志趣，亦即在研究课题、问题意识、分析方法乃至写作风格上重新定位，以确保其工作与'国际的'学术'兼容'。"① 20世纪70年代前后确实是西方学术转向的一个非常重要的时期，其背景非常复杂，东西方关系的缓和，发展中国家的崛起，都是其中的重要背景，而且，在这一转向中，西方新马克思主义的崛起更是其中一道亮丽的"风景线"。

实际上，李著所述20世纪70年代左右欧洲和北美史学的"显著变化"在中国学界稍早前亦有痕迹。赵庆云指出："1956年在毛泽东直接推动下，由彭真主持展开规模浩大的全国少数民族社会历史调查，取得丰硕成果，影响深远。1964年由胡乔木提议，杨东莼、刘大年具体筹备成立的'近代中国社会历史调查委员会'，拟订了规模宏大的调查规划，并得到学

---

① 李怀印：《重构近代中国：中国历史写作中的想象与真实》，中华书局2013年版，第29、30页。

术界的积极响应与支持,却因政治运动接连不断、诸多构想未及落实而鲜为人知。"① "1963 年 5 月 10 日,毛泽东就中共东北局与河南省关于农村社会主义教育运动的报告作出批示:'用村史、家史、社史、厂史的方法教育青年群众这件事,是普遍可行的'。在'最高指示'的倡导下,'四史'运动热潮迅即席卷全国,被视为'社会主义革命基本大业之一'、'历史科学中的一项革命'。经各级党委的组织发动,亿万人或主动或被动参与其中。与1958年旋起旋灭的'新民歌运动'相较,'四史'运动内蕴更为丰富、复杂,且持续时间相当长,在'文革'中也并未完全中辍,至1980年代初仍可见其流风余响。"赵庆云认为"国外学者予'四史'运动以相当高的评价"②。

正确认识中国与世界的互动,全面考察 20 世纪以来中国史学的发展轨迹,充分注意其传承与创新,将学术研究真正建立在客观的基础上,才是探寻近代中国叙事的正确途径。避开主流,专挖支流,强调对立,忽视统一,不看结果,一味想象,乃至进行休克式反思,全面否定 20 世纪以来中国史学界马克思主义中国化、西方现代化理论本土化的优秀成果,决不是探寻近代中国叙事的正确方法。

(作者单位:曲阜师范大学历史文化学院)

---

① 赵庆云:《一次流传的近代社会历史调查》,《博览群书》2011 年第 7 期,第 95 页。
② 赵庆云:《专业史家与"四史"运动》,《史学理论研究》2012 年第 3 期,第 89 页。

从文化根柢上战胜历史虚无主义

邱 琳

习近平总书记明确地指出:"古人说:'灭人之国,必先去其史。'国内外敌对势力往往就是拿中国革命史、新中国历史来做文章,竭尽攻击、丑化、污蔑之能事,根本目的就是要搞乱人心,煽动推翻中国共产党的领导和我国社会主义制度。"① 这深刻地揭示了"历史虚无主义"的实质以及围绕历史问题斗争的政治性质。历史虚无主义暗流涌动,有其深刻复杂的国际背景。在意识形态的斗争中,要从根本上战胜历史虚无主义,必须高扬历史唯物主义的旗帜,树立文化自觉意识,具有战胜历史虚无主义迷惑的辨别力;必须不断增强文化自信,具备战胜历史虚无主义蛊惑的定力;必须不断谋求文化自强,壮大战胜历史虚无主义的实力。

一 文化自觉——具有战胜历史虚无主义迷惑的辨别力

我国著名社会学家费孝通先生对"文化自觉"的理解是:生活在一定文化中的人对其文化要有自知之明,并对其发展历程和未来有充分的认识。换言之,是文化的自我觉醒,自我反省,自我创建。文化自觉是对自身发展及其缘由的深刻反思,是对自身的优势、长处以及不足的清醒认识,是看穿偏见、谬误与偏激的洞察力的不断提高,是对自身发展所处坐标方位的准确定位和自身发展方向的准确把握,是一个民族、一个政党在文化上的觉悟与觉醒,是社会变革的先导,是在科学理论的指引下对自身如何发展、如何进步的清醒认识与定位,是文化自信、文化自强的先决条件与起点,是不断的与时俱进、向事物的根柢处探索、寻求促进社会进步

---

① 《十八大以来重要文献选编》(上),中央文献出版社2014年版,第113页。

的精神力量，是对发展文化历史责任的主动担当。

　　文化阵地是意识形态较量的主战场，是国家安全的"软肋"。要战胜历史虚无主义，需要树立文化自觉意识，具备识别"妖魔鬼怪"的"火眼金睛"——具有战胜历史虚无主义迷惑的辨别力。为什么要具有战胜历史虚无主义迷惑的辨别力？因为历史虚无主义者不会贴上标签或赤裸上阵，他们往往把自己打扮得或光鲜，或隐蔽。比如，一些舶来的影视作品、一些改头换面的公开出版物、一些吸引眼球的娱乐节目、一些网上别有用心的作品、一些空穴来风的流言蜚语等，都或多或少地掺杂着历史虚无主义的"黑货"。它们往往不是公开张扬，而是裹在有"趣味"的作品之中，躲在假象之后，像温水煮青蛙一样麻痹人们的思想，消磨人们的意志，最终导致否定历史真实，迷失奋斗目标。如果缺乏对历史虚无主义迷惑的辨别力，面对历史虚无主义者任意歪曲、剪裁历史事实、歪曲和篡改历史、丑化历史人物、丑化领袖人物、丑化英雄的宣传，就缺乏"免疫力"，就会"中招"。比如，苏联历史虚无主义者对卓娅的抹黑、污蔑、诋毁，就是一个典型的例子。1941年11月的一个冬夜，在莫斯科西面86公里的一个村庄，一位18岁的姑娘在焚烧德军马厩时不幸被捕，虽受尽酷刑和折磨也不屈服并保守秘密，最后被德军残忍地绞死。她，就是被苏联奉为民族英雄的卓娅。卓娅的牺牲曾激励苏联红军将士在前线奋力拼杀。让人迷茫和心痛的是，20世纪90年代初，已牺牲多年的卓娅却被历史虚无主义者抹黑、污蔑、诋毁——卓娅不是什么英雄，卓娅当年神经病发作，她不是烧了德军战车而是烧了老百姓的房子，被乡亲们送给德军处决的。英雄卓娅被如此抹黑、污蔑、诋毁！不久，苏联分崩离析、走向解体。而搞垮苏联的政客们却举起酒杯发出胜利得意的笑声。美国前中情局雇员彼得·施瓦茨在《胜利，美国政府对前苏联的秘密战略》一书中以骄傲的口吻说："谈论苏联的崩溃而不知道美国秘密战略的作用，就像是调查一件神秘的死亡案件，而不考虑谋杀。"而在苏东解体后，中国就成为西方反共势力推行"和平演变"战略的重点，极力向中国推销他们的价值观念和社会制度，以达到"西化"和"分化"中国、搞垮中国的图谋，对此，我们必须予以高度的警惕。历史虚无主义所反映的不仅是对待历史的态度问题，而且是政治问题，在其背后，隐藏着不可告人的政治目的。苏东解体证明，历史虚无主义混淆是非、颠倒黑白、抹黑历史、污蔑领袖人物的做法，会在社会上造成极大的思想混乱，而社会思想混乱就会造成政治上的动乱。"在全世界范围内，无论古今中外，道德模范和偶像的示范作用是十分重要的，在美国也不例外。美国就连拍《蜘蛛侠》《超人》这样的电影都不忘加上从货车边救起小姑娘，或者扶老太太过马路这样的情节，其目的就是达成向雷锋、赖宁一样的示范效果，进而使得全球人民心向美国。然而美国一方面通过各种影视剧作在全球范围内塑造自己的道德偶像；另一方面又加紧通过网络系统性地摧毁中国人自己的道德偶像。在中国的微博、微信以及各大论坛上，一些毫无职业素养抹黑中国道德偶像的微信公共账号、微博账号、论坛水军铺天盖地，几乎没有一个中国的正面偶像可以逃过他们的抹黑。"① 在这样的背景下，反对历史虚无主义是当前我国意识形态领域斗争的一个重要课题。美国"文化冷战"就是通过"长期有组织地通过互联网制造方方面面的谣言，其目的就是形成文化包围圈，架空中国的政治自信和道路自信，并最终通过推出虚假政治谎言来神话美国体制、丑化中国体制，以达到引发暴乱及和平演变的目的"②。

习近平总书记指出，"历史是最好的教科书，也是最好的清醒剂"。历史是一面镜子。从苏联解体的过程中，我们可以清楚地看到前车之鉴，看到"欲灭其国者，先去其史"的路线轨迹，看到由社会思想混乱进而引发的政治上的动乱，看到历史虚无主义思潮所造成的严重危害。苏联解体的前奏是丧失了"文化自觉"意识，苏联社会主义文化被西方资本主义文化所瓦解，使苏联失去了自己的指导思想和主体文化，失去了自己的主见和主心骨，被西方的"新自由主义"牵着鼻子走，最后在"政治多元化、经济私有化"的过程中分崩离析、走向解体。一个失去文化自觉、没有文化自信的民族也就丧失了自己的精神家园。在思想战线上，我们必须高扬历史唯物主义的旗帜，旗帜鲜明地反对历史虚无主义思潮，树立文化自觉意识，高扬文化自觉、文化自信、文化自强的旗帜，正本清源，睁开鉴别真伪的"火眼金睛"，揭穿历史虚无主义制造的种种谎言和迷雾，让历史虚无主义在"文化自觉"这个"照妖镜"下"现原形"，以"文化自觉"引导广大人民群众正确认识和对待历史，维护中国革命和建设的伟大成果，坚定不移地走中国特色社会主义道路。

---

① 周小平：《美国对华文化冷战的九大绝招》，光明网，2014 年 7 月 14 日。
② 同上。

二 文化自信——具备战胜历史虚无主义蛊惑的定力

增强战胜历史虚无主义蛊惑的定力，必须坚持唯物辩证法。恩格斯指出："唯物主义历史观及其在现代的无产阶级和资产阶级之间的阶级斗争上的特别应用，只有借助于辩证法才有可能。"① 历史虚无主义者的方法论错误和逻辑错误诸如——以点概面、以偏概全，割裂真理的绝对性和相对性的辩证统一等都是违背唯物辩证法的。历史虚无主义的要害，是从根本上否定马克思主义指导地位和中国走向社会主义的历史必然性，否定中国共产党的领导。我们有了建立在唯物辩证法这一科学思维基础之上的文化自信，就能透过现象看本质，就具备了战胜历史虚无主义蛊惑的定力，使"谎言说一万遍"仍然是谎言，而不会"谎言说一千遍就会变成真理"。坚持马克思主义的历史观，坚持唯物辩证法，有文化自信的"定海神针"，历史虚无主义者就掀不起大的波浪，人们的思想观念也不会随波逐流。有了文化自信，才会树立起对自身文化生命力和价值的坚定信念，具备批判历史虚无主义的能力和战胜历史虚无主义蛊惑的定力。因此，要具备战胜历史虚无主义蛊惑的定力，必须坚持唯物辩证法。列宁指出："在社会现象领域，没有哪种方法比胡乱抽出一些个别事实和玩弄实例更普遍、更站不住脚的了。挑选任何例子是毫不费劲的，但这没有任何意义，或者有纯粹消极的意义，因为问题完全在于，每一个别情况都有其具体的历史环境。如果从事实的整体上、从它们的联系中去掌握事实，那么，事实不仅是'顽强的东西'，而且是绝对确凿的证据。如果不是从整体上、不是从联系中去掌握事实，如果事实是零碎的和随意挑出来的，那么，它们就只能是一种儿戏，或者连儿戏也不如。"② 历史虚无主义者按照自己所谓的价值取向和价值标准，否定历史的客观性和真实性，或者对历史进行恶意裁剪、断章取义、指鹿为马，全面诋毁中国历史，灭偶像，毁灭中国道德标杆，甚至编造谎言，篡改历史。坚持唯物辩证法，才能对重大历史事件、历史问题有正确的把握；只有坚持实事求是，分清是非、虚伪、真假，才能揭露历史虚无主义思潮的本质，增强战胜历史虚无主义蛊惑的定力。

---

① 《马克思恩格斯选集》第 3 卷，人民出版社 1995 年版，第 691—692 页。
② 《列宁全集》第 28 卷，人民出版社 1990 年版，第 364 页。

增强战胜历史虚无主义蛊惑的定力,需要高扬历史唯物主义的旗帜,树立正确的历史观——唯物史观。战胜历史虚无主义,需要从理论根源上认清历史虚无主义的本质,历史虚无主义是唯心史观的表现。唯心史观是关于人类社会发展的非科学的历史观,认为社会意识决定社会存在,人们的思想动机是社会发展的根本原因,否认社会发展的客观规律。唯心史观出于阶级私利和偏见掩盖历史发展的真相,经常歪曲历史,蒙蔽广大劳动人民。历史唯心主义用主观臆造的、臆想的联系代替社会历史的真实的联系,本质上是对社会历史本来面貌的歪曲。历史虚无主义生成的思想理论及方法论根源是唯心史观追求普遍价值、神圣化、绝对理性、主观臆造、掺杂阶级私利和偏见的形而上学思维方式。在《德意志意识形态》著作中,作为唯物史观的创始人,马克思就已经觉察到施蒂纳虚无主义的威胁,认识到如果不澄清其"自我意识"概念下所潜藏的虚无主义深渊,共产主义的理想就有可能被其虚无化。1846年在《致帕·瓦·安年科夫》的信中,马克思对普鲁东《贫困的哲学》中所蕴含的历史虚无主义进行了深刻批判。普鲁东一方面承认自己完全不了解人类历史的发展;但另一方面却借助普遍理性、上帝等绝对理念来推论和假设人类历史发展。马克思说:"他就给我们提供了一套怪论,一套妄图充当辩证怪论的怪论。他觉得没有必要谈到十七、十八和十九世纪,因为他的历史是在想象的云雾中发生并高高超越于时间和空间的。一句话,这是黑格尔式的废物,这不是历史,不是世俗的历史——人类的历史,而是神圣的历史——观念的历史。"[①] 马克思、恩格斯正是在批判思辨哲学及其唯心史观中,创立了辩证唯物主义的历史观,科学解决了社会存在与社会意识的关系问题,明确了阶级斗争及其人类解放的现实条件和历史价值。历史虚无主义曾经与马克思主义主流意识形态几度较量后黯然失色,日渐式微。近年来,历史虚无主义借网络媒体,散布精神鸦片,抢占思想舆论阵地,又开始沉渣泛起。历史虚无主义的要害是否定党的领导和社会主义政治制度,将西方的政治思想、政治制度、价值观念当作"普世价值",消解中国特色社会主义的文化形态、政治形态和社会形态。今天,我们要把辩证唯物主义的历史观——唯物史观作为批判历史虚无主义的理论武器和主心骨,增强战胜历史虚无主义蛊惑的定力。

[①] 《马克思恩格斯全集》第27卷,人民出版社1972年版,第479页。

习近平总书记于 2016 年 5 月 7 日《在哲学社会科学工作座谈会上的讲话》中指出："我们说要坚定中国特色社会主义道路自信、理论自信、制度自信，说到底是要坚定文化自信。文化自信是更基本、更深沉、更持久的力量。"[1] 文化自信是一个国家、一个民族、一个政党对自身文化价值的充分肯定，对自身文化生命力的坚定信念。毛泽东在《新民主主义论》一文中以高度的文化自觉和文化自信指出："我们共产党人，多年以来，不但为中国的政治革命和经济革命而奋斗，而且为中国的文化革命而奋斗；一切这些的目的，在于建设一个中华民族的新社会和新国家。在这个新社会和新国家中，不但有新政治、新经济，而且有新文化。这就是说，我们不但要把一个政治上受压迫、经济上受剥削的中国，变成一个政治上自由和经济上繁荣的中国，而且要把一个被旧文化统治因而愚昧落后的中国，变为一个被新文化统治因而文明先进的中国。一句话，我们要建立一个新中国。建立中华民族的新文化，这就是我们在文化领域的目的。"

"中国人被人认为不文明的时代已经过去了，我们将以一个具有高度文化的民族出现于世界。"[2] 我们的文化自信来源于哪里？我们的文化自信来源于五千多年源远流长辉煌于世界的中华文化和博大精深的中国智慧，来源于对中国特色社会主义理论、道路、制度的坚定信念，来源于中国特色社会主义的成功实践、辉煌成就与骄人业绩，来源于"为人民服务"的宗旨，来源于我们的理论、道路、制度及文化发展均以国家和人民的根本利益为出发点和依归。历史虚无主义否定的是民族精神，否定的是历史丰碑，否定的是社会主义中国的立国之本和强国之路，否定的是中华文化，归根结底危害的是人民群众的根本利益。为什么说危害的是人民群众的根本利益？因为——无论如何，发出唱衰中国"靡靡之音"的历史虚无主义者应该从叙利亚难民潮中正视这样一个不容置疑的现实：一个稳定的、发展的、繁荣昌盛的中国是人民之福，一个动荡不安的社会是人民之灾。

历史虚无主义思潮暗流涌动，肆意丑化历史，恶意诋毁英雄，伺机毒害公众思想，产生了极坏影响。历史虚无主义思潮的背后，是一些对中国抱有敌意的国家的意识形态渗透，是其"文化冷战"的组成部分，其目的是通过动摇我们的思想根基，摧毁人们的自信心和凝聚力，动摇国家和民

---

[1] 习近平：《在哲学社会科学工作座谈会上的讲话》，人民出版社 2016 年版，第 17 页。
[2] 《毛泽东文集》第 5 卷，人民出版社 1996 年版，第 345 页。

族自信，动摇社会主义中国的立国之本和强国之路，最后从根本上进行"颜色革命"和"政治转基因"工程，达到削弱和瓦解中国的目的。在此背景下，我们只有具备坚定的文化自信，才能获得坚持坚守的镇定清醒从容，才不会人云亦云，才不会被历史虚无主义所消解。因此，我们要不断增强文化自信，高扬文化自觉文化自信文化自强的旗帜，壮大战胜历史虚无主义蛊惑的定力，坚持唯物辩证法和唯物史观，始终有自己的主见和主心骨，能在不断变化的环境下具有把握自己、主宰自己的意志力，做到从容镇定、头脑清醒、是非分明，增强战胜历史虚无主义蛊惑的定力。

三 文化自强——壮大增强战胜历史虚无主义的实力

党的十七届六中全会强调，培养高度的文化自觉和文化自信，努力建设社会主义文化强国。文化自觉、文化自信、文化自强三者相互联系、相互促进。建设社会主义文化强国需要培养高度的文化自觉和文化自信，坚定地走向文化自强。习近平总书记指出，"一个国家、一个民族的强盛，总是以文化兴盛为支撑的，中华民族伟大复兴需要以中华文化发展繁荣为条件"。如何实现文化自强？就是要高举中国特色社会主义伟大旗帜，围绕"什么是中国特色社会主义文化强国""怎样建设中国特色社会主义文化强国"这一重大课题，着眼以崇高的理想引领人，以真理的力量说服人，以道德的力量感召人，以核心价值观塑造人，以科学的理论武装人，以正确的舆论引导人，以高尚的精神激励人，以优秀的作品鼓舞人，以中国精神召唤人，实现社会主义文化的大发展大繁荣。

文化自强是一个国家和民族的文化不断增强自身文化的影响力和竞争力、不断增强文化自觉和文化自信，推动文化大发展大繁荣以建设文化强国的过程。"中国的崛起不只是物质财富的剧增、经济格局的重塑，军事实力的增强，更应凸显中华文化的弘扬。"[①] 这就必须实现文化自强，弘扬社会主义核心价值观，加强新闻舆论工作，让中国声音、中国故事、中华文化国际影响力与日俱增，不断占领文化市场、占领意识形态阵地，在世界文化的相互激荡与竞争中，赢得市场，赢得话语权、赢得主动权，在实

[①] 孙寅生：《关于宣传思想工作要体现出"四个讲清楚"的思考》，《求实》2014年第4期，第80—83页。

现文化自强的过程中不断壮大战胜历史虚无主义的实力。习近平总书记指出："党的新闻舆论工作是党的一项重要工作,是治国理政、定国安邦的大事,要适应国内外形势发展,从党的工作全局出发把握定位,坚持党的领导,坚持正确政治方向,坚持以人民为中心的工作导向,尊重新闻传播规律,创新方法手段,切实提高党的新闻舆论传播力、引导力、影响力、公信力。"[①] 因此,我们的舆论宣传,要同时利用好传统媒体和新兴媒体,讲好中国声音、讲好中国故事,掌握宣传思想工作的主导权,揭露资产阶级意识形态的片面性、虚伪性。揭露西方政治家精心设计诱骗社会主义国家青年"变质、发霉、腐烂"的战略图谋;揭露他们以自由及人权卫士自居却疯狂监听本国和他国人的私密通信的"双面"嘴脸;揭露他们挥舞人道主义大旗却在南联盟、伊拉克等地制造严重的人道主义灾难、造成难民遍地涌入欧洲及各地的骗人把戏;揭露他们自称"文明人"一边美化自己一边抹黑贬低别人的险恶用心。使我们的青年和人民认清楚:那种所谓"躲避崇高""拒绝壮烈""告别革命"一类误导青年的低俗的、反历史的说法,是美国"文化冷战"的有机组成部分。

在当今世界,文化阵地,是意识形态较量的主战场,是国家安全的"软肋"。要从根本上战胜历史虚无主义,不仅要树立理论自信、道路自信、制度自信意识,而且要高扬历史唯物主义的旗帜,树立文化自觉、文化自信、文化自强意识。历史虚无主义思潮的本质在于通过否定社会主义中国的政治、经济、文化、历史人物、英雄人物,从根本上否定党的历史、否定社会主义中国的历史成就进而全盘否定社会主义中国,通过颠倒是非,混淆视听,制造思想混乱,动摇社会主义中国的立国之本和强国之路,达到"不战而屈人之兵"颠覆政权、搞垮消解国家的目的。面对"西化""分化"图谋,习近平总书记曾用三个"前所未有"和三个"高度警惕"概括中国当前的时局,即"我们前所未有地靠近世界舞台中心,前所未有地接近实现中华民族伟大复兴的目标,前所未有地具有实现这个目标的能力和信心","也要高度警惕国家被侵略、被颠覆、被分裂的危险,高度警惕改革发展稳定大局被破坏的危险,高度警惕中国特色社会主义发展进程被打断的危险"。要达到"实现中华民族伟大复兴的目标",文化的作

---

① 习近平:《坚持正确方向创新方法手段　提高新闻舆论传播力引导力》,新华社,北京2016年2月19日电。

用是不可或缺的，做到三个"高度警惕"，在文化领域，我们要做的一个重要工作就是高扬文化自觉文化自信文化自强的旗帜，不断增进文化自觉、文化自信、文化自强——战胜历史虚无主义，为中国梦的实现打下坚实的文化基础和创造良好的舆论氛围。当我们实现文化自强，人民群众对自己的文化充满自豪感、油然而生敬意之时；当中华文化如春风化雨般沐浴全世界之时；当中华文化如汹涌澎湃的浪潮风靡世界、影响世界之时；当人民擦亮眼睛，充满文化自觉、文化自信、坚定的走向文化自强，对"历史虚无主义"的荒谬言论能够看得穿、识得破，不为所惑，便是"历史虚无主义"丧失"市场"之日，便是彻底战胜"历史虚无主义"之日。

（作者单位：河南工程学院思想政治理论教学部）

革命、传统与历史话语权的建构

——基于《人民日报(1949—1989)》对历史虚无主义的解析

王 瑾 文世芳

虚无主义作为外来词汇，传入中国已久。在如何对待历史问题上，20世纪二三十年代中国社会就进行了讨论，一种对历史采取虚无态度的思想随之出现。历史虚无主义违背历史唯物主义的基本观点，中共始终采取批判的态度。但因虚无主义概念存在模糊性、复杂性，不同历史阶段对历史虚无主义的界定并不一致，论争重点也随着历史条件改变而不断演化，甚至出现过"左"的行为。《人民日报》作为中共中央机关报，对历史虚无主义的阐释、讨论和批驳，能基本反映出中共对历史虚无主义的历史态度，实质上也体现出中共建构新的历史话语权的思想脉络。本文拟从1949年到1989年《人民日报》对历史虚无主义的态度，来梳理中共执掌全国政权后是如何在继承传统、革故鼎新之间寻求平衡，建构新的历史话语体系的，并力图在总结历史经验的基础上，为当前旗帜鲜明地反对历史虚无主义思潮提供历史借鉴。

一 虚无主义的原意、类型与表现

要了解历史虚无主义，必先厘清虚无主义。虚无主义是一个舶来品，概念模糊且衍生出各种不同类型。在《人民日报》的文章中，有虚无主义、民族虚无主义、民族文化虚无主义、法律虚无主义等种种用法。概括起来，其主要含义可以归纳为以下三种。

(一) 否定一切、消极颓废的虚无主义

虚无主义这个词，首先出现于屠格涅夫的小说《父与子》里。小说的

主人公巴扎罗夫，体现了19世纪50年代至60年代俄国社会上出现的新人物——革命的平民知识分子的某些典型特征：正直、热情、鄙视反动统治阶级、否定一切旧事物。巴扎罗夫因而被称为"虚无主义者"。后来，虚无主义引申为否定一切、消极颓废的态度。① 虚无主义这一原意，在新中国成立后的各个历史时期都得到使用。1957年反右派运动中，怀疑一切、不满一切、否定一切和消极颓废的虚无主义思想成为冯雪峰、丁玲等人的主要"罪状"之一。② 有人甚至认为"在鲁迅那些杂文和小说里面也还保留有进化论的残余，甚至虚无主义的色彩"③。1961年《人民日报》批评日本的《谢天谢地》小调，"包含着一种虚无主义、自暴自弃的情绪"④。1964年，姚文元批判周谷城的矛盾观，认为他"从追求'无差别境界'而走向精神上的悲观主义、虚无主义，写出无数伤感绝望的诗句"，"犯了虚无主义的错误"⑤。到1978年，有人指出，日本文学在一个时期以来"反映资本主义腐朽没落特征的虚无主义、生存主义、感觉主义等反动思潮"⑥。

在哲学问题上的相对主义和不可知论，也往往被冠以虚无主义的称号。在冯友兰、关锋等论及庄老之学时，都用了虚无主义的提法。关锋认为庄子的相对主义把对立面的相互转化看成绝对的无条件的，"这样就走到了相对主义和虚无主义"。杨岭认为如果不承认"动中有静"，"那就会陷入不可知论和虚无主义的泥坑"。冯友兰认为老子所说的"道"是"有"和"无"的统一。可是庄子所说的"全"不包括"有"，甚至也不包括"无"，"由这个'全'庄子达到了彻底的虚无主义"⑦。

无视法律，否定法律的重要性，则被称为法律虚无主义。1955年，有人在介绍维辛斯基的法律思想时指出，维辛斯基针对法律虚无主义谬论，

---

① 参见《教学参考》1979年第1期。
② 参见罗毅《任何力量都不能使我国青年同共产党和社会主义分离开》、《冯雪峰是文艺界反党分子》；邵荃麟：《文艺上两条路线的大斗争》；刘白羽：《丁玲不止一次向党进攻》、《人民日报》1957年7月16日、8月27日、9月7日、8月28日。
③ 邵荃麟：《"五四"文学的发展道路》，《人民日报》1959年5月4日。
④ 江奇：《绝望的呻吟和狂嚎》，《人民日报》1961年5月14日。
⑤ 姚文元：《评周谷城先生的矛盾观》；马奇：《评周谷城在美学论战中的态度和方法》，《人民日报》1964年7月22日、1965年3月4日。
⑥ 唐月梅：《从"芥川奖"的评选谈起》，《人民日报》1978年4月5日。
⑦ 参见关锋《关于庄子的相对主义》；杨岭：《动中有静》；冯友兰：《论庄子》，《人民日报》1960年12月2日、1960年12月30日、1961年2月26日。

系统地阐明了马克思列宁主义关于国家和法的基本理论，特别是关于国家消亡问题的理论。① 1957年，在中国政治法律学会召开的座谈会上，有人对一部分领导干部的法律虚无主义思想提出批评，认为他们"忽视宪法，认为以党代政是当然的，党的命令高于法令，党员个人的言语自认是'金科玉律'。这都是违反法制的"②。后来，随着反右派运动、"大跃进"以及到"文化大革命"，法律一步步遭到破坏，鲜有人再对法律虚无主义进行批判。直到"文化大革命"结束，在对历史的反思中，制度和法制建设受到社会各界的重视，对法律虚无主义又进行了清算，《人民日报》在1978—1980年发表了大量批驳法律虚无主义的文章。

（二）以世界主义面目出现的民族虚无主义

新中国成立初期，《人民日报》在确立社会主义的国际和民族关系理念时，对民族虚无主义进行了批判。这种批判主要反映出社会主义和资本主义两种制度之间意识形态的斗争：一方面将资本主义的世界主义与民族虚无主义进行批判；另一方面则将社会主义的国际主义和民族主义相结合。当时苏联等社会主义国家，首先是"破"资本主义的世界主义与民族虚无主义，这种情况在《人民日报》上有充分体现。1949年7月，《人民日报》直接以《世界主义：美国反动派的思想武器》为题，对世界主义进行批判，指出："在这个斗争里，马列主义理论是强大的精神武器，它经常揭穿民族主义沙文主义，以及民族的虚无主义和资产阶级的世界主义。"③ 9月，《人民日报》刊发苏联的文章，指出在对被压迫民族进行最残酷剥削的政策中，在帝国主义资产阶级扩张主义侵略当中，隐藏着宣扬民族虚无主义的资产阶级世界主义的泉源。④ 1950年，《人民日报》继续批判资本主义的世界主义，指出世界主义的思想——认为民族主义的观念是陈腐的，它提倡人们对祖国漠不关心，提倡民族虚无主义，并认为民族与国家独立的观念本身就是虚构。民族虚无主义和世界主义是资产阶级的、帝国主义的观念，它跟那领导着劳动大众，作为人民利益的代表和民

---

① 张尚：《介绍维辛斯基的"国家和法的理论问题"》，《人民日报》1955年12月8日。
② 《法学界人士在中国政治法律学会召开的座谈会上提出对我国法律制度的意见》，《人民日报》1957年5月29日。
③ 君强、曹汀：《世界主义：美国反动派的思想武器》，《人民日报》1949年7月29日。
④ 切尔诺夫：《资产阶级的世界主义及其反动作用》，《人民日报》1949年9月30日。

族独立的忠实保卫者的无产阶级,是完全无关的,是他们所不能容忍的。①在"破"资本主义的民族虚无主义和世界主义的同时,"立"起社会主义的爱国主义和国际主义。《人民日报》刊载苏联的文章,指出国际主义与"民族虚无主义"没有共同点,要当共产主义者就必得成为国际主义者。国际主义并不与民族自豪感相矛盾,要将国际团结与苏维埃爱国主义崇高感情作有机结合。②《人民日报》还明确指出:"我们共产党员是国际主义者,毫不调和地根本反对各色各样的资产阶级的民族侵略主义,可是,我们并不是民族虚无主义者。"并认为,如果不能处理好国际主义和民族观念的关系,那就是"毫不懂得列宁和斯大林关于民族问题的学说"③。

(三) 否定民族文化的民族虚无主义

《人民日报》对虚无主义的批驳,很大部分针对不重视民族文化传承的问题,实质上批判的是民族虚无主义。对否定民族文化的民族虚无主义批驳,涉及面很广,包括传统文学、国画、戏曲、书法、文物、中医等。

一方面,在如何认识民族文化上,反对民族虚无主义和崇洋媚外,强调民族文化自信、自尊。1954 年,有人在批判俞平伯的《红楼梦》研究时指出:"对祖国优秀的文化遗产持虚无主义的否定态度,这正是'五四'以后洋场绅士的本色。从这种反动的虚无主义的否定论出发,必然会引导到丧失民族自信心。"④虽然这种批判超出了学术范畴,夹枪带棒,但揭示了新中国成立后与五四时期对传统的不同态度,以及对民族文化的态度关系到民族自信心的实质。对胡适、胡风等人的批判也遵循了上述批判逻辑,有人指出:"胡适是帝国主义奴化思想的传播者。他在许多文章里散布民族自卑感,散布亲美崇美思想……对于自己祖国的文化遗产,他却抱着虚无主义的否定态度。""在文艺问题上,胡适与胡风之间,有一点是完

---

① 参见新华社《争取持久和平,争取人民民主》;长冬:《介绍〈论苏联的爱国主义〉》,《人民日报》1950 年 9 月 27 日、12 月 13 日。
② 莱昂尼多夫:《人民民主国家都向苏联学习》;波里索夫:《要当共产主义者就必得成为国际主义者》,《人民日报》1949 年 12 月 16 日、1950 年 3 月 21 日。
③ 吴玉韦:《中国历史教程绪论》,《人民日报》1949 年 5 月 27 日。
④ 李希凡、蓝翎:《走什么样的路?——再评俞平伯先生关于"红楼梦"研究的错误观点》,《人民日报》1954 年 10 月 24 日。

全共鸣的，这就是对于民族文艺遗产的虚无主义的态度。"① 到了"文化大革命"期间，对民族虚无主义和崇洋媚外思想的批判更趋厉害。在批判"全盘西化的洋奴哲学"时，认为对"洋奴思想"不能掉以轻心，否则会使人盲目崇拜外国资产阶级文化，对民族文化则采取虚无主义态度；只有批判民族虚无主义，才能提高民族自尊心。②

另一方面，在如何对待民族文化上，反对民族虚无主义和复古主义两种极端倾向，强调批判的继承。1956 年，"双百"方针提出来后，如何正确对待民族文化成为学术界讨论的重要内容。在中共八大上，林枫强调，必须利用中华民族丰富的文化遗产为社会主义建设服务，对民族文化遗产采取轻视甚至一概抹杀的态度是错误的，"这种民族虚无主义的态度是今天在对待民族文化遗产问题上的主要偏向"③。有人明确提出："一方面，要反对民族虚无主义；一方面，也要反对封建复古主义。"④ 1956 年年底，《人民日报》发出《致文化工作者》的信，倡导中国文化艺术工作者全力以赴，在为建设社会主义服务的前提下，发展民族的文化艺术，指出"现在轻视我们民族的优秀的、丰富的文化遗产的虚无主义倾向仍然很严重，而这种倾向是创造社会主义的民族的新文化的大敌"⑤。文章点明了创造社会主义新文化，必须处理好与民族传统文化的关系这一根本问题。"文化大革命"中，有人批判刘少奇和林彪等人，"时而以继承'民族文化遗产'为借口，大力兜售民族复古主义的'全盘继承论'，主张'凡是民族的都是好的'，妄图把地主资产阶级的腐朽文艺统统地保留下来；时而又从历史唯心主义观点出发，鼓吹民族虚无主义的'全盘否定论'，主张割断历史，一笔抹杀各民族劳动人民长期以来创造的优秀艺术传统，妄图把各民族的文学艺术领域变成他们复辟资本主义的阵地"，认为必须"坚持

---

① 王若水：《清除胡适的反动哲学遗毒——兼评俞平伯研究红楼梦的错误观点和方法》，《人民日报》1954 年 11 月 5 日；茅盾：《必须彻底地全面地展开对胡风文艺思想的批判》，《人民日报》1955 年 3 月 8 日。
② 中国人民解放军某部医院：《贯彻"古为今用，洋为中用"的方针》，《人民日报》1969 年 10 月 18 日；初澜：《应当重视这场讨论》；朝华：《无标题音乐没有阶级性吗？》，《人民日报》1974 年 1 月 14 日。
③ 林枫：《关于我们国家培养建设人材的问题》，《人民日报》1956 年 9 月 29 日。
④ 朱伯崑：《我们在中国哲学史研究中所遇到的一些问题》，《人民日报》1956 年 10 月 14 日。
⑤ 《致文化工作者》，《人民日报》1956 年 12 月 28 日。

社会主义内容和各民族艺术形式的统一"①。对刘少奇等人的批判，毫无疑问，"靶子"错了。但文章反对民族虚无主义和复古主义两种极端倾向思想是明确的，得出的结论，要把社会主义内容和民族传统结合也是正确的，这也正是在建构新的历史话语权时必须处理好的关键问题。

新中国成立，中华民族以全新的姿态屹立于世界东方。中国人民一扫百年耻辱，民族自尊心、自豪感空前恢复，因此对民族文化有一个更客观的认识和认可。新中国建设，是在中华大地和中华文化基础之上所进行的。对民族文化、对传统的态度，是新中国成立伊始就面临的问题，因此对民族文化虚无主义的批驳也是贯穿始终的一个议题。

新中国成立后，百废待兴，需要革故鼎新，调动人民的积极性和热情建立一个繁荣富强的新中国，因而需要弘扬革命的乐观主义和大无畏的革命英雄主义，以人民的磅礴之力迅速恢复和发展生产，巩固新生政权，实现民族振兴。虚无主义原意中的否定、消极、颓废思想，显然与新政权所肩负的历史使命和广大群众高昂斗志建设新家园的精神状态格格不入，国家和社会对虚无主义批判提出了要求。来之不易的国家独立、民族解放，是新生政权和人民进行各项建设的基础和必须誓死捍卫的革命成果。在新政权遭遇西方资本主义国家封锁、敌视和压制的情况下，对民族虚无主义和崇洋媚外充满警惕，势所必然，这也是新兴民族国家的一个普遍文化现象。新中国成立后，针对资本主义国家在民族问题上的扩张与侵略政策，提出社会主义国家民族观念与国际主义结合的思想，带有浓厚的社会主义和资本主义意识形态斗争的特点，也反映出新兴民族国家对帝国主义侵略政策的警惕和抵制。

但是，由于概念的模糊性，以及受特定政治条件的影响，新中国成立后对虚无主义的批驳有时候表现出随意性和牵强附会，服务于政治需求，甚至出现虚无主义成为政治批判工具的现象，这也是需要承认的。

二　历史虚无主义概念的提出与演化

在学界的叙述中，往往将历史虚无主义当作新近诞生的名词。笔者曾

---

① 乌兰塔拉：《坚持社会主义内容和各民族艺术形式的统一》，《人民日报》1973年12月2日。

以中国知网数据为主要考察对象，对历史虚无主义的提出与演化做了初步梳理，将学术界对历史虚无主义论争分为1956年至1988年、1989年至1999年、2000年至今三个阶段，并认为新世纪出现了2000年、2005年、2013年至今三次高潮。① 但是，因历史虚无主义问题意识形态性很强，很多关键性表态和重头文章是在《人民日报》刊发，并未被中国知网收录。这一重要数据的缺失，不利于对历史虚无主义问题进行溯源。通过对《人民日报》的系统梳理可以发现，在对形形色色的虚无主义进行批判的同时，历史虚无主义概念逐渐出笼，其内涵一步步接近当前历史虚无主义的特定概念。

（一）历史虚无主义概念的完整提出

1958年，关锋在讨论过去与将来的关系时指出，"共产党人是历史唯物主义者，是坚决反对工作中和科学研究中的割断历史的非历史主义和虚无主义的"②。1964年，柯庆施在关于繁荣社会主义戏剧的讲话中，认为对中外文学艺术的优秀遗产都要继承，对继承应该持有正确的态度，"我们既不是历史的虚无主义者，也不膜拜遗产，而是对遗产采取批判地继承的态度"③。"历史的虚无主义者"，已经非常接近历史虚无主义的完整概念。1974年，在批林批孔运动中历史虚无主义被完整地提出来。有人指出，"我们要用马克思主义这个锐利武器，对整个民族文化遗产作历史的、阶级的分析，剔除其封建性的糟粕，吸收其民主性的精华。既要反对全盘否定的历史虚无主义，又要反对无批判的兼收并蓄。运用对立统一规律研究历史，要透过历史现象，总结阶级斗争中带有规律性的东西，特别要总结历史上复辟与反复辟的经验教训，帮助我们提高无产阶级专政下继续革命的自觉性"④。根据笔者所掌握的材料，这是最早提出的完整的历史虚无

---

① 文世芳、王瑾：《历史虚无主义论争演变及启示》，《中国社会科学报》2015年9月25日；文世芳、王瑾：《新世纪历史虚无主义的论争及启示》，《中共云南省委党校学报》2015年第6期。
② 关锋：《谈"过去"和"将来"》，《人民日报》1958年3月20日。
③ 柯庆施：《大力发展和繁荣社会主义戏剧，更好地为社会主义的经济基础服务》（在1963年底到1964年初华东地区话剧观摩演出会上的讲话，发表时作了若干修改补充），《人民日报》1964年8月16日。
④ 哲刚：《进一步提高批林批孔的自觉性——学习〈关于正确处理人民内部矛盾的问题〉的体会》，《人民日报》1974年11月29日。

主义概念。这里的"历史的虚无主义"和"历史虚无主义"都指的是对民族文化遗产的否定态度。

但是历史虚无主义概念提出后,并未引起重视,其他文章也未再继续使用这一名称。直到"文化大革命"结束,在揭批和清算"四人帮"的错误时,历史虚无主义才再一次被提出,并得到比较广泛的使用。

(二) 对否认民族文化传统的历史虚无主义批判

在批判"四人帮"对民族文化遗产的"彻底扫荡论"时,有人将其定性为"形而上学和历史虚无主义"。文章认为,"四人帮"把文化遗产一概说成是"剥削阶级政治愿望和思想感情的反映",是为"剥削阶级服务的",不仅一笔抹杀了优秀人民文化的历史进步作用,而且从根本上歪曲了马克思主义的辩证唯物主义和历史唯物主义,"是一种不折不扣的形而上学和历史虚无主义"。并且指出,"这种虚无主义并不是什么新鲜玩艺儿,外国有过,中国也有过"。"四人帮"不过拾人牙慧,用马克思主义词句略加粉饰而已。因为当时"文化大革命"刚结束,在批判"四人帮"的同时,也对"文化大革命"中批判的对象胡适、胡风进行了批判,认为"买办文人胡适就胡说过'中国文学没有楷模的价值',反革命分子胡风则干脆把文化遗产一概贬之为'封建文学'"[1]。

有人则将"四人帮"在文化领域的倒行逆施批判为"一套不折不扣的文化专制主义、历史虚无主义和主观唯心主义",指出"四人帮"在"大破封资修的旧文化""创造新的无产阶级的阶级文化"的幌子下,割断历史,打倒一切,否定一切。这些做法是"虚无主义态度,与马克思主义毫无共同之处"[2]。

后来,在实践检验真理的标准问题讨论中,如何认识文艺的传统,如何看待文化遗产,也成为重要的内容。有人指出:"文艺作品在其公之于世的历史阶段,既然发生过巨大的教育作用,那么,作为这一历史阶段的上层建筑的组成部分,它就有其历史价值,就会被人所欣赏喜爱,不承认

---

[1] 袁震宇:《古为今用,还是古为"帮"用?——批判"四人帮"对待文化遗产的修正主义谬论》,《人民日报》1977年7月14日。
[2] 谷山:《列宁对"无产阶级文化派"的批判》,《人民日报》1977年9月1日。

这一点,那就是历史虚无主义而不是历史唯物主义了。"① 通过对"四人帮"的批驳可以发现,改革开放初期,虽然依旧带有"文化大革命"时期思维和语言的印迹,但是理论界已将历史虚无主义作为历史唯物主义的对立面进行学术上的批判。

1979年,停刊10多年的《曲艺》复刊,在第一期开辟了"陈云同志谈评弹工作",刊发了《陈云同志对当前弹评工作的几点意见》《陈云同志给吴宗锡同志的信》等。在给吴宗锡的信中,陈云着重阐述了说新书和说传统书的辩证关系,指出"闭目不理有几百年历史的传统书,是一种历史虚无主义"②。就目前材料所见,这是党和国家领导人第一次提到完整的历史虚无主义概念。不过,这时候的历史虚无主义依然是针对对传统文化的否定态度而言的。

此后,历史虚无主义比较宽泛地被使用。如1982年11月,在纪念郭沫若诞辰90周年时,有人提出郭沫若尊重历史的发展,用科学标准去评价历史和历史人物,"既要反对复古主义,又要反对历史虚无主义"③;1983年,有人指出"我们不是历史虚无主义者,不应该对文化遗产采取全盘否定的态度,而应该采取批判继承的态度"④。

(三) 当前意义上的历史虚无主义概念的提出

"文化大革命"结束后,要解放思想、实事求是,就不能不涉及毛泽东晚年所犯错误。这是当时全党和全国人民都很关注的极其敏感而又非常棘手的问题。一方面,不纠正毛泽东晚年错误,就迈不开新的步伐;另一方面,不科学评价毛泽东的历史地位,就会引起思想混乱,影响安定团结的局面。当时,党内外有两种思想倾向:一种是受"两个凡是"的影响很深,认为批评毛泽东的缺点错误,就是"砍旗""丢刀子";一种是因为毛泽东晚年犯了错误,就想全盘否认毛泽东的历史地位,否认毛泽东思想

---

① 茅盾:《作家如何理解实践是检验真理的唯一标准》,《人民日报》1978年12月5日;《文艺报》1978年第5期。

② 《在〈曲艺〉杂志复刊第一期上发表陈云同志对评弹工作的意见》,《人民日报》1979年1月15日。

③ 侯外庐:《"只顾攀登莫问高"——纪念郭沫若同志诞辰九十周年》,《人民日报》1982年11月29日。

④ 邵石:《首都文艺理论界人士举行学术讨论会探讨新时期文学与人性、人道主义问题》,《人民日报》1983年3月8日。

的科学价值和指导作用。为了统一思想,有必要对历史问题做一权威总结。在历史决议起草过程中,邓小平进行了9次谈话,确定了科学评价毛泽东和毛泽东思想的基本原则。1983年,《邓小平文选》出版后,李德生在学习文选的讲话中高度赞扬邓小平科学评价毛泽东和毛泽东思想的贡献,认为邓小平坚持了两条战线作战,"一方面同教条主义作斗争,一方面同历史虚无主义作斗争"①。李德生的这个看法,应该说体现了当时党内不少人的想法。如项南也明确指出邓小平"排除了不加分析的全盘肯定的教条主义干扰,又严厉驳斥了完全否定历史的虚无主义态度","运用历史唯物主义的观点,对一位无产阶级革命领袖进行实事求是的评价,对这样一个十分重大而敏感的问题,作出了圆满的处理,这在国际共运史上,是少见的范例"②。如果说之前的历史虚无主义主要针对对民族传统文化的态度,那么这里提出的历史虚无主义、历史的虚无主义,则带有明显的意识形态色彩,与当前的历史虚无主义实质基本一致,主要特指对党的历史、党的领袖的不公正、不客观、不科学的态度。就目前材料所见,这是党的高层最早提出的与当前实质基本一致的历史虚无主义概念。

但是在此之后,历史虚无主义还是持续对历史文化传统的不正确态度。直到1986年年底,历史虚无主义问题的意识形态化倾向才凸显出来。随着改革开放的推进,中国与世界交流越来越密切,西方各种信息通过不同渠道涌入中国,在如何看待中国与西方发达资本主义国家的差距,如何看待中国社会主义建设中的挫折和成就,如何看待民族文化和外来文化等问题上,出现了一些错误思想,在思想领域造成了一些混乱。针对这一情况,胡启立在全国对外宣传工作会议上强调:我国对外宣传一定要实事求是,对成绩和缺点要有正确估计,既不要过度美化,也不要妄自菲薄。他特别强调:"要防止另一种倾向,即有的人搞历史虚无主义和民族虚无主义,把我们自己说得一钱不值。说我们一切都好,完美无缺,这不实事求是;说我们一切都不行,这更不实事求是。"③胡启立将历史虚无主义和民

---

① 李德生:《伟大的转变 卓越的贡献——学习〈邓小平文选〉》,《人民日报》1983年7月4日。

② 项南:《敢于实事求是——在〈邓小平文选〉学习讨论会上的发言》,《人民日报》1983年9月12日。

③ 徐学江:《胡启立在全国对外宣传工作会议上强调我国对外宣传一定要实事求是,对成绩和缺点要有正确估计,要大力改进文风》,《人民日报》1986年12月4日。

族虚无主义并列，也就是说已经将历史虚无主义的内涵在民族虚无主义、民族文化虚无主义做了明确的划分。1987年3月29日，中共中央发出《关于坚决妥善地做好报纸刊物整顿工作的通知》，强调对六个方面进行重点整顿，第二项就是："思想政治方向不端正，背离四项基本原则，宣传和支持资产阶级自由化观点，宣传极端个人主义、民族虚无主义、反爱国主义，妨碍民族团结，违反外事纪律，而地位重要、影响较广的报刊。"①笔者认为，这是就目前材料所见，中共文件中明确提出反对民族虚无主义的规定。

1989年是国际共产主义运动"大气候"和中国国内"小气候"发生巨大变化的不寻常一年。东欧剧变使国际共产主义运动遭到巨大挫折，中国国内发生的政治风波也严重冲击人们的思想。国际国内借机掀起一股反社会主义、共产主义运动的潮流。在政治风波平息之后，中共领导人一再强调反对民族虚无主义、历史虚无主义。1989年9月，江泽民强调指出，"任何割断历史，采取虚无主义的态度，借口'改革'而否定党的优良传统的做法，都是错误的"②。在新中国成立40周年大会上的讲话中，他再次指出，"要特别注意反对那种全盘否定中国传统文化的民族虚无主义和崇洋媚外思想"③。12月29日，他在党建理论研究班上发表讲话时指出："一个时期以来，资产阶级自由化思潮的泛滥，资产阶级的民主、自由、人权口号的蛊惑，利己主义、拜金主义、民族虚无主义和历史虚无主义的滋长，严重侵蚀党的肌体，把党内一些人的思想搞得相当混乱。"④这也是就目前材料所见，中共中央总书记第一次明确反对历史虚无主义，并认为它割断历史，借口"改革"否定党的优良传统，"严重侵蚀党的肌体"，将其对党和国家的危害性阐释得十分清楚。

通过对《人民日报》的系统梳理发现，目前意义上的历史虚无主义概念演化的脉络已然清楚。1974年已经提出完整的历史虚无主义概念，1977年"四人帮"的"文化扫荡论"被批判为历史虚无主义，1979年陈云作

---

① 中共中央文献研究室编《十二大以来重要文献选编》（下），人民出版社1988年版，第1351页。
② 中共中央文献研究室编《江泽民思想年编（1989—2008）》，中央文献出版社2010版，第8页。
③ 中共中央文献研究室编《十三大以来重要文献选编》（中），人民出版社1991年版，第627页。
④ 同上书，第810页。

为党和国家领导人第一次提出历史虚无主义，1983年李德生、项南从如何正确认识党的历史、如何正确评价党的领袖的角度提出了邓小平既反教条主义又反对历史虚无主义，1986年胡启立从民族自信角度提出反对历史虚无主义，1987年中共文件上正式提出反对民族虚无主义，1989年中共中央总书记江泽民旗帜鲜明地提出反对历史虚无主义。从概念演化可以发现，历史虚无主义主要经历了由虚无民族传统文化到虚无党的领袖、历史和文化的过程，意识形态色彩越来越浓，否定党的领导和社会主义制度的政治图谋也越来越明显。

三 科学把握革命与传统的辩证关系，建构新的历史话语权

通过对1949年到1989年《人民日报》关于虚无主义和历史虚无主义的梳理和剖析，可以发现中国共产党自始至终反对历史虚无主义，之所以出现在历史问题上的失误，甚至出现"文化大革命"中虚无主义被滥用的现象，除了其概念本身的模糊性外，一个关键问题是，因"左"的思想影响在处理革命与传统关系上曾出现偏差。处理好革命与传统的关系，需要充分自信，自信才能从容理性。因此，反对历史虚无主义，必须加强对党的历史的认同，坚定对党的历史的自信，敢于承认问题敢于批判错误，最根本的是要坚定"四个自信"，在不断推进中国特色社会主义伟大事业中，科学把握革命与传统的辩证关系，建构起新的历史话语权。

（一）加强对党的历史的认同，捍卫对历史的话语权

从历史虚无主义的演化来看，新中国成立以后在历史领域经历的曲折，主要是在处理革命与传统关系上曾出现偏差，对民族文化、民族历史的特定地位、价值和深沉持久的影响力未有充分认识，亦即在改造出一个新社会的宏图中，未能很好地推动传统与现代经济、政治的结合并创新。当缺少对民族文化、民族历史坚定的自信，在"左"的思想影响下，民族文化虚无主义、民族历史虚无主义就有了生存发展空间。

当前，我们面临同样性质的问题，不过主要的不是对民族文化和民族历史缺乏自信。当前意义上的历史虚无主义是一种政治思潮，一种对社会主义制度和党的领导存有异见、具有明显政治诉求的不良思潮，因而主要

是对中国革命史、新中国成立后的社会主义革命和建设史以及改革开放史存有错误态度，以中国革命、建设和改革中存有的失误，甚至以捏造编制出的一些所谓"错误"为根据，得出一些迷惑性、危害性很大的结论，比如中国共产党在革命之下否定传统。习近平总书记深刻意识到这种逻辑背后的意蕴和险恶用心，旗帜鲜明地指出："中国共产党是马克思主义者，坚持马克思主义的科学学说，坚持和发展中国特色社会主义，但中国共产党人不是历史虚无主义者，也不是文化虚无主义者。""在带领中国人民进行革命、建设、改革的长期历史实践中，中国共产党人始终是中国优秀传统文化的忠实继承者和弘扬者。"①

从党的文献和《人民日报》梳理来看，中国共产党始终坚持反对历史虚无主义。我们必须具有这种坚定的历史自信。从《人民日报》对形形色色的虚无主义和历史虚无主义的态度来看，中国共产党自始至终都将虚无主义当作负面的东西加以批判，将历史虚无主义当作马克思主义历史观的对立面进行否定。从党的文献来看亦是如此。毛泽东明确表示："所谓'全盘西化'的主张，乃是一种错误的观点。形式主义地吸收外国的东西，在中国过去是吃过大亏的。"② 他在《在延安文艺座谈会上的讲话》中进一步指出："要破坏那些封建的、资产阶级的、小资产阶级的、自由主义的、个人主义的、虚无主义的、为艺术而艺术的、贵族式的、颓废的、悲观的以及其他种种非人民大众非无产阶级的创作情绪。"③ 明确将虚无主义作为破坏性的负面的东西加以批判。在研究中国历史的根本立场上，毛泽东指出："我们这个民族有数千年的历史，有它的特点，有它的许多珍贵品。对于这些，我们还是小学生。今天的中国是历史的中国的一个发展；我们是马克思主义的历史主义者，我们不应当割断历史。从孔夫子到孙中山，我们应当给以总结，承继这一份珍贵的遗产。这对于指导当前的伟大的运动，是有重要的帮助的。"④ 明确表示中国共产党人是马克思主义者，也是历史主义者，与历史虚无主义是不相容的。1956年，陆定一也指出："我们要有民族自尊心，我们决不能做民族虚无主义者。我们反对所谓

---

① 习近平：《在纪念孔子诞辰2565周年国际学术研讨会暨国际儒学联合会第五届会员大会开幕会上的讲话》，《人民日报》2014年9月25日。
② 《毛泽东选集》第2卷，人民出版社1991年版，第707页。
③ 《毛泽东选集》第3卷，人民出版社1991年版，第874页。
④ 《毛泽东选集》第2卷，人民出版社1991年版，第533—534页。

'全盘西化'的错误主张。但这不是说我们应该自大,拒绝学习外国的好东西。我国还是一个很落后的国家,我们要花很大的努力向外国学习许多东西,我们的国家才能富强。民族自大,无论在什么情况下都是不对的。"① 旗帜鲜明地表示反对历史虚无主义和全盘西化两种极端倾向。

最为根本的是,实践发展赋予了对党的历史自信、党的文化自信的底气。在中国共产党的领导下,完成了三大历史任务。新中国成立后短短几十年的时间,实现了"站起来"到"富起来"再到"强起来"的三重历史递进发展。因此,习近平总书记在建党95周年讲话中自信地表示:"当今世界,要说哪个政党、哪个国家、哪个民族能够自信的话,那中国共产党、中华人民共和国、中华民族是最有理由自信的。"② 回到历史传统、民族文化这个话题上,在新中国成立初期一度出现偏差的革命与传统关系,在改革开放30多年中实现了转折性、根本性改变。5000多年文明发展中孕育的中华优秀传统文化得到了继承,在此基础上结合现代经济、政治而产生,在党和人民实践斗争中孕育的革命文化和社会主义先进文化也展现出强大生命力和优越性。中华优秀传统文化、革命文化和社会主义先进文化经受住了经济社会转型、市场经济条件、全球化浪潮的三个重大考验,展现出前所未有的生命力。中华文明是农耕文明不能适应工业文明、不能适应市场经济,在全球化浪潮中会遭遇挫折等主观臆断尽然破产。

因此,无论从哪个角度、哪个层面,党的历史自信已具备充分的历史条件,我们应当理直气壮地对党的历史充满自信,对党的历史应当具有高度认同。现在的关键问题是,要将意识形态的主导权、历史的话语权掌握起来。

(二)坚定对党的历史的自信,敢于承认问题敢于批判错误

加强对党的历史的认同,捍卫对历史的话语权,就得对症下药,既然历史虚无主义者拿党史国史中的曲折和失误做文章,以支流否定主流、个别否定整体、问题否定成就,那么我们一方面要弘扬主旋律、传播正能量,大力宣传主流、整体和成就;另一方面也不能各说各话,无视问题,

---

① 陆定一:《百花齐放,百家争鸣》(这是陆定一1956年5月26日在怀仁堂的讲话),《人民日报》1956年6月13日。
② 中共中央宣传部编《习近平总书记系列重要讲话读本》,学习出版社、人民出版社2014年版,第24页。

回避矛盾。总而言之，只有敢于承认问题，才能敢于批判错误；要一手抓科学总结历史经验教训，一手抓批判错误思想倾向。对党的历史具有坚定的自信，才能成熟、理性、从容、辩证地处理好历史问题。这种自信，具体而言就是在意识形态斗争中能警惕"左"右两种倾向，既旗帜鲜明地反对历史虚无主义，又能注意区分思想认识问题、学术方法问题与政治问题的界限。

历史虚无主义者常拿此发难——既然中共坚定地反对历史虚无主义，那么如何解释历史上曾错误地将学术问题不恰当地泛化为政治问题，"文化大革命"中将很多文化传统批判为"封、资、修"，发生"破四旧"这样的运动？实际上，这是两个不同层面的问题，并不相互矛盾。党坚定地反对历史虚无主义，并非说在处理历史问题上没有失误和错误。但是，这些失误和错误是在特定的历史时空环境下发生的，具有各种复杂的历史因素，历史当事人的认识和行动也并非可以不受时代条件限制，所以不能简单地以今天的认识水平审判历史，要求和苛责前人。正如习近平总书记所指出的："我们党对自己包括领袖人物的失误和错误历来采取郑重的态度，一是敢于承认，二是正确分析，三是坚决纠正，从而使失误和错误连同党的成功经验一起成为宝贵的历史教材。"[①] 在承认问题的基础上，深刻总结历史教训，将思想统一到如何避免错误再现，如何促进中华文明、社会主义文化的繁荣昌盛上来，这才是应该有的科学理性的态度，才能通过总结历史开辟未来。

深入总结历史经验教训可以发现，1949年到1989年的50年间，《人民日报》对虚无主义和历史虚无主义进行了五次集中批判，分别是50年代初期对胡适、胡风、俞平伯等人的批判；1957年反右派运动中对丁玲、冯雪峰、艾青等人的批判；"文化大革命"中对吴晗、翦伯赞等历史学家的批判；"文化大革命"后对"四人帮"的批判和流毒的清理；1989年对非马克思主义者否定民族文化、否定党和国家历史的批判。前三次，因历史局限，将学术问题上升为政治问题，起了很不好的作用，"文化大革命"中的批判更是"上纲上线"，出现虚无主义被滥用的现象，这也成为导致在党的历史问题上出现认识分歧的重要原因。后两次则将颠倒了的历史颠

[①] 中共中央文献研究室编《十八大以来重要文献选编》（上），中央文献出版社2014年版，第694页。

倒过来，拨乱反正，正确对待历史，不断推进社会主义事业。为什么出现前三次这种现象，主要还是"左"的思想在作怪，当"革命"统率了一切，传统的生存空间自然极小。正如邓小平所指出的："有右的东西影响我们，也有'左'的东西影响我们，但根深蒂固的还是'左'的东西。""'左'带有革命的色彩，好像越'左'越革命。'左'的东西在我们党的历史上可怕呀！一个好好的东西，一下子被他搞掉了。"① 他还强调："要批判'左'的错误思想，也要批判右的错误思想"，"纠正'左'的倾向和右的倾向，都不要随意上'纲'，不要人人过关，不要搞运动"②。相对于"左"用"革命"统率一切，那么右的否认革命的正当性，否认对社会、对历史文化改造的进步性，则可能走向两种极端：一种是回到"过去"，陷入"传统"之中；一种是走入"异域"，掉进"西化"的泥坑。且不论这两种极端走向能走多远，但如果两种极端走向泛滥，必然影响目前辩证科学地处理革命和传统关系的良好形势，也必然影响到中华文明、中华民族复兴的大好势头。

（三）坚定"四个自信"，建构新的历史话语权

历史虚无主义几经批判而不息，意识形态领域的斗争和不同政治诉求的推波助澜是主因，深刻的历史文化和时代背景也不容忽视。近代以来，由于封建制度的腐朽没落，中华民族发展、中华文明遭受到前所未有的挑战和挫折。中华民族在世界发展大潮中落伍下来，落后挨打、备受欺凌。广大先进分子为了探求民族复兴的真理进行了各种尝试，从学习器物到学习制度，从学习制度到学习文化。在这一历史过程中，中国人经历了犹豫、徘徊、彷徨、痛苦和失望，每一次民族危机都加剧了对自身文化的怀疑和否定，一些人甚至认为中华传统文化不适应现代工业社会，不能引领中国走向现代化。中国共产党成立后领导人民实现了新民主主义革命的胜利，一种新的历史文化自信渐次产生，正如毛泽东所说："自从中国人学会了马克思列宁主义以后，中国人在精神上就由被动转入主动。从这时起，近代世界历史上那种看不起中国人，看不起中国文化的时代应当完结了。伟大的胜利的中国人民解放战争和人民大革命，已经复兴了并正在复

---

① 《邓小平文选》第3卷，人民出版社1993年版，第375页。
② 《邓小平文选》第2卷，人民出版社1994年版，第379、381页。

兴着伟大的中国人民的文化。"[①] 长期培育起来的革命文化和社会主义文化,经受住了考验。因此新中国成立后,在经济上虽然并不富裕,但是文化上曾经充满自信,革命气质强烈,敢于斗天斗地。

进入改革开放和社会主义现代化建设新时期,中国主动走向世界,对外开放,经济社会快速发展起来。但随着革命气质的淡化,文化自信也随之受损。因此,时代的发展已提出新的历史文化命题:构建起市场经济条件下的、全球化浪潮中的、多元文化激烈碰撞下的新的民族历史文化自信。新的历史文化自信,主要是习近平总书记所指出的对中华传统文化、革命文化和社会主义先进文化的自信。中华传统文化和革命文化已经经过长时段的考验,但依然需要在新的经济社会环境中不断适应和促进时代的发展。社会主义先进文化,在几十年的社会主义革命和建设实践中已充分展示出巨大的活力和优越性,但是其得到巩固和深度认同,成为融入民族血脉的文化基因,则有赖于培育这种文化的社会、经济、制度的不断发展,亦即中国特色社会主义道路、理论和制度的不断完善,从而夯实社会主义文化自信的基础。

历史的问题从来都不止于历史,文化的问题从来都不止于文化。历史虚无主义作为一种政治思潮,是对客观存在的反映,折射出社会发展中存在的价值冲突、社会矛盾等问题。主张历史虚无主义的人们,原因和动机千差万别。国内外敌对势力是拿党史国史说事,抹黑党的历史,损害党的形象,侵蚀党的执政根基。另外一些人,有的对现实不满,借历史说事;有的对学术问题有不同看法、不同追求;有的语不惊人死不休,哗众取宠,增加所谓知名度和谋取经济利益;有的历史知识匮乏,又没有独立认知判断能力,被标新立异的思想观点吸引和误导,人云亦云,随意跟风。这些问题,归结起来,一个重要的根源就是,对中国特色社会主义道路、理论、制度和文化缺少正确的认识、缺乏必要的自信。缺少这种认识和自信,暴露出经济社会发展中存在的问题、教育的问题、宣传的问题,解决这些问题,最根本的还是要不断推进社会主义伟大实践和伟大事业,深化改革,不断发展,在发展中解决问题,在发展中树立和巩固自信。因而,面对日益复杂的国际斗争,国内战略机遇期与改革攻坚期叠加、发展黄金期与矛盾凸显期交织,在反对历史虚无主义问题上,不能简单化为历史问

---

① 《毛泽东选集》第 4 卷,人民出版社 1991 年版,第 1516 页。

题、文化问题，必须从中国特色社会主义道路、理论、制度和文化高度上着眼。只有坚定"四个自信"，才能在历史领域更从容、智慧、科学地在革命与传统、继承与发展中实现辩证扬弃，将社会主义特性、民族特性、时代特性结合起来，建构科学的历史话语体系，真正掌握历史的话语权。毫无疑问，这将是一个长期的艰巨的过程，但又需要全社会和相关部门共同努力，立即着手行动起来。

（作者单位：中共中央党校中共党史教研部）

马克思主义论断释义中隐含的历史虚无主义倾向

——以历史评价二重尺度释义为例

杨 玉

历史虚无主义否认历史规律的客观性、片面地解读历史、从抽象的人性角度评价历史人物，所以，当前一般认为它在历史、传统文化、政治思想等领域中出场，而马克思主义是批判历史虚无主义的理论武器，所以，不会有人意识到历史虚无主义会不自觉地渗透到马克思主义基本理论中来。当我们深入研究一些学者对马克思主义论断释义的时候，就会发现其中一些释义隐含着历史虚无主义倾向。虽然这种倾向性不会有隐晦的政治意图，但是其理论上的负效应是客观存在的，需要我们警觉起来。关于马克思主义历史评价二重尺度说的解读是一个传统问题，本文以它为例解释马克思主义论断释义中隐含的历史虚无主义倾向，旨在强调，即使一个司空见惯的老问题，也未必不是历史虚无主义藏身之所。

一 历史虚无主义的本质特征

历史虚无主义本质上是唯心主义的历史观。"历史虚无主义也正是通过它的反历史、反科学的研究方法，表现出它的唯心主义历史观。"[①] 但即使是唯心主义的历史观，历史虚无主义也是人类对历史的一种认知，只不过这种认知片面地夸大了认识的某一个特征、某一个方面，歪曲了人类认识的本质与进程，是"不结果实的花朵"。因此，只有正确认识历史虚无

---

① 梁柱：《历史虚无主义是唯心主义的历史观》，《思想理论教育导刊》2010年第1期。

主义的本质特征，才能给予有力批判。

历史虚无主义否认历史规律的客观性。对人类社会的历史发展是否有规律可循的不同回答是划分唯物史观与唯心史观的标准，也是二者的分歧所在。历史虚无主义否认历史规律的客观性，认为历史运动是领袖人物自由选择的结果，从而提出所谓"革命制造论""误入歧途论"等谬论，企图否定革命、否定我国的社会主义道路。虽然在历史发展进程中，新的历史任务往往是由领袖人物首先发现或提出来的，他们为群众指明革命斗争的方向，在革命斗争中起着领导核心的作用。但必须明确的是，不管什么样的领袖人物，在历史上发挥什么样的作用，都要受到历史规律的制约，而不能决定和改变历史发展的总进程和总方向。唯物史观认为，历史的发展是规律的客观必然性与人们的能动选择性相统一的过程：历史规律的客观性造成了一定历史阶段社会发展的基本趋势，为人们的能动选择提供了基础、范围和可能性空间，人们的能动选择性归根结底是人民群众的选择性，人民群众才是社会变革的决定力量。列宁指出："人民群众在任何时候都不能像在革命时期这样以新社会制度的积极创造者的身分出现。在这样的时期，人民能够做出从市侩的渐进主义的狭小尺度看来是不可思议的奇迹。"[①]

历史虚无主义片面地解读历史。人对客观世界的认识不是直线式的过程，而是极其复杂的。如果把认识过程中的某一片段、某一环节孤立起来，加以夸大，并把它作为解释人的认识的出发点，就会陷入唯心主义，这正是历史虚无主义的错误所在。"在社会现象领域，没有哪种方法比胡乱抽出一些个别事实和玩弄实例更普遍、更站不住脚的了"[②]，然而历史虚无主义却以重新解读历史为幌子，主观片面地裁剪、拼凑历史，以达到其政治目的。通过夸大历史中个别现象来否定历史本质，提出"殖民有功""侵略有理"等谬论，企图证明中国近代史的发展毫无历史根据。历史虚无主义这种"解读"历史的方法从根本上违背了从实际出发、实事求是的原则，其实质就是唯心主义认识论，"直线性和片面性，死板和僵化，主观主义和主观盲目就是唯心主义的认识论根源"。历史是客观具体的，每一种看似"偶然"的现象都有其具体的历史环境，都要将其放到具体的历史环境中去解

[①] 《列宁选集》第1卷，人民出版社1995年版，第616页。
[②] 《列宁全集》第28卷，人民出版社1990年版，第364页。

读；历史又是相互联系的，解读历史事件要从整体的、联系的角度出发。

历史虚无主义从抽象的人性角度评价历史人物。历史虚无主义者认为先前对中国近代史的研究都是不客观的，都是受到了"土匪史观"的影响，他们主张以所谓"中立"的态度、"超阶级"地评价历史人物，根据这种原则他们把"狼牙山五壮士"等民族英雄丑化成恶徒，而把慈禧太后、袁世凯等民族叛贼美化成历史英雄。究其实质，就是从抽象的人性角度评价历史人物，以所谓"客观公允"的立场掩盖其政治意图，这种评价历史的方法掩盖了历史发展的真相，其目的就是要颠覆唯物史观，篡改历史。唯物史观承认历史的主体是人，历史不过是追求着自己目的的人的活动而已，但这里所指的人是现实的人而非抽象的人。所谓现实的人，"不是处在某种虚幻的离群索居和固定不变状态中的人，而是处在现实的、可以通过经验观察到的、在一定条件下进行的发展过程中的人"①。现实的人是在特定的历史环境下，处于一定社会关系、一定的阶级中的人，是具有社会性和阶级性的人，在阶级社会里没有超阶级的人性，因此对历史人物的评价应该坚持历史分析法和阶级分析法。此外，在现实生活中，由于价值评价的主体是具体的，而这些主体在需求方面往往会存在着差异和矛盾，这就决定了不同主体对同一历史人物的评价也常常会产生差异或矛盾。但是，这并不是说对历史人物的评价是"公说公有理，婆说婆有理"、纯粹是一种没有任何客观标准的评价。由于人民群众的要求和利益从根本上代表着整体的要求和利益，是与历史发展的基本要求或趋势相一致的，因此对于历史人物的评价结果只有与人民、人类整体的要求或利益相一致，才是正确的评价。

但历史虚无主义不限于以右的面目出现，有的时候还以"左"的面目出现，一些关于马克思主义论断释义中就隐含的历史虚无主义倾向，例如对马克思主义历史评价二重尺度的解读就存在历史虚无主义倾向。

二 关于历史评价二重尺度说释义隐含的历史虚无主义倾向

普遍认为，关于历史进步性评价，马克思主义坚持二重尺度说——历

---

① 《马克思恩格斯选集》第1卷，人民出版社1995年版，第73页。

史尺度与价值尺度。历史尺度以是否符合历史发展的客观规律,是否有利于全人类的整体利益为标准评价历史现象,要求回到特定的历史环境中,从具体的历史条件出发评价历史事件。而价值尺度具有鲜明的主体性,由评价主体的需求结构、发展程度、社会关系等因素决定,不同的历史评价主体有不同的价值尺度,相同的评价主体由于自身实践活动和认知水平的变化,也会产生价值尺度的变化。

二重尺度说成为很多人解读马克思主义关于历史评价的论断的理论根据。例如,马克思曾在《不列颠对印度统治的未来结果》中指出:"历史中的资产阶级时期负有为新世界创造物质基础的使命:一方面要造成以全人类互相依赖为基础的世界交往,以及进行这种交往的工具,另方面要发展人的生产力,把物质生产变成在科学的帮助下对自然力的统治。资产阶级的工业和商业正为新世界创造这些物质条件,正象地质变革为地球创造了表层一样。"[1] 有学者从这段话中解读出马克思坚持以二重尺度评价历史进步性,当历史尺度与价值尺度发生冲突时,马克思主张"历史尺度优先"。理由是:历史尺度与价值尺度发生冲突的根源在于不发达的生产力,只有高度发达的生产力才能化解这一冲突,实现二者的统一。"这就说明,在社会现象的历史意义与价值意义中,历史意义具有最终的发言权;在社会进步评价的历史尺度与价值尺度中,历史尺度居于更基础的地位。"[2] "从马克思的观点来看,历史评价始终是首要的,价值评价则是第二位的。"[3]

上述观点在某种程度上误解了马克思的本意,不自觉地滑入了历史虚无主义泥潭中,因为这个观点确认了殖民侵略有功,从逻辑上等于否定了反殖民侵略斗争的历史意义。事实上确实有人把马克思这个论断——"殖民侵略充当了历史的不自觉的工具"作为所谓马克思主张历史尺度优先原则的理由。如果按着这个原则重新书写中国近代史,结果会如何呢?当时日本的现代化水平比中国进步得多,意味着日本发动侵华战争也能够"充当历史的不自觉的工具",按着历史尺度优先原则,既然殖民侵略有功,要建立所谓的"大东亚共荣圈",那么,中国人民抗日斗争就没有任何历

---

[1] 《马克思恩格斯选集》第2卷,人民出版社1972年版,第75页。
[2] 邢立军、章文雯:《论社会进步及其评价尺度》,《内蒙古民族大学学报》(社会科学版)2006年第1期。
[3] 丰子义:《关于历史进步的评价问题》,《学术月刊》2007年第12期。

史进步意义了。这是马克思的主张么？只要认真研读马克思的相关著作就能发现，马克思在谈论殖民主义对中国的侵略时，极力赞扬中国人民反侵略的斗争，认为旧中国将会在反侵略的斗争中重获新生，甚至未来中国的大门上会出现这样的字样："中华共和国自由、平等、博爱。"① 所以仅根据马克思关于英国对印度殖民的论述就得出"历史尺度优先"的结论是片面的，由此结论推演出落后国家无须反殖民侵略斗争更是对马克思极大的误解，带有明显的历史虚无主义倾向。

马克思确实强调英国对印度的殖民侵略肩负着"破坏与重建"的双重使命，"充当了历史的不自觉的工具"，但这不是确认马克思主张历史评价二重尺度以及坚持"历史尺度优先"原则的理由。在马克思眼中，印度是一个没有生命力、缺乏反抗精神的国家，在历史上多次被侵略而从未有过正式的反抗，这样的国家"注定要做侵略者的战利品"②。正因为如此，马克思指出，问题"不在于英国人是否有权征服印度，而在于我们是否宁愿让印度被土耳其人、波斯人或俄国人征服而不愿让它被不列颠人征服"③，因此"当时的印度被代表着先进资本主义生产方式的英国征服要好些"④。显然，这只是一种"两害相比取其轻"的评价，并没有把英国的殖民侵略视为印度历史的真正进步，因为要达到真正的历史进步，还需要一个条件，"只有在伟大的社会革命支配了资产阶级时代的成果，支配了世界市场和现代生产力，并且使这一切都服从于最先进的民族的共同监督的时候，人类的进步才会不再象可怕的异教神像那样，只有用人头做酒杯才能喝下甜美的酒浆"⑤。如果印度人民没有这场争取民族独立和人民解放的革命，"在大不列颠本国现在的统治阶级还没有被工业无产阶级取代以前，或者在印度人自己还没有强大到能够完全摆脱英国的枷锁以前，印度人是不会收获到不列颠资产阶级在他们中间播下的新的社会因素所结的果实的"⑥。这就是说，在马克思看来，所谓的"历史尺度优先"——英国给印度带来现代工业化，只是为印度自身的历史进步奠定了物质基础，而印

---

① 《马克思恩格斯全集》第 7 卷，人民出版社 1959 年版，第 265 页。
② 《马克思恩格斯选集》第 2 卷，人民出版社 1972 年版，第 69 页。
③ 《马克思恩格斯文集》第 2 卷，人民出版社 2009 年版，第 685—686 页。
④ 叶险明：《马克思思想发展逻辑研究中的一个"问题源"》，《马克思主义研究》2012 年第 6 期。
⑤ 《马克思恩格斯选集》第 2 卷，人民出版社 1972 年版，第 75 页。
⑥ 《马克思恩格斯选集》第 1 卷，人民出版社 1995 年版，第 771—772 页。

度人民要想真正获得历史进步,还需要一个类似"价值尺度优先"性质的前提条件——争取民族独立和人民解放的革命斗争。那么,马克思到底主张哪个尺度优先呢?

三 正确解读历史评价的二重尺度

事实上,无论认为马克思主张哪个尺度优先都是认为历史评价的二重尺度存在悖论。"二重尺度悖论"观点是教条式解读马克思思想造成的,违背了唯物史观的根本精神。历史尺度与价值尺度原本是并列而非从属的关系,二者在实践的推动下,在"现实的人"身上实现着动态统一。

历史尺度与价值尺度从实践上看对应的是生产力的进步与人的发展。在历史发展的某个阶段,生产力的进步可能不但不会促进人的发展反而带来人的堕落、道德沦丧,例如从原始社会到阶级社会的过渡从历史尺度来看无疑是一个巨大的进步,但从价值尺度看这种过渡却包含着人性的堕落与倒退,正如恩格斯所说:"它是被那种使人感到从一开始就是一种退化,一种离开古代氏族社会的纯朴道德高峰的堕落的势力所打破的。最卑下的利益——无耻的贪欲、狂暴的享受、卑劣的名利欲、对公共财产的自私自利的掠夺——揭开了新的、文明的阶级社会;最卑鄙的手段——偷盗、强制、欺诈、背信——毁坏了古老的没有阶级的氏族制度,把它引向崩溃。"① 种种类似的现象使得历史尺度与价值尺度二者看似相互矛盾,但纵观整个人类社会发展的历史,生产力的进步与人的发展总是相互渗透、相互作用的:没有生产力的进步,人的活动就会受限,达不到全面发展所必需的普遍交往;没有人的发展,就没有人从事物质资料生产的积极性,也就没有生产力的进步。历史尺度与价值尺度在一定条件下还可以相互转化,不管在什么历史阶段,人的价值诉求中总有被生产力认可的内容,于是人民可以通过自身的实践推动生产力的发展,当生产力积累到一定程度就可以使人们被生产力认可的那部分诉求得到满足,而这部分被现实化了的价值诉求就有了存在的合理性,即实现了理想式的价值尺度到现实式的历史尺度的转变。由此看来,历史尺度并不是外在于人的需求,外在于价值尺度的,它是在人的实践过程中通过将价值尺度现实化而逐步构建起来

---

① 《马克思恩格斯文集》第 4 卷,人民出版社 2009 年版,第 113 页。

的。但这并不意味着价值尺度中不被现实生产力认可的部分就毫无意义，这一部分内容由于暂时没有条件实现而成为人们的追求目标，促使人们以积极向上态度从事生产实践。人们就是这样在价值尺度的引导下把自己的价值诉求变为现实，不断丰富历史尺度的内涵，价值尺度与历史尺度中不相容的部分也会在生产力高度发达的共产主义社会彻底消失，共产主义社会将使所有主体的价值尺度实现统一，也会使人们的价值尺度与历史尺度实现统一。总之，历史尺度与价值尺度是相互渗透、相互作用，甚至是可以相互转化的，"二重尺度悖论"的观点纯粹是对马克思社会发展理论片面的解读和形而上学式的理解，违背了唯物史观的辩证法精神。

历史尺度与价值尺度从产生的根源上看对应的是历史规律与人的能动作用。持"历史尺度优先"观点的学者似乎将历史规律视为一种外化于人的客观力量，这种力量不受人的控制反而支配着人的主观选择。事实上，唯物史观虽然认为历史规律是客观的、不以人的意志为转移的，但这里的"不以人的意志为转移"并不是将历史规律看作是"人之外"的神秘力量，"它虽然不以人的意志为转移，却是以人的实践能力和认知能力的发展水平为转移的，"这种"'不以人的意志为转移'的程度，是以人们改造世界的实践能力的发展程度为转移的，是随着人们改造世界的实践能力和与之相应的认识能力的提高而不断减弱的"[①]。也就是说，历史规律一方面包含着不以人的意志为转移的客观限定性；另一方面也包含着主体的实践活动的能动选择性，而且随着人类认识和改造客观世界的能力的增强，就会在越来越大的程度上脱离必然王国而进入自由王国，越来越自觉地顺应历史规律去创造新的历史，越来越降低"不以人的意志为转移"的程度。那种将历史规律中"不以人的意志为转移"的部分理解为置身于人之外的客观力量，是对唯物史观的严重曲解，而由此得出的"历史尺度对价值尺度也具有优先性"的结论也与唯物史观背道而驰。

历史尺度与价值尺度关注的主体不同。人类社会的发展是"整体"与"个体"的交织和融合，历史尺度是以整体为关注点，价值尺度则是以所有个体为关爱对象。历史尺度是以现实生产力发展为依据，哪怕牺牲一部分人的利益；而价值尺度以"现实的人"发展为依据，却包含着一些理想化的内容。历史尺度和价值尺度两者都各自有存在的理由，也都各自存在

[①] 庞卓恒：《唯物史观与历史科学》，高等教育出版社2004年版，第49页。

着缺陷。如果看不到价值尺度中某些不被生产力认可的想法，就犯了理想主义错误；如果看不到价值尺度的实现是人类社会发展的最终追求，而只是以固定的尺度衡量社会行为和社会事件，就会犯形而上学独断论的错误。

历史尺度与价值尺度在实践的推动下，在"现实的人"身上实现着动态统一，并在未来的共产主义社会有着统一的理想境界。而若只用静止眼光来看待人类发展，就会对历史尺度和价值尺度的关系作抽象化和绝对化的解读。

四 揭示马克思主义论断释义存在历史虚无主义倾向的意义

在此，只是从一个例证中揭示马克思主义论断释义隐含的历史虚无主义倾向，实际上对马克思主义中很多论断的解读，如马克思的异化的历史必然性、恩格斯的"恶是历史发展的杠杆"、马克思对李嘉图和西斯蒙第的经济理论的褒贬评价等，都存在类似的历史虚无主义倾向。

习近平同志 5 月 17 日在哲学社会科学工作座谈会上的重要讲话，对全体哲学社会科学工作者寄予殷切期望和郑重嘱托。历史唯物主义者在史学理论研究过程中要坚持正确的原则，遵循历史规律的客观性，用辩证的观点看待人类历史，重视人民群众对历史的推动作用。"脱离了人民，哲学社会科学就不会有吸引力、感染力、影响力、生命力，我国广大哲学社会科学工作者要坚持人民是历史创造者的观点，树立为人民做学问的理想，尊重人民主体地位，聚焦人民实践创造，自觉把个人学术追求同国家和民族发展紧紧联系在一起，努力多出经得起实践、人民、历史检验的研究结果。"[①] 唯有如此，才能驱除隐藏在历史唯物主义中的历史虚无主义魅影。揭示马克思主义论断释义存在历史虚无主义倾向，就是驱除隐藏在历史唯物主义中历史虚无主义魅影的一个重要方面，有利于强化历史唯物主义这一理论武器的批判功能和历史解释功能。

改革开放后，我国由于发展和建设的需要，积极地将西方资本主义的资本、经营模式引进来，有人认为，中国特色社会主义将走向"中国特色

[①] 习近平：《在哲学社会科学工作座谈会上的讲话》，新华网，2016 年 5 月 18 日。

的资本主义",并不假思索地认为近代中国争取民族独立和人民解放的革命历史是一场误会,改革开放实现了清朝末年新政的历史承接。无疑,以所谓的历史尺度优先原则解读马克思主义历史评价尺度,得出的结论与之不谋而合,因而会产生严重的负面效应。社会主义初级阶段的基本国情决定了中国特色社会主义在相当长的时期内必须与资本主义竞争共处、协作斗争,共同构成世界历史的演化图景,但是,中国现在是、将来还是走中国特色社会主义道路,不会丧失路线上的基本原则。

中国加入世贸组织后进入了经济飞速发展的新时代,但经济的快速发展及西方意识形态的入侵,容易造成人们价值取向扭曲、理想信念缺失、政治信仰不坚定等社会现象。怎样在经济发展的同时保证人文精神的发展成了新时期的新挑战。要"把当代中国价值观念贯穿于国际交流和传播的方方面面……讲好中国故事,传播好中国声音,阐释好中国特色"[①]。关键的一环就是丰富、发展马克思主义基本理论,提高其科学性、解释力。揭示马克思主义论断释义存在历史虚无主义倾向,提高马克思主义基本理论的科学性、解释力,就为"讲好中国故事,传播好中国声音,阐释好中国特色"奠定了坚实的理论基础,为树立共产主义理想、坚定共产主义信念提供了有力的理论保障。

(作者单位:南京信息工程大学马克思主义学院)

[①] 习近平:《在主持十八届中央政治局第十二次集体学习时的讲话》,新华网,2013年12月30日。

历史唯物主义"起源"之作[*]

——读《关于费尔巴哈的提纲》

梅荣政

历史唯物主义的创立，是"科学思想中的最大成果"[①]。它作为人类认识史上一次壮丽的日出，实现了人类哲学思想的革命变革，照亮了人类历史及其解释历史的理论领域，使"唯心主义从它的最后的避难所即历史观中被驱逐出去了"[②]。1845年春天，马克思写作的《关于费尔巴哈的提纲》，表明马克思不仅同唯心主义，而且同旧唯物主义彻底划清了界限。它对费尔巴哈和一切旧唯物主义者忽视人的主观能动性、忽视实践作用的主要缺点的批判，对马克思主义实践观的阐述，对实践是检验真理的标准的论述，对"全部社会生活在本质上是实践的""环境的改变和人的活动或自我改变的一致""哲学家们只是用不同的方式解释世界，而问题在于改变世界"等的说明，表明马克思哲学思想所发生的根本性转折以及人类哲学思想革命变革的实现，标志"关于现实的人及其历史发展的科学"[③]的创立（《关于费尔巴哈的提纲》和《德意志意识形态》一起被马克思主义学界大多数学者认为是马克思主义哲学，特别是唯物主义历史观创立的基本标志），在马克思主义史上占有极为重要的地位。本文试从三个部分来谈谈读《关于费尔巴哈的提纲》这一伟大思想纲领的初浅体会。

---

[*] 1893年2月7日恩格斯致弗拉基米尔·雅科夫列维奇·施穆伊洛夫的信中说："关于历史唯物主义的起源，在我看来，您在我的《费尔巴哈》（《路德维希·费尔巴哈和德国古典哲学的终结》）中就可以找到足够的东西——马克思的附录（指马克思《关于费尔巴哈的提纲》——引者注）其实就是它的起源！"（《马克思恩格斯文集》第10卷，人民出版社2009年版，第647页。）
[①] 《列宁专题文集·论马克思主义》第2卷，人民出版社2009年版，第68页。
[②] 《马克思恩格斯文集》第3卷，人民出版社2009年版，第544—545页。
[③] 《马克思恩格斯文集》第4卷，人民出版社2009年版，第295页。

一 《关于费尔巴哈的提纲》的写作和基本框架

《关于费尔巴哈的提纲》（下称《提纲》），是马克思1845年春天在布鲁塞尔以《关于费尔巴哈》为标题，"匆匆写成的供以后研究用的笔记，根本没有打算付印。但是它作为包含着新世界观的天才萌芽的第一个文献，是非常宝贵的"[①]。正是这样，1888年恩格斯在出版他的著作《费尔巴哈和德国古典哲学的终结》时，就以《马克思论费尔巴哈》为标题，将其作为该书的附录首次发表出来。后来，《马克思恩格斯全集》俄文版和德文版编者根据恩格斯在《费尔巴哈和德国古典哲学的终结》一著出版序言中的提法，将这一笔记定名为《关于费尔巴哈的提纲》。[②]

1844年年底到1845年春，马克思居住在巴黎——布鲁塞尔，他给自己提出的总体任务是解剖资本主义社会，深刻理解无产阶级革命任务。实现这一任务包含两个相互联系的重要方面：继续钻研和批判资产阶级政治经济学理论；进行哲学批判，制定马克思主义哲学世界观。对于这两个方面，马克思根据他经济研究工作的经验，认为创建新的哲学世界观和方法论，对于钻研和批判资产阶级政治经济学理论具有奠定历史观、方法论的理论前提和理论基础意义。这是因为，对批判者本身来说，只有这样，才能科学地批判资本主义经济制度及其作为理论表现的资产阶级政治经济学，揭露其本质和活动规律；对接受者来说，只有先有了科学的世界观和历史观，才能自觉接受马克思主义的政治经济学理论。《提纲》就是哲学批判工作方面的科学成果。自然，在《提纲》中，马克思还只能以纲领形式来表达新的世界观天才萌芽的伟大思想，其唯物主义历史观中的科学实践观及其他基本思想，在随后的《德意志意识形态》这部巨著的第一卷第一章中才得到深入发掘和系统阐述。但正是这一伟大思想纲领的首次明确提出，对于一切历史科学具有了革命意义的发现，无产阶级才有了完成伟大历史使命的指导思想的理论基础。

《提纲》的基本框架由十一条纲要组成。着眼于唯物主义历史观理论整体结构的内在关系，理论框架大体可以分为三个部分。

[①] 《马克思恩格斯文集》第4卷，人民出版社2009年版，第266页。
[②] 参见《马克思恩格斯文集》第1卷，人民出版社2009年版，第805页。

第一部分，即第一条。批判黑格尔和青年黑格尔派的思辨唯心主义，特别是费尔巴哈和一切旧唯物主义，明确提出"'革命的'、'实践批判的'活动"新的实践观，确立了实践在社会历史中的基础地位，为唯物史观理论框架的构建奠立起基础性哲学概念，克服了过去历史观割裂历史与社会实践内在联系的根本缺陷。

第二部分，即第二至九条。运用新的实践观在对黑格尔和青年黑格尔派的思辨唯心主义，特别是费尔巴哈和一切旧唯物主义批判分析中阐述科学世界观、历史观中重大的基本问题。包括"主体与客体、理论与实践、改造客观世界与改造主观世界的辩证关系，以及社会本质、人的本质、哲学的功能等基本原则"①。

第三部分，第十、十一条。指明以实践为基本概念的新唯物主义的阶级性质和历史使命。

将三个部分概括起来说，《提纲》从批判思辨唯心主义，特别是旧唯物主义的片面性、不彻底性入手，明确提出新唯物主义哲学，特别是唯物史观的中心概念（实践范畴），建立起科学实践观，为自己全面创立和阐发新世界观，特别是新历史观找到正确的立足点和生长点。进而阐发了社会生活的实践本质、社会历史发展的动力。正确解决了社会存在和社会意识的关系这一历史观的基本问题，并简明地指出了实践在认识论中的基础地位和决定性意义，搭建起唯物主义历史观的科学框架。

二 《提纲》理论框架中的基本问题

（一）批判德国旧哲学，超越费尔巴哈，提出实践中心概念（第一条）

马克思把对"旧哲学"的批判，作为创建"新唯物主义"的必要前提和逻辑先导。所谓"旧哲学"，原本是费尔巴哈的用语。他称德国神学和黑格尔思辨哲学为"旧哲学"，称自己的唯物主义为新哲学。本文使用的"旧哲学"一词不同于费尔巴哈的用语含义，它统称德国神学和黑格尔思辨哲学，也包括费尔巴哈人本主义哲学。

1845年前几年，马克思已经从经济关系及其发展中来解释政治及其历史，他和恩格斯已经逐渐接近于发现唯物史观。到1845年春天，马克思

---

① 黄楠森主编《马克思主义哲学史》第1章，高等教育出版社1998年版，第65页。

为完成发挥他的唯物主义历史理论工作，从两个方面展开了自己的哲学批判：批判当时德国哲学的最积极成果——费尔巴哈的唯物主义；继续批判反动的思辨唯心主义。

关于旧唯物主义。马克思指出，"从前的一切唯物主义（包括费尔巴哈的唯物主义）的主要缺点是：对对象、现实、感性，只是从客体的或者直观的形式去理解，而不是把它们当做感性的人的活动，当做实践去理解，不是从主体方面去理解"①。这里肯定了包括费尔巴哈在内的唯物主义者区别于思辨唯心主义的观点，即把对象、现实、感性理解为客观实在和认识的客体的唯物主义观点。同时又批评它们看不到实践在社会生活和认识过程中的作用。离开社会实践去理解客观事物（含社会历史），把客观外界仅视为认识对象，而不是改造的对象；忽视人对客观世界的能动作用。没有把人当作现实的、能动地改变世界的主体，其活动也是感性客体中的一部分，对象性的活动，即改变客观对象的物质活动；不理解它们生活于其中的感性世界是工业和社会状况的产物，人们世世代代实践活动的结果，历史的产物，而非开天辟地以来就是如此。主体和客体、人和自然的关系，在它们眼里，只是反映与被反映的关系，而不是改造和被改造的关系。费尔巴哈也讲过实践，然而他所讲的实践与马克思讲的实践不同。他把实践的直观视为不洁的、为利己主义所玷污的直观，即狭隘的物质占有欲望和唯物质利益是图。所以马克思批评他只从其卑污的犹太人的表现形式去理解和确定实践。实际上他仅承认理论活动的意义，贬斥实践，完全没有认识到社会的物质生产活动是人类最基本的实践活动及伟大意义。正是因为"他不了解'革命的'、'实践批判的'活动的意义"②。就不得不陷入唯心主义的泥坑。既不真正地理解物，也不真正地理解人及其认识本质、社会生活的本质。

关于思辨唯心主义者。马克思在《提纲》（第一条）中同时批判了思辨唯心主义者。马克思指出，思辨唯心主义者，如德国古典哲学的代表人物费希特和青年黑格尔派的领袖布鲁诺·鲍威尔，都认为人的思维是万能的主体，它通过客体世界来任意地表现自己，客体世界不过是自我意识的表现形式而已。所以马克思批判说，被唯心主义者表达并片面夸大了的能

---

① 《马克思恩格斯文集》第1卷，人民出版社2009年版，第499页。
② 同上。

动性，仅仅是一种抽象的能动性，即把意识夸大成世界的本源，把主体能动性夸大成精神创造客观世界。它们虽然从主体方面、能动方面发展了对象、现实、感性，但只是抽象地发展了，表明思辨唯心主义也不真正知道"现实的、感性的活动本身的"，即"实践"的意义。由于马克思此前在《黑格尔法哲学批判》《神圣家族》等著作中，对黑格尔以来的德国思辨唯心主义做过多次的系统的批判，揭露了它们的错误观点，所以《提纲》所突显出来的只是对费尔巴哈为代表的旧唯物主义的批判。但正是这一点有极为重要的意义。此前马克思对费尔巴哈哲学虽然也曾有所批评和保留，但总的是肯定，甚至是过高评价的。没有从哲学体系上与费尔巴哈哲学划清界限。《提纲》在深化和发展以往研究成果的基础上，对费尔巴哈人的本质观进行深入批判，第一次把实践作为马克思主义哲学的基本范畴提了出来，表明马克思已经公开树立起"新唯物主义"的鲜明旗帜，划清了同包括费尔巴哈哲学在内的旧唯物主义的界限。

（二）以新的实践观为基础，解开了人类历史的奥秘（第二至九条）

马克思以人改造客体世界的实践观为基础，使社会历史的一系列重大问题得到解密。《提纲》这一部分表明，实践是马克思主义认识论的依据，更是马克思制定唯物史观的基石。如列宁所说，马克思在《提纲》中所讲的实践，主要不是论证认识论，而是为了论证"完备的"唯物主义，即制定唯物主义历史观。这是马克思主义哲学区别于一切旧哲学的基本特征。

1. 确立实践概念，解决了检验真理的唯一标准和人的认识基础问题，为马克思主义认识论，更为其科学历史观立起一块基石

人们认识世界及其发展历史，必须以确定认识活动的立足点和判断认识的真理性标准为前提。然而，究竟应该在什么范围（领域）内证明思维的真理性，如何去判定人的思维和认识的真理性，以往的哲学家们，包括旧唯物主义在内，都长期未能解决。费尔巴哈或者把感性直观当作判定认识和理论的真理性的标准，如他所写的："只有那通过感性直观而确定自身、而修正自身的思维，才是真实的、反映客观思维——具有客观真理性的思维"；或者以众人见解为标准，也如他所写的："真理的东西是……大家的创造物。那种把我和您联合起来的思想，就是真理的思想。只有这种联合才是真理的标准、标志和确证"。这种标准与历史上哲学家们固守的观点一样，显然是不科学的。因为直观认识具有局限性，人们共同的意见

也不具有明确性和稳定性,所以不能以这些作为判断认识真理性的标准。马克思针对这些错误,认为首先要从根本上改变经院哲学的思想方法。马克思指出:"人的思维是否具有客观的[gegenständliche]真理性,这不是一个理论的问题,而是一个实践的问题。人应该在实践中证明自己思维的真理性,即自己思维的现实性和力量,自己思维的此岸性。"① 这是一种全新的思路。它告诫人们,绝不能在理论的或者纯思维的范围内来判定主观思维是否正确。否则不仅不能科学地解决认识的真理性标准问题,而且还必然导致神秘主义。人们的社会实践,是连接主体和客体的桥梁。唯有实践才能把主观认识与客观现实联系起来,使人们从预期和效果的比较中,来判断自己的思维是否与它反映的客观事物的本性相符合。实践既能证实也能证伪,即使被神化了的理论,只要把它置于实际社会生活之中,用实践去检验它,也会使它的神秘性云消雾散。所以,人的实践能证明自己思维的真理性,即现实性、力量和此岸性。

在哲学史上,康德的不可知论认为,人的认识由自在之物引起,自在之物独立于人之外,在彼岸,人的认识仅停留于现象的此岸,不能至彼岸。《提纲》关于"自己思维的此岸性"②的论断,一针见血,有力地回应了康德不可知论。马克思批判说,人的实践能够证明自己思维的现实性和力量,自己思维的此岸性。它的对象就在"此岸",没有什么不可知的"彼岸"。康德的错误思维,根源于离开了实践。人类历史一旦被剔除实践,包括历史事件、历史人物的评价在内,就统统只是人的认识、价值判断,谈不上认识的真理性问题。康德的观点,把历史的客观性及对其科学研究的可能性化为乌有,所提供的只不过是任意地解释、曲解、篡改历史的依据。所以马克思说,离开实践的思维的现实性或非现实性的争论,如同欧洲中世纪基督教学院的烦琐哲学一样,是想通过烦琐的抽象推理的方法来解释基督教和信条。然而这除了把哲学沦为"神学的婢女"以外,不可能有任何好结果。马克思批判了康德的错误思想,提出人应该在实践中证明自己思维的真理性的观点,为人们指明了从现实出发对社会历史进行科学研究的正确道路。同时把实践的观点引入历史观,不仅为马克思主义的认识论,而且也为唯物主义历史观树立起基本范畴。

---

① 《马克思恩格斯文集》第 1 卷,人民出版社 2009 年版,第 500 页。
② 同上。

《提纲》第五条指出:"费尔巴哈不满意抽象的思维而喜欢直观;但是他把感性不是看做实践的、人的感性的活动。"① 马克思这里使用的三个概念:"抽象的思维""感性的直观"和"实践",表达了黑格尔、费尔巴哈和马克思关于人类认识基础的三种不同观点。费尔巴哈不满意黑格尔哲学的抽象思维,用"理性化和现代化的神学"称谓黑格尔的逻辑学,自己诉诸感性的直观。然而,费尔巴哈并不知道实践这种"人的感性的活动",如《提纲》第九条所批评的:"直观的唯物主义,即不是把感性理解为实践活动的唯物主义,至多也只能达到对单个人和市民社会的直观。"② 这说明,费尔巴哈离开实践去观察人与社会,所观察到的只是孤立的个体,看不到人们在实践中结成的社会关系,社会生活的本质及其发展规律。这是旧的唯物主义在认识论上的严重缺陷,更是它在历史观中陷入唯心主义的根源。

2. 正确回答了社会进步的动力问题(《提纲》第三条)

在本条,马克思运用实践的观点,对社会发展和人的发展相互关系中的重要问题——人与环境、教育的相互关系问题作了正确地回答,从而解决了社会进步的历史动力问题。

18世纪法国唯物主义哲学家,如爱尔维修认为:人的一切观念都是后天获得的。人们精神上之所以存在差异,是不同的环境(主要是社会环境,最重要的是法律和政治制度)和教育的产物,改变了的人是另一种环境和改变了的教育的产物。包括费尔巴哈的唯物主义者都认为,现实社会之所以存在罪恶和灾难,根源于人性太坏或者太愚昧。要改变这种现实,消除社会罪恶和灾难,促使其进步,关键是要变革扼杀人们的思想和美德的政治法律制度,使人类脱离丑恶的社会环境。同时主张给人以教育,使之改变原有本性,去恶从善。为谋得新的社会秩序之建立,他们求助于天才用好法律去代替坏法律。这表明,他们作为环境决定论和教育万能论的信奉者,全然不理解环境怎样改变,教育者的良好素质(知识、智慧、才能等)又从哪里来?其结果,他们本来是从唯物主义经验论出发来说明人的观念是环境的产物的,最后却走向反面,得出了天才人物的观念决定环境的荒唐结论。这表明,就上层建筑领域的问题来解决上层建筑领域的问

---

① 《马克思恩格斯文集》第1卷,人民出版社2009年版,第501页。
② 同上书,第502页。

题，不仅不能彻底，还会导致历史唯心主义的结局。

《提纲》批评说，旧唯物主义"忘记了：环境是由人来改变的，而教育者本人一定是受教育的。因此，这种学说必然会把社会分成两部分，其中一部分凌驾于社会之上"①。即是说，环境是人们实践活动的结果，教育者及其良好素质是从实践中来的。旧唯物主义学说把社会分为教育者和被教育者，英雄和群氓，高贵者和卑贱者，不可避免地会导致英雄史观。因为离开人的实践，就只能寄希望于少数天才人物来改变社会环境，由改变了的环境再来改变人，就不能不如此。恩格斯在1888年整理发表《提纲》时，加上了一个例证："在罗伯特·欧文那里就是如此。"② 这说的是空想共产主义者欧文的试验。他企图通过天才人物来改变社会环境和教育群众，真诚地作出了种种努力，结果遭到的只是失败。原因在于他离开了社会实践这个基础，就不懂得人本身的双重品格：社会主体、改造者和自身活动的客体、被改造者。人改造客观世界（环境的改变）与改造自身（人的改变）是同一的过程。社会的进步正是这种统一的实践过程的表现。这里根本不需要高于人类的上帝或者超越历史时空的天才。此前，马克思在《神圣家族》中就论述过人民群众是历史主体，指出广大人民群众自身的革命实践活动是社会历史前进的动力。在《提纲》这一条，马克思以更为概括的哲学表达指出："环境的改变和人的活动的一致，只能被看做是并合理地理解为变革的实践。"③

3. 剖析费尔巴哈的宗教观，彻底解决了宗教的社会根源和宗教消亡的现实途径问题（《提纲》第四条）

在宗教问题上，费尔巴哈作为坚定的无神论者所遇到矛盾是，力图以宗教的批判来解决社会问题，但却又未能得到解决。他认为，一切宗教都把世界二重化为宗教的想象的世界和现实的世界。"这是宗教的起点。" 即是说，宗教是人的本质的自我异化，是人按照自己的特性创造了神，反过来神又成为一种统治和支配人的外在力量，成为受人崇拜的偶像。他从世界二重化这一事实出发分析了宗教，"把宗教世界归结于它的世俗基础"。费尔巴哈对宗教的这种分析批判，在人类思想史上是有积极意义的。马克

---

① 《马克思恩格斯文集》第1卷，人民出版社2009年版，第500页。
② 同上书，第504页。
③ 同上。

思充分肯定了他的功绩。但是马克思批评费尔巴哈"没有注意到，在做完这一工作之后，主要的事情还没有做"①。就是他只是把用人本学来说明宗教当作主要任务，并自称："我们把上帝的全世界的、超自然的和超人类的本质归结为人类本质的组成部分，即人类的基本部分"，"我们的主要任务就完成了"②。显然，费尔巴哈没有从社会实践出发，去分析世俗基础本身即现实的社会矛盾来说明宗教的根源。自然他更未找到宗教消亡的现实途径。

马克思揭示了宗教产生的社会根源。他指出："世俗基础使自己从自身中分离出去，并在云霄中固定为一个独立王国，这只能用这个世俗基础的自我分裂和自我矛盾来说明。"③ 这就是说，对宗教的根源，应该到世俗世界自身的矛盾中去寻找。在人类历史的初期，宗教首先是人们对无法理解和控制的自然力量的一种盲目反映。进入阶级社会后，与一定经济关系相联系的支配着人们的异己的社会力量也获得了这种反映，并且得到历代占统治地位的剥削阶级不断强化，这就是宗教产生和存在的社会的、阶级的根源。

马克思进而揭示了宗教消亡的途径。他指出："对于这个世俗基础本身首先应当在自身中、从它的矛盾中去理解，并且在实践中使之发生革命。"④ 就是用实践的力量和手段来解决社会矛盾，消除宗教产生的社会根源，促使宗教消亡。这些论断，应该说是马克思关于社会革命思想的最早哲学论证。

4. 人的本质是一切社会关系的总和（《提纲》第六条）

费尔巴哈批判宗教时，把宗教的本质归结于人的本质。马克思批判费尔巴哈的宗教观，必然深入到批判费尔巴哈关于人的本质的观点。

马克思指出：费尔巴哈离开人的社会实践和社会联系去认识人，没有对作为一切社会关系的总和的人的现实本质进行分析，"因此他不得不：（1）撇开历史的进程，把宗教感情固定为独立的东西，并假定有一种抽象的——孤立的——人的个体。（2）因此，本质只能被理解为'类'，理解

---

① 《马克思恩格斯文集》第 1 卷，人民出版社 2009 年版，第 504 页。
② 《费尔巴哈全集》（俄文版）第 2 卷，第 196 页。
③ 《马克思恩格斯文集》第 1 卷，人民出版社 2009 年版，第 500 页。
④ 同上。

为一种内在的、无声的、把许多个人自然地联系起来的普遍性"①。这两点就是，在费尔巴哈那里，人是没有主体性的孤立个体的机械性的自然物；"人的本质只包含在共同性中，包含在人和人和人的统一中"，"在类中一切人都是共同一致的，他们的种族、部落和民族的差别都消失了"。这种类本质就是被理想化了的、具有完善性、最高的力的理性、爱、友情、意志，至于人们在实践基础上形成的现实社会关系，则完全在他们的视野之外。

马克思在对费尔巴哈的批判中揭示了人的本质。他指出："人的本质不是单个人所固有的抽象物，在其现实性上，它是一切社会关系的总和。"② 这里清楚地说明，现实中的个人，不是费尔巴哈所想象的抽象的孤立的人的个体，人的本质也不是抽象、无声的类，不是种种自然关系的共同性，更不能归结为社会意识的本质。人是在一定社会关系中从事物质生产、社会实践的人。由于人的社会实践活动必然结成人与他人的关系。人的社会实践活动的内容又丰富多样，必然表现为社会关系的总和。换句话说，社会关系的总和就是人的对象化活动，即社会实践活动的内容表现。而人的本质就是人们实践活动创造的社会关系的体现。它不是固化不变的，而是随着时代、实践的变化发展而变化发展的。马克思的这些观点奠定了马克思主义关于人的学说的科学理论基础。为我们科学地分析抽象的人性论提供了锐利的思想武器。

马克思科学揭示人的本质以后，在《提纲》第七条中进一步作出分析，指出"费尔巴哈没有看到，'宗教感情'本身是社会的产物，而他所分析的抽象的个人，是属于一定的社会形式的"③。现实社会中的每一个人都属于一定的社会形式，人的感情或费尔巴哈所说的"宗教感情"也是一定的社会历史条件、社会关系的产物。

5. 对社会生活实践本质的深刻揭示（《提纲》第八条）

马克思指出："全部社会生活在本质上是实践的。"④ 说明实践是人们社会生活的基础和人类社会存在发展的条件。人们之所以结成社会关系，人们社会生活本质的规定，人类社会历史发展规律，都是由人的实践活动

---

① 《马克思恩格斯文集》第 1 卷，人民出版社 2009 年版，第 501 页。
② 同上。
③ 同上。
④ 同上。

决定的。何谓社会呢？1848年12月马克思在《雇佣劳动与资本》的演说中进一步指出："生产关系总合起来就构成所谓社会关系，构成所谓社会，并且是构成一个处于一定历史发展阶段上的社会，具有独特的特征的社会。"① 马克思对社会的界定和全部社会生活本质的论断，清楚地表明两点：其一，由人的实践活动构成的社会与自然界有本质上区别。所有的人都生活于、实践于一定的、具体历史的、具有独特的特征的社会形态之中。在人类社会中，离开具体的社会历史形态、处于离群索居状态的人，即孤立的个体和抽象的实体是根本不存在的。人之所以为人，都是具体的、历史的、现实社会的人。其二，只有把握了社会历史的特殊本质，才能正确理解社会意识与社会存在的关系，懂得一切社会意识，包括"把理论引向神秘主义的神秘东西"，都是在人的社会实践中及对实践的理解中产生的。"都能在人的实践中以及对这种实践的理解中得到合理的解决。"②

这样，《提纲》第五、第六、第七、第八、第九条实际上以人的实践活动为基础和中心范畴，把历史的主体和客体、社会存在和社会意识、社会进步的历史动力等问题连接起来，搭建成唯物主义历史观的构架内容。

（三）新唯物主义与旧唯物主义的社会阶级基础和历史使命（《提纲》的最后两条）

《提纲》的第十、十一条，马克思指出了新唯物主义与旧唯物主义的不同"立脚点"，揭明了两者根本对立的社会阶级基础和根本目的。

1. 新唯物主义世界观的社会阶级基础

《提纲》第十条指出："旧唯物主义的立脚点是市民社会，新唯物主义的立脚点则是人类社会或社会的人类。"③ 这里，"'市民'社会"和"人类社会或社会的人类"，是两种根本不同的社会。以费尔巴哈为代表的旧唯物主义虽然因不懂得人的实践及人的社会历史性，形似立足于抽象的个体，实际上落脚于资产阶级及其代表的社会；马克思新唯物主义的"立脚点"（社会阶级基础），则公开申明是无产阶级及其代表的未来社会。

马克思关于两个"立脚点"的思想表明，任何理论都是一定社会的经

---

① 《马克思恩格斯文集》第1卷，人民出版社2009年版，第724页。
② 同上书，第501页。
③ 同上书，第502页。

济政治关系（阶级关系）的反映，不是超阶级、超历史的抽象东西。同时马克思主义新世界观的创立也表明，"社会发展到了今天的时代，正确地认识世界和改造世界的责任，已经历史地落在无产阶级及其政党的肩上"①。所以新唯物主义世界观从萌芽时起，就把无产阶级和它所代表的未来的人类新社会作为自己的立脚点。

如何理解马克思说的"人类社会"或"社会的人类"呢？所谓"人类社会"或"社会的人类"就是指无产阶级在解放全人类的斗争中，实现了消灭阶级的共产主义社会。在科学共产主义创始人马克思、恩格斯看来，此前的社会只是人类的史前史，进入到共产主义社会才开始真正的人类史。②

2. 新唯物主义世界观的历史使命（《提纲》第十一条）

《提纲》的最后，马克思把创立新世界观和改变世界统一起来，以此作为新唯物主义世界观的根本目的和历史使命。马克思说："哲学家们只是用不同的方式解释世界，问题在于改变世界。"③ 这是《提纲》最后一条的内容，也是整个思想纲领的总结论，鲜明体现了新唯物主义世界观理论与实践高度统一的特点。此前马克思就说过："对实践的唯物主义者即共产主义者来说，全部问题都在于使现存世界革命化，实际地反对并改变现存的事物。"④《提纲》以高度概括的哲学表达进一步凝聚这一深刻思想，表明马克思和恩格斯从事哲学研究，根本不同于以往的哲学家们离开实践，坐而论道，只是用不同的哲学学说这样或那样解释世界，而是为了寻找无产阶级解放和人类解放的道路，即为科学社会主义的理论和实践奠

---

① 《毛泽东选集》第1卷，人民出版社1991年版，第296页。

② 注："一旦社会占有了生产资料，商品生产就将被消除，而产品对生产者的统治也将随之消除。社会生产内部的无政府状态将为有计划的自觉的组织所代替。个体生存斗争停止了。于是，人在一定意义上才最终地脱离了动物界，从动物的生存条件进入真正人的生存条件。人们周围的、至今统治着人们的生活条件，现在受人们的支配和控制，人们第一次成为自然界的自觉的真正的主人，因为他们已经成为自身的社会结合的主人了。人们自己的社会行动的规律，这些一直作为异己的、支配着人们的自然规律而同人们相对立的规律，那时就将被人们熟练地运用，因而将听从人们的支配。人们自身的社会结合一直是作为自然界和历史强加于他们的东西而同他们相对立的，现在则变成他们自己的自由行动了。至今一直统治着历史的客观的异己的力量，现在处于人们自己的控制之下了。只是从这时起，人们才完全自觉地自己创造自己的历史；只是从这时起，由人们使之起作用的社会原因才大部分并且越来越多地达到他们所预期的结果。这是人类从必然王国进入自由王国的飞跃。"（《马克思恩格斯文集》第9卷，人民出版社2009年版，第300页。）

③ 《马克思恩格斯文集》第1卷，人民出版社2009年版，第502页。

④ 同上书，第527页。

定世界观方法论基础。他们重视科学解释世界,正在要为无产阶级改变世界提供精神武器。

三 读《提纲》后的几点感想

《提纲》的写作距今天近170年了,但它蕴含的基本原则和科学精神至今仍光彩夺目,具有重要理论指导和实践指南意义。这里讲三点读后的思考。

(一)科学的哲学世界观对经济学研究的前提意义

如前所述,马克思认为,在哲学世界观研究和政治经济学研究之间,创建科学的哲学世界观和方法论具有理论基础和方法论前提的意义。因此,马克思虽然在1845年就为写作《政治和政治经济学批判》一书做好了准备,但是一直没有展开对该书的写作工作。原因是,马克思总结其经济研究工作发现,要科学地批判资本主义制度及其理论表现资产阶级政治经济学,批判者本身首先必须具有系统的、完整的科学世界观和方法论。同时,为了使人们接受自己的新的经济学和社会理论,也必须首先赋予人们以新的世界观和社会历史观。正是这样,马克思把哲学问题提到了经济学问题的前面。1845年春天马克思先写下《提纲》,形成哲学批判工作方面的科学成果,这标志马克思哲学思想的发展发生了重大的飞跃。1846年8月他在致《政治和政治经济学批判》一书的出版者的信中进一步阐发了自己的思考。他写道:"我认为,在发表我的正面阐述以前,先发表一部反对德国哲学和那一时期产生的德国社会主义的论战性著作,是很重要的。为了使读者能够了解我的同迄今为止的德国科学根本对立的政治经济学的观点,这是必要的。"[①] 这就是全面展开了《提纲》思想的《德意志意识形态》一著,它所阐述的历史唯物主义原理和方法,为马克思探索、创立政治经济学奠立了哲学基础。随后,马克思又在《哲学的贫困(1847)》等著作中确立了科学的政治经济学的研究对象,为科学的劳动价值论的创立开辟了道路,而且还孕育了剩余价值论的思想,从而为完成第

---

① 《马克思恩格斯全集》第27卷,人民出版社1972年版,第473页。

二个伟大发现奠定了基础。① 后来,马克思在《资本论》第 1 版序言中还说,"分析经济形式,既不能用显微镜,也不能用化学试剂,二者都必须用抽象力来代替"②。在《资本论》第 2 版序言中马克思指出:"人们对《资本论》中应用的方法理解得很差",并肯定了伊·伊·考夫曼专谈《资本论》的方法的文章对他所用的辩证法的描述很恰当。③ 这些都表明了马克思对哲学之于经济学研究的前提意义。关于这个问题,恩格斯也曾明确说:唯物史观的发现,"不仅对于经济学,而且对于一切历史科学(凡不是自然科学的科学都是历史科学)都是一个具有革命意义的发现"④。马克思主义政治经济学"本质上是建立在唯物主义历史观的基础上的"⑤。

马克思这一思想方法蕴含的深刻哲理,对后继者有很大影响。毛泽东在《读苏联〈政治经济学教科书〉的谈话(节选)》中曾批评该教科书没有说服力和吸引力。他说,一看就可以知道该教科书是一些只写文章,没有实际经验的书生写的。他批评了两种人,做实际工作的人没有概括能力,不善于利用概念逻辑这一套东西;而做理论工作的人又没有实际经验,不懂得经济实践。两种人,两方面——理论和实践没有结合起来。同时作者们没有辩证法。没有哲学家头脑的作家要写出好的经济学来是不可能的。马克思能够写出《资本论》,列宁能够写出《帝国主义论》,因为他们同时是哲学家,有哲学家的头脑,有辩证法这个武器。⑥ 这些论断发挥了马克思的上述思想,它启示我们:其一,只有以科学的哲学世界观为指导才能透过经济现象深入到它的本质,揭示其内部的矛盾运动的特点及其变化发展规律;其二,只有掌握了科学的哲学世界观和方法论,才能具有概括能力,从经济实践中提炼出带规律性的实际经验,再上升到经济理论;其三,只有掌握了科学的哲学世界观和方法论,才善于利用概念逻辑这一套东西把经济理论表述出来,形成科学体系。

当然,这丝毫不意味着说政治经济学的研究对新哲学的创立没有意义,事实上,在马克思主义科学体系创立中,马克思对经济学的研究,也

---

① 参见庄福龄主编《简编马克思主义史》,人民出版社 1999 年版,第 63—64 页。
② 《马克思恩格斯文集》第 5 卷,人民出版社 2009 年版,第 8 页。
③ 详见《马克思恩格斯文集》第 5 卷,人民出版社 2009 年版,第 19—21 页。
④ 《马克思恩格斯选集》第 2 卷,人民出版社 1995 年版,第 38 页。
⑤ 同上。
⑥ 《毛泽东文集》第 8 卷,人民出版社 1999 年版,第 140 页。

促进了马克思哲学,特别是唯物主义历史观的诞生。马克思在《〈政治经济学批判〉序言》中说过,他对唯物主义历史观的精辟概括,是他在巴黎开始研究、后来在布鲁塞尔继续研究政治经济学得出的"总的结论"。恩格斯也讲过,马克思是"从经济关系及其发展中来解释政治及其历史"这一历史唯物主义基本原理的。事实上,马克思的经济学研究和哲学研究,唯物史观和剩余价值论两大发现过程,是一个相互促进、互为因果、相辅相成、密不可分的过程。

(二) 实践的观点是马克思主义认识论的最基本的、首要的观点,更是唯物主义历史观的最基本的、首要的观点

列宁曾指出:"马克思和恩格斯的学说是从费尔巴哈那里产生出来的,是在与庸才们的斗争中发展起来的,自然他们所特别注意的是修盖好唯物主义哲学的上层,也就是说,他们所特别注意的不是唯物主义认识论,而是唯物主义历史观。……特别坚持的是历史唯物主义,而不是历史唯物主义。"①这就清楚地说明,马克思在《提纲》中讲实践,主要不是论证认识论,而是为了论证唯物主义历史观。这对马克思哲学思想发展来说是很自然的。因为,如果不建立实践这一哲学的基本范畴,不仅不能解决认识的来源、发展动力、检验认识真理性的标准,也根本不能把唯物主义观点贯彻到对社会历史的认识之中,解决关于社会生活的实践本质、社会历史发展的动力、人的本质和社会的本质、人与环境的关系、宗教的社会根源、辩证唯物主义的哲学功能,正确解决社会存在和社会意识的关系这一历史观的基本问题,历史唯物主义科学体系就不能构建起来。在哲学史上,费尔巴哈从唯物主义的立场出发,正确地区分了思想客体和现实客体。但是,因不懂得实践的意义,他在社会历史领域未能达到历史唯物主义的高度,依然把社会历史发展的动力看作精神的作用,在社会历史观的基本问题上滞留于唯心主义。马克思能够离开黑格尔转向费尔巴哈,又超过费尔巴哈走向历史唯物主义,关键在于他提出了唯物主义历史观最基本的、首要的观点,确立了革命的实践观,并以此为立足点和生长点解决了历史观的基本问题和实践在认识论中的地位问题。

---

① 《列宁专题文集·论辩证唯物主义和历史唯物主义》,人民出版社2009年版,第115—116页。

这个问题的重大意义是显而易见的。

我们党一贯强调实践的观点是马克思主义认识论和历史观最基本的、首要的观点，总是坚持实践观和历史观的结合。把一切从实际出发，在实践中检验真理和发展真理，把尊重实践、尊重群众作为马克思主义基本理论的特征之一，这对中国的革命、建设和改革，实现社会主义现代化意义重大。在今天，面对新的时代特点和实践要求，我们党明确提出："时代是思想之母，实践是理论之源。实践发展永无止境，我们认识真理、进行理论创新就永无止境。今天，时代变化和我国发展的广度和深度远远超出了马克思主义经典作家当时的想象。同时，我国社会主义只有几十年的实践、还处在初级阶段，事业越发展新情况新问题就越多，也就越需要我们在实践上大胆探索、在理论上不断突破。"① 这对于建立中国特色社会主义及哲学社会科学体系有极为重要的理论指导作用，我们必须加倍努力践行。

但是值得注意的是，马克思主义的创始人强调实践的重要意义，以至把自己正在阐发的新哲学称为"实践的唯物主义"，"这决不意味着他们把实践置于本体论的地位，因为，无论主体的活动对社会历史起着怎样巨大的作用，他们的活动绝不是没有前提的。这个前提就是必须承认'自然优先存在'的事实，同时，这种实践活动对历史影响的程度，以及它自身的状况，还受着前人实践活动的结果的制约。因此，无视实践的重要意义就不可能突破旧唯物主义的束缚，上升到辩证唯物主义和历史唯物主义的高度；而离开物质的决定作用，把实践抬高到本体论的地位，使实践脱离物质，或颠倒物质与实践的关系，这无疑又会走向另一个错误的极端。离开马克思主义创始人的本意，把'实践唯物主义'看成是'从主体出发'而排斥物质第一性原则，否定辩证唯物主义的基本观点，都是不正确的。对马克思主义创始人的观点无疑应该、也必须加以创造性的发挥，但必须在唯物主义基础上向前推进，而不能背离它的基本原则追求'创新'"②。这一评论在今天仍有很强的现实针对性，我们当予以重视。

---

① 习近平：《在庆祝中国共产党成立95周年大会上的讲话》，人民出版社2016年版，第9页。

② 黄楠森、庄福龄、林利主编《马克思主义哲学史》第1卷第6章，施德福、靳辉明本卷主编，北京出版社1991年版。

(三) 坚持和发扬马克思主义批判精神

马克思主义的本质是批判的和革命的。《提纲》正是马克思哲学批判工作的伟大的思想成果。他既批评了德国思辨的唯心主义哲学，也批判了包括费尔巴哈在内的旧唯物主义。正是在批判中，提出了实践这一新的哲学基本范畴，由此解决了认识论上的一系列重要问题，解决了人类社会历史发展中的一系列重要问题，构建起历史唯物主义的理论框架，使《提纲》成为历史唯物主义的起源。可以说，科学批判是马克思主义创始人思想不断向前推进的精神动力。这对于我们建立中国特色的哲学社会科学体系具有重要启发作用。今天，构建中国特色哲学社会科学需要各个方面的资源，包括中华优秀传统文化的资源、国外哲学社会科学的资源，等等。在构建中国特色社会主义哲学社会科学过程中，对这些古今中外的资源能不能加以融通，为我所用，关键在于我们善不善于运用马克思主义的精髓和活的灵魂，即马克思主义基本原理和贯穿其中的立场观点和方法，对这些资源进行科学的批判分析。马克思的思想发展表明，科学的批判分析是追求真理、发现真理的科学之路。只有科学的批判分析，才能分清各种思想的是与非，鉴别材料的伪与真，弄明理论的粗与精，并适应中国特色社会主义哲学社会科学根本特征的要求，做到取是剔非，去粗取精，去伪存真，实现创造性运用和创造性转化，推进思想理论的发展。

要指出的是，在对待批判分析的问题上要注意克服两种错误倾向。一是把批判简单化，甚至庸俗化和污名化。以为批判就是乱"打棍子"，不让人说话。二是不分是非，放弃批判。读了什么人的书就相信什么人的话。特别是对于西方的哲学社会学理论，完全丧失判断能力，盲目相信那些披着伪装的反马克思主义者著的书、说的话，甚至将其吹捧为什么"创新马克思主义"的"新探索"、开辟的"发展马克思主义的新路径"，云云。对这两种错误倾向，我们都应予科学分析，划清思想界限，否则不能科学地吸取前人的和现时代创造的丰富思想成果，以为构建中国特色社会主义哲学社会科学之所用。

(作者单位：武汉大学马克思主义学院)

世界文明的东方源头活水

——中华文明世界历史地位新论

王 东

一 中华文明外来论的来龙去脉——必须恢复中华文明的应有世界历史地位

中华文明晚出论、外来论、模仿论、中断论、落后论，并不是个别人的偶然提法，而是近三四百年间国际学术界，首先是西方学术界的主流思想，可谓由来已久，版本多样，至今流行，根深蒂固。

对于这股学术思潮，中国考古学家夏鼐、天文学史家江晓原、哲学家赵敦华等人，已做过初步清点。这里试图在前人的基础上，彻底梳理清楚这股国际性学术思潮的来龙去脉，以便更明确、更强烈地发出呼唤：必须恢复中华文明起源与发展的历史本来面目与应有世界历史地位。

中国文明外来论的第一个特点，是由来已久——中华文明西来论、外来论提出很早，17、18 世纪开始流行中华埃及源头论；19 世纪盛行中华文明巴比伦源头论，至今已有三四百年之久。

德国耶稣会士柯切尔（Athanase Kircher）1654 年在罗马发表《埃及之谜》一书，1667 年又在阿姆斯特丹发表《中国礼俗记》一书，断言《圣经》中所载闪的子孙，率领埃及人东行至中国，向蒙昧未开的中国原始人传授了古埃及文字。

英国人威金生（J. G. Wikinson）、波兰人波姆（M. Boym）等，也持类似观点。

1716 年法国主教尤埃（Huet）发表《古代商业与航海史》一书，提出"古埃及——古印度——古中国"，乃是文明起源的传播路线，中印都是古埃及的殖民地，中印两民族大多为古埃及血统，实为古埃及人后裔。

1759年，法国人德梅兰发表他的书信集，仍以埃、中象形文字相似性为主要论据，论证中国文明源于埃及。

这方面影响最大的首推法国汉学家约瑟夫·德·歧尼（Joseph de Guisnes），其名又译德经。1758年11月14日，他发表著名讲演《中国人为埃及殖民说》，断言公元前1122年为古埃及人迁居中国的确切日期，中国汉字中包含着源于古埃及与西方的拼音字母结构。①

瓦布顿（Warburton）、迈然恩（S. de Mairan）、尼德哈姆（Needham）等西方学者，也持类似观点。

17、18世纪，中国文明的古埃及源头论主要在耶稣会士内部流传，至19世纪市场更小了，而以拉克伯里等人为代表的古巴比伦源头论又流行起来。

19世纪末，英国人查尔默成了中国文明的古巴比伦源头论的始作俑者之一。

法国汉学家波提埃（M. G. Panthier）和卢内尔曼，根据汉字与西亚两河流域楔形文字的相似性，判定中国文明源于古巴比伦。

1894年，在伦敦大学担任教授的法国人拉克伯里（Terrien de Lacouperie），发表专著《中国上古文明西源论》，断言公元前2280年，阿卡德国王廓特奈亨台吞并了苏美尔人在乌尔建立的迦勒底国，然后率领巴克族东迁，途经中亚，定居中国西部。中国文明完全是西亚古巴比伦文明的移植，因而中国上古帝王实际上都是古巴比伦人：盘古就是巴克；神农就是萨尔贡王；黄帝就是廓特奈亨台。②

德国人李希霍芬（F. Von Richthofen）提出，西方人向东方人殖民，才给中国带去文明的种子，也带去青铜文明。

英国人理格（James Legge）更富于主观性与想象性地提出，在洪水泛滥时代，诺亚的子孙乘着诺亚方舟东行，从古巴比伦来到中国，给中国带来了青铜、文字、车轮等西方文明要素。

中国文明外来论的第二个特点，是版本多样——中华文明外来论的说法是多种多样的，不断变换出新的版本，到20世纪，已有西来论、北来

---

① J. de Guignes, *Mémoire dans lequel on prouve, que les Chinois sonl une Colonie Egyptienne*, Desaint & Saillant. Paris（1760）.

② T. de Lacouperie, *The Western Origin of the Early Chinese Civilization*, London（1894）.

论、南来论、东来论等各种说法，不一而是。

其中，中国文明西来论，尤其是古巴比伦源头论，从19—20世纪，几乎一直占主导地位。1913年，英国传教士鲍尔（C. J. Ball）发表《中国人与苏美尔人》一书，企图具体论证中国文明的古巴比伦源头论。

20世纪初叶以来，他们试图为中国文明西来论，增添天文学的新论据。著名瑞士语言学家费·德·索诸尔的弟弟列·德·索绪尔，在法国海军工作，往来于远东之间，1909—1922年，他以《中国天文学的起源》为主题，发表一系列论著，为始作俑者。法国汉学大师沙畹的弟子马伯乐（Henri Maspero），1927年发表系统研究中国上古先秦史的专著《古代中国》，1929年发表《现代中国人的天文仪器》，认为中国文明与天文学主要成分，都源于西方文明，尤其是西亚、中亚文明：公元前500年前后大流士时代，春秋战国之交的中国从波斯和印度传入二十八宿、岁星纪年、圭表、漏壶等；公元前300年前后亚历山大帝国时代，战国后期中国才从西方传入十二循环法、星表体系等。①

中国文明西来论在20世纪的又一新走向在于，东洋日本人从西洋人手中接过中国文明西来论，加上了特别发挥，乃至成为中国疑古派的东西两大源头。早在1899年日本人白河次郎、国府种德出版合著的《支那文明史》，就大大发挥了拉克伯里的中国文明古巴比伦源头论，为此罗列文字、神话、儒教、政治、文化五个方面，七十多条论据。正是在这种国际背景下，1909—1912年，日本学者白鸟库吉率先举起"尧舜禹抹煞论"的旗帜。饭岛忠夫紧随其后，从1911年起发表一系列论文，1925年出版《支那古代史论》，断言《诗经》《尚书》《春秋》《左传》等中国文化元典，"皆为公元前三百年左右以后之著作"，而战国时代百家争鸣的学术繁荣，都是因为借亚历山大东征之机引入西方学术之故。他把中国文明尤其是天学成果，分为两类十项，分属西方文明两个源头：中国古代宇宙生成论、四分历、回归年长度为365.25日，十九年七闰法则、乐律乐历这五项，近似古希腊，源于古希腊；中国星占学、二十八宿体系、岁星（本星）纪年法、《春秋》中的日月推算法、圭表漏壶浑仪等天文仪器这五项，近似古巴比伦，源于古巴比伦。这正是中国疑古思潮的东西洋国际背景。

---

① Henri Maspero, *La Chine Antique*, Paris（1927）.

仅以西亚源头论而言，细分起来就有三种不同版本：公元前 3000 年的苏美尔文明源头论；公元前 2280 年前后的阿卡德人源头论；公元前 1894 年以后的巴比伦古国源头论。

在此前后，中国文明西来论还有两种版本：古埃及源头论；古希腊源头论。

20 世纪前期，又冒出了安纳托利高原——土耳其源头论。瑞典人克尔甘（Kerlgarn）提出了这种观点。

中亚源头论在 20 世纪也有一定影响。实地发现仰韶文化的瑞典考古学家安特生，1923 年、1925 年先后发表《中华远古之文化》《甘肃考古发现》，一度主张中国彩陶文化源自中亚安诺、特里波列。1936 年，柏克特（Burkett）发表《我们的祖先》一书，认为中亚细亚地区是文明发源地，然后向西传播到西亚，向东传播到中国。持类似观点的西方学者还有奥斯本（H. F. Osbom）、韦斯莱（Wissler）、克鲁伯（Kraeber）、华莱士（Wallis）、亨廷顿（Huntington）等。

与此相关，还有英国学者拜尔、美国学者庞培尔（Pumpelly）、威廉姆斯（Willaims）等人提出的帕米尔高原源头论。

印度源头论也有一定影响。古代文明主要是农业文明，农业起源至关重要。苏联的世界著名农业起源专家瓦维洛夫（H. Babmpob）在 20 世纪中期提出，印度才是稻作农业的发源地，而后才传播到中国。

中国文明外来论不限于西来论这种主要说法，20 世纪还先后出现北来论、南来论、东来论诸多说法。

北来论认为中国文明主要源头在北方西伯利亚或东北亚森林草原地带，他们给中国带来了彩陶文化与青铜文明。美国学者安德鲁（R. G. Andrews）、奥斯本（H. F. Osbom）等人是这种说法的早期提出者。20 世纪 20、30 年代，在叶尼塞河上游、阿尔泰地区率先发掘出公元前 1200—前 700 年的卡拉苏克青铜文化，典型器物是曲柄兽首型青铜短剑。于是他们提出，带有鄂尔多斯风格的青铜文明、殷商青铜文明，乃至整个中国青铜文明，都源于北方草原的卡拉苏克文明。美国学者毕士博 1933 年、1940 年在伦敦《古物》杂志上先后撰文，论证中国文化北来论与西来论。这种北来论的一个新典型，可见 20 世纪 80 年代美国学者伯纳德·格伦编著的《世界七千年大事总览》，提到中国的第一条史实，就是在公元前 4000—前 3500 年，"俄罗斯发明五彩陶瓷并传入中国。"①

中国文明南来论则借助于 20 世纪东南亚一些考古发现，而初见端倪。1891 年，在印度尼西亚发现 80 万—50 万年前的"爪哇人"。20 世纪 50、60 年代，在泰国考古发现公元前 3500 年前后栽培水稻遗迹。1952 年，卡尔·苏尔发表《农业的起源和扩散》一书，断言东南亚才是世界农业最早发源地，然后再传播到中国、印度、非洲等地，1955 年，美国学者拉尔夫·林顿发表名噪一时的著作《文化树》，提出东南亚是除西亚之外，第二个独立的农业起源中心，早稻栽培始于印度阿萨姆，水稻栽培始于东南亚，都是后来才传播到中国的。② 1976 年，美国宾夕法尼亚大学切斯特·戈尔曼博士等人在泰国班清墓地发掘出早期青铜矛，一说早至公元前 3600 年，一说早至公元前 1200 年。有些人据前一年代数据立论，认为东南亚是东方文明最早源头，然后向西传播到印度，向东传播到中国。法国学者戈宾（A. de Gbinean）、德国学者威格尔等人，也持类似观点。

除此之外，还有个别日本学者提出中国文明东来论，认为中国文明最早源于东方海岛之国，也就是日本。长期以来，很难为此找到考古依据。20 世纪 70 年代和 90 年代，日本长崎泉福寺洞穴遗址出土 1.2 万年前无文陶器，本州岛北端青森县大平山 1 号遗址、中部长野县下茂内遗址，出土最早无文陶片，据说早至 1.6 万年前。于是，有的日本学者提出，源于俄罗斯远东—西伯利亚地区的神子柴系石器群和世界最早陶器起源，和日本陶器起源连为一体，证实着陶器北方起源一元论，中国后来的陶器与文明，都是由此传播去的。中国文明东来论与北来论在这里合流了。

从 17 世纪到 20 世纪这 4 个世纪中，中国文明外来论至少变换出 4 种主要版本——西来论、北来论、南来论、东来论，其中一种主要版本，特别是西来论，还包括多种不同说法。但万变不离其宗，种种不同说法、不同版本的宗旨都是一个：根本否定中华文明的自生性、原创性。

中国文明外来论的第三个特点，是至今流行——时至今日，中国文明外来论并不是已经销声匿迹的历史陈迹，而是至今仍在流行，并仍占据国际学术思潮的主导地位。

---

① ［美］伯纳德·格伦（Bernad Grun）：《世界七千年大事总览》，东方出版社 1990 年版，第 3 页。

② ［美］拉尔夫·林顿：《文化树》，重庆出版社 1989 年版，第 30、31 页。

我们且举出当今时代国际学术界影响特别重大的 6 个典型例子：汤因比、斯塔夫里阿诺斯、李约瑟、阿西莫夫、瓦西里耶夫、泰利柯特。

英国历史学家汤因比是 20 世纪国际上最有影响的世界史家，他对中国文化是敬重友好的。20 世纪 70 年代他留下的传世之作《人类与大地母亲》，可惜也留下了中华文明外来论的严重痕迹："中国也不例外，这些创新萌芽的突发性，似乎预示着那里的文明同样是在域外文明的刺激下产生的，从而与苏美尔文明显著的自发进化形成鲜明的对比。""一次突发性的创新就是马拉战车的使用。毋庸置疑，这是在公元前 18 世纪或稍后一些时候由欧亚大平原传入中国商朝的。第二项创新是一种文字符号的应用，即中国商代文字的发明。它是中国古典文字的先驱。正如埃及象形文字的起源一样，商代文字肯定也受到了苏美尔文字的影响。""中国古代文明初创时期的第三次突发性创新是青铜工具的使用，包括投掷器、武器和祭器等。制造青铜器的技艺也无疑源自西方。"①

美国学者 L. S. 斯塔夫里阿塔斯在 20 世纪后期发表了国际上最有影响的《全球通史》，在中华文明外来论上却未能幸免于难："新石器时代，农业取得了决定性进展，随即产生了金属制造和其他各种技术，从而导致了城市生活和文明的产生。这些技术发源于中东，并向四周扩散，从而发展了欧亚大陆诸多伟大的文明，包括中国文明、印度文明、中东文明和欧洲文明。""黄河流域的文明是在最早的美索不达米亚文明繁盛约 2000 年之后才出现的。""黄河流域之所以成为最初的中国文明的中心，其原因还在于那里是西方最易进入的地区。""商朝文明由诸多成分组成，如大麦、小麦、羊、牛、马、青铜和轮子等，若追溯到其新石器时代的起源，无疑将发现，它们最早发源于中东。"②

英国剑桥大学李约瑟，是中国人民的伟大朋友，为恢复中国古代科技的世界历史地位贡献终生，立下了世界历史性功勋。就连如此伟大的西方科学巨匠，也留下了中国文明外来论的思想遗迹："确实，诸如在戈登·柴尔德著作中提出的，并由维达尔·德·拉·布拉什（Vidal dela Blache）精细概括的见解，已经成为公认的看法，这就是：所有最古老的和最基本

---

① ［英］阿诺德·汤因比：《人类与大地母亲》，上海人民出版社 1992 年版，第 126 页。
② ［美］L. S. 斯塔夫里阿诺斯：《全球通史——1500 年以前的世界》，上海社会科学院出版社 1988 年版，第 56、136、137 页。

的发明,例如火、轮子、耕犁、纺织、动物驯养等,只能想象为是由一个中心地区起源,然后再从那里传播出去。美索不达米亚流域最早的文明被认为是极可能的中心……这些东西中的任何一种,都很难想象会有两个起源。""无论如何,有一点是可以肯定的,这就是艺术和技术曾经从埃及、新月沃地以及印度河流域等古代文明主要中心向东西两方传播开来",他引述当时考古学成果,认为中国稷、稻两种主要农作物,是从东南亚传入的;猪、狗、牛、羊四种家畜从西亚传入;天文学中二十八宿体系、气功生理学等科学思想是从古巴比伦传入的。①

美国学者艾萨克·阿西莫夫,大概要算是当代世界范围内最有名的科普作家,1992年他留下的最后传世之作,是与普林斯顿空间研究院著名专家弗兰克·怀特合著的《诠释人类万年》,其中断言:"随着所有这些进步的到来,新技术的知识从其起源处逐渐向外辐射(或许发祥地就在中东的某个地方)。""人类真正的历史始于公元前3000年前不久的苏美尔。"②

中国文明外来论,尤其是西来论的一个典型,一个集大成者,或许首推俄罗斯学者列·谢·瓦西里耶夫1976年在莫斯科出版的《中国文明的起源问题》。该书认为,"中国农业起源——仰韶早期彩陶文化——庙底沟家禽——龙山文化——殷商文明",这五种历史文化都是源于西方或北方的。殷商文明十种要素,全部源于西方或北方:青铜技术;兽面纹;战车;建筑技术;玉器文化;象形文字;历法;兄终弟及制;杀俘祭祀;人殉现象。③

英国学者R. E. 泰利柯特（R. E. Tylecote）是世界冶金史著名专家,他在1976年发表的《冶金史》是世界冶金史领域中至今最有影响的重要著作之一。美中不足的是,他认为青铜技术是从小亚细亚这个技术起源中心开始出现,向西亚传播的,然后沿"北亚——中亚——南亚"三条传播路线,两千年后才姗姗来迟地传到中国殷商文化中。④

中国文明外来论的第四个特点,是根深蒂固——中国文明外来论之所

---

① [英] P. N. 李约瑟:《中国科学技术史》第1卷,科学出版社1990年版,第98、240—241页,并参见第81、83、221页。
② [美] 艾萨克·阿西莫夫、弗兰克·怀特:《诠释人类万年》,内蒙古人民出版社1998年版,第26、31页。
③ [俄] 列·谢·瓦西里耶夫:《中国文明的起源问题》,莫斯科科学出版社1976年版、中国文物出版社1989年版。
④ [英] R. E. 泰利柯特:《冶金史》,中国科学技术文献出版社1985年版,第29页。

以流行近四百年，于今不绝，一个重要的理论根源，是支撑这种学术观点的有传播论的四个深层文化哲学观念：文明起源的单一起源论、单向传播论、西方中心论、中国落后论。

单一起源论。传播论分为以格那伯纳（Fritz Graehner）、史密特（wilhelm Schmidt）为代表的德国学派；以史密斯（Elliot Smith）、佩利（William James Perry）为代表的英国学派。他们都断定一种技术创新、制度创新、文化创新，只能有一个起源地带与中心地带，不会同时并存两个或多个起源中心。农业起源、青铜文明起源、文字起源这样重大的技术和文化创造，更只能是一个地点发生的一次性创造活动。

单向传播论。他们认为，文明起源与发展过程，本质上是一个单向传播过程。以文明创造的发源地为中心，由近及远、由此及彼、由直接或间接地向四周辐射与扩散。中心地带创造性最强、最先进、最丰富，越远离中心就越落后、创造性就越低落、内容就越贫乏。因而，文化本质上不是进化的，而单向传播往往伴随文化退化。

西方中心论。他们都断定人类文化与文明发源地，只能在欧、亚、非大陆西端。史密斯、佩利代表的英国学派，在1919年发表的《古埃及人》等论著中，断言文明源头在古埃及，这种说法因和《圣经·旧约》的说法完全一致，因而从17世纪以来一直受到有这种宗教信仰的人的特别青睐。格那伯纳代表的德国学派，则提出有六个文化圈的理论，并认为它们都源于最原始的非洲文化。19、20世纪以来，他们更多地把目光转向西亚。万变不离其宗，他们始终认为旧大陆西端是文明起源中心。

中国落后论。他们认为，中国处于远东地区，是远离西方文明起源中心的，文明传播到中国，已经落后一两千年。中国文明必然只能是落后的。

因为有这四个哲学观念作为中国文明西来论、外来论的四个理论支柱，再加上有时还有宗教信仰、意识形态观念作为深层背景，因而这种学术思潮显得特别顽固。即使碰到许多新的考古发现、科学事实，他们也只是千方百计地改头换面，不肯轻易退出历史舞台。

二　中国是世界农业起源三大中心之首

农业是继石器、用火之后的人类又一重大技术创新，同时又是世界历史上第一次产业创新，由此构成世界文明起源的第一块奠基石。

世界农业起源中心在哪里？中国在其中占一个什么样的历史地位？这样相互联系的两个问题，至今没有完全弄清楚，长期以来占主导地位的，主要是各执一端的两派。

在世界史学界中长期占主导地位的，是世界农业起源的西亚单一中心论，认为像农业起源这样的重大技术创新，只能一次性地在一个地方发生，然后由近及远地传播到世界各地去，这个独一无二的农业发源地就是西亚。这种观点的主要代表者，包括1976年汤因比身后出版的传世之作《大地母亲》、美国学者拉尔夫、伯恩斯等人合著的《世界文明史》、贝尔纳的世界名著《历史上的科学》和美国世界著名科普作家艾·阿西莫夫新著《诠释人类万年》，还几乎包括国内外主要流行的世界历史教科书。

农业考古学中占主导地位的是农业起源的多中心论。19世纪末瑞士植物学家德·康多尔，首次从生物进化与历史地理分布相结合的发展，指出西南亚、中南美、中国同为世界上植物最早驯化地区。20世纪中期苏联农学专家瓦维洛夫，区分了世界农作物八大起源中心，把中国列为八大中心之一，但可惜他错误地判定印度才是稻米的原始起源中心，中国稻米是从印度传来的。20世纪后期，苏联专家茹科夫斯基区分了世界栽培植物的十二个大区，中国与日本合到一起，列为第一中心。这种农业起源多中心论，有助于扬弃与超越西亚单一中心论，但因为有时罗列中心达十个八个之多，也冲淡了中国农业起源的应有世界历史地位。

我在这里学习借鉴前贤研究成果，谋图提出一个新命题、新提法：中国是世界农业起源的三大中心之首——西亚、中南美洲、中国是世界农业起源的三个最重要的中心地带，其中，中国农业起源时间最早、品种最丰富、持续发展势头最大。

从20世纪最新考古发现来看，决定中国农业起源世界历史地位的有八大特点：

一是1万多年，起源最早。

西亚农业起源不在通常所说的两河流域平原地带，而在平原西、北、东三面丘陵地带，山前台地的"新月地带"，年代在距今1万年左右；

中南美洲农业起源，年代也在1万年上下；

中国尤其是华中、华南地区，冰后期来得最早，因而中国农业起源不仅早到1万年前，而且可上溯到近1.5万年前；

河北徐水南庄头的北方农业起源，时间在1万年前；

广西柳州大龙潭的华南农业起源，可上溯到1.2万年前；

长江中游湖南道县玉蟾岩、江西万年仙人洞发现人工栽培稻遗迹，精确测定数据为距今1.4万年以上，接近1.5万年。[1]

二是大米小米，品种独特。

西亚与古埃及农业起源中，主要粮食作物品种是大麦和小麦；

中南美洲农业起源，主要品种是玉米和马铃薯；

中国农业起源，为人类贡献的两大粮食作物品种是稻米和粟，通称大米小米。直到公元1000年宋代以前，粟一直是中国北方头号当家的粮食作物，中国古典农业文明主要物质支柱。而稻米不仅是驯化最早的农作物，而且是流传最广的粮食作物，至今世界上至少有15亿人以大米为主食。

三是南稻北粟，二元结构。

西亚两河流域加上周边山前台地，虽比尼罗河谷地复杂一些，但生态系统与农业体系相对比较简单；中南美洲虽有玉米、马铃薯两种主要农作物起源，但都在南北回归线内，大体属热带雨林气候带。

中国面积特别广大，生态地理系统特别复杂多样，形成了"南稻北粟，二元一体"的独特复杂农业结构，属于亚热带、热带的中国南方，以水作稻米农业为主，而属于温带、寒温带的中国北方，则以旱作粟谷农业为主。

四是品种多样，五谷丰登。

由于中国生态地理系统，野生植物资源的多样性、复杂性、丰富性特别突出，因而农作物品种多样性、复杂性、丰富性也特别突出，根据"古典文献＋考古发现＋现代理论"三重证据结合的方法，初步判定：

粟、黍、稻、麦、粱，这五谷——五种主要粮食作物，都有5000年以上历史，大豆有3000年以上历史；

据统计，世界主要人工栽培植物666种，中国最早驯化的136种，占20.4%；

---

[1] 凡本文所讲考古发现，除特别指明出处者，大多出自中国考古学会编《中国考古学年鉴》，年代数据参见中国社会科学院考古研究所编《中国考古学中碳十四年代数据集》，文物出版社1991年版。特向中国考古学家深表感谢。

而据中国学者俞德浚统计，中国起源的栽培植物，如加上竹类、中药，共170种；

又据卜慕华根据古今中外资料统计，中国自古以来，迄今为止，主要栽培作物有237种之多。①

五是农畜结合、六畜兴旺。

西亚农业起源中，家畜主要是三种：羊（包括绵羊和山羊）、牛、猪；

中南美洲农业起源中，家畜很少，仅有羊驼一种；

中国独立驯化的家畜家禽主要是四种：狗、猪、鸡、牛，后来独立驯化加外来引进的又有羊和马，通称"六畜"。

农业起源与家畜起源相结合，驯化植物与驯化动物相结合，家庭养畜业与家庭农业相结合，呈双线一体式发展，这是中国农业一大特色。

六是养蚕种麻，丝麻为衣。

养蚕起源，近年来有6000年前越南酉阳起源论，3500年前印度中部内瓦萨起源论，而河姆渡考古发现，把中国养蚕起源提到7000年前。

距今6000—7000年，南方河姆渡、北方仰韶文化中，开始了种麻、纺线、织布的技术创新过程。

七是挖渠打井，人工灌溉。

距今5500年前，两河流域与尼罗河流域一样多半靠季节性洪水泛滥，而在此后，两河流域南部萨马腊文化，开始挖渠灌溉，从简单农业走向复杂农业，从原始社会走向国家社会、文明社会。

美国芝加哥大学何炳棣教授《东方的摇篮》（1975）、《黄土与中国农业起源》等论著，认为中国直到春秋以前都只知防洪，不知灌溉，在新旧世界所有高度发展的文明中，中国人是最晚知道灌溉的。

湖南澧县城头山遗址最新考古发现表明，这里6500年前的稻田，已有人工灌溉设施，是世界农业史、水利史上最早的技术创新。

而在河南舞阳贾湖文化后期，则发现了7000年前，中国与世界上最早的人工开掘水井，距今四五千年前形成中国北方特有的井灌技术、垄作方法、井田制度。②

八是农具体系，特别早熟。

---

① 岳琛主编《中国农业经济史》，中国人民大学出版社1989年版，第12、13页。
② 河南省文物考古研究所编《舞阳贾湖》，科学出版社1999年版，第965页。

西亚和中南美洲都发现了新石器农具，相对来说，不甚发达；

中国发现了近 8000 年前河南裴李岗北方新石器农具群，以石镰、石磨盘、石磨棒为代表，精妙绝伦，工艺超群；

中国还发现了近 7000 年前河姆渡南方新石器农具群，以有段石锛、骨耜为代表；

江西大洋洲商代大墓考古发掘中，还发现了近 3500 年前包括犁、耒、耜、镢、铲等十来种农具组成的青铜农具群。[1] 中国新石器农具群、青铜农具群，都是世界历史上最发达的。

三　中国是世界文明起源的东西两大源头之一

讲到文明起源的世界图景，近百年间主要有两种说法在国内外较为流行：

一是长期流行、至今仍占主导地位的西亚或北非单一中心论、单向传播论，认为文明唯一起源中心是西亚或北非，由这独一无二的文明起源中心，向世界各地由近及远，单向辐射式地传播开来，这一个中心究竟是西亚还是北非，往往说不清楚。这种说法，更无法说清文明起源过程中多元发生、相互影响的多元世界复杂关系。

二是自从 1968 年丹尼尔发表《最初的文明》一书后，主张西亚、北非、西南欧、古印度河、中国、中南美洲六大原创文明，各自独立发生，互不隶属的多元发生论、多线发展论，逐步发展起来，越来越受到较多学者认同，但这种说法却无法说清六大原创文明之间的内在联系、相互关系乃至隶属关系、有机整体问题。

我认真学习借鉴李济、夏鼐、苏秉琦、严文明、俞伟超、张忠培、佟柱臣、李伯谦、李学勤等为代表的中国考古学派、北大考古学派成果，力图把区系论、类型论方法从中国扩展到世界历史中去，提出世界文明起源的东西两大源头、两大中心、两大区系、两大类型、两大体系论，而中国恰恰代表这两大源头，两大区系中的东方源头、东方区系、东方类型、东

---

[1] 江西省文物考古研究所：《新干商代大墓》，文物出版社 1997 年版，第 115—130 页。

方体系。①

为什么世界文明起源会出现东西两大源头呢？这里的物质基础、生态地理前提在于，在欧亚非大陆中部，横亘着一条分水岭，北起乌拉尔山脉，中经帕米尔高原，南至喜马拉雅山脉。尤其是作为"世界屋脊"的喜马拉雅山脉，把世界文明起源的中心线——叫北纬30°线，纵断为东西两大区域，成为古代文明起源时代东西文明各具特点的隔离机制。这是世界历史上，古代东西文明的分界线。

文明起源过程本质上是一个世界历史过程，是人类社会从采集狩猎为主的原始社会，走向农业化、文明化、城市化最初萌芽的巨大历史飞跃和总体历史过程。因而，世界文明起源过程，不是单个文明孤峰独立式的自生现象；从时间上看往往是一批一批的；从空间上看往往是一片片的；从相互关系上看往往构成一定系统的文明交往圈，圈内的文化基因大同小异，圈外的文化基因小同大异。因此可以把世界文明起源，区分为若干区系，若干子系统，乃至若干文明体系。在文明起源时代，喜马拉雅山脉东西，是一个极其重要的历史分野。

在距今1万年至5000年间，在那个上下五千年间，通常称作"新石器时代"或"野蛮时代"，更确切地讲，应当使用"文明起源时代"这个新概念。在那个时代，世界文明起源过程，不是只有西方一个中心，而是以喜马拉雅山脉为界，存在东西两大源头、两大中心西方文明起源中心与主要源头，不在西亚或北非一隅，而在环地中海地带，特别是西亚环地中海地带；东方文明起源中心与主要源头，乃在于环太平洋的东亚大陆，也就是有黄河、长江这东亚大两河流域的中国。②

从世界文明起源这东西两大源头出发，逐渐生发演化出东西文明两大区系、两大类型、两大体系、两大文明交往圈。世界文明起源的头等重心集中在亚、非、欧大陆。东西最大的两个区系、两大体系，集中在这块头号大陆的东西两端，大体呈哑铃状分布。

亚、非、欧大陆两端的西方文明起源中心与源头（不是近代意义上的"西方"），在环地中海地带，内含四个区系——西方文明起源最早的源头

---

① 参见苏秉琦《中国文明起源新探》，生活·读书·新知三联书店1999年版；严文明《史前考古论集》，科学出版社1998年版；李学勤《走出疑古时代》，辽宁大学出版社1994年版。
② 参见严文明《农业发生与文明起源》，科学出版社2000年版，第106、172页。

首推从新月地带走向两河流域的西亚中亚文明区系；其次是以尼罗河中下游为主的北非古埃及文明区系；再次是以爱琴海、古希腊、罗马为主的东南欧文明区系；最后再加上距离较远、联系较少、血缘关系较远，大体从属于这一中心与区系的古印度河文明区系。

而东方文明起源中心，恰恰在东亚大陆的中国，以环太平洋地带为主的东方文明体系，也包括四个区系——首当其冲的是环太平洋，文明最早和主要源头的东亚大陆中国区系；其次是包括西伯利亚、朝鲜半岛、日本列岛在内的东北亚区系；再次是包括泰国、越南、印度尼西亚等在内的东南亚文明区系；最后还应加上1万年前由东北亚人跨过白令海峡，后来创立的中南美洲文明区系，包括玛雅文明、阿兹特克文明、印加文明。

在世界文明起源的两大区系、两大类型中，各有一个主根系、主源头：环地中海的西方文明体系发源地、主根系，首先在西亚两河流域；而环太平洋地带为主的东方文明体系的最早发源地和主根系，首先就在于东亚大陆黄河、长江这大两河流域。

这就是中国在世界文明起源过程中的特殊历史地位。问题在于，长期以来，迄今为止的国际学术界大多数论著，都往往仅承认西亚文明起源的单一中心、单一模式，把中国文明、东方文明乃至太平洋文明，多半看成西亚文明的传播产物、历史翻版。

20世纪考古大发现表明，文明起源的三大物质前提是农业起源、新石器起源、陶器起源的三大技术创新，正是从这个最初历史源头开始，中国文明起源不仅比西亚文明起源更早一些，而且独具特色、独辟蹊径。

中国农业起源的技术创新是独树一帜的，不仅时间最早，而且独具一格：西亚农业起源走的是"先农后陶"的路子，农业起源比陶器起源早一二千年，最终形成"两种主要农作物+三种主要家畜"，即"大麦小麦+羊（绵羊、山羊）、牛、猪"的西亚农业起源模式；中国农业起源走的主要是"农业制陶结合，大体同步发生"的路径，最终形成了"南北二元一体+四种主要家畜家禽"，即"南稻北粟+猪、狗、鸡、牛（南方水牛、北方黄牛）"的东亚农业起源模式。

中国新石器革命的技术创新，也是独辟蹊径、独具特色的，与西亚两河流域有很大不同。

西亚两河流域的新石器技术革命的过程与特点，至今几乎鲜见有专门系统研究。粗略理出的历史特点是：这一过程起源于至今1万年至9000

年间；西亚新石器的主要技术创新就是从单纯打制法发展到磨制法；在几千年间他们的新石器技术有所发展，出现了不太发达的新石器农具群；他们最优质的新石器是火山玻璃做成的黑曜石石刀；5500年前他们已创造了牛拉的木犁和播种用的耧。

与此相比，中国新石器革命的技术创新，具有六大特点，堪称世界之最：

第一，江西万年仙人洞、广西柳州大龙潭、河北徐水南庄头等十来处最新考古发现表明，中国新石器技术创新起源于1.4万年至1万年前，是世界最早的，比时间次早的西亚至少要早2000年，甚至要早4000年；

第二，中国新石器技术创新不能简单归结为从打制到磨制的单一变化，其本质特征集中表现为"切（切割）——钻（钻孔）——琢（琢击）——磨（研磨）"四大工艺的综合运用、综合创新，《诗经》中讲的"如切如磋，如琢如磨"，如若把"磋"字改为"钻"字，正可借用于此；

第三，以七八千年前河南裴季岗、六七千年前浙江河姆渡南北两个新石器农具群的考古发现表明，中国形成了南北二元一体的新石器农具体系，包括四大类型、20多种，是世界上最发达的，远比西亚更多样、更早熟、更发达；

第四，中国新石器复合工具体系，至少包括六大类型、20多种，是同期世界历史上最丰富、最复杂、最发达的；[1]

第五，距今8000年至5000年，中国制玉工艺具有"砣轮切割、机械管钻、轮砣琢玉、机械抛亮""镂空、阴刻、微雕、复杂造型"八大工艺创新，不仅是"中国——新西兰——中南美洲"三大区系组成的环太平洋玉器文化圈的源头，而且是新石器时代世界最复杂、文化内涵最丰富的石器工艺；

第六，中国新石器工艺创新南方源头在南岭南北两麓的山前台地组成的"新月地带"，北方源头在太行山东麓、燕山南麓、桑干河——永定河流域组成的环渤海湾"T形地带"，具有"南北二源，三种类型，六大区系"，因而是世界历史上最复杂多样的新石器工艺谱系。

陶器起源的重大技术创新，是文明起源的第三大物质前提，中国同样

---

[1] 参见佟柱臣《中国新石器研究》，巴蜀书社1998年版，下卷第1734页，上卷第83页，下卷第1739—1744页。

表现出六个鲜明特色：

（1）中国陶艺技术创新起源最早，广西柳州大龙潭和桂林庙岩发现的最初的原始陶器出现在距今2万年至1.5万年，湖南道县玉蟾岩、江西万年仙人洞则发现了1.4万年前的陶器，比西亚至少要早5000年。

（2）中国开创了"农业——陶器同步发生"的文明起源模式，在距今1.4万年至1万年，在华中的江西万年仙人洞、湖南道县玉蟾岩、华南的广西柳州大龙潭、桂林庙岩、华北阳原虎头梁、徐水南庆头、北京怀柔转年等新石器早期遗址中，"农业起源——陶器起源"基本上是同步发生的，与西亚"农先陶后"模式——陶器产生之前有一二千年的"吴阅新石器时代"，有显著不同。

（3）中国手工陶艺的技术创新，是自成一体的，2万年至1.6万年前广西柳州大龙潭、桂林庙岩出现手捏直接成形法，1.4万年前湖南道县玉蟾岩出现篮模泥塑成形法，1万年前江西万年仙人洞、湖南玉蟾岩出现了泥条盘筑模制法。

（4）按照国际上的流行说法，世界上最早陶轮技术创新产生于5200年前的西亚，而中国最新考古发现表明，7500年前河南贾湖文化晚期大岗遗址已出现最早的帽式陶轮盘，近7000年前仰韶文化姜寨、半坡遗址、沈阳新乐遗址、东南河姆渡文化中出现彩陶中的慢轮修整工艺，5500年至5300年前山东大汶口、中原仰韶、中南大溪、东南崧译文化中先后出现快轮制陶技术创新，其典型产品为轻薄精妙的蛋壳陶。

（5）按照国际流行说法，陶窑是迟至4500年前才在西亚出现的，而中国的特点是距今8000年前后河南舞阳贾湖和裴李岗文化中，率先创造了炉温可达八九百度的横穴升焰窑，距今近7000年至6000年前的仰韶文化、山东大汶口文化、东北红山文化中又创造了炉温上千的竖穴窑。

（6）生态多样性、农业多样性、文化多样性的特别丰富，由此决定中国陶器品种器型具有特别丰富的多样性，至少有六大类型、40多种、二三百种花色品种、不同器型。

（7）国际上的流行说法，认为世界彩陶的最早发源地在8000年前的西亚，实际上中国原始彩陶——"红顶钵"，其萌芽与源头在1万年前的江西万年仙人洞，近万年前的广西桂林曾皮岩、南宁豹子头、广东英德育塘、河南舞阳贾湖、北京西南镇江营一期，早期彩陶可见于8000年前甘肃秦安大地湾、陕西临潼白家，临潼老官台，6000年前盛期彩陶发展为

"六大区系、众多分枝"，世界最为复杂的彩陶谱系，4000 年前晚期彩陶余晖西移至中国西域、新疆——中国彩陶文化逶迤 6000 年，也是世界上源流最长的。

（8）中国陶器有特别丰富的陶纹系统，至少包括十大类型，百十来种，以写实主义象形符号为铺垫和辅线，而以象征主义几何纹与符号纹为主线与主流，历史内涵特别丰富，文化底蕴特别深厚，尤其是象征符号纹 5 种，阴阳八卦原始历法纹 9 种，族徽符号纹 4 区 18 种。

（9）中国陶器文化在文明起源中的历史地位也特别突出，不仅是瓷器、铜铁冶炼技术、青铜复合范铸造工艺、轮子发明、综合性古代实用科技的源头，而且是独具特色的中国毛笔、汉字、国画、书法、阴阳八卦、龙文化的独特源头所在。

从公元前 1 万年到距今 1 万年前后，是人类历史长河的一个重要转折点，是从原始社会走向文明社会的历史起点。

从公元前 1 万年或距今 1 万年开始，到距今 5000 年为止，可以称为文明起源时代，这是一个长达 5000 年到 7000 年的历史时代，是人类社会基因、文化基因生成的关键期。

1 万年前为文明起源奠定物质前提的，是农业革命起源——新石器革命起源——陶器革命起源三大技术创新。

文明起源的时代大潮，为文明起源奠定物质技术基础的这三大技术创新起源，都有具备世界历史意义的两大源头：一个是作为西方文明源头的环地中海地带；另一个就是作为东方文明源头的中国。

在 1 万年前，世界文明起源的世界历史图景中，中国作为世界文明起源的东方源头，与作为西方文明源头的环地中海地带遥相呼应，几乎占着"半壁江山"的历史地位——这就是中国文明在世界文明起源时代的重要地位。

四　中国是世界六大原创文明之一

如果说，距今 1 万年前开始的是文明起源时代的话，那么这个时代的终点，则是距今 5000 年前后文明形成时代。

文明形成时代的本质内容，是在"铜器——城市——文字"这三大文明要素、局部标志形成的基础上，进一步生成了最初的国家，作为文明形成的总体性标志,从而使人类社会发展、文化发展,都根本超越了原始社会、原始文化,达到古代农业文明的崭新阶段。

那么,什么叫原创文明呢?主要有四条标准,以区别于次生形态、再生形态的后世文明:

一是原创时代——大体产生于距今5000年前后的世界文明原创时代;

二是原生形态——必须是世界历史上第一代或叫第一茬文明;

三是独立发生——应在旧石器文化,至少是新石器文化自身基础上独立生成的文明,其他文明影响仅占次要地位;

四是独具特色——在文明形成的铜器、城市、文字三大要素标志、国家形成的总体标志上,具有自身特点,而不是其他文明的简单移植。

从世界历史来看,有哪些原创文明?迄今为止,国际范围内主要有两种比较流行的学术观点:

一种是单一源头传播论观点,认为文明起源、文明形成的重大变革,只能是在一个中心地带,一次性发生的过程,然后由近及远传播到世界各地去,这个独一无二的文明形成中心,就是西亚或者北非。

另一种是原创文明多元发生论,从1968年丹尼尔发表《最初的文明》一书开始,逐步得到越来越多的人认同。

不过究竟有哪些原创文明呢?丹尼尔前后说法有些不太一致,1968年,他提出了7个"最初的文明"即苏美尔、埃及、印度河流域、中国、墨西哥、玛雅和秘鲁;1981年,他又在《考古学简史》一书中,补上了两个文明,爱琴海的米诺斯文明,苏联南部的文明。[1]

我认为,可以按照世界文明起源的区系、类型,对丹尼尔的提法适当作些调整:墨西哥、玛雅、秘鲁这三支文明,可作为中南美洲文明这个大区系中的三个小区系;苏联南部文明主要可归属西亚中亚文明区系;

这样,就剩下世界文明形成时代最初独立生成的六大原创文明:西亚两河流域文明;古埃及文明;爱琴海文明;古印度河文明;中国文明;中南美洲文明。

中华文明在距今5000年前后,不仅独立生成,而且独具特色。这种原生形态的中华民族特色,不仅表现在"铜器——城市——文字"这文明

---

[1] Clyn Daniel, *The First Cirilization*, *the Archaeoloky Origins*, THAMES & HUDSON, London, 1968; *A Short History of Archataloky*, THAMES & HUDSON, London, 1981.

三大要素的起源过程中,而且集中表现在文明形成的总体性标志——国家起源的道路上。

1. 中国青铜文明的十大历史特色

(1) 1973 年、1974 年在陕西姜寨一期的早期仰韶文化遗址中先后发现人工冶炼的黄铜管和黄铜片,距今 6700 年,说明近 7000 年前中国与西亚大体同时开始了人工冶铜技术创新,是冶铜技术的东西两大源头,二者不同特点在于西亚最早冶炼出来的是成分较纯、质地较软的红铜或砷铜,而中国迄今发现的最早人工冶炼钢器,却是铜锌合金的姜寨黄铜。[①]

(2) 1975 年,在甘肃东乡林家的马家窑文化遗址中,出土了近 5300 年前的青铜刀,西北马家窑文化、东北红山文化、中原龙山文化这三支北方新石器文化中,相继发现了距今 5000 年至 4000 年的原始青铜和早期青铜,证实中国与西亚几乎同时出现锡铜合金或铅铜合金构成的青铜,堪称青铜合金技术创新的东西两大源头,并且都在公元前 2000 年前后进入比较发达的青铜时代。

(3) 西方文明中青铜合金的主流技术是锡铜二元合金,锡的含量从 2% 逐步上升到 10% 的高锡优质青铜,但锡是十分珍贵短缺的稀缺资源,由此成为西方青铜发展的制约瓶颈。而中国特点在于,至迟到公元前 2000 年前后的夏朝前、中、后期王城,"山西夏县东下冯——河南登封王城岗——河南偃师二里头",已出现了单独加铅的技术创新,以铅代锡的资源替代技术创新,铜、锡、铅三元青铜的技术创新。除了殷墟时代王室青铜中三元青铜与高锡青铜是二元主体、平分秋色之外,中国青铜时代的显著特征之一,是超越了通常的铜锡二元合金技术,开创了铜、锡、铅三元合金为主流技术,注重稀缺资源节约,采用资源替代的独特技术创新。

(4) 西亚与西方青铜文明造型技术的主流是失蜡法,而中国失蜡法首见于公元前 430 年前后曾侯乙墓,而至迟从公元前 2000 年前后偃师二里头时代开始,开创了别开生面的陶制复合范铸造法,发展至殷墟时代,采用三四十块内外范,铸造出像司母戊大鼎这样高 1.33 米、重 835 公斤的青铜重器,堪称中国与世界古代青铜容器之最,不仅器型最巨大,而且造型最复杂。

(5) 西亚与西方青铜器的头号大宗与发展重心,首先是用于战争的武

[①] 半坡博物馆等:《姜寨》上卷,文物出版社 1988 年版,第 148、343、544、548 页。

器，青铜武器系列是最发达的，而用于其他和平目的青铜器则略逊一等；而中国青铜兵器固然也占有重要地位，而头号大宗与发展重心，却是用于国家礼仪、祭祀活动等和平功能的大型青铜礼器，从公元前 3000 年黄帝时代开始，至夏、商、周三代，发展出成套的、等级制、宗法制青铜礼器系列。由此决定中国青铜工业一个重要历史特点，不是由私人小作坊分散经营的，而以制造大型成套礼器为主、兵器为辅的青铜工业，是由国家控制、王室经营、非常集中的官营大型工场、皇家大型工场，并兼有皇家垄断经营的长途贸易、国际贸易。

（6）1975 年在甘肃东乡林家的马家窑文化遗址中出土的近 5300 年前的青铜刀头，酷似镰马头，堪称是中国与世界最早的青铜农具之一；1989 年江西大洋洲商代大墓中，则出土了近 3300 年前的中国青铜农具系列，包括犁、锸、耒、镢、铲等十来种青铜农具，是那个时代世界最为发达的青铜农具群，远比西亚、西方青铜农具品种丰富、工艺精湛。

（7）中国三元青铜的时代，形成了"西北—东北—中原—山东—中南—东南"六大区系、多元一体的青铜文化，在工艺、造型、纹饰上都有许多地方特色。比较而言青铜礼器系列共同性较多，而实用青铜器则更多地表现出地方特色的差异性、丰富性、多样性，远比西亚等其他原创文明的青铜文化更加复杂。①

（8）生态多样性、实践多样性、文化区系多样性、青铜文化谱系多样性，由此决定中国青铜器在品种、类型、风格上，表现出特别突出的多样性、差异性、丰富性。据不完全统计，公元前 2000 年前后夏代二里头时期已有礼器（容器）、兵器、工具四大类别、二十来种、上百种器型；公元前 1500 年前后殷商时代中国青铜器系列基本定型，大约是七大系列、八十三种、几百种器型；西周时代发展到八大系列、上百品种、上千器型，仅青铜容器礼器就有几十种之多，一种礼器如鼎又可分出几十种花色之多，远较西亚等原创文明中的青铜器品种更为丰富多样。

（9）中国青铜器不仅注重实用功能，而且注重发展具有东方神韵的审美情趣，创造出一套独具特色的中国青铜纹饰体系：以头上有角、身体能飞的夏商周夔龙（即前人所谓"饕餮纹"、"兽面纹"）为首要纹饰母题，以写实形象和几何纹为辅助母题，以象征主义为主要手法，以写实主义、

---

① 李伯谦：《中国青铜文化结构体系研究》，科学出版社 1998 年版。

自然主义为辅助手法，并构成所谓"三层花"的复杂纹饰系统，以表达中国人特有的五大文化理念——天人合一的宇宙观；阴阳交合的发展观；仁者爱人的互主体观；兼容并包的文化观；以和为贵、义利结合的价值观。中国青铜器具有比西亚或其他原创文明更丰富、更深厚、更独特的礼俗内涵、历史内涵、文化内涵。

（10）西亚文字主要是丁字笔压在泥板上的"泥板书"，古埃及文字则主要是镌刻在神庙墓壁上的"碑铭体"，而中国汉字在经历了"陶文""甲骨文"之后，在青铜时代青铜礼器上的铭文——金文、钟鼎文变成为汉字主流形态。殷商礼器铭文较少较短，不超过四五十字，发展到西周时代，青铜礼器突出铭文，最长者《毛公鼎》全文近500字。青铜礼器及其夔龙纹饰、铭文，成为沟通天人、祭祀祖先、传承文明、加强礼制的主要途径、主要手段，青铜文明的这种独特礼制功能、宗教功能、社会功能、文化功能，实为中国古代文明一大特色。由甲骨文到金文，尤其是公元前800年前后周宣王时代太史榴所作《史榴篇》15篇、9000字，是中国历史上也是世界历史上第一个全国统一的识字写字教材，推动中国汉字发展走上新阶段、新形态：方块字字形进一步走向统一规范化；汉字笔画进一步规范化；左右纵横成行的汉字书写规则进一步规范化；整体布局的进一步规范化；汉字作为线条艺术，书法艺术的进一步规范化。

从总体上看，中国青铜时代是世界青铜文明史上最为发达的东方奇葩。

2. 中国城市起源也是独立发生的，并有十个显著特色

（1）1997年湖南城头山发掘出6000年前中国与世界的最早古城，距今6000年至4000年出现了一批古城群，说明中国与西亚、古埃及同为世界城市发源地，而且可能是时间上最早的，因为环地中海地带的西方城市起源最早是从公元前3500年前后开始的。[①]

（2）中国古城群分布空间最广阔。迄今考古发现，距今6000年至4000年中国古城群呈南北双线一体式分布，大约共六群，迄今发现61个：黄河上游河套古城群有原始古城6个——黄河中游中原仰韶、龙山文化古城群有原始古城6个——黄河下游山东大汶口、龙山文化古城群有原始古城18个——长江上游四川成都平原古城群有原始古城6个——长江中游中

[①] 宿白主编《中华人民共和国重大考古发现》，文物出版社1999年版，第96页。

南大溪、屈家岭文化古城群有原始古城 8 个——长江下游东南区系淞泽、良渚文化古城群有原始古城 4 个，这些古城不是像西亚、古埃及那样分布在十万二十万平方公里的狭小河谷地带，而是分布在黄河、长江大两河流域的二三百万平方公里广阔空间中。

（3）距今 6000 年至 4000 年，中国已有六七千个古城群，几十座乃至上百座古城，成群结队、星罗棋布。中国古城群已区分为"古城—都邑—古国都城"三个层次。距今 5500 年至 4500 年前的湖北天门石家河古城遗址，面积已大到 120 万平方米，距今 3300 年前的殷商都城——殷墟，看来是世界历史上第一座人口突破十万大关的古代最大都城。中国古城群不仅是世界城市起源的东方源头，而且是那个时代屹立在世界东方、环太平洋地带的最大古城群、古城体系。

（4）中国古代城市的政治统治中心、礼治中心、文化中心的功能特别突出，与此相应，强调中心的城市规划也显得特别突出，作为城市中心的王室宫殿特别突出，和西亚、希腊文明中突出神庙与广场在城市中的中心地位，形成鲜明对照。

（5）中国最早的古城，如 6000 年前湖南城头山；5500 年前河南郑州西山古城，总体形状近似圆形，而后的发展趋势则是由圆而方，正方或长方的方形城逐渐成了中国古城的主流形态。《周礼·考工记》所作出的总结，更把方城作为定制："匠人营国。方九里，旁三门。"因而汉唐时代以降的中国古城，包括长安、开封、北京等，形状都近似于棋盘式方形或长方城。而西亚与西方古城的主流形态却是放射状的，方城只占少数。

（6）为了突出城市中心、主体建筑、王权礼治，中国古城的一个显著特色，是形成了纵横交错的中心线，并以此为中心，形成对称格局。最重要的是南北纵向的中轴线，往往还辅以东西横向的横轴线，王宫等城市中心主体建筑则常常占据中轴线与横轴线的交错点上。6000 年前湖南城头山古城、4600 年前河南淮阳平粮台古城，已经形成了这种纵横中轴线格局雏形。西亚与西方古代城市大多数没有这样的中轴线，少数有者也没有这么突出。

（7）中国古城通常是内外结构，内城外廓。据《吴越春秋》记载，"鲧筑城以卫君，造郭以居人，此城郭之始也"。《孟子》则云，"三里之城，七里之郭"。国都、王城的内层、核心层，还有宫城，或叫皇城、紫禁城。这种内城外郭的两层，乃至三层结构，从考古发现来看，始见于山东古城群的丹土、丁公、边线王等古城址。这种内城外郭的城市结构，主要功能是保证城乡统筹，市民农民二元一体。而西亚古城址多区分为"中心圣城——外围城市"，古希腊与印度河文明古城址则是上下结构，上城也称卫城，是居高临下修筑的王者城堡，或神庙广场，下城才是广大居民居住的市民之城，城市内部阶级对立更为明显。

（8）城池结合的防御体系。中国北方古城，重点发展了城墙版筑技术，多是以墙为主、以濠为辅、墙濠结合、双重防御；中国南方古城则多利用天然河道，进一步开挖改造，以濠为主、以墙为辅，墙濠结合、双重防御。其中，中原与中南古城群最典型，而四川成都平原古城群则多缺少外濠，而东南古城群则往往缺少城墙，多借助于天然河道，构成护城河系统。利用北方黄土发明版筑技术，善于利用天然河湖构成护城河系统，看来是中国古城防御系统的历史特点。

（9）前朝后市、左社右庙、棋盘格局、封闭结构——这是中国古城结构上的一个重要历史特点。按照《考工记》的记载，就是"匠人营国。方九里，旁三门。国中九经九纬，经涂九轨。左祖右社，面朝后市，市朝一夫"①。聚族而居、左右对称、封闭结构的四合院，乃是中国古城结构的缩影；而中国古城结构，则是小四合院的放大；左右对称、向心结构，则是贯穿其中的母结构。这与西亚、西方城市主流的放射式结构、开放式结构、发散式结构，大相异趣。

（10）中国古城起源与发展，是"天人合一"这一中华文明核心理念的物化体现，也是阴阳、四象、五行、八卦等文化观念的具体体现，因而特别注重"天地人"三才统一，发展出特有的城市风水、城市选址、城市规划、城市环境思想观念，具有东方自然主义与人本主义相结合的独特神韵，特别注重顺其自然、因势利导、无为而治、天人和谐。这种天人合一的东方自然主义城市布局风格，与西亚、西方城市建设中往往过分强调人对自然的改造征服，迥然异趣。

中国不仅是世界城市起源的东方源头，而且在城市革命的文明要素生成上，走出了独具特色的路。

3. 中国汉字起源的十大特点

作为文明另一要素的文字起源，中国同样走出了独特道路，具有以下

---

① 闻人军：《考工记译注》，上海古籍出版社1993年版，第130页。

十个显著历史特点：

（1）中国汉字是起源万年的老寿星。中国汉字并不是迟至公元前1300年前后殷墟甲骨文时代才一下子突然出现的，在此之前尚有一个长达七八千年以上的起源过程，最早源头可上溯到三万多年至一万多年以前，旧石器时代晚期；新石器时代早期的岩石兽骨刻符，特别是岩画、岩符；三万年前山西峙峪兽骨上出现刻纹雏形；一万三千年前河北兴隆县龙骨洞在骨角片断上雕出三组几何纹符号；距今一万年前后，阴山、贺兰山、乌兰察布等处岩画中的岩画与岩符，主流趋势是从写实主义的具体形象，向象征主义图案化、抽象化、符号化方向发展，因而成为中国汉字的最初符号源头之一，也使中国汉字成为源头最早的古典文字之一。

（2）近8000年前河南贾湖龟甲刻符、象形符号与石器刻符的考古发现，不仅说明这是中国古文字起源的又一重大源头，而且进一步说明：中国汉字不是只有象形符号一个源头的，与此并存甚至更早的另一个源头，则是指事表意的抽象刻符。中国汉字是这双源头上开出的一朵并蒂莲。这也进一步说明，仅把汉字实质简单归结为象形符号、象形文字的传统说法，即使仅就古典汉字、原始汉字来说，也是不完全科学的。

（3）距今7000年至5000年，陕西姜寨仰韶文化中有陶器刻符42种；半坡仰韶文化遗址出土陶器有刻符30种；长江下游河姆渡陶器上有符号10来种；湖北宜昌杨家湾陶器上有刻符60多种；山东大汶口文化中有趋于规范化的陶符10来个；有的可能是族徽符号，稍后的青海柳湾陶器中有绘划陶符156种。这些陶符分两类，一类是写实性的象形符号；另一类是象征性的指事符号（几何符号）。这两类陶符，应当视为彩陶文化阶段中国文字起源特有的第三大源头，不仅如此，中国彩陶纹饰系统，包括10类91种：原始刻划纹（七种）；日月山水纹（六种）；动物家畜纹（十种）；植物作物纹（六种）；实践工具纹（六种）；人物纹（八种）；几何图形纹（十种）；族徽图腾纹（十八种）；阴阳八卦原始历法纹（九种）；象征符号纹（五种）。中国彩陶纹饰系统发展辅线，是写实主义象形方向：原始象形纹——简易象形纹——工笔象形纹。中国彩陶纹饰系统发展主线，却向着图案化、抽象化、符号化方向发展；原始刻划纹——几何图形纹——象征符号纹。因而，不仅陶器上的契刻符号，中国彩陶上的纹饰符号，包括象形符号与指事符号，也应视为中国汉字的重要源头之一。

（4）陕西华县元君庙、安徽含山凌家滩，先后在陶器、玉器上发现了

6000 年前的原始河图、5000 年前的原始八卦图。前者由先天八卦、十月太阳历演化而来，后者由后天八卦、十二月阴阳历转化而来。从《周易·系辞》到许慎《说文解字》，大体都把中国汉字起源归为三阶段：庖牺氏始作易八卦——神农氏结绳而治——黄帝时代仓颉造字。考古发现证实：原始八卦起源过程中的天人观念、阴阳概念、易理哲理、原始历法、数字概念、笔画要素、符号资源、符号思维模式，确曾成为中国汉字独特源头之一。

（5）世界最新考古成果表明，六大原创文明都创造了自己原创性的古典文字体系，而中国的五项重大考古发现足以表明：中国古典文字体系并不是晚到公元前 1500 年殷商时代才姗姗来迟的，而是在公元前 3000 年前后，与西亚、北非古典文字体系，前后脚形成的：第一，20 世纪 70 年代以来，在距今 6000 年至 5000 年大汶口文化中，先后多次发现了 10 来个比较规范化的陶文字符；第二，20 世纪 80 年代以来，陆续在距今 6000 年至 4500 年东南淞泽、马桥、良渚文化陶器、玉器上发现的陶器符号、玉器符号，与大汶口陶符有相当的近似性，说明当时在黄河、长江下游，文字也有走向初步规范化、统一化苗头；第三，1991 年山东邹平丁公龙山文化古城址发现了距今 4300 来年的"丁公陶书"，由五行各一个字符组成，说明汉字已有成篇作品，已成文字体系，而不限于单独符号、个别符号；第四，1993 年江苏高邮一沟乡龙虬庄龙山文化遗址，又出土了由 8 个字符的字符群组成的陶文；第五，2000 年，在山西陶寺龙山文化遗址，发掘出 4500 年前尧舜时代都城，此前还发现了蟠龙纹盘和汉字字符。

（6）在公元前 1000 年前后，由古典文字走向今文形态、要素文字的历史时代，西亚与西方文字大都走上以拼音字母为要素的拼音文字道路，而中国则独辟蹊径，逐步走上了以部首为要素的部首文字、形声文字的道路。《世界史纲》作者英国历史学家韦尔斯，把语言分为三阶段："象形文字——音节文字——字母文字"，认为汉字是最原始的象形文字代表。布龙菲尔德《语言论》，把文字发展分为四阶段："象形文字——表意（词）文字——音节文字——字母文字"，汉字属于第二阶段，比拼音文字低两个等级。[①] 中国学者周有宪就是照搬了这种说法。实际上并非如此。

---

① ［英］赫·乔·韦尔斯：《世界史纲》，人民出版社 1982 年版，第 210—215 页；［美］布龙菲尔德：《语言论》，商务印书馆 1980 年版，第 360 页。

（7）中西文字发展的这两条不同路径，可能在一定程度上取决于原有语言系统的明显差异：西方古典语言的词汇，多是多音节的，怎样记录与再现这种语音，是必须首先重点解决的复杂课题。而中国古典语言的词汇，基本上都是单音节的，"一字——一词——一音——一意"基本上是简单等值的，不必在拼音文字再现语言语音上多下功夫。因而，走上部首文字、形声文字的中国文字，每个汉字不仅是表达一个音节，而且具有"音——形——义"三位一体的综合性，单字单音、表词表意的独立性。

（8）中国汉字是以文明起源时代最早形成的单体字、基本字为部首字母，形成的"音——形——义"综合体，因而具有其他文字，尤其是仅仅表音的拼音文字所没有的多方面、多层次的丰富内涵：一可反映中华民族、中华文化的生态前提、生态环境；二可反映中国先民的主体活动、实践活动、交往活动；三可反映中国农业起源、家畜起源、新石器起源、陶器起源这文明起源四大创新历史过程；四可反映中国铜器、城市、文字、国家这文明形成四大标志的创新过程；五可反映中华民族特有的天人合一、阴阳交合、周易流行的自然观、宇宙观、世界观；六可反映具有东方神韵的中国审美观、人生观；七可反映中华民族特有的伦理观、义利观、价值观。每一个单个汉字都是一颗中华智慧之星，整个汉字历史则是中华文明的历史信息，汉字整个系统则是中华民族的文化基因库。这是民族文化的载体；民族智慧的结晶；民族艺术的奇葩；民族精神的升华。

（9）按照世界著名的瑞士语言学家索绪尔的权威说法，文字系统没有什么独立性，仅仅用于记录语言："语言和文字是两种不同的符号系统，后者唯一的存在理由是在于表现前后。""文字本身虽然与内部系统无关，我们也不能不重视这种经常用来表现语言的手段。"[①] "文字仅仅是记录语言的工具"，由此成为国际国内普遍公认的文字定义。实际上，这个定义适合西方拼音文字，却根本不适用于中国汉字。中国汉字有音、有形、有义，自身体现了音、形、义的有机统一，是源于语言又超越语言的相对独立的书写语言符号系统、第一个发达规范的可视符号系统，在许多方面具有相对独立的社会功能，甚至每一个方块汉字都有一定的相对独立性。特别是在中华文明起源与形成过程中，在传递信息、表达观念、原始巫术、原始宗教、形成礼制、形成国家的过程中，中国汉字更有口头语言不曾有

---

① ［瑞士］费·德·索绪尔：《普通语言学教程》，商务印书馆1980年版，第47页。

过的独立功能，汉字系统对于口头语言的相对独立性，也为维持中华文明多元一体、大一统独辟蹊径：一方面兼容并包各种方言多样化、本土化；另一方面通过文字统一这座桥梁，把多样文化、多元民族统一起来。

（10）中国汉字起源与发展，开创了世界文字史、文明史上别开生面的万年连续进化模式：把一万年来中华民族创造的符号资源，兼容并包地吸收进来，并适当吸收其他文明、其他民族的语言符号资源，作出"把传统包容其中"、"新的包容旧的"的综合创新。英国学者韦尔斯认为中国汉字基本滞留于最原始的象形文字，布龙菲尔德认为汉字属于比较低级落后的表意文字。据此，周有光认为，世界文字史的普遍进化规律，是两次飞跃："从形意制度到意音制度是文字发展史的第一次飞跃，从意音制度到拼音制度是文字发展史的第二次飞跃。""从意音制度到拼音制度要跨过文字发展史上最大的一个鸿沟，不是'只差一间'。""这就是文字的'形意音'发展过程。汉字的产生和发展比丁头字晚两千年，但是发展的步骤没有两样。我写成专书《世界文字发展史》（1997），把汉语汉字跟丁头字和圣书字共同排列在'古典文字'中间。"[①] 实质上文字发展史上的第二次飞跃，不限于拼音文字单一模式，中国汉字以部首文字、形声文字的独特方式，渐进包融式地实现了这次飞跃，并没有固守古典文字形态，而落后西亚西方文字两三千年。汉字在两次飞跃，乃至上万年进化过程中，采取了"新的包容旧的"的渐进式进化模式，至今仍在现代化的进化过程之中，并且保持了经久不息的生命活力。

4. 综合创新、连续进化的中国国家起源模式

国家是文明社会的概括，是文明形成的总体性标志。正是在这里，中华文明的原创性与独特性，得到特别集中的充分体现。与恩格斯《家庭、私有制和国家的起源》中概括的"雅典式——罗马式——德意志式"三种国家起源模式相比[②]，中国开创了综合创新的连续进化模式，表现出以下十个特点：

（1）"家庭——私有制——阶级"的起源，是国家起源的三个社会历史前提。中国特点，是从距今 6000 年前开始，约当仰韶文化晚期、大汶口文化、龙山文化早期、良渚文化早期，聚落形态内部和家庭形态发生重

[①]《周有光语文论集》第 1 卷，上海文化出版社 2002 年版，第 8 页；自序，第 10 页。
[②]《马克思恩格斯选集》第 4 卷，人民出版社 1995 年第 2 版，第 169、170 页。

大新变化，逐渐生成父系大家族和个体小家庭，随之产生私有制，发生贫富分化，乃至出现两极分化的阶级。中国个体小家庭的历史特点，就是以家庭为本位，同时具备"小农生产——家畜饲养——手工编织——小商品交往"四种物质生产功能，再加上特别强调家庭关系、人口再生产功能，因而家庭制度特别牢固发达；号称九族的亲属制度特别发达；系于血缘关系的宗法制度特别发达，成为中国国家生成的特殊历史前提和社会关系土壤。

（2）由家庭血缘关系派生出来的"礼制"，在中国特别源远流长，把国家建立在礼制基础之上，成为中国国家起源道路的一大特点。按照《礼记》记载，"礼事起于燧皇，礼名起于黄帝"。也可以说，礼最初产生于旧石器时代中后期，人工取火、聚族而居的燧人氏时代；在文明起源时代，与父系大家族、个体小家庭制度逐步结合，形成一整套基于家庭血缘关系、适合氏族制度的原始习惯法体系；到了黄帝时代，礼制的内容与名称概念相结合，习惯法与成文法相结合，成为中国原始国家形成的重要基础。引礼入法，礼法结合，礼制先行，借礼立国——黄帝时代中国原始国家是在礼制基础上创立的，这是中国国家原生形态的一个显著特点。

（3）中国国家的起源与形成，不仅有世界通行的一般标志，而且有四个独特标志：礼制体系——玉制礼器——龙的形成——原始历法（通过河图洛书、阴阳八卦、易等形式表现出来）。

（4）中国国家制度生成的独特道路，在于不是像通常所说的、古典希腊模式中那样，以新的国家地缘关系取代旧的氏族血缘关系，而是在氏族血缘关系的基础上建立国家地缘关系，用新的地缘关系包容旧的血缘关系，让新型国家组织包容旧的氏族组织。"国家国家"，国是放大了的家，家是缩小了的国，"家国同构，兼容并包"——这就是中国国与家的特殊关系，也是中国国家起源与形成道路的一个显著特色。

（5）中国王权的最初形成，不仅像其他文明中那样靠"军权＋神族＋政权"的三合一，而且特别注重借助于礼制中"家长族长权＋祖先祭祀权＋占巫通天权"的三合一。由此看来，中国原生国家起源模式，既不同于古希腊的"氏族——部落——部落联盟——国家"的氏族模式，也不同于中南美洲的"游群——部落——酋邦——国家"的酋邦模式。中国国家起源独特模式是：氏族——部族——分化社会与礼制——原始国家。

（6）中国原生国家同样具有公共权力与暴力工具二重性。某些西方学者提出"东方专制主义"这个概念，借以强调中国国家的暴力工具这一方面的特别突出作用。实际上这个提法并不科学，只适用于封建中后期的一二千年，并不适用于中国早期国家。中国原始国家、早期国家的显著特点之一，是公共权力这一方面特别突出，几乎达到包罗万象的极致之点：治理洪水、调节灌溉功能；保护生态、防止破坏功能；观察天象、颁布历法功能；占有土地、农业生产功能；贸通有无、管理商业功能；垄断青铜、工业生产功能；维护礼制、规范交往功能；规范文字、发展文化功能；占卜祀祖、宗教祭祀功能，等等。

（7）中国国家形态的历史发展，形成了颇为独特的四部曲：第一部曲，是在距今5500年前后，在黄河、长江这大两河流域上中下游，形成了6个古城群，出现了一些半酋邦、半国家式的城邦小国古国——第二部曲，距今5000年至4500年前后，北京西北的涿鹿古城与山西隋寺，先后成为黄帝之都与尧都，形成原始国家——第三部曲，距今4000年至3000年，即所谓夏、商、周三代，形成古典早期国家——第四部曲，距今2000年前后，即秦汉之际，秦皇汉武时代，完全实现统一，建立中央集权的、多民族的统一国家。西方乃至国际学术界，往往只承认近代才有民族国家，中国则有原生形态的古代民族国家。

（8）公元前3000年前后，炎黄时代的城邦古国、原始国家，发展主线是氏族制度、血缘关系与国家制度、地缘关系的综合创新。

（9）公元前2000年至前1000年的夏、商、周三代古典早期国家、一方大国，发展主线是不同地方大国、多元民族文化，其中包括不同氏族集团的综合创新。

（10）公元前220年至公元元年前后，秦汉之际的中央集权的统一大帝国，发展主线表现为"中央集权的国家制度——嫡长子继承制的宗族制度、血缘关系、封建礼制——众多民族的多元文化"的综合创新。

新的包容旧的——新的国家地缘关系与旧的氏族血缘关系，不是简单取代、截然对立、突变断裂关系，而是兼容并包、渐变进化、综合创新，这是中国国家起源之路的最大特色与本质特征，由此决定家国一体、家国同构、家国本位，成了中国古代传统文化典型特征。

由此可见，从"铜器——城市——文字"这文明三大要素的主成，到文明总体标志——国家的起源与形成，中华文明都是在公元前3000年前后原创时代的原生形态，都既是独立发生，又是独具特色的。因而，中华文明无疑当属于世界历史上的六大原创文明之一，或叫六大母文明之一。

五　世界文明史上独一无二的万年连续进化模式

原创性、独特性和连续性，这是中华文明三个最显著的历史特征。

这种连续性具有内因外因双重根源：

内因是中华文明从距今一万年前的新石器时代——文明起源时代起点开始，就在东亚大陆黄河、长江大两河流域的广阔空间，逐步形成了特别巨大的文明场、文明群，形成了多元一体的母体结构，形成了多元文化综合创新的独特进化机制，形成了兼容并包的文化基因。

外因是中华文明具有相对独立、相对隔离、内部多元、外部安全的生态地理环境系统：接近一千万平方公里的东亚大陆中心地带，东边是世界最大的海洋太平洋，西边是号称世界屋脊的青藏高原、喜马拉雅山脉，还有难以逾越的千里戈壁，北边则有古代人迹罕至的西伯利亚大森林，加上大漠高山。虽然东西南北都有类似"丝绸之路"式的国际商道、洲际商道，使中华文明保持了同其他文明之间的相互交往，避免了封闭落后状态，但这种古代交往形式毕竟是相当有限的，由此保障中华文明相对独立、相对安全地连续发展起来，得天独厚地在近一万年间成功避免了其他五大原创文明都曾发生的种族文化、语言文字的断裂突变。

从世界文明史的宏大眼光来看，中华古典文明至少有六个高峰期、辉煌期，在古代世界文明史上处于领先地位，写下光辉篇章：

公元前 10000 年前后，中华文明起源的奠基期与起步期；

公元前 3000 年前后，中华文明原始形成期；

公元前 1000 年前后，中华文明雏形期；

公元前 500 年前后，中华文明定型期；

公元元年前后，从秦始皇至汉武帝，多民族统一的中央集权的中国国家制度基本定型期；

公元 1000 年前后，中华文明的古代转型期。

我们按照"考古发现——古典文献——现代科学理论"三结合的原则，宏观鸟瞰近一万年来中华古典文明的六个辉煌期。

中华文明第一个辉煌期，在距今一万年前，中国与环地中海地带，成为世界文明起源的东西两大源头。

中国古代文明形成的第二个辉煌期，在公元前3000年前后，炎黄时代的中华文明原始形成期，在"黄河—长江"这个中国特有的大两河流域，出现了古典农业、多元文化、综合创新，出现了文明时代四大标志"金属工具—书面文字—原始城市—原始国家"，与西亚两河流域的苏美尔文明、尼罗河流域的古埃及文明大体同时，或时间稍晚，同为世界文明时代的最早发源地，世界文明起源东西两大中心之一，再加上爱琴海文明、古印度河文明、中南美洲文明，并称为世界六大原创文明。

公元前3000年前后的炎黄时代，初步形成了雏形状态的中国原始国家；

公元前2500年前后尧舜时代，进而形成了初具轮廓的中国早期国家；

公元前2000年前后开始的夏代，最终形成比较完整的中国古典国家。

中华文明的第三个古代辉煌期，在公元前1000年前后殷周之际的中华文明雏形期，正是中国青铜时代的文明高峰，开创了中华文化的三大元典——《易经》《诗经》《尚书》，在古代世界文明中断期可谓一枝独秀。

第一，殷商后期把中国青铜时代文明发展到高峰阶段，同时也把中华文明形成的四大标志"铜制工具、书面文字、原始城市、原始国家"，发展到一个大大高于炎黄时代起源期的新水平。

第二，西周之初的周公改革，强调家国同构的宗法制度、人伦精神、六艺教育，为中华古典文明的总体框架奠定雏形。

第三，公元前1000年前后，殷周之际，《易经》《诗经》《尚书》这三大中华文化元典，都在这个历史转变时代应运而生，成为中国民民族文化、民族精神、文化基因形成的源头活水。

在公元前1000年前后，曾经辉煌一时的古代文明世界，却处于低潮期、中断期之中，除中国之外的其他五大原创文明几乎都发生了中断、低落或逆转。

公元前1750年前后，印度河流域的原创文明率先走向衰落，进入这一地区，扫荡了古老文明的"雅利安人"，还停留在原始社会后期阶段。

公元前1595年、1516年，古巴比伦王国先后被赫梯人、加喜特人两次灭亡，后来虽建立起古巴比伦第四王朝，但是千年之间始终未能完全恢复元气，后来又不止一次发生种族文化、语言文字的断裂。

公元前1085年，古埃及文明进入后期阶段，国家发生了分裂过程，已长达两三千年的古埃及文明如强弩之末，古埃及象形文字也走向死亡，此后古埃及文明不止一次发生中断。

公元前1250年前后，当希腊各邦联军用"特洛伊木马"的妙计攻陷这个小亚细亚城邦国家之后，多利亚人却从马其顿沿北希腊南下，攻下了中希腊、南希腊和克里特岛，原创性的克里特·迈锡尼文明被扫荡殆尽，一度又回到原始社会晚期阶段，史称"黑暗时期"，此后也不止一次发生中断。

中南美洲文明，由于种种复杂内因外因，也发生了人所共知的断裂。

中华文明的第四个古代辉煌期，在公元前500年前后春秋战国之际的中华文明定型期，中国有大器晚成的古代"铁器革命—农业革命—交通革命—城市革命—商业革命"，"老子道学—孔子儒学—孙子实学"成了中华智慧的三大源头，并由此引出了百家争鸣的黄金时代，在世界文明轴心期中与古希腊文明形成双峰竞秀的历史格局。中华文明定型期有五大经济支柱：

第一，后来居上的铁器革命

由于中国有世界最发达的青铜冶炼技术，因而在铁器革命方面也有领先于世的四大发明：

铸铁（生铁）高温冶炼技术的发明；

铸铁柔化技术的发明创造；

渗碳制钢技术与宝剑制造技术的发明创造；

铁制农具乃至西汉大铁犁的发明创造。

第二，最先走向精耕细作的农业革命

铁器革命的后来居上，超前发展，推动起源最早的中国农业，在春秋战国时代，在公元前500年前后，最先从粗放式的原始农业，转向精耕细作的古代集约式农业，这种独步一时的古代农业革命，具有四个领先于世的重要创新：

铁制农具的普遍应用；

牛耕技术的应用推广；

施肥技术的创造发明；

南渠北井的灌溉技术。

第三，早熟形态的古代交通革命

主要包括四大创新：

初步形成以主要都市为中心的全国道路交通网络；

开始建立遍及全国的驿传制度；

人工运河初步沟通全国六大水系；

业已开通水陆两途的国际民间商道——丝绸之路。

第四，超越早期原始城市的古代城市革命

从春秋战国到秦汉之际，中国发生了古代城市革命，从早期的原始城市，走向早熟形态的中国古代城市，出现了以下五个方面的大飞跃：

城市规模上有大飞跃，出现了一批像临淄这样的三十来万人口的大都市；

城市数量上有大飞跃，大小城市总数达六七百个之多；

城市功能上有大飞跃，商业都会的经济功能大大增强；

城市结构上有大飞跃，走向城市并重的二元结构；

城市体系上有大飞跃，初步构成古典城市群。

第五，早熟形态的古代商业革命

从春秋战国时代开始，中国发生古代商业革命，从原始形态的商业，走向早熟形态的中国古代商业，其中包括三个方面的重大革命：

商业形态的革命，从非专业化的原始商业走向早熟形态的中国古代商业；

货币革命，出现金属货币、黄金重币乃至统一法币与证券流通；

度量衡革命，建立统一规范、精确的全国度量衡制度。

正是在如此深厚的经济基础之上，在公元前500年前后的春秋战国之际，继承发展周易这个最初源头，出现了中国哲学、中国思想、中国智慧的三大源头，也是世界思想史上的三枝奇葩：

第一是老子首倡的道家之学，以"道"为中心范畴，首倡道法自然、天人合一的宇宙观、方法论，开创中国思辨理性之先河，代表了以柔克刚、无为而治的阴柔辩证法。

第二是孔子首倡的道家之学，以"仁"为中心范畴，首倡仁者爱人、中庸之道的价值观、伦理观，开创中国社会理性之先河，其思想基调代表了一种讲求中庸之道的中和辩证法。

第三是孙子首倡的兵家实学，以竞争取胜、全胜之道为思想主旨，首倡知己知彼、实事求是的实学传统，开创中国实用理性之先河，思想基调代表了一种积极进取的阳刚辩证法。

以这三大源头的综合创新为契机，出现了百家争鸣的活跃局面，在中国思想史、世界思想史上各现异彩。

公元前500年前后，正值世界文明轴心期，出现了东西并峙的两大文化高峰：西方古典文化高峰是古希腊文化；东方古典文化高峰是中国古典文化。

这个时代不仅是中华文明的古代高峰期，而且是世界文明史上一个举世瞩目的辉煌期。

中华文明在古代世界历史上的第五个辉煌期，是秦汉时代，尤其是从秦始皇到汉武帝那个时代，中国真正彻底实现了古代多民族国家的统一，建立了中央集权的、大一统的强大帝国。

中华文明定型期的最大历史成果，是逐步建立了具有民族文化基础的统一的古代民族国家——秦与汉，在秦皇汉武时代，中国古代国家形态基本定型。

与单纯靠武力征服而造成的西方强大帝国相比，特别是大体同时存在的古罗马帝国相比，中国秦汉两代帝国的显著特点是：有统一的民族文字；有统一的民族文化；有统一的国家意识形态。

在中国几千年古代历史上，在三分之二以上时间里巧妙维系了国家统一，历史奥秘在于巧妙保持了政治上、经济上、文化上的一与多、分与合的辩证法：

政治上军事上，中央集权，高度统一；

经济上既有统一赋税、统一管理，又适度兼容自成一体的地方经济和特别分散的小农经济；

文化上，既有以儒家为主的统一的国家意识形态，又适当兼容儒、释、道多元文化存在，多元民族、多元文化的存在。

在中国历史上，既形成了以汉族为主的主体民族，同时又形成了多元民族、多元文化兼容并包、共同发展的历史格局。

这是中华文明长治久安、连续发展的重要保证。中国古代国家形式由此基本定型。

中华文明在古代的第六个辉煌期，是公元1000年前后的唐、宋、元时代，尤其是两宋时代的中华文明转型期，以宋代商业革命为经济基础，推动了儒、释、道三大文化的综合创新，产生了三大发明及一系列科学创新，在西方中世纪出现文化衰退之际，中国文化与阿拉伯文化代表了中世纪世界文明的东方之光和两个高峰。

宋代文化复兴、文化转型，也有深厚的经济基础，首先是宋代商业革命，总体上仍属于古代商业范畴，但也包含近代商业革命先兆。由此带来"交通、工业、农业、人口"这四大领域，不同程度上也出现了某些近代革命先兆。

以此为背景，推动了中国多元文化的综合创新，特别是儒、释、道三大文化的综合创新：儒家的价值观、伦理观；佛家的思辨性、心性论；道家的宇宙观、方法论，这三大智慧流综合到一起，成为宋代理学、宋代文化的新框架。

说到中国古代文明，中国人向来以四大发明为最大骄傲，殊不知其中三大发明主要集中于公元1000年前后这一百年间：

1044年，曾公亮等人编著的中国古代军事技术的第一部百科全书《武经总要》，第一次总汇发表了宋代形成的三个火药制作配方；

1045年前后，布衣平民毕昇发明了活字印刷术；

1086年，宋代大科学家沈括在《梦溪笔谈》一书中，首次明确记载了罗盘制作原理。

宋代科学技术还有十大领域，不仅达到中国古科技鼎盛阶段，而且达到古代世界文明高峰：

（1）秦九韶、杨冶、杨辉、贾宪等人开创的宋代代数学，组成了当时世界上最先进的数学学派，达到了那个时代的世界数学高峰。

（2）宋代天文学高度发达，先后制造五架巨型浑天仪，苏颂等人创造水运仪象台，有组织地进行了五次恒星位置观测工作，留下了著名的石刻苏州星图。

（3）地学有较大发展，乐史的《太平寰宇记》是中国地理学史上的一部继往开来的大成之作，沈括以飞鸟七法绘成《天下州县图》，还出现两幅石刻地图《禹迹图》《华夷图》，接近于近代地图。

（4）建筑学与技术大发展，李诫编成中国建筑技术的百科全书《营造法式》，俞皓《木工》三卷是中国木结构工艺的总结之作，汴梁和临安这两大都城的建筑技术已达到古代世界最高水平。中国古代造桥技术当时也达到全盛阶段。

（5）水利工程技术大发展，以隋唐大运河为干道，初步形成运河网络，长江三角洲与四川成都平原形成灌溉网络，发展出一整套新的水利工程技术。

（6）农学与技术有重大发展。陈敷的《农书》第一次提出了集约化新农业理论，并蕴含着生态化农业的新观念；曾之瑾写出了中国的也是世界的第一部农具专著《农器谱》，宋代还有系列新农具。

（7）中医学与技术有新发展，首创国家制药局、国家药店、国家药典、国家设立的校正医书局，中医学理论上出现"金元四大家"的理论争鸣，首创独立的儿科、妇科、法医学等。

（8）造船航海技术有十大发明创造：平衡舵、船壳包板、铁装甲船、人工船坞、披水板等稳定装置、水密隔舱等防沉技术、过水眼平衡技术、大型海船造船术、船海图、利用八面风技术、航海指南针等。

（9）司马光《资治通鉴》等，标志着史学在宋代发展到新的水平。

（10）哲学上出现了宋代诸子的百家争鸣，为中国与世界展示了新的理论星空。

公元1000年前后的世界文明，呈现了"西方不亮东方亮"的历史格局：

西方文化失去了古希腊罗马时代的辉煌，向着中世纪黑暗时代逆转，公元1000年后，虽有历史转机，仍是步履维艰；

东西方之间的阿拉伯文化在1000年前后迅速崛起，超越了西方文化，达到世界先进水平；

两宋时代的中华文明不仅是中国古代文明的鼎盛阶段，而且成为世界文明的东方曙光。

纵观中国历史、世界历史的长河，中华文明的古代辉煌有四大特点：

一是上下五千年：上一个五千年，是中华文明起源时代五千年；下一个五千年，是中华文明形成之后发展五千年；从公元前3000年前后炎黄时代的中华文明起源形成期开始，到公元1000年前后两宋时代中国古代文明达到鼎盛时期，以后又靠惯性力量与多元文化综合优势，把优势一直保持到1750年英国产业革命之前的所谓"康乾盛世"时代，上上下下，堪称长达两个五千年的万年历史长河。

二是连续不中断：世界文明史上的其他五个古代原创母文明，无一例外地发生中断，唯独中华文明历史长河，虽然也有跌宕起伏，却从未发生断裂，像一条从未断流的长江大河，保持了别具一格的发展延续性。

三是六个高峰期：公元前一万年前后，中国最早开始了农业文明起源进程——公元前3000年前后，炎黄时代的中华文明起源期，与西亚两河流域古代文明、古埃及文明，同为发源最早、原创性最强的三大古代文明发源地——公元前1000年前后，殷周之际的中华文明雏形期，欧、亚、非大陆的其他四个原创母文明都发生低落中断，唯独中国青铜时代文明独树一帜——公元前500年前后，春秋战国之际的中华文明定型期，与古希腊文明呈双峰竞秀之势，再加上古代印度文明则呈三足鼎立之势——公元元年前后秦汉之际，中央集权的多民族统一国家制度基本定型，与西方古罗马帝国并驾齐驱，而在文化统一、长治久安、持续发展上更胜一筹——公元1000年前后，两宋时代的中华文明转型期，以三大发明为代表的中国古代文明达到鼎盛期，在世界文明史上独步一时，至少是与东西方之间的阿拉伯文明比翼齐飞。

四是三大领域：中国古典文明在世界上的领先地位，主要表现在三大领域，第一是在哲学智慧、价值观念、人文科学方面；第二是在实用技术方面；第三是在古代自然科学理论方面——李约瑟等人对后两个方面做了比较深入系统的专门研究，而对最为重要的头一个方面至今鲜有专门研究。

总之，纵观世界文明史，其他五个原创文明，由于种种复杂历史原因，包括内因外因，往往不止一次发生种族文化、语言文字的断裂突变，至今早已成为湮灭千年的"中断的文明"、"失落的文明"、"逝去的文明"。

唯有我们中华文明开创了"起源五千年、发明五千年"的万年连续进化模式；

唯有我们中华文明，在万年历史长河中，先后迎来六次辉煌，历经百劫而不衰，屡历磨难而常新；

唯有我们中华文明，具有一以贯之的语言文字、民族传统，具有代代相传的永久魅力，在新世纪、新千年的起点上仍保持巨大生机活力。

在世界文明史的历史长河中，这是名副其实的"中国奇迹"！

六　创造世界新型文明的东方源头活水与文化基因

影响乃至决定人的生产方式、交往方式、思维方式、精神风貌的，不仅有生物基因，并且有近400万年，尤其是文明起源以来近1万年、文明形成近5000年来历史实践基础上生成的文化基因。

我们且举三个最新的、基本的科学数据,来说明这个问题:

人与其他高级哺乳动物的生物基因差别,不超过 2%;

人与最接近人的黑猩猩的生物基因差别,不超过 1.28%;

人与人的生物基因差别,不超过 0.1%。

如果人只有生物基因,没有文化基因,怎么能充分说明人的活动方式、生活方式、思维方式,如此深刻的千差万别?怎能充分说明人的个性的多样性、差异性、丰富性?怎能充分说明东西文明,民族文化、人的精神文化世界的丰富多彩?

因而,我们这里试图把信息论与生命科学最新潮头综合起来,加以哲学概括,提出"文化基因"、"中华民族文化基因"、"世界新型文明的文化基因"的新概念。

文化基因,是决定文化系统、文明形态,传承与发展的基本要素。

文化基因的核心内容,就是思维方式与价值观念,集中体现到哲学观念中。这正是哲学研究的历史深意与当代新意所在。

文化基因是通过生物遗传和文化教育这双重渠道,来传承发展的,基于劳动实践活动、社会交往活动、语言符号活动这三大主体活动,得到创新发展。

文化传承,本质上是文化基因的世代相传。

文化创新,本质上是文化基因的重组变异,不同文化基因的综合创新。

寻根就是寻基因:为民族寻根,就是到文化基因形成的关键期去寻找民族文化基因。

德国历史哲学家、文化哲学家雅斯贝尔斯关注的轴心期,是公元前 500 年前后,实际上,人类文明的文化基因形成关键期,应当上溯到 5000 年前的文明形成期,乃至 1 万年前开始的文明起源期。

中华文明属于世界六大原创文明之一,中华民族文化基因就在起源 5000 年、发展 5000 年的万年历史长河中形成发展。

文化基因可以分为良性基因与不良基因、活性基因与惰性基因、健康基因与致病基因。不应讳言,在封建社会后期近 1000 年中,尤其是在 1750 年到 1950 年这 200 年间,中华文明中封建主义、专制主义、蒙昧主义的不良文化基因、致病基因,一度有所蔓延,使中华民族在从古代农业文明向近代工业文明转型的现代化变革中,落后了 200 年。

然而，这 200 年在中华文明万年历史长河中，只是短短瞬间，只是一段支流岔道。从总体上看，中华民族传统文化绝不能简单归结为封建文化、历史陈迹。其中蕴含着中华民族精神与文化基因，可以而且应当成为世界新型文明的源头活水与文化基因。

对于创造 21 世纪新型文明来说，中华文明中孕育的最重要的文化基因就是五大核心理念：天人合一的宇宙观——仁者爱人的互主体观——阴阳交合的发展观——兼容并包的多元文化观——义利统一、以和为贵的价值观。

中华文明蕴含的这五大核心理念，充分发掘出来，有助于解决伴随着西方近代工业文明兴盛一时而产生的当代世界五大危机：天人关系中的生态危机——国际关系中的战争危机——南北关系中的单方面发展与贫困危机——不同文化圈之间的文明冲突危机——西方近代文明中万能工具理性与狭隘价值理性之间矛盾造成的价值观念危机。

在 21 世纪起点上，这种危机暴露得更加明显了。这五大危机的深层实质，乃是西方现代化模式的危机，西方现代性和主体性观念的危机，西方近代文化基因中思维方式与价值观念的危机；

过分强调征服自然、为我所用、主客二分、天人对立的世界观；

个人本位、自我中心的单主体性观；

单纯强调对立斗争性，忽视同一性的矛盾观；

过分夸大文明冲突的单元文化观；

不讲道义、不讲和谐的狭隘功利主义价值观。

这种文化基因、文化理念，在近代工业文明兴起过程中，在近代市场经济、民主政治、科学文化兴起过程中，曾起到巨大的历史进步作用。吸收这些外来的异质文化基因，是中国现代化的一条捷径，在经济全球化时代甚至是一条历史必由之路。

要彻底走出上述五大危机，真正解决和平与发展这两大时代课题，并走向持久和平、永久和平，共同发展、可持续发展，就必须从根本上超过西方近代文明，创造与经济全球化、政治多极化、文化多元化相适应的新型世界文明。

要创造世界新型文明，源于西方的近代工业文明固然仍要起重大作用，一段时期内甚至仍会起主导作用；然而仅靠这样一个文化源头，是远远不够的，必须走"融汇东西，综合创新"的大道。

正是在这里，我们看到了中华文明的未来世界意义；

中华文明不是"失落的文明"，而是活生生的文明；

中华文明不是僵死的木乃伊、古老的活化石、博物馆中供人观赏的老古董，而是创造世界新型文明的源头活水；

中华文明思想宝库中，蕴含着未来世界新型文明的文化基因，这是一个需要我们今后更加深入发掘，取之不尽、用之不竭的人类信息库、思想库、文化基因库！

（作者单位：北京大学哲学系）

天人合一的哲学思辨

——从哲学恒等式子到哲学基因结构[*]

焦万慧

美国《赫芬顿邮报》子报《世界邮报》创刊号于 2014 年 1 月 22 日在达沃斯世界经济论坛会议上发布，创刊号刊登了对中国国家主席习近平的专访。针对中国迅速崛起后，必将与美国、日本等旧霸权国家发生冲突的担忧，习近平在专访中反驳说，我们都应该努力避免陷入"修昔底德陷阱"[①]，强国只能追求霸权的主张不适用于中国，中国没有实施这种行动的基因。显然，"基因"不是指"生物基因"。那么，源于自然科学领域的概念因何可以借用到社会科学领域？"在现代中国思想中，'哲学'及植根于它的整个学科体系以一种几乎无远弗届的力量影响着中国人对自己传统的体会与解释。如想避免对传统思想做出素朴与简单的最后解释，那么在理解传统之前，反思据以理解的整个框架与境域，应当是比较审慎稳妥的做法"[②]。因此，本文从哲学视角探赜索隐，思辨天人合一基本命题，试图构建哲学基因双螺旋结构，搭建中国哲学[③]的理论框架。

---

[*] 本文根据笔者在江西农业大学经济管理学院研究生第二届经贸论坛（2012 年 4 月 27 日）上宣讲的文章《东方经济学理论框架和哲学基因双螺旋结构》而作；笔者曾以该主题在清华大学科学技术与社会研究所 STS 博士后学术沙龙（2016 年 4 月 20 日）做学术报告。感谢经贸论坛学术委员会和博士后学术沙龙提出的宝贵意见。当然，文责自负。

① 修昔底德陷阱（Thucydides's trap），是指一个新崛起的大国必然要挑战现存大国，而现存大国也必然会回应这种威胁，这样战争变得不可避免。

② 丁耘：《哲学在中国思想中重新开始的可能性》，《中国社会科学》2013 年第 4 期。

③ 本文重点不是研究"中国哲学"概念合法性问题，而是侧重构建哲学基因双螺旋结构，搭建中国哲学的理论框架。若后者成立，前者不言而喻。相关研究参见赵景来《中国哲学的合法性问题研究述要》，《中国社会科学》2003 年第 6 期；王中江《中国哲学的"原创性叙事"如何可能》，《中国社会科学》2004 年第 4 期；张汝伦《中国哲学的自主与自觉——论重写中国哲学史》，《中国社会科学》2004 年第 5 期。

一 哲学恒等式子

（一）哲学基本问题

1886年，恩格斯在《路德维希·费尔巴哈和德国古典哲学的终结》中指出，"全部哲学，特别是近代哲学的重大的基本问题，是思维和存在的关系问题"①。恩格斯将这一关系问题分为两个方面：一方面是思维与存在何者为第一性，这是区分唯物主义和唯心主义的标准；另一方面是"思维与存在的同一性问题"，这是区分可知论与不可知论的标准。中国哲学也有与西方哲学的最高问题相类似的问题。② 由于"存在"范畴含义的不确定性，抽象表述的哲学基本问题"思维和存在的关系问题"需要具体化，才能被切实理解和把握。依据把存在的范围确定为物质和精神两大领域这一传统哲学对存在领域进行分割的基本模式，可以把哲学基本问题具体表述为"物质和精神的关系问题"③。在此基础上，本文把经典哲学基本问题扩展为广义哲学基本问题，并将其表述为"物质和意识的关系问题"④，其本质是天人关系。

物质是客观存在，意识是主观存在。广义物质⑤按主观能动性可以划分为（明）物质和暗物质，宗教存在的物质基础；广义物质按客观实在性可以划分为（正）物质和反物质，科学存在的物质基础。意识在人的主观世界里表现为精神（内化为思维），在物的客观世界里表现为暗物质（称元始意识）。精神按物质基础可以划分为宗教和科学两大范畴，堪称"人类精神双翼"：宗教信条具有某些科学成分，科学研究需要某些宗教思维。因此，试图以宗教禁锢科学或以科学消灭宗教，皆为虚妄而徒劳之举。

---

① 《马克思恩格斯选集》第4卷，人民出版社1995年版，第223页。
② 张岱年：《中国哲学基本问题辨析》，《社会科学辑刊》1991年第6期。
③ 邬焜：《哲学基本问题与哲学的根本转向》，《河北学刊》2011年第31卷第4期。
④ 其中，把传统意义上的"意识"概念从"人"拓展到"物"。
⑤ 广义物质（即形而上之物质）的外延参考了马王堆帛书甲本《老子·道篇》："道，可道也，非恒道也。"本文研究深受黎鸣关于老子的"三道"论（即"道；可道；非常道"）启发，认为：从古代汉语语法角度讲，马王堆帛书甲本《老子·道篇》中的"道""可道""非恒道"是并列关系（即"三分万物"，亦可理解为"一分为三"地看问题），异于《韩非子·解老》"道之可道，非常道也"的定语后置（虽然此论为后世传统所沿袭）。相关研究参见曹峰《〈老子〉首章与"名"相关问题的重新审视——以北大汉简〈老子〉的问世为契机》，《哲学研究》2011年第4期；黎鸣《重新评价〈易经〉和〈道德经〉》，《博览群书》2011年第5期。

物质和意识之间既非时序性关系（物质第一性，意识第二性；意识第一性，物质第二性），亦非决定性关系（物质决定意识；意识决定物质），而是矛盾性关系（通常所谓"对立统一"）。物质和意识的矛盾性关系是矛盾普遍性在哲学基本问题中的集中体现，是矛盾分析法在哲学基本问题上的具体运用。物质意识矛盾循环运动规律可以概括如下：物质可以升华为意识，意识可以凝华为物质；物质和意识矛盾循环运动是天人系统中宇宙历史演化和人类社会发展的基本动因。

（二）哲学基本命题

按照物质和意识的基本关系，由经典哲学基本问题扩展而来的广义哲学基本问题便可以深化为具体的哲学基本命题（Philosophy Principal Proposition，PPP）。

唯物主义基本命题：宇宙全集是物质集合，意识集合是物质集合的真子集。如果非空集合 A 表示物质集合，非空集合 B 表示意识集合，非空集合 Ω 表示宇宙全集，那么，$\Omega \equiv A$ 且 $B \subsetneq A$，即 $B \subsetneq A \equiv \Omega$。

唯心主义基本命题：宇宙全集是意识集合，物质集合是意识集合的真子集。如果非空集合 A 表示物质集合，非空集合 B 表示意识集合，非空集合 Ω 表示宇宙全集，那么，$\Omega \equiv B$ 且 AB，即 $A \subsetneq B \equiv \Omega$。

天人合一基本命题：从物质角度看，宇宙全集是物质集合；从意识角度看，宇宙全集是意识集合；从矛盾角度看，宇宙全集是物质集合与意识集合的交集（并集）。如果非空集合 A 表示物质集合，非空集合 B 表示意识集合，非空集合 Ω 表示宇宙全集，那么，$\Omega \equiv A$，$\Omega \equiv B$ 且 $\Omega \equiv AB$，即 $A \equiv B \equiv AB \equiv \Omega$。

（三）哲学恒等式子

在认知科学的发展历程中，哲学始终对其研究纲领的建立和修正起着不可或缺的奠基、审查和批判作用。[1] 作为哲学世界观和方法论的辩证法，在本质上是对蕴含于人类全部活动之中的理论思维的前提批判。[2] 20 世纪

---

[1] 刘晓力：《当代哲学如何面对认知科学的意识难题》，《中国社会科学》2014 年第 6 期。
[2] 孙正聿：《辩证法的批判本质》，《中国社会科学》1992 年第 4 期。

自然科学四大成就丰富了辩证自然观①，尤其是理论物理学发展的主旋律——量子化、对称和相位因子②——必将成为哲学进一步发展的前奏。唯物主义认为，唯心主义基本命题是伪命题，但其逻辑证明并不充分。其实，唯物主义和唯心主义是哲学这个统一体的两个对立面③，要善于在对立的两极保持必要的张力。④ 天人合一基本命题在继承和批判唯物主义和唯心主义基本命题的基础上，指出唯物主义和唯心主义辩证统一的基本前提。

物质是意识产生的基础，物质可以升华为意识（矛盾公设 α）：$B \subseteq A$；意识是物质诞生的条件，意识可以凝华为物质（矛盾公设 β）：$A \subseteq B$。

进而，$A \equiv B$（篇幅所限，证明从略）。此哲学恒等式子⑤表明，物质和意识同等重要，具有等价地位。宇宙物质和意识是与生俱来的内在属性，对立统一于宇宙逻辑与历史的演化状态和过程当中。所以，无论从唯物主义基本命题 $\Omega \equiv A$ 出发，抑或从唯心主义基本命题 $\Omega \equiv B$ 角度，均有 $\Omega \equiv A \equiv B$。然而，若单从某一个角度却很难观察和体味到宇宙全景和哲学全貌。

因此，$\Omega \equiv AB$，即宇宙本质是永恒变化的物质意识和体。天人合一基本命题，以发展的动态思维和矛盾的辩证逻辑深化了广义哲学基本问题⑥。"天人合一"符合东方道德的基本原则"和"⑦，蕴含中国文化的基本精神⑧，是中华传统文化的四个重要思想（作为基本哲理的阴阳五行思想、

---

① 查汝强：《二十世纪自然科学四大成就丰富了辩证自然观》，《中国社会科学》1982 年第 4 期。
② 杨振宁：《20 世纪理论物理学发展的主旋律》，《品牌与标准化》2009 年第 2 期。
③ 冯友兰：《论唯物主义与唯心主义的互相转化及历史与逻辑的统一》，《学术月刊》1961 年第 11 期。
④ 李醒民：《善于在对立的两极保持必要的张力——一种卓有成效的科学认识论和方法论准则》，《中国社会科学》1986 年第 4 期。
⑤ 哲学恒等式子是"化学方程式"概念的理论升华和科学延伸。化学方程式客观反映了反应物集合和生成物集合在一定反应条件下的恒等关系。
⑥ 物质意识和体简称为乾坤和体、易体，具有波粒二象性（Wave-Particle Duality）。比如资本主义物质意识和体、社会主义物质意识和体和共产主义物质意识和体，可以分别简称为资本主义易体、社会主义易体和共产主义易体。天人合一基本命题的提出和证明，则深受《圣经·新约全书》耶稣关于"我与父原为一"命题的启示。参见《新约全书·约翰福音》："父在我里面，我也在父里面。"
⑦ 季羡林：《"天人合一"方能拯救人类》，《哲学动态》1994 年第 2 期。
⑧ 张岱年：《中国文化的基本精神》，《齐鲁学刊》2003 年第 5 期。

解释大自然与人类社会关系的天人统一思想、指导解决社会问题的中和中庸思想与指导如何对待自身的修身克己思想)之一①,是中国文化对人类最大的贡献②,与唯物主义和唯心主义之间存在着折中主义的二元论有本质区别。

由两个矛盾公设演绎推理出来的哲学恒等式子(Philosophy Identical Equation, PIE)与天人合一宇宙观(Harmonious Universe Cosmogony, HUC)是联系自然(或自然科学)与社会(或社会科学)的思想纽带,是沟通自然(或自然科学)与社会(或社会科学)的哲学桥梁③,是自然科学与社会科学一体化④的逻辑前提。因此,自然科学与社会科学之间并没有不可逾越的鸿沟,数学(如黎曼几何)、物理(如量子理论)等自然科学研究方法和理论可以适当应用于经济学等社会科学研究领域,反之亦然。世界观比较研究详见附表1。

二 运动基本理路

(一) 物质意识和体的周期性运动

东方哲学基本要义和理论精髓是"道"。广义的"道"是中国文化的精神⑤,中国哲学对"道"的追求更充分地体现了自苏格拉底开始探求人类生活的"价值/好"和达致"价值/好"的途径这一哲学旨趣。⑥ 道源实践,法则自然:"一阴一阳之谓道",亦自亦之即为道⑦;道是指物质意识和体阴阳燮理、矛盾运动的宇宙本元和阴阳通变、生生不息的循环规律。宇宙物质意识和体周期性运动如图1所示:

---

① 金开诚:《中华传统文化的四个重要思想及其古为今用》,《光明日报》2006年11月12日,http://www.gmw.cn/content/2006-11/12/content_501838.htm。
② 钱穆:《中国文化对人类未来可有的贡献》,《中国文化》1991年第1期。
③ 学科分化与融合、哲学基因组计划的理论基础和客观依据。
④ 黎鸣:《试论唯物辩证法的拟化形式》,《中国社会科学》1981年第3期。
⑤ 南怀瑾:《道与中国文化》,《中国道教》2007年第4期。
⑥ 冯平:《面向中国问题的哲学》,《中国社会科学》2006年第6期。
⑦ 说文解道:"一阴一阳"和"亦自亦之",是用最简单的"拆字法"分析中国汉字——"道"。一阴一阳——矛盾运动的形式(阴阳表示矛盾符号,参见《易·系辞上》:"一阴一阳之谓道,继之者善也,成之者性也。")亦自亦之——矛盾运动的内容(自:从……来,宇宙本元;之:到……去,循环规律)。

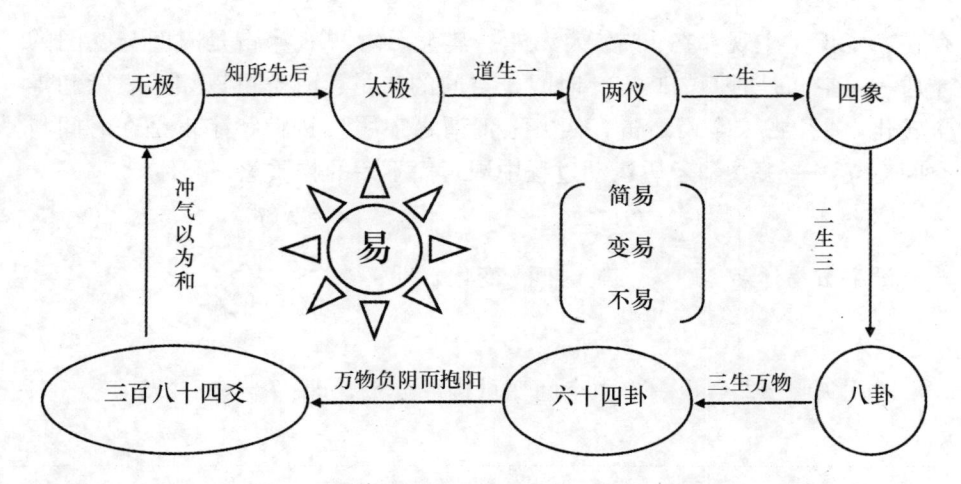

图1 宇宙物质意识和体周期性运动示意图——"群龙无首"① 图

由图1可知，宇宙物质意识和体矛盾运动的动态均衡和新陈代谢的循环规律：无极而太极②，太极生两仪；两仪生四象，四象生八卦③；八卦演六十四卦；六十四卦演三百八十四爻；"七日来复"④ 而归无极。⑤ 矛盾运动和新陈代谢的宇宙遵循三个原则：一为简易；二为变易；三为不易。⑥

（二）宇宙坐标系及世界线的概念

"天行有常，不为尧存，不为桀亡"⑦。宇宙事物的生发演进、宇宙天体的运动变化均是在特定的时间和空间内进行和完成的。因此，探讨宇宙本质和时空关系显得尤为重要。宇宙是物质与意识的和体——物质是客观

---

① 参见《易·乾》："用九，见群龙无首，吉。"
② 参见周敦颐《太极图说》："无极而太极……太极本无极也。"
③ 参见《易·系辞上》："是故，易有太极，是生两仪，两仪生四象，四象生八卦，八卦定吉凶，吉凶生大业。"
④ 参见《易·复》："反复其道，七日来复，天行也。"（七日节律）
⑤ 无极和太极即"两极"，是质体关系，如染色质与染色体。圆圈表示的节点可以理解为宇宙矛盾运动和新陈代谢的适应性和阶段性调整。
⑥ 详见"易简一也，变易二也，不易三也"。（《易纬·乾凿度》；郑玄《易赞》、《易论》）
⑦ 参见《荀子·天论》："天行有常，不为尧存，不为桀亡。应之以治则吉，应之以乱则凶。"

存在，意识是主观存在："其大无外，其小无内"[①]；宇宙是时间与空间的矛盾——空间是时间的映射，时间是空间的矢量：时空可以相互表示和等价转化。"往古来今谓之宙，四方上下谓之宇。"[②] 因此，宇宙是在时间与空间对立统一关系和矛盾运动过程中周行而不殆的物质意识和体。

设宇宙易体 $\begin{cases} x = x(t) \\ y = y(t) \\ z = z(t) \\ \cdots \end{cases}$ 随时间 t 变化，即：$\begin{cases} x = x(t) \\ y = y(t) \\ z = z(t) \\ \cdots \end{cases}$。

时间矢量 $\Delta T = T_1 - T_0$ 由空间变量构成分量，即：$T = [t^{-1}(x), t^{-1}(y), t^{-1}(z), \cdots]$。

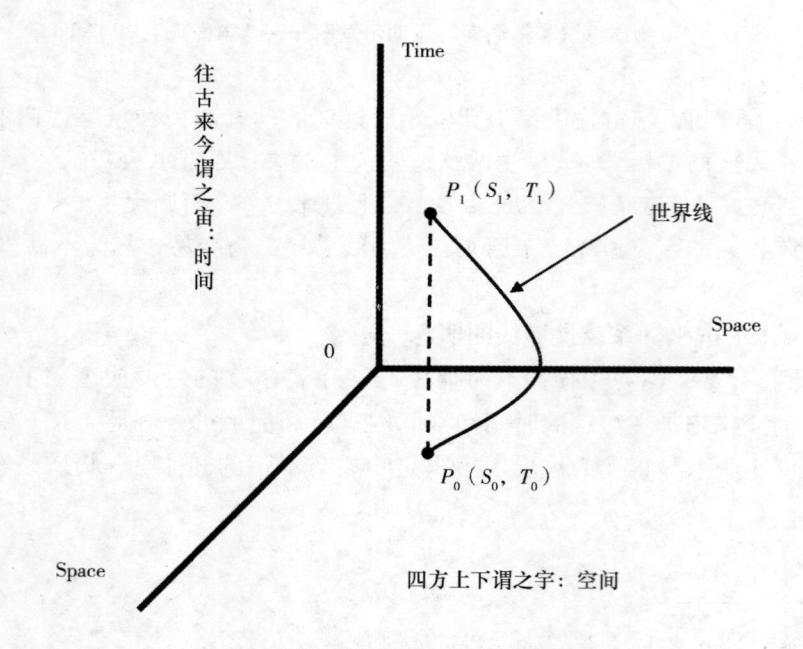

图2 宇宙坐标系及世界线

---

① 参见《关尹子·八筹》："是道也，其来无今，其往无古，其高无盖，其低无载，其大无外，其小无内，其外无物，其内无人，其近无我，其远无彼。"
② 参见《文子·自然》："往古来今谓之宙，四方上下谓之宇"；《尸子》："上下四方曰宇，往古来今曰宙。"

如图 2 所示，适当选取空间内某一平面，三维空间可以投影到该空间平面上，并作其垂线为时间轴。物质意识和体在可以相互表示和等价转化的四维时空（即宇宙坐标系）内作矛盾运动即循环变化。空间内绝对静止的物质意识和体（即无论如何选择空间平面，易体投影均为"点"）在宇宙坐标系内经过时间 $\Delta T = T_1 - T_0$ 后，易体轨迹表现为线段 P_0P_1；空间内运动的物质意识和体在宇宙坐标系内经过时间 $\Delta T = T_1 - T_0$ 后，易体轨迹表现为曲线段 $\overset{\frown}{P_0P_1}$。

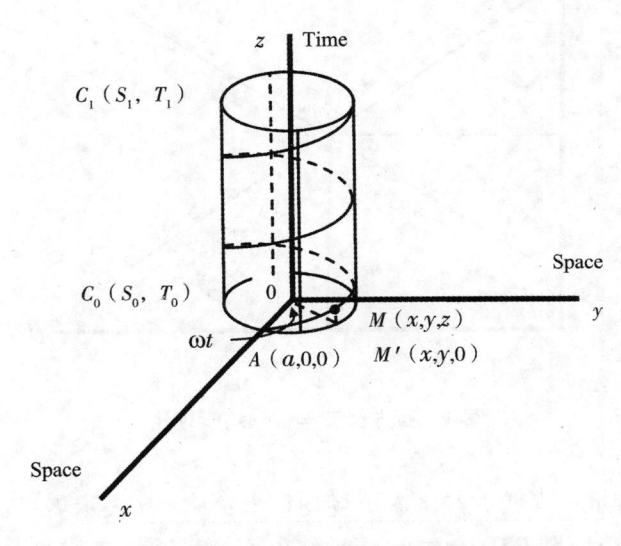

图3 宇宙物质意识和体矛盾循环运动的双螺旋轨迹

本文建立适当的宇宙坐标系，试图求得宇宙物质意识和体的运动变化轨迹。如图 3 所示，宇宙时空内某一易体 $x^2 + y^2 = a^2$ 表示发展变化的宇宙物质意识和体在圆柱面 $x^2 + y^2 = a^2$ 上以角速度 ω 绕 z 轴（线性时间轴）旋转作循环运动，同时又以线速度 v 沿平行于 z 轴的正方向上升（其中 ω 和 v 都是常数）。那么，易体 M 即宇宙物质意识和体在宇宙坐标系中的运动变化轨迹叫作宇宙物质意识和体发展变化的世界线。由于物质和意识在矛盾纽键作用下一同运动，宇宙物质意识和体发展变化的世界线是双螺旋线，宇宙一切事物的发生发展、物质意识和体的运动变化均是曲折性前进和螺旋式上升的动态过程和存在状态。

螺旋线方程为：$\begin{cases} x = a\cos\omega t \\ y = a\sin\omega t \\ z = vt \end{cases}$。

（三）市场均衡理论及其错误根源

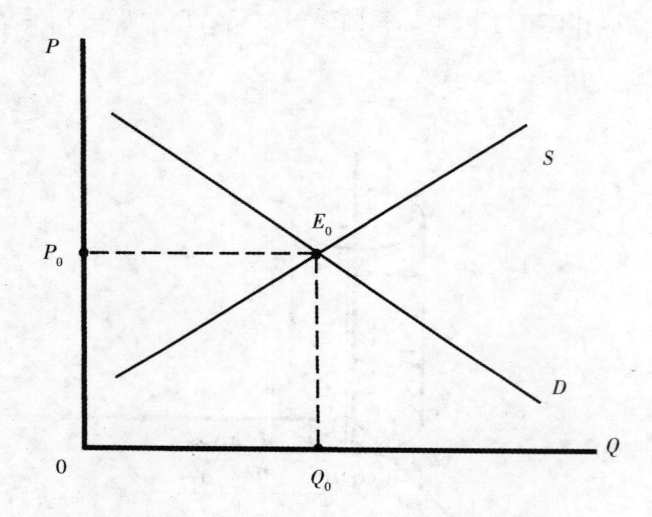

图4 西方经济学市场均衡理论

如图4所示，在西方经济学市场均衡理论中，D表示需求曲线，S表示供给曲线。0为均衡点，其中P_0为均衡价格，Q_0为均衡产量。西方经济学市场机制能够使：

（1）消费者都能提供全部投入要素，在各自预算约束下实现其效用最大化目标；

（2）企业都会在给定价格下决定其产量和要素投入量，实现其利润最大化目标；

（3）产品市场和要素市场都会在此套价格体系下自动达到供给与需求相等（均衡）。

在图5中D'、S'分别表示西方经济学市场需求曲线和供给曲线，E'_0表示西方经济学市场均衡点，D、S分别表示需求世界线、供给世界线。本文令$\Delta T = T_2 - T_1$表示市场供需宇宙差——市场供需时空矛盾。如果需求世界线D与供给世界线S相交，必须满足$\Delta T \equiv 0$，即西方经济学家认为经济

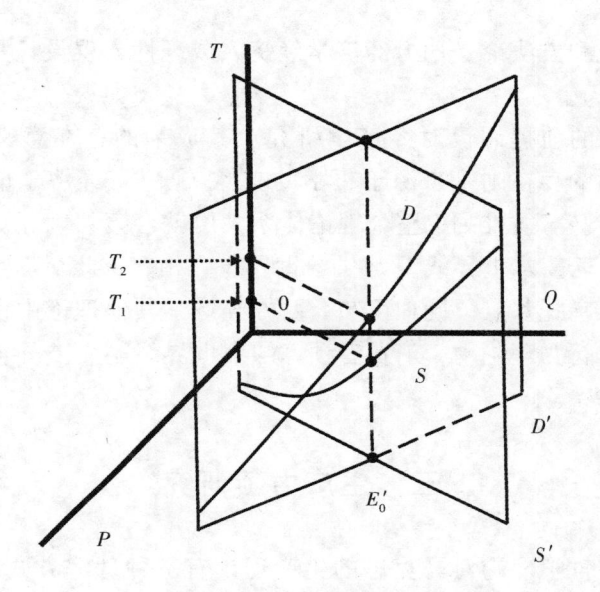

图 5　西方经济学理论错误根源

活动中不存在市场供需宇宙差——市场供需时空矛盾。然而，现实经济活动确实存在市场供需时空矛盾，其基本证据是市场失灵和经济危机，供需宇宙差的客观性是纯市场经济覆灭的基本动因。

市场供需时空矛盾是人类经济系统的基本矛盾，中国南水北调、西气东输、西电东送等重大项目皆此基本矛盾的反映；市场供需时空矛盾是人类经济活动的重要基础，整个社会生产过程中的生产、分配、交换、消费等关联环节皆此重要基础的体现。宇宙存在物的随机性是纯计划经济终结的客观原因，其基本证据是政府失灵和政策时滞，其基本案例是改革开放和苏东剧变。

因此，$\Delta T \neq 0$ 即经济活动中存在市场供需宇宙差——市场供需时空矛盾，西方经济学家否认市场供需宇宙差[①]，西方经济学市场均衡理论错误亦根源于此。更进一步说，西方经济学理论错误根源于西方经济学家唯心

---

① 本文仅举一例说明西方经济学家否认市场（供需）宇宙差。西方经济学市场均衡理论在关于"供给"和"需求"的经典定义中均有"愿意并且能够"字样；意愿和能力的"有"和"无"两两组合存在四种客观情况（参见附表2），而西方经济学家只研究了理想状态的四分之一世界，却忽略了丰富多彩的四分之三世界。即使在放松理想状态的前提假设情况下，西方经济学家也难以运用令人信服的思维逻辑生动地刻画因矛盾横生而异彩纷呈的客观现实世界。

主义的世界观和方法论（西方经济学经济人或理性人误设只是西方经济学理论错误表象）。

经济学中的前提假设对经济学研究及其成果的存在意义具有决定作用，而其自身的存在则是来源于哲学的支撑①，一旦经济学前提假设的哲学基础不完善甚至被推翻，整个理论体系大厦就会轰然坍塌。正如西方经济学家臆想，若需求世界线 D 与供给世界线 S 相交，此交汇点本文称其为西方经济学家乌托邦点。同理可知，西方经济学其他理论中也存在类似错误，如消费者行为理论中，消费者预算约束世界线与无差异世界线有同样的时空位置关系。

三　生产力新研究

当代西方哲学理论对马克思的生产理论有三种理解方式②：第一种以鲍德里亚为代表的后现代思潮，认为马克思的生产理论并不能作为替代资本主义方案的理论基础，否定生产理论在分析当代社会中的作用；第二种以哈贝马斯与吉登斯为代表，认为生产理论只能解释资本主义社会的部分层面，随着当代资本主义的变迁，更需要强调制度或普遍理性在当代社会中的支配作用；第三种以杰姆逊等人为代表，认为当代资本主义仍然处于马克思所讨论的理论问题域中，生产理论仍是我们理解资本主义及其文化的逻辑前提。

自 20 世纪 30 年代以来理论界和学术界对生产力问题的研究日益深化，学术争鸣大致经历了传统定义的统治时期、修正时期、变革时期三个时期。③ 关于生产力概念的界定却莫衷一是：生产力内涵存在能力说、力量说、关系说、比率说、功能说、自然力说和系统说等诸多观点；生产力外延存在构成因素固定论和时代变动论两大分野。④ 这些观点存在诸多明显缺陷和误区⑤，传统生产力内涵的界定局限于社会物质生产力，并非对一

---

① 周寂沫：《经济学前提假设的哲学支撑》，《管理世界》2006 年第 10 期。
② 仰海峰：《生产理论与马克思哲学范式的新探索》，《中国社会科学》2004 年第 4 期。
③ 许光伟：《对生产力定义、层次和发展动因问题的综述》，《生产力研究》1997 年第 1 期。
④ 刘吉霄、杨英法：《生产力的定义及其构成研究综述》，《高校社科信息》1999 年第 3 期。
⑤ 李校利：《生产力问题的哲学探讨综述》，《汉中师院学报》（哲学社会科学版）1993 年第 1 期。

般生产力的定义。生产力发展的根本动力在于生产力内部的矛盾运动①，而生产力固有的内在矛盾性缺乏深入研究。

(一) 生产力逻辑悖论

马克思主义经济学认为生产力是人们认识、利用和改造自然以获得物质生活资料的实际能力，由劳动对象、劳动资料和劳动者三个实体性要素构成。生产力内涵与外延之间存在逻辑悖论。生产力内涵是人类改造自然的能力，外延是生产力三要素即劳动对象、劳动资料和劳动者。内涵是属性角度而外延是实体角度，内涵与外延之间存在逻辑悖论。劳动对象、劳动资料和劳动者是生产实践不可或缺的三要素，生产力内涵与外延之间存在的逻辑悖论本质是混淆了生产力与生产的概念。

生产力与生产关系之间存在逻辑悖论。生产力决定生产关系，生产关系具有反作用。生产关系能反作用于生产力，生产力还是决定力量吗？基因决定性状，性状受环境影响，环境诱发基因突变：决定量具有单向性。另外，人类某种能力能成为支配人类社会发展的决定力量吗？人类能创造出（而非"进化成"）比自己更高级的物质进而支配自己的发展吗？

(二) 生产力内涵外延

生产力是（在某种社会制度安排下）天人系统中物质意识和体矛盾运动和能量流动的质能循环过程和事体存在状态。简而言之，生产力就是矛盾运动和能量流动。生产力二重性即自然生产力与社会生产力等具体生产力和速度生产力与效率生产力等抽象生产力；生产力三要素（更一般和抽象地讲，可称"宇宙三因素"）即天贶、仁谋和宇宙商数（简称商数）。马克思主义经济学定义了狭义生产（释放）力，却没运用矛盾观点明确定义生产（束缚）力，生产释放力与生产束缚力的矛盾循环运动构成了生产力的全部内容。

生产释放力（Productivity Releasing Force，PRF）：广义概念是天人系统中形成和促进矛盾运动和能量流动的质能循环过程和事体存在状态的系统合力；狭义概念是在某种制度安排下人类改造自然的能力。生产束缚力

---

① 尹辉：《生产力发展的根本动力问题研究评析》，《经济纵横》2013年第1期。

(Productivity Shackling Force，PSF)：广义概念是天人系统中破坏和抑制矛盾运动和能量流动的质能循环过程和事体存在状态的系统合力；狭义概念是在某种制度安排下自然作用人类的程度。

生产释放力与生产束缚力是生产力自身内在包含的对立统一、辩证否定的矛盾双方，他们相互作用共同推动着人类社会制度变迁和生产发展。所谓对立，是指生产释放力与生产束缚力相互排斥、互相斗争。所谓统一是指如下两种情形：第一，生产释放力与生产束缚力在一定条件下相互依存，一方的存在以另一方的存在为前提，双方共处于统一体（矛盾系统）中；第二，生产释放力与生产束缚力依据一定的条件，各向自己相反的方向转化。生产力矛盾系统中一方对另一方的否定，以及在旧矛盾向新矛盾转化过程中新矛盾对旧矛盾的否定即制度变迁和生产发展过程是辩证的否定：否定之中有肯定，肯定之中有否定。

生产关系即生产过程中结成的人与人之间的关系，当新制度在旧制度生产束缚力较小的薄弱环节萌生兴起时，在新生产要素组合下适应生产力的发展要求，促进生产力水平提高，表现为生产释放力；当新制度沦为旧制度而走向消亡时，在新生产要素组合下不适应生产力发展要求，阻碍生产力水平提高，表现为生产束缚力：生产关系是生产释放力或生产束缚力诸多表现形式之一。

(三) 制度给力通量

当人类社会正式制度产生以后，生产力发展水平便与社会制度紧密相连。因此，本文在借鉴和继承以往研究成果的基础上，引入制度给力通量（Institutional Capacity Flux，ICF）以衡量人类经济系统中生产力发展水平，并定义制度给力通量 = 生产释放力 - 生产束缚力[①]，即：

$$ICF(n,p,q) = PRF(n,p,q) - PSF(n,p,q) \tag{1}$$

结合中国传统文化"三生万物"思想，制度给力通量的影响因子（即宇宙三因素）包括两个层次上三个方面的内容：天贶 N（自然因素），仁谋 P（生产要素组合）具体生产要素和商数 Q（如速度 v 和效率 η）抽

[①] 焦万慧：《资源产权与制度变迁理论探析——TP 模型与 ICF 曲线》，《科技广场》2012 年第 2 期。

象生产要素。①

首先，天贶即自然因素（Nature）应当纳入生产力和社会制度影响因素的研究（自然生产力）。狭义自然是指人类可控资源，如传统意义上的生产要素（Factors of Production）；广义自然包括人类未控资源。资源产权是由矛盾运动和相互转化的产权束（公有产权、共有产权、私有产权）组成的有机整体，产权束中不同存在类型均有自身特征和问题症候。② 自然为人类提供丰富而稀缺的资源，当资源短时间内释放的能量超过了人类掌控能力，自然灾害便相伴而生，如地震、旱涝、海啸等；当资源稀缺性与人欲无限性发生矛盾时，战争冲突便随之而来。

其次，仁谋即生产要素组合（Portfolio of Production Factors）是人类主观能动性发挥程度的物质化度量和经济学表达，是西方经济学研究的核心内容即稀缺资源有效配置问题（社会生产力）。生产要素优化组合能提高生产释放力，而生产要素畸形组合会产生生产束缚力。环境压力、人口问题可归结为生产要素的畸形组合。战争冲突从表面上看是人类为了争夺生产要素而发生矛盾，其本质是生产束缚力——生产要素不合理组合：用于战争冲突的劳动和武器是生产要素组合而成的商品，这些生产要素未用于提高生产力水平，反用来损耗生产力积累。革命（暴力革命、温和革命和科技革命）是新制度生产要素组合优化的动态过程和最高形式，是人类主观能动性发挥的持久动力和最高体现。因此，革命是旧制度最终生产束缚力和新制度第一生产释放力。

再次，商数即宇宙商数（Quotient）是指空间矢量与时间矢量绝对比率、相对比率或混合比率，即绝对商数 $Q = \dfrac{S}{T}$，相对商数 $Q = \dfrac{\Delta S}{\Delta T}$，混合商数 $Q = \dfrac{\Delta S/S}{\Delta T/T}$。商数是表征抽象生产力的量。狭义的商数是指速度（Velocity），包括自然物质循环速度和人类系统交通速度如网络虚拟速度与交通物理速度。速度是天人互动的工具，是天人互作的结果，是衡量制

---

① 因此，中国传统文化"三生万物"思想，即 $F(N, P, Q) \equiv W$。其中，方程的左边 N、P 和 Q 统称"宇宙三因素"，即天贶（天之所予）、仁谋（人之所与）和商数（天人之际）；方程的右边 W 则表示万物（宇宙事物）。

② 焦万慧：《农产品区域品牌建设中的博弈困境及应对策略研究》，江西农业大学，硕士学位论文，2012 年，第 11 页。

度能量的基本尺度。

关于制度能量规定问题，设制度能量为 E，则 $E = mv^2$，速度 $v = \frac{S}{T}$ 与制度能量 E 直接相关。关于经济效率度量问题，设经济效率为 η，则 $\eta = \frac{E}{T}$。其中 T, S 分别表示影响社会制度的时空因素。为了研究方便，本文假定自然因素即天赋 n 和狭义的商数即速度 v 均为常量，探讨制度给力通量 $ICF(\bar{n}, p, \bar{v})$ 与生产要素组合即仁谋 p 之间的关系，即：

$$ICF(\bar{n}, p, \bar{v}) = PRF(\bar{n}, p, \bar{v}) - PSF(\bar{n}, p, \bar{v}) = f(p)$$

如图 6 所示，制度给力通量 ICF 曲线在一定程度上反映了易体具有波粒二象性。

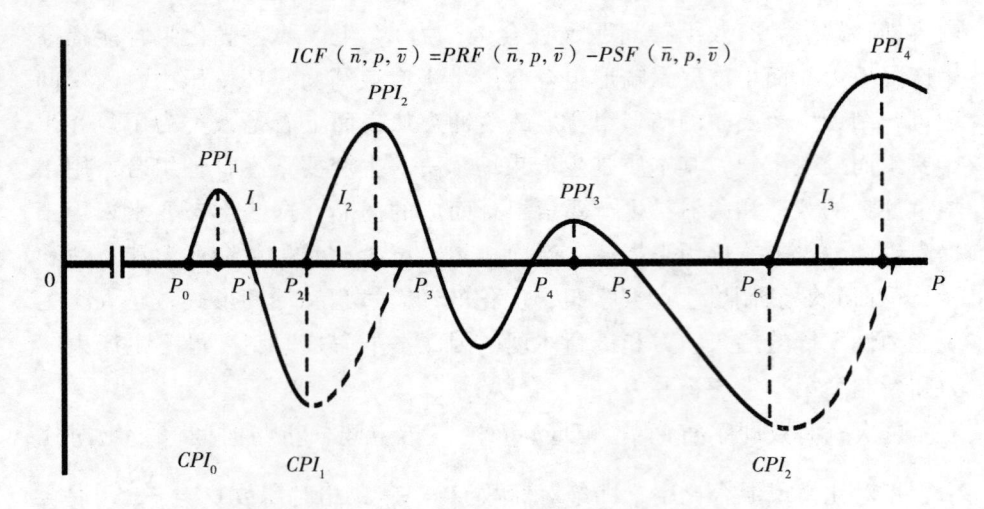

图 6　制度给力通量 ICF 曲线

制度本质上是能量载体，本文定义制度能量 $E = mv^2$。其中狭义的商数即速度 v 是指自然物质循环速度和人类系统交通速度的矢量和；狭义的生产要素质量即制度质量 $m = m_1 + m_2$，其中 m_1 表示自然因素 n 的质量（制度外因质量），m_2 表示生产要素组合 p 的质量（制度内因质量）：m_1 可正可负，其中负号表示自然灾害频繁、疾病瘟疫多发、战争连绵不断（此时假定为不变的常量）；m_2 可正可负，其中负号表示生产要素组合畸形，造成资源歉用或滥用。根据"三分万物"思想，"一分为三"地看问题①：当 $m = 0$ 时，表示制度质量为 0，此时制度质量为中性；当 $m > 0$ 时，表示制度质量为正值，此时制度质量为优质；当 $m < 0$ 时，表示制度质量为负值，此时制度质量为劣质。

$$Sgn(m) = \begin{cases} -1, & m < 0 \ (Bad\ Quality)\ ; \\ 0, & m = 0 \ (Neutral\ Quality)\ ; \\ 1, & m > 0 \ (Good\ Quality)\ \end{cases}。$$

若 $Sgn(m) = -1$，即 $m = m_1 + m_2 < 0$，则制度能量 $E = mv^2 < 0$；同时生产束缚力 $PSF(\bar{n},p,\bar{v})$ 大于生产释放力 $PRF(\bar{n},p,\bar{v})$，制度给力通量 $ICF(\bar{n},p,\bar{v})$ 表现为负值，即：

$$ICF(\bar{n},p,\bar{v}) = PRF(\bar{n},p,\bar{v}) - PSF(\bar{n},p,\bar{v}) < 0 \tag{2}$$

制度能量 E 在图 6 中可以表示为：

$$E = \int ICF(\bar{n},p,\bar{v})dp = \int [PRF(\bar{n},p,\bar{v}) - PSF(\bar{n},p,\bar{v})]dp = \int f(p)dp\ ,$$

表示新制度在旧制度生产束缚力较小的薄弱环节萌生兴起后所具有的制度能量，是制度给力通量 $ICF(n,p,q)$ 在生产要素组合 p 上的积累过程，是天人系统中人类天贶 n 和仁谋 p 在特定时空内矛盾运动的循环结果。

四　制度变迁原理

（一）制度存在可能性定理

人类发挥主观能动性促使新制度在某种生产要素组合下产生，新制度

---

① 另外，中国传统文化"三分万物"思想，可以从数学角度寻找理论基础（即点线面体的基本逻辑关系）：一条直线 L：$ax + by + c = 0$ 被其上一点 P（x_0，y_0）分为三部分，即
L = ｛(x, y) ｜$ax + by + c = 0$, $x < x_0$｝；
∪｛(x, y) ｜$ax + by + c = 0$, $x = x_0$｝；
∪｛(x, y) ｜$ax + by + c = 0$, $x > x_0$｝。
一个平面 ρ 被其上一直线 L：$ax + by + c = 0$ 分为三部分，即
ρ = ｛(x, y) ｜$ax + by + c < 0$｝；
∪｛(x, y) ｜$ax + by + c = 0$｝；
∪｛(x, y) ｜$ax + by + c > 0$｝。
整个空间 Ω 被其中一球面 Σ：$(x - x_0)^2 + (y - y_0)^2 + (z - z_0)^2 = r^2$ 分为三部分，即
Ω = ｛(x, y, z) ｜$(x - x_0)^2 + (y - y_0)^2 + (z - z_0)^2 < r^2$｝；
∪｛(x, y, z) ｜$(x - x_0)^2 + (y - y_0)^2 + (z - z_0)^2 = r^2$｝；
∪｛(x, y, z) ｜$(x - x_0)^2 + (y - y_0)^2 + (z - z_0)^2 > r^2$｝。
……

在旧制度生产束缚力较小的薄弱环节萌生兴起后，只要其制度能量未消耗罄尽，此制度就可能存在。因此，有制度存在可能性定理：

$$E = \int ICF(\bar{n},p,\bar{v})dp = \int [PRF(\bar{n},p,\bar{v}) - PSF(\bar{n},p,\bar{v})]dp = \int f(p)dp \geq 0 \tag{3}$$

（二）制度峰值点与全盛域

制度峰值点（Peak Point of Institution，PPI）：制度给力通量达到极大值时的生产要素组合点，如图6中所示点PPI_i（其中$i = 1,2,3,4,\cdots,n$）。一般情况下，满足以下条件：$Max\{ICF(\bar{n},p,\bar{v}) = PRF(\bar{n},p,\bar{v}) - PSF(\bar{n},p,\bar{v})\}$

根据最大化条件，有：

$$\begin{aligned}\frac{\partial ICF(\bar{n},p,\bar{v})}{\partial p} &= 0 \\ \frac{\partial^2 ICF(\bar{n},p,\bar{v})}{\partial p^2} &< 0\end{aligned} \tag{4}$$

制度全盛域（Prime Neighbourhood of Institution，PNI）：以制度峰值点为中心的某个邻域，如$U(PPI_i,\theta_i)$，其中θ_i表示制度全盛半径，$i = 1,2,3,4,\cdots,n$。同种社会制度下，制度峰值点和制度全盛域有时非止一个，制度全盛半径未必相同。

（三）制度变迁点与变迁域

制度变迁点（Change Point of Institution，CPI）：旧制度能量消耗罄尽（降低为零），新制度在旧制度生产束缚力较小的薄弱环节萌生兴起时的生产要素组合点。如图6所示，制度变迁点CPI_i（其中$i = 1,2,3,4,\cdots,n$）应满足：

$$\begin{aligned}E_1 &= \int_{CPI_0}^{CPI_1} ICF(\bar{n},p,\bar{v})dp = 0 \\ E_2 &= \int_{CPI_1}^{CPI_2} ICF(\bar{n},p,\bar{v})dp = 0 \\ &\cdots\cdots \\ E_i &= \int_{CPI_{i-1}}^{CPI_i} ICF(\bar{n},p,\bar{v})dp = 0\end{aligned} \tag{5}$$

制度变迁域（Change Neighbourhood of Institution，CNI）：以制度变迁点 CPI_i 为中心的某个领域。如图6所示，制度变迁域 CNI_i 为 $U(CPI_i,\delta_i)$，其中 δ_i 表示制度变迁半径，$i=1,2,3,4,\cdots,n$。

当生产要素组合 $p \in U(CPI_1,\delta_1)$，且 $p \rightarrow CPI_1$ 时，制度 I_1 的能量 $E_1 \rightarrow 0$，即：$\lim\limits_{p \rightarrow CPI_1} E_1 = \lim\limits_{p \rightarrow CPI_1} \int_{p_0}^{p} ICF(\bar{n},p,\bar{v})dp = 0$，$p \in U(CPI_1,\delta_1)$。

其中 $\delta_1 > 0$，表示制度 I_1 的变迁半径，CPI_1 表示制度 I_1 的变迁点，$U(CPI_1,\delta_1)$ 表示制度 I_1 的制度变迁域 CNI_1。此时制度 I_1 的制度给力通量 $ICF_1 = PRF_1 - PSF_1 < 0$，制度给力通量表现为生产束缚力 PSF。那么，制度 I_1 走向衰落和灭亡，制度 I_2 开始产生逐步发展，生产力水平从制度能级状态 I_1 跃迁到能量更高的制度能级状态 I_2，完成了从制度 I_1 到制度 I_2 的制度变迁和能量转化。

$E_2^* = E_1^* + E'$，其中 E' 表示新制度 I_2 外部能量，包括旧制度 I_1 生产束缚力所固定的旧制度能量和新制度 I_2 从制度外界吸纳的非制度能量。本文举例子来说明非制度能量：在制度 I_1 生产要素组合下，人类无法直接利用雷电时释放的光能和电能，而在制度 I_2 生产要素组合下，通过科技革命可以掌控雷电时释放的光能和电能，采用先进科技手段直接为人类利用，将制度 I_2 外部的非制度能量吸纳为制度 I_2 内部的制度能量。

当生产要素组合 $p \in U(CPI_2,\delta_2)$，且 $p \rightarrow CPI_2$ 时，制度 I_2 的能量 $E_2 \rightarrow 0$，即：$\lim\limits_{p \rightarrow CPI_2} E_2 = \lim\limits_{p \rightarrow CPI_2} \int_{p_2}^{p} ICF(\bar{n},p,\bar{v})dp = 0$，$p \in U(CPI_2,\delta_2)$。

其中 $\delta_2 > 0$，表示制度 I_2 的变迁半径，CPI_2 表示制度 I_2 的变迁点，$U(CPI_2,\delta_2)$ 表示制度 I_2 的制度变迁域 CNI_2。此时制度 I_2 的制度给力通量 $ICF_2 = PRF_2 - PSF_2 < 0$，制度给力通量表现为生产束缚力 PSF。那么，制度 I_2 走向衰落和灭亡，制度 I_3 开始产生逐步发展，生产力水平从制度能级状态 I_2 跃迁到能量更高的制度能级状态 I_3，完成了从制度 I_2 到制度 I_3 的制度变迁和能量转化。

$E_3^* = E_2^* + E''$，其中 E'' 表示新制度 I_3 外部能量，包括旧制度 I_2 生产束缚力所固定的旧制度能量和新制度 I_3 从制度外界吸纳的非制度能量。

与制度 I_1 到制度 I_2 的制度变迁相比所不同的是，制度 I_2 到制度 I_3 的制度变迁具有复杂性和曲折性。当生产要素组合 $p \in (p_3,p_4)$ 时，虽然在此生产要素组合下制度给力通量 $ICF_2 = PRF_2 - PSF_2 < 0$ 表现为生产束缚力

PSF，但制度 I_2 的制度能量 $E_2 = \int_{p_2}^{p} ICF(\bar{n},p,\bar{v})dp > 0$，$p \in [p_3,p_4]$。因此，根据制度存在可能性定理，制度 I_2 依然可能存在，但人类已经开始呼唤新制度的诞生，新生制度已有潜在需求，却无制度供给。

其中 E_1^*、E_2^*、E_3^* 分别表示制度 I_1、制度 I_2、制度 I_3 的制度能级。

（四）制度能级及能量守恒

制度能级 E_i^* 是指在人类充分发挥主观能动性促使新制度在旧制度生产束缚力较小的薄弱环节萌生兴起后，制度给力通量表现为生产释放力时的制度固有能量。

$$E_1^* = \int_{p_0}^{p} ICF(\bar{n},p,\bar{v})dp, p \in [p_0,p_1]$$

$$E_2^* = \int_{p_2}^{p} ICF(\bar{n},p,\bar{v})dp, p \in [p_2,p_3] \cup [p_4,p_5]$$

...

$$E_i^* = \int_{CPI_{i-1}}^{p} ICF(\bar{n},p,\bar{v})dp, p \in \{p \mid ICF(\bar{n},p,\bar{v}) = PRF(\bar{n},p,\bar{v}) - PSF(\bar{n},p,\bar{v}) > 0\}$$

一般情况下，$E_{i-1}^* < E_i^*$（其中 $i = 1,2,3,4,\cdots,n$），人类社会制度能级越高，生产力水平越高，社会越不稳定。因此，理性人类应尽力避免爆发核战争，努力探索并合理利用物质湮灭释放的巨大能量。

宇宙天人系统中，生产力发展是物质意识和体量变与质变和渐变与突变的动态过程和存在结果。一般情况下，人类社会制度变迁是由制度低能级向制度高能级生产力跃迁和制度能量转化的动态过程，而在跃迁和转化过程中遵循能量守恒定律。能量守恒定律是自然界最普遍、最重要的基本定律之一，其基本内容是：能量既不能凭空产生，也不能凭空消失，它只能从一种形式转化为另一种形式，或者从一个物体转移到另一个物体，而其总量保持不变。

制度能量守恒定律：新制度中的制度能量（能级）等于流入新制度中的外部能量加上旧制度能量（能级）。$E_i^* = E_{i-1}^* + E^{(i-1)}$，其中 $E^{(i-1)}$ 表示新制度 I_i 外部能量，包括旧制度生产束缚力所固定的旧制度能量和新制度从制度外界吸纳的非制度能量。特别地：当 $i = 1$ 时，$E^{(i-1)} = E$，则表示在人类社会制度变迁过程中生产力从初始态（基态）跃迁到激发态所需要的最低能量。

激发态 I_η ------------------------------------- 制度能级 E_η^*

激发态 I_5 ─────────────────────── 制度能级 E_5^*

激发态 I_4 ─────────────────────── 制度能级 E_4^*

激发态 I_3 ─────────────────────── 制度能级 E_3^*

E''

激发态 I_2 ─────────────────────── 制度能级 E_2^*

E'

激发态 I_1 ─────────────────────── 制度能级 E_1^*

E

初始态 I_0 ─────────────────────── 制度能级 E_0^*

图 7 人类社会制度变迁原理

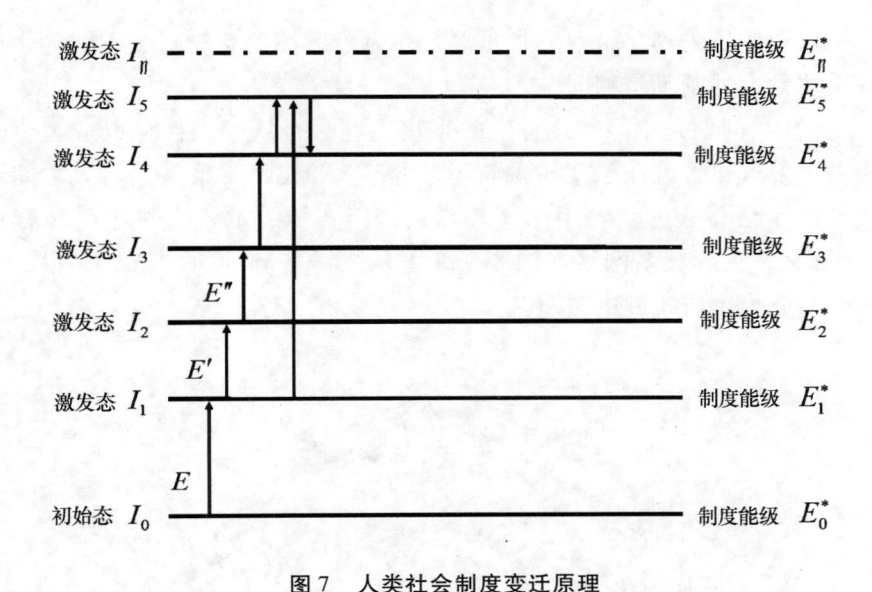

五 人与发展本质

（一）人的本质内涵与外延

人的本质，作为一个哲学社会科学的范畴，古往今来，一直是论争的焦点。[①] 1845 年，马克思在《关于费尔巴哈的提纲》的稿本中得出了人的本质的科学论断："人的本质不是单个人所固有的抽象物，在其现实性上，它是一切社会关系的总和。"[②] 这是马克思主义关于人的本质问题的经典表述。[③] 其实，人本质上亦是物质意识和体，即所谓"小宇宙"："天人合一"。从"人"的外延来讲，人包括生人与死人（如附表 3 所示[④]）。其中，生生人和死死人为庸常人，生死人和死生人为非常人[⑤]，如植物状态

---

① 刘永佶：《人的本质的核心及其基本要素》，《天津社会科学》1993 年第 3 期。
② 《马克思恩格斯选集》第 1 卷，人民出版社 1995 年版，第 56 页。
③ 张奎良：《马克思人的本质思想的全景展示》，《天津社会科学》2014 年第 1 期。
④ 参见《楞严经·卷三》："若和合者，同于变化，始终相成，生灭相续。生死、死生、生生、死死，如旋火轮，未有休息。"
⑤ 参见《史记·司马相如列传》："盖世必有非常之人，然后有非常之事；有非常之事，然后有非常之功。非常者，固常之所异也。"

患者与历史英雄人物。庸常人与非常人亦为矛盾性关系,对于不同的主体而言,非常人外延不尽相同。

"人性"问题是中国传统哲学的直接主题,否认了人性可以成为哲学思考的出发点,也就抹杀了中国哲学的特质。① 人际关系是人与人之间矛盾纽键的生活化表达。若用圆球表示人,用直棒表示矛盾纽键(球棍模型),那么,人际关系网络如图8所示。从更一般和抽象的意义来说,此球棍模型亦为矛盾纽键示意图。

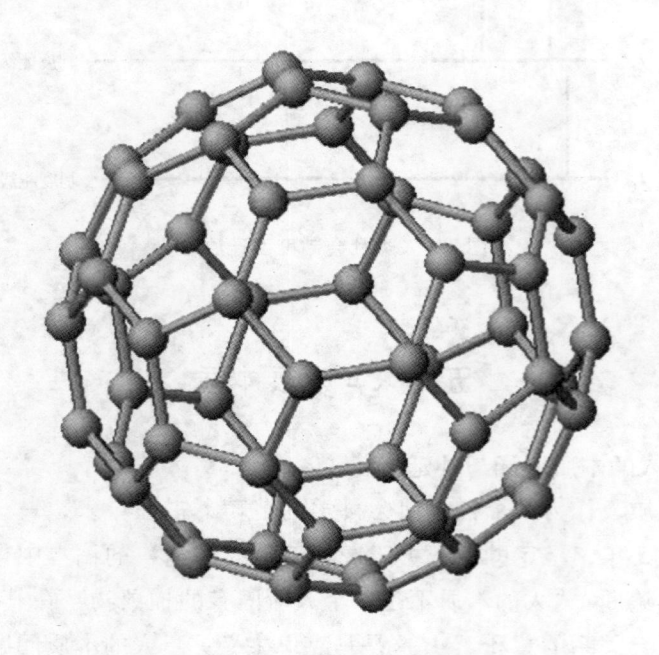

图8 矛盾纽键示意图

矛盾纽键具有键能(Bond Energy),表征矛盾纽键牢固程度的量:键能绝对值越大,矛盾纽键越牢固,由其构成的矛盾系统越稳定。用 i 和 j 分别表示矛盾系统中联动性相互作用的矛盾双方,用 $BE_{i,j}$ 表示矛盾双方 i 和 j 矛盾纽键具有的键能。根据"三分万物"思想,"一分为三"地看问题:当 $BE_{i,j}=0$ 时,表示矛盾纽键键能为0,此时矛盾纽键为中性;当 $BE_{i,j}>0$ 时,表示矛盾纽键键能为正值,此时矛盾纽键

---

① 高清海:《中国传统哲学的思维特质及其价值》,《中国社会科学》2002年第1期。

为良性；当 $BE_{i,j} < 0$ 时，表示矛盾纽键键能为负值，此时矛盾纽键为恶性。

$$Sgn(BE_{i,j}) = \begin{cases} -1, & BE_{i,j} < 0 \ (Malignant\ Contradictory\ Bonds); \\ 0, & BE_{i,j} = 0 \ (Neutral\ Contradictory\ Bonds); \\ 1, & BE_{i,j} > 0 \ (Benign\ Contradictory\ Bonds)。 \end{cases}$$

（二）发展的本质内涵与外延

经典马克思主义认为，物质是运动的物质，运动是物质的根本属性，而向前的、上升的、进步的运动即是发展。事物发展的原因是事物联系的普遍性，事物发展的根源是事物的内部矛盾，即事物的内因。辩证唯物主义认为，发展的本质是新事物的产生和旧事物的灭亡即新事物代替旧事物。

新事物的产生和旧事物的灭亡——新事物代替旧事物——只是发展的现象，发展的本质是矛盾枢机纽键和哲学显隐基因在物质和意识新陈代谢和循环运动中序列性和系统性生息和表达的动态过程和自然状态。简而言之，发展就是矛盾生息和基因表达。宇宙系统是发展的时空，矛盾纽键是发展的动力，哲学基因是发展的源泉，自由王国是发展的方向。矛盾纽键（Contradictory Bonds）是指在对立统一中构成矛盾系统的联动性相互作用的统称。哲学基因（Philosophic Genes）是指在新陈代谢中组成宇宙和体的矛盾性基本因子的总称。

六　哲学基因要件

物质和意识矛盾循环运动是天人系统中宇宙历史演化和人类社会发展的基本动因，亦是构成哲学基因的基本要件。螺旋运动是宇宙恒态，物质和意识在矛盾循环运动中经历了几次重要分野，人类社会经历了几次制度飞跃。生产释放力和生产束缚力矛盾运动推动人类生产发展和制度变迁；在可预见的人类实践活动中，社会制度变迁和人类生产发展呈现出曲折性前进和螺旋式上升态势。因此，人类社会发展是社会物质意识和体沿着具体生产力与抽象生产力的双螺旋轨迹曲折性前进和螺旋式上升而矛盾生息和基因表达的动态过程和存在状态。

(一) 物质意识的重要分野

在天人系统中宇宙历史演化和人类社会发展经历了元始物态与暗物意识分野，生命物态与生命意识分野，人化物态与精神（思维）意识分野，社会存在与社会意识分野；同时物质沿着元始物态→生命物态→人化物态→社会存在演化，意识沿着暗物意识→生命意识→精神意识→社会意识发展。

(二) 人类社会的制度飞跃

人类经济形式逻辑演变过程是自然经济（自给自足，生产全劳动化）→商品经济（人给自足，生产全社会化）→物品经济（天给人足，生产全自动化）→……马克思主义经济学适用于人类商品经济发展阶段，而在自然经济和物品经济及其后发展阶段的适用性有待商榷。人类社会循环中的制度变迁与飞跃：社会雏形—原始社会—奴隶社会—封建社会—资本主义社会—社会主义社会—共产主义社会—新社会雏形（七日节律：在物品经济基础上，以生产资料公有制为基础的共产主义社会孕育新社会雏形，产生生产资料私有制，否定生产资料公有制从而进入另一个社会制度循环）。

(三) 哲学基因的螺旋结构

物质沿着元始物态→生命物态→人化物态→社会存在构成物质链，意识沿着暗物意识→生命意识→精神意识→社会意识构成意识链，由物质意识和体的矛盾纽键连接构成哲学基因的双螺旋结构骨架。矛盾纽键和哲学基因在曲折性前进和螺旋式上升的矛盾循环运动中序列性和系统性生息和表达，其中不同物质之间、不同意识之间构成的矛盾纽键称之为矛盾枢键，物质与意识之间构成的矛盾纽键称之为矛盾机键。

宇宙天人系统中社会存在与社会意识之间亦为矛盾性关系，在时空变换途中存在矛盾枢机纽键（如图9所示）。由于中国传统文化具有开放性和包容性，中华文明在兼容并蓄过程中一直绵延至今。西学东渐使得最初在西方哲学传统中产生的马克思主义哲学，可以通过中国化而对接上中国哲学传统和转化成中国哲学。[①] 马克思主义中国化的伟大实践业已升华为重要理论，包括毛泽东思想、邓小平理论、"三个代表"重要思想以及科

---

① 汪信砚：《西学东渐与马克思主义哲学中国化》，《中国社会科学》2012年第7期。

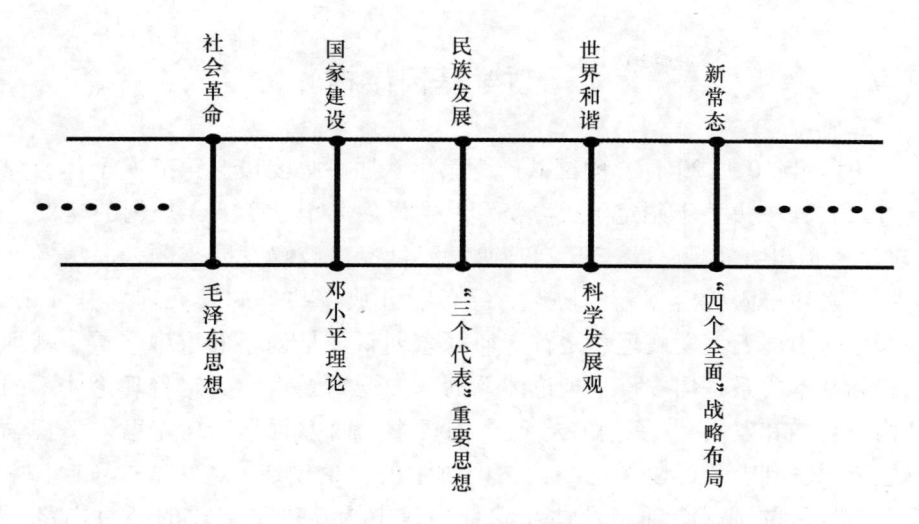

图中文字（从左至右）：
- 上排：社会革命、国家建设、民族发展、世界和谐、新常态
- 下排：毛泽东思想、邓小平理论、"三个代表"重要思想、科学发展观、"四个全面"战略布局

图 9　宇宙天人系统中社会存在与社会意识的矛盾性关系示意图

学发展观；中国特色社会主义理论体系是马克思主义中国化的最新理论成果。新常态下，新一届中央领导集体适时提出"四个全面"战略布局，即全面建成小康社会、全面深化改革、全面依法治国、全面从严治党。在矛盾循环运动过程中且在矛盾枢机纽键作用下，社会存在与社会意识一脉相承且与时俱进。马克思主义中国化的最新成果（包括习近平思想）须凝华为社会存在，方能泽被后世，造福苍生。

宇宙生存竞争中每个民族均有自己的生存时空和哲学基因，人类发展过程中每段历史均有自己的社会旋律和时代主题。在内外因共同作用下，哲学基因有时会发生类似于生物基因突变的哲学易键现象，如具有悠久文明史的中国在近代半殖民地半封建社会状态下物质意识和体的矛盾纽键形成与消亡过程。①

---

① 中国近代半殖民地半封建社会物质意识和体矛盾生息和基因表达的动态过程和存在结果价值更为巨大、意义更为深远，它昭示世人：若无中国文化引领的世界，世界一片混乱甚至黑暗；若无中国人民主持的和平，和平难以甚至无从谈起。历史的逻辑演进和传承脉络，大体可用历史方程式表示：

$$Qin_1 + nOriental = Qin_2 + \Delta Q \quad (秦)$$
$$Qin + nChu = Han + \Delta Q \quad (汉)$$
$$\sum_j n_{ij}^b Pre_{ij} = \sum_j n_{ij}^a Post_{ij} + \Delta Q_i \quad (第 i 次世界大战)$$
$$None = One + N \ (= \Delta Q) \quad (宇宙大一统)$$

七　哲学基因结构

2015年10月29日，中国共产党第十八届中央委员会第五次全体会议通过《中共中央关于制定国民经济和社会发展第十三个五年规划的建议》。《建议》指出：实现"十三五"时期发展目标，破解发展难题，厚植发展优势，必须牢固树立创新、协调、绿色、开放、共享的发展理念。可见，创新位居中国五大发展理念之首，而概念创新又是创新的重中之重。基本概念和基本关系是构成科学理论体系的基本逻辑元素，决定着理论体系的结构、功能和发展。[①] 只有在会通中国哲学、西方哲学、马克思主义哲学思想资源基础上才可以谈论当代中国哲学的理论创造[②]，实现"马哲、中哲、西哲"的圆融会通、良性互动是构建中国新哲学文化的必由之路。[③] 目前，从"意识难题"和"解释鸿沟"问题出发所做的元哲学的反思还是论纲式的和概略的，深入而系统的问题研究还需要精致的概念分析、严谨的逻辑论证，同时也需要深邃的历史眼光。[④]

综合以上论述，在重新认识哲学基本问题、深入研究生产力概念的基础上，通过释义诸如宇宙坐标系、世界线、制度给力通量、宇宙商数、矛盾纽键和哲学基因等概念，本文阐述了新的宇宙观和世界观，分析了西方经济学理论错误根源，揭示了人类社会制度变迁原理，并且提出人与发展本质的基本内涵和外延；在分析了物质意识的重要分野和人类社会的制度飞跃，宇宙天人系统中社会存在与社会意识之间矛盾性关系后，本文试图构建哲学基因双螺旋结构，搭建中国哲学的理论框架。哲学基因双螺旋结构[⑤]如图10所示：

[①] 马名驹、林立、熊先树：《现代自然科学理论的基本概念和基本关系的层次进化——关于爱因斯坦科学方法的探讨》，《中国社会科学》1982年第2期。
[②] 谢地坤、贺来、吴根友：《对话、融通与当代中国的哲学新开展——中国哲学、西方哲学、马克思主义哲学专家论坛》，《中国社会科学》2008年第5期。
[③] 陈学明：《中国新哲学的构建与马克思主义哲学的功能》，《中国社会科学》2004年第1期。
[④] 刘晓力：《当代哲学如何面对认知科学的意识难题》，《中国社会科学》2014年第6期。
[⑤] 确切地讲，哲学基因双螺旋结构是指哲学基因载体具备的时空结构。

天人合一的哲学思辨 / 741

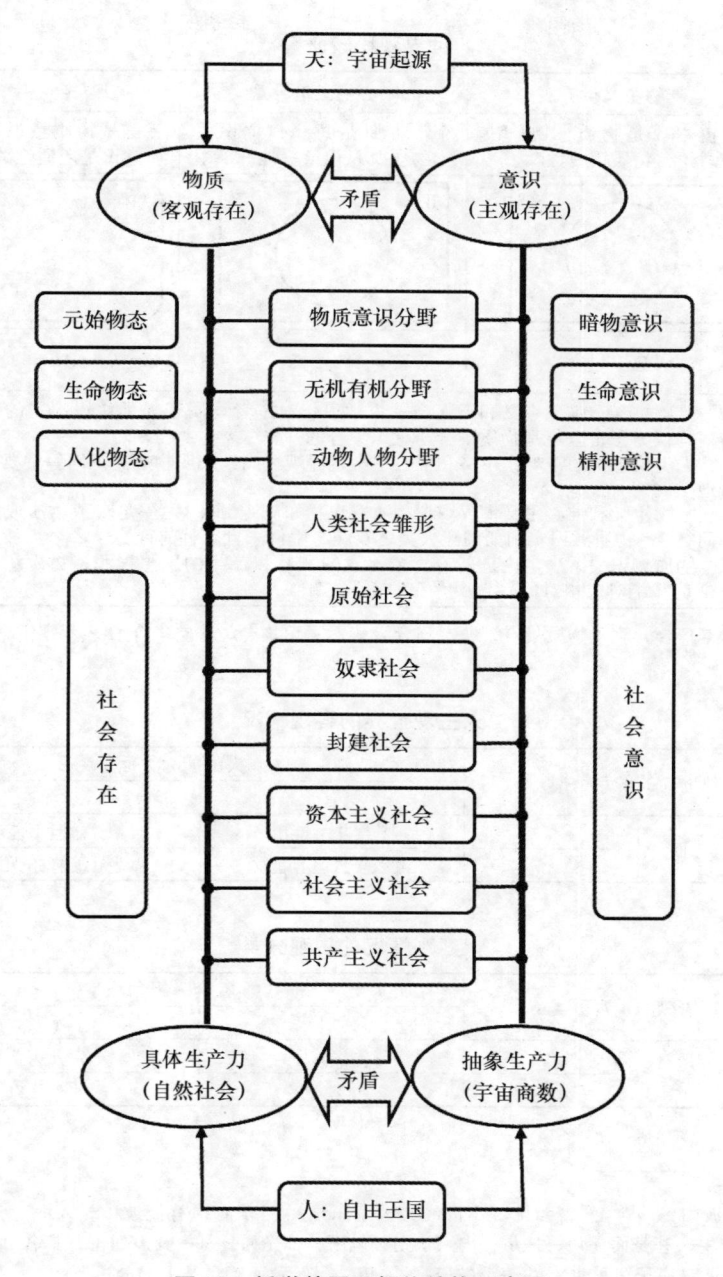

```
                    ┌──────────────┐
                    │  天：宇宙起源  │
                    └──────────────┘
                     ↙          ↘
            ╭─────────╮      ╭─────────╮
            │  物质    │ 矛盾 │  意识   │
            │(客观存在)│──── │(主观存在)│
            ╰─────────╯      ╰─────────╯

  ┌────────┐      ┌──────────────┐      ┌────────┐
  │ 元始物态│──────│  物质意识分野 │──────│ 暗物意识│
  └────────┘      └──────────────┘      └────────┘
  ┌────────┐      ┌──────────────┐      ┌────────┐
  │ 生命物态│──────│  无机有机分野 │──────│ 生命意识│
  └────────┘      └──────────────┘      └────────┘
  ┌────────┐      ┌──────────────┐      ┌────────┐
  │ 人化物态│──────│  动物人物分野 │──────│ 精神意识│
  └────────┘      └──────────────┘      └────────┘
                  ┌──────────────┐
                  │  人类社会雏形 │
                  └──────────────┘
  ┌──┐            ┌──────────────┐            ┌──┐
  │社│            │   原始社会    │            │社│
  │会│            └──────────────┘            │会│
  │存│            ┌──────────────┐            │意│
  │在│            │   奴隶社会    │            │识│
  │  │            └──────────────┘            │  │
  │  │            ┌──────────────┐            │  │
  │  │            │   封建社会    │            │  │
  │  │            └──────────────┘            │  │
  │  │            ┌──────────────┐            │  │
  │  │            │  资本主义社会 │            │  │
  │  │            └──────────────┘            │  │
  │  │            ┌──────────────┐            │  │
  │  │            │  社会主义社会 │            │  │
  │  │            └──────────────┘            │  │
  │  │            ┌──────────────┐            │  │
  └──┘            │  共产主义社会 │            └──┘
                  └──────────────┘

            ╭─────────╮      ╭─────────╮
            │具体生产力│ 矛盾 │抽象生产力│
            │(自然社会)│──── │(宇宙商数)│
            ╰─────────╯      ╰─────────╯
                     ↖          ↗
                    ┌──────────────┐
                    │  人：自由王国 │
                    └──────────────┘
```

图 10　哲学基因双螺旋结构示意图

附表1　　　　　　　　　　　　　世界观比较研究

	唯物主义世界观	唯心主义世界观	天人合一宇宙观
基本观点	宇宙本原是物质，物质决定意识，物质第一性。	宇宙本原是意识，意识决定物质，意识第一性。	宇宙是物质意识和体，物质意识是矛盾性关系。
文氏图示	A 包含 B	B 包含 A	AB
逻辑关系	$B \subsetneq A \equiv \Omega$	$A \subsetneq B \equiv \Omega$	$A \equiv B \equiv AB \equiv \Omega$
异同之处	唯物主义、唯心主义和天人合一哲学思想，三者均属于人类认识宇宙的世界观范畴，均认为宇宙全集是物质集合与意识集合的并集，$\Omega = A \cup B$。 人类思想徘徊于唯物主义和唯心主义世界观之间，表明物质意识同等重要，具有等价地位。 唯物主义和唯心主义世界观谓物质意识犹如流波山兽①之一足（或物质或意识）跨踔而行②，物质意识实则如健全人类之双腿与生俱来且交替前行。 物质意识关系决定论是（有意或无意的）特权产生的思想根源；物质意识关系矛盾论是（绝对或相对的）自由存在的哲学基础。		

注：非空集合 A 表示物质集合，非空集合 B 表示意识集合，非空集合 Ω 表示宇宙全集。

附表2　　　　　　　　　　　　人主观世界的客观情况

主观世界的客观情况		人的能力方面	
^^		有	无
人的意愿方面	有	愿意并且能够	愿意但不能够
^^	无	虽无意愿但有能力	既无意愿亦无能力

附表3　　　　　　　　　　　　人客观情况的主观分类

客观情况的主观分类		社会人视角	
^^		生人	死人
个体人视角	生人	生生人③	生死人④
^^	死人	死生人⑤	死死人⑥

---

① 流波山兽即"夔"，参见《山海经·大荒东经》："东海中有流波山，入海七千里。其上有兽，状如牛，苍身而无角，一足，出入水则必风雨，其光如日月，其声如雷，其名曰夔。"
② 参见《庄子·秋水》："夔谓蚿曰：'吾以一足跨踔而行，予无如矣！'"
③ 有的人活着，他自然活着。
④ 有的人活着，他已经死了。参见臧克家《有的人——纪念鲁迅有感》。
⑤ 有的人死了，他还活着。参见臧克家《有的人——纪念鲁迅有感》。
⑥ 有的人死了，他自然死了。

民初联邦论思潮探析*

邹小站

自秦以后，历代王朝均力图集权中央，但由于疆域辽阔，受限于经济社会发展程度与信息传输技术，又缺乏地方自治的传统，历代的中央集权体制对于地方的控制根本上取决于中央的实力，"中央之力盛，则各地方皆受制于中央之威权，而不敢略有从违，中央之力微，则各地方皆自行其意，而国法遂失效"，造成王朝的没落。① 由于缺乏自治，传统的中央集权体制往往能集权而不能集治，不但造成国家治理能力薄弱，地方事务难以发达的问题，更使地方居民的自治能力与政治能力无由发达，无由通过参与地方政务构建其国家认同。海通以来，中国一方面面临着西方列强的强力冲击，必须动员国民参与国际竞争，必须通过国民的政治参与构建国民的国家认同；另一方面经历镇压太平天国与捻军、洋务运动、庚子事变等一系列事件后，传统的中央集权体制渐次崩溃，督抚已具备"几等封建诸侯之权"②，在国家政治决策中也具备越来越大的发言权，于是重构中央地方权力关系就成为了政治领域的一个重大议题。对于这一问题，联邦制曾一度是思想界一些人士的一个选项，并且在20世纪20年代形成了颇具规模的联省自治思潮，但近代中国的联邦论几经起落，却并未成为中国政治建构的选择，其中原因值得探究。

对于近代中国的联邦论，学术界的研究主要集中于联省自治思潮，对于民国最初几年的联邦论，相关的研究并不多。比如胡春惠的《民初的地方主义与联省自治》一书，是比较早的系统研究近代中国联邦论思潮的专著，但其注重点在研究联省自治思潮，对于武昌起义后的联邦论思潮也有

---

* 本文为中国社会科学院重大项目"中华思想通史·半殖民地半封建编"的阶段性研究成果。
① 戴季陶：《省长民选问题》、《戴季陶集》，华中师范大学出版社1991年版，第547—552页，原载《民权报》1912年11月3—5日。
② 宣樊：《政治之因果关系论》，《东方杂志》第7年12期，1911年1月。

较多的讨论，但对于1914年到1916年的联邦论思潮则一笔带过。① 龙长安的博士论文《近代中国联邦制运动研究》② 侧重点也在联省自治问题，对1914年到1916年的联邦论思潮也着墨不多。总体上看，一般研究近代中国联邦论问题的著述对于1914年到1916年的联邦论，大都会提及，但很少有深入的论述，对于此期联邦论的核心意蕴，即此期联邦论者不但将联邦制作为一个可行的制度安排，看作通过法律变革以避免暴力革命的途径，更将其看作解决中国政治问题的系统方案，认为联邦制可以培育政治上的"对抗力"，可以养成"调和立国"的精神，将联邦制看作中国由人治过渡到法治的可以资利用的"地盘"的思想，几乎没有著述论及。因此，本文拟探究此期联邦论思潮的深层意蕴，并讨论其价值与局限。

一 联邦论在1914年再度兴起之原因

南京临时政府成立后，曾一度颇有市场的联邦论迅速衰落，强有力政府论与中央集权论大盛一时，而地方分权论、省自治论则身背妨碍统一、分裂国家之恶名。袁世凯利用此种思潮，力谋中央集权。二次革命后，袁世凯解散国民党，又解散国会和各级地方议会，并于1914年5月用行政命令的方式公布新省制。新省制的基本架构是曾被临时参议院一致否决的虚省三级地方制草案，其要点在，取消省议会，使得省绝无发生自治之余地，又设巡按使，扩大巡按使的权力，巡按使之权力较原虚省三级地方制中省行政长官的权力要大得多。时人即指出，此案之出发点，不在谋地方之发展，而是"徒为谋中央行政之便宜"③。该案之谬误在于：一是将地方自治与统一对立起来，以为欲谋国家统一，必须废除地方自治尤其省议会；二是囿于传统官僚政治的思维，以为中央掌握巡按使之任免，即可予巡按使大权，而不必担心其违抗中央政令，而地方议会尤其是省议会，其议员由民选，非中央可以控制，一旦给予省议会权力，则必妨碍国家统一。政府所以不容地方自治存在，主要是担心恢复地方议会与省议会，将会为革命党人提供合法的活动地盘，"更不幸有如前清之咨议局与革命党

---

① 胡春惠：《民初的地方主义与联省自治》，（台北）正中书局1983年版。
② 龙长安：《近代中国联邦制运动研究》，浙江大学博士学位论文，2008年。
③ 丁佛言：《评省官制》，《中华杂志》第1卷第4号，1914年6月1日。

勾通，民国省议会之涉嫌内乱，则危险殊甚"，乃罔顾"自治力强、自治思想厚之民，弱不亡，亡不奴，奴不久也"的基本道理，因噎废食，彻底废除省议会。当局对独拥大权的巡按使不担心其跋扈擅权，唯独担心省议会、地方议会之参与"暴乱"，故省官制一方面给予巡按使等同于前清督抚之权力；一方面对于地方自治又顾忌靳勒，迟回疑虑，而莫肯慨予，"遂致地方有实权广漠之行政首长，无监督独立之议事机关，驯至阳用集权之名，阴袭分权之制，终乃无分权之利益而有集权之弊"①。

国会解散之后，原立宪派以及国民党之温和派还一度希望通过地方政治活动，逐渐改革政治，但是新省制的推行，断绝了他们的这一希望，引发他们强烈的担忧。他们认为，"一切优美之代议制度皆由自治而出"②，"无独立之自治，则无真正之共和"③，欲巩固共和，必须发达地方自治。但是，袁世凯政府倒行逆施，强推"无容纳地方自治之余地"的省制，将危及共和政治，这不能不引起他们的强烈忧虑。④ 从实际情形看，当局的中央集权，并没有带来所谓的统一，并没有强化中央对于地方的控制，相反，"国令不及于京津……前之抗中央者，犹为地方之民，今之抗中央者，乃显为中央之命官……权愈集，裂愈甚"⑤。在总统大权的体制下，所谓中央集权就是集权于大总统一人，整个国家"不见有中央各省，亦不见有官吏人民，且并不见有国家，惟中央当权之一个人而已"⑥。这将为野心家复辟帝制打开方便之门。一旦帝制复辟，不能政治不能上轨道。当此"当权之一人"离世时，则必然"大局溃解，中央必陷于无政府之状况，各省纷纷独立，当更有分崩割据之隐忧"⑦。所有这些都引发思想界强烈的担忧，联邦论思潮由此再度兴起。

这样，自1914年秋天起，"海内外学者，鉴于现行无条件之中央集

---

① 李其荃：《中央集权与地方自治》，《中华杂志》第1卷第6号，1914年7月1日。
② 张东荪：《予之联邦组织论》，《正谊》第1卷第5号，1914年9月15日。
③ 圣心：《联邦立国论》，《新中华》第1卷第1号，1915年10月1日。
④ 光升：《读柏哲士论民族所有政治上之性质并讨究中国人之政治特性》，《中华杂志》第1卷第10号，1914年10月1日。
⑤ 曼公：《大一统论》，《新中华》第1卷第1号，1915年10月1日。
⑥ 中州退叟：《吾国省之价值于国家之组织》，《新中华》第1卷第2号，1915年11月1日。
⑦ 中州退叟：《吾人对于国体变更必要之注意》，《新中华》第1卷第1号，1915年10月1日。

权,其流弊至于无所底止,于是地方分权之论大倡"①。张东荪在1914年9月曾说,"此种(联邦制)思想已普及全国"②,这略有夸张,但到1915年秋,此种思想确实已经比较有气候了。随着袁世凯专制集权的推展,尤其是其复辟之心日渐暴露,联邦论遂成一时舆论热点。

除戴季陶外,此期鼓吹联邦制的代表性人物,大体上属于进步党之激进派与国民党之温和派,他们所以鼓吹联邦制,与他们所面临的政治形势以及他们对于袁世凯死后政局趋势的判断有关,也与他们恐惧革命、对于平和变革情有独钟有关。随着袁世凯解散国会、解散各级地方议会、颁布新省制、肆行专制主义的集权措施,新派政治人物几乎完全丧失了合法的政治活动地盘,无法以合法的政治活动落实共和政治。当此情形,以孙中山为首的革命党人再次揭橥革命的旗帜,欲以暴力革命重建共和,此种主张起初并不能得到一般社会舆论的认可。而原立宪派则或寄希望于袁世凯实行开明专制,或希望袁世凯至少保存共和政治的虚壳,不要毁弃共和政治的框架而恢复帝制,然而他们内心却很清白,这只是善良的希望而已,袁世凯之由专制集权走上帝制复辟道路,才是真正的趋势。同时,他们也清晰地看到,在帝制已然崩溃,而共和政治的基本规则尚未成为社会共识,地方实力派已然形成的情况下,袁世凯的专制集权之维系全赖袁世凯个人威权,一旦袁世凯这样一个可以维持北洋势力内部结合,并对能镇服地方实力派的强权人物离世,地方实力派必乘机崛起,扩展势力,而中央政府缺乏足够多的民意基础与合法性,中央既不能以合法的民意令地方实力派服从,又缺乏足够武力以压服地方实力派,国家陷入军阀割据与军阀混战的局面,那时不但共和政治不能落实,国家建设的和平的环境也无法求得,一般生民将遭战火之毒。他们的担心也为后来的事实所证明。

这样,不希望看到革命,不希望军阀割据局面出现,对于改革中央政制失去希望的人们,乃将眼光转向地方,希望通过法律变革,将国家由单一制改为联邦制,一面建构比较均衡的中央地方关系,以省自治议会对省行政长官形成制约,防止军阀割据局面的出现,又以自治各省对于中央政府形成制约,防止中央集权走向专制与帝制复辟,同时又可以通过省自治养成政治的对抗力,培养省民的参政意识与参政能力,进而逐步落实共和政治。正是在

---

① 中州退叟:《吾国省之价值于国家之组织》,《新中华》第1卷第2号,1915年11月1日。
② 张东荪:《予之联邦组织论》,《正谊》第1卷第5号,1914年9月15日。

此背景下，一度被抛弃的联邦制再度成为思想界的热点议题。

关于联邦论再度兴起的思想背景，丁佛言有清晰的概括。他说，"有志之士，目睹政局之危险，群焉恐怖而思设法预防，于是有所谓维持共和者，其保卫之方法则为第三次革命。次则委曲求全，侥幸国体不发生问题，惟希望宪政之恢复，所谓立宪派是也。再次则每况愈下，但希望国体不生问题，即此托名开明专制"①。然而，暴力革命并非理想的出路，因为：第一，革命并无善后之方，无以坚国人之信用。第二，当局之统治尚有相当之根基，不易动摇。近代政治以法律道义为统治要件，专制统治则以威权势力为统治要件，而中国久经专制统治，国人习惯于服从威权统治，威权统治在中国仍然有比较深厚的社会心理基础。"中国人民屈服于数千年专制之下，其与国家向无何种关系，直至今日，大多数国民仍不脱凿井耕田之习惯，充其知识所及，惟有个人生命财产之足重，无论国为君主民主，政体为专制立宪，但使不妨碍个人之生命财产，则彼皆熟视无睹。若有他之侵损其个人之生命财产，更有一人者能稍稍保护其不被侵损，则即感恩戴德，视同天帝，即此保护者间有不利于其个人或不能充分尽其保护之责任，但使彼视为无伤大体，亦必低回系恋，而决不肯轻易以彼易此。……故中国人民对于政治上之要求，惟此消极的极小范围之个人生命财产之安全，而治中国之不二要诀，亦只在能使多数人民安居乐业。欲使多数人民安居乐业，舍用威权势力排除此侵损个人之生命财产者之行为，即不足得多数人民之用。"第三，从现有政治格局看，现政府崩溃之后，国家极可能分崩离析，谋国者当尽力避免这种局面的出现。至于"再请开国会"，以恢复宪政，从当前情况看，即便当局从人民所请，再开国会，其国会恐不过约法会议、政治会议之类而已，不过俯首听命于政府，为其分谤卸责之机关而已，政府可以一纸之命令停止其职务，遣散议员。此种国会，有之不如无之，不可能由此确立宪政，盖"国会之为物，必有确实已定之地盘为所托命，必有强大有效之力量为其后援"，才能真正发挥作用。至于所谓维持国体，行开明专制之论，丁佛言明确指出，这是将希望寄托在力谋个人专断的袁世凯身上，是绝没有可能的。因此，他提出，解决中国问题，需先假定两个前提：第一，不倾覆现政府，促其自然之土崩瓦解之事实提前发现，且要以正当方法预先消灭其未来之土崩瓦解

---

① 丁佛言：《民国国是论》，《中华杂志》第1卷第8号，1914年8月1日。

之危险。第二，不依赖国会而能以强大有效之力量驱现政府入于宪政轨道，即不变更现行之总统制，亦无妨碍。也就是说，他希望在不经过暴力革命，且不依赖无实力的国会以恢复宪政的前提下，找到具体的方案，一方面驱现政府入于宪政轨道，使中央政府得完善巩固之组织，且同时能令尾大不掉之地方得以发达，且更能令地方于中央彼此推诚、相与纲维，国家谋真实之统一，而联邦制则是一个理想的方案。①

由于对于革命不抱希望，对于袁世凯不抱希望，对于星散的国民不抱希望，思想界的一部分人士乃将眼光转向地方实力派，希望借助地方实力派的力量，一面限制袁世凯的集权与帝制复辟；一面在开明的地方实力派的领导下，在省一级权力机关推行自治，以逐渐将国家政治引上轨道。这就需要提出一个对于地方实力派有吸引力的政制方案，于是联邦制的方案中扩张地方权力的要素，就被看作可以吸引地方实力派的绝佳方案。而在鼓吹联邦制的革命党如戴季陶等人那里，联邦制方案还可以挑起不满袁世凯过度中央集权的地方实力派对于袁世凯的反感，动摇各省大吏对于袁世凯的忠诚度，以为革命创造空间。② 中州退叟说："犹忆前清末年，人民请开国会与运动革命之时，友人某君曾发一奇论曰，以立宪望之清室亲贵，事必无成，以变政望之平民革命，即侥幸成功，而建设亦难，危险尤甚。依中国情势，其幸而督抚中有一二雄才大略之人，出而倡议联约各省，推倒清室，即以分治为各省自治之基础，以散其势，更以分治之各省，合成意思，以为国家筑造之地盘，庶乎其稍可救乎？此语当时人皆嗤为理想，予独韪之。今日政治改革之趋势，去前清末年不远，而吾友昔年之理想乃同于天造地设，不期渐近于实现。"③ 他说的"奇论"，说的是清末，所指为当时。他对于依靠当局或通过革命改善政治，都不抱希望，乃希望当时掌握地方实权的人物，这也是当时不少鼓吹联邦制的人物的共同意愿。

二 联邦制：由人治向法治过渡的"地盘"

联邦论者认为，当前世界仍处于一个激烈竞争的时代，非国家内力充

---

① 丁佛言：《今后持国政改革论者所应认定之方向》，《中华杂志》第1卷第5号，1914年6月16日。
② 李剑农：《戊戌以后三十年中国政治史》，中华书局1980年版，第310页。
③ 中州退叟：《于人治过渡法治之中间研究中国建设问题》，《新中华》第1卷第1号，1915年10月1日。

足,不能存立于世。欲国家内力充足,国家必须以国民之意思为意思,若欲以星散的国家而欲与人之新式国家竞争,不过驱羸羊而入虎群,只能听人宰割。① 欲以国民之意思构成国家之意思,中国必须实现由人治到法治的转变,这是无可选择的。②

然而中国却缺乏直接由人治过渡到法治的条件。丁佛言称,要完成由人治向法治的过渡,中国面临三大障碍。其一,国内存在崇尚武力、不能以法律道义约束的"特别势力",即袁世凯为代表的旧官僚势力。其二,国民仍习惯于接受威权统治,威权政治在中国仍有深厚的基础。其三,近代国家意思之发动,必须经由国民,形成国民之公意。这需要国民至少是其优秀分子有一定的参政意识与参政能力,而中国国民星散,无参政意识与参政能力,欲构成国民公意,以为国家之意思,面临巨大的困难。他说,中国处于旧式国家与文明国家之间,一方面以一人之意思而冒称国家之意思已不具备合法性;另一方面国民之多数尚为无意思、无势力者,不能构成国民公意。同时,国民程度非可以能短时间内得到实质性的提高,必须经过相当时期的培育,必须有适当的机会以历练、以训练。因此,中国面临的问题就是,"果以何方法能使此程度不及之国民得有保卫共和之助力,与宪政训练之机会,而使国家得有正当意思之表现,且无论使谁何当局亦不敢以其个人意思冒称国家意思,而不敢为破坏共和蹂躏宪政之举动"③。这就需要熟察国情,寻找可以用为表达国民意思,训练国民宪政能力,并可为国民保卫共和之努力提供现实力量的"国基"。

一般论者谈政治问题多用"国情"的概念,而联邦论者认为,相对政治根本问题的解决来说,"国基"的概念更能准确表达问题的实质。所谓国情,内涵十分丰富,包括一国之历史、地理、种族、宗教、风俗习惯等,但其中可以称得上"国基"的应当是"有组织国家之意思"、占国家政治权力之主要部分的势力。在他们看来,中国的"国基"就是省。丁佛言说,"中国之地方,非地方,乃组织国家之主成分,直接构成国家之单位也。通常之国家皆以人民为分子,而中国之国家则先以人民组织地方,而后乃以地方组织其国家。通常之国家必人民背叛,国家始有变革,而中

---

① 丁佛言:《民国国是论》,《中华杂志》第1卷第8号,1914年8月1日。
② 中州退叟:《吾国省之价值于国家之组织》,《新中华》第1卷第2号,1915年11月1日。
③ 丁佛言:《民国国是论》,《中华杂志》第1卷第8号,1914年8月1日。

国之国家，地方若有崩离，国家即为解体。通常之国家，地方托命于政府，而中国之国家，政府托命于地方。故他之国家恒虞人民叛变，而中国之国家则惟忧地方分裂。""为中国求意思之所在，主权之由来，则舍着眼地方无他法门，以今日中国惟有地方有为国家之意思与组织国家之势力。合地方为国家之意思以成国家，则建设巩固，集地方势力以监督政府，政治改良。"他所谓的"地方"就是省。① 觉公则称，所谓"国基"就是，在国家组织之初，能使国内之离心力与向心力互相纲维，同时隐然显示国家政治"对抗力"之所在，使得各主要政治势力，不能不活动于法律范围之内的力量。这个力量，"不在神圣文武之帝王，亦不在满盘散沙之人民，而在于有历史有潜势有实力之地方，即今日之所谓'省'是也。"② 中州退叟称，中国的省有深厚的历史基础，为"国家财政之源泉，结合之命脉"，非可轻易废除；省不只是客观的存在，更是"自觉的认识"，即各省人士均有明确的省界意识；"省非行政区域乃地方人格"，省不仅有范围较广的地方行政权，而且一度有地方民意机构，各省人民自认其省为具有意思与行为的权利主体；省"非自治体乃政治结合"，"非国家之附属品，乃国家地盘之一部"，"省于中央，非隶属的关系，乃对立的性质"。③ 许多联邦论者都有此类强调省的特殊性的文字，内容亦大体相近。总之，他们认为，省具有独立的地位、独立的意识，为独立的人格，与中央政府立于对等之地位，已具邦之性质，而非仅为"地方"。应该说，在清末民初的政治生活中，省的崛起是一件重大的事情，但尚并非如联邦论者所称，已经具有邦的性质，联邦论者夸大了省的特殊性。张君劢即指出，中国各省之间虽有利害之不同，但并非如瑞士有各邦之间的语言差异；非如加拿大有民族之间的对抗；非如美国移民有宗教移民、商业移民之差异，"凡他联邦国中所谓利害不同之点，我皆无有"。而且，行联邦制而政治善良者如美国、瑞士，其联邦制是以城镇乡自治为基础的，中国向无地方自治之传统，清末以来，省渐次崛起，但省还只是一种行政区域，远没有成为所谓的"地方人格"④。他的判断是符合实际情况的。

由省具备邦的性质，为中国"国基"的认识出发，联邦论者认为，中

---

① 丁佛言：《中国国是论》，《中华杂志》第 1 卷第 8 号，1914 年 8 月 1 日。
② 觉公：《今后建设国家必由之轨道》，《新中华》第 1 卷第 1 号，1915 年 10 月 1 日。
③ 中州退叟：《吾国省之价值于国家之组织》，《新中华》第 1 卷第 2 号，1915 年 11 月 1 日。
④ 张君劢：《联邦十不可论》，《大中华》第 2 卷第 9 期，1916 年 9 月 20 日。

国欲实现由人治向法治等过渡,必须尊重省已具备"沉雄伟大之势力",否则其政治构造"皆为不适当、不合法",不可能真正有效。① 他们检讨清末以来的政治改革,认为自清末宪政改革到民初共和政治的试验之所以陷入断港绝潢,根本原因是国人漠视"国基"。预备立宪时,各省设咨议局,又由各省咨议局选派代表组织资政院,省作为国家构成分子的意味已有所体现,本可确认省之自治权,又以各省立法机关之代表组织中央国会,逐步完成由人治向法治的过渡。但统治当局贪权,不肯承认省的特殊地位,大搞中央集权,结果土崩瓦解。辛亥革命之成功,源于"军队之武力与人民宪政之思潮",而这二者均"以省为本据,以省为号召,以省为集中点"。当独立各省联合建立新政府时,本可照美国之例,组织联邦政府,但国人误以一时纷乱之象乃各省独立所造成,"举国上下视地方分权如洪水猛兽","咸拜服于中央集权四字之下"②,或主张集权于国会,或主张集权于中央政府与大总统。主张集权于国会者,不知"权力者,事实也,非架空之法律所一旦而创造者也。权力之在彼者,决非一日之功,可以转移之于此。"③ 没有实际政治力量支撑的国会,不可能凭空产生自己的权力:"彼平民代表,国会议员,历史上有何根基,对于政府有何威力,对于国民有何信用?……果何所恃以对抗政府、镇慑地方,取信百姓,更依何法以促进国政之改良,各省之发展,人民之自由乎?"④ 在此情形下,国会被袁世凯当局玩弄于股掌之间,最终被解散,就不足为奇了。至于集权于大总统与中央政府,则易发生野心家复辟的危险,其实际效果已有目共睹。袁世凯完全无视省的地位,根本否定省自治,则不仅使人民将无练习政治之机会,其必然的后果就是,"民力偷堕,则政治任其专制;民怨溃发,则草间崛起革命",革命之后,国家将陷入分崩离析的境地。⑤ 由此,国人必须明白,中国欲由人治过渡到法治,必须尊重省的地位,以省的势

---

① 中州退叟:《吾人对于国体变更必要之注意》,《新中华》第 1 卷第 1 号,1915 年 10 月 1 日。

② 丁佛言:《民国国是论》,《中华杂志》第 1 卷第 8 号,1914 年 8 月 1 日;中州退叟:《吾人对于国体变更必要之注意》,《新中华》第 1 卷第 1 号,1915 年 10 月 1 日;曼公:《大一统论》,《新中华》第 1 卷第 1 号,1915 年 10 月 1 日。

③ 张东荪:《予之联邦组织论》,《正谊》第 1 卷第 5 号,1914 年 9 月 15 日。

④ 中州退叟:《吾人对于国体变更必要之注意》,《新中华》第 1 卷第 1 号,1915 年 10 月 1 日。

⑤ 汪馥炎:《集权平权之讨论与行省制度》,《甲寅》第 1 卷第 7 号,1915 年 7 月 10 日。

力作为中国由人治过渡到法治的"过渡之地盘"①。

联邦论者认为，实行联邦制，各省自治，设省议会，监督省政府，又由各省省长派出之委员以及各省议会派出之代表组织中央议会，就可以一面使地方得自由发展，地方人民得到民主政治的训练；另一方面又可经由省构成国家意思，为中央议会提供实际的支持力量，有效制约中央政府，防止野心家破坏民主政治。如此，就可以使省成为中国由人治向法治过渡的"地盘"。不仅如此，联邦论者认为，联邦制可以通过省自治培养国人"轨律之精神"与调和立国的观念，确立法治国家所必需的国民精神。有自署"觉公"者对此有系统的阐述。他说，人治以威权势力为统治手段，而法治则以法律道义为统治手段，欲建立法治，必须培育人们的"轨律之精神"，必须有力量迫使掌握军政实权"特别势力"不得不服从法律。中国有数千年专制政治的历史，有权有势者绝无守法之精神，统治者对于法律更是"随创造，随破坏"，要养成"轨律之精神"，在制度设计上必须充分利用现实的力量，制约统治者，"使不得不入守法之范围，即养成守法之习惯"。"轨律之精神"的养成，需要"对抗力"，否则就无法强迫特殊势力"守法"。他盛赞张东荪的"对抗论"，但认为张氏提出的养成"对抗力"的办法不可行。张东荪认为社会上利益、意见各异的不同政治力量即"对抗力"的存在，是调和立国精神养成的必备条件。对于"对抗力"的养成，张东荪提出办法是："必国中常有一部分上流人士，惟服从一己所信之真理，而不肯服从强者之指令。"② 觉公认为此法不可行："对抗力果何自而发生？若谓起于一部分人士，则此一部分人士果何所附丽，有恃不恐，惟服从一己所信之真理，而不从强者之指命？进一步言之，一国之中，既有反对之政敌，现据有势位者，无论蓄如何野心，行如何残暴，何以不能不优容政敌，仍竞争于一定范围之内，一定轨道之上。此因非人治所能期，亦非漫无根基之法治所能奏效，是必于国家组织之成分，隐然示对抗力源渊之所在，相视而莫敢侵犯，而后用事者，有所制限，常循理而治，国家乃受福于无穷。"除"轨律"的精神之外，宪政还需要"调和立国之精神"，否则即便存在一定的"对抗力"，各"对抗力"之

---

① 中州退叟：《于人治过渡法治之中间研究中国建设问题》，《新中华》第 1 卷第 1 号，1915 年 10 月 1 日。

② 张东荪：《对抗论之价值》，《庸言》第 1 卷第 24 号，1913 年 11 月 16 日。

间，也会彼此排斥，发生逸出法律轨道的冲突。他赞同章士钊的"调和立国论"的立意，但认为章氏只问调和之理是否可通，并不问调和之方将于何而出的态度，并不能解决问题。他试图找出调和之方："吾更端以进曰，调和之治，存乎人，调和之武器恃乎法，而法制之创造在深契乎国家组织之初，使离心力与向心力互相纲维，无论何人处乎其中，皆有调和之权能，无冲突之机会，自不能旁轶突出于范围之外，而以安以治。"他将中国实行宪政的道路、调和立国的方法、对抗力养成的方法全都归结为联邦制，认为实行联邦制，则可以通过省自治，养成国民之能力，培育国民容纳异己力量的调和立国精神，养成社会的"对抗力"，又可以省自治的力量，为中央立法机构提供实力支撑，迫使"特殊势力"不能不在法律轨道内活动。①

行宪政，自然需要地方自治，需要地方对于中央议会的支撑。联邦制下，各邦固然有较大的自治权，可以对中央构成一定的制约。但是，联邦制也好，宪政也好，都是地方自治发展的结果，若没有地方自治的传统，即便行联邦制，各邦议会其实也缺乏支撑其权力的实力，实际权力将集中在地方行政长官手中，地方自治并不必定有展开的空间。张君劢即提出，由于缺乏地方自治的基础，中国的省甚至还不是自治团体，"省权向不在省民，省民亦无自握省权之能。夫以如是之省民，即有省宪法，吾不知谁为保证，而不至为豪暴所利用所蹂躏。思之惟思之，惟有股栗而已"②。这种担心并非多余。

三 联邦制与国家之统一、富强

本来，联邦、地方分权与国家统一、富强并不必然对立，美国是联邦制国家，然而联邦无碍其统一与富强；但是在民初不少人士的观念中，统一与中央集权几乎就是同义词，要统一必须中央集权，而地方分权、联邦制则被看作国家自我分裂，削弱国家竞争力的自残之举。民国建立的最初两年中，联邦论就身背分裂国家的恶名，被看作革命党图谋一党私利的"党见"，又或被看作日本人削弱中国的图谋。人们多认为，行联邦制度，

---

① 觉公：《今后建设国家必由之轨道》，《新中华》第 1 卷第 1 号，1915 年 10 月 1 日。
② 张君劢：《联邦十不可论》，《大中华》第 2 卷第 9 期，1916 年 9 月 20 日。

则必造成国家分裂，而且也不符合建设强有力政府，以强有力政府领导国家实现现代化的需要，只有中央集权，才有利于构建强有力政府，才能实现国家富强。所谓舆论专制之势既成，自由讨论之风莫起，当中央集权论大行其道之时，不但联邦制成为不可居之名，人们甚至对地方分权、省自治之类的提法亦唯恐不及。正因为这样，当1914年联邦论再度兴起时，多数鼓吹联邦制的人言联邦制往往"举其实而避其名"①，因此，联邦与国家统一、国家富强之关系，就成了联邦论者必须解释清楚的重大问题，否则联邦论就难有支持者。为此，联邦者乃反复强调，联邦并不会造成国家分裂，相反是中国实现真正统一的要道，联邦制亦无碍于国家主义目标之实现。

对这一问题，联邦论者的阐述大体上有以下几点：

第一，将联邦制国家认定为分裂的国家是完全错误的，"联邦非支离破碎之国家，而实统一完全之国家也，非中央万能之国家，而实地方分权之国家"。"近世之联邦国，其组织之完备，不亚于单一国，而政治上之运用，亦不让于单一国"②。这一问题，很容易阐释，也容易为一般稍有法政知识的人士所理解。

第二，对于中国来说，实现国家的真正统一，中央集权并不是恰当的途径，联邦制反倒是较为理想的方案。联邦论者指出，"统一生于同情，而唤起其同情之感，惟在许其自由，俾其自安，使无受压之苦、反抗之念，而有共同利害之自觉、互相扶助之醒悟，积而久之，则利害愈统，情感愈投，而统一乃愈坚矣。"所谓国家之真正统一，应是地方真能效顺中央，国民真知国家与自身福利密切相关，而真心拥护国家。统一的基础在国民心理上之认同与拥护，而非用强力将国民统合起来。③ 这就要根据实际国情与人民心理，为政设制，"使国民之一切相异互差之情感、利害、权利、志趣，皆差足自安"④，"使组成一国之各分子各得其所，以乐隶乎上"，而不是"中央政府，独擅其威，以自处于孤"⑤。中国地广人众，风俗言语不一，情感相异，利害互差，民情不齐，而自清末以来，省界意识

---

① 钱基博：《现代中国文学史》，岳麓书社1986年版，第456页。
② 季陶：《中华民国与联邦组织》，《民国》第1年第3号，1914年7月10日。
③ 圣心：《联邦立国论（续）》，《新中华》第1卷第2号，1915年11月1日。
④ 同上。
⑤ 曼公：《大一统论》，《新中华》第1卷第1号，1915年10月1日。

渐深，各省自主意识渐见萌芽，并且革命以来，各省独立，各省人民多希望人自主一省之政，当此情形，革命之后实行联邦制本顺乎国情，应乎人心，可以一面认可各省已经取得的自治地位，使"各省于相当之范围内，获有独立之权力，得以治其地方独殊之政"；另一方面则"举其（即各省——引注）政之关系对外及全国一般者悉以隶诸中央"，就可以实现国家的真正统一。但是革命之后，国人普遍崇拜中央集权，欲强以中央集权求国家统一，造成"各省之服从中央，纯为势力问题"，造成国家实际上的分裂。① 有鉴于此，今后若欲重建合理的中央地方关系，必须行联邦制，以容纳各省歧异之政情民俗，顺应各省要求自治其本省事务的要求，通过宪法划定中央地方权力，使中央与地方皆活动于宪法之下，"地方不悖中央统治之威权，中央亦不夺地方特有之机能，分为活动，互为援助，而成一有统系有生机之一体"，实现国家的真正统一。②

对于关心政治的人来说，袁世凯的中央集权所带来的国家表面统一，而内里分裂，中央名义上大权在握，实际上不得各省之同意不能行一政的现状，使得他们不难认同联邦论者所说集权并不能带来真正统一的看法。甚至对于联邦制若真能实行，并不妨碍国家统一的说法，一般人士也不难认同。但是，人们最主要的担心是，中国改单一制为联邦制的过程本身会不会造成国家的分裂。这个担心基于两个方面的考虑，一是袁世凯醉心于中央集权，不可能主动改单一制国家为联邦制国家，那么改单一为联邦就必然要通过革命，而革命则是一般人士极力希望避免的。二是中国历来是中央集权的统一国家，缺乏地方自治与联邦制的传统，尤其是近代以来列强觊觎中国边疆，若行联邦制，则各省区自治权大，中央政府对于边疆地区的控制必然弱化，则西藏、蒙古、新疆等边疆地域恐"破壁飞去，化为人有"。应该说，此种担心是很有道理的，也是近代以来联邦论不能为多数国人赞同的重要原因。

对于第一层担心，章士钊曾发表《学理上之联邦论》一文，着力论证实行联邦制并不需要通过暴力革命，也不需要先将统一的国家分裂为各邦，只需要通过舆论鼓吹，使人们接受联邦制，然后通过制宪，划分中央地方权力关系，确定省自治权，即可将"地方"转化为"邦"。他说，

---

① 季陶：《中华民国与联邦组织》，《民国》第1年第3号，1914年7月10日。
② 曼公：《大一统论》，《新中华》第1卷第1号，1915年10月1日。

"联邦之成否,惟视舆论之熟否以为衡。舆论朝通,则联邦夕起,舆论夕通,则联邦朝起,初无俟乎革命也。若夫舆论终不可通,联邦即永无由起,虽革命无益也"①。他立论的主要依据是南美国家如巴西、阿根廷之改单一制为联邦制,就是通过舆论鼓吹与法律改革而实现的,既没有通过革命,也没有造成国家分裂。某种程度上,这种看法是有道理的,政治变革欲取得成功,必先经过思想革命。但是,正如批评者指出的那样,"盖法制之良否,非可抽象讨论,必按诸其国之实际,然后良否之议乃得而施。今离于实际以为言,曰是理充满也;所谓理者则学者一家之理,所谓充满者,则论者主观之充满。"若主观之理充满,则政制即可实现,充其所极,无政府主义也可以实现。②"舆论造邦"只有在国家政治局稳定,社会自由度较大的时期,才有和平操作的空间,而在袁世凯专断统治之下,联邦论的主张必然遭到袁世凯的强力打压。批评联邦论的人即指出,不论鼓吹联邦制的人将联邦的说得如何尽善尽美,当局都不会接纳,"夫争权攘利,出于天性,未得之权,且犹争之,既得之权,讵甘放弃,私权且然,况政权乎?以联邦论强聒于政府,譬若与狐谋皮,固不得,且有吞噬之忧。"③联邦者也清楚这一点,同时他们也了解,中国国民还处于分散状态,还不能将自己的意思团聚为国家意思,也不能成为改单一制为联邦制的依靠力量,因此他们将改单一为联邦的希望寄托在各省实力派身上,希望各省大员中不满袁世凯的中央集权的人士,起而倡联邦制。于此,反对联邦制的人士很尖锐地指出,且不论地方大员有无此胆识,即便有地方大员出而倡导,各省积极响应,进而构建联邦制,地方权力将集中于地方长官,而此等地方长官将非有名无实之地方议会所钳制,联邦制所得,将非地方自治之发展与民权之发达,而是地方长官之专横跋扈与地方割据。"他日各邦首长专横,势无可免,厚赋重敛,以意为之,虽有议会,不啻敝屣,覆车相循,终无所止。"④ 这真正击中了此期联邦论者的要害,联邦论者无法就此给出令人信服的答案。

对于第二层担心,即忧虑改单一为联邦将造成中央政府对于边疆地区的失控,是追求统一的国人另一个重大忧虑,但此期联邦论者并没有人能

---

① 秋桐:《学理上之联邦论》,《甲寅》第1卷第5号,1915年5月10日。
② 潘力山:《读秋桐君〈学理上之联邦论〉》,《甲寅》第1卷第7号,1915年7月10日。
③ 储亚心:《联邦论》,《甲寅》第1卷第7号"通讯",1915年7月10日。
④ 同上。

从正面给出有力的回应，倒是在南京临时政府成立前后思想界关于联邦制问题的讨论中，联邦论者对此问题有简单的回应。其意思大体是，中国边疆与内地风气殊教，发展程度不同，存在较大差异，而革命以来，蒙古、新疆、西藏纷纷独立，假如实行联邦制，则可以容纳此种差异，又可以实现边疆与内地政治上之平等，可以使其不致分离，沦入他国。若不顾实际情形，对边疆强行中央干涉，"名为中央集权，实则内外暌隔，百务废弛。""蒙古西藏，虽隶图籍，一切羁縻，实与列邦无异，中央政府之实力初不能达，放弃委任，理所不能，强行干涉，势又不可。"实陷入两难境地。[①] 此种回应，实不能解除人们心中的忧虑。

第三，关于联邦制与国家治理、国家富强之关系，联邦论者提出以下几个看法。首先，欲国家治理，必须国家内部安定，而内部安定则必须令国内人民之利益、感情、意见差足自安。中国各省风俗政情各殊，各省人民的省界意识、自治意识日趋明显，各省地方实力派对于中央集权的抵制情绪日趋浓厚，当此情形，若欲厉行中央集权，勉强涂饰，以期国家之纯一坚强，断无可能，所谓国家对外之竞争力也就无从谈起。若行联邦制，则可容纳各省之差异，顺应各省人民的自治意愿，实现国内安定，进而谋求国家富强。联邦论者指出，德国是世界上国家主义甚为盛行的国家，但德国实行的是联邦制，因为只有联邦制才能容纳其国内的民情、政情之差异与离心力，其国家的向心力也只达到"行联邦制之国家主义"的程度。中国今日的向心力还只达到"行联邦制之国家主义"的程度，因此也就只能实行联邦制。[②] 不过，对于中国内部的离心力、各省的差异是否必须用联邦制来解决，反对联邦制的人士提出了截然相反的看法。其次，联邦论者提出，国家富强的根基在发挥人民的创造能力，而这就需要以法治来保障人民权利，给予人民发挥能力的空间，在这个问题上，地方分权较中央集权更有优势。戴季陶即称，专制与立宪的区别就是，前者为集权政治，后者为分权政治，集权思想其实就是专制思想。又说，统观历史，"中国文化之发达，由于地方分权，而文化之退步，由于中央集权"，行单一集

---

① 梁启超：《新中国建设问题》，《饮冰室合集》文集之二十七；《国民共进会共和联邦制商榷书》，《大公报》1912 年 2 月 26—28 日。
② 秋桐：《政治与社会》，《甲寅》第 1 卷第 7 号，1914 年 7 月 10 日；圣心：《联邦立国论》，《新中华》第 1 卷第 1 号，1915 年 10 月 1 日。

权之制，虽或可以维持社会秩序，然"于社会文化个人身心之发达实多障碍"①。曼公则指出，从国家治理的角度看，中国地广人众，各地民情风俗各殊，交通不便，若"非有所谓三头六臂，千手千眼，而欲举此风俗言语教化利害不相同之人民与地方，震动昭苏，开阖操纵，于以修废补败，悉安其所，万无有济，若欲有以济之，则非取近世之地方分权不可。"② 再次，联邦论者强调，以革命求共和政治，革命之后共和政治面临的最大威胁不是所谓的"暴民专制"，而是野心家复辟帝制，而中央集权则是野心家复辟帝制的必要前提。因此，革命后应当以地方分权、地方自治来制约中央政府的权力，防范高度中央集权可能带来的风险。这曾是二次革命前国民党的看法，一般立宪派人士并不赞同，但是随着袁世凯专制集权进程的加速，立宪派也多赞同之。二次革命后，张东荪就放弃中央集权的主张，转而倡导联邦制。他说，中国专制历史悠久，惟辟作威、惟辟作福的观念中于人心，帝王之位常引有心者艳羡，有力者更存取而代之之心。当政治转型之际，秩序未定，一切政治制度皆未确立，民力与民智均有不足，野心家最易乘机而起，图谋恢复帝制。彼时，人民无充足之能力克制野心家之复辟，而读书之士因历史原因多仰食于政府，很难不顾身家、性命、富贵而去反对帝制复辟，相反其大多数会为衣食之计赞助帝制复辟。一旦帝制复辟，宪政必遥遥无期，富强必不可期，且必引发新旧两大政治势力间旷日持久的争斗，陷国家于内乱。因此，转型之初，最重要的任务是防止野心家与官僚势力作恶，这就需要建立分权制衡机制，尤其必须用地方用分权制来限制中央的野心家。③ 联邦论者此种说法有其一面之理，但正如梁启超指出的，当社会没有发展到相应的程度，人民程度未足之时，行单一制不能实现宪政，而欲通过改行联邦制来落实宪政，道理上不通，今后应当从事的不是简单地谋求制度的变革，而应从社会改造入手，为制度的变革逐步准备条件。④ 然而联邦论者多是政治改造优先论者，亟亟于以政治改造推动社会变革，而对于逐步的社会变革则缺乏足够的耐心与深刻的认识。

① 季陶：《中华民国与联邦组织》，《民国》第1年第3号，1914年7月10日。
② 曼公：《大一统论》，《新中华》第1卷第1号，1915年10月1日。
③ 张东荪：《政制论》，《甲寅》第1卷第7号、第8号，1915年7月10日、8月10日。
④ 梁启超：《政治之基础与言论家之指针》，《大中华》第1卷第2期，1915年2月20日。

四 结语

联邦论者连篇累牍地向国人宣讲联邦制的妙处,不厌其烦地提出了种种具体的联邦制方案,"恍若联邦之制,行之有道,容足奠民于安利,拯国命于纠纷"①。他们将联邦制当作中国由人治向法治过渡的唯一可行的方案,看作防遏野心家复辟帝制、避免再次革命,从而以和平的法律变革的方式确立良好政制,解决中央地方紧张关系,使国家政治上轨道的救时良药。又把联邦制看作可以利用各省人关爱本省的观念与省际竞争,促进各省之发展;保障新疆、蒙古、西藏等边疆地区的自治权,发达其区域经济,实现民族"平和坚固之结合",解决边疆问题与民族问题的可行方案。② 应该说,此期的联邦论对于自清末宪政改革到民初共和政治试验时期,省在国家政治生活中的独特地位的认识,是比较准确的;对于政治转型初期,民主政治最大危险的认识,也有相当道理;对于中国不能直接由法治向人治过渡,必须有一个可以依托的"地盘"的认识,也有相当的价值;对于地方自治尤其是省自治,对于中国实行共和政治的意义,也值得注意。这些认识是在经历民初共和政治试验的挫折之后得出的,自有其价值。南京临时政府成立前后,是中国行联邦制的最好时机,然而深厚的大一统思想与中央集权思想使此机会转瞬即逝。到袁世凯肆意推行专断政治时,联邦制的机会已经丧失了。

民国三年到五年间鼓吹联邦制的人士中,真正破除了崇尚中央集权观念,一直推崇联邦制的人却很少,他们并非将联邦制作为中国政制的不二选择,而主要是将它看作解决中国政治困境的工具。在社会还较为分散,共和宪政的基本社会条件尚不充分,当局的专制主义集权措施使得宪政发育空间遭到强力挤压,新式政治精英丧失了合法的政治活动空间,在国家未来可能遭遇暴力革命和军阀割据局面的情形下,他们将联邦制看作避免革命、实现由人治到法治过渡的系统方案。联邦论者大体上属于"惟以法律制度为治具"的制度决定论者,每"以移植制度为能尽治国之能事",将救国图治的希望寄托在制度变革本身。这是清末民初不少人的通病。张

---

① 秋桐:《学理上之联邦论》,《甲寅》第 1 卷第 5 号,1915 年 5 月 10 日。
② 季陶:《中华民国与联邦组织》,《民国》第 1 年第 3 号,1914 年 7 月 10 日。

君劢在批评联邦论者时即指出,"凡行一制,必先有行此制之积极条件,此积极条件而不备,非特其制不行,而他弊乘之"。因此,变革制度必须顾及国情,必须审慎从事,当条件不成熟时,与其急于变革制度,不如"俟国家之进化,因时损益"。但是晚清以来,中国人只看到西方各国政制之美,不知其政制或由岁月积累而来,颇具自然进化之妙,或以极大的人为努力效法他国政制,经数十年奋斗才获得成功,而中国人则以时会所迫,急于实现富强,误以为简单移植西方政制即可救亡图治,误以为制度变革可以年月之间即能实现,"于是,论政之士,每视改制为无足重轻,常好为奇论以耸人听",行一制而效果不著,又图另构新制,希图通过制度变革来解决中国的政治困境。结果,国人之精力陷入反复的制度变革之中,而国家境况并未见好转。①

联邦论者对暴力革命心怀恐惧,欲通过联邦制,来避免革命,但正如章太炎所说,"是时元凶专宰,吏民人人在其轭中,不有征诛,虽主联邦何益焉?"② 革命之产生与否,是不以联邦论者的善良的意愿为转移的,随着袁世凯帝制复辟,革命形势迅速发展,联邦论者,也放下了鼓吹联邦的笔,走上了武力反袁的道路。1916 年 6 月,张东荪在《新中华》最后一期发表文章称,倒袁之后,"政治必呈一群龙无首之象,演一地方割据之局,一切大权将丛集于多数之各省都督之意向,以为依违准绳。于此种状态下,倡分权不能更益之也,倡集权不能以削之也,倡联邦不能为联邦也,倡统一不能为统一也,倡法治不能遽行也,倡议会大权亦不能遽行也,倡军民分治更不能遽行也。"③ 对于倒袁之后的政局的预测相当准确,对于倒袁之后联邦制无法实现的判断也是准确的。不仅如此,联邦制的方案再度被思想界抛弃,"集权论虽未大张旗鼓,而联邦论大有偃旗息鼓之观"④。这固然与政局变化有关,也与一般思想界与政治界人士并不同联邦论关于联邦制的种种功效的论述有关。

(作者单位:中国社会科学院近代史研究所)

---

① 张君劢:《联邦十不可论》,《大中华》第 2 卷第 9 期,1916 年 9 月 20 日。
② 《太炎题词记》,《甲寅周刊》第 1 卷第 2 期,1925 年 7 月 25 日。
③ 圣心:《今后之政运观》,《新中华》第 1 卷第 6 号,1916 年 6 月。
④ 李大钊:《省制与宪法》,《宪法公言》第 4 期,1916 年 11 月 10 日。

从国际因素看斯大林时代

苑秀丽

习近平指出:"革命领袖是人不是神。尽管他们拥有很高的理论水平、丰富的斗争经验、卓越的领导才能,但这并不意味着他们的认识和行动可以不受时代条件限制。不能因为他们伟大就把他们像神那样顶礼膜拜,不容许提出并纠正他们的失误和错误;也不能因为他们有失误和错误就全盘否定,抹杀他们的历史功绩,陷入虚无主义的泥潭。"[①] 斯大林时代有辉煌也有苦涩,可以反思历史,但是不应该忽视时代对他的影响,特殊的时代条件对斯大林的影响是绝对不能低估的。脱离当时的国际因素一味地否定斯大林,假设历史,就有失公允了。斯大林执政长达 30 年之久,期间国际风云的变幻,国际共产主义运动的高潮与低落、国际局势的和平与紧张、西方资本主义与苏联的关系状态、资本主义世界的经济危机、苏联社会主义的伟大成就及其对世界的影响、第二次世界大战后苏联国际地位的空前提升等都对斯大林的思想与实践产生了重大影响。期望本文的探讨能够引起进一步的思考。

一 世界革命从高潮转入低潮的影响

应该承认,当时这种强烈的、普遍的对世界革命的期待并不是没有根基的。欧洲一些国家的革命形势还是很鼓舞人的。但是,1923 年保加利亚、德国和波兰武装起义的失败,宣告欧洲无产阶级革命转入低潮。世界革命形势的变化对身临其境的革命者来说,面临的一个首要问题就是如何估量和判断现实形势的变化并制定出合乎现实的革命策略。斯大林在坚持

[①] 习近平:《在纪念毛泽东同志诞辰 120 周年座谈会上的讲话》,新华网,2013 年 2 月 26 日。

世界革命理想的同时，谨慎判断国际形势，明确提出"一国建成社会主义"，为尚处于弱小的苏维埃政权提供了明确的指导。

（一）斯大林不得不将世界革命的胜利寄希望于未来

斯大林坚定世界革命必胜的信心，坚信俄国革命就是世界革命运动的一部分。而在一些人那里，存在着"失去国际革命前途的危险"，这种危险的表现是："不相信国际无产阶级革命；不相信它会胜利；对殖民地和附属国的民族解放运动抱怀疑态度，不了解我们国家如果没有其他国家革命运动的支持就不能抵挡住世界帝国主义；不了解社会主义在一个国家内的胜利不可能是最终的胜利，因为只要革命还没有在若干国家里获得胜利，它就不可能保证不遭受武装干涉；不了解国际主义的基本要求，即社会主义在一个国家内的胜利并不是目的本身，而是发展和支持其他国家革命的手段。"① 斯大林指出了这是完全取消无产阶级国际主义的政策。斯大林也认识到，世界革命的发展道路已不像以前所能想象的那样简单了。虽然斯大林有时依然表现出了对世界革命的追求，但是，他不得不把胜利寄希望于未来。苏联怎样才能实现翻转整个世界，解放整个工人阶级的伟大事业呢？斯大林认为，要消灭苏联的落后状况，展开布尔什维克的高度的建设速度，使全世界的工人阶级可以说："看呵，这就是我们的先锋队，这就是我们的突击队，这就是我们的工人政权，这就是我们的祖国，他们把自己的事业，也就是把我们的事业进行得很好，让我们来支持他们反对资本家，让我们来推进世界革命事业吧。"② 这就将世界革命的胜利奠定在坚实的基础之上了。

（二）斯大林赞扬苏联经济的发展，政治威力的增长

斯大林认为，欧洲革命退潮的同时，是苏联的经济蓬勃发展，政治威力日益增长。世界上再没有单一的无所不包的资本主义了。"世界已经分裂成两个阵营——以英、美资产阶级为首的资本主义阵营和以苏联为首的社会主义阵营。因为国际形势将愈来愈取决于这两个阵营间的力量对

---

① 《斯大林选集》上卷，人民出版社 1979 年版，第 362 页。
② 《斯大林全集》第 13 卷，人民出版社 1956 年版，第 39 页。

比。"① 资本主义的稳定产生着使资本主义失败的条件,而苏维埃制度的稳定则不断积累着使无产阶级专政巩固、使世界各国的革命运动高涨和使社会主义胜利的条件。斯大林高度赞扬了当时苏联所经历的经济建设和劳动热情的蓬勃高涨,高度肯定了全部工业的发展特别是金属工业的发展对国内及世界革命的巨大意义。在无产阶级专政下金属工业的蓬勃发展,直接证明无产阶级不但能够破坏旧东西而且能够建设新东西,直接证明无产阶级能够以自身的力量建成新工业和建成没有人剥削人的新社会。苏维埃政权在国内巩固了,资本主义等待苏维埃政权垮台的方针失败了。

(三) 斯大林高度重视苏联社会主义的国际影响

斯大林反击了一些人攻击苏联在西欧进行反资本主义宣传的谬论。他认为,苏联根本不需要这种宣传,在欧洲工人中间,苏维埃政权的存在、它的成长、它的物质繁荣、它的无可置疑的巩固就是有利于苏维埃政权的最好宣传。"任何一个工人来到苏维埃国家,看一看我们的无产阶级制度,就会看到什么是苏维埃政权,看到工人阶级一旦掌握政权就能够做出什么来。这才是真正宣传,然而这是用事实宣传,这种宣传对工人的影响比用语言或报刊来宣传要大得多。"② "用事实而不是用书本上的东西来证明这一点,这就等于有把握地彻底地把国际革命事业向前推进。西欧工人纷纷来我国访问并不是偶然的。这对全世界革命运动的发展有极伟大的鼓动意义和实践意义。工人们到我国来,考察我们工厂的每个角落,——这种情况表明,他们不相信书本,而想用亲身的体验证实无产阶级有建设新工业和创造新社会的本领。你们可以深信,一旦他们确信这一点,国际革命事业就会一日千里地向前推进。"③ 斯大林满怀信心,苏联不仅对本国的工人和农民负有义务,还有更大的义务——对世界无产阶级所负的义务。苏联工人阶级是世界工人阶级的一部分。苏联所进行的事业一旦成功,就会推翻整个世界,解放整个工人阶级。

(四) 斯大林鼓舞人民坚定一国建成社会主义的信心

斯大林认识到,世界无产阶级革命运动已经进入了暂时的平静时期。

---

① 《斯大林选集》上卷,人民出版社1979年版,第325页。
② 《斯大林全集》第6卷,人民出版社1956年版,第209—210页。
③ 《斯大林选集》上卷,人民出版社1979年版,第352页。

这说明对西方工人、对东方殖民地，而首先是对世界各国革命运动的旗手苏联的压力在加强，并且对苏联施加压力的准备工作已经在帝国主义者中间开始了。"因爱沙尼亚的起义而进行污蔑性的宣传，因索菲亚爆炸事件而无耻地攻击苏联，资产阶级报刊的一致攻击我国，——这一切都是进攻的准备阶段。这是舆论上的炮火准备，其目的是训练庸人来攻击苏联并且替武装干涉创造道义上的前提。"① 在这种存在压力和危险的情势下，斯大林认为必须反对取消主义（丧失社会主义建设的前途）、民族主义（丧失国际革命的前途）和缩小党的领导等认识。斯大林批判了那种有可能使苏联的建设事业失去社会主义前途的危险的论调。当时国内外议论纷纷，一些人说：苏联这个落后的国家不能建成完全的社会主义社会，现实的生产力状况决定了这是一个空想的目的；另一些人说：现在一切取决于国际革命，因为西方无产阶级不预先取得胜利，苏联是不能建成社会主义的。没有其他国家的社会主义的预先胜利，没有西方胜利了的无产阶级在技术方面和设备方面的直接援助，在苏联有没有可能建成社会主义经济呢？斯大林给出了坚定的回答：有！毫无疑问，如果有西方的社会主义胜利的及时援助，事情就根本好办了，同时，斯大林将一国社会主义的胜利建立在坚实的基础上。苏联的工业恢复并巩固了。资产阶级政客所说的苏维埃没有能力管理工业的谰言已经遭到彻底的破产。在这个时期，苏联要集中一切力量来进一步发展工业，来加强国防力量和集合世界各国的革命力量去反对帝国主义。

（五）斯大林清醒认识苏联一国社会主义建设面临的危险

斯大林又是从国际视野看待"一国建成社会主义"这个问题的："目前的转变时期会不会以无产阶级的胜利而结束，这首先取决于我国建设的成就，取决于西方和东方革命运动的成就，取决于腐蚀资本主义世界的那些矛盾的发展。"② 斯大林一方面对社会主义建设充满信心，同时也不忽视国际因素的影响，"也取决于我们国外的敌人和朋友的强弱。如果让我们建设，如果我们能延长'喘息'时期，如果不发生严重的武装干涉，如果武装干涉不能得逞，如果国际革命运动的力量和实力同我们自己国家的力

---

① 《斯大林全集》第7卷，人民出版社1958年版，第126页。
② 同上书，第210页。

量和实力都强大得足以使重大的武装干涉企图不能实现,我们就能建成社会主义经济。相反,如果武装干涉得逞而我们被击败,我们就不能建成社会主义经济。"① 苏联必须采取一切措施保卫我们的国家以防备突然事变,随时准备捍卫我们的国家以抵御侵犯。国内和国际义务都要求苏联必须采取布尔什维克的发展速度。

二 20世纪20年代西方资本主义的态度和行为对斯大林的影响

有这样一种观点,就是认为从布尔什维克党在俄国取得革命胜利起,它便把自己置于资本主义的对立面,斯大林更是极力渲染资本主义包围的国际环境,不断宣扬和夸大资本主义世界对苏联武装干涉的危险。斯大林看不到世界各国的共同利益,过分强调两种制度的对立性,加深了资本主义世界对苏联的不信任,才造成了两种社会制度对峙的紧张局面。这种观点认为,斯大林执政初期并没有战争的信号,苏联不存在战争的威胁,在当时的历史条件下优先发展重工业的战略并没有必要性,更多的是斯大林的主观选择,是错误的选择,对苏联造成了极大的负面影响。本文认为这是错误的观点。对斯大林执政初期西方资本主义对待苏联的态度和行为进行回顾与分析,相信会有助于人们更清楚地认清历史。

(一) 英国对苏联的敌对

英国对苏联依然持敌对立场。1923年发生了以"寇松通牒"事件为开始的反苏逆流。英国工党麦克唐纳政府于1924年初上台执政后,在野的保守党伪造了所谓"季诺维也夫信件",对工党发难。保守党的鲍里温新政府上台后,拒绝批准工党政府与苏联政府签订的两个经贸条约。当时的英国外交大臣张伯伦还走遍欧洲,采用许愿、压迫、威胁等手段,试图建立新的反苏集团。

1927年,英国保守党在世界范围内对苏联进行了三次公开打击。第一次打击是指使中国军阀在北京袭击苏联大使馆。目的是找到证明苏联进行破坏和干涉中国内政的文件。苏联驻北京、天津和上海的外交代表也遭到

---

① 《斯大林选集》上卷,人民出版社1979年版,第390页。

了袭击。第二次打击是英国策划了一起袭击阿尔柯斯和苏联驻英国商务代表处的事件。阿尔柯斯是苏联合作社代表团于1920年在伦敦设立的股份公司的简称。5月12日,英国政府以苏联在英国煤矿工人1926年大罢工中曾鼓动罢工为借口,英国武装警察在没有任何法律根据的情况下,强行占领阿尔柯斯和苏联商务代表处大楼,他们试图发现可以指控苏联搞颠覆的证据,同时制造了假材料,引起舆论哗然。第三次打击是苏联驻波兰全权大使沃伊柯夫在华沙被暗杀事件。这次暗杀主要是想起萨拉热窝暗杀事件的作用,使苏联和波兰发生军事冲突。挑衅事件激起了苏联人民的反对和世界舆论、进步人士的强烈愤怒。波兰毕苏斯基政府不得不道歉,并正式谴责这次暗杀罪行。最终,1927年英苏关系破裂。

(二) 美国对苏联的敌视

整个20年代,美国从国会到政府都奉行抵制和反对苏联共产党政权及其制度的政策。1921年到1923年,苏俄遭受严重饥荒的时候,美国救济总署的粮食和药品援助极大地缓解了饥荒造成的困难,但是双方在合作中也出现了一些摩擦。美国对苏联的饥荒援助被认为是"人道主义与政治动机相结合的饥荒援助"[①]。美国政府和人民对苏联的人道主义援助应当给予充分肯定,同时,"美国政府试图利用俄国发生严重饥荒,广大人民群众特别是农民对苏维埃政权的不满、对社会主义和共产主义制度产生动摇和怀疑之机,通过粮食援助来促使布尔什维克党政权尽早垮台"[②]。苏俄对美国援助机构在俄的活动也抱有高度的戒备。

这一时期美俄关系是非常不稳定的。直到20世纪30年代初,由于国际局势的变化,苏美才从各自的利益出发,暂时搁置了分歧和矛盾,正式建立外交关系,但是矛盾隔阂依然不少。在这一时期,"中立"或"不干涉"只是美国的幌子,它是反苏行动的幕后鼓励者,比如,美国没有参加洛加诺会议,但它是背后的支持者。美国垄断集团还在财政上、战略原料上帮助德国,由此加强对苏斗争和镇压欧洲革命运动中的军事力量。美国政府不仅自己不承认苏联,在苏联努力与其他国家改善和建立关系时还从中阻挠。

---

① 沈志华主编《一个大国的崛起与崩溃:苏联历史专题研究(1917—1991)》(上册),社会科学文献出版社2009年版,第268页。
② 同上书,第275—276页。

(三) 资本主义国家对苏联的联合敌对行动

20世纪20年代,反对苏联是很多国家的共同目标。1925年4月16日,保加利亚索菲亚大教堂发生了爆炸事件,灿科夫政府指责苏联政府是爆炸事件的唆使者。灿科夫政府还借机大肆迫害人民群众。一些国家还采取了联合反苏行动。《道威斯计划》的实施就显示了他们对苏联的险恶用心。《洛迦诺公约》和道威斯计划使德国得到了恢复,最终又形成了新的战争策源地。《洛迦诺公约》反映了帝国主义的反苏倾向,公约实际上要求这些国家在进行反苏战争时彼此将给予援助。"《洛迦诺公约》终于让人舒了一口气,且被誉为新世界秩序的开端。三位外长,法国白里安、英国张伯伦、德国史特瑞斯曼,一起获诺贝尔和平奖。但欢欣鼓舞之余,没有人注意到他们规避了真正的问题;洛迦诺与其说是为欧洲带来了和平,不如说它已导向下一次的战场。"[1] 在当时国际上危机四伏的时期,苏联必然要重视洛迦诺会议及《洛迦诺公约》对自己的威胁。

这一时期,英法美等资本主义国家看似想建立和平解决争端,调节冲突的机制,但是,事实上他们都有自己的打算,并且它们之间是矛盾重重。比如,1927年,资本主义国家为达到"经济利益统一"召开了经济会议,但是毫无结果。世界资本主义用和平方法解决市场问题已经行不通了。国际联盟从1925年起开始召开的裁军筹备委员会会议,实际上暴露了英法帝国主义假裁军、真扩军的企图。最终在1930年,在筹备会的第七次会议上才勉强通过了一个对谁都没有严格约束力的裁军公约草案。这时的国际局势实际上已经是山雨欲来风满楼了。

随着国际形势的变化,斯大林的判断有所变化。在1924年的执政之初,斯大林对国际形势的判断还是很乐观的。比如,他认为英国同苏联绝交的可能性很小,因为,这对英国没有好处,只有坏处。1927年,一系列事件的发生使斯大林开始认为,这些事件不是偶然的、孤立的。斯大林的结论是:资本主义对苏联经济崩溃和垮台的幻想破灭了,但是,苏联的国际环境比过去更加紧张了,战争的危险正在增长,苏联安全面临着威胁,必须准备应付即将到来的战争。

我认为应从以下几点认识这一时期西方资本主义对斯大林的影响及斯

---

① [美] 亨利·基辛格:《大外交》,顾淑馨、林添贵译,海南出版社1998年版,第265页。

大林的意图。

1. 斯大林期望推迟战争，维护和平

在这一时期，斯大林对反苏事件保持冷静态度，尽量避免事态的扩大。但是，英美的长期敌对、一系列反苏事件的发生都使斯大林对于能否保持和平状态充满了担忧。而从国内来看，苏维埃俄国已经在和平发展的条件下进行了几年的建设，一些人就产生了乐观情绪，认为会一帆风顺，一直向社会主义前进。斯大林认为，不能这样乐观。在资本主义的包围下，在社会主义建设的和平发展过程中也有可能陷于突然受敌的境地，也可能遭到武装干涉。为了巩固国防，在建设资金非常紧张有限的情况下，也不得不每年花费数亿卢布来供养陆军和海军，"不用说，要是没有武装干涉的危险，我们就可以把这笔款项，至少是把其中大部分用在加强工业，改进农业，实行初等普遍义务教育的改革等等方面。"[1] 斯大林认为，在国内还存在阶级对立、苏联还受资本主义包围的时候，加强无产阶级战斗准备这样一个任务就应该贯穿在全部工作中。

2. 斯大林的根本目的是保卫国家的生存与安全

西方也有不少研究者认为，"苏联20—30年代活动的根本目的就是为了安全；战前苏联在东方搞军事平衡也是为了保卫自己的安全"[2]。斯大林一方面极力避免卷入英法挑动的战争中去；另一方面，积极为可能面临的战争做准备。斯大林表示，任何一个国家的政府如果看到有遭受侵犯的危险而不作自卫准备，它的人民是不会尊重它的。"从列宁逝世直到30年代初，在革命领袖中也许只有斯大林一个人最彻底、最坚决地维护党关于确立和加强世界上第一个社会主义国家的方针。他没有那种能取代列宁的天资，但别人也没有。他在智力和道德上不及许多人；但在争取新制度生存的斗争时刻，极端重要的是目标明确和领袖的政治意志。在这个问题上，除了列宁，无人能胜过斯大林。"[3] 斯大林"只想维护苏联的生存。他并没有主动塑造外交事务，而只是对它们做出被动反应。对于当时的苏维埃国家而言，它的存在被视为是对世界上其他强国的挑战，几乎没有可供选择的联盟国家，因而这种外交策略无疑是正确的。斯大林最好的愿望便是抵

---

[1] 《斯大林选集》上卷，人民出版社1979年版，第391页。
[2] 刘金质：《美国学术界对苏联外交政策的研究》，《世界政治资料》1982年第3期。
[3] 俞邃：《评价斯大林》，《当代世界》2003年第4期。

消针对苏联的'十字军'威胁"①。在复杂的国际形势下，应当肯定斯大林对保障社会主义国家生存与安全的伟大贡献。

3. 斯大林对苏联的实力有清醒的判断

斯大林认为将形成两个世界规模的中心：一个是以苏联为中心的趋向于社会主义的国家；一个是资本主义国家的中心。显然，斯大林并不认为社会主义会迅速取代资本主义。他的判断是：苏联的力量尚未强大到足以将社会主义扩展到苏联一国之外的其他国家，必须按照新的方式做革命准备，而不能进行世界革命。斯大林立足于实力制定对内对外战略。同时，斯大林还一再表达了绝不会软弱无力的决心，国内外敌对分子希望苏联软弱无力，赤手空拳，向敌人屈服，向敌人投降，苏联是绝不会同意的。

4. 苏联以重工业为核心的发展战略在当时是正确的选择

资本主义的包围和敌对使斯大林形成了强烈的孤岛意识和危机意识，这是促使斯大林急切地在国内开展国家工业化和农业集体化的直接原因。斯大林充分认识到了危险：如果苏联成为资本主义世界的农业附庸，它就将是无以自卫的弱国，这是在葬送苏联的社会主义事业。资本主义的包围和敌对，使保卫国家的独立和安全成为首要任务，而不为国防奠定足够强大的工业基础，就不可能保卫住国家。苏联必须采取布尔什维克的发展速度，发展强大的工业以增强防卫能力。在斯大林的领导下，高度集中的计划经济体制、以重工业为中心的工业化发展战略、农业集体化创造了社会主义的辉煌，向世界展现了社会主义制度的巨大的生机和潜力，为人类开创了一条新的通向未来的道路。

5. 斯大林对苏联的社会主义事业充满信心

斯大林认为苏联的存在和发展在动摇和瓦解世界资本主义的基础。这种革命主义热情和理想支撑着斯大林不畏艰难，带领苏联推进社会主义。1928年，斯大林批评了党内一些人对苏联国际环境的估计。一些人认为，资本主义世界进攻苏联的基本的和决定的因素，是苏联力量在政治上和经济上的削弱。斯大林批评了这种观点，他指出，恰恰相反，"苏联社会主义成分的增长，资产阶级希望无产阶级专政蜕化这一幻想的破灭，以及苏

---

① ［英］罗伯特·谢伟思：《斯大林传》，李秀芳、李秉中译，华文出版社2014年版，第376页。

联在国际上的革命影响的加强,是这种尖锐化的最主要的因素。"① 斯大林同时清醒地指出,不能低估苏联的困难,必须消灭苏联的落后状况,展开高速度,他期待以苏联的社会主义胜利为开端,早日迎来世界革命的胜利。

三 资本主义经济危机与苏联社会主义的优势对照

从20世纪20年代末开始,对资本主义国家来说,是经济和政治发生极其严重震荡的时期。资本主义的岌岌危机与苏联社会主义建设的伟大成就形成了鲜明的对照,社会主义制度优势的显现增强了斯大林的信心。

(一)社会主义国家的成长瓦解和动摇着资本主义的基础

斯大林认为,经过几年的建设,苏联在经济上、政治上或国防上都强大了很多,以事实打破了苏维埃制度"灭亡"和"破产"的预言,打破了资本主义"繁荣"的谈论和颂扬。资本主义经济制度是一种不合理的经济制度,而苏维埃经济制度则具有许多优点。资本主义的危机、失业、浪费和广大群众的贫困这些资本主义的不治之症,"我们的制度不患这种病症,因为政权掌握在我们手里,掌握在工人阶级手里,因为我们实行计划经济,有计划地积累资财,并且按国民经济各部门合理地加以分配。我们不患资本主义的不治之症。这就是我们和资本主义不同的地方,这就是我们优越于资本主义的有决定意义的地方"②。苏联还是工业积累程度最高的国家。这一切全是因为"我们的制度,苏维埃制度,使我们有了任何资产阶级国家所梦想不到的迅速前进的可能性"③。

这一新模式在西方资本主义的危机年代中显示了独特的优越性。"苏联社会主义制度模式的成就还表现,它体现了不同于资本主义制度的新型社会制度的特点,显示了社会主义在发展初期的优越性。从社会主义的根本任务是发展生产力的角度看,从衡量一种社会制度是否具有优越性要看

---

① 《斯大林全集》第11卷,人民出版社1955年版,第101页。
② 《斯大林全集》第13卷,人民出版社1955年版,第32—33页。
③ 同上书,第33页。

其是否能解放和发展生产力的角度看,应该肯定苏联社会主义制度模式的历史作用和进步性。由于建立了公有制,劳动者摆脱了在资本主义制度下遭受剥削的命运,摆脱了生产劳动过程中不平等的遭遇,体现出劳动者翻身做主人的新特点,对于在世界范围内克服经济危机起到了不可低估的作用。"①

(二) 坚决反击资本主义对苏联的攻击与挑战

斯大林十分警醒,他认为资本主义经济危机还促使产生了一种冒险袭击苏联和进行武装干涉的趋势。帝国主义者企图把危机给劳动人民带来的严重后果推到苏联身上,从而破坏苏联的威信。1930—1931 年,西方国家掀起了一股抵制苏联货物之风。他们硬说苏联实行"低价倾销"、"强迫劳动"和"财政破产"等。在这一事件中,美国起着积极的作用。

苏联揭露了所谓"苏联倾销"运动的实质和目的,同时对资本主义国家的经济战争,对它们抵制苏联商品的政策,采取了有效的反措施。1930 年 10 月苏联人民委员会通过了《关于和规定对苏联贸易有特别限制办法的诸多国家的相互经济关系》的决议,规定那些对苏联出口采取歧视政策的国家,也将限制其物品进入苏联。②

斯大林揭露了资本主义把经济危机归罪于苏联,为武装进攻苏联制造舆论的企图。他表示,苏联不会指靠任何国家,"我们过去和现在都指靠苏联自己,而且仅仅指靠苏联自己"③。斯大林满怀信心地指出:"我们主张和平并捍卫和平事业。但是我们不怕威胁,我们准备以打击回答战争挑拨者的打击。"④ 正是苏联的实力和威力的增长,苏联能够迎接这个困难而复杂的保卫和平的斗争。"在我们这个时代,通常是不尊重弱者,只尊重强者的。"⑤

---

① 裴小革:《经济危机整体论——马克思主义经济危机理论再研究》,中国社会科学出版社 2013 年版,第 145 页。
② 参见吴恩远《苏联社会主义体制与 20 世纪 30 年代的世界经济危机》,《世界历史》2009 年第 3 期。
③ 《斯大林全集》第 13 卷,人民出版社 1955 年版;第 268 页。
④ 同上书,第 270 页。
⑤ 同上书,第 267 页。

四　新的世界战争阴云笼罩的危机感

20世纪30年代的世界风雷激荡、危机迭起。当时主导世界局势的主要三种力量：社会主义苏联、以英法美为代表的资本主义国家、以德日意为核心的法西斯国家。这三种力量在30年代的国际外交舞台上展开了纵横捭阖的斗争。斯大林告诫党和人民：现在又像1914年那样，新的战争显然逼近了，应当采取一切措施保障国家以防止突然的事变。这种危机感最终为第二次世界大战的爆发、德国法西斯疯狂入侵的历史事实所证明。苏联的做法是：一方面坚持维护和平；一方面极力加强红军和红海军的战斗准备。

（一）苏联维护和平的努力

在这种战争前的狂热已经笼罩许多国家的情况下，苏联坚持和平立场，反对战争威胁，揭穿那些准备战争和挑拨战争的人的假面具。1933年12月12日，联共（布）中央通过了关于开展为争取集体安全而斗争的决议，为建立反法西斯的国际统一战线而努力。在1939年3月，联共（布）召开的第十八次代表大会上，斯大林依然表示："保持谨慎态度，不让那些惯于从中渔利的战争挑拨者把我国卷入冲突中去。"[①] 但是国际局势的发展并不乐观。由于英法对建立反法西斯同盟缺乏诚意，出尔反尔，故意延宕，使苏联对自身安全产生了深深的忧虑。1939年8月23日签订了《苏德互不侵犯条约》。这正是30年代复杂多变国际局势的典型反映。对于这一条约，在中国特别是史学界有着激烈的争论。但是，任何措施最终也没有制止住德国入侵的脚步。

可以看到，在整个第二次世界大战前的时期，苏联对欧洲的影响是十分有限的。苏联致力于建立集体安全体系，争取同英法美等国家组成联合和平阵线、共同制止法西斯德国的侵略、维护欧洲和平与自身安全的努力，一再受到这些国家的消极对抗和公开破坏。

（二）斯大林对战争危险的判断

斯大林早在1925年就指出：道威斯计划孕育着德国的革命，《洛迦诺

[①] 《斯大林文集（1934—1952）》，人民出版社1985年版，第246页。

公约》孕育着欧洲的新战争。道威斯计划是个编制得很好的计划，但"它是在没有主人参加的情况下编制成的"，这对德国人民来说是双重压榨。同时，斯大林也指出，在德国已经不再是一支武装力量的情况下，各战胜国却在加紧扩充军备，所以说："各战胜国间现在并没有友好的和平，而只有武装的和平，只有酝酿着战争的武装和平状态，"① 可以说，斯大林在第二次世界大战酝酿时期就已经看到了战争危险的存在。用和平的方法解决市场问题，对资本主义已经行不通了。

1933 年，斯大林就指出："现在又像一九一四年那样，好战的帝国主义的政党，战争和复仇的政党是最出风头的。"② 资产阶级和平主义已经是苟延残喘，而废除军备的空谈正在被扩充军备的"认真的"言论所代替。一些资产阶级政治家们正在制订发动战争的计划，一些人认为应当对苏联发动战争。"他们想击溃苏联，瓜分它的领土，靠掠夺它来发财致富。如果以为只是日本军人有这种想法，那就错了。我们知道，欧洲某些国家的政治领导人物也在制定这样的计划。"③

（三）斯大林清醒认识法西斯对社会主义的威胁

一些国家认为，德国在相当长一段时期不会对欧洲乃至世界构成军事威胁。希特勒上台有助于削弱苏联及其他国家的共产主义运动。德意日法西斯深谙此道，他们在中国、干涉西班牙内战、入侵捷克斯洛伐克时，都不同程度地利用了"反苏反共"的旗号。英法美等国期待纳粹德国成为抵御共产主义向西欧扩散的坚强堡垒，它们不断大开绿灯。德意日法西斯也的确把共产主义看作他的大敌。捷克斯洛伐克灭亡后，希特勒的侵略矛头继续指向苏联的近邻波兰，战火即将蔓延到苏联的边境。"不干涉政策就是纵容侵略，就是策动战争，因而就是把它变成世界大战。在不干涉政策中贯串着一种倾向，一种愿望，这就是不妨碍侵略者去干它们的黑暗勾当，比如不妨碍日本纠缠于对华战争，更好是对苏战争，比如不妨碍德国陷入欧洲事务和纠缠于对苏战争，让所有交战国都深陷到战争的漩涡中去，暗中鼓励它们这样干，让它们相互削弱，相互消耗，然后，当它们疲

---

① 《斯大林全集》第 7 卷，人民出版社 1958 年版，第 232 页。
② 《斯大林全集》第 13 卷，人民出版社 1958 年版，第 259 页。
③ 同上书，第 263 页。

惫不堪时，自己就以充沛的力量出台活动，当然是'为了和平'而出台活动，并迫使那些筋疲力尽的交战国接受自己的条件。"① 斯大林揭露了英法美等国的险恶用心。

苏联在当时承受的压力是巨大的。在发动战争时候，法西斯头子炮制各种舆论为自己的行为开道，法西斯否认他们进行的是反对英国、法国、美国在欧洲、在远东的利益的战争，而宣称他们进行的是反对共产国际的战争。斯大林予以嘲笑并揭露他们："侵略者老爷们就是想这样来炮制舆论的，虽然显而易见这是一套无法掩饰真相的笨拙把戏，因为要想在蒙古的沙漠上，在阿比西尼亚的群山间，在西属摩洛哥的丛林里寻找共产国际的'策源地'，是可笑的。"② 斯大林指出，在当时的时代，要想不顾各种条约，不顾社会舆论，而直奔战争，并不是那么容易。法西斯头子要迷惑舆论，欺骗舆论。斯大林警告那些主张不干涉政策的人们，这最终会使他们遭到严重的失败。

（四）苏联积极进行战争准备

斯大林提出：必须以强大的军事实力保卫苏联的安全并给法西斯主义以应有的教训，苏联必须积极备战。1933年12月25日斯大林在和《纽约时报》记者杜兰特先生的谈话中讲道："我们希望和日本有良好的关系，但是遗憾得很，这不仅仅取决于我们。如果明智的政策在日本占了上风，我们两国就能友好相处。但是，我们担心好战分子会把明智的政策排斥到后面去。这就是真正的危险，对这种危险我们不得不有所准备。任何一国的政府如果看到有遭受侵犯的危险而不作自卫准备，那末它的人民是不会尊重它的。我认为从日本方面来说，如果它进攻苏联，那是不明智的。"③ 斯大林认为苏维埃政权具有取之不尽的力量源泉。一旦发生战争时，军队的后方和前方由于彼此一致和内部统一，将比其他任何国家都要巩固，这一点是国外那些爱搞军事冲突的人应当记住的。

第二次世界大战的酝酿，强化了苏联的工业化发展战略，随着国际形势的迅速恶化，迫使苏联不得不把愈来愈多的人力物力用于国防，整个经

---

① 《斯大林文集（1934—1952）》，人民出版社1985年版，第242页。
② 同上书，第241页。
③ 《斯大林全集》第13卷，人民出版社1956年版，第248—249页。

济也转而保持着随时转入战时轨道的态势。战争爆发后，苏联采取了一系列应急措施，领导全国军民投入反对德国法西斯入侵的卫国战争。

五 社会主义从一国走向多国对斯大林的鼓舞

社会主义从一国走向多国，形成了以美国为代表的帝国主义力量和以苏联为代表的社会主义力量的对立和斗争，构成了战后国际关系的基本内容和主要特征。社会主义与正在发展中的民族解放运动的新兴力量形成了战后初期世界政治力量的新格局。

（一）斯大林赞扬社会主义从一国走向多国对世界资本主义的猛烈冲击

社会主义在多国的胜利大大增强了社会主义的力量，苏联不再仅仅依靠自身的力量与西方世界对垒，而是依靠联合起来的社会主义阵营的力量来反对西方资本主义阵营。社会主义阵营的形成有利于巩固各国的社会主义成果，鼓舞了蓬勃高涨的民族解放运动，沉重打击了帝国主义和殖民主义，对世界政治经济产生了深远的影响。

社会主义国家在消除战争创伤、恢复生产、提供充分就业、发展经济、提高人民生活水平等方面，取得了举世瞩目的成就。社会主义谱写的辉煌显示出了社会主义制度的优越性，提高了社会主义的世界声望。现实社会主义的存在、它在解决许多极为重要的经济、社会和政治问题中所取得的成就迫使资产阶级不得不满足劳动者的某些社会经济政治要求，采取灵活的策略和改革方法。

（二）斯大林高度肯定社会主义维护世界和平，遏制帝国主义的努力

美国为了称霸世界，不断进攻社会主义。一些著名人士联合发出了要求召开世界保卫和平大会的宣言，世界保卫和平运动迅速兴起。苏联和所有社会主义国家都奉行和平的对外政策，多次提出禁止使用原子武器，彻底销毁现存全部原子弹，以及实现普遍裁减军备和取缔外国军事基地，全部撤离外国驻军等声明、提案。1946年12月，苏联在联合国第一届第二次大会上提出了禁止使用原子武器的提案和缔结国际裁军协定的建议。苏联还率先将红军从1130万人裁减到280万人。苏联的努力，不仅为苏联医治战争创伤和发展国民经济赢得了和平的国际条件，而且打破了美帝国主义的全球战略，不同程度上支持了各国人民的革命斗争，为世界和平和人类进步事业作出了巨大贡献。

（三）斯大林对各国共产党力量的壮大欢欣鼓舞

各国共产党经过战争的洗礼更强大了。在战争中，各国共产党人站在斗争的最前线，赢得了人民的信仰，壮大了自己的力量。斯大林对世界共产党力量的迅速壮大满怀欣喜。各国共产党希望苏联这支"突击队"的成就能改善在资本主义压迫下受折磨的各国人民的处境。斯大林认为，布尔什维克党没有辜负这种希望，苏联粉碎了德国和日本的法西斯暴政，使欧洲和亚洲的各国人民摆脱了法西斯奴役。但是，由于苏联这支"突击队"还是唯一的一支突击队，它还是几乎单枪匹马地执行这个先进的任务，所以，执行这个光荣的任务是很困难的。而人民民主国家的出现，使得斗争比较容易了。斯大林高度肯定了共产党的影响在东欧的日益增长。他认为，共产党人的影响的增长不是偶然的，完全是一种合乎规律的现象。

斯大林认为，苏联和其他共产党国家结合在一起，必定会形成广泛的吸引力，日益复杂的国际形势也要求各国无产阶级政党、各社会主义和人民民主国家必须加强联系，加强团结，以便共同对付帝国主义和各国反动势力的进攻。1947年春夏，杜鲁门主义、马歇尔计划先后出现，斯大林决定加强欧洲各国共产党的协调行动。苏联、波兰、罗马尼亚、捷克斯洛伐克、匈牙利、保加利亚、南斯拉夫和意大利、法国九国共产党和工人党代表建立了共产党情报局。尽管情报局在后来的发展过程中犯了干涉他党内部事务和他国内政的错误，但在当时情况下，它对团结社会主义力量和民主力量，动员各国共产党和人民抵抗帝国主义和各国反动势力，还是发挥了很大的积极作用。

（四）斯大林高度重视社会主义国家之间的联合与合作

社会主义从一国走向多国后，社会主义各国以马克思主义为纽带，通过双边或多边条约、协定等法律形式，建立了密切的联系。在这一时期，西方对社会主义世界的经济封锁，对于没有加入"马歇尔计划"体系的苏联、中国和欧洲各人民民主国家实行经济封锁，想以此窒杀它们。在1947年12月，美国国家安全委员会决定禁止从美国向苏联及其附属国出口所有美国短缺物资和有助于增长苏联军事潜力的物资。1949年2月，美国国会制定了《出口管制法》又将与战略物资有关的技术资料列入禁运范围，拉开了对社会主义国家实行经济遏制战略的帷幕。巴黎统筹委员会要求成员国严格控制向社会主义国家出口，对社会主义国家实行长期的禁运。这标志着美国的经济遏制战略扩大成为整个西方世界的共同行动。

在这种情况下社会主义国家在自力更生的基础上发展社会主义国家之间的经济合作与互助。特别是苏联与中国两个大国结盟，在战后初期具有特别重要的国际意义，它巩固了以苏联为首的社会主义阵营，对美国在亚太地区的霸权图谋是一次沉重的打击。但是，在这一时期，斯大林在经济建设上强制推行苏联的做法，轻视别国具体的历史特点和实践，一些不妥当甚至错误的做法，严重践踏了别国的主权，伤害了别国人民的民族情感，危害了苏联与东欧社会主义各国的团结合作关系。

六　第二次世界大战后苏联国际地位的提升对斯大林的影响

苏联在第二次世界大战中取得的辉煌胜利，再加上苏联对世界被压迫阶级和被压迫民族革命斗争的声援和支持，使社会主义制度的吸引力、苏联在国际上的政治影响力达到了空前的高度。苏联国际地位和影响力的提高给斯大林以莫大的鼓舞。在第二次世界大战中取得辉煌战绩的苏联、成为世界大国的苏联、处于世界社会主义阵营中领军地位的苏联、作为世界一极的苏联不甘心受美国的遏制和摆布，而是要与之一争高下。但是，也要看到，就苏联方面来说，"在苏联和美国乃至整个西方世界的力量对比中，毕竟是力量要弱得多的一方，而斯大林也充分意识到了自己力量的限度。出于严重的不安全感，苏联在战后初期的许多重要问题上，一方面努力维护雅尔塔体系的基本框架，避免同美英等西方大国对抗，甚至不惜作出一些妥协和让步，以争取一个和平的国际环境；另一方面，出于贯彻其大战略的需要，出于对本国利益的绝对考虑，苏联在处置战败国和处理东欧等国家的问题上，也采取了一些僵硬的缺乏妥协精神的酝酿与促进冷战的对抗行动"。[①]

[①] 徐天新、沈志华主编《冷战前期的大国关系——美苏争霸与亚洲大国的外交取向（1945—1972）》，世界知识出版社2011年版，第9页。

(一) 斯大林高度评价苏联的政治经济制度

斯大林高度肯定了苏维埃社会制度的生命力,认为这一事实反击了对社会主义制度的污蔑。当时国外舆论宣传苏维埃社会制度注定是要失败的冒险试验,它没有根基,是肃反委员会机关强加于人民的一座"纸牌搭的小房子",稍微一推就会倒塌。斯大林认为第二次世界大战的辉煌成绩驳倒了这一切毫无根据的断语。斯大林还高度肯定了苏维埃国家制度。一些国外敌对分子声称:苏维埃多民族国家是一个"人工造成而不合实际的建筑物",一旦发生某种麻烦,苏维埃联盟的崩溃就是不可避免的。战争的胜利驳倒了这些毫无根据的议论。

苏联之所以能够在短时期就建立起赢得第二次世界大战胜利的物质条件,在斯大林看来就是依靠了两个政策:一是国家工业化政策;二是农业集体化政策。原有的体制在战火中经受住了考验,所以,战后斯大林坚持原有的政治经济体制,至于该体制的弊病,则被掩盖和忽略。以重工业为核心的发展战略,其目的是保证经济独立,保障苏联安全,但也造成了农业和轻工业滞后。为了在苏美抗争中增强实力,斯大林继续在国内执行一条重点发展重工业和军事工业的经济发展战略,拉开了漫长的苏美军备竞赛的序幕。

苏联的成就也受到了第二次世界大战后新建立的人民民主国家和社会主义国家的重视,一些国家或主动或被动地将苏联的经济建设体制作为本国发展的样板、实现国家现代化的路径。在当时,苏联帮助和推动新生的社会主义国家恢复经济,初步建立工业基础。但是斯大林强制推行苏联模式,将东欧纳入自己的势力范围,阻碍了这些国家独立自主地探索适合本国国情的社会主义建设道路,这一教训应当总结和汲取。

(二) 苏联在两极世界格局中发挥重大作用

社会主义国家成为同资本主义国家并行的世界强大的力量中心,这是人类历史的重大发展和进步。当时苏联的地位是:"不管有多么不愉快,美国还是不得不坐下来跟苏联谈怎么解决这些问题和找出某种答案。"[1]美、苏两国的对抗和对立造成了世界局势特别是欧洲地区形势的长期紧

---

[1] 华庆昭:《从雅尔塔到板门店》,中国社会科学出版社2006年版,第63页。

张。这一时期,德国分成两个国家,亚洲的朝鲜变成北、南两个国家,形成了东、西方对抗状态。两种不同制度国家之间的尖锐矛盾和斗争,美苏两极对立隔绝是造成世界不稳定的根源。美苏争霸,将一些小国作为争夺和竞争场所,使许多小国和弱国的主权和利益受到了侵占和损害,这一时期斯大林带有很明显的大国强权政治的色彩。

(三)苏联是世界社会主义的中心

第二次世界大战后苏联大国地位的确立和全球影响力的兴起,苏联成为"社会主义大家庭"的领导者和进步力量的中心。这一时期苏联与东欧各国政治、经济、军事关系的加强对巩固社会主义阵营和反对帝国主义侵略的斗争起了积极作用。"对斯大林而言,苏联在东欧的目标的这两个方面——安全与政权建设——是同一枚硬币的两个面。"[1] 斯大林积极在这一地区谋求安全保障,确保红军的胜利成果以及战后东欧国家政府的亲苏立场。但是,西方国家指责苏联是在搞扩张。1946年3月13日,斯大林在同《真理报》记者谈话时指出:"苏联为了保证自己将来的安全,力求在这些国家内能有对于苏联抱善意态度的政府,试问,这有什么奇怪呢?假使没有发疯的话,那怎么会把苏联这些和平的愿望看作是扩张倾向呢?"[2] 由于历史的教训,东欧作为通向苏联的走廊,战后斯大林高度重视国家安全的保障,以防自己周围的国家再次沦为西方大国的工具而危害苏联。

苏联也是对欠发达国家激进运动很有吸引力的政治经济楷模,苏联作为西方资本主义强大的对立面,吸引欠发达国家在一些情况下愿意同它携手,形成了国际政治中弱小反对强大的同盟。但由于许多国家的社会主义制度是在苏联红军的支持下建立起来的,斯大林在处理与周边国家的关系时,采取大国主义立场,影响了社会主义阵营的平等合作关系。这是在处理社会主义国家间关系时应当汲取的教训。

七 冷战对峙的新格局对斯大林的影响

有研究者认为,第二次世界大战后世界上出现了一系列社会主义国

---

[1] [美]弗拉季斯拉夫·祖博克:《失败的帝国:从斯大林到戈尔巴乔夫》,李晓江译,社会科学文献出版社2014年版,第32页。

[2] 《斯大林文集(1934—1952)》,人民出版社1985年版,第499页。

家，苏联已经不存在来自外部的现实威胁了，而斯大林仍然固守着充满弊端的经济政治模式，严重阻碍了社会主义建设。我认为，的确，第二次世界大战后斯大林的发展战略存在问题。但是第二次世界大战后，苏联不再有外部威胁了吗？是苏联以整个资本主义世界为对手，走上了与它抗衡的道路吗？这就不可避免地涉及冷战，究竟是苏联还是美国发起了冷战，这是一个存在很大争议的问题。我认为，无论是谁发起了冷战，冷战的对峙格局极大地影响了斯大林。

战后初期，斯大林最初保持着谨慎和克制的态度，总的思想倾向是争取和平与合作。关于这一点，很多国内外学者也是认可的。"大部分苏联官员都相信，美苏之间的合作在战后还会继续，尽管这其中可能会遇到一些波折。1944 年 7 月，葛罗米柯认为，'在我们与美国的交往中，虽然有可能会时不时地出现这样那样的困难，但两国之间战后积极合作的条件肯定是存在的'。李维诺夫把'防止英美结成反苏集团'视为苏联对外政策的主要任务。他期待在美国退出欧洲之后，伦敦和莫斯科之间有可能达成'友好协议'。而莫洛托夫本人当时也这么想：'与美国保持同盟关系对我们是有利的。这一点很重要。'"[①] 直到美国抛出复兴欧洲的"马歇尔计划"、加速筹建布鲁塞尔条约和北大西洋公约组织、加紧分裂德国、"遏制"苏联之后，斯大林才开始强调帝国主义战争的不可避免性和两种制度对立和斗争的不可调和性。

（一）斯大林严厉揭露英美的阴谋意图

1945 年 4 月底，在莫斯科响起了最早的警报：杜鲁门政府事先没有通知就停止了给苏联的租借物资的供应。在莫斯科提出抗议后，美国恢复了租借物资的供应，说是有关部门搞错了；但这并没有打消苏联方面的怀疑，他们把此事看作企图在政治上向苏联施压。斯大林不断感受到了从西方传递过来的散布苏联扩张和威胁的气息。斯大林认为，美英侵略政策的鼓舞者需要的不是协议和合作，而是谈论协议和合作，以便破坏协议，诬罪于苏联，并以此"证明"不可能同苏联合作。同时，斯大林认为，各国人民对不久前的战争惨祸记忆犹新，拥护和平的社会力量非常强大。

[①] [美] 弗拉季斯拉夫·祖博克：《失败的帝国：从斯大林到戈尔巴乔夫》，李晓江译，社会科学文献出版社 2014 年版，第 20 页。

针对丘吉尔指责苏联的无限制"扩张倾向",斯大林回应:德国人侵入苏联是经过芬兰、波兰、罗马尼亚、保加利亚和匈牙利的。德国人之所以能够经过这些国家侵入苏联,是因为这些国家当时存在着敌视苏联的政府。苏联为了保证自己将来的安全,力求在这些国家内能有对于苏联抱有善意态度的政府,这是苏联和平的愿望而决不是扩张倾向。

斯大林坚信,美国的经济潜力与原子力量再加上英帝国在全球各地的军事基地必然会使苏联陷入危险的包围。苏联面临着严峻的选择:要么迅速强大;要么毁灭。如果没有战后的动员与重建,苏联就会任人摆布,或许还会被美国可怕的力量压垮。

(二)苏联坚持维护世界和平的基本立场

斯大林多次表示苏联和西方民主国家可以长期和平共处,不会对外扩张。尽管有着意识形态上的分歧,但他依然相信苏联和西方民主国家有长期友好合作的可能性。斯大林表示:"我看不出任何可怕的东西,足以破坏和平或引起军事冲突。任何一个大国,即使它的政府力图这样做,在目前也不可能派出大量军队去反对另一个盟国,另一个大国,因为在目前,没有本国的人民,谁也不能打仗,而人民是不愿意打仗的。人民已经疲于战争。此外,也没有任何合理的目的,可以用来为新战争辩解。谁也不知道他为什么应该去打仗,所以,美国政府的某些代表谈论我们两国的关系恶化,我看不出会有什么可怕。根据这些理由,我认为新战争的威胁不是实际存在的。"①

斯大林认为,有人把苏维埃制度称为极权的或独裁的制度,而苏联人则称美国的制度为垄断资本主义。正是双方自战争结束以来的这类批评,是造成误解的原因之一。1952年4月,斯大林在回答美国一些地方报纸编辑提出的问题时,依然坚持以前的判断:现在第三次世界大战并不比两三年前更加临近了。"只要双方有合作的愿望,决心履行所承担的义务,遵守平等和不干涉别国内政的原则,资本主义和共产主义的和平共处是完全可能的。"② 同时,斯大林表示,当前国际局势紧张的根源在于:"凡是表现出反苏'冷战'政策的侵略行动的一切地方和事情上。"③ 出于全球霸

---

① 《斯大林文集(1934—1952)》,人民出版社1985年版,第518页。
② 同上书,第673页。
③ 同上书,第679页。

权主义的需要，美国走上与苏联全面对抗的道路。当时的苏联尽管在对外政策上犯有大国主义错误，但从总体上并不存在全球扩张的野心。苏联当时在国际上的行为是很谨慎的。美国著名外交家乔治·凯南在后来也承认当时苏联根本没有任何方法来构成对美国的军事威胁，单是战后重建就需要几年的时间，俄国人渴望和平的愿望是真诚的。

（三）针锋相对，强硬反击

斯大林认为，战争不是迫在眉睫，他对形势作出这样的估计是因为战争并不对帝国主义者有利。用原子弹吓唬苏联，但苏联不怕。苏联的强大足够保卫自己。要进攻，要发动战争，还不具备物质条件。但是，随着战争结束、苏联与西方同盟的关系日益紧张和意识形态竞争不断加剧，面对西方不断上升的反苏反共倾向，斯大林的反应也更复杂、更具进攻性。

1946年2月8日，斯大林在莫斯科选民代表大会上发表了一篇著名的演说。西方人士把它看成是一篇鼓动战争的演说。有研究者表达了不同认识，"事实上，斯大林在莫斯科选民大会上的演说并不是宣传战争的。它是斯大林常用的防御武器。然而，西方国家的政府和报刊可以随心所欲地向群众能够作解释，因为群众对苏联和共产主义并不了解。斯大林的演说是一个信号，表明苏联领导人也认为，跟西方在一系列重大问题上有可能达不成谅解。它也是苏联在跟西方方兴未艾的神经战中的一项措施。当时苏联在本意上是真正希望避免跟美国及其西方盟国发生战争的。它根本没有打大仗的实力"[①]。

到了1946年春，苏美战时同盟关系受到了一系列危机的冲击。有与土耳其在海峡问题上的冲突，巴黎外长会议出现的新的紧张局面，在波兰、匈牙利和罗马尼亚，苏联与美国等西方国家分别支持对立的派别而产生的在选举方式上存在的争议，还有伊朗危机等。特别是"杜鲁门主义"和"马歇尔计划"的出笼，《北大西洋公约》的签订，杜鲁门咄咄逼人的反共词句，一系列充满针对性和敌意的行为。斯大林是不可能坐视美国强硬的外交态势的进攻的。在苏联方面也有类似凯南长电报的报告，这就是据说是20世纪90年代才解密的，当年苏联驻美国大使尼古拉·诺维科夫于1946年9月27日给参加五国和约巴黎会议的苏联代表团的秘密报告，

---

① 华庆昭：《从雅尔塔到板门店》，中国社会科学出版社2006年版，第84页。

题为"战后美国对外政策的长篇报告"。诺维科夫的这封电报可视作苏联方面对英美冷战言论针锋相对的反应。

"马歇尔计划"是一个导火索,这一政策具有稳定西欧和侵蚀东欧的双重目标。而正是后一点在苏联看来是动摇雅尔塔体制给苏联划定的东欧势力范围并且破坏苏联的东欧安全带。这当然是苏联所无法容忍的。苏联采取了针锋相对的政策。在经济上,断然拒绝该计划并阻止东欧国家接受这一计划,为防止东欧可能出现的对苏离心倾向,同时考虑到"马歇尔计划"的实施对欧洲经济格局的影响和东欧国家拒绝"马歇尔计划"后所可能遭到的经济损失,苏联着手加强与东欧国家的经济联系,对东欧国家进行政治安抚和经济援助,这就是"莫洛托夫计划"。它进一步加强了苏联与东欧国家的经济联系,同时也限制了东欧国家同西方国家的经济往来。1948 年 6 月至 1949 年 5 月出现了冷战后的第一次危机——柏林危机。在柏林地区采取行动是苏联发起反击的最突出的表现。

可以看到,不同社会制度的国家能否真的和平相处并不只取决于苏联和斯大林,还取决于以美国为首的西方国家。冷战对峙局面之下,斯大林认为,"在开展和平的社会主义建设时,我们一分钟也不应忘记国际反动派的阴谋诡计。他们在策划新战争。必须记住伟大的列宁的指示:转向和平劳动之后,我们还应经常保持警惕,并且像爱护眼珠一样爱护我国的武装力量和国防力量"①。苏美之间的盟友关系变为敌对关系,形成了以苏美为首的两种体系、两个阵营和两个对立的经济集团和军事集团,两种不同社会主义制度国家进入以美国和苏联为首的东西方两大阵营全面对峙时期。斯大林提出了著名的"两大对立阵营"思想和"两大平行世界市场"思想。两大阵营的冷战对峙和斗争,在相当长的时间里,不但规定和制约着世界的基本格局的性质和特点,而且也规定和制约着国际共产主义运动的进程和特点。

关于斯大林的评价具有历史意义、理论意义、现实意义和政治意义。当今中国正处在深化改革的关键时期,从国际视野全面深入地认识和评价斯大林的社会主义建设理论与实践,将有助于进一步探索、完善和解决中国特色社会主义改革进程中一系列带有根本性的问题。

(作者单位:中国社会科学院马克思主义研究院)

---

① 《斯大林文集(1934—1952)》,人民出版社 1985 年版,第 506 页。

论俄罗斯联邦唯物主义史观自觉重建

——基于新版历史教科书"苏联"问题的实证分析

李 琳

俄罗斯联邦围绕历史教科书所引发的历史观争论,其范围之广、时间之久,前所未有。20世纪80年代在戈尔巴乔夫"改革新思维"的影响下,苏联国内外政治势力即以"历史翻案"为噱头,抛弃唯物主义历史观,全面否定苏联社会主义建设,否定列宁、斯大林的历史贡献。苏联解体后,俄罗斯历史观与历史教科书问题愈演愈烈,受西方资助的歪曲和丑化苏联的教材占领课堂、抹黑苏联的历史文章充斥媒体、否定国家历史的重大史实、传播俄罗斯历史落后性的虚假概念,致使国家历史领域陷入全面混乱。

2000年普京上任后,正式打响了国家"历史保卫战",多次明确干预历史教科书问题,建议取消伊戈尔·多卢茨基编写的10—11年级历史教科书《20世纪祖国史》,并推荐菲利波夫主编的《俄国现代史(1945—2006年)》教师手册[①],但也引发俄罗斯社会各界的巨大争议,未有实际效果。2013年2月,普京要求政府教育部与国家历史学会,应统一国家历史评价标准,形成没有内部矛盾和双重解释的国家历史教科书。在几百名历史学家与历史教师的参与下,2015年8月国家历史学会发布《新版历史教科书教学方法的新概念》全文,重新评价"苏联历史重大疑难问题",确立新的历史科研与教学标准。2016年年初新版联邦历史教科书正式发行,教育部要求二年时间内全境中小学使用新版历史教科书,取缔原有未经审查的历史教科书。俄罗斯历时20余年围绕历史教科书的争论,是国

---

① 张盛发:《普京重任总统后再次治理俄罗斯历史教科书问题》,载《俄罗斯东欧中亚研究》2013年第6期。

家意识形态的"斗争",展现了从历史虚无主义到重建唯物史观的艰难而曲折的道路。

一 俄罗斯联邦确立历史文化新标准

2015年5月15日,俄罗斯联邦政府教育与科学部(以下简称"教育部")主持召开"教科书科学教学方法委员会"会议,教育部第一副部长诺·特列齐亚克(Н. В. Третьяк)作为委员会主席主持并参与讨论。在俄罗斯推行统一的历史教科书议题上,委员会成员18人一致通过会议主席提出的尽快改变现行历史教科书教学内容和历史文化标准,厘清现行历史教科书中某些重大历史问题混乱不清的状况,迅速明确新版教科书的历史概念、历史标准和教学内容。2015年8月24日,按照教育部安排,俄罗斯联邦历史学会发布《俄罗斯联邦新版历史教科书教学方法的新概念》①(以下简称《历史新概念》),文件长达83页,按照俄罗斯历史分期详尽阐述联邦教育体系应推行的历史教学新概念和新标准。

(一)解读历史新概念

俄罗斯联邦"历史教学方法的新概念"指的是:"基于世界史学、俄罗斯史学研究成果积淀与国家利益的需要,确立俄罗斯历史教育全新概念。此概念包括历史文化评价标准,即对历史关键事件的基本评价、重要概念、历史术语、重要事件与人物的最新权威研究成果。这个标准旨在改变俄罗斯历史教学中关于某些'历史难题'的争论,以及在教学中缺乏统一教学目标等问题,改善历史课教育教学质量,给予学生以统一的历史概念和历史信息。"

《历史新概念》明确阐释国家历史教育的目标为:从历史事实出发,感受俄罗斯国家和人民的历史经历;揭示俄罗斯历史作为世界历史的不可分割的组成部分;形成国家历史的连续性,展现俄罗斯国家政治和经济的

---

① 2013年10月,俄罗斯联邦历史学会制定新版历史教科书的《历史教学方法新概念》草案,并提交俄罗斯政府审定;2014年5月历史学会发布修订后的《历史教学方法新概念》,确立新版历史教科书的历史文化新标准,并开始编写统一的新版历史教科书;2015年8月24日,按照教育部安排,俄罗斯联邦历史学会正式发布《俄罗斯联邦新版历史教科书教学方法的新概念》(Концепция нового учебно-методического комплекса по отечественной истории.)文件全文。

发展成就，以及国家文化的创造性成果，获得国家认同。《历史新概念》指出，俄罗斯历史是教育体系中最为重要的环节，迫切需要与文学、俄语语言、社会学、世界文化等其他人文学科共同发展，形成国家统一的教育原则和教育方法，利于历史教育结构优化和推行全国统一的历史考试。

（二）历史新概念的内涵

制定《历史新概念》的主要目标：界定俄罗斯国家和社会发展的主要阶段，展示俄罗斯历史发展全貌，考虑到历史发展各个阶段的相互关系，形成俄罗斯在世界历史上的重要作用和地位，表达俄罗斯历史贡献和俄罗斯文化的卓越成就，形成现代俄罗斯形象。

1. 历史是教育的关键要素

俄罗斯历史是理解世界历史进程的最为重要的基础和根本。历史教科书的材料应该培养学生的爱国主义、公民意识和宽容良善的价值取向，同时应有助于培养学生独立思考的历史分析能力。

2. 爱国主义是历史教材的基础

应教育青年一代认识到国家在世界史中的重要地位和作用，使其具有浓厚的民族自豪感和爱国主义情绪。伟大的卫国战争，尤其是1812年和1941—1945年的卫国解放战争中，英雄主义的历史事实和英勇壮举需要年轻一代永远铭记。俄罗斯人民在广阔的欧亚大陆上建立一个复杂的多民族、多宗教的伟大国家，容忍、宽容、善良和互惠是俄罗斯人民的美德，他们创造了世界瞩目的俄罗斯文化和科学成就。

青年一代应对俄罗斯历史持积极态度，不应该仅仅看到国家的成功和胜利，还应注意到国家历史的动乱、革命、内战、政治压迫等都是历史事件的多样性，正是这些悲壮的历史故事才构成了国家历史的完整性。国家历史悲剧不能被掩盖，但正是在这样的历史条件下俄罗斯人民付出了艰辛的努力，共同战胜困难，获得国家强大的力量。

3. 多民族和多宗教是俄罗斯历史特点

俄罗斯历史教材不应仅限于俄罗斯民族的历史，更应包含整个多民族俄罗斯国家的文化、宗教、史实等，囊括各民族人民政治、经济和社会相互联系的历史。应该强调的是，俄罗斯少数民族对于国家历史产生了积极影响，如共同抵抗外部敌人入侵、防范内部动荡和内乱、发展政治经济、普及教育文化卫生，等等。

4. 历史教材应促进公民身份认同

国家历史课程的主要任务在于形成俄罗斯公民身份的认同,并重点形成公民的理念,以解决国家与社会互动问题。公民应具有强烈的公民权利与公民社会责任,注重公民参与国家社会活动意识,加强同地方政府、行业协会、学术团体、社会团体和协会、政党和组织、互助会等社会组织的公民参与。

5. 历史教材应渗透俄罗斯文化成就

俄罗斯社会和文化是历史教育的主要组成部分。学生应充分了解中世纪俄罗斯文化的伟大成就,20世纪俄罗斯现代文化、文学、音乐、绘画、戏剧、电影,以及俄罗斯科学家杰出发现,这是俄罗斯历史不可分割的一部分,也是对世界文化史的重大贡献。

(三) 历史文化新标准

俄罗斯教育部部长德·里瓦诺夫(Д. Ливанов)说:"我们要确保年轻一代学会客观地看待历史事实,了解祖国的伟大历程,历史教师应全面地解释历史事件。"《历史新概念》的关键问题在于确立历史文化新标准,确立国家评价历史的主流态度,即客观全面地看待历史事实,辩证地分析理解历史事件。历史文化新标准包含历史概念和历史术语,尤其是最为争议的"历史棘手问题"等关键事件的基本评价,包括1917年俄国革命、苏联社会主义建设、斯大林问题、第二次世界大战的苏联卫国战争、苏联解体的原因和性质、20世纪90年代政治斗争,等等。

1. 1917年伟大俄国革命的历史评价标准

1917—1921年在世界历史和俄罗斯历史中占据独特的地位,一系列战争与革命,撼动了旧的世界秩序。1917年伟大俄国革命的"苏联经验",增强全球历史进程的影响力,被认为是20世纪世界最为重要的事件之一。第一次世界大战从根本上改变了欧洲的地理政治版图,几乎同时击溃四大帝国,即俄罗斯、奥匈帝国、德国和土耳其帝国。第一次世界大战造成前所未有的全球金融危机,伴随着士兵和平民的大量伤亡、经济困顿、移民和失业、生活水平急剧下降,同时饥荒、瘟疫、死亡和混乱随处可见。

马克思主义思想为革命性的历史变革奠定坚实的政治思想基础,政治变革解决了国家的社会危机。1917年10月苏维埃革命宣告社会主义共和国的成立,布尔什维克党掌握国家政权,选举列宁为首的国家政权领导者，建立新的国家政治机构。在布尔什维克的领导下，国家通过阶级斗争和无产阶级专政对"剥削者"的私人财产进行国有化，签订《和平法令》和《布列斯特和约》，实现工业国有化、土地社会化和政教分离，制定苏联第一部宪法。

2. 苏联社会主义建设的历史评价标准

第一次世界大战严重后果导致俄罗斯工业和运输处于瘫痪、城市人口减少、农作物产量下降，而"战时共产主义"政策没有达到预期效果。战后为了摆脱战争灾难带来的社会危机，20世纪20年代推行苏联经济发展模式，加强国家调控，建立强有力的集权政治。1921年布尔什维克推行的"新经济政策"促使国家经济快速恢复。1922年苏联成立，这是俄罗斯历史的重大事件。20年代苏联实行新的民族文化发展政策，在国际无产阶级主义的基础上提出国家民族问题的解决方案和政策。苏联时期的社会改革在世界上尚属首次，如大规模消除童工、无家可归者和文盲，建立男女平等制度，创立了妇女和儿童的保护制度，实施基础医疗卫生制度，并在30年代普及免费小学教育。

苏联进入加速工业化时期，实施紧急状态法，重工业发展的优先化导致国民经济失衡，同时也提高了国家汽车、拖拉机、化工、机床、电机、飞机等行业的建设速度。20世纪二三十年代的苏联发展模式具有矛盾性，一方面国家加速现代化，城市和乡村的教育和科学事业蓬勃发展，尤其是面向大众的职业和专业教育出现"电梯"似的提升，促进公民参与公共活动的积极性。1936年通过的苏联宪法正式取消无产阶级专政，宣布公民法律面前人人平等。但另一方面，这一时期的民主有所削减，国家加强思想审查制度，加大对"人民公敌"的政治压迫。

3. 1941—1945年伟大卫国战争的历史标准

第二次世界大战是人类历史上最大的武装冲突，苏联对纳粹德国及其盟国的"伟大卫国战争"是第二次世界大战的重要组成部分。第二次世界大战席卷了72个国家的全球80%人口，苏德战场在第二次世界大战史中最为暴力和血腥，伟大的卫国战争使得德国损失70%—80%的人力财力，苏联为第二次世界大战的最终胜利作出了决定性贡献。苏联在第二次世界大战中遭受严重损失，共有2700万军民被害，而英国和美国的总损失不到100万人。

伟大的卫国战争期间，俄罗斯军民表现非凡的勇气和英雄主义气概，有超过1.16万公民被授予"苏联英雄"称号,有204人被授予"社会主义劳动英雄"称号。1945年苏联红军夺取柏林,德国被彻底摧毁,卫国战争结束,5月9日被定为胜利日,这场战争也是苏联成为世界超级大国的关键因素。

4. 1945—1991年苏维埃制度危机的历史标准

这段时期,无论是苏联经济和文化、外交政策、国家和社会的发展都具有复杂性和矛盾性。可以分为几个阶段解析:

一是"斯大林模式"后期与非斯大林化"解冻"时期。1946—1953年斯大林后期,继续加强社会主义制度建设,增强新地缘政治条件下国家在世界范围内参与政治、经济、技术和社会挑战的能力。苏联处于世界前列,但由于其保守的政治体制,仍然无法得到世界的普遍认可。赫鲁晓夫的"解冻"是基于战后民众期盼,尤其是政治自由化和社会宽松化,但结果并不如人意。

二是勃列日涅夫"停滞"期。1960—1970年,苏联极为关注社会问题,国家社会与文化发展迅速,苏联教育体系被认为世界首屈一指,根据联合国的数据,苏联当时的人口教育程度最高,书籍拥有量居世界首位。苏联给予各共和国更多更大的自主权,促进各共和国经济发展水平的平衡。人民生活有所改善,社会几乎无失业人口,每家都有电视、冰箱、洗衣机等,加大了公共住房的建设。呈现的问题是,相对于西方社会发展水平,国家的生活质量与消费状况出现了动态的滞后,无法满足人民日益增长的消费需求。

1950年至1970年,国家社会主义建设呈现强劲发展势头,世界首次载人太空飞行、发射人造地球卫星、工业设施和能源建设等领域成果非凡,许多领域领先于西方国家,但由于经济关系的单一性、国防工业重点领域资源的集中、军事建设的巨大投入等问题,苏联发展模式缺乏与国际社会竞争的后劲和潜力,进行改革势在必行。

三是戈尔巴乔夫"改革"时期。战后苏联经济的主要问题是落后于领先资本主义国家,生产率和产品质量需要提高,应从工业化过渡到后工业社会,并且急需科学和技术革命,尤其是创新领域的改革,但这些亟待解决的问题,在苏联后期没有得到关注。戈尔巴乔夫推行的"新思维",包括扩大党内民主、政治审查部分解除、意识形态多元化等直接引发1988年至1989年的国家政治局势失控,加之经济混乱和社会紊乱,尝试体制的"改革"彻底以失败告终，这也直接导致苏联的解体。

总体看来，新的历史文化标准注重对历史事件作出客观评述，彻底否定历史虚无主义的"思想垃圾"，还原历史重大事实和英雄人物事迹，强调俄罗斯在世界历史版图的位置和作用，重塑俄罗斯多民族国家的历史贡献与文化辉煌成就。采用新的历史文化标准有助于帮助俄罗斯民众形成诸如社会团结、国家安全、自由与责任等公民社会基本价值观，促进社会与人文学科通过历史方式实现跨学科知识链接，促进国家爱国主义教育的深入和国家文化认同的实现。

二 新版历史教科书"苏联问题"实证分析

2016年年初，俄罗斯基于新历史文化标准的新版历史教科书正式出版发行，教育部要求全国范围内的中小学校在2—3年的时间内全部使用新版教材。从2013年2月普京总统正式要求重新修订历史教科书的三年内，俄罗斯联邦政府组织《教育》（Просвещние）、《俄罗斯声音》（Русское слово）、《大鸨》（Дрофа）三家权威教育出版社和几百名历史学教授、历史教师，就新版教科书的争议内容和历史标准等重点问题进行了线上和线下的近百次讨论和修订。2015年6月8日经教育部正式批准，俄罗斯新版历史教科书内容通过严格审查，纳入国家基本教育系列教材体系。

通过教育部审查批准发行的2016年新版历史教科书（以下简称"教科书"）共有三个版本：一是《教育》出版社发行的6—11年级教科书，共有11册；二是《俄罗斯声音》发行的6—9年级教科书，共有4册，截止到十月革命前的历史；三是《大鸨》出版社发行的6—11年级教科书，共有5册。这其中最为权威的当属《教育》版本，11册1547页的历史教材由俄联邦最著名的14位历史学家合力完成，内容丰富、结构完整、史料严整，书中有1048幅插图、400多个概念解释、100多幅历史图表，内容涵盖从罗斯建国直至21世纪俄罗斯联邦的全部历史。[①] 出版社针对俄罗斯历史重大疑难问题，同时出版了教材配套的五本教师用书：《伟大的1917年俄国革命》

---

① 2014年5月国家历史学会发布修订后的《历史教学方法新概念》，确立新版历史教科书的历史文化新标准，并开始编写统一的新版历史教科书。2016年俄罗斯发行的新版历史教科书三个版本均依据历史文化新标准编著，具有历史观点的统一性和一致性。

《伟大的卫国战争（1914—1945年）》《斯大林：时代肖像》《古罗斯国家》《形成历史统一概念的教学方法》，以指导历史实践教学。

（一）客观看待苏联模式

俄罗斯教科书序言中写道："从第一次世界大战、伟大的俄国革命直至现在，百余年的国家历史充满伟大的英雄壮举，也付出惨痛的代价。新版教科书中能够看到联邦历史学的研究成果；能感受到祖父、祖母等父辈们生活的历史记忆；能学习到每一个俄罗斯人为之骄傲和自豪的国家历史；能发现历史的经验教训，这些都能够帮助我们更好地选择国家未来的发展道路。对国家历史的思考和学习探索，是自觉树立爱国主义思想和承担国家责任的前提和基础。"①

1. 1917年苏维埃革命的历史价值

苏联解体后，俄罗斯攻击和否定十月革命、抹黑列宁等苏联领导人、歪曲和篡改苏联历史的思潮甚嚣尘上，媒体大量的苏联负面报道对俄罗斯唯物史观产生巨大冲击，俄罗斯史学界和教育学界一度无视苏联成就，否定十月革命的历史价值。教科书实事求是地指出，"1917年伟大的俄国革命不仅是俄罗斯历史的重大转折点，也是整个世界的重大历史事件。狭义1917年革命指的是2月至10月，即推翻沙皇俄帝国到布尔什维克取得政权的时期；广义上伟大的俄国革命应理解为沙皇帝国覆灭直至布尔什维克在全国范围内彻底确立政权。1917年俄国革命发生在第一次世界大战摧毁了世界四大帝国的军事政治灾难背景下，建立起全新的苏维埃社会主义体制"②。

教科书高度评价俄罗斯人民在第一次世界大战中投入的军事力量和作出的巨大贡献，称"俄罗斯为了阻止德国侵略者入侵欧洲及全世界，为保卫祖国利益，进行正义战争，展现了俄罗斯军队和士兵的伟大英雄主义精神。战争改变了世界政治格局，俄罗斯军民参与正义战争的重大损失（参见表1）导致国家政权和社会民众的对立，从而引发国家政治变革"③。

---

① Олег Владимирович Волобуев. Сергей Павлович Карпачёв. Пётр Николаевич Романов. История России：начало XX-начало XXI века. 10 класс. Издательство Дрофа. 2016г. стр. 5.

② Михаил Михайлович Горинов. Александр Анатольевич Данилов. Михаил Юрьевич Моруков. История России（часть 1）. 10 класс. Издательство Просвещние. 2016г. стр. 5.

③ Там же. , стр. 25.

表 1　　第一次世界大战中各国军事损失对比图（1914—1918 年）①

国家	战争损失（百万人）					
	军事力量	总损失	百分比	死亡人数	被俘人数	伤亡等其他人数
俄罗斯	17.6	11.4	60.6	3.3	3.6	3.8
法国	8.2	4.7	57.3	1.4	0.5	2.8
英国	9.5	3.0	31.5	0.7	0.3	2.0
意大利	5.6	1.8	31.3	0.5	0.5	0.8
美国	3.9	0.3	7.6	0.08	0.04	0.18
德国	13.3	7.5	56.3	2.0	1.0	4.5
奥匈帝国	9.0	5.3	58.8	1.5	1.8	2.0

1917年俄国革命是世界最伟大的历史事件之一，使得国家社会各领域得以复兴。教科书中引用马克西姆·高尔基（Максим Горький）的一段话："人民获得极大的自由。苏维埃联盟将身体和精神备受折磨的人民解放出来，民众获得巨大的力量，诞生了一个强大的国家。俄罗斯人爆发出强大的意志力和精神力量，摆脱压抑和束缚，改变世俗生活。"②

关于1917年革命的意义，教科书强调"革命意义不仅局限于国内，布尔什维克创建的新兴社会体制更成为全世界的典范。世界各地出现了共产主义小组、共产主义政党，布尔什维克成为世界革命的先进代表。1919年3月俄罗斯成立联合其他国家的共产国际组织，并力图组成'全世界苏维埃联盟'。十月革命的思想不仅影响到革命者，'资产阶级'国家领导人也明确意识到，剥削与压迫劳动人民将不可避免地引发社会革命。十月革命的共产主义影响使得资本主义国家开始改变政治制度和政策，试图解决社会内部矛盾，以避免发生共产主义运动"③。

2. 苏联工业化与农业集体化的辩证关系

教科书对1925年年底的苏联工业化建设使用"伟大的转折"标题，称："工业化的目的在于通过优先发展国家重工业和军事工业以保障苏联

---

① Михаил Михайлович Горинов. Александр Анатольевич Данилов. Михаил Юрьевич Моруков. История России（часть 1）. 10 класс. Издательство Просвещние. 2016г. стр. 26.

② Олег Владимирович Волобуев. Сергей Павлович Карпачёв. Пётр Николаевич Романов. История России: начало XX-начало XXI века. 10 класс. Издательство Дрофа. 2016г. стр. 79.

③ Там же..

经济发展的独立性。在与西方各国不可避免的竞争形势下，苏联只有'追赶、赶超'西方发达国家的工业化水平，才是国家立足的根本。"①

1925—1929年国家领导层讨论过各种不同的经济发展道路，以尼古拉·伊万诺维奇·布哈林（Николай Иванович Бухарин）、阿列克谢·伊万诺维奇·李可夫（Алексей Иванович Рыков）、米哈伊尔·帕夫洛维奇·托姆斯基（Михаил Павлович Томский）为首的领导人召集众多经济学者共商国家发展道路，制定国家重工业和轻工业平衡发展、运用市场与商品货币经济关系、发展私营经济等保障工农阶层生活质量水平的经济改革草案。斯大林对此提出意见认为，由于外来资本的缺失，应优先发展依靠本国国内资源的重工业，同时最大程度地提升国家轻工业和农业。②

苏联20世纪30年代的工业化建设取得世界瞩目的成绩，重要工业品产量均大幅提高5—10倍，拖拉机、汽车等重型机械由原来的一穷二白发展成为优势产业（见表2），极大地保障了国家的军事工业和国防科技建设。

表2　　　　　　　　苏联主要工业品产量③

工业产品	各年度工业产量			
	1913	1928	1932	1937
生铁（百万吨）	4.2	3.3	6.2	14.5
钢铁（百万吨）	4.2	4.3	5.9	17.7
煤炭（百万吨）	29.1	35.5	64.4	128.0
石油（百万吨）	9.2	11.6	21.4	28.5
电力（十亿千瓦时）	1.9	5.0	13.5	36.2
拖拉机（千台）	—	1.8	50.8	66.5
汽车（千台）	—	0.8	23.9	199.9
纺织品（百万米）	2582	2678	2606	3448

教科书对苏联工业化的总结为："苏联人民通过艰苦的劳动和非凡的努力，建立了完全独立、无依赖的工业强国，能够自主生产各类工业产

---

① Михаил Михайлович Горинов. Александр Анатольевич Данилов. Михаил Юрьевич Моруков. История России（часть 1）. 10 класс. Издательство Просвещние. 2016г. стр. 123.
② Там же., стр. 123 - 124.
③ Там же., стр. 131.

品。国家具有强大的工业发展潜力,能够基本达到先进资本主义国家的发展水平。"① 根据官方资料统计,1940年苏联建立近九千个工业企业,工业化建设成就仅次于美国,成为超越德国、法国、英国的世界第二位工业强国(见表3),工业化发展速度是德、法、英的三倍。②

表3　　　　　苏联与资本主义大国工业产量对比图③

国家	1928年			1939年		
	电力 (十亿千瓦)	钢铁 (百万吨)	生铁 (百万吨)	电力 (十亿千瓦)	钢铁 (百万吨)	生铁 (百万吨)
苏联	5	4	3	48	18	15
德国	17	15	14	37	18	15
英国	16	9	7	40	13	8
法国	15	9	10	20	8	80
美国	113	52	39	188	62	43

苏联工业化建设成效显著,但轻工业和农业的落后却成为国家经济发展的阻碍。1930年底苏联经济出现轻工业和食品农业危机,国家粮食产量逐年减少,而国家粮食收购价格明显低于市场价格,农民不愿意把余粮卖给国家,苏联领导人必须采取必要的措施改变和解决面临的农业危机。教科书解释农业集体化的动因:"斯大林认为,经济比例失衡是导致食品供应危机的主要原因。小农经济从根本上不能满足日益发展的国家工业建设的需求,同时大富农阶层有意识地破坏国家粮食供应,加剧国家轻工业和农业危机。"④ 为保障国家工业的高速发展,斯大林建议应加强农业建设转型,加快全盘农业集体化。

实行大规模农业集体化后,尽管国家的粮食产业发展缓慢,但国家粮食收购量已高出原有的两倍之多。农业集体化保证城市工业建设、保障基本工业原料供给、消除苏联市场经济最后的残余——农业私有制,出现了前所未有的集体农庄生产模式。30年代苏联农村状况相对复杂,首先是廉

---

① Михаил Михайлович Горинов. Александр Анатольевич Данилов. Михаил Юрьевич Моруков. История России (часть 1). 10 класс. Издательство Просвещние. 2016г. стр. 133.
② Там же..
③ Там же., стр. 131.
④ Там же., стр. 135 – 136.

价的粮食供应和大量劳动力来源，国家为保障粮食供应，将一半以上的粮食作物收购，维持不变的粮食价格，以保障国家工业建设。另外，农民生活水平较低，几乎接近最低生活标准，直至 30 年代中期（1935 年 2 月）允许农民拥有私有农耕地、牛、羊等农产品，允许自由买卖后，农民的生活状况出现好转。

教科书总结农业集体化问题："大规模农业集体化的核心目的是获取农业资源以保障工业所需。农业集体化采取强力措施剥夺农民私有财产，引发了富农和中农阶层的反抗。"①

3. 肯定苏联社会主义建设的卓越成就

教科书肯定苏联在世界历史进程中的地位和作用："第二次世界大战改变了世界格局，形成两大超级强国：美国与苏联。第二次世界大战前社会主义国家占据世界 17% 的领土和 9% 的人口，战后共产主义政党领导 26% 的领土和 35% 的人口，欧亚大陆上出现新的社会主义国家，欧洲国家的共产主义政党具有普遍性和扩大化，意大利和法国的共产主义政党进入政府机构、参与国家决策，共产主义阵营得以极大加强。"② 面对日益壮大的社会主义阵营威胁，以美国为首的西方国家连续抛出"杜鲁门主义""马歇尔计划"等，对苏联进行政治孤立、经济封锁和军事包围，加剧世界两大阵营的对峙和对抗。

伴随着苏联对外政策的"赶超与争霸"，苏联国内进行以提高人民生活水平、提高国家科技自主创新能力、增强国家防御能力的经济科技改革和食品工业建设。教科书称"50 年代中期，苏联跨时代的科学技术变革具有提高生产效率、促进技术改造和结构创新的特征。新能源、新材料、新科技、现代信息手段被运用到工农业生产建设中，改革取得巨大成绩。苏联第七个五年计划（1959—1965）结合经济改革和科技创新，成立国民经济委员会，以消除部门差异和地区差异、促进国家经济的整体发展，超额完成社会主义经济建设任务，取得了工业建设的卓越成就（见表 4）"③。

---

① Михаил Михайлович Горинов. Александр Анатольевич Данилов. Михаил Юрьевич Моруков. История России（часть 1）. 10 класс. Издательство Просвещние. 2016г. стр. 140.

② Олег Владимирович Волобуев. Сергей Павлович Карпачёв. Пётр Николаевич Романов. История России: начало XX-начало XXI века. 10 класс. Издательство Дрофа. 2016г. стр. 216.

③ Там же. , стр. 232 – 233.

表4　　　苏联第七个五年计划的工业产品产量（1959—1965年）①

工业产品	1958	1965（计划产量）	1965（实际产量）
电力（十亿千瓦）	233	500—520	507
钢铁（百万吨）	55	86—91	91
石油（百万吨）	113	230—240	243
天然气（十亿立方）	30	150	129
煤炭（百万吨）	340	—	578

20世纪五六十年代后，苏联人民生活水平获得极大改善。一是居民住房条件得到明显改善，从1950年至1964年城市住房资金投入提高两倍，居民搬迁至独立而舒适的住房，这段时期亦称为"住房改革"；二是民众工资收入大幅提高，尤其是普通体力工作人员的工资增加，而工程师等脑力劳动者的工资仍低于技术工人；三是食品供应出现平衡发展趋势，1958年粮食需求比1940年减少25%，而肉类和奶制品的需求增长2倍和2.5倍，但某些食品（如蔬菜、水果、鱼类）供应仍达不到预期标准；四是退休金保障体系完善，1956年起工龄25年的60岁男人和工龄20年的55岁女人都获得国家退休金保障；五是国家建立完整的医疗保障体系，居民平均寿命显著提高。②

教科书中引用苏联历史学家亚历山大·莫伊谢维奇·涅克里奇（Александр Моисеевич Некрич）的观点："十月革命后的七十年，历经十一个五年计划，苏联从工业落后国发展成为具有完备的工业基础，在航空航天、热核武器和海军建设中取得巨大成就的强大国家。"③面对美国等西方资本主义国家政治军事的包围，面临随时发生反苏战争的威胁，苏联进行卓越而艰苦的社会主义工农业建设，经济高速增长与人民生活水平提高，形成人类历史上宝贵的"苏维埃经验"。

---

① Олег Владимирович Волобуев. Сергей Павлович Карпачёв. Пётр Николаевич Романов. История России: начало XX-начало XXI века. 10 класс. Издательство Дрофа. 2016г. стр. 233.
② Там же., стр. 234 - 236.
③ Михаил Михайлович Горинов. Александр Анатольевич Данилов. Михаил Юрьевич Моруков. История России (часть 2). 10 класс. Издательство Просвещние. 2016г. стр. 155 - 156.

（二）辩证分析斯大林

2014年10月12日，俄罗斯《教育》出版社在俄罗斯教育机构的历史教师中发起"斯大林印象"的大型讨论会，并邀请莫斯科国立大学教授、历史学博士、斯大林时代研究专家奥列格·维塔利耶维奇·赫列夫纽克（Олег Витальевич Хлевнюк）主持并参与讨论，会议主旨是探讨新的历史文化标准下如何看待斯大林问题，并提供历史教师以科学的教学研究方法。奥·赫列夫纽克在近四百人的网络讨论会中通过大量鲜为人知的事实和翔实数据，解析与斯大林相关的重要历史事实，强调"复杂历史背景下的斯大林性格应多角度研究"。会议一致认为，斯大林形象不应该被妖魔化，历史人物都在扮演历史所赋予他的作用，对斯大林应客观全面地研究。

1. 对斯大林社会主义建设总体评价

俄罗斯历史学者关于斯大林问题尚存重大分歧，有的用"冷酷、残忍、独裁"形容斯大林本人性格和政策；有的用"伟大、高尚、神圣"说明其历史功绩和成就。教科书教师用书《斯大林：时代肖像》中开篇解释："就影响苏联历史的最重要人物而言，斯大林在历史进程中具有最为关键的时代意义。苏联历史与这些词紧密联系，诸如'列宁新经济政策''斯大林现代化''斯大林社会主义'等，这些概念准确地传达了苏联的时代特征。"[1] 斯大林的确犯有历史性错误，但他仍不失为苏联社会主义的重要和关键人物。

斯大林作为苏联建设的重要领导人，对其分析应运用辩证唯物主义思维，他应既非神话亦非妖魔。教科书认为，一方面斯大林模式的工业化和社会主义建设成效显著，甚至是摆脱社会危机的唯一解决方式，是现代社会主义建设的典范。根据经济学家统计，1928—1940年苏联工业产值平均增长率介于7%—13%之间，现代技术和新产品被开发、高效率的生产设施被创造，国家高速工业化为伟大卫国战争的胜利提供了坚实基础。综合国力提高和重工业发展带来国家社会和文化的重大变革，人民享受社会平等、福利、降价，普及儿童的四年义务教育，城市里普及七年和十年教育体系，大学和学院培养众多年轻的专业技术人员，成为国家社会主义建设

---

[1] Олег Витальевич Хлевнюк. И. В. Сталин: портрет на фоне эпохи. Издательство Просвещение 2016г. стр. 4.

的中流砥柱。①

另一方面,斯大林强行推行的农业集体化是"国家工业现代化的组成部分,是实现农业社会主义改革"的基本任务。1930 年 1 月联共(布)中央通过的《农业集体化速度和国家帮助集体农庄建设的办法》中,确立农业集体化的基本形式是享有土地使用权和主要生产资料公有的集体农庄,并要求在农民自愿参加的基础上,五年之内完成农业集体化改造。尽管政策是为了保障国家工业现代化建设,实现农业现代化平稳发展,但是"实践的方式上出现了压迫和强制",剥夺富农和中农的生产资料,甚至被处死或驱赶出农村,造成农民的群体性反抗。②

教科书指出:"1930 年春,斯大林开始认识到推行农业集体化方法的错误,3 月 2 日《真理报》发表他的文章《胜利冲昏头脑》,认为集体化的重大错误在于促使地方政权采取了暴力,应减少强制性手段。"③ 集体农庄步入正轨后,尤其是"随着工业化成果进入到农村,大量的拖拉机、耕种机和新型农业机械运用到农业建设,年轻农业专家参与到村庄农业化建设,极大地促进了农业效率提高。30 年代中期农业建设趋于稳定,1935 年农民允许拥有少量私有生产和生活资料,国家农业产量稳步提高"④。

2. 卫国战争中斯大林的领导作用

苏联解体引发对俄罗斯历史文化和传统信仰的巨大非议和冲击。以维克多·苏沃洛夫(笔名 Виктор Суворов,真名弗拉基米尔·博格达诺维奇·列佐 Владимир Богданович Резун)为首的"破冰者"利用所谓最新"解密档案",对苏联历史和斯大林问题重新解说,提出苏联在 30 年代就已经确定世界霸权的外交政策,斯大林极力促成世界大战和革命战争,并为希特勒提供政治和经济援助,进而说明斯大林发动了苏德战争,企图争夺世界霸主地位。这一观点得到后继者弗拉基米尔·达尼洛维奇·达尼洛

---

① Олег Владимирович Волобуев. Сергей Павлович Карпачёв. Пётр Николаевич Романов. История России: начало XX-начало XXI века. 10 класс. Издательство Дрофа. 2016г. стр. 125 – 128.
② Михаил Михайлович Горинов. Александр Анатольевич Данилов. Михаил Юрьевич Моруков. История России(часть 1). 10 класс. Издательство Просвещние. 2016г. стр. 136 – 137.
③ Олег Владимирович Волобуев. Сергей Павлович Карпачёв. Пётр Николаевич Романов. История России: начало XX-начало XXI века. 10 класс. Издательство Дрофа. 2016г. стр. 103.
④ Михаил Михайлович Горинов. Александр Анатольевич Данилов. Михаил Юрьевич Моруков. История России(часть 1). 10 класс. Издательство Просвещние. 2016г. стр. 140.

夫（Владимир Данилович Данилов）、米哈伊尔·伊万诺维奇·梅里久霍夫（Михаил Иванович Мельтюхов）、鲍里斯·瓦季莫维奇·沙克罗夫（Борис Вадимович Соколов）等人的追捧。

这种已经偏离学术研究轨道的观点在网络和媒体大肆传播，引发俄罗斯民众对苏联历史的猜测和臆想，也形成历史学界关于苏联和斯大林问题的巨大争论和辩论。尽管其后许多历史学家如奥列格·维克托洛维奇·维什廖夫（Олег Викторович Вишлёв）、鲁道尔夫·格尔曼诺维奇·皮霍亚（Рудольф Германович Пихоя）等用科学文献无可辩驳地反击了苏沃洛夫"抹黑"历史的言论，但国民历史文化的迷失和爱国主义情感的缺失已经不可避免地造成，模糊和矛盾的历史观束缚着俄罗斯的前进发展。

教科书重新解说伟大卫国战争中的斯大林形象："1941年7月3日苏德战争开始，斯大林在广播中发表俄罗斯人民记忆犹新、慷慨激昂的演说：'同志们！公民们！兄弟姐妹们！我们的陆海军战士们！我的朋友们，我现在向你们讲话！'调动了全体苏联人民夺取胜利的决心。6月23日根据联共（布）决议成立卫国战争军事指挥部，成立以斯大林、莫洛托夫等为首的最高统帅部，8月8日斯大林被正式任命为苏联武装力量最高统帅。"① 斯大林掌握军事指挥的最终领导权和最后决策权，他也成为战争年代和战后苏联人民眼中的胜利形象。

在苏联卫国战争期间，以斯大林为首的最高统帅部成功地解决了一系列战争任务，如击溃德军的闪电战计划；调动一切可以调动的人力和物质资源，创建民兵营、战斗营，国家成为庞大的军事基地；工业中心向东迁移，调动国家经济资源为战争服务；民众爱国主义情绪空前高涨，理解和支持保家卫国的重要性。历史学者弗拉基米尔·古洛夫（Врадимир Гуров）指出："我们应该向伟大卫国战争的领导者斯大林致敬，在国家及其困难的条件下，斯大林成功地将苏联的欧洲工业转移到东部，并创建强大的国防工业，调动一切可以调动的苏联人力和物力，建立社会主义工业强国，赢得战争的最后胜利。"②

---

① Олег Владимирович Волобуев. Сергей Павлович Карпачёв. Пётр Николаевич Романов. История России: начало XX-начало XXI века. 10 класс. Издательство Дрофа. 2016г. стр. 156 – 157.

② Врадимир Гуров. К Вопросу о роли И. В. Сталина в великой отечественной войне 1941 – 1945 годов. Вектор науки Томского государственного уневтситета. ном. 7. 2010г.

3. 斯大林个人崇拜与政治运动

教科书并不回避斯大林个人崇拜和党内"大清洗"的历史问题，但抛弃"夸大其词"带有感情色彩的批判和评论，采取客观而平实地还原历史事实态度。《教育》出版社教科书以题为"镇压政策"的章节阐释："1934年12月联共（布）中央政治局委员、中央书记谢尔盖·米洛诺维奇·基洛夫（Сергей Миронович Киров）被害，斯大林要求格里戈里·耶夫谢维奇·季诺维也夫（Григорий Евсеевич Зиновьев）等领导人为此承担政治责任。1936—1938年根据斯大林指示，许多老布尔什维克接受调查，被定为反革命而受到迫害"，"许多参加过武装运动的旧白军分子和孟什维克也被列入镇压名单，在被逮捕的150万人中有近70万被处死"[①]。

《大鸨》版本有三页两节描述斯大林个人崇拜问题："1936年苏联宪法被称为'斯大林性质'，所有苏联人民的建设成就、当时所有重大历史事件都与斯大林名字紧密联系，主要宣传媒介包括报纸、杂志、广播、电影、书籍等都出现'伟大的人民领袖'称呼。斯大林不仅是苏联共产党的卓越领导人，也是十月革命领袖和卫国战争领导者，国家形成统一的宣传口号'斯大林——列宁事业的继承者，今天的列宁！'国家政权领导层也出现斯大林'一言堂'，即他的指令无需讨论而被无条件执行。"[②]

针对"大清洗"事件，教科书对此史实梳理："斯大林专政是当时苏联社会的重要特征。1930年苏联出现劳教营管理总局（古拉格 ГУЛАГ），秘密劳教和杀害与当局意见不合的政治犯。1934年基洛夫遇刺事件引发全国性肃反清洗运动，按照斯大林指示，应以'加快程序''不延误死刑判决执行'的态度调查此事，内务人民委员会审讯成千上万个所谓'人民的敌人'，包括反苏维埃的托洛茨基和外国间谍组织。根据历史学家的研究，1937—1938年为'大清洗'高峰，大约逮捕了160万人，有68万人被处死，其中包括老布尔什维克、白军分子、孟什维克、富农和社会革命党人。"[③] 其后，教科书列出劳教营（古拉格）之一，著名的德米特拉格（Дмитлаг）囚禁与死

[①] Михаил Михайлович Горинов. Александр Анатольевич Данилов. Михаил Юрьевич Моруков. История России（часть 1）. 10 класс. Издательство Просвещние. 2016г. стр. 144 - 145.

[②] Олег Владимирович Волобуев. Сергей Павлович Карпачёв. Пётр Николаевич Романов. История России：начало XX-начало XXI века. 10 класс. Издательство Дрофа. 2016г. стр. 112 - 113.

[③] Там же., стр. 114 - 115.

亡人数对比图（见图1、图2），并提出问题："对比两图，能否得出德米特拉格'群体性大规模死亡'的结论？"

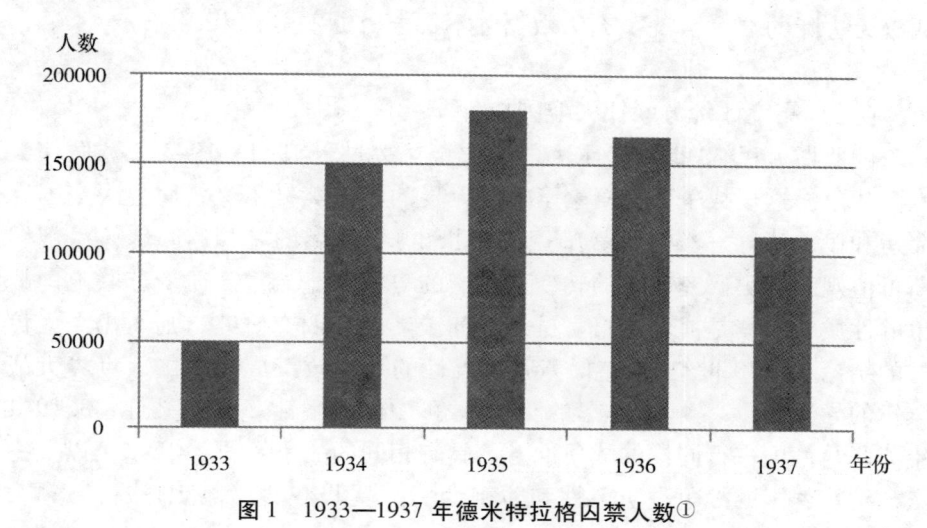

图1　1933—1937年德米特拉格囚禁人数①

图2　1933—1937年德米特拉格死亡人数②

教科书提出的上述权威数据，显然是针对斯大林问题研究中某些"抹黑"苏联史、"滥杀无辜"斯大林形象问题而提出的。德米特拉格囚禁犯

---

① Олег Владимирович Волобуев. Сергей Павлович Карпачёв. Пётр Николаевич Романов. История России: начало XX-начало XXI века. 10 класс. Издательство Дрофа. 2016г. стр. 114.

② Там же. .

1937年仅有1%的犯人被处死，1933年处以极刑最多的年份也就有15%左右，这说明劳改营中并不存在"大规模群体性"的屠杀行为，更说明那些漫无边际的"大清洗"夸大数据并不符合历史事实。

（三）高度评价苏联伟大卫国战争

俄罗斯人民20世纪最重大的历史记忆莫过于1941—1945年苏联伟大卫国战争，这场战争不仅凝聚了人民无畏的历史英雄主义，而且决定国家命运和民族认同。教科书教师用书中指出："遗憾的是，苏联解体后俄罗斯价值观和历史研究范式的转变，我们的史学家竟然重新质疑苏联卫国战争的性质，尤其是前苏情报官员维·苏沃洛夫'调查研究'后得出令人惊愕的结论：1. 20世纪30年代苏联挑衅性的外交政策成为第二次世界大战爆发的导火索；2. 苏联红军的卫国战争具有侵略性、非正义性；3. 1941年苏联与德国进行同样的战争准备，具有相同的战争意图；4. 基于以上三点，纳粹德国的战争是防卫性和防御性。"[1] 受极权主义意识形态的影响，苏沃洛夫的观点在俄罗斯、波兰、匈牙利、芬兰、乌克兰、波罗的海等国出现了拥护者和传播者，苏联伟大卫国战争被"歪曲"，甚至成为改变公众意识的政治斗争工具。

1. 苏联卫国战争的正义性和神圣性

关于第二次世界大战中的苏德战场，教科书标题醒目地写着"伟大的、神圣的、国家的"[2] 卫国战争，字里行间充满强烈的国家自豪感和爱国主义情绪。书中专设"战争性质"一节："苏联伟大的卫国战争是基于保护国家领土的完整性，保障祖国主权与人民生存权。战争具有真正的全民性。在前线和后方，俄罗斯人民为祖国的自由而战斗，'一切为了前线、一切为了胜利！'的战斗口号鼓舞着人民与敌人斗争的勇气和决心。苏联卫国战争是正义的、反法西斯的解放战争。"[3]

苏德战争到底是由谁发动的？苏军到底是自卫还是侵略？教科书回顾

---

[1] Михаил Михайлович Горинов. Михаил Юрьевич Моруков. Великая Отечественная война 1941－1945годов. Дискуссионные вопросы：пособие для учителей. Издательство Просвещние. 2016г. стр. 4－5.

[2] Олег Владимирович Волобуев. Сергей Павлович Карпачёв. Пётр Николаевич Романов. История России：начало XX-начало XXI века. 10 класс. Издательство Дрофа. 2016г. стр. 152.

[3] Михаил Михайлович Горинов. Александр Анатольевич Данилов. Михаил Юрьевич Моруков. История России（часть 2）. 10 класс. Издательство Просвещние. 2016г. стр. 13.

战争的缘起和进程:"1939年9月1日,德军突袭波兰、英国和法国,发动历史上最为血腥的世界大战。9月17日,当波兰政府已经全面放弃领土,苏联红军实际上已经收复西乌克兰和西白俄罗斯。9月28日,苏联与德国再次签订《边界友好条约》,确定两国互不侵犯的边界区域。1939年秋,苏联与爱沙尼亚、拉脱维亚、立陶宛签订互助协议。1941年6月22日凌晨,德军撕毁《苏德互不侵犯条约》,对苏联发动猛烈攻势,成千上万的火炮、飞机、坦克和战舰对准苏联的领土,轰炸我们的机场、军事基地,以及白俄罗斯、乌克兰、波罗的海沿岸的大型工业中心,苏联军民被迫应战,这场伟大的卫国战争持续了1418个昼夜,是英勇无畏、付出巨大损失的四年正义战争。"①

教科书教师用书中强调两次苏德条约和德军单方面撕毁条约的背信弃义:"苏联政府已经同意缔结互不侵犯条约,在德国的侵略意图暴露后,只能采取最果断的措施防止侵略扩大。1939年8月23日,苏联要求德国给予安全保障,《苏德互不侵犯条约》中德国方面承诺对苏联'不会采取任何暴力、任何攻击、任何武力、任何威胁',保证苏联的政治和领土安全。1939年9月28日,苏德再次签约《边界友好条约》,德国再次承诺不会武力进攻苏联。这两次条约均无两国军事合作的条款,亦无要求他国参与军事冲突的强加义务,或协助他国联合军事行动的要求","纳粹德国是非常不可靠的合作者,放弃了国际缔约原则和基本道德"②。

教科书回答了苏德战争发起的两大问题:一是战争的发动者是纳粹德国,战争意图具有明确的侵略性和攻击性;二是苏联无任何参与军事合作的意图,无任何军事进攻的意愿。相对于纳粹德国的侵略性和攻击性,教科书称苏联军事防卫行为是伟大的卫国战争,具有不可辩驳的正义性和神圣性。

2. 苏联卫国战争的英雄主义精神

教科书指出,1944年是苏德战场的转折点,为解决威胁列宁格勒的德军并歼灭北翼德军集团,苏联红军在1944年1月开始发动号称"斯大林

---

① Михаил Михайлович Горинов. Александр Анатольевич Данилов. Михаил Юрьевич Моруков. История России（часть 2）. 10 класс. Издательство Просвещние. 2016г. стр. 12.

② Михаил Михайлович Горинов. Михаил Юрьевич Моруков. Великая Отечественная война 1941 – 1945годов. Дискуссионные вопросы: пособие для учителей. Издательство Просвещние. 2016г. стр. 16 – 17.

十大打击"的连环战役,北部和中东欧的连续胜利彻底改变战争局势,德军至此进入战略防御阶段,并走向灭亡。① 1940—1944 年战争初期,苏德战场上苏联红军尚处于劣势,战争初期由于德军突如其来的"闪电战"和大规模入侵,苏军军事防卫一度失利,损失很大。维·苏沃洛夫等人就此认为,苏联红军在战争初期并没有投入兵力和物力,采取消极抵抗等战争不作为行为,并借此抹杀格奥尔吉·康斯坦丁诺维奇·朱可夫元帅(Георгий Константинович Жуков)、卓雅·安纳托利耶夫娜·科斯莫杰扬斯卡娅(Зоя Анатольевна Космодемьянская)等英雄形象,否认卫国战争的英勇行为和英雄主义精神。

那么,苏德战争初期是否存在苏联红军消极抵抗、兵力不足而造成了战场失利?教科书教师用书写道:"1939 年前的德国为发动统治世界的战争做好了准备,创造强大的军事工业。煤炭开采、钢铁生产、机器和机车的生产均优于苏联,德国是飞机材料电解铝生产的全球领导者,钢铁产量是苏联的 2 倍,铁矿石产量是苏联 6.3 倍,石油产量是苏联 7.3 倍,而且这种工业优势一直保持到了 1944 年(见表 5)"②,德国生产武器和军事装备的储备能力远胜于苏联。

表 5　　苏联与德国的主要工业产品产量对比（1940—1944 年）③

工业产品	苏联产量	德国产量	对比
电力（十亿千瓦）	195.9	352.7	1∶1.8
煤炭（百万吨）	607.4	2924	1∶4.8
钢铁（百万吨）	63.7	162.5	1∶2.6

面对备战已久的德军以及突如其来的战争,苏联军队猝不及防,战争初期有所失利。教科书指出:"根据历史学家统计证明,德军 1941 年 6 月 22 日突然发动的闪电战,是任何一个国家都无法抵抗的。战争初始,敌军

---

① Михаил Михайлович Горинов. Александр Анатольевич Данилов. Михаил Юрьевич Моруков. История России（часть 2）. 10 класс. Издательство Просвещние. 2016г. стр. 56.

② Михаил Михайлович Горинов. Михаил Юрьевич Моруков. Великая Отечественная война 1941－1945годов. Дискуссионные вопросы: пособие для учителей. Издательство Просвещние. 2016г. стр. 34－35.

③ Там же., стр. 35.

向苏联投入其70%的军队、75%的枪支和迫击炮、90%的坦克和飞机。"[1] 但德军最猛烈的进攻遭遇到苏联红军最顽强的抵抗,"按照德军计划,应在三十分钟内攻克苏联防线,但红军战士顽强作战,许多边境线上的战斗持续了几个昼夜,没有一个师、没有一支边防支队主动放弃防线,苏联红军表现了史无前例的英雄主义与英勇精神"[2]。

战争初期,苏联红军积极应战,在艰苦条件下开展列宁格勒保卫战、斯摩棱斯克会战、基辅战役、莫斯科会战等防御战争。不仅如此,"战争初始,苏联各地就建立了众多游击队伍,成立全俄布尔什维克地下反抗组织。苏联共有6000多支由俄罗斯人与他国人民组成的游击队,英勇的游击队员击毙、击伤、俘虏了100多万敌军,摧毁4000多辆坦克和装甲汽车、65000辆汽车和1100架飞机,炸毁1600多座桥梁和2万多列火车。"[3] 可见,没有任何理由证明苏联红军消极应战而导致战争初期失利。

1941—1944年年初的苏德战场中,德军损失巨大,但仍不失为一支强大的军队,1944年后德军被迫转为战略防御状态。苏联人民为了取得战争的最后胜利付出了极大的代价,"一切为了前线!一切为了战争!"继续投入巨大的人力物力,军事力量、武器与迫击炮、战斗机的数量都大于德国纳粹军队(表6),逐步确立了英勇的苏联红军在苏德战场的优势地位,实现保家卫国、解放战争的最后胜利。

表6　　苏德战场的双方投入力量对比(1944年1月1日后)[4]

指标	苏联	德国
军队总人数	6.4(百万)	4.2(百万)
枪支与迫击炮	96(千台)	47(千台)
坦克与自行火炮	5.3(千辆)	5.3(千辆)
飞机	10.2(千架)	2.8(千架)

---

[1] Михаил Михайлович Горинов. Александр Анатольевич Данилов. Михаил Юрьевич Моруков. История России (часть 2). 10 класс. Издательство Просвещние. 2016г. стр. 14.

[2] Там же..

[3] Там же., стр. 29.

[4] Там же., стр. 56.

3. 苏联在第二次世界大战中的决定性作用

抨击和否认苏联卫国战争的历史学者还认为,苏德战场上苏联红军指挥无方、装备不良,致使苏联军民巨大伤亡,死亡人数超出德军数十倍。亚历山大·伊萨耶维奇·索尔仁尼琴(Александр Исаевич Солженицын)1976年采访时说是30倍,1991年6月4日著名的《共青团员真理报》以此为题举报"斯大林灭绝人性的罪行",引发了反苏联反斯大林的社会反响。2000年历史学者鲍·沙克罗夫在《第二次世界大战的秘密》一书中称,德军和苏军在战争东线的人员损失,包括被俘期间的死亡人数比例是1∶10。①

教科书积极评价苏联红军在第二次世界大战胜利的决定性作用:"苏德战场中苏联军民在前线和后方都表现了艰苦卓绝的英雄主义精神。第二次世界大战中苏联红军对德国纳粹和日军战争具有决定性意义,苏德战场苏联消灭德军607个师、80%的德军士兵、75%的德军军事武器,远东战场上苏军三天内消灭大约80万日军。"②"胜利日"已经成为俄罗斯最伟大、最重要的节日。

针对苏联卫国战争的具体死亡人数,教科书称:"苏联军民为胜利付出巨大代价,战争夺走大约2700万苏联人民,其中包括前线近1000万苏联将士,敌后牺牲的400万游击队员、地下工作者和普通民众,还有850多万民众遭受到德国法西斯奴役,"③ 苏联军民的伤亡是重大的、惨痛的,但绝不能片面得出苏联军民牺牲人数是德军数十倍的结论。教科书教师用书认可俄罗斯联邦政府"卫国战争年代损失统计部门间委员会"的官方数据,即苏联军民共损失2660万人,前线损失将士近900万人,苏联红军与德军的战斗损失比例为1.3∶1,驳斥鲍·沙克罗夫不符合历史事实的夸大数据,强调:"苏军损失的最高上限是德军的1.3倍。"④

"苏联军民在消灭法西斯德国、日本及其仆从国的战争中发挥了决定

---

① Михаил Михайлович Горинов. Михаил Юрьевич Моруков. Великая Отечественная война 1941–1945годов. Дискуссионные вопросы: пособие для учителей. Издательство Просвещние. 2016г. стр. 55.

② Михаил Михайлович Горинов. Александр Анатольевич Данилов. Михаил Юрьевич Моруков. История России (часть 2). 10 класс. Издательство Просвещние. 2016г. стр. 65.

③ Там же..

④ Михаил Михайлович Горинов. Михаил Юрьевич Моруков. Великая Отечественная война 1941–1945годов. Дискуссионные вопросы: пособие для учителей. Издательство Просвещние. 2016г. стр. 63.

性作用，苏联各族人民用鲜血和生命取得胜利，是二十世纪人类历史的重大事件，胜利者的功勋永远会被铭记。"① 教科书在总结苏联在第二次世界大战历史的重要地位后，援引斯大林在 1945 年 5 月 24 日的讲话："我们政府犯了不少错误，尤其是 1941—1945 年红军撤退，离开了我们的村庄和家乡……因为当时是没有任何办法。但是人民相信政府，奉献生命夺取胜利，这种人民对政府的信任保证了战胜敌人的历史性胜利，这是战胜法西斯的决定性力量。感谢人民！"② 引用这段话的用意一则在于斯大林实事求是地检讨政府决策所造成战争初期的损失，同时更肯定和颂扬苏联军民大无畏的英雄主义精神，这是卫国战争最终胜利的决定性力量。

三 俄罗斯联邦历史唯物史观重建

俄罗斯新版历史教科书是教育部审查认定、国家历史学会编写，具有权威性和国家意志性，代表着当前俄罗斯学界的主流观点，并具有明确的国家历史观导向。从教科书"苏联问题"的史实分析中发现，俄罗斯联邦已由全盘否定苏联历史和全盘否定斯大林，回归承认历史真相、尊重苏联历史的功绩和成果、实事求是看待斯大林的功与过、承认人民是历史的创造者，注重对某些重大事件作出尊重历史事实的分析和评价。在此意义上，体现了俄罗斯历史虚无主义的破产、历史辩证法的否定之否定，以及俄罗斯唯物主义历史观的重建。

（一）抛弃历史虚无主义的"思想垃圾"

还原历史真相、尊重国家历史，已经成为当代俄罗斯共识。2014 年 1 月 16 日普京总统亲自接见历史教科书编撰者，并就修订标准发表谈话："最重要的是还原历史真实，现有历史教科书不仅贬低反法西斯战争中苏联人民的作用，而且存在某些深层次的'思想垃圾'，这些是我们绝对不能接受的。"他举例说："战后苏联在东欧历史的作用问题上，有人认为，作为第二次世界大战的结果，东欧陷入斯大林政权的黑暗统治，东欧的泛

---

① Михаил Михайлович Горинов. Александр Анатольевич Данилов. Михаил Юрьевич Моруков. История России（часть 2）. 10 класс. Издательство Просвещние. 2016г. стр. 65.
② Там же., стр. 66.

苏维埃化对这些国家发展产生了负面影响。而我认为就第二次世界大战后果而言，如果非苏维埃胜利而是法西斯主义的胜利，那产生的后果就是这些国家'完全被击溃'，应以最客观的方法还原历史。"[1]

俄罗斯国家杜马主席、国家历史学会主席谢尔盖·叶夫盖尼耶维奇·纳雷什金（Сергей Евгеньевич Нарышкин）称："现有历史教科书充满了基于某种意识形态的思想偏见、国家和民众都不能接受的历史评价，尤其是涉及第二次世界大战的苏联问题，要摒弃这些无益于国家和人民的历史观点。"[2] 原历史教科书"思想垃圾"主要集中在20世纪现代史，如片面看待斯大林、否定苏联卫国战争意义、抹黑苏维埃十月革命、错误评价苏联解体等，陈旧的、错误的历史态度和历史观念将直接导致俄罗斯人轻视国家历史、缺乏国家认同，成为俄罗斯前途和未来发展的阻碍。

《教育》出版社历史教科书编写组认为，抛弃原有"思想垃圾"的基础在于树立新的苏联历史观，正确看待历史发展中的问题，比如："整体评估苏联在世界历史中的作用；正确评价苏联在伟大卫国战争中的胜利，以及这场胜利对苏联在战后世界地位的重大影响；苏联战胜纳粹德国及其盟国对世界的深远影响；苏联人民如何在最短的时间内迅速恢复国民经济；苏联快速实现科技创新和技术进步，如用于和平目的的空间探索、利用热核反应、大型电站、运河和水利枢纽等，"[3] 随着近年来俄罗斯在苏联历史问题的澄清，否定历史虚无主义"思想垃圾"，还原真实历史故事成为新版历史教科书的第一要务。

（二）找回"被遗忘的历史英雄"

俄罗斯历史教科书问题已经超越了历史学术的研究范畴，成为意识形态和思想舆论的主要控制工具。受西方资助的歪曲和丑化苏联的教材占领课堂，抹黑苏联的历史文章充斥媒体，否认英雄人物的历史功绩、

---

[1] Путин объяснил, зачем нужен единый учебник по истории. Россия сегодня. Режим доступна: http://ria.ru/society/20140116/989593596.html.

[2] Егор Созаев-Гурьев. Путин призвал избавиться от идеологического мусора в учебниках истории. Известия. 16 января 2014.

[3] Данилов Александр Анатольевич и т. д. Концепция учебника《История России. 1945 – 2008 гг.》. Послание издательства Просвещения. 2016г.

否定国家历史的重大史实、歪曲布尔什维克形象等,形成俄罗斯混乱的历史观,造成国家意识形态迷失和国家认同困境。总统普京认为:"历史教学需要的是历史连续性和事件发展关联性,俄罗斯历史教育是确立国家民族、文化和历史认同的基础,历史教育的任务应还原历史重大事实和英雄人物事迹,不能像以往历史教科书中贬低历史英雄人物和曲解历史事实。"①

针对某些原有教科书中否定历史英雄人物,丑化国家领导者的情况,新版教科书的最大价值在于还原俄罗斯历史英雄形象、树立当代青年的爱国主义精神。2013年10月联邦政府文化部部长弗拉基米尔·拉斯基斯拉沃维奇·梅津斯基(Владимир Ростиславович Мединский)在俄罗斯历史学会扩大会议上说:"历史教育的最重要任务是使青少年形成良好的道德准则和爱国主义精神,新版历史教科书应该呈现鲜明的公民意识、服务于祖国、奉献于祖国的历史事实。"② 历史教科书不仅正面描述了列宁、斯大林、赫鲁晓夫、勃列日涅夫等苏联领导人的历史史实,而且歌颂了卫国战争中英勇奋战的将军士兵,如:朱可夫元帅、飞行员伊凡·尼基托维奇·阔日杜布(Иван Никитович Кожедуб)、亚历山大·伊万诺维奇·波克雷什金(Александр Иванович Покрышкин)、女英雄卓雅、亚历山大·马特维耶维奇·马特洛索夫(Александр Матвеевич Матросов)等英雄的历史事迹。

"令人担忧的是,俄罗斯青年人在具有强烈的创新和独立意识的同时,也更容易接受侵略性的民族主义和极端主义,各种民族主义组织和新纳粹青年组织有扩大趋势,青年犯罪比例逐年提高",教育学博士弗拉基米尔·斯捷潘诺维奇·戈尔博诺夫(Владимир Степанович Горбунов)研究发现:"国家仍存在模糊和矛盾的道德观念,传统文化价值和爱国主义被视为因循守旧,而伪外来文化往往被年轻人视为'现代文明',青年的精神迷失和歪曲爱国主义理想的现象非常严重。"③ 为了防范历史虚无

---

① Путин избавит учебники истории от идеологического мусора. Русская Правда. 16 января 2014 г.

② Итоговое обсуждение концепции единого учебника по истории России состоялось сегодня. Учительская газета. 30 октября 2013 г.

③ Владимир Степанович Горбунов. Патриотическое воспитание школьников в условиях городской системы образования. Диссертация Кемеровского государственного университета. 13 января 2000 г.

主义、文化侵略、价值观扭曲、玩世不恭等反爱国情绪的蔓延,联邦政府教育部把找回历史英雄人物、加强爱国主义教育视为修订历史教科书的重要任务。

(三) 弘扬俄罗斯历史文化的"辉煌成就"

俄罗斯民族具有较强的自我批判、自我否定能力,当苏联解体、经济休克和社会混乱之时,勇于直面国家创伤、进行自我修复,但后苏联时期的现代文化重建中,由于缺乏历史文化的整体记忆传承,造成了俄罗斯文化主体和公民主体身份的认同缺失。学者亚历山大·亚历山大罗夫娜·罗杰诺娃(Александра Александровна Логинова)在全俄中小学生中进行广泛的问卷调查,结果显示"有45.54%以上的儿童不清楚俄罗斯联邦的国歌与俄罗斯传统文化,而只有12.87%的学生为祖国感到骄傲自豪,19.31%的学生称自己具有爱国主义精神"[1],社会价值观混乱和对国家历史文化缺乏统一认识,务实主义、自由主义、个体意识等与传统俄罗斯价值观冲突问题,成为俄罗斯历史教育的重大弊病。

普京总统对此指出:"国家最终的经济繁荣和地缘政治影响力来源于国家公民的每一个人,因为他们植根于国家历史、价值观和传统文化,具有共同目标和社会责任。从这个意义上看,加强国家认同和公民身份认同是俄罗斯发展的根本和基础。教育的作用是培养具有爱国主义思想的人,我们需要恢复伟大的俄罗斯文化和文学,需要具有高度国家认同和身份认同的俄罗斯公民。教师和教育是国家价值观、思想和观念最重要的守护者,应教育俄罗斯公民感受到俄罗斯国家和土地的神圣,履行公民对国家的责任和义务"[2]。历史教育应使国民了解并掌握俄罗斯独特的历史文化、卓越的文化艺术成就,培养珍视传统和遵循传统的道德观念。

新版历史教科书囊括基辅罗斯、莫斯科罗斯、俄罗斯帝国、苏联、俄罗斯联邦等历史各个阶段的文化成就,阐释了建筑、音乐、文学、电影、戏剧、绘画等艺术门类的巅峰成果和世界地位,包括苏联时期的诺贝尔文

---

[1] Александра Александровна Логинова. Формирование гражданской идентичности школьников средствами интернет-проектов. Актуальные проблемы гуманитарных и естественных наук. ном. 8. 2009г.

[2] Петр Акопов. Владимир Путин призвал к обретению и укреплению национальной идентичности. Деловая газета:Взгляд. 20 сентября 2013г.

学奖、侨民文化和航空航天等军事工业重大科学创新。正如教材主编、莫斯科国家关系学院院长安纳多利·瓦西里耶维奇·托尔库诺夫（Анатолий Васильевич Торкунов）所说："我们确定这是一本知识性和趣味性结合的优秀教科书，它集合了俄罗斯人民历史与文化多样性，能够唤起青年人的国家认同感和公民身份认同。"① 新版历史教科书与国家历史文化紧密相关、与国家命运和民族前途休戚相关，重塑俄罗斯历史文化辉煌成就，以实现国家气质和民族精神的世代传承。

四　余论

俄罗斯国内对联邦官方历史新标准与新版教科书仍有争论和质疑。历史学家鲍里斯·亚历山大洛维奇·卢奇金（Борис Александрович Ручкин）发表文章《新版教科书：国家意识形态的标准》，尖锐地指出根据国家意志形成的历史教科书具有明显的思想倾向性，"历史教科书修订吸引了科学家、学者、教师和家长的讨论，其目的在于消除国家内部矛盾和避免历史事件解释的相互冲突。俄罗斯历史被重新解释，许多历史名词被替换：鞑靼蒙古的桎梏更改为金帐汗国政权、教会分裂更改为宗教传统形成、专制变为国家保守主义、废除农奴制变为社会法制现代化、二月资产阶级革命和十月社会主义革命更改为伟大的俄国革命、集体化和镇压变为苏联现代化模式，重新解释体现了对祖国历史的重新认识，但是也造成政治意识形态对历史研究科学性的干扰"②。

转型时期的俄罗斯联邦如何解读过去、评判历史，不仅在于修正现状，更决定着构建未来的发展道路。著名社会学家、哲学家亚历山大·亚历山大洛维奇·季诺维也夫（Александр Александрович Зиновьев）认为："受苏联教育的几代人在当代俄罗斯已成为过去，而新俄罗斯人在对西方世界的模仿下成长，缺乏祖国和公民责任等概念，道德观念缺失，加之国

---

① Анатолий Торкунов. Не сомневаюсь: получились хорошие, содержательные, интересные книги. Издательство просвещение. Режим доступна：http：//old. prosv. ru/info. aspx？ob_ no = 45 335.

② Борис Александрович Ручкин. Новый учебник истории: ориентир государственной идеологии. Знание Понимание Умение. ном. 5. 2014г.

家教育程度低下，出现了嫉妒、贪婪、贪图享乐，甚至犯罪等动机和行为。"① 俄罗斯历史教科书的争论已经超越了历史教育、历史研究范畴，围绕着历史重大问题争夺的核心是国家意识形态和政治发展道路的较量。

（作者单位：陕西师范大学外国语学院、
中国社会科学院俄罗斯东欧中亚研究所）

---

① Александр Александрович Зиновьев. Гибель империи зла. Социологические исследования. ном. 10. 1994 г.

解读与解构：西马、后马对唯物史观的理解

张彦台

唯物史观的发现与确立，不仅给历史学带来革命性飞跃，也给哲学甚至整个社会科学带来了一场革命。恩格斯在评价马克思这一伟大发现时说："正像达尔文发现有机界的发展规律一样，马克思发现了人类历史的发展规律，即历来为繁芜丛杂的意识形态所掩盖着的一个简单事实：人们首先必须吃、喝、住、穿，然后才能从事政治、科学、艺术、宗教等等；所以，直接的物质的生活资料的生产，从而一个民族或一个时代的一定的经济发展阶段，便构成基础，人们的国家设施、法的观点、艺术以至宗教观念，就是从这个基础上发展起来的，因而，也必须由这个基础来解释，而不是像过去那样做得相反。"[①] 正是唯物史观内在的科学魅力，使它成为认识和改造世界的锐利武器，也吸引着思想家们不断地思考与研究。一直以来，人们对于马克思唯物史观的理解和阐释，存在着不同的逻辑视角。爬梳"西方马克思主义"（下称"西马"）和"后马克思主义"（下称"后马"）对唯物史观的理解、解读、重构、解构，可以使我们在新的历史条件下确立一种理解、解释、运用和发展马克思唯物史观的全新视野，而且更为重要的是，可以使我们结合新的历史条件和时代特点对马克思唯物史观有一个更为全面的认识和把握。

一　西马对唯物史观的人本主义解读

20世纪以来，西马对唯物史观的研究思路，形成了人本主义和科学主

---

[*] 本文是2017年河北省社科院重点课题《西方马克思主义和后马克思主义对唯物史观的理解与阐释问题研究》研究成果。

[①] 《马克思恩格斯选集》第3卷，人民出版社1995年版，第776页。

义两种解读模式。

人本主义马克思主义的哲学家们以《1844年经济学哲学手稿》为文本依据将马克思主义理解为一种人本主义的理论。人本主义马克思主义主要流派包括：早期人本主义马克思主义、法兰克福学派、萨特存在主义。

早期人本主义马克思主义的主要代表为卢卡奇、科尔施和葛兰西三人。人本主义马克思主义诞生之初，卢卡奇、葛兰西、科尔施等人主张返本求源，回到马克思的文本，重新理解和找回本真的唯物史观。[1] 卢卡奇在《历史与阶级意识》中明确指出："正统的马克思主义""不是对这个或那个命题的'信奉'，也不是对'圣书'的解释。与此相反，正统的马克思主义指的只是方法。"[2] 他认为，历史唯物主义的首要任务不是消极地反映对象，而是对现实的革命性改造。一旦离开了"总体性"范畴，就谈不上是马克思的唯物史观或历史辩证法，就丢失了唯物史观的先进性和革命性；相反，掌握了总体性辩证法，才能认识到历史进程中主、客体的相互作用，才能看到主体的优先地位，才能重建唯物史观的本真意义。葛兰西在卢卡奇思路的基础上，对唯物史观进行了重新理解和补充。他强调，主张历史就是人的实践活动，历史过程中物质和精神的统一，这样才能反映真实的历史运动。葛兰西认为，国家和市民社会同属于上层建筑，是上层建筑的两个方面。他认为："在东方，国家就是一切，市民社会处于初生而未成形的状态。在西方，国家与市民社会之间存在着调整了的相互关系。假使国家开始动摇，市民社会这个坚固的结构立即出面。"[3] 柯尔施在重读经典著作的基础上，著有《马克思主义和哲学》《我为什么是一个马克思主义者》和《唯物史观原理》等著作。他指出："马克思主义的科学理论必须再次成为《共产党宣言》的作者所描述的东西——不是作为一个简单的回复，而是作为一个辩证的发展：一种关于包括整个社会一切领域的社会革命的理论。"[4] 总之，早期人本主义马克思主义通过对第二国际实证主义倾向的批判，从方法论的角度强化了马克思主义哲学特别是其唯物

---

[1] 丁振中、杨思基：《唯物史观在理解或消解中的命运》，《北方论丛》2015年第1期，第124—125页。

[2] [匈]乔治·卢卡奇：《历史和阶级意识——马克思主义辩证法研究》，张西平译，重庆出版社1989年版，第2页。

[3] [意]葛兰西：《狱中札记》，葆煦译，人民出版社1983年版，第180页。

[4] [德]柯尔施：《马克思主义和哲学》，王南湜、荣新海译，重庆出版社1989年版，第33页。

史观的主体性逻辑，确立和表述了人本主义马克思主义的导向和基本构想。卢卡奇以物化、总体性、阶级意识等范畴为核心的主客体统一的辩证法、科尔施的总体性理论、葛兰西的实践哲学构想，从不同的侧面建构起人本主义马克思主义的理论框架，并揭示了第二代人本主义马克思主义的文化批判主题。①

法兰克福学派作为20世纪最大的西方人本主义马克思主义流派，不但著述丰富、涉猎领域广泛，而且，其代表人物的活动年代几乎涵盖了整个20世纪。学派的代表人物主要有：霍克海默、阿多诺、马尔库塞、哈贝马斯、弗罗姆、施密特等人。丁振中等人认为："在青年卢卡奇、柯尔施、葛兰西之后，'西马'后期代表人物对唯物史观的理解偏差越来越大。如人本主义、存在主义等对唯物史观存在一定程度的误读与偏离。"② 马尔库塞把弗洛伊德的爱欲本质论与马克思的人类解放论相结合，提出了"爱欲解放论"。他认为，发达的工业社会成功压制了社会中的反对派和反对意见，压制了人们内心中的否定性、批判性和超越性的向度，从而使这个社会成了单向度的社会，使生活于其中的人成了单向度的人。不过，马尔库塞认为，"科学——技术的合理性和操纵一起被熔接成一种新型的社会控制形式"③。马尔库塞的理想社会是："多余的压制"已彻底消失，人们从现有的劳动中解放出来。④ 在《反革命与造反》一书中，马尔库塞认为，工人阶级已经被当代西方社会所同化，丧失了革命意识，甚至有反对革命的意识，于是他更加重视人的心理革命对于实现西方革命的重要性，并提出了人的解放本质上是"自然的解放"的论题。由于法兰克福学派过分地强调了主观性和不确定性，严重偏离了唯物史观的精神实质。

萨特存在主义哲学与马克思主义哲学的"视域融合"构成了西方人本主义马克思主义的另一大源流——存在主义马克思主义。与法兰克福学派的人本主义马克思主义不同，存在主义马克思主义并非一种单向度的解释马克思主义，而是立足于"马克思主义的存在主义化"和"存在主义的马

---

① 苗捷：《马克思唯物史观双重维度研究——基于西方马克思主义两大流派视角》，黑龙江社会科学院2012年硕士学位论文，第13页。
② 丁振中、杨思基：《唯物史观在理解或消解中的命运》，《北方论丛》2015年第1期，第125—126页。
③ [美]马尔库塞：《单向度的人：发达工业社会意识形态研究》，刘继译，上海译文出版社2008年版，第117页。
④ 铁省林、房德玖：《国外马克思主义概论》，山东人民出版社2012年版，第103—108页。

克思主义化"双重意义。作为这一理论的主要代表和集大成者的萨特,提出了"存在先于本质"的著名命题。萨特认为,马克思主义本身缺乏这种"主观性",所以必须用存在主义的"主观性"来补充马克思主义,并在此基础上,将马克思主义的历史观改造成"历史人学",对人类发展史作了重新解释。萨特认为,历史人学的基础是"实践"——一种"主观性"的"自由"行动,阶级则是一个集体性的群体。按照萨特的逻辑,马克思主义就是历史唯物主义,历史唯物主义就是一种辩证法,而这种辩证法是内在辩证法、历史辩证法,即人学辩证法。[①] 就试图以存在主义对马克思主义进行某种修补,并日渐向马克思主义靠拢,希望通过共产主义的社会方案,建立一个理想的人道世界,实现人的真正自由和生存,从而解决他的时代所遭遇的问题和困境。

二 西马对唯物史观的科学主义解读

第二次世界大战之后,西方科学主义马克思主义兴起。因此,西马克思主义的历史同西方人本主义马克思主义相比,要短三四十年。科学主义马克思主义理论的提出同人本主义马克思主义一样,也是以马克思的经典著作为其理论依据的。然而,在当时以西方人本主义马克思主义思潮日益泛滥的背景下,重新将马克思主义解释为科学主义并不容易。在这样的背景下,以阿尔都塞为代表一批西方哲学家开始了对人本主义马克思主义思潮的反思和批判,力图改变这种局面,实现从科学角度解释马克思主义唯物史观的理论复兴之路,由此产生的新动向,被一般性的称为"科学主义马克思主义"倾向。当然,需要指出的是,尽管科学主义马克思主义极力主张马克思唯物史观的科学性,并努力从科学认识论角度来解释马克思主义的基本概念和观点,但与以苏联马克思主义为代表的所谓"正统的马克思主义"不同,它对后者的教条主义也是持批判态度的,在这一点上,它又是与人本主义马克思主义是一致的。因此,科学主义马克思主义作为西方哲学家对马克思主义进行自由理解立场的代表,是与人本主义相对的另

[①] 铁省林、房德玖:《国外马克思主义概论》,山东人民出版社2012年版,第163—166页。

一种西方马克思主义思潮。①

科学主义发展的主要流派有两个：结构主义马克思主义和新实证主义马克思主义。

结构主义并非一种独立的哲学派别，而是用大致相同的结构分析方法在语言学、人类学、历史学等领域进行研究的社会文化思潮。它发轫于20世纪初索绪尔的语言学方法，经列维·施特劳斯和拉康的发展，到阿尔都塞时开始以结构主义方法解读马克思的著作，由此而创立了结构主义马克思主义。20世纪60年代初，阿尔都塞试用结构主义的方法解释马克思主义经典著作。1966年12月，英国《泰晤士报》文学副刊介绍了他的情况后，他被公认为是"结构主义的马克思主义的杰出代表"②。他的论著主要有：《孟德斯鸠、卢梭、马克思：政治和历史》《保卫马克思》《读〈资本论〉》《列宁与哲学》《为了科学家的哲学讲义》《哲学和科学家的自发哲学》。

"意识形态""科学"是贯穿阿尔都塞成名作《保卫马克思》一书中的两个基本概念。在阿尔都塞看来，"意识形态是具有独特逻辑和独特结构的表象（形象、神话、观念或概念）体系，它在特定的社会中历史地存在，并作为历史而起作用"。他强调了意识形态在人类社会中的重要意义："人类社会把意识形态作为自己呼吸的空气和历史生活的必要成分而分泌出来。"③ 关于"科学"，他说："马克思的立场和他对意识形态的全部批判意味着，科学（科学是对现实的认识）就其含义而言是同意识形态的决裂，科学建立在另一个基地之上，科学是以新问题为出发点而形成起来的，科学就现实提出的问题不同于意识形态的问题，或者也可以说，科学以不同于意识形态的方式确定自己的对象。"④ 作为那个时代理论浪潮的"弄潮儿"，阿尔都塞的思想不可避免地带有结构主义的烙印。在《读〈资本论〉》一书中，阿尔都塞根据结构主义的原则，一方面把社会结构说成是独立自存的东西；另一方面把个人概念化为他们所处的社会结构关系

---

① 苗捷：《马克思唯物史观双重维度研究——基于西方马克思主义两大流派视角》，黑龙江社会科学院2012年硕士学位论文，第18页。
② 陈学明：《20世纪西方马克思主义哲学历程：20世纪下半叶"西方马克思主义"内部两种倾向的对立与新派别的涌现》第3卷，天津人民出版社2013年版，第169页。
③ Louis Ahhusser, *For Marx*, translated by Ben Brewster, London: NLB, 1977, pp. 231–232.
④ Ibid., p. 233.

的"承受者"或"执行者"。他这样说："同一切表面现象相反，真正的主体不是天真的人类学的'既定存在'的'事实'，不是'具体的个体'，'现实的人'，而是这些地位和职能的规定和分配。所以说，真正的'主体'是这些规定者和分配者：生产关系（以及政治的和意识形态的社会关系）。"[1] 按照他的意思，因为人在历史发展进程中所发挥的作用取决于生产关系的总体结构，人只是完成结构所规定的任务，人类主体不是他们社会关系的本原，因此历史是个无主体的过程。显然，结构主义是阿尔都塞理论上的反人道主义理论产生的工具性因素。[2]

作为一名结构主义马克思主义者，阿尔都塞坚持用历史结构性方法来坚持和发展唯物史观，并认为，历史结构性的方法论是真正意义上的马克思主义方法论。但是，他指出，黑格尔的"总体"没有复杂的结构，在黑格尔那里，万物只不过是精神在异化状态中的具体表现，而在马克思那里，"总体"是一个由多环节主导结构形成的统一体，马克思虽然强调了经济活动的决定性作用，但他也强调经济、政治、文化等各种社会要素的并存关系，并没有把经济当作一切社会历史现象的本原。从这个意义上说，阿尔都塞对马克思的理解，对唯物史观的理解，有一定的合理性。但是，阿尔都塞认为，唯物史观是多种矛盾并存的"多元决定论"，这一点违背了唯物史观的"一元论"，违背了"社会存在决定社会意识"的唯物史观的基本原则。[3]

新实证主义马克思主义是第二次世界大战之后由意大利马克思主义者德拉·沃尔佩创立的一个西方马克思主义流派。这个流派不同于此前的"人道主义的""黑格尔主义的"西方马克思主义，而是从科学主义和实证主义的视角重新解释马克思主义。

新实证主义马克思主义的创始人是意共党员德拉·沃尔佩。新实证主义马克思主义的代表人物大多来自意大利共产党内，在意共中只能算是少数派。20世纪50至60年代，在德拉·沃尔佩周围聚集了一批人。这些人

---

[1] 阿尔都塞、巴里巴尔：《读〈资本论〉》，李其庆、冯文光译，中央编译出版社2001年版，第209页。

[2] 陈学明：《20世纪西方马克思主义哲学历程：20世纪下半叶"西方马克思主义"内部两种倾向的对立与新派别的涌现》第3卷，天津人民出版社2013年版，第176页。

[3] 丁振中、杨思基：《唯物史观在理解或消解中的命运》，《北方论丛》2015年第1期，第126页。

包括拉涅罗·潘齐耶里（Raniero Panzieri）、翁贝托·切罗尼（Umberto Cerroni）、马里奥·罗西（Mario Rossi）、卢西奥·科莱蒂（I. ucio Colletti）、尼古劳·梅尔格尔（Nicolao Merker）、阿曼多·普莱比（Armando Plebe）、伊尼亚齐奥·安布罗焦（Ignazio Ambrogio）等人。他们赞同德拉·沃尔佩的基本观点，围绕着意大利共产党的一份杂志《社会》宣传他们的观点，形成了一个重新科学地解释马克思主义的流派。新实证主义马克思主义也被称为德拉·沃尔佩学派。[1]

新实证主义从分析命题与综合命题的划分出发，坚持用经验证实原则作为有意义和无意义的划分标准，反对形而上学，主张科学的统一。在德拉·沃尔佩看来，黑格尔的辩证法乃是一种"思辨的辩证法"、"形而上学的辩证法"或"神秘主义的辩证法"，而马克思的辩证法则是一种"科学的"亦即"分析的辩证法"，这种辩证法是现代实验科学的唯物主义逻辑。同时，这种科学的辩证法又与主流的正统唯物主义不同，是历史决定的，是一种"历史主义的唯物主义"。德拉·沃尔佩正是在这种区别和批判中展开其科学的辩证法理论的。[2]

作为德拉·沃尔佩最有才华的弟子，科莱蒂从1960年代起在理论上对其老师的学说进一步修正、发展，使之更加系统化，促使新实证主义马克思主义发挥到极致。在对待辩证唯物主义的态度上，科莱蒂更加激进。他认为，所有的辩证唯物主义都只不过是黑格尔"物质辩证法"的内在同谋，是一种没有认识到自身性质的唯心主义的神学。在唯物主义认识论上，他利用康德"真正对立"理论重新诠释了无矛盾原理，提出了思维与存在完全异质性原则，把后者当作所有唯物主义认识论和科学认识论最基本的原则。科莱蒂则突破了他老师的局限，充分挖掘了马克思生产关系理论的科学内涵，科莱蒂还通过对马克思晚期经济学著作的研究，认识到了德拉·沃尔佩观点的错误之处，从中发掘了辩证矛盾的科学意义，展现了马克思政治经济学批判的理论价值，恢复了马克思哲学革命性的一面。[3]

---

[1] 铁省林、房德久：《国外马克思主义概论》，山东人民出版社2012年版，第112页。
[2] 衣俊卿、丁立群、李小娟等：《20世纪新马克思主义》（修订版），中央编译出版社2012年版，第454页。
[3] 张一兵：《当代国外马克思主义哲学思潮 西方马克思主义的科学主义思潮、法兰克福学派和英国"新左派"》中卷，江苏人民出版社2010年版，第34页。

三 后马对唯物史观的解构

后马克思主义是 20 世纪七八十年代前后在西方兴起的一股新思潮，是与后现代主义相关联的并具有马克思主义的批判性倾向的新思潮，是西方马克思主义之后在发达国家中出现的新的马克思热，被视为当代西方"左翼"思想的新亮点。后马克思主义一方面肯定了马克思主义的价值，继承了马克思主义的批判精神，特别是继承了马克思主义对资本主义的批判传统，借助后现代主义理论和方法，对当代资本主义社会的经济、政治和思想文化进行了新的探讨和分析。另一方面，后马克思主义又主张解构马克思主义的核心范畴，否定了马克思主义的基本理论、观点和方法，并力图通过这种解构和否定，重新激活马克思主义的传统。① 国内外学术界关于后马克思主义的界定、关于后马克思主义理论家身份的确认至今也没有完全一致的说法，但这并不影响人们对后马克思主义保持一种有增无减的学术兴趣。②

学者俞吾金、陈学明将后马克思主义划分为四大类别：一是解构主义的马克思主义（后结构主义的马克思主义）；二是詹姆逊的后现代主义的文化批判的马克思主义或文化阐释学的马克思主义；三是解释学的马克思主义，尤其是后解释学的马克思主义；四是其他类型的后马克思主义，主要有拉克劳和穆佛（墨菲）类型的后马克思主义、后女权主义的马克思主义等。③

解构主义的马克思主义创始人雅克·德里达的思想在 20 世纪中后期掀起巨大波澜，不仅使他成为欧美知识界最具争议性的人物之一，也成为后现代思潮最重要的理论源泉，其核心概念"解构"所向披靡，广泛渗透到艺术、社会科学、语言学、人类学、政治学甚至建筑等领域。其著作超过 40 本，目前不少已经译成中文。在《马克思的幽灵》一书中，德里达将唯物史观作为"幽灵"看待。"幽灵"是德里达建构主义马克思主义的一个基本范畴，解构主义的马克思主义就是一种马克思主义的幽灵说。

---

① 陈炳辉等：《后马克思主义的理论》，中国社会科学出版社 2011 年版，第 1 页。
② 周凡：《后马克思主义导论》，中央编译出版社 2010 年版。
③ 俞吾金、陈学明：《国外马克思主义哲学流派新编：西方马克思主义卷》，复旦大学出版社 2002 年版，第 706—707 页。

"幽灵"的根本特征就是它的不在场的在场。德里达虽然强调要继承马克思的精神,声称:"地球上所有的人,所有的男人和女人,不管他们愿意与否,知道与否,他们今天在某种程度上说都是马克思和马克思主义的继承人。"① 然而,德里达要继承的并不是作为理论形态的全部马克思主义科学,更不是具体的唯物史观,而是经过解构逻辑中介绍过的所谓的"批判精神"。德里达自己理解的马克思,与上述那些"误认"有什么不同呢?他的回答是,解构马克思,即通过德里达自己创立的解构理论,通过"对'对本义上的'、形而上学、逻各斯中心主义、语言学主义、音位学主义的解构",来重新理解马克思。在德里达的心目中,马克思学说本身就是形而上学和逻各斯中心主义的。因此,面对马克思,德里达首先要消解和否定马克思主义中最重要的基本原则和理论,消解和否定唯物史观,其次才是继承马克思的批判精神。②

后现代主义的文化批判的马克思主义的代表詹姆逊的著作《马克思主义与形式》最早摆脱传统的解读文本的方法,开辟出了文学与社会,特别是与生产方式相联系的新途径,最早把马克思主义的批评方法引入美国的文化批评界。在《政治无意识》中,詹姆逊提出了他自己独特的解释文学作品的叙事分析方法。他把一切文本与意识形态联系起来。詹姆逊认为,"缺场"的历史与"在场"的当下之间具有"同一性"还是"差异性",造成了历史主义矛盾或困境。他强调,只有把马克思主义生产方式作为阐释历史的绝对视域,才能解决这一矛盾或困境。然而,詹姆逊过于偏重于文化或意识形态重要性,他提出的"生产模式",不仅包含经济发展和劳动技术的方式,还包含文化生产和语言生产的方式。他以文化视角、人的主观视角来看待历史,混淆了"个体主观"与"历史客观",这明显是对马克思主义"生产方式"概念和历史决定论的背离。③

解释学的马克思主义主张用解释学研究和解释马克思主义。当代西方解释学家伽达默尔、哈贝马斯、里科尔(Paul Ricoeur)和塞麦克(M. J.

---

① [法]雅克·德里达:《马克思的幽灵:债务国家、哀悼活动和新国际》,何一译,中国人民大学出版社1999年版,第127页。
② 张一兵:《分延马克思:被解构了的精神遗产——德里达〈马克思的幽灵〉的文本学解读》,《马克思主义研究》2006年第1期,第115页。
③ 丁振中、杨思基:《唯物史观在理解或消解中的命运》,《北方论丛》2015年第1期,第127页。

Seimerck）等人都曾从事这一理论活动。主要有"等同型""批判型"和"元历史型"三种类型。"等同型"以塞麦克为代表，认为解释学与马克思主义的辩证哲学或历史唯物主义是共通的，解释学是一种进行批判和解释的精神活动，而马克思主义辩证哲学也是对直接可见的社会历史现象进行批判和解释，努力去理解这些现象背后隐藏着的意义。"批判型"以哈贝马斯为代表，认为实践领域是主观意识交往的领域，这一领域应与"历史的——解释学"的领域联系起来。哈贝马斯既批判传统解释学，也批判后现代主义的种种思潮（有人依据其否定和批判的态度及"语言学转向"把他划入"后马克思主义"）。"元历史型"以詹明信为代表，认为马克思主义是"绝对历史主义"，在过去和现在的关系问题上，马克思主义解释学应持"绝对历史主义"的态度，绝对历史主义以对现存社会科学的剖析来看待过去和预测未来，但它充分强调现在的历史暂时性。哈贝马斯指出："人们并没有理解历史唯物主义——无论是马克思和恩格斯，还是马克思主义的理论家们，都没有理解历史唯物主义；在工人运动的历史中，人们也没有理解历史唯物主义。因此，我不能把历史唯物主义看作是启迪学，而看作理论，即看作一种社会进化论。"[1] 同时，哈贝马斯否认"社会劳动"是社会发展的基础，用"交往行为"取而代之，将其作为贯穿人类社会的基础；在社会发展动力系统的问题上，哈贝马斯反对把"生产力与生产关系""经济基础与上层建筑"的矛盾运动和"阶级斗争"作为社会发展的动力，用"学习机制"取而代之，将其作为社会发展的动力；在社会形态划分的问题上，哈贝马斯否定了以"生产方式"把社会历史区分为五种或者六种形态的观点，用"组织原则"把社会划分为"新石器社会""早期的高度文化""高度发达的文化"以及"现代社会"四种形态。哈贝马斯对唯物史观的"重建"在基本理论路线上走的是从意识到实践的唯心主义路线，坚持的是意识决定实践的哲学基本原则，"重建"的理论不是历史唯物主义，而是一种历史唯心主义理论。[2]

---

[1] ［德］哈贝马斯：《重建历史唯物主义（修订版）》，郭官义译，社会科学文献出版社 2013 年版，第 104 页。

[2] 丁振中、杨思基：《唯物史观在理解或消解中的命运》，《北方论丛》2015 年第 1 期，第 127 页。

国外学界公认拉克劳和墨菲为"后马克思主义"的"正宗"的代表。① 拉克劳和墨菲所谓的"后马克思主义",也就是他们在解构基础上所建构的"激进、民主、多元的社会主义理论",那么,拉克劳和墨菲在重新理解马克思主义的思想时,究竟解构了马克思主义理论的哪些"核心范畴呢"? 他们对马克思主义的基本概念及其理论都进行了重新的解读和阐释:包括唯物主义的历史观、作为社会动力和研究方法的辩证法、关于当代资本主义宏大叙事的政治学说、作为社会主要组织原则的生产方式、阶级范畴和主体的概念、关于社会主义革命的主力军和工人阶级先锋队的理论等。概而言之,拉克劳和墨菲的"后马克思主义"是从后结构主义和后现代主义立场出发,对传统马克思主义基本原理做了系统地解构。② 拉克劳和墨菲认为,传统马克思主义是建立在一种"经济决定论"基础上的理论,但他们并不认同传统马克思主义的这一观点。他们认为,政治和经济之间并没有必然的联系,也就是说,社会政治统治的整个结构与生产和剥削并没有本质联系。拉克劳和墨菲认为,他们要拒斥的就是传统马克思主义所主张的那种"经济决定政治,政治是经济的集中反映"的观点,而"经济决定论"则是唯物史观的集中体现。他们指出,经济决定论所主张的经济是一个自我规范的机制,是严格地依据"内在的"的法规运行,并不存在任何源于政治的或其他的外在干预的观点是不正确的;相反,经过他们的考证,他们否定了经济决定论或经济还原论的观点,并且指出政治空间可以自我独立,也就是"经济空间被结构化为政治空间"的观点。③ 拉克劳和墨菲认为,马克思主义的革命理论以阶级斗争为中心,"是一种阶级还原论",是马克思"本质主义的最后阵地"。拉克劳和墨菲还采用后结构主义的方法,把社会分解成话语并由偶然性逻辑支配。在他们的视域中,社会是多元的,非决定性的,是由话语组成的,不存在历史的条件、联系和确定过程的可能性。只有任意并列、随机出现的偶然发生的各种事件;能把这些非连续的、孤立的现实碎片聚集起来的"是话语的逻辑",这就是他们的话语理论。格拉斯认为,拉克劳和墨菲抛弃了马克思主义。

---

① Paul Revnolds, "Post-Marxism: Radical Political Theory and Practice Beyond Marxism," in Marxism, the Millennium and Beyond, ed. by Mark Cowling Palgrave, 2000, p. 257.
② 付文忠、孔明安:《"后马克思主义"理论的批判解读——拉克劳与墨菲的"后马克思主义"评析》,《马克思主义研究》2004 年第 2 期,第 81 页。
③ 拉克劳、墨菲:《领导权与社会主义的策略》,黑龙江人民出版社 2003 年版,第 85 页。

拉克劳和墨菲在反本质主义的旗号下，彻底否定了马克思主义的基本范畴。如"历史规律""生产力和生产关系""阶级和阶级利益"等范畴都被拉克劳和墨菲贴上了"本质主义"的标签。

总的来说，随着时代的变迁和资本主义、社会主义的新发展，"西马"或"后马"的思想家们既能或多或少地回到或者试图回到马克思文本中继承马克思主义的传统，又提出各自的新观点进行理论创新。正如，丁振中等人所言，"西马"早期代表人物与唯物史观走得更近，理解得更科学，甚至能对经典理论进行有益的创新和补充，但"西马"后期所涌现的思想与唯物史观就越走越远了。"后马"不是一个统一的学派，各个后马克思主义者往往分属于不同的哲学流派，他们立场各异、观点独特，对待马克思主义的态度也大相径庭。但总体上，"后马"对唯物史观的态度主要是消解与颠覆，其理论"创新"也基本上是对唯物史观的解构与重构。

（作者单位：河北省社会科学院）

西方史家论历史唯物主义

苏东剑

史家对历史唯物主义的看法，历史唯物主义对史学的影响，是中国史学界的普遍问题和老生常谈，也是中国史学史领域的核心问题，甚至是最重要的问题。类似的问题在西方史学史视域中也有出现，其相对的重要程度自然不及前者，但由于20世纪，尤其是第二次世界大战以来西方史学及整个学术文化的发达和复杂化，造成这个问题的复杂与深刻性较之中国学界的情况有过之而无不及。西方史学家论历史唯物主义，对这个问题的总结和阐释在中国史学的语境下是比较新鲜的，对把握中西史学沟通中必然遭遇的话语体系转换问题、把握中国现代史学发展脉络本身都有一定启发性，也有助于梳理出另一段马克思主义史学史。

马克思的影响曾覆盖西方史学的绝大部分领域，当代主要的学术流派——尤其是所谓"新史学"——几乎都与马克思主义史学或马克思本人思想有相承或反叛的关系，几乎所有的重要西方史家都对马克思及其基本理论——历史唯物主义有所述评。本文将选取有代表性的学派和有代表性的学者作重点论述，并说明与之相关的学术语境、时代背景、个人因素，把握学术思维的形成路径和基本影响，构成相对完整的学术史认知。其中与历史唯物主义关系最为密切的西方马克思主义史学在国内已有较为系统的研究，其他如史学史、历史哲学、后现代史学等部分的相关论述都相对薄弱，本文在这些方面将进行一些尝试。

本文以"历史唯物主义"指代马克思的基本理论或马克思主义学派语境中的马克思的基本理论。之所以要做这样一个看上去多此一举的文字规定，是因为据我们阅读所及，马克思本人并没有"历史唯物主义""唯物主义历史观"或者"唯物史观"这样的说法。马克思当然提出了"唯物史观"的理论内容，但从未有过"唯物史观"这类语汇。以《资本论》第一卷为例，索引中标明9处涉及唯物主义历史观，核对原文则没有一处真有"唯物主义历史观""唯物史观"或者"历史唯物主义"之类的字眼。据我们所知,"唯物主义历史观"出现在恩格斯的一系列著作中,如1878年出版的《反杜林论》,用以标识马克思的基本理论;"历史唯物主义"见于第一国际理论家们的著作。显然马克思生前对"唯物史观"有所耳闻,他自己对此说法的态度是需要进一步研究的学术史问题。依照学术研究的习惯和理论内容的高度关联,本文仍将沿用"马克思的历史唯物主义"这一传统说法。

一 西方马克思主义史学:霍布斯鲍姆

与历史唯物主义关系最为密切的自然是西方马克思主义史学,其学者对历史唯物主义关注最多,具体应用也最为细致深入,其中又以英国马克思主义史学发展最早、成就最丰、名家最多、观点最深刻、影响最持久。在共产党组织的影响下,英国在20世纪30年代就孕育出建制较为完备的马克思主义历史学派。英国马克思主义史学群体最突出的特点,一是对苏联及其意识形态的忠诚短暂,对马克思主义的忠诚则特别漫长,无论作为意识形态还是基础性的学术方法;二是几乎所有马克思主义史家文笔都非常好。对此,霍布斯鲍姆的看法是,英国中学人文教育缺乏哲学课程,文学填补了这一真空。英国马克思派历史学者多半由钻研文学出身,而后转入史学领域,如克里斯托弗·希尔、维克多·基尔、莱斯理·莫顿、E. P. 汤普森、雷蒙·威廉斯,霍布斯鲍姆本人也是如此。[①] 英国马克思主义史家在基本思想方面相对其他西方学者是缺少备选项的,这种情形和他们以文学美术带动历史思维的学术路径,其所包含的优势与弊端都影响了他们对历史唯物主义的看法。

霍布斯鲍姆(1917—2012)是中国学术界最熟悉的英国马克思主义史家。这位学者在德国、奥地利长大,在英国成为反叛的学者和忠诚的共产党员。1956年,苏共二十大的秘密报告击穿了斯大林的神话,全欧洲的共产党组织都陷入信仰危机,引起马克思主义者们深刻的反思。[②] 和其他生活在原典自由主义气氛中的英国马克思主义者一样,霍布斯鲍姆几乎是愉

[①] [英]霍布斯鲍姆:《趣味横生的时光》,周全译,中信出版社2010年版,第117页。
[②] 张广智:《第二次世界大战后西方马克思主义史学的勃兴》,《历史教学问题》2007年第5期,第31页。

悦地摆脱了斯大林和苏联共产党的束缚，但同时对共产主义的"失败"倍感痛苦，从而刺激他主动寻求历史唯物主义崭新的理论形态和史学方法。①

霍布斯鲍姆对历史唯物主义本身是极为肯定的。他认为历史唯物主义是19世纪以来对历史学影响最大的理论形态，另一个较有影响的实证主义则远远不及。社会科学成功地进入和改变历史学正是源于马克思。但在这里霍布斯鲍姆遭遇了信仰难题，因为他看到对历史学影响最大的历史唯物主义事实上是一种经济决定论，他称为"庸俗马克思主义"，并作了如下概括：（1）历史的经济解释。经济要素是最基础的，而其他要素则依从于其上，进而形成。（2）"经济基础与上层建筑"的模式广泛运用于观念史。（3）由《共产党宣言》传播开的"一切历史都是阶级斗争史"。（4）历史法则与历史必然性。（5）历史主题几乎完全专注于资本主义的发展以及工业化。（6）出现被压迫阶级起义或革命的研究主题。（7）攻击传统史学的方法与局限，尤其是传统史学自认的纯粹客观性。②

这就是苏联官定的正统马克思主义及其史学原理，我国的版本则是经济基础决定论、阶级斗争决定论和五种生产方式说。③霍布斯鲍姆当然是对苏联不感冒的，他尤其不欣赏这套历史唯物主义所蕴含的在他看来不属于马克思的进化论与实证主义要素。更重要的是，正统马克思主义者没有矛盾论思想，对马克思思想的辩证法因素缺少认识，正统马克思主义就是公式和教条的代名词。这些对正统马克思主义史学的看法不无偏颇之处，但确实是西方学者看待苏联马克思主义和史学的有代表性的看法，至于进化论、实证主义、辩证法之类的因素在马克思本人思想中的意义和价值，又有不同的意见。但是，霍布斯鲍姆不得不承认，正是这种庸俗的、简化的、教条的历史唯物主义，震撼了思想界，在史学革命中所起到的效果远大于真正的（也就是他自己理解的）历史唯物论。"这种对马克思主义所作的简化选取，乃是一种历史的选择。"④

随着正统马克思主义史学影响力的消散，对单一且机械的经济决定论的扬弃，霍布斯鲍姆在自己的新社会史研究实践中确立起自己的历史唯物主义

---

① 梁民愫：《霍布斯鲍姆与马克思主义史学理论创新》，《史学理论研究》2007年第2期，第14页。
② ［英］霍布斯鲍姆：《论历史》，黄煜文译，中信出版社2015年版，第220—222页。
③ 徐浩：《论西方马克思主义史学的演进》，《学习与探索》1994年第6期，第121页。
④ ［英］霍布斯鲍姆：《论历史》，黄煜文译，中信出版社2015年版，第223页。

史学方法。霍布斯鲍姆认为，新社会史研究过于注重社会结构的静态分析，缺乏历史的动态分析，缺乏对社会的整体思考，而这正是历史唯物主义的优点和特长，即关注社会系统内在的动态变化，由社会矛盾所产生阶级冲突，提供社会发展的动力。"马克思的取向仍是唯一能让我们解释整个人类历史的方法，也是讨论现代的一个最好起点。"[1] 这也就是霍布斯鲍姆关注工人阶级、社会大众日常生活、"眼光向下"的史学革命的方法论起点。

霍布斯鲍姆对历史唯物主义也提出了自己的批判性看法。他认为有关历史唯物论真正重要的争论在于社会存在与社会意识的关系。但这涉及的既不是哲学，也不是伦理学，而是比较历史学和社会人类学。在这些领域中历史唯物主义面临严肃的批评：历史唯物主义主张上层建筑必须与社会生产关系相一致，而社会物质生产力存在着必然的进化趋势，上层建筑也不能不跟着进化。从整个世界史的发展来看，这种趋势确实存在，但问题在于这种趋势并不是普世性的——历史事实对理论富有力量的动摇，在东西方史学界是一致的。

总体而言，霍布斯鲍姆对历史唯物主义的探讨深入而富有代表性，他在自己漫长的史学生涯中多次出版与马克思主义有关的论著，发表保卫马克思主义的讲话，成为西方马克思主义历史写作和理论的标杆。但也要注意到霍布斯鲍姆极富个人特色的历史唯物主义思想保守的一面：霍布斯鲍姆对马克思主义理论的认识止于葛兰西；对马克思原作的看重偏于《1857—1858政治经济学批判手稿》[2]；虽然一般被认作社会科学历史学的代表性学者，实际的写作模式仍是历史唯物主义整体思路加史料考证，缺乏具体的社会科学理论；对马克思主义史学后的学术潮流并不感冒，尽管自己因文笔优美常被误认作叙事史学。霍布斯鲍姆个人学术思维层面的行与止已经折射出整个西方马克思主义史学的起落兴衰。

二　史学史：伊格尔斯

史学史领域对历史唯物主义的反思特别有针对性地揭示着历史唯物主义在西方史学发展中的特殊作用。但西方对史学史重视有限，学者更多的

---

[1] ［英］霍布斯鲍姆：《论历史》，黄煜文译，中信出版社2015年版，第233页。
[2] 《政治经济学批判》第1分册，《资本论》的前身之一。

注意力集中于历史哲学。格奥尔格·伊格尔斯（1926— ）是当代西方少见的史学史名家。他身兼美、德两国学术背景，其著作十分强调历史唯物主义在西方史学中的地位和影响①，对马克思主义史学与后现代史学的关系见解尤其独到，是其有广泛学术影响的史学史叙事的核心部分。

伊格尔斯对历史唯物主义理论是比较熟悉的。与霍布斯鲍姆不同，伊格尔斯认为马克思的基本理论是由两个部分构成。一部分是以19世纪下半叶科学理论为前提的实证主义科学观，其基本概念：（1）客观的科学知识是可能的；（2）科学知识是以普遍的陈述来表达各种现象合乎规律的行为。具体到历史学上：历史学作为科学，最主要的任务是发现和总结历史规律。至于历史规律的主要内容，就是马克思在《政治经济学批判序言》中的经典论述。这也就是狭义的历史唯物主义，中国人常说的"唯物史观"。另一部分是辩证论，马克思否定性的辩证法成为对以往一切社会形态进行批判的理论基础。伊格尔斯强调了马克思对二者融合的具体路径：把对实证主义的批判融入历史规律这一本质上是实证主义的概念，即令辩证法在历史规律中采取一种唯物主义的形式，令历史在共产主义的社会中完成。这种本质上是实证主义的历史唯物主义认识，构成了苏联官方学说的基础。但正统马克思主义无法提出有建设性的学术问题，实际影响力甚至远远不及西欧。②

正统历史唯物主义对西方史学影响集中于第二次世界大战后至1956年。而最具创造性的西方马克思主义史学家来自第二次世界大战后正式形成的英国共产党历史学家小组。苏共二十大、波匈事件后，小组成员几乎全体退党，小组解散，但他们继续坚持历史唯物主义的学术路线，并表现出新的形式和方法，《英国工人阶级的形成》成为这一转变的代表作——毋庸讳言，伊格尔斯意识形态上并不认同历史唯物主义，他不仅语焉不详地反复提及马克思著作的"前后矛盾"，还在自己的历史写作中会很自然地将自己对共产主义政治制度和马克思主义哲学的否定态度安到危机中的马克思主义史家身上③，对学术史上由正统马克思主义转向其他学派，尤其是转向被

---

① 贺五一：《伊格尔斯访谈录》，《史学理论研究》2013年第4期，第90页。
② ［美］伊格尔斯：《二十世纪的历史学：从科学的客观性到后现代的挑战》，何兆武译，山东大学出版社2006年版，第84页。
③ ［美］伊格尔斯、王晴佳：《全球史学史：从18世纪至当代》，杨豫译，北京大学出版社2011年版，第283页。

他自己认作新史学正统的后现代史学的情况作了近距离特写，意大利微观史家群体的转变成了屡试不爽的显例。

20世纪六七十年代的欧美学生运动是继1956年之后西方社会、学术思想的又一次重要转折。区别于霍布斯鲍姆儿童游戏式的观感，伊格尔斯十分看重这场运动的学术意义：这场运动既针对资本主义，也针对苏联式的马克思主义，而这一点对史学发展至关重要，因为从学术层面理解它指出了西方社会科学模式与历史唯物主义的共通之处，即新一批史家所反对的学术方向：（1）宏观历史学和宏观社会学的视角，对于科学促进社会进步的盲目乐观情绪。（2）以社会结构和整体社会进程为学术研究的主要领域。（3）对日常生活的现实方面（情感、性等）缺乏兴趣。① 至此，奠基于反现代诉求与性知识的"新文化史"已经呼之欲出。

随着正统马克思主义史学影响力的下降，学者的理论注意力逐渐由历史唯物主义转向了批判的人类学，从"批判"一次即可看出历史唯物主义的基础性影响。以《历史学工作组》（又译《历史学工作坊》或《历史工作坊》）杂志为例，杂志始终坚持马克思主义的批判观点，反抗一切形式的剥削和社会控制，反抗的具体领域则由马克思主义注目的政治经济领域转向人类生活的其他方面，如两性关系等。② 这种在意识形态层面保持形式的反抗态度，而在知识内容层面转向人类学、语言文化等的学术路径，在西方史学界受马克思影响较深的学者群体中有很强的代表性。

起于苏联，兴于"西马"，终于后现代，构成了伊格尔斯史学史叙事中历史唯物主义发展的基本逻辑。尽管有意识形态层面的隔阂，这一叙事逻辑在学术层面的启发性仍是毋庸置疑的，而在后现代史学与历史唯物主义关系的具体研究中会揭示其片面性。

三　历史哲学：沃尔什、海登·怀特

在西方，尤其是英美的历史哲学语境中，受到沃尔什分期方法的影响，马克思的历史唯物主义通常被认作思辨的历史哲学。对历史唯物主

---

① ［美］伊格尔斯：《二十世纪的历史学：从科学的客观性到后现代的挑战》，何兆武译，山东大学出版社2006年版，第102页。

② 同上书，第93页。

最普遍的认识是：历史是进步的、非线性的、辩证的、物质（或经济）决定论的，现行的资本主义社会将为共产主义所取代。对历史唯物主义最常见的疑虑是：（1）历史唯物主义否定的资本主义社会至今仍然尚存而且依旧强大。（2）历史唯物主义以科学自任，理由是其理论来源于实践而非先验概念，但反对者认为历史唯物主义包含了明显的道德判断，因此是哲学而不是科学。虽然意识形态的隔阂仍然存在，但负责任的学者都不否认：历史唯物主义在历史哲学史中具有必须在场的重要地位，而且历史唯物主义关心的历史和现实问题至今并未失去意义。①

作为现代历史哲学的开创者的沃尔什（1913—1986），对历史唯物主义的分析具备开创者的理论高度。这位新康德主义的老好人，英国意识形态的勇士，不要说马克思主义，就算非英国的自由主义也会成为其批判对象——但这最终凸显了他学术层面彻底的理论勇气。站在反对者的角度，沃尔什肯定历史唯物主义"永远不会完全被人抛弃"，同意经济原因对于一切历史局势是最根本的。沃尔什的理论有两点为其他学者所不及：一是反思辩证法的基本原理，这当然是康德主义者的看家本领。沃尔什认为，事物的普遍联系不能无条件地加以接受。第二点更为重要，沃尔什在哲学语境中突出强调了历史唯物主义实事求是、具体问题具体分析的认识论功能："我们不是把它看成又一种思辨类型的哲学，企图在作为一个整体的历史过程之中寻找出统一性和可理解性来；而是可以把它当作一种历史解说的理论，只关心对特殊局势的阐明。……可以说是对历史学家提供了处理他们被要求加以解释的任何历史事件的一种方式。"②几乎所有西方学者都以模式论（公式论）的方式谈论历史唯物主义，换句话说，把历史唯物主义当作思辨的历史哲学；而提出思辨的历史哲学的沃尔什却把具体指导历史学的最高荣誉给了马克思，甚至在这里不把历史唯物主义当作思辨类型的哲学。令人惋惜的是，沃尔什治学追求扎实全面，对单个的复杂理论问题并不强求，他经常在著作中直接承认自己无法处理某些问题而选择搁置，但其实他已经提出了富于天才的初步看法，如配景理论下历史唯物主

---

① [英]莱蒙：《历史哲学：思辨、分析及其当代走向》，毕芙蓉译，北京师范大学出版社2009年版，第392—401页。
② [英]沃尔什：《历史哲学导论》，何兆武、张文杰译，北京大学出版社2008年版，第159页。

义的客观性问题。① 可惜最终马克思的问题还是被搁置了。

当代历史哲学中最突出的是后现代历史哲学。后现代历史哲学追求对文本和话语的研究,学术史上被视作语言学或文学的转向,其突出的理论特点,在于将历史真实归结于文本,于是历史研究问题转变为历史书写问题,这种思路不能不使大多数史学家将之理解为"把历史当文学"。这实际上是一种文本拜物教,把仅仅作为文本的文本认作真实本身,完全忘记了文本之所以成为历史真实的尺度,只是因为所有历史真实都通过文本才能被把握。鸵鸟把脑袋埋进土里,后现代把史学埋进纸里——不难想见,后现代历史哲学逻辑上是没有热情去评价一贯从历史真实出发的历史唯物主义的。

海登·怀特(1928—)是例外。作为后现代历史哲学的开创者,不同于许多完全沉浸在话语分析中、几乎看不出史学特色的历史哲学家,海登·怀特特别注重对史学名家的分析评述,尤其是马克思。海登·怀特出身工人家庭,在60年代激动人心的学生运动中开始学术生涯,他一直以马克思主义者自任,政治上是一个社会主义者。② 从历史哲学的角度看,海登·怀特认为马克思是历史哲学大家,并不像拥护者们宣传的比黑格尔更好,但是提出了许多深刻的洞见。这一看法符合海登·怀特的基本立场,因为他看重的只是作为理论的历史唯物主义。③

海登·怀特历史哲学的关键词是比喻,如果研究者难以接受这种语言学或者文学式的历史哲学,不妨将其理解为以文学研究模式理解和把握历史学家的思维活动,只是他常常不把文本的形成归结于思维,反而把思维的形成归结于写作本身,成为后现代的鸵鸟——海登·怀特对历史唯物主义的"文学分析"就体现出这一点。

海登·怀特认为,马克思以转喻和提喻的模式来理解历史领域。转喻和提喻都是以部分象征整体的比喻手法,转喻是还原式,提喻则是综合式的。马克思历史思想由此确立一个范围,一端是转喻式地理解人类在其社会状态中的分裂处境,即阶级斗争;另一端是提喻式地暗示他在整体过程的终点发现的统一,即共产主义的实现。"事实上,马克思转喻式地以一

---

① 彭刚:《后现代视野之下的沃尔什》,《史学史研究》2009年第2期,第125页。
② [波兰]多曼斯卡编:《邂逅:后现代主义之后的历史哲学》,彭刚译,北京大学出版社2007年版,第22页。
③ 同上书,第18页。

种因果关系来叙述它们；这正是马克思根本上的唯物主义历史观的标志和标尺。"① 针对具体的历史现象，马克思将其全部划入经济基础和上层建筑两个范畴内，而经济基础和上层建筑之间的关系不仅仅是单向的，而且是机械的，根本不存在辩证——海登·怀特认为历史唯物主义是经济决定论，甚至经济基础本身的变革都是机械的和决定论的。历史存在的根本基础是自然而不是意识，意识是生产方式以机械的、单线性方式决定的。于是历史唯物主义便有了两个层面：一是共时性的，它与假定存在于经济基础和上层建筑之间的不受时间限制的关系有关；二是历时性的，与二者的关系随时间发生变化。

抛开辨识度极高的结构主义文学话语，海登·怀特由原典研究得出的历史唯物主义，甚至比正统马克思主义更加机械。美国学者对辩证法和实践论的生疏，即便在本文也不止此一例。

四 后现代史学：金兹堡、戴维斯

不同于后现代历史哲学家高度的自我认同，几乎没有一个被归入后现代的史家承认自己是后现代，因为没有一位历史学家愿意彻底否定历史真实，而几乎所有学者都认定后现代的文本拜物教已经彻底否定了历史。但关键在于这些学者确实都在意识形态和治学方法两个层面流露出反现代的诉求，而这种兼有浪漫与反叛倾向的诉求与历史唯物主义是息息相关的。

意大利微观史家卡罗·金兹堡（1939— ）是最早成名的后现代史家。第二次世界大战后，意大利共产党声望如日中天，直到60年代末意大利文化界仍与共产党携手并进。② 金兹堡的文学家母亲一度加入意共，导师德里奥·坎蒂莫里（1904—1966）30年代即与共产党接近，第二次世界大战后入党，是《资本论》意大利文版的译者。③ 金兹堡本人一直为共产党所吸引，投共产党的票，不过实际并未入党，也不认为自己是一个马克思主义者，但受到葛兰西影响很大，这点与霍布斯鲍姆类似。理论方

---

① ［美］海登·怀特：《元史学：19 世纪欧洲的历史想象》，陈新译，译林出版社 2013 年版，第 357 页。
② ［英］霍布斯鲍姆：《趣味横生的时光》，中信出版社 2010 年版，第 310 页。
③ 陈新：《意大利马克思主义史学片述》，《史学理论研究》2007 年第 2 期，第 17 页。

面，金兹堡的态度是十分谦逊的，他表示自己对马克思的著作知之甚少，而他的研究则是在 60 年代的气氛中，以"某些粗糙的马克思主义假设"开始的。[1]

事实上，金兹堡及他微观史学的同道们当时都以马克思主义者自命，后来却转而挑战马克思主义史学的正统观念。他们反对历史唯物主义主要是两个理由：一是他们反对各国共产党的威权主义作风；二是他们对各种宏观历史概念丧失了信心。他们保留了马克思主义史学的三种因素：一是相信社会不平等是一切历史社会的核心特色。二是注意经济对各个文化的形成所起的作用，把经济视作社会不平等的主要成因，至于不平等所采取的形式远远超过马克思主义所注意到的范围。三是历史研究必须立足于严谨的方法与经验的分析之上。[2] 具体就金兹堡而言，他正是在历史唯物主义反对社会不平等、关注矛盾斗争的理论号召下，将眼光投向普通民众，而研究的主要范围则从政治经济转向社会文化和历史人类学，呈现出碎片化的叙事风格，转入所谓后现代史学领域，在 1966 年完成了他的第一部微观史学著作《夜间的战斗：16、17 世纪的巫术和农业崇拜》，霍布斯鲍姆为之作序。

与金兹堡相比，美国新文化史家娜塔莉·泽蒙·戴维斯（1928—　）则似乎曾是一个言必称马克思的激进女青年，尽管她事后声称虽然曾经信奉马克思主义，但是从未皈依马克思主义，而且从来不教条。马克思"历史是唯一一门指导人们走向未来的科学"的这一说法激励了戴维斯走上史学道路。（这应该是源于《德意志意识形态》中恩格斯以历史学为唯一真正科学的著名注文。）戴维斯早期的研究以及她参与各种运动，马克思主义是主要的思想动力，直到六七十年代的学生运动，戴维斯的理论兴奋点转向人类学领域，完成了一批影响广泛的新文化史著作。戴维斯对历史唯物主义的看法与金兹堡的共同之处在于，他们都非常看重矛盾斗争的思维："我深有体会的一个观点就是，要想清楚某一时期，最好是考察那些使得人们发生分裂的深刻的矛盾冲突，而不是人们所深信不疑的东西。也就是说，各个时期和各个文化是由人们内心深处所共

---

[1] [英] 帕拉蕾丝—伯克编：《新史学：自白与对话》，彭刚译，北京大学出版社 2006 年版，第 258 页。

[2] [美] 伊格尔斯：《二十世纪的历史学：从科学的客观性到后现代的挑战》，何兆武译，山东大学出版社 2006 年版，第 110 页。

同具有的看法或不确定性聚拢在一起的。我觉得,比起断言某一特定时期之所以成为一体乃是因为所有人都相信某个×,这确实是一个将事物概念化的更有益的方式。这就是我看问题的方式,或许与马克思主义的某些思维颇有相通之处。"[1] 当然,金兹堡会说自己是从马克思那里学来的,戴维斯则本来就这么想。

如何看待冷战后历史唯物主义价值?二人观点的对比更加体现出美国式的自信与欧洲式的惋惜在语气中的微妙区别。戴维斯认为:"我们目前处在一个更好的位置,可以既认识到他的局限,又领略他的伟大。"[2] 金兹堡则表示:"我一直想回到马克思,而马克思主义看似已经死去这一点正是再度阅读他的一个额外的理由。"[3] 不论学术视域有何改变,作为历史真实的国力永远在背后影响着所有人。

五 结语

历史唯物主义对西方史学界的影响主要是两个方面:一是马克思主义思想的影响力;二是马克思主义史学的具体方法。十月革命后,苏联和各国的共产党组织为反秩序诉求强烈的西方知识分子们提供了丰沛的文化想象和有力的组织形式。第二次世界大战后更上一层楼,马克思主义在西方社会蔚然成风,具体在美国和西欧又有不同的形态,在西欧已成为主导的社会思潮,在美国则是最时髦的反对派思想。1956年后,随着斯大林路线的倒台,西方各色不同于正统的"左翼"力量纷纷走到倒台,马克思主义的影响更趋多元化。现当代的西方史家都是在这样的时代气氛中成长起来的,并多数有一个充斥着马克思叛逆思想的"左翼"青春,无论他们在学术成熟后是左是右或者折衷,马克思主义都成为他们意识形态和学术理念基本的参照系。另一方面,以宏大叙事见长的正统马克思主义史学在第二次世界大战后相当长的一段时间内在西方尤其是西欧成为史学研究的一个主流派别,到20世纪60年代盛极而衰,坚持马克思主义的西方史家将之归结为庸俗马克思主义摒弃之,浸润马克思思想较深的非马克思主义学者

---

[1] [英]帕拉蕾丝—伯克编:《新史学:自白与对话》,彭刚译,北京大学出版社2006年版,第258页。
[2] 同上书,第63页。
[3] 同上书,第259页。

则从现代性的宏大叙事中反叛而出，建立了新的学术方法和历史哲学，成为所谓后现代史学的源头。考察现当代西方史学的主要流派，尤其是早期创建者们的学术思想，几乎都与历史唯物主义有着深刻的内在联系，或者拥护，或者批判。从这段学术史中不难发现历史唯物主义作为基本理论和学术方法两个层面的强大生命力。

（作者单位：中国人民大学历史学院）

马克思主义理论及其中国化研究

史学在构建中国特色哲学社会科学中的作用

——学习习近平总书记在哲学社会科学工作座谈会上讲话体会

卜宪群

5月17日,习近平总书记在哲学社会科学工作座谈会上的讲话(以下简称"讲话"),是引领新时期我国哲学社会科学发展的纲领性文献。讲话站在建设当代中国特色社会主义伟大事业的高度,思想深刻,内涵丰富,系统完整,就如何加快构建具有中国特色、中国风格、中国气派的哲学社会科学做了全面的阐述。作为一名亲身参加这次座谈会的史学工作者,倍感鼓舞。我就史学研究与中国特色社会主义道路,以及史学在构建中国特色哲学社会科学中的作用等问题谈一点体会。

一 史学与中国特色社会主义道路

马克思在《德意志意识形态》中指出:"我们仅仅知道一门唯一的科学,即历史科学。"2015年习近平总书记在致国际历史科学大会的贺信中说"历史研究是一切社会科学的基础"。与其他哲学社会科学一样,史学作为一门古老的学问,在人类文明的历史进程中曾经发挥过知识变革、经验总结、资政育人、思想先导的作用,是认识人类社会发展规律,推动人类前进发展和社会进步的重要力量。因此,对历史的正确认识,标志着一个民族、一个国家的理性认识高度,也标志着一个民族和国家的成熟度。在中华民族伟大变革的当代,史学工作者应根据习近平总书记的讲话精神,把史学研究自觉地与中国特色社会主义建设紧密联系起来。习近平总书记在讲话中指出:"哲学社会科学是人们认识世界、改造世界的重要工具,是推动历史发展和社会进步的重要力量,其发展水平反映了一个民族的思维能力、精神品格、文明素质,体现了一个国家的综合国力和国际竞争力。一个国家的发展水平,既取决于自然科学的发展水平,也取决于哲学社会科学发展水平",坚持和发展中国特色社会主义"哲学社会科学具有不可替代的重要地位"。习近平总书记明确指出了哲学社会科学在人类文明进程中的作用,在坚持和发展中国特色社会主义中的作用,这是对包括史学在内的哲学社会科学的充分肯定,也是对当代中国哲学社会科学工作者提出的要求。今天,史学作为党领导下的哲学社会科学的一个重要组成部分,史学工作者的一项重要任务,就是要从历史的角度,研究阐释好中国特色社会主义在中华大地上形成和发展的历史必然性,从优秀传统文化中吸取治国理政的历史经验。

首先,史学要为正确理解和认识中国人民选择中国特色社会主义道路,追求中华民族伟大复兴的中国梦,坚定文化自信提供坚实的理论基础和强大的精神动力。习近平总书记在讲话中指出:"绵延几千年的中华文化,是中国特色哲学社会科学成长发展的深厚基础。我说过,站立在960万平方公里的广袤土地上,吸吮着中华民族漫长奋斗积累的文化养分,拥有13亿中国人民聚合的磅礴之力,我们走自己的路,具有无比广阔的舞台,具有无比深厚的历史底蕴,具有无比强大的前进定力,中国人民应该有这个信心,每一个中国人都应该有这个信心。我们说要坚定中国特色社会主义道路自信、理论自信、制度自信,说到底是要坚定文化自信。文化自信是更基本、更深沉、更持久的力量。历史和现实都表明,一个抛弃了或者背叛了自己历史文化的民族,不仅不可能发展起来,而且很可能上演一场历史悲剧。"中华民族波澜壮阔、生生不息的5000多年文明史,近代反帝反封建,争取民族独立富强以来170多年的斗争史,中国共产党成立以来90多年的奋斗史,新中国成立以来60多年的发展史,党的十一届三中全会以来30多年的改革开放史,是中华民族一脉相承的历史,是中华民族的"文化养分"。史学工作者应当坚决摒弃历史虚无主义和文化虚无主义,深入研究探索这些历史发展阶段的内在联系,为阐释中国特色社会主义道路的必然性提供"历史底蕴",树立全民族的历史自信与文化自信。

其次,史学要为继承与弘扬中华优秀传统文化,回答和解决当代中国所面临的重大问题上发挥出"独特优势"。习近平总书记在讲话中指出:

"世界上伟大的哲学社会科学成果都是在回答和解决人与社会面临重大问题中创造出来的。""中华文明历史悠久,从先秦子学、两汉经学、魏晋玄学,到隋唐佛学、儒释道合流、宋明理学,经历了数个学术思想繁荣时期。"中华民族深厚的文化传统"形成了富有特色的思想体系,体现了中国人几千年来积累的知识智慧和理性思辨。这是我国的独特优势。"丰厚的中华优秀传统文化是我们最深厚的软实力,也是中国特色社会主义植根的文化沃土。史学研究应当深入研究、系统阐述这些思想体系、知识智慧、理性思辨,用"充分地掌握了的历史资料",分析它们在各个时期的思想先导、求新变革、锐意进取中的历史作用,为回答今天中国特色社会主义建设中面临的重大问题提供史学支持;史学应当深入研究中华优秀历史文化的核心价值理念,为培育社会主义核心价值观提供精神源泉与历史支撑。

再次,史学研究要为新时期的治国理政提供历史借鉴。习近平总书记在讲话中指出:"中国古代大量鸿篇巨制中包含着丰富的哲学社会科学内容、治国理政智慧,为古人认识世界、改造世界提供了重要依据,也为中华文明提供了重要内容,为人类文明作出了重大贡献。"习近平总书记还指出:"人类社会每一次重大跃进,人类文明每一次重大发展,都离不开哲学社会科学的知识变革和思想先导。"历史中包含着丰富的智慧与经验,解决中国的问题必须立足中国大地。历史是最好的老师,习近平总书记在中央政治局第十八次集体学习时曾指出:"在漫长的历史进程中,中华民族创造了独树一帜的灿烂文化,积累了丰富的治国理政经验,其中既包括升平之世社会发展进步的成功经验,也有衰乱之世社会动荡的深刻教训。我国古代主张民惟邦本、政得其民、礼法合治、德主刑辅,为政之要莫先于得人、治国先治吏,为政以德、正己修身,居安思危、改易更化,等等,这些都能给人们以重要启示。治理国家和社会,今天遇到的很多事情都可以在历史上找到影子,历史上发生过的很多事情也都可以作为今天的镜鉴。中国的今天是从中国的昨天和前天发展而来的。要治理好今天的中国,需要对我国历史和传统文化有深入了解,也需要对我国古代治国理政的探索和智慧进行积极总结。"党的十八大以来,习近平总书记党中央的治国理政新思想新理念新战略中,充分吸收了中华优秀传统文化中的许多丰富内涵,使之成为推进中国特色社会主义伟大事业建设的重要组成部分。如社会主义核心价值观,反腐倡廉、国家治理中的历史经验,经济与外交中的"一带一路"战略等。因此,史学工作者应当从中华民族历史、从人类历史发展进程中总结智慧经验,从当代中国的伟大实践中探索经验,服务于党中央治国理政的新理念新思想新战略。

二 史学研究必须坚持唯物史观的指导

习近平总书记讲话中指出:"面对社会思想观念和价值取向日趋活跃、主流和非主流同时并存、社会思潮纷纭激荡的新形势,如何巩固马克思主义在意识形态领域中的指导地位,培育和践行社会主义核心价值观,巩固全党全国各族人民团结奋斗的共同思想基础,迫切需要哲学社会科学更好地发挥作用。"我国史学虽然有着悠久的传统,许多伟大的史学家和史学作品曾经在历史上发挥过巨大作用,但是科学历史观指导下的历史研究是在唯物史观产生以后,中国史学的发展道路也是如此。当前,史学领域也如同其他哲学社会科学一样,面临着许多严峻的挑战。马克思主义被"边缘化、空泛化、标签化","失语""失踪""失声"的情况在史学界也存在。史学界必须以习近平总书记讲话精神为指引,坚持以马克思主义为指导,发挥史学研究在巩固马克思主义意识形态阵地中的堡垒作用。

首先,坚持唯物史观的指导是中国史学发展的必然性。习近平总书记讲话中强调:"坚持以马克思主义为指导,是当代中国哲学社会科学区别于其他哲学社会科学的根本标志,必须旗帜鲜明加以坚持。""马克思主义尽管诞生在一个半多世纪以前,但历史和现实都证明它是科学的理论,迄今依然有着强大生命力。"当代中国史学研究正是在马克思主义进入中国后,与中国历史实际相结合的产物,它不仅改变了传统史学的指导思想、研究范式、话语体系,科学阐释了中华民族前进发展的道路与规律,更在近代以来为中国人民争取民族独立、国家富强的过程中提供了强大的历史支撑。正如总书记讲话中所指出的那样:"我国哲学社会科学坚持以马克思主义为指导,是近代以来我国发展历程赋予的规定性和必然性。在我国,不坚持以马克思主义为指导,哲学社会科学就会失去灵魂、迷失方向,最终也不能发挥应有的作用。"但是,我们史学工作者的任务并没有完成,继续推进马克思主义与中国历史实际相结合的中国化、时代化、大众化,继续发展21世纪马克思主义史学、当代马克思主义史学,仍然是我们史学工作者肩负的使命。

其次，史学工作者必须认真全面学习马克思主义唯物史观的基本理论，做到真懂、真信。习近平总书记讲话中指出："坚持以马克思主义为指导，首先要解决真懂、真信的问题。哲学社会科学发展状况与其研究者坚持什么样的世界观、方法论紧密相关。人们必须有了正确的世界观、方法论，才能更好观察和解释自然界、人类社会、人类思维各种现象，揭示蕴含在其中的规律。马克思主义关于世界的物质性及其发展规律、认识的本质及其发展规律等原理，为我们研究把握哲学社会科学各个领域提供了基本的世界观、方法论。只有真正弄懂了马克思主义，才能在揭示共产党执政规律、社会主义建设规律、人类社会发展规律上不断有所发现、有所创造，才能更好识别各种唯心主义观点、更好抵御各种历史虚无主义谬论。"历史学是探讨人类社会发展规律的科学。当前，史学研究中碎片化倾向依然普遍，从具体问题出发多，理论关照少；就古论古多，探讨规律少；从古为今用的角度思考史学研究不足；淡化、边缘甚至否定、歪曲马克思主义的倾向仍然存在，历史虚无主义、文化虚无主义在一定范围内仍然盛行，这就要求我们史学工作者必须认真研读马克思主义基本理论，以严谨求实、冷静钻研的态度来坚持马克思主义，而不是一知半解，浅尝辄止。只有真学、真懂、真信马克思主义，才能掌握真谛，融会贯通，从真正意义上发挥马克思主义史学的科学价值。

再次，解决好史学研究为什么人的问题。习近平总书记讲话中指出："为什么人的问题是哲学社会科学研究的根本性、原则性问题。我国哲学社会科学为谁著书、为谁立说，是为少数人服务还是为绝大多数人服务，是必须搞清楚的问题。"人民群众是历史的创造者是唯物史观一条最基本原理。传统史学是中华文化的优秀遗产，传统史学中的精华在传承文明、治国安邦上发挥过积极作用，但不容否定的是，受时代与阶级性的原因，传统史学的本质目的是为历代统治阶级服务的，为剥削阶级服务的，不能也不可能真正揭示历史发展规律，揭示人民群众在历史发展中的作用。只有唯物史观指导下的中国马克思主义史学，才真正关注到人民群众在历史创造中的作用，真正做到为人民大众服务，为党和国家服务。坚持唯物史观与坚持为人民研究历史是高度统一的。因此，史学工作者必须"坚持以人民为中心的研究导向"，坚持为人民大众研究历史。如果史学研究脱离了人民，如同习近平总书记所指出的那样"就不会有吸引力、感染力、影响力、生命力"。

最后，发挥史学研究经世致用的精神。习近平总书记讲话指出："坚持以马克思主义为指导，最终要落实到怎么用上来。""世界上伟大的哲学社会科学成果都是在回答和解决人与社会面临的重大问题中创造出来的。研究者生活在现实社会中，研究什么，主张什么，都会打下社会烙印。"经世致用是我国史学的优良传统。唐代刘知幾说："史之为用，其利实博，乃生人之急务，为国家之要道"，清代龚自珍说："欲知大道，必先为史。"坚持唯物史观的根本目的，是要发挥史学在推动我们这个伟大时代变革中的积极作用。习近平总书记指出："历史表明，社会大变革的时代，一定是哲学社会科学大发展的时代。当代中国正经历着我国历史上最为广泛而深刻的社会变革，也正在进行着人类历史上最为宏大而独特的实践创新。这种前无古人的伟大实践，必将给理论创造、学术繁荣提供强大动力和广阔空间。这是一个需要理论而且一定能够产生理论的时代，这是一个需要思想而且一定能够产生思想的时代。"今天，史学研究工作者身处这一伟大社会变革时代，应当深入挖掘中华优秀传统文化的宝贵资源，坚持马克思主义基本原理，坚持用发展着的马克思主义为指导，结合中国特色社会主义的实践，"立时代之潮头、通古今之变化、发思想之先声，积极为党和人民述学立论、建言献策，担负起历史赋予的光荣使命"。

三　构建具有中国特色的史学体系

习近平总书记指出，加快构建中国特色哲学社会科学"要按照立足中国、借鉴国外，深挖历史、把握当代，关怀人类、面向未来的思路，着力构建中国特色哲学社会科学，在指导思想、学科体系、学术体系、话语体系等方面充分体现中国特色、中国风格、中国气派"。构建具有中国特色的史学体系也应按照习近平总书记的要求，从以下三个方面入手：

第一，体现继承性、民族性。习近平总书记指出："哲学社会科学的现实形态，是古往今来各种知识、观念、理论、方法等融通生成的结果。"构建具有中国特色的史学体系如同其他哲学社会科学一样，按照习近平总书记的要求，要融通把握好三方面的资源：一是马克思主义资源，包括马克思主义基本原理，马克思主义中国化形成的成果及其文化形态。史学应以马克思主义唯物史观和中国化的马克思主义历史理论为指导，立足现实，探讨中国历史的发展道路、人类文明发展的普遍规律，使史学成为中国特色社会主义哲学社会科学学科发展中的"最大增量"之一。二是中华优秀传统文化资源。中华民族有着悠久的史学传统，其中包含着丰富的营养，史学工作者应当继承这份丰厚的遗产，使之成为构建中国特色史学体系的重要资源，为推动中华文明创造性转化、创新性发展作出贡献。史学工作者应当弘扬优秀中华文化精神，激活中华文明的生命力，"让中华文明同各国人民创造的多彩文明一道，为人类提供正确精神指引"。三是国外哲学社会科学的资源。我们要吸取其他国家和民族哲学社会科学的精华，古为今用，洋为中用，融会贯通，使之成为推进史学创新的"有益滋养"，立足中国历史实际，推出"独创性的研究成果"。

第二，体现原创性、时代性。习近平总书记指出："我们的哲学社会科学有没有中国特色，归根到底要看有没有主体性、原创性。"史学也是如此。我们不能跟在西方史学的后面亦步亦趋，不从中国历史资料实际出发，不提出、不回答、不解决中国问题，或者一切唯西方理论方法至上，盲目接受他们的理论体系、话语体系，而应体现出新时代中国史学的创新精神，在阐释中国特色社会主义发展道路上、在解决中国特色社会主义进程中所面临的重大问题上、在建设人类命运共同体上发挥出积极作用。习近平总书记指出："理论的生命力在于创新"、"理论思维的起点决定着理论创新的结果"，史学研究应当秉承创新精神，在唯物史观和中国化的马克思主义理论指导下，从5000年的中华文明发展中揭示规律，从当代中国社会主义伟大实践，特别是改革开放的伟大实践中总结理论，为当代中国的伟大社会变革提供新思想、新理念。

第三，体现系统性、专业性。习近平总书记讲话指出："中国特色哲学社会科学应该涵盖历史、经济、政治、文化、社会、生态、军事、党建等各领域，囊括传统学科、新兴学科、前沿学科、交叉学科、冷门学科等诸多学科，不断推进学科体系、学术体系、话语体系建设和创新，努力构建一个全方位、全领域、全要素的哲学社会科学体系。""要突出优势、拓展领域、补齐短板、完善体系。"就史学领域来说，落实习近平总书记的指示我们仍然有很多工作要做，一是要加强马克思主义史学理论学科建设，彻底改变马克思主义史学在部分领域边缘化、失声、失语的状况。二是加快完善历史学学科体系建设，打造具有中国特色的历史学学科体系。三是要注重巩固发展已有的史学优势学科。四是要重视保护具有重要文化传承意义价值的"绝学"、冷门学科，使史学学科体系健全扎实、优势突出。在注重传承文化、基础研究的同时，也要重视史学服务于社会、服务于大众的应用性特点。

史学研究与其他哲学社会科学一样，要按照习近平总书记的要求，坚持党的领导，坚持百花齐放、百家争鸣的方针。杜绝仍然存在的学术浮夸、学术不端、学术腐败、急功近利、东拼西凑、粗制滥造、逃避现实、闭门造车等不良学风。树立良好的学术道德，自觉遵守学术规范，把做人、做事、做学问统一起来，真正做到为祖国、为人民做学问。

（作者单位：中国社会科学院历史研究所）

建设中国特色政治经济学
应加强历史研究

武 力

习近平总书记在 5 月 17 日的哲学社会科学座谈会上指出:"哲学社会科学的现实形态,是古往今来各种知识、观念、理论、方法等融通生成的结果。""绵延几千年的中华文化,是中国特色哲学社会科学成长发展的深厚基础。"[①] 这为我们发展繁荣中国社会科学指明了方向。说到中国特色社会主义政治经济学,就要说到它是从哪里来的?正如马克思所说,人们不能随心所欲地创造自己的历史。他们只能在直接碰到的、既定的、从过去承继下来的条件下进行创造。[②] 新中国改革开放前后两个历史时期就政治经济学来说是一种什么关系?进一步追问:中国共产党为什么能够建立新中国?中国为什么会在 20 世纪 50 年代选择单一公有制和计划经济的社会主义?再进一步追问:中国在 1840 年以后为什么没有像世界上大多数国家那样选择资本主义发展道路?更进一步追问:中国在 18 世纪之前曾经是世界上经济最发达的国家,为什么没有率先走上资本主义道路?

中国从古代到今天,就社会形态及其演变来说,都与马克思主义经典作家以欧洲历史为典型的社会形态及其演变规律有差异,虽然都是建立在农业文明基础之上,但是我们没有经历过欧洲那样的典型奴隶社会,封建社会也与欧洲有很大的不同,我们也没有经历过欧洲那样的典型资本主义社会,而是从半殖民地、半封建社会通过新民主主义革命直接过渡到社会主义社会的。而对世界历史视野下中国独特性研究,将有助于我们对今天中国特色社会主义政治经济学的建设。

---

① 习近平:《在哲学社会科学座谈会上的讲话》,人民出版社 2016 年版,第 16 页。
② 《马克思恩格斯全集》第 11 卷,人民出版社 1995 年版,第 131—132 页。

一　中国封建社会的特殊性产生了一统多元的经济

1840 年以前的中国，是一个建立在农业文明高度发达基础上的封建社会。直到 1840 年以工业文明为基础的西方列强打开中国大门以前，中国社会仍然按照自身的农业文明发展规律向前发展，并达到较高水平。这主要表现在以下两个方面：

（一）在 18 世纪欧洲工业革命之前，中国农业、手工业和商品经济的发展水平达到了农业文明的巅峰

明中期以后，随着人口的增加和可开垦土地的减少（边疆地区成本高于收益），农业进入精耕细作阶段，农田的单位面积产量较高，农业的剩余可以养活大量人口，维持庞大的城市和国家机构；与农业高度发达相一致的是手工业、商业和金融业也很发达，宋以后中国的城市规模就反映出经济的发达程度和商品经济规模，明中叶以后大量白银内流即是一例。这种传统农业文明高度发达的另一个表现，是经济体制表现出的高级形式，即土地可以作为商品自由买卖，地主经济和大量自耕农并存，租佃制和雇佣制的普遍存在，家庭财产继承在诸子间的相对平均；国家税制的相对统一和完善。

最近 20 年研究的进展，说明中国在 1840 年以前的农业可以说是接近传统农业发展的顶点（这里所说的"传统农业"，是指现代工业及科学技术产生和影响农业之前的凭蓄力、经验和天然肥料耕作的农业），由于它的生产水平已经能够养活众多的人口，而在耕地资源难以增加的条件下，就部分人来说，可以通过增加占有和转让耕地的使用费来增加收入，但是从总体上说，众多人口提高生活水平的要求和欲望，就不得不通过提高单位面积产量和兼业来实现。几乎可以说，从唐中期以来，由于土地资源的稀缺程度高于人力资源的稀缺程度，人们对耕地的占有欲望就超过了对劳动力占有的欲望，这恐怕是中国封建社会的农村经济不同于欧洲封建庄园和农奴制的根本原因。由于土地资源稀缺程度远高于劳动力，而农业又是社会的主要产业（商业、手工业的发展繁荣是建立在农业的基础上的，并且吸纳人口有限），因此土地的使用费（即租金）就较高，这不仅使得大土地占有者出租土地比自己直接经营更合算，佃农不得不接受较高的租金，从而只能靠尽量增加耕地产出和从事家庭副业以维持和争取改善生活；而且对贫农和自耕农来说，由于增加耕地的可能性很小，随着家庭人口的增加，即使要保持生活水平不变，也不得不靠增加耕地单位面积产量和发展家庭副业来解决。这里还不包括随着经济发展国家税赋不断加重的压力。因此，以雇农、贫农、自耕农为主体的小规模的家庭经营就成为农业生产组织的主要形式，而耕地单位面积上的高投入和高产出，则成为明清以来中国传统农业的特点，并由此创造出高度发达的农业文明，即以传统农业为基础的流通交换制度和规模政治制度以及中央政府的有效控制范围、文化等。

大量农业剩余的存在，为手工业和商业的发展提供了基础，社会分工的扩大和商品经济的发展促进了地主制经济的发展和繁荣，但是它的进一步发展又是对自然经济的否定，它的过度发展必然会危及租佃制地主经济的基础，动摇中央集权封建国家的根本。正如马克思所说："商业对各种已有的、以不同形式主要生产使用价值的生产组织，都或多或少地起着解体的作用。"① 由于商品经济的发展是社会生产力的体现，这种经济力量不是封建国家政权可以任意抑制其发展的，所谓"今法律贱商人，商人已富贵矣；尊农夫，农夫已贫贱矣！"② 便是生动的写照。因此，封建国家政权除了通过赋税、政治歧视等手段外，还试图通过官营、专卖等手段，将商品经济限制在一定的范围内。正是在自然经济和商品经济的这一矛盾运动中，官营工商业得到了充分发展。官营工商业的产生和发展，一是为了增加财政收入，扩大集权国家的经济力量；二是抑制商品经济的发展，巩固以农业为主的地主制经济，而后者可能更重要。正如《盐铁论》所说的"今意总一盐铁，非独为利入也，将以建本抑末，离朋党、禁淫侈、绝兼并之路也"。由此可见，在中国封建社会，国家的"重农抑商"、"强本抑末"政策，在执行过程中是有区别的，它抑制的只是私营工商业，而官营工商业的发展则是完全符合地主阶级的总体利益和根本利益的。

在以资本主义为代表的工业文明影响和进入中国之前，中国的社会经济基本上是呈现出一种周期性的恢复、发展和繁荣、停滞、衰退然后再进入恢复阶段这样一个螺旋式的发展。这种周期性的发展在政治上的表现，

---

① 《资本论》第 3 卷，人民出版社 1975 年版，第 371 页。
② 《汉书·食货志》，中华书局 1962 年版，第 1133 页。

就是朝代的更替，即一个朝代所经历的建立和巩固阶段、发展和昌盛阶段、政治腐败和社会矛盾激化阶段、大规模战争和改朝换代阶段。在这种经济和政治发展的周期中，除了因政府的过度压迫和剥削政策导致覆亡（如秦、隋、元）和民族融合引起的振荡（如南北朝、五代十国）外，经济和政治的兴衰的深层原因是土地占有关系的变化，即土地由自耕农为主的分散占有逐步向官僚和地主手中集中，这种土地的逐步集中，一方面造成官僚和地主的奢侈腐败；另一方面则使农民难以维持简单再生产，直至土地集中所引发的上述现象导致农民起义。

（二）政治体制从管理效能和相互制约角度看，表现出较高级的形态

传统中国社会的政治体制经过夏商周以来3000余年的发展，就传统的农业文明社会而言，到清代已经相当完备。第一，形成了统一而庞大的政府行政管理体系。其特点是条块结合、分级管理，实行对皇帝负责的三权分立、互相制约（行政、监察、司法）。第二，政府具有较强的经济职能，即除了承担国防和维护经济秩序，承担了"治河""救灾""市政建设"等公共工程和社会事业外，还通过官营工商业和专卖制度，将工商业纳入政府控制。第三，形成了一整套官吏选拔、考评和调任制度。特别是科举制度，不仅打破了贵族和豪强垄断政府机构，而且将教育纳入了官僚选拔，"学而优则仕""白衣可致卿相"，使社会的优秀人才进入政府管理阶层。

与以上的经济发展水平和政治体制相适应，则形成了大一统的主流政治观念。其主要内容为：第一，以农为本；第二，国家和社会置于个人和家庭之上，家庭和个人的荣辱依赖于国家的兴衰；第三，追求"有序"和"和谐"，表现为强调社会和家庭秩序的"三纲五常"，及强调人与自然和自然规律保持和谐，主张"天人合一""天行有常""顺天知命"等等。

在资本主义产生前的传统农业文明时代，中国古代"大一统"政府面对着各地区之间和各民族之间在政治、经济、文化发展方面的高度不平衡，以及各地区、各民族历史发展的各自特点，灵活地采用了多元一体的管理模式。这就是说，在坚持由一个政府统一领导全国行政工作的前提下，对各地区的经济、文化采用了多元化的具体管理方法。这种管理模式，是中国古代传统社会能够长期维持统一、安定的重要原因，也是保证中国传统"大一统"制度之所以能够长期坚持下来的运行模式和实施机制。

中国作为一个地域辽阔的多民族统一国家，有着悠久的历史和文化。为此在制度设计上，中国古代的政府不但规定了政治上高度中央集权下的郡县制和官僚体系；经济高度统一的财政、货币和经济政策；文化上以儒家思想为核心的官本位正统文化，而且采用了与这种高度统一的"大一统"正式制度、规则相对应的政府多元一体的管理模式。在中国秦以来的两千多年的传统社会里，它与"大一统"制度的正式规则相辅相成、高度适应了中国"多元一体"的政治、经济和文化结构，以及不同地区独特的发展道路的需要。首先从民族关系上来看，多元一体的管理模式就包含了要对众多的民族及其各具特点的经济和文化进行分别管理的原则；从政治上看，由于经济文化发展的不平衡和差异，不同时期的"大一统"政府对于内地与边疆、汉族与少数民族是实行了不同的管理体制的；在经济上，"大一统"政府的管理更显示了多样性和包容性的特点。比如，从所有制结构看，官营经济、领主经济、地主经济、小农经济，以及商品经济性质的雇佣制、合伙制等并存发展；从市场发育看，不仅早就具有全国通行的货币，而且土地、劳动力也都早已成为商品，可以自由流转，全国性的大宗商品集散地、钱庄、票号，甚至期货交易也已经出现。从文化上看，尽管主流文化是"格物致知、修身、齐家、治国平天下"的儒家思想，但是多民族、多宗教和各地区之间、城乡之间差异很大的民间文化也是色彩纷呈的。而且值得提出的是，这些"多元"的前提，正是维护而不是损害国家的统一、民族的团结和社会的安定，越过了这个界限，就是违反了"大一统"制度的正式规则，这时多元一体管理模式中的"一体"化原则就会发挥作用，对其进行压制。

二 中国民主革命的特殊性产生了新民主主义经济

鸦片战争所带来的对于中国人精神、思想层面的冲击，丝毫不亚于西方的坚船利炮对这个古老国度产生的影响。中国在这次以及此后的一系列战争中所经历的失败和屈辱促使中国人开始了对自身的反省和对世界的重新认识。自1840年起直到20世纪初期，中国在自强和发展的道路选择上，从继续维护封建集权帝制到君主立宪再到民主共和，变动甚为迅速；在思想观念上，则从最初的"师夷长技以制夷"到"中学为体、西学为用"再到"全盘西化"。

尽管西方国家从制度到经济，在当时很多中国人的心目中都被视为一个样板，但"全盘西化"的努力仍没有找到能够彻底解决中国问题的出路。侵略者不会、也不愿意给中国足够的时间和空间去复制西方的先进制度与强大实力。而近代以来西方文明在中国所表现出来的破坏性，以及第一次世界大战之后满目疮痍的欧洲和继之而来的世界经济危机，更推动了中国人对于西方文明的反省，此前被无限推崇和向往的西方制度似乎也不是那么的完美无缺。晚年的梁启超在游历欧洲之后就曾提出，年轻人首先应当存有"尊重爱护本国文化的诚意"，继而是要拿"西洋的文明"来扩充、补助我们的文明，以成就"一个新文化系统"①。这意味着中国人在学习西方的同时已经开始了反思和重构自身文化、价值体系的努力，这种反思的出现是必然的，这并不仅仅因为我们对于自身文化和历史在感情上的认同，更重要的原因是我们根本不可能放弃一个民族几千年的历史积淀，做到与传统的完全割裂和对西方文化的全盘接收。但是反过来，中国的传统文化在近百年来抵御西方侵略过程中却屡战屡败，已经被证明不能解救民族危机和重新振兴中华，这也是1915年后全国兴起"打倒孔家店"的新文化运动的重要原因。同样，新文化运动的应运而生，也标志着中国开始运用马克思主义来改造中国文化和探索民族独立和振兴之路。

中国必须找到一条自己的发展道路。马克思主义恰恰在这一时期传入了中国，这一理论很快就有了坚定的追随者。一方面，社会主义的理论、手段和设想的制度，不仅可以帮助中国完成反帝反封建的民主革命任务，同时还可以避免资本主义社会已经暴露出来的对外侵略、对内压迫人民和周期性经济危机的弊病，即为中国人指出了一条超越西方、通向"大同世界"路径。另一方面，俄国十月革命的成功以及新生的苏联对中国所表示出的友好，进一步加深了中国人对社会主义这种新的社会制度的好感和向往。更何况这种体制本身又被赋予了一种理想色彩，即使单纯从道义的角度而言，追求正义、自由、平等和富裕的社会主义，对深受帝国主义、封建主义压迫剥削的中国人民来说，也是极具吸引力的。因此，一生追求中国独立富强的民主革命家孙中山先生在晚年就提出："今后之革命非以俄为师断无成就。"② 而所谓的苏联革命，实质上就是无产阶级政党领导的

---

① 梁启超：《欧游心影录》，《饮冰室专集》第23卷，中华书局1989年版，第37页。
② 转引自陈红军、赵波《缅怀伟人，传承友谊》，《人民日报》2011年4月26日第22版。

革命。

中国共产党正是在这样的背景下应运而生的。1921年7月,中国共产党第一次全国代表大会通过纲领,确定把实现社会主义、共产主义作为自己的奋斗目标。① 中国共产党的成立以及马克思主义的传播,让中国人看到了一条不同于西方、却可以让中国走向独立、平等和富强的道路。在两次世界大战的险恶国际环境下,中国共产党带领中国人民走出黑暗,为现代化扫清了政治障碍,实现了国家的独立和统一。

作为中国共产党领导的新民主主义革命,在打倒帝国主义、封建主义和官僚资本主义的同时,其所选择和建立的经济模式则是新民主主义经济。

早在抗日战争时期,毛泽东就对新民主主义革命理论进行过系统阐述。1939—1940年,毛泽东相继发表《中国革命和中国共产党》《新民主主义论》等重要文章。他指出,鸦片战争后,处于半殖民地半封建社会的中国,其革命必须分为两个阶段:第一步,推翻帝国主义和封建主义,改变殖民地、半殖民地、半封建的社会形态,使之成为独立的民主主义的社会;第二步,使革命继续向前发展,逐步消灭资本主义,建立一个社会主义的社会。这是一个由无产阶级领导的统一的革命过程。其中,前者是后者的必要准备,后者是前者的必然趋势。毛泽东从这一时期就开始强调:"资本主义会有一个相当程度的发展,这是落后的中国在民主革命胜利之后不可避免的结果。"②

此后的十年间,毛泽东多次在重要会议上提出资本主义经济一定程度发展的重要意义。中共七大,毛泽东批评了一些党内同志急于消灭资本主义的想法,并在政治报告《论联合政府》中说:"拿资本主义的某种发展去代替外国帝国主义和本国封建主义的压迫,不但是一个进步,而且是一个不可避免的过程。它不但有利于资产阶级,同时也有利于无产阶级,……在中国的条件下,在新民主主义的国家制度下,除了国家自己的经济、劳动人民的个体经济和合作经济之外,一定要让私人资本主义经济在不能操纵国民生计的范围内获得发展的便利,才能有益于社会

---

① 中共中央党史研究室:《中国共产党历史·第一卷(1921—1949)》,中共党史出版社2002年版,第68页。

② 毛泽东:《中国革命和中国共产党》、《新民主主义论》,《毛泽东选集》第2卷,人民出版社1991年版,第621—656、662—711页。

的向前发展。"①

1947年12月,在陕北米脂召开的中共中央会议上,毛泽东明确提出了新民主主义三大经济纲领:第一,没收封建阶级的土地归农民所有;第二,没收蒋介石、宋子文、孔祥熙、陈立夫为首的垄断资本归新民主主义的国家所有;第三,保护民族工商业。同时,又一次强调:"由于中国经济的落后性,广大的上层小资产阶级和中等资产阶级所代表的资本主义经济,即使革命在全国胜利以后,在一个长时期内,还是必须允许它们存在;并且按照国民经济的分工,还需要它们中一切有益于国民经济的部分有一个发展;它们在整个国民经济中,还是不可缺少的一部分。"并明确提出,新民主主义的全部国民经济将包括国营经济、由个体逐步地向着集体方向发展的农业经济以及独立小工商业者的经济和小的、中等的私人资本经济等几个构成要素。②

1949年,"以公私兼顾、劳资两利、城乡互助、内外交流的政策,达到发展生产、繁荣经济的目的"被作为新中国新民主主义经济建设的根本方针写进了《中国人民政治协商会议共同纲领》。国营经济、合作社经济、农民和手工业者的个体经济、私人资本主义经济和国家资本主义经济,各种社会经济成分将"在国营经济领导之下,分工合作,各得其所,以促进整个社会经济的发展"③。"新民主主义经济"肯定了社会主义国营经济领导下多种经济成分并存的经济发展方式,而"公私兼顾、劳资两利、城乡互助、内外交流"政策则是处理各种不同经济成分之间的关系及其他经济关系的准则。

新民主主义经济模式的选择不仅保障了中国民主革命的胜利,而且充分发挥了各种经济成分的积极作用,使得中国经济在很短的时间里就走出旧中国极端残破混乱的状态,进入大规模经济建设。大量数据表明,在1949—1952年的短短3年里,中国的国民经济恢复和发展极为迅速,不仅工农业生产有较大增长,人民生活水平也有明显改善。"新民主主义经济"

---

① 毛泽东:《论联合政府》,《毛泽东选集》第3卷,人民出版社1991年版,第1060—1061页。

② 毛泽东:《目前形势和我们的任务》,《毛泽东选集》第4卷,人民出版社1991年版,第1254—1255页。

③ 《中国人民政治协商会议共同纲领》,《建国以来重要文献选编》第1册,中央文献出版社1992年版,第7页。

是中国共产党做出的一次非常有益的尝试和对中国发展道路的宝贵探索。无产阶级在获取政权之后并没有立即确立社会主义的经济体系，而是采取了更为稳健的举措，调动各种积极因素，允许有利于国计民生的私人资本主义经济和个体经济继续发展，这种做法与俄国十月革命后苏联共产党实行的经济政策是有明显差异的。

新民主主义经济通过计划指导和市场机制来规范国民经济的运行，这和第二次世界大战后许多国家通行的混合经济颇为相似，但本质的区别在于：它是在中国共产党政治领导和控制了国家经济命脉的社会主义国营经济的领导下运行的。① 由此既实现了国民经济的快速恢复，也为新中国接下来的社会主义改造奠定了基础。新民主主义经济，这一创造性概念的提出，使中国实现了对资本主义发展阶段的跨越，稳定并迅速地进入了社会主义计划经济时期。新民主主义经济的另一个重要意义在于，它为新中国 30 年后的改革开放提供了一个很好的范例，因为在多种经济成分并存和市场机制两个基本点上，改革开放与新中国初期的新民主主义经济并无二致。②

三 中国向社会主义过渡的特殊背景和条件

朝鲜战争爆发后的严峻国际形势和落后的国防工业，使得以毛泽东同志为核心的中共第一代领导集体自然将国家安全放在首位，促成了优先快速发展重工业的决心。正如经过毛泽东亲自修订的党在过渡时期总路线宣传提纲所说："因为我国过去重工业的基础极为薄弱，经济上不能独立，国防不能巩固，帝国主义国家都来欺侮我们，这种痛苦我们中国人民已经受够了。如果现在我们还不能建立重工业，帝国主义是一定还要来欺侮我们的。"③

（一）国家安全需要优先快速发展重工业

1949 年新中国成立以后，在中国共产党的领导下，仅用三年的时间就

---

① 吴承明：《中国的现代化：市场与社会》，生活·读书·新知三联书店 2001 年版，第 372 页。
② 同上书，第 373 页。
③ 《为动员一切力量把我国建设成为一个伟大的社会主义国家而斗争》，中共中央文献研究室编：《建国以来重要文献选编》第 4 册，中央文献出版社 1993 年版，第 705 页。

完成了国民经济恢复的任务,并从 1953 年开始转入大规模经济建设。但是 1950 年爆发的朝鲜战争,台湾海峡危机,越南战争,以及后来的中印边界冲突、中苏边界冲突,等等,都使得中国共产党在选择中国经济发展战略时,不得不将国家安全放到首位来考虑。

朝鲜战争爆发时中苏美三国实力比较①

	中国(世界上的位次)	苏联(世界上的位次)	美国(世界上的位次)
人口	5.7 亿(1)	1.8 亿(3)	1.5 亿(4)
军队数	550 万(1)	280 万(2)	150 万(3)
钢产量	60 万吨(26)	2500 万吨(2)	8785 万吨(1)
原油产量	20 万吨(27)	5000 万吨(2)	2.6 亿吨(1)
发电量	45 亿度(25)	600 亿度(3)	3880 亿度(1)
汽车产量	0	25 万(4)	600 万(1)
国民收入	426 亿人民币①(13)	700 亿美元(2)	2400 亿美元(1)
人均收入	75 元人民币②	400 美元	1600 美元(3)
国防开支	28 亿人民币③(5)	近 100 亿美元(2)	150 亿美元(1)
原子弹	0	10—20 枚(2)	300 枚(1)

注:① 此为后来的新币值,按照 1950 年的兑换率,相当于 100 亿美元。
② 按照 1950 年的兑换率,相当于 24 美元。
③ 按当时汇率相当 7 亿美元。

朝鲜战争结束以后,美国驻军台湾的问题却并没有解决。1953 年 8 月,在朝鲜停战协定签订之后,美国与台湾举行了首次海空军联合演习。1953 年 9 月,美国与台湾当局秘密签订了《军事协调谅解协定》,并在台北成立"协调参谋部"。根据协定,国民党军队的编制、监督、装备由美方负责;如果发生战争,国民党军的调动指挥,必须获得美方的同意。协定中的"军事协调区"包括金门、澎湖、大陈、马祖及台湾,美国第七舰队、第十三和第二十航空队为参加协定的单位。本来美国第七舰队是以朝鲜战争期间"维护台湾海峡中立"为借口而进驻的。而朝鲜战争结束后,美台双方又签订了这样一个协定。它是继 1950 年 6 月美国宣布向台湾派遣第七舰队以后,企图长期把台湾置于自己势力范围的又一严重步骤。

① 徐焰:《朝鲜战争中美经济实力对比》,《兵器知识》2010 年第 11 期。

1953年11月，美国副总统尼克松访台，表示美国重视台湾的战略地位。12月，台湾当局正式向美国政府提出美台共同防御条约草案。1954年1月，美国第七舰队在台湾海域进行军事演习，公开向中国政府炫耀武力。1954年9月8日，美国推动的《东南亚集体安全防御条约》在马尼拉签订，此时，台湾成为美国完成对中国大陆环形包围圈的最后一环。

1955年1月24日和28日，美众、参两院分别以410票赞成、3票反对和83票赞成、3票反对通过《福摩萨决议案》。美国国会正式授权总统：为保证国民党控制台澎，可动用美军保卫国民党控制的任何区域，也可采取其他必要措施。①

3月6日，杜勒斯对艾森豪威尔说，台海局势迅速恶化，美国不能在中共攻击金、马时袖手旁观，他认为形势的发展需要美国使用核武器。艾森豪威尔对杜勒斯的观点表示同意。3月7日，杜勒斯对参院外交委员会主席乔治（Walter George）说他认为美国应当协防金、马，并指出这样做需要美国使用原子弹来摧毁中共在金、马对岸的军事设施。②

3月10日，杜勒斯向国家安全委员会报告了他和总统的意见，并指示，为美国介入台海地区的军事行动和使用原子武器制造舆论，使盟国与国内民众思想上能有所准备。③ 杜勒斯与艾森豪威尔和副总统尼克松多次在新闻记者招待会上暗示了美国有可能会采用包括原子武器在内的一切手段来对付中国共产党的进攻。④

美国阻止中国统一和直接威胁中国安全的行径，都是建立在中美之间相差悬殊的武器装备上面，进一步说，是建立在相差悬殊的工业化水平上面。朝鲜战争时期的火力较量主要以弹药和钢铁的倾泻为标准，战时美军共消耗弹药330万吨（其中航弹69万吨），而志愿军在战争中共消耗弹药25万吨（大部分从苏联进口），这表明火力强度尚不足敌军的十分之一。从朝鲜战争爆发后美国派兵进驻台湾，到1955年用原子弹威胁中国以阻止中国的统一，都使得中国党和政府的决策者坚定了优先快速发展重工业

---

① 《美国对沿海岛屿的政策和"福摩萨决议案"》，陶文钊主编：《美国对华政策文件集（1949—1972）》（第2卷·上），世界知识出版社2004年版，第438页。
② 贾庆国：《未实现的和解》，文化艺术出版社1998年版，第184页。
③ "Memorandum of Discussion at the 240th Meeting of the NSC, March 10, 1955", FK Eisenhower Papers, FS NSC Series, Box 6, NSC Summaries of Discussion, Eisenhower Library.
④ Thomas E. Stolper, China, Taiwan and the Offshore Islands, FS M. E. Sharpe Inc., 1985, pp. 89-90.

的决心。

以工业为例：1952年当中国完成经济恢复任务，开始大规模经济建设时，中国工业发展水平与西方国家相比，差距是很大的，以直接关系到国防工业的钢产量来看，虽然当时的钢产量已经是1949年的3倍，但是与当时的敌人美国相比，差距如下：总量美国是中国的57倍，人均是224倍。1952年，中国天然原油年产量已达19.54万吨，为旧中国天然原油最高年产量8.2万吨的2.3倍。2010年我国原油产量接近1.9亿吨；消费量则达到4亿吨。毛泽东当时感慨地说："现在我们能造什么？能造桌子椅子，能造茶壶茶碗，能种粮食，还能磨成面粉，还能造纸，但是，一辆汽车、一架飞机、一辆坦克、一辆拖拉机都不能造。"[1]

于是，在经过了短暂的新民主主义经济时期之后，1953年，中共中央正式提出了党在过渡时期的总路线："要在一个相当长的时期内，逐步实现国家的社会主义工业化，并逐步实现国家对农业、手工业和资本主义工商业的社会主义改造。"近代以来所形成的民族"危机感"，在1949年以后并没有消失，而是表现为对国际上的危机仍有着过高的估计。[2] 为此，我们不仅要进行工业化，还要"首先集中主要力量发展重工业，建立国家工业化和国防现代化的基础"[3]。

（二）工业化面临"贫困陷阱"

当时中国要加快工业化步伐，尤其紧迫的是要发展重工业，而重工业投资大、建设周期长的特点，又与当时中国经济贫困、资金匮乏相矛盾。新中国成立后，重工业发展所急需的资金是我们最稀缺的资源之一。中国当时是一个典型的传统农业大国。早在清朝后期，人口与耕地的矛盾已经十分尖锐。当时就有人形象地说："人多之害，山顶已殖黍稷，江中已有洲田，川中已辟老林，苗洞已开深箐，犹不足养，天地之力穷矣。种植之法既精，糠核亦所吝惜，蔬果尽以助食，草木几无孑遗，犹不足养，人事

---

[1] 毛泽东：《关于中华人民共和国宪法草案》，《毛泽东文集》第6卷，人民出版社1999年版，第329页。
[2] 邹谠：《二十世纪中国政治》，香港，牛津大学出版社1994年版，第234—237页。
[3] 周恩来：《过渡时期的总路线》，中共中央文献研究室编《建国以来重要文献选编》第4册，中央文献出版社1993年版，第353页。

之权殚矣。"① 美国国务卿艾奇逊在 1949 年 7 月 30 日关于送呈《美国与中国的关系》白皮书致总统杜鲁门的信中即说："在形成现代中国之命运中，有两个因素起了重要的作用。（第一个因素）是中国的人口，在十八、十九世纪增加了一倍，因此对于中国成为一种不堪重负的压力。（近代史上）每一个中国政府必须面临的第一个问题，是解决人民的吃饭问题，到现在为止，没有一个政府是成功的。国民党曾企图用制定许多土地改革法令的方式，以谋解决这个问题。这些法律中有的失败了，另外则遭忽视。国民政府今日所面临之难境，大部份正为了它不能以充分的粮食供给中国民食，中共宣传的大部份，就是由他们将解决土地问题的诺言所组成。"②

1952 年国民经济恢复任务完成后，不仅我国第一产业就业人员占总经济活动人口的比例高达 83.5%，而且人均生产资料非常缺乏，据 1954 年国家统计局的调查，全国农户土地改革时平均每户拥有耕畜 0.6 头，犁 0.5 部，到 1954 年末也才分别增加到 0.9 头和 0.6 部。加上人多地少，农业能够为工业化提供的剩余也非常少。另外，工业产值仅占国内生产总值的 17.6%，其自我积累的能力也非常有限。③ 1952 年，我国的城乡人均储蓄只有 1.5 元，国家的外汇储备 1.39 亿美元，财政总收入 183.7 亿元，用于经济建设的资金尚不足 100 亿元。④ 国家有限的财力与即将开始的经济建设所需要的巨额资金之间存在着巨大的缺口。对外，西方国家政治与经济上的孤立和封锁，以及与苏联东欧社会主义国家的经济同构，又决定了新中国只能在半封闭的状态下发展内向型经济，这意味着中国必须依靠自身实行迅速而大规模的资本积累来启动工业化进程，有限和分散的农业剩余几乎是我们获取这种积累的唯一途径。

为了推进工业化，中国急需建立起一个高度集中的计划经济体制，以确保国家拥有强大的资源动员和配置能力。新民主主义经济不能满足这样的要求，所以，新中国很快开始了由新民主主义经济向苏联模式的社会主义经济过渡。统购统销政策出台，农业合作化和资本主义工商业改造步伐的加快，都是加快工业化的产物。发展模式的接近，是因为中苏两国在近

---

① 汪士铎：《乙丙日记》，转引自戴金珊《中国近代资产阶级经济发展思想》，福建人民出版社 1998 年版，第 3 页。
② 《美国与中国的关系》（上卷），中国现代史资料委员会编，1957 年 9 月印刷，第 4 页。
③ 资料来源：国家统计局网站公布年度统计数据，www.stats.gov.cn.
④ 武力主编：《中华人民共和国经济简史》，中国社会科学出版社 2008 年版，第 67 页。

于相同的目标和约束条件下必然会使用类似的方法手段,对于苏联经验的接纳也是实事求是的行为。① 从1953年起,农业合作化运动加快。"过于注重上层结构,很少涉及低层"是中国近百余年多次社会变革中所表现出的一个重要特征,但毛泽东和中国共产党恰恰"改革了中国的农村,创造出一个新的低层结构,使农业上的剩余能转用到工商业。"② 与此同时,对个体手工业、私营工商业的社会主义改造也在迅速推进,到1956年年底,社会主义改造取得了决定性胜利,全民所有制和集体所有制在整个国民经济中占据了绝对优势的地位,从而重塑了社会经济的微观行为主体,这也意味着新民主主义经济的终结。同时,行政性的计划管理方式也逐步形成,管理体制逐渐由以市场为基础的计划与市场相结合转向指令性计划为主的计划经济。③ 社会主义计划经济体制最终确立。这是在当时的资源瓶颈之下,由国家强力推进工业化的结果。

单一公有制和计划经济确实保障了剩余索取和投资达到了最大限度。根据发展经济学和"贫困陷阱"假说,一个国家经济起飞的重要条件之一是投资超过GDP的11%。旧中国经济最好的1931—1936年,资本积累率6年中有4年为负数,最高的1936年也仅为6.0%。④ 而新中国1978年以前的资本积累率远远高于11%,最低为1963—1965年的22.7%,最高为"四五"计划时期的33.27%,被认为最合理的"一五"计划时期则为24.2%。

(三) 新中国前30年的探索与经验

以单一公有制和计划经济为体制基础的赶超型工业化道路一经形成,在发挥出其高积累和集中力量办大事的优越性同时,也立刻暴露出其与普遍落后的生产力水平以及城乡、区域、行业之间经济发展极端不平衡不相适应的问题,暴露出优先发展重工业和高积累政策下如何保证农、轻、重协调发展的问题。从1956年社会主义改造基本完成时,中国共产党就开始探索怎样改革和完善这个发展道路,其代表性的成果就是毛泽东的《论

---

① 林毅夫:《中国经济专题》,北京大学出版社2008年版,第73页。
② 黄仁宇:《资本主义与二十一世纪》,生活·读书·新知三联书店2007年版,第510、536页。
③ 武力主编《中华人民共和国经济史》(上),中国时代经济出版社2010年版,第298页。
④ 巫宝三主编:《中国国民所得(1933年)》,商务印书馆2011年版,第34页。

十大关系》。这个发展模式，虽然在保障社会稳定和国家独立工业体系建立方面具有明显的优势，但却掩盖了微观经济层面的活力不足；而从革命战争年代过来的毛泽东还拥有非常熟悉的群众运动和政治激励机制，并且寄希望于通过这种方式来调动全国人民的积极性，从而发挥出社会主义的优越性。于是在遭遇"大跃进"失败以后，毛泽东的改革则转向了更为激进的政治激励和群众动员，直至运用"阶级斗争"手段，并发展为"文化大革命"。

应该指出，在1978年改革开放以前有关中国发展道路的探索中，以"自力更生"和高积累为手段、以优先快速发展重工业为目标的超常规发展，虽然导致了各个方面的紧张和工农业关系的失调，但是也的确达到了传统社会主义发展模式的部分预期目标：第一，在短时期内建立起相对完整的现代工业体系；第二，实现了跨越式发展，建立起强大的国防工业；拥有了"两弹一星"；第三，通过大规模的基础设施改造和投资，为后来的发展奠定了基础，其中尤其以农田改造、水利建设和重工业发展最为突出，它们保证了80年代农业的高速增长和城乡轻工业的快速发展；第四，通过强制性的推广低成本、覆盖全社会的初等教育和医疗保障，提高了人力资本。此外，社会主义所具有的集中力量办大事的优越性也充分体现出来，例如：通过集中财力保证了"一五"时期三分之一的重点项目在国防工业；通过"大会战"的方式实现了石油工业的飞速发展；通过"集体攻关"的方式加速了科技创新；通过"三线建设"缩小了沿海与内地工业发展的差距，以及通过"工业学大庆""农业学大寨""全国学人民解放军"等精神激励来替代物质激励不足，等等。问题是上述这些优越性就总体上来说，随着经济的发展和国际环境的改善，呈现出成本上升和效益递减的特征。

另外，从思想和认识层面来看，1978年以前中国共产党对社会主义经济发展道路的探索也已经达到了创新的临界点。由于中国是在一个人口多、底子薄、经济发展极不平衡的农业大国开始社会主义经济建设的，所遇到的一系列重大问题都是新问题，当时的国际社会主义阵营没有提供现成的答案，因此需要探索一条适应中国国情的发展道路。

必须承认，新中国成立初期在经济体制的诸多方面都与苏联表现出了高度的一致性。但反思是与"模仿"同步进行的，以下四个方面是当时中国共产党对苏联模式的社会主义计划经济体制反省最多的地方：第一，关于社会主义经济成分的多样性与单一公有制的关系。在社会主义经济所有制结构的构建和不断完善上，中国有更为灵活的态度和方法。这体现在两个方面，首先是社会主义改造的过程。中国对苏联经验的一个重要修正在于合作化并不是像苏联那样采取突然的、混乱的形式，而是被设计成逐步的、一个阶段接一个阶段的分三步走的过程：先是互助组，然后是初级社，最后是高级社。① 在对资本主义工商业的改造中国也采取了相对温和的赎买政策。这些做法都与苏联有所区别。其次，中国对单一公有制带来的问题一直给以关注。从毛泽东、刘少奇、陈云等人的论述中都可以看出领导者对于单一公有制可能造成的低效以及对微观经济主体激励不足的觉察。第二，关于计划与市场的关系。最具代表性的反思，一是陈云提出的"主体"与"补充"的思想，二是李富春提出的"指导性计划"与"指令性计划"相结合的思想。中共领导集体意识到社会主义经济既应当有计划性，又应当有多样性和灵活性。② 第三，关于集权与分权的关系。"应当在巩固中央统一领导的前提下，扩大一点地方的权力，给地方更多的独立性，让地方办更多的事情。……我们不能像苏联那样，把什么都集中到中央，把地方卡得死死的，一点机动权也没有。"③ 这几乎是当时全党的共识。第四，关于农轻重的关系和产业结构调整问题。我们"要适当地调整重工业和农业、轻工业的投资比例"，以重工业为投资重点，但也要加重农业和轻工业的投资比例。④ 这个思想后来发展为"以工业为主导，以农业为基础"的国民经济综合平衡、全面协调发展方针。

在改革开放前的30年里，中国共产党的探索虽然出现失误，但是也形成了不少正确的认识和积累了成功的经验。例如，在宏观经济方面，提出了"以农业为基础，以工业为主导，农、轻、重协调发展"的产业发展思想；提出了调动中央与地方"两个积极性"的主张；提出了国民经济发展的"四大平衡"理论；提出了指令性计划和指导性计划相结合的管理思想；提出了以计划经济为主，市场经济为辅的思想；在微观经济方面，提出了要处理好国家、集体、个人关系；要处理好积累与消费的关系；要处

---

① R. 麦克法夸尔、费正清主编《剑桥中华人民共和国史·上卷 革命的中国的兴起（1949—1965年）》，中国社会科学出版社2007年版，第102页。
② 参见《刘少奇论新中国经济建设》，中央文献出版社1993年版，第347—351页。
③ 毛泽东：《论十大关系》，《毛泽东文集》第7卷，人民出版社1999年版，第31页。
④ 同上书，第24页。

理好按劳分配与多劳多得的关系；在实践方面，则有过农业"包产到户"的经验；恢复个体经济和自由市场的经验；技术引进的经验；处理中央与地方经济关系的经验（例如分灶吃饭），等等。尽管八大前后的反思在此后的执行过程中被打了折扣。但这些反省在方法论上所具有的意义可能比它们当时发挥的作用更为重要，因为这些反省和经验为1978年开始的改革开放奠定了思想基础。

四　改革开放与中国特色社会主义经济

毛泽东曾经说过："错误和挫折教训了我们，使我们比较聪明起来，我们的事情就办得好一些。"新中国成立30年，特别是"文革"10年的失误深刻教育了中国共产党和全国人民。1978年十一届三中全会以后，中国共产党在充分吸取过去经验教训的基础上，解放思想、实事求是、与时俱进，很快就突破了前30年形成的发展模式，实现了对传统社会主义理论的带有根本性的突破和创新，引导中国走上了中国特色社会主义市场经济发展道路。而同时，国际环境的变化和国内经济发展的水平也为其提供了客观条件。

第一，是根据战后30多年来国际政治经济格局的变化，中国共产党提出了和平与发展是当今世界的主题，改变了我们对待外部环境和世界性战争不可避免的认识。从而使得中国走上了充分利用国外资源和国外市场来发展自己的道路。中国也由此真正摆脱了战时经济的束缚。

第二，国际环境的缓和以及对其正确的判断，也为改变国内长期实行的优先发展重工业战略和居高不下的高积累政策提供了可能。中国经济终于可以处于农、轻、重均衡发展，积累与消费同等重要的宽松环境，从1979年开始，中国共产党就开始调整农、轻、重关系，并通过提高农产品收购价格，普遍提高职工工资来扩大消费，真正实行了新中国30年来一直追求的协调发展政策。

第三，与上述协调发展和提高人民消费水平目标相匹配，必然是"放权让利"的体制变革，允许地方政府、企业和人民群众"八仙过海，各显神通"，而这种改革和突出成效自然也就从过去束缚最多、危机最深的农业开始。家庭联产承包责任制的普遍推广和乡镇企业的"异军突起"不仅从根本上改变了农村经济的微观机制，也为城市改革提供了榜样和示范。

于是，在"让一部分人、一部分地区先富起来"的诱导下，加上"放权让利"的制度和政策保障，于是在80年代形成了一个自下而上的诱致性变迁为主的强大动力，中国共产党终于在80年代突破了单一公有制和按劳分配这两个过去作为社会主义经济制度基石的理论束缚，从而为建立新型的社会主义市场经济发展道路奠定了微观经济结构和基础。

第四，从"放权让利"和农村改革一开始，就自然出现了市场调节，长期受到抑制的市场因素迅速复活，并日益显示出它调节经济的灵活性、及时性和有效性，于是随着改革开放的深入和所有制结构及实现形式的多样化，市场机制调节的范围和配置资源的作用越来越大，并最终导致在中共十三大上提出了"国家调控市场，市场引导企业"的经济体制改革目标，而这个目标到中共十四大上则正式形成了社会主义市场经济理论。于是，作为传统社会主义经济理论和实践模式的又一个基石"计划经济"被突破和创新。

到1997年中共十五大，以邓小平理论提出为标志，中国共产党终于实现了对社会主义经济制度和发展理论的飞跃，并走出了一条新型的中国特色社会主义经济发展道路。30多年来，中国国民经济总量从1978年的2683亿美元，猛增到2010年的5.879万亿美元，增长了20余倍，年均增长率接近10%，经济总量在世界各国中的排名，也由1978年的第10位跃升至2010年的第2位。这不仅开创了中国经济发展史上前所未有的"高速"时代，也是世界经济发展史上的一个奇迹。

经过新中国成立之后半个多世纪的探索，中国共产党终于完成社会主义发展道路的成功转型，再一次向全世界证明社会主义是可以与时俱进并有着巨大优越性。这种优越性不仅体现在其经济体制比资本主义具有更大的包容性，可以充分发挥国有经济、私营经济、外资经济的积极作用，可以有机地融入全球化的世界经济并获得共赢，而且还体现在它所具有的强大经济发展动力和充分利用各种资源的能力上。

（作者单位：中国社会科学院当代中国研究所）

唯物史观下中国发展奇迹原因的辨析

郑有贵

中国发展奇迹取得的原因，有归结于自由化之说，有归结于市场化之说，有归结于私有化之说，而对中国共产党的领导作用、政府的推动作用和公有制经济的主导作用则加以忽视。对中国发展奇迹原因的分析，不仅事关中国特色哲学社会科学的构建，更是事关中国道路内涵的阐释、中国经验的总结、中国发展方向的坚持。对这样一个重大认识问题，必须十分警醒，作出符合历史的回答。在中国发展奇迹原因认识上的分歧，主要有意识形态的问题，也有认识的方法问题。为使中国发展奇迹原因的总结更为科学，应对可能引发误解的重大实践问题，作出科学的阐释。其中，应有针对性地对政企分开与更好发挥中国共产党的领导作用的关系、改革全能政府直接管理经济社会和使市场在资源配置中起决定性作用与更好发挥政府作用的关系、非公有制经济比例显著增加与发挥公有制经济主导作用的关系，加以厘清。如此，才有助于对中国发展奇迹原因作出与历史逻辑相一致的分析。

一 科学认识党在发展奇迹中的领导作用，要辩证地认识党政企分开

中国发展奇迹的取得，是在作为执政党的中国共产党的领导下实现的。这是谁都不能否认的事实。同时，中国共产党的领导，又有不同的实现方式，改革开放前实行党政企不分，改革开放以来则实行党政企分开的重大改革。科学认识党在发展奇迹中的领导作用，要辩证地认识党政企分开这一改革。实践表明，实行党政企分开，不是削弱党的领导，而是党可以从处理繁杂的具体事务缠绕中解脱出来，可以把更多的精力用于国家发

展战略和方针政策的制定上，从而更好地发挥了党的领导作用。其中，中国发展奇迹的取得，最值得总结的经验是，中国共产党的领导，保障了国家发展战略目标的有效整合与接续实施。

中国共产党的领导保障了国家发展战略目标的有效整合。从国际比较而言，中国之所以能够取得发展奇迹，就是因为中国共产党的领导，有效地把发展战略目标，整合到引领先进生产力的生长和发展上，解决了发展中国家一盘散沙而难以实现赶超发展的难题。国内外实践还表明，一个国家能否实现发展，能否形成有利于引领生产力的生长和发展的共同愿景的国家发展战略目标，以引领资源实现优化配置。中国共产党作为先进生产力的代表，站在时代的前沿，能够顺应时代发展的要求，抓住发展机遇，在广泛和充分尊重人民意愿的基础上，经党的代表大会及中央全会审议通过的国家发展战略目标、五年计划（规划）建议，提交国家权力机关全国人民代表大会审议表决通过后，成为国家统一的意志。这是中国取得发展奇迹最重要的经验。国外勇于承认现实的人对此给予高度赞肯。美联储主席与中国学者交谈时说，美国人看得很清楚，大家都在长周期下，差不多，但是，这时候就看你是不是有幸地遇到了一个坚强的智慧的领导层，带领你走过这段时光。说你们有，我们没有，形成不了一个集中的意志。①在中国共产党领导下，新中国成立起至今，中国一直能够形成既宏伟又可实施的战略目标体系。首先，有效地整合形成长期战略目标。从1953年实施第一个五年计划起，中国将发展战略目标，整合到宏伟的国家工业化，随着经济社会的发展，又逐步提升到宏伟的四个现代化建设、全面建成小康社会、中国梦、"两个一百年"奋斗目标。其次，根据所处发展阶段的实际情况，细化制定实现长期发展战略目标相对应的五年发展计划（规划），至今已制定了13个五年发展计划（规划）。无论是长期战略目标，还是五年计划（规划）目标，都把多种主体发展目标有效地整合到引领先进生产力的生长和发展上，并成为引领发展方向的指引。这对于中国而言，尤为重要，因为面对与工业化、现代化先行国的巨大差距，如果不是将国家发展战略目标有效地整合到引领先进生产力的生长和发展上，而是目标紊乱，各主体会由于利益难以统筹兼顾，各自为政，打消耗战，就

---

① 李扬：《美联储主席为何不看好美国经济——在长安讲坛上的演讲》，http：//finance. sina. com. cn/zl/china/20150522/081222241310. shtml。

难以实现资源的优化配置，中国作为后发国家的弱势地位就难以摆脱，要实现赶超发展也就只能是一种难以实现的愿望。

中国共产党的领导，保障国家发展战略目标的有效和接续实施。受政治因素的影响，旨在引领先进生产力生长和发展的战略，很可能得不到很好的实施。1949 年以来，中国共产党从时代发展的要求出发，不断对发展战略目标加以完善，但都不是从根本上对前期制定的发展目标加以否定。西方资本主义国家受党派为实现各自利益最大化而进行博弈的影响，首先是难以形成长远的国家发展战略目标，即使能够形成，也要付出旷日持久的时间成本和昂贵的谈判成本，在实施时，还会受到党派轮换执政影响而中断。在中国共产党的领导下，所形成的国家发展战略目标，首先是因为从国家和人民的根本和长远利益出发，加之国家日益强大，有独立的国防体系、齐备的国民经济体系、工业体系、科学技术体系作保障，避免了来自一些霸权国家的政治、军事、经济、科技的强行干扰，从而保障其有效和接续实施。

中国共产党的领导，有效地促进了全国人民共同实施发展战略目标合力的形成。在中国共产党的领导下，形成了"全国一盘棋"和全国人民合力集中力量办大事的建设发展模式，促进资源能够集中配置到发展先进生产力上。在这种建设发展模式下，中国实施了有助于先进生产力的生长和发展的重大建设项目或活动，如在"一五"时期实施了 156 项重大工业建设项目，在 20 世纪 60 年代起实施了"三线建设"项目，70 年代实施了"四三方案"，改革开放以来实施了宝钢、航空、航天、高铁、三峡水利工程、南水北调、西气东输、棚户区改造、863 计划、112 工程、958 工程、亚运会、奥运会、世博会等项目或活动。如果不是中国共产党的领导，人民的力量不能集聚起来，持续成功实施如此大规模的重大项目和活动就难以设想。

二 科学认识政府在发展奇迹中的推动作用，要辩证地认识改革全能政府直接管理经济社会和使市场在资源配置中起决定性作用

改革开放以来，中国对高度集中的计划经济体制实施渐进改革，由全能政府直接管理经济社会，到政府和市场共同发挥作用，成功地实现了计

划经济向市场经济的体制转变。这种改革，使中国成功地步入中国特色社会主义市场经济之路。改革开放以来使市场在资源配置中发挥作用，党的十八届三中全会创新性地提出使市场在资源配置中起决定性作用，在这一改革历史进程中，并不是让市场完全替代政府，不是市场作用对政府作用的排斥，而是更好地发挥政府的作用。

中国发展奇迹的取得，正是因为市场和政府两方面的作用都得到了更好的发挥，形成双重优势所致。中国实施的社会主义市场经济改革，坚持了更好地发挥政府作用，因而形成了不同于资本主义市场经济下的发展机制，是社会主义国家发挥好政府作用和使市场在资源配置中日益更好发挥作用，并使两者有机融合于一体，这才是中国发展奇迹的真正原因。一方面，市场机制的建立，激活了经济，避免了高度集中计划经济体制下由于政府失灵导致的资源浪费，促进了资源配置效率的提升，同时也由于企业在市场竞争中优胜劣汰机制的形成而促使市场主体不断提升内生发展能力，为经济的发展锻造起充满活力和内生能力的微观主体。另一方面，在完善政府宏观调控体系的同时，在发挥市场经济条件下发挥社会主义能够"全国一盘棋"、集中力量办大事的新型举国体制优势，组织实施如重大科技攻关、促进新兴战略产业发展、改善基础设施、促进产业园区建设引导产业集聚和企业集群的形成等，为攀登战略制高点、提高中国综合竞争力、保障国家安全提供支撑，进而保障国家发展战略目标的实现。

政府发挥好作用，构建和厚植起中国特色社会主义发展的优势，这是中国作为发展中国家实施赶超发展行动的基本经验。这一中国经验，与发展经济学关于发展中国家要实现赶超发展，需要政府干预，促进资源的集中和优化配置的政策主张不谋而合。然而，有一种观点认为，中国发展奇迹的取得，完全归结于去政府作用的市场化，甚至认为政府的作用是负面的，这与改革开放以来的实践发展不符合。如果对中国经验作出如此总结，将误导改革，也将使中国在特定历史条件下为实现赶超所构形成的、在市场经济下难以形成的，甚至可能是难以再生的中国特色社会主义发展机制优势消失。如果真是如此，也就掉入了新自由主义的理论陷阱。

三 科学认识公有制经济在发展奇迹中的推动作用,要辩证地认识公有制经济比例缩小和非公有制经济比例的显著增加

改革开放以来,对20世纪50年代社会主义改造所形成的公有制一统天下的所有制结构进行改革,公有制经济比例缩小,非公有制经济实现较大发展,形成以公有制为主体、多种所有制共同发展的基本经济制度。这一改革适应了社会主义初级阶段生产力落后的要求,解放和发展了生产力,是中国发展奇迹的重要原因。有人据此认为,中国发展奇迹的取得归功于私有化改革。实际上,中国发展奇迹取得的根基,在于公有制主体地位的坚持和国有企业主导作用的发挥。

公有制主体地位的坚持和国有企业主导作用的发挥,是保障人民主体地位的所有制基础,是构建国家治理体系和推进治理能力现代化建设的基础,是中国特色社会主义政治文明的基础,这些都保障了国家发展优势的形成和厚植。在这样的经济制度下,因形成有利于实现发展为了人民、发展依靠人民、发展成果由人民共享的机制,调动了各方面的积极性,也避免了贫富差距的严重分化,进而有利于实现供需的均衡。这些因素的共同作用,构建起中国经济社会持续发展的动力优势。随着国有企业改革的深化和国有经济有进有退战略布局的实施,国有经济的活力、控制力、影响力不断增强,国有企业也经受住了市场竞争的洗礼,尤其是在受2008年国际金融危机严重冲击下,呈现出较强的抗风险能力,凭借其历史上形成的规模优势、装备优势、技术优势、人才优势、管理优势、市场开拓能力优势,在困境中不断发展壮大,资产总额由1997年的12.5万亿元,增加到2014年的102.1万亿元,公有制企业户均注册资本也由2010年底的1216.7万元,增加到2015年底的2634.2万元。[①] 国有企业已成为"走出去"的骨干力量,跻身于世界性强大企业。在美国《财富》杂志发布的2015年世界500强企业中,仅国务院国有资产监督管理委员会监管下的中

---

① 《工商总局发布"十二五"全国企业发展情况报告》,http://www.gov.cn/xinwen/2016-03/14/content_ 5053369.htm.

央企业，就占据了47席。①

在当代中国，正是因为中国共产党的领导，正是由于更好地发挥政府的推动作用，正是因为坚持公有制主体地位和发挥国有企业主导作用，才能够保障人民的主体地位，并通过发展成果更多更公平惠及全体人民，人民的积极性得到充分调动，人民和基层的首创精神得到充分发挥，在进入新常态后大众创业、万众创新也有了良好开端。这些都使中国社会和谐进步有了坚实的基础，也有利于实现供给与需求的相对均衡，从而避免了因供需失衡导致的经济危机，是改革开放以来中国长时期实现经济持续健康发展的原因。

坚持以马克思主义唯物史观为指导，深化中国发展奇迹原因的研究，应当避免对中国改革开放历史的表象化、静态化、孤立化、碎片化分析，不能无视中国共产党在发展奇迹中的领导作用，不能无视公有制为主体多种所有制经济共同发展的基本经济制度在经济社会发展中的基石作用。否则，推导出当代中国取得发展奇迹的根本原因在于实施了私有化、市场化、自由化改革，就会落入新自由主义的陷阱。鉴此，应当根据马克思主义关于生产力与生产关系、经济基础与上层建筑相互作用的理论，以马克思主义唯物史为指导，坚持整体观，基于中国实践，把经济与政治、文化、社会、生态联系起来，研究相互间的影响，才能总结好中国发展奇迹取得的经验，也才能为开拓当代中国马克思主义政治经济学新境界提供历史研究的养分和智慧。

（作者单位：中国社会科学院当代中国研究所）

---

① 王俊岭：《国企改革关键期须防三大误区》，《人民日报》（海外版）2015年7月24日第2版。

马克思主义发展史视域中的唯物史观*

桁 林

一 提出问题

（一）历史的多个面向

历史讲规律，既显示了人类理性的能力（把控力），同时也表明人类理性的局限。不讲规律，历史显得芜杂无序，不足以被理性所把握，然而一旦讲起规律，必然要舍弃具体丰富的细枝末节，只留下主干与要角（VIP）。规律就是对历史的高度浓缩，舍弃了太多的史实资料，也牺牲了太多的头绪与线索。

与广大多端（多元）、丰富鲜活的历史相比，规律永远是简单明了的，同时也显得单一和单薄。规律能够容纳得了再多的内容，只能拣主要的和重要的内容说，拧掉所有的水分。即便关注普通人日常生活，也只能是典型分析，蜻蜓点水而已。

这是由人类理性及其认知结构决定的。越是单一明了的逻辑关系，理性就越能胜任；对于复杂的纠缠不清的历史现象，也一定要转化为简单逻辑关系组合。所以，历史难免会有两种：一种是能说话的历史，即"有明历史"；另一种是不说话的历史，即"无明历史"，它不显山不露水地沉底了，显山露水的只有很小的一部分。譬如，谁能说清楚晚明内廷三大案（梃击案、红丸案、移宫案）个中曲直吗？

能说清楚的，最多是现象层面的事情，至于桌子底下的交易，那只有当事者清了。即便那些处于风暴眼中心的当事者，也未必事事洞明，更何

---

* 中国社科院马工程项目"国家治理观的历史演进"（2014MGCHQ022）、中国社科院创新工程项目"马克思主义中国特色社会主义发展史研究"（MYYCX201404）、国家社科基金重点项目"马克思主义发展史视域中的马克思主义经典著作研究"（12AKS001）。

况局外人。① 事实上，对于庞杂无端、浩渺无际的历史，理性不仅无法把握，还很容易迷失其中——因为欣赏路边的野花而找不着方向——所以还得要有（理性）建构的历史，即理性能够描述得出来的具有全景式、目标导向的历史。即便像法国年鉴学派那样抛开成见、专注于细节，大脑里也有事先建构，拣一片瓦片、一件服饰都有所选择。如果黄仁宇所讲的大历史足够的大，也就无所讲起，讲不出来了。

能讲得出来的，都是建构的历史。一是经过理性咀嚼过的历史，有太多的内容事物已经被过滤、筛叉掉了；二是尽可能地将具体丰富的现实塞进规律之中。

规律不是别的，就是一个具有理性建构特征的模子，使得简单算法（Algorithm）能够（尽可能）高度拟合现实（对历史而言当然是带时间的现实）。②

凡是历史规律，不是理性建构，就是经验建构。经验建构除了理性的成分，还包括非理性。像风俗习惯、乡规民约，就不完全是理性建构，而是经验建构。所以对经验建构的考证，就看对"经验"二字是如何定义的。如果把感性单纯看作理性的原材料，二者实际上还是在同个轨道并行，只是加工精度的差别；只有把经验看作是理性和非理性的杂拌，才会有不同的建构模式。③ 前者忽略了历史当中非理性的成色；后者为此保留了足够的空间。④

---

① 认识都是一种外观，史观也不例外。即便能够触及本质，亦仍是外观。认识的这个定位非常重要，避免了理性的虚妄。《金刚经》讲"凡一切相皆是虚妄"，指的就是这种情况。同时，也给认识的修正、补充和完善留有余地，不至于把话说得太满，最后收不了场。历史上这类丑态实在太多，不胜枚举。

② 算法简单地说就是规范有限步内解决问题的程序。

③ 与理性相对的是非理性。所谓非理性就是指理性触及不到的领域，既然理性触及不到，那就是两个完全不搭界的领域，且无任何交集，显然理性也不能捞过界。对此，最明智的办法是像孔子那样不语怪力乱神，无论说"有，或者没有"都是错，既然无从讲起，何谈有无？真知不是无所不知，无所不晓，而是知不知。苏格拉底遍访雅典所有智者以求证德尔斐（Delphi）神谕，为什么苏格拉底是全雅典最聪明的人？答案是智者自负，只有苏格拉底知道自己的无知（局限），因此他才是真知。此外，只有知止，你的知识体系才是健全的、可信的，才不至于误人子弟。这两点孔子都做到了，后世封他为大成至圣先师，确实有其过人之处，配享冷猪头。

④ 从解释力上看，前者需要不断添加随机变量，才能有完满的结果；后者一开始显得漫不经心、不着边际，抓不着要害，但随着时间的推移，它的拟合度会越来越高。

（二）理性建构的唯物史观

我们称之为教科书体系下的唯物史观就属于理性建构模式，至少联共（布）党史简明教材和苏联政治经济学教科书给我们的印象是这样的。在马克思主义经典文献中也不乏印证。如《德意志意识形态》《〈政治经济学批判〉序言》《共产党宣言》《路德维希·费尔巴哈和德国古典哲学的终结》《社会主义从空想到科学》《家庭、私有制和国家的起源》，等等。

在理性建构的唯物史观结构中，生产力和生产关系两条线索清晰可陈，在决定与被决定、作用与反作用关系上各就其位，各司其职，有着卓越的历史解释力。由此还进一步地将人类社会区分出五种形态（一说三形态）……这些无疑都是这种建构模式的强项与优势。

然而，这么确定的理性建构方式容量是有限的，在面对更加庞杂的史实时，它容纳不了更多的东西，缺乏应有的弹性（包容性）。尽管它也提到了反作用和反作用力，但仅有这点力量和作用是远远不够用的，它至少无法将以下现象纳入其中：

第一，生产力是不是先决条件？跟教科书的标准答案不同，实际上答案是否定的，而且是应该是否定的答案。这就造成两种理论建构模式之间的对立和紧张。那么，我们看看现实中是以什么样的现象呈现呢？很明显的一个史实是，生产力是内生的，不存在一个独立于生产关系之外的生产力。

唯一的例外，就是从外部输入技术和设备（如引进外资），在这种情形下，我们才能断言生产力确实起到了决定作用。这就是20世纪50年代苏联援华建设156个大型重化工项目的情况。但是这个阶段转瞬即逝，因为中苏关系很快就恶化。即使有外输的技术和设备，当我们看到1977年"洋跃进"不成，反而欠债累累，或是看拉美债务危机时，上述断言也要大打折扣。所以，当年刘少奇坚持认为没有机器不能搞合作化，毛泽东搬出《资本论》中有关工场手工业那段论述（由陈伯达提供，待证），刘少奇就折服了。①

可见，生产力不是外生的，甚至不是外在的，生产力绝不是什么天外

---

① 马社香：《刘少奇为什么放弃"先机械化后集体化"主张》，《中国社会科学报》2014年1月13日第5版。

来客。苏联不援助我们机器，难道就不搞工业化、合作化了吗？自力更生就是在这种情况下提出来的，在生产力决定生产关系时，生产关系反作用于生产力这个理性框架中，是不可能有这种命题的。要么这个理性框架本身有问题，要么自力更生这种提法根本就错了，二者必居其一。

再如搞活流通，土地承包，哪项改革不是针对生产关系的？所有的改革都针对生产关系，我们认为只要把生产关系搞对头了，生产力和社会财富（如粮食）就内在地、自发地产生了，哪来的外来生产力？生产力的前景甚至是难以预见的。有谁能够想象得到三十年之后的中国能够脱贫，从人均收入仅跟佛得角相提并论的落后农业国一步跨入中等收入国家行列（按邓小平"三步走"战略的说法是两步），一个新兴的世界增长已经极俨然矗立在了世界的东方。现在，大宗商品市场有一条不成文的规矩，就是不能跟中国作对，否则就是在堵自己的财路。

如果套用生产力决定论，改革就找不着方向，谁事先胸中有这么大的气魄？小岗村"十八个手指印"是在食不果腹、走投无路之下才铤而走险、横下心来摁下的，它跟逃港事件的性质没有什么两样。如果说两件事背后（冥冥中）都有生产力在起决定作用，那就言之过大，大言不惭了。对此，邓小平很谦虚地认为，我们就是"摸着石头过河"试着来。一开始是学人家的，拉美国家、南斯拉夫、东亚"四小龙"等，以后看自己的（问题）改，出了许多难题（纰漏）之后，更是推着我们改，没有什么先见的生产力在推着我们。看看现在车满为患的景象，这哪里是我们事先能够想见的。面对强大的物质财富创造，生产力决定论显得太弱了，整个社会财富仿佛是在一夜之间突然从地底下涌现出来似的，正所谓"忽如一夜春风来，千树万树梨花开"。从某种意义上讲，生产力是被决定的。

第二，生产方式的辩证运动也远不是文字所描述的那么简单、单调（性），需要历史长周期多个轮回才能得到验证和确认，这才有历史的真实性。否则彭德怀、刘少奇这些人就屈死了，而历史也没有长多少记性，平反的只是名誉，并没有从历史中吸取多少教训，不能保证过去的悲剧不会重演。

另外，长周期到底有多长，三十年、五十年还是一百年？也是未定数。这就导致一个后果，即结论会依所选择的不同时段而不同，结论还可能截然相反。最终的定论并不能作为历史进程的依据，因为每个人都生活在时间矢量中，等到最终结果出来了，过往的那些当事人是无法穿越历史的。

正因为过程是不定的，结果是不定的，才有历史的不定性。我们不能说文明的进步是必然的，玛雅文明的灭亡也是必然的，这显然说不通的。或者将玛雅文明说成是对人类文明的背叛，才落到灭亡的下场，这显然是文过饰非。理性建构模式对于那些非确定性的结果一律作为失败的反例，这种处理方式显得过于简单粗暴。

所以理论建构模式需要有方法论上的突破。试想，如果理性能够控盘，而且越来越能够胜任，文明何至于会崩溃、消失？

时至今日，人类都不能拍胸脯信心满满地说自己不会毁于核武，而这仅是能够想见的人类自我毁灭的一种方式。"9·11"事件之后，人类对于自身命运的不确定性预期不是减弱了，而是强化了。

二 经验建构与唯物史观的源流

（一）经验建构的历史

理性建构模式将史料当材料，历史秩序尽在理性秩序之中。黑格尔历史哲学是最典型的例子，将世界史定于一尊，没有超出其外的。它显示了理性的抱负、自负以及史学家小小的野心。所以到世界各地旅行，跟在地图上旅行没有什么两样，这就成了梦游。

第二种建构方式是经验史学，采取归纳、汇集的方法，没有预设的前提，只有现象的呈现，将事情的来龙去脉讲清楚，局限在经验的世界范围内，不过多涉及隐匿其中、说不清楚的内在关系，属于有限理性的方法，因为它有了另一个面向，那就是顾及（顾忌）到了非理性。

对于理性世界而言，非理性是神秘无知的另一世界，理性连一丝光都透不进去，有如深不可测的黑洞，只能用间接的、现象学的方法猜测，并印证这种猜测。古代人通过观风察火、风雨雷电、天灾人祸以及所谓的圣迹显灵来揣测另外世界的意图导向。俗话讲，牛有踏印、马有踪迹，从各种蛛丝马迹中求得讯息，包括托梦、跳大神等。所以，经验建构的历史，就不止有理性成分，还包含非理性的成分，是二者的杂拌搓揉。

理性建构根本不认同《三国演义》，认为这是伪历史，但就是这种说书人的历史，影响普通（普遍）的中国人，已经成为经验历史的一部分。如果它还影响了领袖人物（如毛泽东），那就更不得了。理性建构的历史将这几层经验建构通通剥夺了。《三国演义》将诸葛亮说得神乎其神，居然唱"空城计"。有人就指出，司马懿更加老谋深算，把诸葛亮当棋子玩了。如果了解司马氏家族如何在曹魏政权面前示弱，这种可能性就大大地增强了。诸葛亮只知其一，而司马懿看得更远，可见，这潭水深不见底。这就是经验史学引人入胜之处，一山更比一山高，强中还有强中手。

对于经验建构的史学方法，关键要有历史脉络的呈现。大脉络是什么，主脉络是什么，支脉是什么，将脉络走势勾勒清楚，将事情的来龙去脉讲清楚，经验史学的基本任务就算完成了。具体历史事件和人物跳不出这个脉络谱系。所谓穿越剧，是反历史的。脱离了背景，就是抽象的人，不成其为具体的人。如果没有时间观念，古代人与现代人有何分别？如果没有空间观念，城市居民和农民有何区别？但是，有了时空观念，我们就知道物聚人分、此起彼伏、兴衰成败的动态变化。

在军事学上，孙子最看重"势"，也最会用"势"。势是一种隐匿于背景中的存在，好比"激水之疾，至于飘石"，"如转圆石于千仞之山"，背后深不可测，取决于你能看到几层、运用几分，总之是非常高超的艺术。战争的最高境界是不战（而屈人之兵），这就需要明势、顺势、借势、造势、得势、任势，"顺势而为，乘风而入"，总之是要审时度势，把握大局，才能立于不败之地。这个势（大格局）就是经验建构方法，无法用理性建构的方式表达。

这就构成了经验史学中的观念谱系。如同生物学分界门纲目科属种，历史事件的发生、发展也有层层的主从关系，呈树突状伸展开来，从层级上讲，支脉都可以溯及到上游主脉，主将都是相对的，强调主脉，也并不是蔑视支脉，而是系统化主从关系。如果只看到支脉而看不到主脉，就会失之过窄，责之过严；如果只看到主脉而看不到支脉，就会失之过宽，大而无当。

柯林武德在《史观》（*Idea of history*）一书中提出要把人物置于前因后果中加以考察，才能了解真实意图。管窥蠡测、一言一行固然有用，但不足以用，好比只抓住小偷的衣角，很容易挣脱掉，只有抓住脉络，才不会有闪失。只有说得通，才能左右逢源；只有左右逢源才能说得通，如果连说都磕巴，还指望它包打天下？恐怕连门都没有。斯金纳提出把历史放在脉络里观察，强调"有背景的观念"（idea in context），欲解其意须先知意

（up to），否则就会被牵着鼻子走。无论是柯林武德还是斯金纳都把思想放在脉络里，是设法还原历史线索，搞清楚来龙去脉的。如同挖宝要先看山脉走势，从大处判断，不能是个落脚的地方就开始刨土。漫山遍野，从何处下手呢？

这是方法论的革命。历史与逻辑的统一，不是只有嘴皮上的功夫。对于逻辑的历史、义理的历史、理性建构的历史来讲，逻辑首先是在历史中，而不是相反。思想只有放在历史脉络中才能有真正的理解和诠释。

一个观念的流行，或是流行歌曲、发型、服装等，好像空穴来风，突然从石头缝里无缘无故蹦出来的，其实是大有来头，有过层层铺垫，才来到今天，只不过我们不经意，没在意这些蛛丝马迹罢了。每一个观念都有来历，套着时间的巨链（洛维乔依语）。海德格尔特别强调时间的堆积。纳粹党就是想要缩短时间进程，搞得人心紧张，血脉扩张，精神亢奋，结果欲速则不达，撞倒南墙，跌入深坑。生活也好，观念也好，都有它的自然生态，既有枯萎代谢的部分，也有生长发育的部分，很难一并勾销。法国年鉴学派就特别强调把握整体性（collective），不能只看局部和支脉，要设法勾勒它的概貌。

就如同理解语境要靠上下文一样，理解原著也要放在历史的坐标上，这样才会有八九不离十的可靠度，不至于出现系统性、颠覆性的误解误读。如果离开历史脉络来把握经典著作，就如坠青云，不知方向，只能靠理解字面意思获得信息，难免会有理解上的偏离，这就好比一次没有地图的旅行。有些人听不出鲁迅作品里的反讽，还以为是在说恭维话，这就太离谱了，走向了反面意思，这就闹笑话了。

（二）观念谱系

唯物史观既然被称为"史观"（idea of history），那么将它置于观念史研究对象的位置加以审察，也是恰当的。这倒不是说"没有审察的生活是不值得过的"（苏格拉底语），而是说作为观念对象，对此加以审察是必要的。无论是对马克思主义经典著作的研读，还是就唯物史观来讲，都离不开还原法。观念或是唯物史观，都要溯及它的源流，找到它的支脉和谱系，不仅知其然，还要知其所以然，搞清楚来龙去脉，才能让唯物史观重放光彩。让思想在时间的脉络中穿过，这是最基本的方法。就此而言，王仁宇所讲的"大历史"还是有它非凡的价值，在历史脉络中把握主线，这一点非常关键，可以说是解经说法的密钥。①

第一，就唯物史观而言，马克思在何种条件下得到唯物史观，远比得到唯物史观这个结论本身重要得多，也就是说，方法比结论更重要，有了方法就能得到相应结果，不了解方法只知道结果，只会生搬硬套，就会闹大笑话。我们的教科书体系（包括联共党史教材、苏联政治经济学教科书）都只注重结论不重视真理的发现过程、真理的存在条件，只是机械地套用公式、对号入座，倒置了本末。

第二，从逻辑层级关系而言，在产业化、市场化、城市化这个大脉络之下，会有阶级斗争这个次级脉络，阶级斗争这条支脉是由产业化、市场化、城市化这条主脉引出来的，支脉必须服从于主脉，才具有所谓内在结构一致性的观念史谱系，如果把唯物史观架在支脉上而不讲主脉，就会失之过窄、责之过苛，最后就像"四人帮"那样得出"宁要社会主义的草，不要资本主义的苗"这种荒唐的结论，失掉人心，四面楚歌。有了这个谱系，对于阶级斗争的把控就会游刃有余，不至于过度和失控。这就将唯物史观置于原有的语境、情境（context）之中。

（三）从历史脉络到时代主题

如何把握历史脉络？听起来很玄，但只要抓住时代主题，历史脉络就自然显现。时代主题就是历史脉络的呈现。关键是要找得到、找得准。但是，要找到找准，又不能脱离历史脉络。

老实讲，要判断什么是时代主题，并非轻而易举。1975年邓小平第一次复出，就跟"四人帮"在关于时代主题和历史任务问题上争得不可开交。"四人帮"认为阶级斗争是时代的主题，姓"资"姓"社"问题关乎社会主义的前途与命运，邓小平就问：要不要抓生产，不抓生产人民吃什么？② 要抓生产，讲按劳分配有什么错？等于把皮球踢回去了。等到改革

---

① 人们之所以反感宏大叙事，是因为它绝对化之后走向了自己的反面，变得信马由缰不着边际，架空了具体丰富的现实生活和个人生活，最后落不了地，造成非常尴尬的处境，只好灰溜溜地跑了。但不能因此就把宏大叙事说得一无是处，否则就干脆不用讲史学了。

② 结果是各打五十大板，既要抓革命又要促生产，生产还是第二位的任务。

开放，邓小平就明确提出"和平和发展"两大时代主题。① 这个时代主题是怎么来的，如何盖过了"四人帮"的阶级斗争主题，党的十三大报告没有讲，只有一个断论。这个时代主题会不会变、何时变，就没有依据，一旦内乱发生，或是临近战争，或是有地区性冲突发生，那就难讲了，还能像邓小平一样认得那么准吗？②

工业化、市场化、城市化是当今时代的主题，尽管存在局部战争和地区冲突，但是喧宾不足以夺主，更何况，局部战争或地区冲突本身也是由工业化、市场化、城市化引起并扩大的——包括两次世界大战在内，甚至于国际、国内的阶级斗争也不例外。

可见，邓小平当年提出的两大判断是何等英明，和平和发展是当今时代的主题，要抓紧时间将经济建设搞上去，从而为中国人赢得了发展的时间与机遇。无论就工业化，还是市场化或城市化而言，当代中国都已经达到了史无前例的新高度，开创了历史性新局面。这是 30 年前所根本无法想象的转变和巨变。当今的信息化、全球化、都市化，中国都处于跟世界同步发展与互动的显著位置。

如果只是回溯到阶级斗争这个支脉，就会得出马克思主义过时论，因为现实基础变了。"八大"讲社会主要矛盾变了，顺理成章地推断，党的工作重心要转移，但是，紧接着提出"千万不要忘记阶级斗争"，"阶级斗争要年年讲，月月讲，天天讲"，这就起了变化，党内有了两条路线斗争。毛泽东的这个判断非常独特（独到）。自 1956 年公私合营之后，资产阶级已经不存在，如果还讲阶级斗争，那就只有取缔早市、晚市，将一切有可

---

① 早在 1984 年，邓小平就明确指出："国际上有两大问题非常突出，一个是和平问题，一个是南北问题。……这两个问题关系全局，带有全球性、战略性的意义。"（《邓小平文选》第 3 卷，1993 年，第 96 页）1985 年邓小平会见日本商工会议所时指出，"现在世界上真正大的问题，带全球性的战略问题，一个是和平问题，一个是经济问题或者说发展问题。和平问题是东西问题，发展问题是南北问题。概括起来，就是东西南北四个字。南北问题是核心问题。"（《邓小平文选》第 3 卷，1993 年，第 105 页）1987 年党的十三大根据邓小平的这一判断，第一次表述为"当代世界主题"，围绕和平与发展两大主题调整内政对外交，美中不足的是党的十三大没有正面阐述两大主题的依据何在。1992 年党的十四大再次肯定"和平与发展仍然是当今世界两大主题"。1997 年党的十五大首次提出和平与发展是"当今时代的主题"。这一提法一直从党的十五大延续至今（十八大）。

② 1989 年 6 月 9 日邓小平接见戒严部队军以上干部时讲，党的十一届三中全会制定的路线方针政策，包括我们发展战略的"三部曲"，不能因这次事件的发生，就说错了。十年改革开放的成绩要充分估计够，基本路线和基本方针、政策都不变，要认真总结经验。邓小平：《在接见首都戒严部队军以上干部时的讲话》，《邓小平文选》第 3 卷，人民出版社 1993 年版，第 306 页。

能资产阶级的土壤铲除掉。为了不让蚊子进来而紧闭所有窗户，无异于自断生路，这种做法不得人心。

如果往回溯，就不只是阶级斗争，更大的主题是工业化、市场化、城市化，如果就此往下溯，也不只有阶级斗争，还有共享发展理念。这是马克思主义的源头活水，而在整个长周期中，马克思时代和全面建成小康社会处于同一时代，因而有着共同的主题和话题，只不过起点高低不同，那也只是五十步与百步的差距，马克思主义仍然具有当代性。否则，如果是两个时代（以阶级来划分），马克思主义还有什么时代性特征呢？

如果讲马克思（主义）时代已经过去，而马克思主义还能适用，逻辑上就说不过去，这个结论难以服众；即便只要其方法，不用其结论，仍说不过去。这跟刻舟求剑有何区分？老实讲，必须是同时代同问题，才有同等价值。

那么，有了地区冲突和局部战争，时代性（任务）是否改变了呢？答案是否定的。哪怕大打出手如两次世界大战，都不能证明是另外一个时代。因为引发战争和战争背后的推手，不是别的其他原因，恰是产业化、市场化、城市化的需要，只不过以另外一种扭曲的方式表现出来罢了。事后来看，青山遮不住，毕竟东流去，最后亮出来的底色还是这个主题。

"冷战"时期一度出现了社与资、公与私的对决僵局，好像时代主题、历史任务完全被更改了。其实，社与资、公与私对决的背后，还是由工业化、市场化、城市化引起的，没有这些因素的变化，这些争议就无从产生，也不可能推动，这种对立对决不仅说明这个时代的主题没变，而且达到了一个新的高潮。

再说当前的反全球化逆流，中东乱象、英国退欧和美国特朗普现象，还不是由于过猛过快的全球化需要重新调整利益格局？过后将是更大范围和更深层次的全球化滥觞。"冷战"的军事铁幕都挡不住这股世界洪流，更何况其他？

（四）唯物史观的源流

一切都要从私有化这个关节点揭示出来。没有工业化、市场化、城市化当然不会有私有化，但是私有化改变了问题的性质，成了千古未有之巨变。只要我们读一读马克思担任《新莱茵报》记者（主编）时所写的社评是如何为林木盗伐罪辩护的，就清楚唯物史观的源流在哪里了。

私有化是一个什么观念呢？这个"化"字预示并带来了深刻的时代变化，因为它预设了如下的前提，即它原本是一个"非私"、"非有"的初始状态。试想，如果原本就是"私"和"有"，根本谈不上私有化。也就是说，私有和私有化二者也是根本对立的，只有非私、非有状态下才有私有化的可能，这是个必要的前提，否则，在私有状态下，私有化连门都没有。私有化的前提要有非私有的财产关系存在，如果都是私有状态，就没有私有化可言。

原初状态与前资本主义阶段

"私"和"有"是什么观念？"私"和"有"都是"有"，"有"的存在形式是"私"，无论是你的、我的，还是他的，总之所有资源、财富都有归属，都有主体，附于各人名分之下，占有、使用（支配）、收益和处置，谁所有的权属关系是明晰的，日本语里"私"（わたし）就是指"我"，"有"则是指产权归属关系，私有就是所有权，公无所谓"有"，而是"无"所有权。公共草地、河流、森林、空气、阳光没有严格意义上的所有权，谁都可以进入、通行，谁都可以捡柴火，大自然足够大，足以容得下。

可见，"非私"、"非有"的初始状态与私有化目标是根本对立的。而教科书认为资本主义及以前的历史都是私有制（除了原始氏族，那里还谈不上社会，因此教科书称此为原始社会是值得商榷的），只有形式的差别，没有本质的差别，这里对非私、非有的认定，表明前资本主义完全不同于资本主义私有制，而且，相对于资本主义私有制而言，前资本主义的资源、财富存在方式是非私、非有状态，是共同体的存在形式。这里不用"公有"两字，因为只要跟"有"沾边的，哪怕是"公有"也是另一种"私有"，无非是人员多少、范围大小的差别，相对于权属以外的人员来说，都有排他性。所以，准确地讲是"公无"、"公有"，也就是谁都不能拥有，不能以任何一部分人的名义占有。

千年未有之大变

但凡讲到私有化，首先得有非私有化的前提。既然是资本主义私有化，那就有非资本主义私有的前提，封建制显然不同于资本主义私有制，具有很强的人身依附关系。两种私有制不是等量级的，我们不能笼统地讲都是私有制，若用资本主义私有制的尺度来衡量，它甚至还是公有制。农奴和土地是世代联系在一起的，只有到了近代才将二者硬生生地掰开。

从"前资本主义"到资本主义的变化,不是一种私有到另一种私有的转变,而是突破"非私"、"非有"状态一步跨入"私"和"有"的状态,是千年未有之大变(梁启超语),不仅是"田园牧歌式"生活方式的终结,同时意味着旧的共同体(人身依附关系)被彻底打散,最终酿成哄抢和踩踏悲剧,成为历史性的一次惊险跳跃,它远比一种私有制的破产被另一种私有制兼并收购的有序演变更悲惨。

正因为如此,俄国废奴、美国废奴都产生极大巨大动乱。当俄国1870年代实行第二次农奴制改革时,就捅出了大娄子,成了沙皇政权最终解体的导火索,此正所谓"偷鸡不成赊把米,赔了夫人又折兵"。同样的历史性挑战移向美国时,导致南部奴隶制摊出底线,最终演变为内战,而德国(普鲁士)则要老辣得多,靠俾斯麦这种对内维稳、对外扩张的强硬手腕与"铁""血"政策。但是,这种方式也走不了多远,德国就将自己绑在战车上,很快也把自己送上了两次世界大战。20世纪20年代中国也发生哄抢,地主和农民争夺土地和口粮,导致宁汉分流。这些国家在跨越"卡夫丁峡谷"时都付出了一代人或几代人血的代价,教训是很深刻的。

事非亲历不知艰

可以讲,"我"和"有"是现代性的特征与表现,只有这样才能让一切资源充分涌流,让一切要素竞相迸发。非私、非有的原初状态没有产权观念,难以适应工业化、市场化、城市化的时代要求,因而是低效率、甚至是无效率的。即便是"公有"、"国有"也还需要进一步明晰产权。产权明晰是党的十三大对所有制改革提出的一个基本要求,对于包括国企在内的所有企业都适用,包括乡镇企业、联营企业以及其他合作企业。产权不明晰,不可能有效率和激励。突破旧的生产关系的一个重要方面(表现),就是要引入产权观念。当然,我们也没有料到,产权明晰的结果会将县以下国企(实际上大多是二国企,即地方国企)全卖掉。

正因为我们刚经历了一场浴火重生、生死攸关的改革历程,晓得要创造出另一种有效率的新型生产关系面临多大的困境:不改革是等死,改革无异于找死。这也是历史性的一次惊险跳跃。对照之下我们又是如何通过"卡夫丁峡谷"的呢?

在所有制改革和流通领域改革孰先孰后问题上,曾有过无数次争论。教科书的答案很明确,所有制决定一切。但事实证明,任何没有市场基础的所有制改革都将一事无成,不管是企业承包也好,股份制也好,都没有起到提高效率的作用——以所有权主体实现自身效益来衡量,相反地,成了瓜分国有资本一次绝佳机会。对教科书来说更有讽刺意味的是,所有制改革最后还是借助(资本)市场、通过国企上市实现保值增值,才迎来国企发展的第二春。所以,党的十四大对于社会主义市场经济的基本定位是非常英明的,它清醒地认识到,必须将整个社会主义的基础定义在市场经济关系上,而不是单纯地用所有制来贴标签。这正是传统唯物史观已经阐明了的内容。

产权理论讲得更透,只要有能让所有生产要素充分流动起来的市场,不管什么样的所有制都要实现同样的价值,可见,所有制改革是第二位的。这个观点很符合党的十八大精神,它就特别强调要让一切资源充分涌流,让一切要素竞相迸发。可见,不是因为计划经济才实现统配价格,而是因为统配才会有计划价格。

更何况,计划价格本身也是双重的。如实行计划经济最彻底的苏联在设计、计划、平衡投入产出时,就已经充分考虑了影子价格。所以计划价格本身就内外有别。一旦放开价格,就会有计划内和计划外两种表现;而且计划内价格还会自动向计划外价格看齐。只要计划经济被搞久了,谁都知道批条子的含金量,寻租机会大得很。所以价格双轨制一下子就把计划经济搞乱了,搞懵了。但是,不搞价格双轨制,所有资源都掌握在国有部门手中,就不可能有任何市场。没有市场,就又回到效率不足、短缺有余的旧体制中。鱼儿离不开水,市场主体离不开市场。1956年就因为人民政府将流通领域的两头(供货渠道和销售渠道)控制住了,民族资本不得不主动申请公私合营。①

在计划经济一统天下之时,很难有市场,市场经济想挤进来比登天还难,更别说私有化,缺乏可实现的市场条件。

在行政支配经济的情况下,放乱收死是基本的周期律。对此,毛泽东在《论十大关系》中讲得很清楚,放放收收是基本规律,过七八年调整一次。这跟"文革"七八年再来一次是高度吻合的,这种格局很难突破。

---

① 具体情况更复杂,是多重连环关系。首先是因为四九年之后资本家撤资、跑路,除了搬不走的机器厂房,企业实际上已沦为空壳,没有流动资金,只是没有宣告破产而已,人民政府接管企业是迟早的事情。对此荣毅仁在其回忆文章中讲得很明白。在这种情形下,对企业进行注资,对企业的采购和销售、资金和产品进行监督和控制,就不能算是完全的行政性强制行为,应该是委托加工和确保资金安全使用的经济行为。

中国之所以能够华丽转型，很大程度上受益于开放和外向型经济。供销两头在外，就将计划经济一统天下的局面破解掉了，体制外的空间得以实际存在。这跟1956年的做法形成了有趣的历史对比。这个开放的市场空间是逐步拓宽的，先是有4个经济特区，以后增加了14个沿海开放城市，再后来是沿江、沿边的开放经济带，以至于形成珠三角、长三角这样的开放城市群，开放的格局就这样奠定了。而国内市场（内需）和价格改革是迟至20世纪90年代才开始显现作用。事后来看，加入世贸组织更像是给社会主义市场经济的加冕礼。

事非亲历不知艰，从"非私"、"非有"的原初状态向"我"、"有"财产存在状态，这是多大的观念转变，是社会的根本性转型。

若干环节的惊险跳跃

第一重转变是从"非私"、"非有"到"公"和"有"，变成了内部人控制。前述表明，产权就是归属权，都有排他性，这就是"私"的表现。"公有"也不例外，"公"是有限的"公"，不是对所有人而只是强调体制内的"公"。所以，从"非私"、"非有"到"公有"、"国有"（部门、企业），本身就是私有化过程。相对于人民公社，缩小了核算单位的生产队就是一种"私"，但人民公社只停留在乡镇范围，也没有扩大到全县，更不要说是全国了。但凡落到"有"上，产权有所归属，即便不是"私有"，都是一种"私"的表现。这种"私有化"导致的后果，就是内部人控制。否则，就很难想象"小企业办大社会"，将生老病死的负担统统包下来。"单位人"的优越感就是这么生成的。正常情况下企业会尽可能地节约成本，将这些既管不了，也管不好的负担（累赘）推给社会。一个开放的、社会化的福利体系才是健全社会应有的标记，企业办社会是极大的资源浪费，这就是一种腐败。

第二重转变发生在"有"的层面上，将"此有"通过各种方式、渠道、名目转变成"彼有"，这些都是打着改革旗号实现的。转包、委托加工、上市、兼并、重组、拍卖等各个环节都有可能侵占、转移国有资产，化大公为小公（小金库）、化公为私，其实"公"也是一种"私"，完全取决于内部人是如何控制的，内部人要是监守自盗，国有资产流失是必然的。

采矿权的拍卖更是触目惊心，导致山西全省范围内塌方式腐败。凭什么让你发财不让他发财，都是内部人说了算。这个时候官商就构成了利益共同体，所谓招、拍、挂也就流于形式，最多只是陪陪标跟着走一趟程序，过后是巨大利益的内部分割，分割不匀还导致内讧，场面就相当难看了。

典型的例子还有 2004 年被叫停的 MBO，即内部人杠杆收购企业或其部分股权。MBO 制度即便在规范的市场经济国家也是很普及的，因为股权激励非常有效，职业经理人的利益跟股东利益高度一致。但问题是，我们的此项制度设计不是基于股东利益而是基于职业经理人自身的利益，由职业经理人自行设计，岂不是让二当家僭越成了主人？这种吃法，吃相就很难看。

无独有偶，万科内部人也设计出了这套激励方案，以至于宋林（当时的华润当家人，万科第一大股东的法定代表人）不解地问郁亮，股东的利益在哪里？

是的，股东的利益被架空了，离所有权被架空也为期不远矣。显然，万科是在跟时间赛跑。万科内部人两手都没有闲着，一手在制造激励机制，另一手拼命维护低价，这样内部人可以得到更多的股权。可见，第三重转变还要在市场层面上实现更大的标准。以这种两头赚的手法，凭空造出 200 个亿万富翁完全没有问题，而过去那种利用双轨制价格寻租就显得小儿科了，俄国的"休克疗法"也不过如此。分散的股权形同手纸，一文不值，被内部人大量收购之后，股价就完全不同了，企业面貌也焕然一新。这种格局导致小股民无所作为，只能成为挨宰的"小鲜肉"。唯有内部人才能改变一切，制造财富神话。

俄国的财富分化是在市场上实现的，而万科是人为做出来的局，很大程度上需要封闭的环境，也就是说，万科内部人需要让人不知道它在偷吃。这里玩了个很大的小动作，就是长期不分红，人为压低股价。这就像一个富得流油的人哭穷一样。在大场面下玩这种小聪明，小股民是根本没有办法的，但很容易招致"野蛮人"进场，先是一个，再是另一个，然后是 N 多个，这就变成了一场撕夺战，所有人吃相都很难看。

三 拓展唯物史观的视野：共享是发展的必然

（一）社会化生产关系不断扩大与共赢关系的扩大

工业化、市场化、城市化内在地要求共赢共享，原因就在于分工合作关系要求共赢共享，不能吃独食。吃独食就不是合作关系，也不可能有合作关系，必然要有外在的强力胁迫，或是处于绝对封闭的体系之中才得以实现。试想，没有平等的合作关系（机制）怎么可能引来更多的资源和要素呢？俗话讲，强扭的瓜不甜，强扭的关系难以进一步做大。如黑社会，同时具备了强力和封闭两大特征，它对合作体系和合作关系来说是极具破坏性的。但凡一个封闭的体系，都会对内称王称霸，且都会以顶峰论自居，这倒不是虚张声势，而是从反面更加证明了这种强制体系确实没有进一步发展壮大的空间和可能性。

照理说，计划经济也是社会化生产方式，要论分工，它的起点不低，但它是个封闭的体系，排斥了其他异己的力量——如果不封闭，没有身份差别，对所有资源和要素都一视同仁，也就不成其为计划经济了。可见，计划经济再怎么公平、公正、共享，都是就体制内而言的，对于体制外，天然地带有歧视性、差别化，这是计划经济本质内在决定了的。因此，计划经济与市场经济的竞争态势，就有点像楚汉相争中的项羽和刘邦双方的角色，由于计划经济不能放低身段，及时吸收体制外的其他资源和要素，于是在跟市场经济的竞争中就缺乏后颈，逐渐显露出疲惫和颓势，而市场经济则是兼容并包，大有后来居上之势。

整个社会仿佛就像一个巨大的财富池①，如果每个人都往池子里增一分，池子水位将会上涨；如果每个人都减一分，池子水位会不断下落。大锅饭就属于后一种情形，一方面是磨洋工的人多了，产出少了；另一方面则是财政负担没有减少，其结果势必难以为继。

问题在于，市场哪来那么大容量能够海纳百川，将那么多资源和要素往自己的碗里装？奥秘就在于它提供了共赢的机制。

市场没有什么强制的手段能硬性截留某种资源或要素，唯有以利搏利，这是软性的利诱办法，提供激励相容的机制，以合作方式实现。但凡采取市场的办法和合作的方式，都是出于不得已，属于无奈的妥协之策。因此，合作性、开放性特征（要求）决定了市场经济不可能吃独食，不会有赢者通吃的长期局面。俗话讲，"一枝独秀不是春，百花齐放春满园"，市场经济满足了众人拾柴的要求，提供了激励相容的机制，所以才能把柴

---

① 如信息中介服务平台，它不提供产品与服务本身，而是发现产品与服务的信息，这也成了一项服务，成了电商争夺的领域，涉及出衣食住行、生产生活各方面。

火烧得越来越旺。市场经济合作秩序的扩展是这样一种逻辑,你在发展自己的同时也要求合作方能同步发展,才能互相配套,发达的分工体系不是哪一家能大包大揽独立完成的,而是合作共赢的局面,否则也做不大,更做不强。

举一个鲜活的例子。在长达十几年的时间里,"微软"一直被联邦最高法院追着要分拆[①],最后技术垄断消失了,这场官司也就不了了之。可见,在市场经济当中,哪怕是技术垄断也不可能长久维持,更何况行政垄断,更为市场经济所不容。各经济主体之间平等竞争,是市场经济的基本原则,尤其是价格竞争,不能是垄断行为。

(二) 社会化生产方式最大的共享莫过于规模效应

既然是共享,就应具备公共性的品质与特征,方称得上真正的共享,否则共享不过是令人气短的赏赐、恩惠或别有企图的贿赂。

那么,社会化生产方式有没有这种公共品质,其共享性体现在什么方面呢?其实,市场经济的最大共享就在于规模效应。所谓规模效应,顾名思义,它不是由单一要素投入带来的,而是所有要素综合作用的结果,从技术分析的角度我们称之为技术进步。如果是某个要素投入增加带来的效益,当然应给予全部回报,这样才能形成正向激励,否则就不能鼓励更多的投入,而是流向其他能给予更高回报的地区和国家,但是,如果这种效益不是由单个要素带来的,而是由所有要素增长带来的,那就带不走,它就具备了十足的公共性和共享性特征,此时让任何经济主体独占利益或效益都是不公平不合理的,实际上侵占了其他所有人的利益。

无论是规模效应还是技术进步,都是社会共享性的表现,也是共享的基础。我们现在最大的共享莫过于能够享受到市场经济当中物美价廉的商品。[②] 与之相比,计划经济不管它主观上如何努力,由于价格体制(机制)

[①] 微软公司垄断案是美国十年来唯一的一次反托拉斯诉讼,定案速度快,是进入数码时代后第一件高科技垄断案,因而为各方瞩目。1998年5月,美国司法部长连同20个州的总检察官对微软提出反垄断诉讼,开始了"跨世纪的审判"。2000年4月,法院裁决微软拆分为两家公司。然而,微软的命运随后发生了戏剧性转折。2001年6月,哥伦比亚特区联邦上诉法院维持了微软是一家垄断公司的观点,却驳回了分割微软的裁决。这起长达七年的诉讼最终以微软支付15.5亿美元和解费用方式了结。

[②] 基于互联网方式整合闲散的社会资源实现多赢,更是让供需双方去中介化、实时、精准、高性价比地对接。

扭曲，最终带来的只有普遍的短缺和某些资源和产品的过度使用（浪费），这就是缺乏共享性的表现。纵观历史，改变人类生产方式的蒸汽机、电气化、互联网等创新技术都是通用技术，最终都成了公用事业（需求导向），而且都被公用事业部门收编。实现了熊彼特所说的长江后浪推前浪、前浪拍死在岸上的创造性毁灭过程，新技术的产生不过是要最终将自己埋葬，变得通用化。

大市场本身就有综合优势和配套的能力，这是交易行为本身带来规模效应，甚至可以说它是非技术性的、非要素投入直接产生的效果，是交流交往关系本身突破原有界限（鸿沟）带来了额外（新增）的共享效应。本来是封闭的体系，与外界缺乏共享性，一旦允许彼此交流和交换，就能够发现比较优势（不管是绝对的比较优势还是相对的比较优势），这就是规模效应，而在旧体制下这种效应是潜在的、隐而不现的。试问，义乌小商品市场有什么优势呢？它几乎不占任何优势，既没有资源优势、地域优势，也没有技术优势或是政策优势，但其综合配套能力之强，丝毫不亚于任何一家世界五百强的跨国公司，可见，规模就是它最大的优势，以至于成了小商品批发的世界中心。

土地是汇集规模效应的重要平台，地价本身反映了规模效应。例如，巨大利益来自于修通地铁或旧城（村）拆迁改造之后，地价会成倍上涨，周边地块都有溢价表现。那么，土地开发之后的土地溢价是否全归投资者所有？

这是非常典型的规模效应。这种效应是地铁投资本身带来的吗？不能说不是，但也不完全是，土地溢价或规模效益并不是单一主体投入的结果，而是所有相关因素综合作用、发酵（倍数作用）的结果。如果周边商圈、居民区越成熟，土地溢价也越显著；如果周边没有商圈，没有居民区，也不成其规模效应。所谓规模效应只不过是一种说辞，实则是城市综合配套能力的整体反映，包含了购物、餐饮、娱乐、就业等各因素在内，是城市一体化深度的表现，可以说每个参与者都在发挥自身的作用，融入到了规模效应之中。所以理应让所有的利益相关者都获得回报。如果全部归投资者所有，就会造成过度投资、过度拆迁。

试想，若是城市化初始阶段就允许土地作价入股，或可避免以后许多强拆抗拆的悲剧发生。如此看来，孙中山所倡导平均地权就很成问题了。其思路跟强拆如出一辙，即土地溢价全部归公。这里的"公"实质上仍不过是另一种形式上的"私",即它们都有自身利益,而且实现自身利益的行为主体,都是一种"有"和占有方式,都具有排他性,只不过是以"此有"取代"彼有",形式不同罢了,而真正的"公"是不设主体的,不具有排他性,用通俗的话来讲就是一切免费,无所谓产权形式,对谁都不拒绝,就如同阳光和空气一样。①

既然共享是社会化生产方式内在的必然的要求,那么怎么共享,更重要的是怎么才能共享?即一种在再生产关系中能够持续发展壮大的有效共享。

(三) 唯物史观新进展:共享的基本原则

共享的有效性原则

对于共享,人们有着各种不同的理解,有的要求均贫富,有的要求再平衡;有的目标有限,有的胃口很大,轻易不能满足,一时间纷争四起。是否如一些人说的那样再来一次集中式"打土豪",大规模重新分配社会财富?

事实上,早有资本怕遭清算而逃之夭夭,有的打着"走出去"幌子,有的借口平衡财务或汇率风险,有的自称全球产业布局,由此迎来不小的一股"撤资潮",有的虽在犹疑观望,但已停止追加资本了。这对于长期以来主要靠投资拉动的经济增长方式来讲,就算无异于釜底抽薪,至少也是挖了个大坑。

共享势必不能脱离再生产关系而存在,否则就犯了列宁所讲的左派"幼稚病"的毛病,就成了无源之水、无本之木。坐吃山空何来共享之有,不就回到共同贫穷的老路上去了吗?这种教训是刻骨铭心的。

可见,共享并非没有前提,也并非不设前提。如果共享只是拆东补西、挖肉补疮,是注定长不了的,不能成为真正的共享,只能是吃一口少一口、最后什么都没有了。在《芙蓉镇》的结尾,生产队分给王秋赦的吊脚楼塌了(电影里是被大水冲走),就是对于虚张声势的平均主义的最大讽喻。

对此党的十八届三中全会《决议》讲得非常到位,社会主义市场经济

---

① 当然,现在这些资源也越来稀缺,或多或少都具有排他性了,如空气罐头。更不要说阳光,英国早在1832年就规范了"采光权"。

首先要做到让一切劳动、知识、技术、管理、资本等生产要素的活力竞相迸发，让一切创造社会财富的源泉充分涌流。只有"两让"才能造就更多的社会财富自发产生，靠激励相容机制，而不是靠有形的监督，甚至于鞭子胁迫，否则怎么可能使得三十年间所创造的财富比以前所有社会所创造的财富还要多还要大？它仿佛一夜之间从地底下冒出来似的。如果不能使有钱的出钱，有力的出力，有资源的出资源，怎么可能形成众人拾柴火焰高的合力？

激励不相容，就会使得部分人积极性受挫，导致逆向选择行为，不能做到产出最大化。追究贫穷的根源，不在于缺资源（金）、缺技术或缺劳力，而是逆向淘汰机制，让老实人吃亏。如果能有良好的激励相容机制，缺少任何生产资源或生产要素都能够设法弥补。过去吃"大锅饭"，干多干少一个样，干好干坏一个样，最后干靠着，到了无饭可吃的地步，只能面对普遍的贫穷。

"两让"没有脱离效率这条主线，尊重资源禀赋的差别和个人意愿，并为之提供激励相容机制，使得一切资源和要素发挥最大的合力生产力，才能做大做强。这种行为方式本身就助于共享的实现，由此也就奠定了"共享"的基本格局，构筑起"共享"大厦的基石，即共享不能有损于效率，这是共享的先决条件。如果损害共享的源泉，最终也难以达到共享目的。这就是真正共享的有效性原则，或称之为效率优先原则。当然，效率本身不是共享，但是，效率能够造就共享的条件。

效率原则之所以会成为共享的基础，第一，效率原则提高了可利用的产出和财富水平，相应地也就提高了潜在的共享资源，这一点在大灾大难面前表现得淋漓尽致。如2008年汶川地震，就涌现了许多自发的求助团，如果还处于普遍的贫穷状态，势必不可能有这种现象，即便心有余，力也会不足。

第二，它极大地减少了贫困救助人口，使得更多人能够自食其力而不需要依靠求助，效率原则创造了有助于实现共享这一目标的条件。扶贫最理想的效果莫过于变输血为造血。如果绝大部分人都能自食其力，这是社会最好的稳定剂，而要使得大部分自食其力，而不抱有非分之念，就要有激励相容的机制，能够提供正当的驱动力。

第三，社会化生产关系扩大本身就是最大的共享，市场规模扩大的溢出效应无疑是最大的共享，就像互联网关系的扩大，随之能够共享更多信息一样。

第四，一切共享都不能跟效率背道而驰。所有的共享都应当是内生的，外力强干预只是为它的自发性创造条件。

第五，进而言之，一切共享都不能损害任何人的效率和利益，不能将自身的幸福建立在他人的痛苦之上。这就为每个人的基本权利提供了有效保证。在这里，利益和效率是二位一体、紧密相连的，侵蚀利益就会损害效率。

党的十四届三中全会提出"效率优先，兼顾公平"，第一次在分配原则中旗帜鲜明地优先考虑效率，这是务实之举，是非常了不起的变化，只有这样才能确保财政可用于再分配的资金能够不断增长。此后，"效率优先，兼顾公平"、"初次分配注重效率，再分配注重公平"一直是分配关系的基本主张。①

其不足之处在于，将效率和公平看成两回事，而且是看作相互抵触的两件事，可见，它仍然是基于效率原则的不平等的制度安排。这种提法自有它的针对性与历史任务，那就是要彻底终结"大锅饭"的分配格局，如果脱离了特殊的历史情境，还真是不大好理解。因为将二者对立起来本身就犯了致命错误，自陷于不可克服的悖论当中，顾此失彼，自陷于不义。难道效率本身不是公平（体现）吗，公平又怎么没有效率了呢？

从再生产关系和可持续发展的角度看，这种提法更成问题。公平原则的前提条件就是效率，若缺失了效率原则，公平原则将无从产生。可见，效率与公平不是两样东西，更不是彼此对立的异物，而是合二为一、互为补充。效率本身就是公平，也恰恰是公平的体现。这样，讲效率就会理直气壮得多，不至于背负道德十字架。否则，讲效率就是在跟道德背道而驰。将效率和公平看作对立的原则，在突出强调一面时实际上就已经剑走

---

① 党的十三大是"前提论"，即"在促进效率提高的前提下体现社会公平"；十四大提出"兼顾"，即"兼顾效率与公平"；十四届三中全会确立了社会主义市场经济体制，提出"优先论"，即"效率优先，兼顾公平"的分配原则；十五大重申了优先论，"坚持效率优先，兼顾公平"；十六大区分了初次分配和再分配，"初次分配注重效率，再分配注重公平"，结合了前提论和优先论；十六届五中全会审议"十一五"规划时强调"坚持各种生产要素按贡献参与分配，更加注重社会公平"；十七大变成"初次分配和再分配都要处理好效率和公平的关系，再分配更加注重公平"；十八大重申了十七大的主张，并进一步扩展成为"努力实现居民收入增长和经济发展同步、劳动报酬增长和劳动生产率提高同步，提高居民收入在国民收入分配中的比重，提高劳动报酬在初次分配中的比重。初次分配和再分配都要兼顾效率和公平，再分配更加注重公平"。

偏锋了。

将片面的东西绝对化，显然是错误的。于是，有人就认为这是以效率名义剥夺公平权利，严重影响了社会和谐稳定。所以四中全会就不再重申三中全会的分配原则了。但是，平心而论，不强调效率、坐吃山空肯定不灵，理论上还用得着改革开放吗？而且现实中也行不通，领导经济时肯定不对路、不得力，所以五中全会在讨论初稿时又重引用回来。然而，正式定稿时斟酌再三，最后还是把它拿掉了。

党的十八届三中全会决议有了新提法，除了前述的"两让"之外，另"一让"就是要让发展成果更多更公平惠及全体人民，因而加起来就是"三让"。"两让"和"三让"不是并列关系，如果是并列关系又回到老路上去了，应是相互衔接关系，即"三让"不能与"两让"相冲突。不可否认，在所有共享原则中，效率原则仍然是第一位的。所谓首要原则，就是其他所有原则都不能与它相冲突，有悖于这一根本原则。如果有人别有用心地以权利均等化为名破坏效率原则，所提供的是无效的、不可持续的共享。就在英国拥抱全民医保之时，瑞士全民公决拒绝了福利主义。西欧的医保、教育、养老改革无不是扛着共享大旗，最终都走向了自己的反面，资源普遍浪费使用，预算捉襟见肘，缺口与亏空日渐扩大，患上了尾大不掉的"福利病"。试想，财政哪来的银两？还不是兵来将挡、水来土掩。结果无非是财政挂账，预算打赤字，或是延长退休年龄，多缴几年养老费。

初始资源分配的存量调整原则

存量调整原则仍然是基于规模效应，当整体福利（无论正负只要绝对量）大于部分简单加总（具有很强的外部性）时，但由于交易费用太高又无法整合时，客观上就有外力强干预初始资源分配的必要。

第一，关于外部性。正的整体福利如公园、湖泊、江河都是不可分割的，春秋战国就由于分封制打得不可开交，八百年历史就是诸侯列国远交近攻的外交史，最终走向统一，负的整体福利如污染，不管是水资源污染、大气污染、噪声污染、核污染等，都有很强的外部性，不是通过市场交易方式能够解决得了的。

第二，关于外力强干预。外力强干预是否会降低资源配置的效率？福利经济学第二定理就是针对这个问题提出来的，它认为对初始分配进行一次性改变，不会降低效率。产权理论讲得更彻底，有没有效率主要看交易费用，不在乎谁占有，跟初始分配无关。也就是说，谁占有都是一个价（倘若这个价格能够实现的话）。这个结论比福利经济学第二定理更强。例如国有、非国是两套体制，国有体制内外的价格是不一样的，但是，只要放开流通搞活市场，最终一定会达到同样的价格，这跟所有制无关，只跟流通是否受限有关。这就能够很好地理解双轨制下为什么会有"官倒"现象，因为批文、批条是有寻租价格的。

这就给调整初始资源重新分配提供了充分的正当性理由：一方面能够极大地提高整个社会的福利水平；另一方面又不会降低效率，何乐而不为呢？因而赋予了外力强干预的强大动力。

当整体福利的预期远远大于个体福利之和时，对初始分配进行一次性外力（如政府）强干预不仅有其必要，而且是有效的，无损于效率。反过来，如果都按照私产规则一对一谈判，公共福利反倒会恶化。印度就是个典型的例子，一面是奢华的私宅，另一面则是泥泞不堪的窄道。开罗也是，市内出行都要开直升机。这些都说明城市规划不合理，公共产品供给严重不足。再看巴黎，所有大道都是在帝国时代奠定的，换作其他时代都很难建成那种放射状的宏大规模。

新中国成立后的"土改"和对资本主义工商户改造是两次大规模的产权结构调整，无疑提供了难得的观察样本。当时农村土地边际生产力等于零，地主已经濒临破产，所以对地主采取强制剥夺的办法，将土地平均分给农民。但是，对城市的资本主义工商户，则采取了赎买政策，和平过渡到社会主义。

外力强干预有两大问题，或者说是隐患。

第一，外力强干预是否会损害到其中一部分人的福利？尽管改变初始分配格局能够提高整体福利，但是，你怎么知道谁的福利大，谁的福利小呢？每个人的感受性、经历不同，有的人小富即安，有的人欲壑难填。例如，很难衡量敝帚自珍到底有多大价值，冷暖自知而已。有许多社会落魄者，但谁也想不到厦门的陈水总会心理失衡到报复社会的地步。

尊重每个人的既有利益，这也是帕累托效率改进的前提条件，只有自愿方能显示真实福利的改善程度，不能以任何借口侵犯他人福利，如斥之为敝帚而任意剥夺。拆迁事件就屡屡发生。

话说回来，但凡能用钱解决的问题都不成其为问题，敝帚之争也无非是多要几倍价格偿还，并非不可交换。这就为福利置换提供了可能性，即损失的福利是可以弥补的,也就是说,外力强干预是可行的。

第二,初始资源的重新分配虽是偶尔为之的一次性行为,但仍有可能影响效率。

初始资源的重新分配只能是一次性改变,不能是常规动作,而且只能突然袭击。由于它旨在消除资源禀赋差异性,也不可能成为常规动作,如果常态化或是有了记忆(或预期),就会严重抑制创造财富的积极性,造成逆向选择的后(恶)果,极大地降低产出水平,最终损害的是可持续发展的后劲,累及整个社会的福利水平。结果当然是得不偿失,贪小便宜吃大亏,只顾眼前不顾长远。

与之相关的,就是关于房地产七十年使用权问题,当前急需要给予政策解释。

由于地面建筑离不开土地,届时(七十年产权到期)土地溢价在个人和国家之间该如何分成?农村土地承包权三十年之后已经自动续约,不存在农民和国家之间分成问题,然而城市土地溢价占大头,不可能不成为各方瓜分的对象。有些只有四十年产权的地区如温州已率先提出了挑战。七十年之后,意味着又一次性改变财富存量。重新分配仍然有效的假设,是基于人们会"失忆",或是时间足够长,上一代人会老去,那样的话,土地溢价就变成了继承权问题。然而,现代人寿命超乎想象地延长了,以至于人生七十正当年,连退休年龄都得延后了,这就给七十年产权出了很大难题。由于老人还留世,也没有失忆,此问题就涉及政策有效性,初始资源的重新分配无疑会影响到效率,进而影响房地产行情和购房的预期和欲望。

分配再平衡和补偿原则

在先富和共富关系问题上,邓小平提出了全面建设小康社会的"三步走"战略,前两步主要解决先富问题,第三步侧重于解决共富问题。所谓"全面建成",就不止看人均水平,还要看大多数人有没有达标,这是最为关键的因素。同样都达到了中等收入水平,却有着截然不同的情形,一种状况下继续保持高速发展状态,让更多口释放出经济能量。跨入发达国家行列,好比飞机"起飞"和"爬坡",直至升到万米高空之前都在加速,这时就需要有一个结构相对完善的机体去承受如此巨大的压力;另一种状况则是有了结构性分裂迹象,因而吃不住加速发展的强大压力。在加速爬坡阶段,任何结构性问题都是致命的,所谓中等收入(国家)陷阱,就是指加速爬坡阶段出现了内部分裂、分化和瓦解，后劲乏力，有的还在半空中解体，甚为可惜，不仅前功尽弃，还因此掉进了中等收入陷阱。

让一部分先富起来、让一切资源充分涌流、让一切生产要素竞相迸发，这当然是一个社会有效率的表现，既然有人先富，必然会有后富。各人的自然禀赋差异是有限的，在分工的条件下，禀赋差异并不是缺陷，每个人都可以发挥各自所长避其所短，更重要的是每个人一天都只有24小时，因而在劳动报偿上不会显著的差异。问题出在对财富的支配上，这个差异是无止境的，导致社会更加分化。由于每个人初始资源不同，比赛尚未开始，一些人就已经输在起跑线上了，结果则是更加悬殊，因此，财富分配存在马太效应。这是造成财富分配持续扩大的最主要原因。

但是，坚持按要素分配同时又是吸引投资、造就极大生产力的根本动力。所以在招商引资、鼓励投资、提供优惠政策上就应当把握分寸，使得贫富差距扩大不至于撑破社会共同体、达到难以承受的地步，或是出现内部分裂、破裂甚至瓦解的危险境地，那样势必要加大维稳力度，提高维稳费用，这只能证明制度低效和无效。

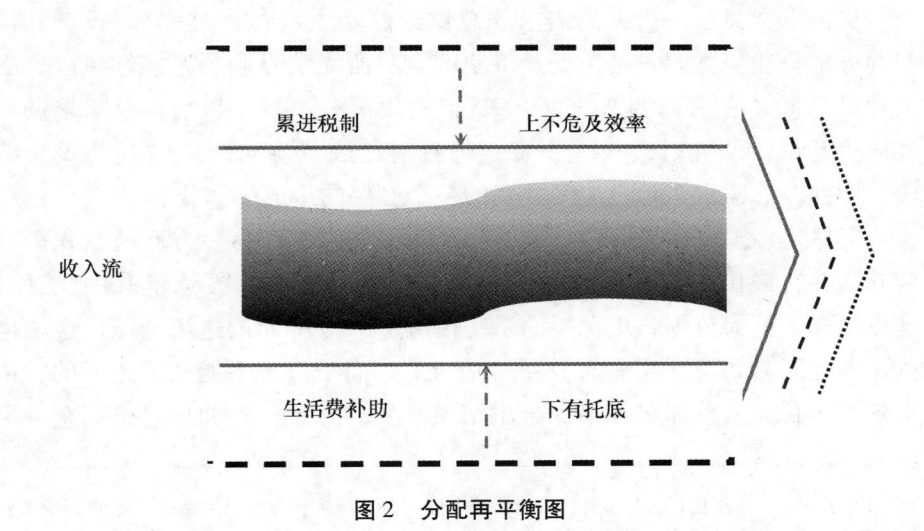

图2 分配再平衡图

所以，初次分配讲效率，需要讲一个较长时间段的效率，而不是图眼前一时的效率。为此，需要抵制过高的财富分配不平等，同时用采取转移支付的办法弥补低收入者的消费不足，起到缩小收入分配结构性矛盾，抑制贫富差距进一步扩大化趋势。它主要是调两头：一是对高收入者实行累进税，以不危及效率为原则，在不损失效率的前提下对高收入者实行累进税率；二是对低收入者实行补贴，起到托底作用，实现相对平衡的收入分配结构。①

这里的主要问题在于：

第一，鼓励投资和累进税制双重目标存在冲突。鼓励投资有利于隐匿税基，削减了累进税制在调节收入分配上的作用。反过来，累进税制也不利于鼓励投资。脸书（Facebook）创始人之一爱德华多·萨韦林（Eduardo Saverin）在2012年首次公募之前，干脆脱美入新（新加坡），为此免掉大笔税单。

第二，低保政策具有潜在的奖懒罚勤、逆向淘汰的作用，而不是鼓励更多人更多地付出以便获得正回报。发达国家的"福利病"由此养成，很大一部分人躺着吃"劳保""低保"，还有一部分伪装者，钻政策的空子，也在申请救助，使得整个财政体系不堪重负，最后不得不增加税负，由此造成恶性循环。②

1. 总量调控政策

从再生产关系上讲，总需求和总供给的矛盾（产能过剩）、投资和消费两大部类比例失调，是市场经济制度本身所无法克服的系统性风险，必须加以总量（需求）调节。自1929年"大萧条"发生以后，总需求调节就成为共识，加大财政投入力度，刺激消费成了应对产能过剩的重要手段。因此，总需求调控也成了共享的一个必要的组成的部分。

当然，各国也在另辟蹊径，共同应对产能过剩。另一方面就是积极寻求外需，突破国内需求瓶颈，于是建立了更大的世界贸易体系。③ 然而，这也带来了更大范围、更深层的系统性风险。2008年的这场全球性金融危机，不是因为共享（居者有其屋）造成的，而是由于不能共享造成的，由华尔街的私欲恶性膨胀（借助金融衍生品）带来的——如果房价高企，不

---

① 其中，最重要的托底是教育、医疗、养老三大公共服务体系。公共服务既发挥了公共品和托底的作用，又具有外部性和规模优势，同时还有总需求调节的导向，扩大内需很大部分落到了公共设施和公共服务当中。这是共享的十分重要的领域，需要另文多加阐述。或可参阅桁林《李嘉图地租理论破产了吗？——农村公共品供给问题再研究》，《经济经纬》2013年第1期。

② 强大的福利体系使得人们更加依赖政府，从而丧失自立精神与斗志。可是，不领取福利转而成为有工作的穷人，又是他们不愿意面对的。

③ 一开始是贸易壁垒，各国都在争夺势力范围，但经过第二次世界大战之后，贸易壁垒拆除了，代之而起的是世界贸易体系。

需要有任何信用保证,高房价本身就是最好的保证,一旦房价下跌,高杠杆就会支撑不住,信用不足显露无遗。特别是不设门槛的零首付,不要说没有还贷能力的人,就是有还贷能力的人在房价下跌到一定程度时也会自动放弃支付。此正所谓水落石出,用巴菲特的话来说,退潮时才能发现谁在裸泳。美国"次贷"危机就是这么突然暴发、迅速蔓延开来,导致全球金融链条断裂和多米诺骨牌效应,整个信用体系全面崩溃。2008年全球性金融危机之后,总需求锐减就成了各种矛盾的引爆点。[①]

实行总量(需求)调节,目的是要为产业结构调整赢得时间和先机,光靠市场自身调节难以胜任,必须为此提供一个缓冲期,并提供必要的需求导向,起到杠杆作用。[②] 然而,总需求调节有时适得其反,成了救命稻草,使得旧的产业结构永垂不死,甚至起死回生,反而延续了生命。因此,总需求调节没有带来效率,反而造成滞胀,最终起到的是劫贫济富的效果。

四 结语:跨越中等收入陷阱

共享既是社会化生产关系不断得以扩大的动力,也是它的结果,最大的共享莫过于社会化生产关系扩大所实现的规模效应。共享是建立在效率原则、分配再平衡和补偿原则基础上的,由此建立起整个庞大的共享体系。这个体系内在地有着优先序,如果违背了这个优先序,共享是不可持续的。真正的共享是全面建成小康社会的本质要求,真正的共享要使得大多数人都能发挥积极性、主动性、创造性,形成激励相容的有效机制。所谓全面建成小康社会的"全面性"正体现在这里。

改革开放三十多年的实践以及之前三十多年的经验从正反两个方面充分说明,没有"效率"就不会有"共享",只能沦为共同贫穷。中国从20世纪50年代中期开始"超英赶美",然而真正超英赶美只是最近十年才有的现象,其速度令人目眩,其成就举世瞩目。其中,"效率优先"政策起到了强劲有力的牵引作用,倾其所有,几乎将所有优质资源、所有优惠政

[①] 1929年"大萧条"之后,为了防范与化解金融危机,造就了中央银行制度,以及总需求调控,微观层面上加大了收入累进税制。

[②] 如家电下乡,这是应对2008金融危机扩大内需、财政救市的重要举措。其力度相当大,给予了产品售价13%的财政直补。

策集中作用于一部分人、一部分地区、一部分产业。然而，光有"效率"还很不够，作为经济共同体还必须兼顾到"后富"，没有"共富"很容易在高速运行时因重心不稳而侧翻，或在刹车降速时由于结构性冲突而散架，由此看来，"效率优先"的政策窗口期也是有限的，不可能无限期地延长下去。到了第三步战略，应要侧重解决"共富"问题，这是全面建成小康社会"全面性"的关键所在。党的十八届三中全会将2020年全面建设小康社会的奋斗目标进一步具体为全面建成小康社会，念念不忘初心——"全面性"就是它的初心。所谓"全面建成"，不只是看人均水平，还要看大多数人有没有达标。如果人均水平达标而大多数人不达标，这样的人均水平更像一块遮羞布，掩盖了严重的贫富分化。

前面所讲的原则都旨在于顾两头，防止最坏的事情发生（指两极分化），其实最关键的不在于两头"少数人"，而是中间大多数人。只有调动大多数人的积极性、主动性和创造性，让大多数人不断跟进，这样的发展才是可持续的，而且能够成为可持续发展的源泉。"先富"政策不止是有人先富，还有广大的就业，这才是它能够三十年长盛不衰的源泉。①

立足于这样的发展目标，无论是效率原则也好，还是公平原则也好，都应着眼于大多数人的可持续发展动力，而不能首先着眼于两头。如果先着眼于两头，就会顾此失彼，到头来整个政策体系是扭曲的，彼此相互消减。又由于重心不稳，因而左右摇摆，没有准信。以中间大多数人为准绳，才是抓住了大头，这就决定了政策的主线和方向，而两头少数人可以适用于例外法则。

由此再来重估效率原则和先富政策，就必须着眼于做大分母，有利于鼓励绝大多数人的积极性、主动性和创造性的，而不是"挑奶皮"，更不能吃独食，那就抑制了绝大多数人的积极性、主动性和创造性的。

（作者单位：中国社会科学院马克思主义研究院）

---

① 一个重要的指标是非公经济提供了80%的就业岗位。此时，若非公经济不发展，就业状况将难改善。这为坚持"两个毫不动摇"提供了十足的底气。

试论习近平历史观的时代特色

刘 仓

习近平的历史观，包括历史理论和史学理论。前者是对党、国家、民族和世界历史的基本观点；后者是研究和观察历史的指导思想和根本方法，包括党史、国史的功能和价值，对唯物史观基本原理的阐释和运用，研究党史、国史的科学方法等。习近平是具有历史主义思维的政治家和战略家，其职责不是专攻义理、考据、辞章等具体史学研究，而是概括历史发展的本质、规律、特性、知识，指明中国前进道路，总结治国理政经验，推进全面从严治党，为建设中国特色社会主义，实现"两个一百年"奋斗目标服务。习近平历史观的根本特色，是从历史发展的规律中，指明中国道路、中国理论、中国制度、中国模式的答案，突出历史以古鉴今、资政育人、服务现实的价值和功能。

一 从把握中国和世界历史大势中指明中国社会前进道路

中华民族具有尊史、治史、学史、用史的优良传统。司马迁撰写《史记》的目的，是"究天人之际，通古今之变"。清代思想家龚自珍尊崇"出乎史，入乎道"；"欲知大道，必先为史"。马克思主义也是研究社会历史中创立和发展的。马克思指出："我们仅仅知道一门唯一的科学，即历史科学。"[1] 恩格斯说："历史就是我们的一切，我们比任何一个哲学学派，甚至比黑格尔，都更重视历史。"[2] 李大钊说："言国情者，必与历史并举。"因为"昔日之国情，即今日之历史；来日之历史，犹今日之国

---

[1] 《马克思恩格斯文集》第1卷，人民出版社2009年版，第516页注释2。
[2] 《马克思恩格斯全集》第1卷，人民出版社1956年版，第650页。

情"①。历史、现在和未来是相通的。总结过去,是考察现实、指示未来的依据和基础。考察党、国家和民族的明天,必先了解其昨天和今天。

习近平继承史学察往知来的优良传统,指出历史的联系是不可能割断的。一个党、一个国家、一个民族的历史,记录着这个党、国家和民族的足迹,是其安身立命的基础,启迪其未来的发展。作为党和国家主要领袖,习近平担纲的大任,是掌握当代中国这艘航船的前行道路和方向,也就是举什么旗帜,走什么路,向着什么目标继续前进这样的根本问题。

从2008年至今,习近平多次讲话中,讲到中华民族历史、社会主义历史、中国近代史、中华人民共和国史、中共党史等方面的历史。集中概括起来,就是中国道路是从这些历史中走出来的。5000多年中华文明史是中国道路的历史渊源。中华民族创造的各种思想文化,"最核心的内容已经成为中华民族最基本的文化基因"②。当代中国的发展道路,是中华民族历史发展道路的延续。近代中国人民的屈辱史、探索史和奋斗史是中国道路的社会根源。当代中国将围绕两大历史任务继续前进,走向中华民族伟大复兴。科学社会主义思想的历史发展是中国道路的理论来源。习近平从六个时间段,回顾了社会主义的发展史,指出中国特色社会主义,是科学社会主义理论逻辑和中国社会发展历史逻辑的辩证统一,是实现中华民族伟大复兴的必由之路。中国共产党95年的历史是中国道路的阶级来源。中国共产党领导人民所做的三件大事,从根本上改变了中国人民的悲惨命运,指明了中国社会发展的方向。中国道路是新中国60多年探索、开创和发展中国特色社会主义历史的实践总结。改革开放是发展中国特色社会主义的必由之路。中国道路是在世界文明史中坚守中华文明的自主选择。习近平强调,世界文明是多样的,中国文明应在世界文明中占有一席之地。不同民族、不同文明之间应该互相尊重。各民族文明之间相互借鉴,世界文明因互相交流而丰富多彩。这种文明观与西方文化帝国主义和文化霸权主义根本不同。

习近平在纪念中国共产党成立95周年大会上指出,中国共产党领导中国人民取得的伟大胜利,使具有5000多年文明历史的中华民族全面迈

---

① 《国情》,《李大钊文集》上,人民出版社1984年版,第113页。
② 习近平:《在纪念孔子诞辰2565周年国际学术研讨会暨国际儒学联合会第五届会员大会开幕会上的讲话》,《人民日报》2014年9月25日第2版。

向现代化；使具有 500 年历史的社会主义在中国成功开辟出可行性的正确道路；使具有 60 多年历史的新中国，创造了人类社会发展史上惊天动地的发展奇迹，彻底摆脱被开除球籍的危险，使中华民族焕发出新的生机。[1]

习近平是具有大历史视野的战略家，他概括总结各方面的历史，不是发思古之幽情，而是从世界文明的历史长河中、从社会主义和改革开放的历史长河中、从中华民族的历史长河中、从中国共产党的历史长河中，指明人类先进文明在中国特色社会主义历史中的交汇和融合。这是一条科学理论同中国社会选择交汇的河流、是人类文明同中华文明交汇的河流、是中国共产党同中华民族复兴之路交汇的河流、是社会主义建设同改革开放交汇的河流。中国共产党是马克思主义科学理论的继承者和发扬者，是中华新型文明的开拓者和创建者，代表人类文明前进的根本方向。中国共产党把中华民族的发展规律，人类社会发展规律，中国社会主义发展规律，党的执政规律结合起来，谋划中国社会发展的方向和道路。

二 在追求中国梦的历史进程中坚持"四个自信"

习近平在参观《复兴之路》展览时，提出"中国梦"的理想。他指出，实现中华民族伟大复兴，是近代以来中国人民最伟大的梦想。中国梦的基本内涵是国家富强、民族振兴、人民幸福。"中国梦是历史的、现实的，也是未来的"。中华民族的昨天，可谓是"雄关漫道真如铁"；中华民族的今天，可谓"人间正道是沧桑"；中华民族的明天，可谓"长风破浪会有时"。到党成立 100 周年时，全面建成小康社会；到新中国成立 100 周年时，建成富强民主文明和谐的现代化国家。完成这"两个一百年"奋斗目标，实现中华民族伟大复兴的中国梦。

中国共产党承担着追梦、筑梦、圆梦的历史使命。提出中国梦，基于中国共产党 90 多年的光辉历史。改革开放以来，党的几代领导集体在接力探索中，高举中国特色社会主义伟大旗帜，既不走封闭僵化的老路，也不走改旗易帜的邪路。中国特色社会主义道路，中国特色社会主义理论体系，中国特色社会主义制度，是党和人民 90 多年奋斗、创造、积累的根

---

[1] 习近平：《在庆祝中国共产党成立 95 周年大会上的讲话》，《人民日报》2016 年 7 月 2 日第 2 版。

本成就。中国道路是实现途径,中国理论是行动指南,中国制度是根本保障,三者统一于中国特色社会主义伟大实践。

实现中国梦,必须走中国道路。中国特色社会主义道路,是实行现代化的必由之路,是人民创造美好生活的必由之路。2012年11月,他在主持中央政治局第一次集体学习时,要求围绕坚持和发展中国特色社会主义,学习贯彻党的十八大精神。2013年1月,他又在新进中央委员会的委员、候补委员学习贯彻党的十八大精神研讨班上,强调毫不动摇坚持和发展中国特色社会主义。他回顾社会主义500年的历史,阐释中国开创和发展中国特色社会主义的必然性。他指出,坚持和发展中国特色社会主义是一篇大文章,几代中央领导集体都在这篇大文章上写下了精彩的篇章,这一代领导集体要继续把这篇大文章写下去。

中国特色社会主义理论体系是马克思主义与中国实际相结合的第二次理论飞跃。习近平发表《关于中国特色社会主义理论体系的几点学习体会和认识》(《求是》2008年第7期)、《中国共产党90年来指导思想和基本理论的与时俱进及历史启示》(《学习时报》2011年6月28日)等文章,讲述马列主义、毛泽东思想和中国特色社会主义理论体系的发展进程。他指出:"一个国家实行什么样的主义,关键要看这个主义能否解决这个国家面临的历史性课题。历史和现实都告诉我们,只有社会主义才能救中国,只有中国特色社会主义才能发展中国,这是历史的结论、人民的选择。"[1]

中国特色社会主义制度是实现中国梦的制度保障。习近平注重从历史发展进程中,总结中国制度的形成、框架和发展。2014年9月5日,他在庆祝全国人民代表大会成立60周年大会上指出,伴随探索救国方案的进程,辛亥革命之后,中国尝试过君主立宪制、帝制复辟、议会制、多党制、总统制等各种形式,都没能找到正确答案,都不能完成反帝反封建的任务,都谈不上为实现国家富强、人民幸福提供制度保障。他回顾了党带领人民探索政治制度的历程,指出实行人民代表大会制度,是中国人民在人类政治制度史上的伟大创造,是总结近代以后中国政治教训得出的基本结论。实践证明,人民代表大会制度是符合中国国情和实际、体现社会主

---

[1] 《习近平谈治国理政》,外文出版社2014年版,第22页。

义国家性质、保证人民当家作主、保障实现中华民族伟大复兴的好制度。①

习近平指出:"坚定中国特色社会主义道路自信、理论自信、制度自信,说到底是要坚定文化自信。"② 中华文明延续着中华民族的血脉,渗透在中国道路、中国理论、中国制度的方方面面,成为中华民族自信心的历史渊源。

习近平在讲到中国道路时指出:"独特的文化传统,独特的历史命运,独特的国情,注定了中国必然走适合自己特点的发展道路。"③ 中华优秀传统文化是中国道路的根脉:中国道路超越了中华传统文化的时代局限,并赋予其中国特色社会主义内涵。中国道路是中华文明的延续和传承的结果。中国特色社会主义理论体系是马克思主义与中国实际、中国历史、中国文化相结合的理论成果。党的十八大以来党中央治国理政新思想新理念新战略、全面建成小康社会、五大发展理念、四个全面战略布局、国家治理、核心价值观、外交理念、领导干部的修养等,都闪烁着中华优秀传统文化的思想精华。关于中国制度与中华优秀传统文化的关系,习近平指出:"设计和发展国家政治制度,必须注重历史和现实、理论和实践、形式和内容的有机统一。"每个国家的政治制度,"都是在这个国家历史传承、文化传统和经济社会发展的基础上长期发展、渐进改进、内生性演化的结果"④。

从中华民族和中华文明的历史长河中谋划中国前进的方向,更具有传承底气、政党骨气和民族正气。文化自信是更基础、更广泛、更深厚的自信。习近平强调不忘初心,继续前行,"就要坚持中国特色社会主义道路自信、理论自信、制度自信、文化自信,坚持党的基本路线不动摇,不断把中国特色社会主义伟大事业推向前进。"⑤ "四个自信"的关键,集中于在党的领导能力和执政能力的自信,集中在对中华民族的自信。中国共产党的领导是中华民族实现中国梦的中流砥柱。对党的领导的自信,来源于

---

① 习近平:《在庆祝全国人民代表大会成立60周年大会上的讲话》,《人民日报》2014年9月6日第2版。

② 习近平:《在哲学社会科学工作座谈会上的讲话》,《人民日报》2016年5月19日第2版。

③ 习近平:《在布鲁日欧洲学院的演讲》,《人民日报》2014年4月2日第2版。

④ 习近平:《在庆祝全国人民代表大会成立60周年大会上的讲话》,《人民日报》2014年9月6日第2版。

⑤ 习近平:《在庆祝中国共产党成立95周年大会上的讲话》,《人民日报》2016年7月2日第2版。

对中国梦交出合格的答卷。

三 从把握三大历史规律中总结治国理政根本大计

无产阶级专政是达到消灭一切阶级、进入无阶级社会的过渡。共产党执掌国家政权，反映了从资本主义向共产主义社会的过渡，代表了人类社会发展的基本规律。把中国社会发展规律、人类社会发展规律和党的执政规律结合起来，是中国共产党治国理政的基本特征。从这个高度出发，习近平总结各方面的历史经验，着眼于提高的领导能力和执政能力，自觉担当无产阶级政党的历史责任。重视学习、总结和运用历史经验，善于从把握历史规律中找到前进方向和道路，是党领导中国革命、建设、改革不断取得胜利的重要原因。

（一）学习党史、国史有助于认识"四个选择"的历史必然性

中国共产党的成立，是中国历史上开天辟地的大事变，深刻改变了近代以后中华民族发展的方向和进程，改变了中国人民的前途和命运，改变了世界格局发展的趋势。近代以来中国社会形态的演变史，中华民族的复兴史，中国人民的探索史和奋斗史，都以中国共产党的成立为标志走上新的道路。习近平指出，要学习中国近现代中国史，就要"深刻认识近现代中国国情和中国社会发展规律，深刻认识历史和人民选择中国共产党、选择马克思主义、选择社会主义道路、选择改革开放的历史必然性"，继承和发扬优良革命传统，为实现现代化和中华民族伟大复兴而奋斗。[①]

（二）研究和总结党史、国史有助于制定正确的路线、方针和政策

科学研究历史，总结和概括社会发展的规律，为制定路线方针政策提供科学依据。习近平在总结历史问题时，都遵循这一原则。中国特色社会主义理论体系，围绕和回答什么是社会主义、怎样建设社会主义，建设什么样的党、怎样建设党，实现什么样的发展、怎样发展这三大基本问题展开，用一系列紧密联系、相互贯通的新思想、新观点、新论断，深化和丰富了对共产党执政规律、社会主义建设规律、人类社会发展规律的认识。

---

① 习近平：《领导干部要读点历史》，《人民日报》2011年9月2日第1版。

习近平指出:"历史是最好的教科书。学习党史、国史,是坚持和发展中国特色社会主义、把党和国家各项事业继续推向前进的必修课。"①

(三) 研究和总结党史、国史有助于指明工作部署的方向

有了总的路线方针,还要制定具体的政策和措施,保障总路线和总方针的贯彻和落实。党的历次代表大会和重大纪念会议,都会回顾过去的工作,梳理成绩和不足,总结经验和问题,提出具体政策,指出继续前进的道路。在2016年"七一"讲话中,习近平回顾了党成立95周年的历程,要求全党"不忘初心,继续前进",提出八个方面的大政方针。这是总结95年党的历史的基本经验,也是开拓新道路、新阶段、新境界的基础。

(四) 总结古代治国理政的历史经验有助于提高国家治理能力

推进国家治理体系和治理能力的现代化,需要借鉴古代治乱兴衰的历史经验。中国古代关于为政以德、政者正也的思想,关于仁者爱人、以德立人的思想,关于清廉从政、勤勉奉公的思想,关于俭约自守、力戒奢华的思想,都对理解中国政治制度具有启示意义。习近平指出,中华优秀文化中关于"民惟邦本、政得其民,礼法合治、德主刑辅,为政之要莫先于得人、治国先治吏,为政以德、正己修身,居安思危、改易更化"等思想,都为治国理政提供丰富的经验教训。②

(五) 学习历史有助于培育和弘扬社会主义核心价值观

推进国家治理体系和治理能力现代化,需要明确谁执政、为谁执政、怎样执政的问题,需要明确核心价值观。核心价值观传承了中华优秀传统文化的基因。习近平说:"中国古代历来讲格物致知、诚意正心、修身齐家、治国平天下。从某种角度看,格物致知、诚意正心、修身是个人层面的要求,齐家是社会层面的要求,治国平天下是国家层面的要求。我们提出的社会主义核心价值观,把涉及国家、社会、公民的价值要求融为一体,既体现了社会主义本质要求,继承了中华优秀传统文化,也吸收了世

---

① 《在对历史的深入思考中更好走向未来 交出发展中国特色社会主义最好的答卷》,《人民日报》2013年6月27日第1版。

② 习近平:《在中共中央政治局第十八次集体学习时的讲话》,《人民日报》2014年10月14日第1版。

界文明有益成果，体现了时代精神。"① 核心价值观是中华优秀传统文化和现代化建设与时代特征相结合的结晶。中华优秀传统文化是中华民族在世界文化激荡中站稳脚跟的根基。习近平指出："要认真汲取中华优秀传统文化的思想精华和道德精髓，大力弘扬以爱国主义为核心的民族精神和以改革创新为核心的时代精神，深入挖掘和阐发中华优秀传统文化讲仁爱、重民本、守诚信、崇正义、尚和合、求大同的时代价值，使中华优秀传统文化成为涵养社会主义核心价值观的重要源泉。"②

（六）总结中国和世界历史经验有助于坚定选择和平发展道路

中国道路和世界发展格局联系在一起。习近平在总结中国抗日战争和世界反法西斯战争的经验时指出，近代以来，中华民族遭到列强长期侵略和欺凌，但中国人民从中学到的不是弱肉强食的强盗逻辑，而是更加坚定了维护和平的决心。中国必须毫不动摇走和平发展道路。他说，战争是一面镜子，能够让人更好认识和平的珍贵。"要牢固树立人类命运共同体意识。偏见和歧视、仇恨和战争，只会带来灾难和痛苦。相互尊重、平等相处、和平发展、共同繁荣，才是人间正道。"③

四 通过借鉴治国理政的历史经验来全面加强党的建设

办好中国的事情，关键在于党。中国共产党的领导，是中国特色社会主义的本质特征，是中国特色社会主义制度的最大优势。全面加强党的建设，提高共产党治国理政的本领和能力，是党和国家的根本利益和命脉所在。习近平重视通过总结历史经验来加强党的建设。他在中央党校发表《改革开放30年党的建设回顾与思考》（2008年9月1日）、《关于新中国60年党的建设的几点思考》（2009年9月1日）、《领导干部要读点历史》（2011年9月1日）等讲话，把党和人民的事业同加强党的建设结合起来。

---

① 习近平：《青年要自觉践行社会主义核心价值观》，《人民日报》2014年5月5日第2版。
② 《把培育和弘扬社会主义核心价值观作为凝魂聚气强基固本的基础工程》，《人民日报》2014年2月26日第1版。
③ 习近平：《在纪念中国人民抗日战争暨世界反法西斯战争胜利70周年大会上的讲话》，《人民日报》2015年9月4日第2版。

在他看来,中华民族的创业史和发展史,蕴涵着丰富的治国理政的思想资源,包含许多关于国家、社会、民族及个人的成败、兴衰、安危、正邪、荣辱、义利、廉贪等方面的经验与教训。学习、总结、借鉴和运用历史经验,是党做好领导工作的重要思想和方法。

(一)学习党史国史有助于提高党的领导水平和执政能力

中共十八大提出,新形势下,党面临的执政考验、改革开放考验、市场经济考验、外部环境考验,精神懈怠危险、能力不足危险、脱离群众危险、消极腐败危险。不断提高党的领导水平和执政水平、提高拒腐防变和抵御风险能力,是党巩固执政地位、实现执政使命必须解决好的重大课题。历史是最好的老师。习近平多次告诫全党,牢记赶考使命和"两个务必"的警示,不忘初心,在历史性考试中交出优异的答卷。他要求领导干部,要善于借鉴历史上治理国家和社会的各种有益经验,学习中华优秀传统文化,升华思想境界,陶冶道德情操,完善优良品格,培养浩然正气,做到自重、自省、自警、自励,认真践行根本宗旨,经受住"四个考验",防止"四个危险",为党和人民事业作出贡献。[①]

(二)围绕党和人民事业的进程总结党的建设的基本经验

围绕党在不同阶段的时代任务加强党的建设,是确保党的领导核心地位的基本规律。党和人民事业发展到什么阶段,党的建设就要推进到什么阶段。2009年9月1日,习近平在中央党校秋季开学典礼上,回顾了新中国60年党的建设的历程、成绩、特点,总结出若干条规律性的启示。第一,坚持把马克思主义基本原理同中国具体实际和时代特征相结合,坚定不移地走中国特色社会主义道路。第二,围绕党的中心任务尤其是发展这个党执政兴国的第一要务来加强和改进党的建设,确保党建工作始终服务于经济社会发展。第三,坚持立党为公、执政为民,把实现好、维护好、发展好最广大人民的根本利益作为党的建设必须始终遵循的宗旨、方向和目的,始终保持党同人民群众的血肉联系。第四,坚持和健全民主集中制,发展党内民主,维护中央权威,不断增强党的蓬勃活力和团结统一。第五,以党的执政能力建设和先进性建设为主线,以改革创新为动力,推

---

① 习近平:《领导干部要读点历史》,《人民日报》2011年9月2日第1版。

动党的思想建设、组织建设、作风建设、制度建设和反腐倡廉建设相互促进，从整体上提高党的建设水平。①

（三）借鉴古代廉政历史文化有助于加强反腐倡廉建设

党风廉政建设和反腐败斗争，关系着党和国家的生死存亡，也是总结古今中外历史教训得出的结论。2013年4月，习近平在主持中央政治局第五次集体学习时指出，研究中国反腐倡廉历史，了解古代廉政文化，考察历史上反腐倡廉的成败得失，有利于运用历史智慧推进反腐倡廉建设。他警告"蠹众而木折，隙大而墙坏"的道理，强调保持惩治腐败的高压态势，努力做到干部清正、政府清廉、政治清明。他指出，实现中国梦，必须坚持党要管党、从严治党，积极借鉴历史上优秀廉政文化，不断提高党的领导水平和执政水平、提高拒腐防变和抵御风险能力，确保党始终成为中国特色社会主义事业的坚强领导核心。②

（四）学习各种文史知识有助于党员干部树立正确的世界观、人生观和价值观

中国传统文化博大精深，学习和掌握其中的思想精华，并结合新的实践不断发扬光大，对于提升领导干部的综合素质具有重要意义。习近平在《之江新语》《摆脱贫困》以及党的十八大以来的系列重要讲话中，在这方面的论述比比皆是。"先天下之忧而忧，后天下之乐而乐"的政治抱负，"位卑未敢忘忧国""苟利国家生死以，岂因祸福避趋之"的报国情怀，"富贵不能淫，贫贱不能移，威武不能屈"的浩然正气，"人生自古谁无死，留取丹心照汗青""鞠躬尽瘁，死而后已"的献身精神等，都应该继承和发扬。总之，"学史可以看成败、鉴得失、知兴替；学诗可以情飞扬、志高昂、人灵秀；学伦理可以知廉耻、懂荣辱、辨是非。"③

中华优秀传统文化包含丰富的政德思想，对于领导干部树立正确的权

---

① 习近平：《关于新中国60年党的建设的几点思考》，《学习时报》2009年9月28日第1、3版。

② 习近平：《积极借鉴我国历史上优秀廉政文化不断提高拒腐防变和抵御风险能力》，《人民日报》2013年4月21日第1版。

③ 习近平：《在中央党校建校80周年庆祝大会暨2013年春季学期开学典礼上的讲话》，《人民日报》2013年3月3日第2版。

力观、是非观、利益观也具有启示。习近平认为，国家之权是"神器"，并非"凡夫俗子"所能用，要求领导干部对待权力要如履薄冰、如临深渊，珍惜权力、管好权力、慎用权力，不能利用权力和职务牟取非法利益。[①] 他引用顾炎武《与公肃甥书》中"诚欲正朝廷以正百官，当以激浊扬清为第一要义"，强调要兴国安邦正百官，要稳固社稷泽被百姓，必须惩恶扬善，扶正祛邪，弘扬正气。文官不爱钱，武官不惜命，国家才有希望，社稷才能稳固。他要求领导干部要具有"利归天下，誉属黎民"的淡泊情怀，造福一方。如果失去律己之心，混淆是非，则国家将陷入"政怠宦成，人亡政息"的历史周期律。

五 科学认识党和国家的历史

如何看待历史，基于什么样的历史观。历史观不同，对于同样的历史事件和人物，可能会得出不同的结论。运用历史唯物主义研究历史，反对错误的历史观，捍卫党和国家的历史，是习近平历史观的党性、科学性和战斗性的统一。

（一）把握党史国史的性质、主题、主线、主流、本质

中国共产党的历史，是领导全国人民为完成两大历史任务，不断把中国革命、建设、改革事业推向前进的历史；是把马克思主义基本原理同中国实际和时代特征相结合，逐渐形成毛泽东思想和中国特色社会主义理论体系的历史；是中国特色社会主义制度逐渐形成、发展和完善的历史；是加强党的自身建设、保持党的先进性和纯洁性的历史。这是中国共产党历史的主题、主线和本质。

在纪念中国共产党成立95周年大会上，习近平用三个"伟大飞跃"，概括了中国共产党为中华民族作出的伟大历史贡献，即完成民族民主革命，"实现了中国从几千年封建专制政治向人民民主的伟大飞跃"；完成社会主义革命和建立社会主义制度，"实现了中华民族由不断衰落到根本扭转命运、持续走向繁荣富强的伟大飞跃"；开辟中国道路，形成中国理论，

---

① 习近平：《权力是个神圣的东西》2007年2月9日，《之江新语》，浙江人民出版社2007年版，第260页。

确立中国制度,"实现了中国人民从站起来到富起来、强起来的伟大飞跃"。这是党的历史的主流。

(二) 中共党史研究是党性和科学性相统一的学科

党史研究是一门研究中国共产党的历史、揭示当代中国社会运动规律的科学,要坚持党性和科学性的统一。习近平指出:坚持实事求是研究和宣传党的历史,要牢牢把握党的历史发展的主题和主线、主流和本质,旗帜鲜明地揭示和宣传中国共产党在中国的领导地位和核心作用形成的历史必然性;揭示和宣传中国人民走上社会主义道路的历史必然性,揭示和宣传通过改革开放和社会主义现代化建设实现中华民族伟大复兴的历史必然性;揭示和宣传党在革命、建设、改革各个历史时期领导人民所取得的伟大胜利和辉煌成就;揭示和宣传党在长期奋斗中积累的宝贵经验、形成的光荣传统和优良作风,坚决反对任何歪曲和丑化党的历史的错误倾向。这是党史工作必须遵循的党性原则,也是每一个党史工作者应该履行的政治责任。①

近年来,历史虚无主义思潮妄图通过否定党和国家的伟大成就,达到否定四项基本原则,走西方道路的政治目的。习近平指出:"国内外敌对势力往往就是拿中国革命史、新中国历史来做文章,竭尽攻击、丑化、诬蔑之能事,根本目的就是要搞乱人心,煽动推翻中国共产党的领导和我国社会主义制度。"② 揭露和批判这种思潮,认清两种历史观、两种社会道路的根本分歧,是意识形态领域斗争的重要问题,是维护意识形态安全和国家安全的基础环节。习近平指出:"以正确的立场、观点、方法对待党的历史,是巩固党的执政地位、实现党的执政使命的必然要求,是应对意识形态领域的挑战,抵制西方敌对势力西化、分化图谋的必然要求,是开创党和国家事业发展新局面的必然要求,关系党和国家长治久安,关系我国社会主义前途命运。"③

中共党史是党性和科学性相统一的学科。习近平指出:党史研究工作

---

① 《全国党史工作会议在京举行》,《人民日报》2010年7月22日第1版。
② 习近平:《关于坚持和发展中国特色社会主义的几个问题》,《十八大以来重要文献选编》(上),中央文献出版社2014年版,第113页。
③ 中共中央党史研究室:《历史是最好的教科书——学习习近平同志关于党的历史的重要论述》,《人民日报》2013年7月22日第8版。

者是遵守党的政治纪律、宣传纪律和充分发挥个人创造性的统一。既要坚持和发展马克思主义史学研究的优良传统，坚持和发展党史工作积累的成功经验和方法，也要吸收借鉴古今中外史学研究的有益经验和方法，还要积极运用现代科学技术，创新党史研究的手段、方法、载体。要注重发挥互联网等现代传媒在人们工作和生活中的独特作用，加大党史宣传教育和党史知识普及力度。①

（三）党的历史是教育党员干部的丰富生动的教科书

习近平指出：中国共产党的历史是一部丰富生动的教科书。用党的历史教育党员、教育干部、教育群众尤其是教育青少年，是党史工作服务党和国家大局的重要内容。要以各级党员领导干部为重点，把党史教育纳入干部教育培训的必修课，把全面了解和正确认识党的历史作为一项基本要求，教育引导党员领导干部特别是年轻干部认真学习党的历史，努力提高思想政治素质和领导水平。要着力抓好青少年这个群体，开展形式多样的党的历史知识、光荣传统和优良作风、英雄模范事迹的教育，积极推动党史教育进学校、进课堂、进学生头脑，从小培养青少年热爱党、热爱社会主义的感情。②

（四）掌握研究党史、国史的科学方法

实事求是的方法是根本的思想路线和思想方法。习近平指出："实事求是，是马克思主义的根本观点，是中国共产党人认识世界、改造世界的根本要求，是我们党的基本思想方法、工作方法、领导方法。"③ 坚持实事求是也是分析历史的基本方法。2010年7月，习近平在全国党史工作会议上，明确要求"坚持实事求是研究和宣传党的历史"。这个原则适应于各方面的历史研究。对党的历史，对待抗日战争，对待党的领袖人物，都要坚持实事求是的原则。如针对日本一些政治组织和政治人物矢口否认日军侵华罪行，美化侵略战争和殖民统治的言论，指出："事实就是事实，公理就是公理。在事实和公理面前，一切信口雌黄、指鹿为马的言行都是徒

---

① 《全国党史工作会议在京举行》，《人民日报》2010年7月22日第1版。
② 同上。
③ 习近平：《在纪念毛泽东同志诞辰120周年座谈会上的讲话》，《人民日报》2013年12月27日第2版。

劳的。黑的就是黑的，说一万遍也不可能变成白的；白的就是白的，说一万遍也不可能变成黑的。一切颠倒黑白的做法，最后都只能是自欺欺人。"① 在评价毛泽东问题上，要求实事求是地肯定功过是非，及其错误原因。习近平指出："不能因为他们伟大就把他们像神那样顶礼膜拜，不容许提出并纠正他们的失误和错误；也不能因为他们有失误和错误就全盘否定，抹杀他们的历史功绩，陷入虚无主义的泥潭。"②

历史主义的方法是马克思主义评价历史事件和历史人物的基本要求。这种方法要求从当时的历史条件下，评价历史事件和历史人物；并从历史延续性和阶段性中做出评价。对于评价毛泽东，习近平指出："对历史人物的评价，应该放在其所处时代和社会的历史条件下去分析，不能离开对历史条件、历史过程的全面认识和对历史规律的科学把握，不能忽略历史必然性和历史偶然性的关系。不能把历史顺境中的成功简单归功于个人，也不能把历史逆境中的挫折简单归咎于个人。不能用今天的时代条件、发展水平、认识水平去衡量和要求前人，不能苛求前人干出只有后人才能干出的业绩来。"③

运用历史主义的方法评价改革前后两个历史时期，也是习近平历史观的显著特点。党领导人民进行社会主义建设，划分为改革开放前和改革开放后两个历史时期。这是两个相互联系又有重大区别的时期，"本质上都是我们党领导人民进行社会主义建设的实践探索"。④ 中国特色社会主义是在改革开放历史新时期开创的，但也是在社会主义基本制度基本确立、并在 20 多年建设成绩和经验的基础上开创的。虽然这两个历史时期在指导方针、基本路线、方针政策、工作重点等方面有很大差别，但两者在发展方向、理论基础、根本任务、奋斗目标、制度框架、价值归宿等问题上是根本一致的，两个历史时期不能互相否定，体现了中国社会主义发展的连续性和阶段性特征。改革开放是社会主义制度的自我完善和发展，是在改革开放前确立的社会主义基本制度的基础上，调整不适应生产力发展的生

---

① 习近平：《在纪念中国人民抗日战争暨世界反法西斯战争胜利 69 周年座谈会上的讲话》，《人民日报》2014 年 9 月 4 日第 2 版。
② 习近平：《在纪念毛泽东同志诞辰 120 周年座谈会上的讲话》，《人民日报》2013 年 12 月 27 日第 2 版。
③ 同上。
④ 《习近平谈治国理政》，外文出版社 2014 年版，第 22 页。

产关系，调整不适应经济基础的上层建筑，解放和发展生产力，为实现富强、民主、文明、和谐的目标而努力。

坚持一分为二的辩证方法。对领袖人物的功过，对历史事件，对党的功过，对共和国的成败，都要坚持这个方法，分清主流和支流，既要坚持两点论，也要坚持重点论。比如，在关于评价毛泽东问题上，习近平肯定其对中国革命和建设的巨大贡献，也指出其在探索道路中走过的弯路，包括在"文革"中所犯的错误，表示赞成《关于建国以来党的若干历史问题的决议》和邓小平的评价，强调："毛泽东同志的功绩是第一位的，他的错误是第二位的，他的错误在于违反了他自己正确的东西，是一个伟大的革命家、伟大的马克思主义者所犯的错误。"① 历史虚无主义妄图通过抹黑和丑化毛泽东，来动摇党执政的根基，颠覆社会主义，复辟资本主义制度。习近平指出："如果当时全盘否定了毛泽东同志，那我们党还能站得住吗？我们国家的社会主义制度还能站得住吗？那就站不住了，站不住就会天下大乱。"②

（作者单位：中国社会科学院当代中国研究所）

---

① 习近平：《在纪念毛泽东同志诞辰120周年座谈会上的讲话》，《人民日报》2013年12月27日第2版。

② 习近平：《关于坚持和发展中国特色社会主义的几个问题》，《十八大以来重要文献选编》（上），中央文献出版社2014年版，第113页。

人类命运共同体思想的生成逻辑和价值旨归[*]

张家惠

党的十八大以来，习近平在研究新情况、解决新问题的过程中进行锲而不舍地实践探索和理论创新，2016 年 7 月 1 日，在庆祝中国共产党成立 95 周年大会上的讲话中，习近平总书记表达了构建人类命运共同体、倡导"建设各国共享的百花园"的决心。"愿扩大同各国的利益交汇点，推动构建以合作共赢为核心的新型国际关系，推动形成人类命运共同体和利益共同体。"从治国理政的国内话语体系转向和而不同，兼收并蓄的国际表达，展现了建构国际政治、经济新秩序和新型国际关系的基本价值理念，绘制了建立更加公平、合理的国际规则，构建国与国、民族与民族共享尊严、共享发展成果、共享安全保障、共掌世界命运的人类命运共同体的宏伟蓝图。

一 人类命运共同体思想的生成逻辑

同心打造人类命运共同体，将"和平、发展、合作、共赢"的政治主张确立为增进人类共同利益的战略诉求。中国不仅是倡导者，更是负责任、有担当的实践者。

（一）人类命运共同体概念形成

"命运共同体"最早见于中方处理与西方关系时提出的一种各国相互依存、同舟共济的建议。早在 2010 年 5 月，第二轮中美战略与经济对话

---

[*] 本文是 2016 年度教育部人文社会科学研究规划基金项目社会主义核心价值观融入大学生信仰教育研究的阶段性成果 项目号 16YJA710013；2016 年国家社科基金项目传统儒家伦理的当代嬗变及价值研究的阶段性成果 项目号 16BKS104；2016 年青岛市双百调研课题青岛市宗教文化遗产保护、开发与利用研究的阶段性成果。

中就提出了"命运共同体"思想，2011年9月的《中国和平发展》白皮书在纳入命运共同体概念时指出：国际社会应该超越国际关系中陈旧的"零和博弈"，超越危险的冷战、热战思维，超越曾把人类一次次拖入对抗和战乱的老路；要以命运共同体的新视角，以同舟共济、合作共赢的新理念，寻求多元文明交流互鉴的新局面，寻求人类共同利益和共同价值的新内涵，寻求各国合作应对多样化挑战和实现包容性发展的新道路。① 面对新局面，党中央一面需要向世界展示中国走"和平发展道路"，不是我赢你输损人利己的发展模式；一面急于通过"一带一路"突破原有国际封锁，缔造"一个你中有我、我中有你的新秩序"。自党的十八大报告将其首次完整表述为"这个世界，各国相互联系、相互依存的程度空前加深，人类生活在同一个地球村里，生活在历史和现实交汇的同一个时空里，越来越成为你中有我、我中有你的命运共同体"后，"人类命运共同体"完整概念应运而生，自此，不论在谈及两岸关系"是血脉相连的命运共同体"抑或谈及国际关系要具备"人类命运共同体意识"，都明显表达了我国以合作求发展，希冀建立更加平等均衡的国际新秩序的诉求。

（二）人类命运共同体思想的初步发展

洞察国际形势和世界格局基础上形成的人类命运共同体理念，以合作共赢为核心价值观，成为习近平主席走到哪儿都要带到哪儿的"中国好声音"。2013年3月习近平在莫斯科国际关系学院第一次向世界传递对人类文明走向的中国判断。和平、发展、合作、共赢是时代潮流，各国日益紧密的相互依存关系必然成就全球"共享"的共同体发展模式，从必然性、必要性的角度解释了人类命运共同体的发展意义。2015年博鳌亚洲论坛的年会，以"亚洲新未来：迈向命运共同体"为主题，在系统论述的基础上，进一步提出迈向"命运共同体"必须坚持的四项原则：坚持各国相互尊重、平等相待；坚持合作共赢、共同发展；坚持实现共同、综合、合作、可持续的新安全观；坚持不同文明兼容并蓄、交流互鉴。② 习近平从时代潮流的大视野中审视中国、亚洲和世界，勾画出建设这一共同体的路

---

① 国务院新闻办：《中国的和平发展》白皮书，2011年9月6日。
② 习近平：《习近平在亚洲相互协作与信任措施会议第四次峰会上的讲话》，新华网（http://news.xinhuanet.com/world/2014-05/21/c_1110796357.htm）。

线图。以中国智慧，引领亚洲和世界前行方向。在纪念中国人民抗日战争暨世界反法西斯战争胜利70周年大会上再次强调："为了和平，我们要牢固树立人类命运共同体意识。"同年9月，习近平首次在联大定义全人类的共同价值为和平、发展、公平、正义、民主、自由，推进建设互帮互助，互惠互利，秉承开放精神的新格局，将"共同价值"与"人类命运共同体"联系起来，成为人类命运共同体的价值基础。2016年7月1日，习近平在建党95周年庆祝大会上进一步强调，"中国始终是世界和平的建设者、全球发展的贡献者、国际秩序的维护者，愿扩大同各国的利益交汇点，推动构建以合作共赢为核心的新型国际关系，推动形成人类命运共同体和利益共同体。"① 这表达了中国对推动世界和平与发展共赢的愿望和信心。2017年5月14日在"一带一路"国际合作高峰论坛开幕式上，习近平从人类命运共同体概念本身出发，细致剖析三个关键词之间的内在联系和深刻含义："人类：超越国家身份，体现天下担当；命运：升级合作共赢，体现命运与共；共同体：超越地球村，树立大家庭意识，塑造共同身份。"② 在这个挑战频发的世界，命运共同体的核心要旨就是，世界命运应该由各国共同掌握，国际规则应该由各国共同书写，全球事务应该由各国共同治理，发展成果应该由各国共同分享。党的十八大后的五年里，习近平将这一理念带到了五大洲，从国与国的命运共同体，区域内命运共同体，到人类命运共同体；从不冲突不对抗的相互尊重到践行正确义利观的价值取向，春华秋实，三年有成，稳步推进，成效显著。

（三）人类命运共同体思想进一步发展

习近平提出的"人类命运共同体"是一个内涵与外延不断深化的概念：从地域看，双边、地区、全球层面都有相应表述；从领域看，又涵盖经济、政治、安全、发展、文明、生态、网络等多个层面。作为一个统揽全局的新理念，它的日趋成熟主要有两个表现：一是在丰富理论支撑的基础上具体说明了打造"人类命运共同体"的途径和方案。以合作共赢为核心的系列国际观作为重要支撑纳入其理论体系，如双赢、多赢、共赢的利

---

① 习近平：《在庆祝中国共产党成立95周年大会上的讲话》，《人民日报》2016年7月2日第2、3版。
② 习近平：《习近平在"一带一路"国际合作高峰论坛开幕式上的演讲》，新华网（http：//news.xinhuanet.com/politics/2017 - 05/14/c_ 1120969677.htm）。

益观；开放、合作、共赢、融合、创新的发展观；共同、综合、合作、可持续的安全观；正确义利观；共建"一带一路"的区域大合作观；和平、发展、公平、正义、合作、共赢的国际秩序观；共商共建共享的全球治理观。同时，迈向人类命运共同体需要国际社会通力合作，通过解决共同面临的如贫富悬殊、环境污染、恐怖主义和核不扩散等实际问题，来减少隔阂、培养互信，构建和谐世界。中国与世界各国交往随即呈现出东西南北均衡发展的良好势头，与美国俄罗斯保持健康稳定的外交局面、在欧洲建设"四大伙伴关系"、推动发展中国家多边合作共赢战略，谋求开放创新、包容互惠的发展前景。

二是不断丰富和拓展人类命运共同体的理论内涵。从现实世界延伸到虚拟空间，在第二届世界互联网大会上命运共同体有了"网络版"。网络空间是人类共同的活动空间，网络空间前途命运应由世界各国共同掌握。国际社会应该积极促进国际互联网互联互通，推动国际互联网共享共治，加强对话合作，推动互联网全球治理体系变革，共同构建和平、安全、开放、合作的网络空间，建立多边、民主、透明的全球互联网治理体系，共同构建网络空间命运共同体。[①] 在对新疆和西藏工作座谈会上的讲话里命运共同体增添了"民族版"："要高举各民族大团结的旗帜，在各民族中牢固树立国家意识、公民意识、中华民族共同体意识""要大力培育中华民族共同体意识，广泛开展民族团结进步宣传教育和创建活动。"在与两岸同胞的会见时命运共同体又有了"两岸版"："大陆和台湾是不可分割的命运共同体""两岸同胞是命运与共的骨肉兄弟，是血浓于水的一家人"，要坚持"九二共识"，"增强对命运共同体的认知"。从传统领域拓展到全球公域，命运共同体还添加了"公域版"：倡导秉持和平、主权、普惠、共治原则，把深海、极地、外空、互联网等领域打造成各方合作的新疆域，而不是相互博弈的竞技场，等等。

二 人类命运共同体理念的具体架构

（一）传统文化之源

中国文化有着自己独特的思维方式，中国传统文化以"和"为最高价

[①] 习近平：《在第二届世界互联网大会开幕式上的讲话》，《人民日报》2015年12月17日第2版。

值目标,西周末年的史伯对"和"有这样的论述:"和实生物,同则不继",《尚书》有"协和万邦"、"燮和天下"的说法。"以他平他谓之和"(《国语·郑语》),直至孔子提出"和而不同"的思想。而这种观点已然是从价值观、世界观的角度升华为方法论,以"执两用中"为方法,体现了一种超越两极对立的辩证思维方式。所谓"和谐而又不千篇一律,不同而又不相互冲突;和谐以共生共长,不同以相辅相成";这样的和谐观里蕴涵着天人合一的宇宙视角、协和万邦的国际视角、和而不同的社会视角、人心和善的道德视角。对于中国人来说,信守和平、和睦、和谐,不仅是生活习惯,更是深入骨髓的文化认同。以和为贵,和衷共济,这些超越两极对立、包容多样性、"仇必和而解"的智慧对化解文化冲突、民族矛盾具有深刻的价值。

除此以外,和合观里还有一层天人和合的智慧,即追求人与自然的和谐。"天人合一"是中国传统文化对人与自然关系秉持的基本看法,是中国式的生态伦理智慧,以中国哲学的整体性思维为基础,表达天道与人道、自然与人为相一统的诉求。"天人合一"的思想作为中国哲学的基本特征之一,倡导把人看作宇宙自然的一部分,在实践中达到主观与客观、情感与理性、权利与义务、个体与社会的和谐统一。老子说:"道大,天大,地大,人亦大。域中有四大,而人居其一焉。"[①] 这"四大"既不冲突,也不杂乱,体现中国式的人类中心主义绝非简单粗暴地宣称人是万物的主宰,反而井然有序和谐统一的将人放到宇宙整体中来看待,人类在改造自然的活动中要尊重天地万物自然存在的状态及其运行规律,尊重其他物类的存在权,使人与自然和谐益彰。这种处理人与自然关系的理念,对于我们构筑人类命运共同体的生态理念有重要的意义。

(二) 哲学思想之源

1. 基本理论的哲学内涵。共生是指个体性与整体性的对立统一关系。人类除了独立性和主体性等属性外还具有能群居的合群性与共生性的特征,恩格斯认为"劳动创造了人本身",因为劳动的发展最终促使社会成员更紧密结合,必然需要适应越来越多的互帮互助和共同协作才可以应对的场合,而人也渐渐在对资源的依赖性和种族延续性下,构建起如家庭、

[①] 老子:《道德经》,陕西人民出版社1999年版,第25页。

家族、公司企业、种族、国家等各种各样的"社会结合形式",并且使"社会结合的各种形式"成为一个个"独立"的共同体。其内部成员不仅与所处的"社会结合形式"唇齿相依,而且彼此之间也呈现出一种休戚与共风雨同舟的依赖状态,这种个体性与整体性对立统一的关系,核心是"双赢"和"共存",就是通常讲的互利共生,阐述任何行为体的个体性发展必须面对社会发展的整体适应性要求的哲学抽象。随着全球化的到来,当今社会各个国家主体不仅必须承认与尊重他者,而且还需具有悦纳他者发展的包容性。既寻求权力、利益,又要讲求道义。由此,人类命运共同体概念应运而生,它不仅是共生哲学理念的合理发展,也是国际关系包容共进优化选择的现实可能。

2. 唯物史观的哲学内涵。马克思和恩格斯所创立的唯物史观,以一种整体的眼光看待社会及其发展。在全面审视社会结构体系中经济、政治、文化等基本构成后揭示了彼此联系的内在机制,强调生产力与生产关系、经济基础与上层建筑之间相互作用、相互制约,构成社会基本矛盾运动,支配着整个社会的发展进程。在现阶段社会发展的实践中,阐释了充分重视社会结构体系的有机联系和社会发展整体性的必要性。设想通过"全世界无产者联合"建立"自由人的联合"正是马克思主义的题中应有之义。以共同的利益诉求构筑共享的价值已成为经济全球化、世界多极化、文化多样化、社会信息化和科学技术日新月异发展的当下最为津津乐道的共识,则寻求新的全球治理模式和树立命运共同体意识就成为当务之急。从追求人类理想共同体的视角,打造人类命运共同体正以另一种思维为"自由人的联合体"的形成创造契机。此外,"人类命运共同体"还包含了马克思主义人与自然关系方面的新拓展:可持续发展和生态共同体责任。唯物史观阐明了人类社会与自然界之间相依相存的关系,人们只有合理调节与自然之间的物质变换,才能寻求人和自然之间矛盾的真正解决。生态文明不仅是中华民族的期盼,也是全世界的共同期盼,处理好人与自然的关系,为子孙后代承担起历史与道义的责任。把民族期盼和世界福祉结合起来,全球统一认识,共同行动,承担责任,互相借鉴,人类生态命运共同体就不仅是被动的现实,更是主动的未来。

3. 科学社会主义的哲学内涵。科学社会主义既是一种社会理想,也是一套为实现社会理想而进行的实践工具。而"人类命运共同体"思想与马克思指出的人类文明终将迈向共产主义这一历史趋势相一致。共产主义

"只有在世界历史意义上才能存在""只有作为'世界历史性的'存在才有可能实现。"① 共产主义以世界范围内人类文明的普遍交往为前提,在各种文明的交往中结成的共同体里"个人才能获得全面发展其才能的手段,也就是说,只是在共同体中才可能有个人自由"②,这恰恰是人类命运共同体的全部主旨,属于马克思"真正共同体"理论的重要组成。孟子说:"先立乎其大者,则其小者不能夺也。"习近平曾多次强调构建"人类命运共同体"旨在"共同造福于本地区人民和世界各国人民"。可见,共产主义远大理想体系中提到的造福人民使人民享有最大程度的发展自由才是"命运共同体"的最终目的,国内"以百姓心为心",国际共赢共享式协同发展,真正把世界人民对美好生活的向往,作为自己的努力方向。开放包容、多元互鉴,加强合作,将使人类交往得到进一步的拓展,共存关系得到进一步的彰显,最终实现人类解放事业。

(三) 中国化理论之源

自新中国成立以来,当代中国共产党人就开始了对全人类命运共同体矢志不渝的实践追求。中国特色社会主义的系列理论为人类命运共同体的最终提出奠定了思想基础。

1. "和平与发展"理论为人类命运共同体理念形成奠定思想基础。人类命运共同体思想的世界局势部分形成于"和平与发展"理论提出过程中。20世纪80年代以来,在毛泽东的"三个世界"和"永远不称霸"的重要思想的指引下,面对沧海桑田般的巨大变化,邓小平做出了和平与发展是当代世界的两大主题的准确判断,指出"世界上现在有两件事情要同时做,一个是建立国际政治新秩序,一个是建立国际经济新秩序"③,提出世界和平力量发展对战争制约的思想,而和平共处五项原则是其中最有生命力最经得住考验的维系纽带和定海神针。这是新中国成立之初的中国政府制定的积极的外交战略,它开启了人类命运共同体的理论实践。1955年4月,在印度尼西亚举行的万隆会议上,与会的29个国家共同发表了《关于促进世界和平与合作的宣言》,深入阐发了"和平共处五项原则"的全

---

① 《德意志意识形态》,《马克思恩格斯选集》第1卷,人民出版社1995年版,第87页。
② 同上书,第119页。
③ 《以和平共处五项原则为准则建立国际新秩序》,《邓小平文选》第3卷,人民出版社1993年版,第282页。

部内容，睦邻友好的总体思路和休戚与共的思想底蕴成为直至今日中国外交依然秉承的外交秩序。显然，兼顾了利益驱动与命运趋同两个维度的"和平共处五项原则"超越了传统政治共同体单纯诉诸利益博弈的国家交往方式，而将国家的独立发展与相互协作确立为互利共赢的目标，为人类命运共同体理念的构建奠定了思想基础。我们主张在和平共处五项原则的基础上，建立和平、稳定、公正、合理的国际新秩序，同各国发展睦邻合作关系。着眼自身长远利益，尊重对方现实利益的基础上，淡化社会制度和意识形态差异，少计较历史恩怨，多了解民族多样性和发展差别，相互尊重，平等相待。这样，什么问题都可以妥善解决。和平发展道路是内求发展与外谋和平的统一，人类命运共同体理念是其最新延拓和丰富。正如章百家所言："改变自己是中国力量的主要来源，改变自己也是中国影响世界的主要方式。"[①] 如今，中国不仅改变了自己、也改变了世界，日益成为经济全球化的重要参与者、世界多极化进程的积极推动者、和平共处五项原则的忠实捍卫者，并不断释放和平发展红利。把发展问题提到全人类的高度来认识，把国家发展的重心放在国内，依靠自身力量和改革创新推动经济社会发展，把自己的事情办好，就是对世界负责任作贡献的重要体现。

2. 国际新秩序理论为人类命运共同体思想发展提供了操作指南。根据邓小平提出的指导思想，受任于危难之际的党的第三代中央领导集体，在当代国内外形势变化的条件下，分析当代世界矛盾，全面审视和平力量和战争因素消长，对建立国际新秩序作了大量深刻的论述。江泽民指出："我们主张顺应历史潮流，维护全人类的共同利益。"[②] 建立国际政治经济新秩序，不可能一蹴而就，应该以世界各国人民的普遍愿望和共同利益为基础，符合世界发展的客观规律，体现历史发展和时代进步的要求。建立公正合理的国际政治经济新秩序要保障各国根据本国国情，独立自主地选择自己的发展道路，保障各国平等参与国际事务权和发展权、保障各个民族和各种文明共同发展。尊重世界的多样性，提倡发展模式多样化，主张以和平方式解决国家之间的一切分歧或争端，积极对话协商，增进互信，

---

① 章百家：《改变自己，影响世界》，《环球时报》2002 年 2 月 18 日第 3 版。
② 江泽民：《全面建设小康社会，开创中国特色社会主义新局面》，《江泽民文选》第 3 卷，人民出版社 2006 年版，第 566 页。

协调合作，解决彼此间的矛盾和问题，求同存异，共同发展，实现平等、互惠、互信、互利、共赢、共存为核心的新安全观。中国将坚定不移地走符合自己国情的发展道路，在平等互利的基础上广泛开展国际合作，为促进世界的和平与发展做出更大的贡献。

3. 和谐世界理论成为人类命运共同体思想的核心。和谐世界是全人类的永恒追求，2004年9月19日，第十六届中央委员会第四次全体会议正式将社会主义和谐社会确定为战略发展目标。2005年4月，中国领导人在亚非峰会上明确提出"推动不同文明友好相处、平等对话、发展繁荣，共同构建一个和谐世界"的理念。从"和谐中国"到"和谐世界"，党的理念、方针在为全国人民营造和睦、融洽的社会氛围的同时，也着眼于应对国际发展战略开拓出博大包容的新空间。中国要构建的和谐社会是"民主法治、公平正义、诚信友爱、充满活力、安定有序、人与自然和谐相处的社会"；中国倡导的和谐世界则是"坚持多边主义，实现共同安全；坚持互利合作，实现共同繁荣；坚持包容精神，共建和谐世界"，和谐中国是和谐世界的重要组成，和谐世界是和谐中国的外部条件。这既实现了科学社会主义理论的发展与中国特色社会主义建设的生动实践相统一，也体现了中国特色社会主义的发展与不断变化发展的世界相统一的特点，回应了世界各国人民对建设一个持久和平、共同繁荣的"和谐世界"的普遍期望。在建设和谐世界的基础上进一步提出了要倡导人类命运共同体意识，这是对建立国际秩序新理论的创新发展。特别是在全球饱受金融经济危机冲击影响的今天，在这个仍然充满各种天灾人祸风险，各种冲突和文化撕裂的时代，需要进一步加强全人类合作应对经济、政治、文化、社会、生态领域的各种危机，而中国的和平发展将是链条上最重要的一环。在经济全球化背景下，中国的发展越来越离不开世界，世界的发展也越来越需要中国。外交是内政的延续，"和谐世界"思想是中国古代"天下大同"理想在全球化条件下的新愿景，也是当今社会我们党执政理念在外交领域的具体体现，是"和谐社会"思想在国际层面的自然延伸，为人类命运共同体完整概念的提出拓展了界限，夯实了支撑。

习近平关于人类命运共同体的一系列重要论述，上承中国传统文化，下接马克思主义哲学精髓和中国化探索实践成果，对建立国际秩序新理论、打造人类命运共同体作出全新注脚，在实践上和理论上都是一个伟大的创新和发展。

三 人类命运共同体理念是治国理政的价值旨归

全球治理和国家治理犹如当代世界发展的两大车轮，两者既相互依存又彼此制约。无论我们是否承认，国际社会客观上已形成了命运共同体。习近平的人类命运共同体思想，是全球治理的有益尝试和全新示范，全面系统地提出和回答了当今世界要构建一个什么样的新型国际关系、国际秩序和国际体系，以及如何进行构建的问题；提出和进一步回答了如何完善全球治理结构，推动国际关系民主化和治理体系现代化，使国际秩序和国际体系朝着更加公正合理的方向发展的重大问题，在世界范围内确立和平、发展、公平、正义、民主、自由的共同价值。随着全球化的深化和全球相互依存的增强，全球治理越来越有赖于国家之间跨越国界的协同合作，与国家治理的协调互动和相互制约也在不断加强。人类命运共同体思想是建构国际政治、经济新秩序和新型国际关系的基本价值理念，建立平等相待、互商互谅的伙伴关系，谋求开放创新、包容互惠的新格局，建立更加公平、合理的国际规则，涵盖政治、安全、经济、文化、生态文明"五位一体"全部内容，是涉及国内国际发展的智慧衔接，既是对新时期治国理政科学内涵的深刻揭示，也是中国共产党布局谋篇的价值归宿。

政治上，坚持走中国特色社会主义政治发展道路，推进政治体制改革，确保国家权力健康高效运行，为构建和谐社会进一步指明方向，为全面建成小康社会提供制度保障。党的十八大报告指出，团结一切可以团结的力量，最大限度增加和谐因素，增强社会创造活力，确保人民安居乐业、社会安定有序、国家长治久安，坚持党的领导，人民当家作主，扩大社会主义民主，加快建设社会主义法治国家，巩固和发展平等、团结、互助、和谐的社会主义民族关系和宗教关系，实现党和人民的命运共同体、各民族的命运共同体等多层次建构，积极借鉴人类政治文明优秀成果，又绝不照搬西方制度模式，面向未来，面对挑战，"不忘初心，继续前进"。

安全上，国无防不立，民无兵不安。防御性的国防政策，使加强国防建设的目的集中在维护国家主权、安全、领土完整，保障国家和平发展上面来。如今，错综复杂的国际安全形势让人眼花缭乱，积极倡导共同、综合、合作、可持续的安全观，顺应和平、发展、合作、共赢的时代潮流，努力走出共建、共享、共赢、共护的安全新路才是题中应有之义。人类只有一个地球，各国共处一个世界。共同繁荣的和谐世界，才是全世界人民的共同愿望。坚持建设和谐世界理念、坚持和平外交政策、倡导新安全观、积极的国际责任观、奉行睦邻友好的地区合作观等，选择并坚持和平发展道路，在和平中求发展，以发展促和平，致力于通过自身的发展推动世界和平与发展。

经济上，中国和平发展的总体目标是实现国家现代化和人民共同富裕，综合国力、国际竞争力、抵御风险能力得到显著提高。开放理念引领开放型经济制度建设。《建议》指出，发展更高层次的开放型经济，积极参与全球治理中的制度性话语权，构建广泛的利益共同体。建设更高层次的开放型经济制度，是实施治国理政新战略总体内容中的新亮点。[1] 以习近平同志为核心的党中央围绕"一带一路"发展战略，推动多边贸易谈判进程，促进多边贸易体制均衡、共赢、包容发展；积极建设"亚投行"，从制度上提升国际金融领域话语权；实施自由贸易区新一轮对外开放的国家战略，推进区域全面经济伙伴关系协定谈判，建设亚太自由贸易区，形成面向全球的高标准自由贸易区网络，形成国内治理和全球治理相辅相成的全方位治国理政新布局；在保障经济治理和公共产品供给的同时，提高我国在全球经济中的影响力，积极开展国际交流合作，扩大和深化同各方利益汇合点，促进各国共同发展，实现优势互补，努力建立公正、公开、合理、非歧视的多边贸易体制，共同推动经济全球化朝着均衡、普惠、共赢的方向发展，促进世界各国的共同繁荣与发展；反对贸易保护主义、国际垄断主义，秉承开放精神，推进互帮互助、互惠互利。

文化上，文化是民族的血脉，是人民的精神家园。提高国家文化软实力，重视对中华传统文化的传承，中华文明是"多元一体、自洽共荣"的文明，也是"辩证取舍、系统整合"的文明，尊重文化的多样性和发展模式的多样化，求同存异、取长补短。坚持包容开放，实现文明对话。努力消解疑虑隔阂，在求同存异中谋求发展，协力构建各种文明兼容并蓄的和谐世界。中国和平发展道路是和平的发展、开放的发展、合作的发展，文化交流与合作是和平发展道路的题中应有之义。如此，世界才能更好地认识中国，理解中国，并达成支持和合作的意愿，中国的和平发展道路才能

---

[1] 习近平：《中共中央关于制定国民经济和社会发展第十三个五年规划的建议》，新华网（http://news.xinhuanet.com/politics/2015-10/29/c_1116983078.htm）。

真正顺利铺开。

生态上，绿色是永续发展的必要条件和人民追求美好生活的重要体现。生态文明是人类遵循人、自然、社会和谐发展这一客观规律而取得的物质与精神成果的总和。我国坚持以科学发展观统领经济社会发展全局，坚持节约资源和保护环境的基本国策，加快建设资源节约型、环境友好型社会，深入实施可持续发展战略，形成人与自然和谐发展的现代化建设新格局，把美丽中国作为未来生态文明建设的宏伟目标，积极参与全球治理，承担与我国发展水平及阶段相适应的责任和义务，把继续发挥在全球可持续发展领域的建设性作用与解决好国内生态环保问题有效衔接起来，强化国际环境公约履约，进一步提高国际环境合作水平。

"世上有两种力量：利剑和思想，从长而论，利剑总是败在思想手下。"[1] 中国社会终极价值目标的实现是一个永续的动态过程，人类命运共同体思想的提出不仅是马克思科学社会主义人类全面自由发展的当代诠释，也是中国共产主义最高理想的现实解读。它的意义正在于此，既是新时期治国理政的最新实践成果，也是这一伟大跨越的最高理想和终极信念。

（作者单位：青岛大学马克思主义学院）

---

[1] 习近平：《在联合国教科文组织总部的演讲》，《人民日报》2014年3月28日第3版。

中国共产党人初心、赤心、信心和雄心的多维诠释

高正礼　佘　君

2016年7月1日，习近平在庆祝中国共产党成立95周年大会上的讲话中回顾历史，总结经验，表彰先进，展望未来，高度概括了党成立95年来领导人民走过的光辉历程和取得的巨大成就，深刻揭示了近代以来中国历史发展的经验启示，着重阐述了当代中国共产党人的价值追求、基本遵循和远大理想。讲话以"不忘初心、继续前进"为主题和主线，从历史、当今与未来的时间维度，从革命、建设与改革的实践维度，从理论、现实与实践的哲学维度诠释了中国共产党人的初心、赤心、信心和雄心。

一　重温初心，永志不忘

习近平在七一讲话中首次阐释了中国共产党人要"不忘初心"的深刻思想，并表达了永志不忘的庄严承诺。

第一，"不忘初心"的历史必然。古人云：不忘初心，方得始终。即一个人只有时刻不忘自己的发心和初衷，不忘最初的理想、信念和目标，才能锲而不舍地攻坚克难、勇往直前，最终得到渴望的结果。习近平在七一讲话中首先强调了"不忘初心"的必要性，指出："我们党已经走过了95年的历程，但我们要永远保持建党时中国共产党人的奋斗精神……一切向前走，都不能忘记走过的路；走得再远、走到再光辉的未来，也不能忘记走过的过去，不能忘记为什么出发。"[①] 这指明，中国共产党人无论走得多远、取得多大辉煌，都要永远记住最初的理想、信念和目标，为全党统

---

① 习近平：《在庆祝中国共产党成立95周年大会上的讲话》，人民出版社2016年版，第7—8页。

一行动提供不竭的精神动力和明确的奋斗方向。

第二,"不忘初心"的主要内涵。中国共产党人的"初心"是什么?何谓"不忘初心"?习近平从八个方面给予了阐释,其中本源性的提炼是四个方面:一是坚持马克思主义的指导地位;二是牢记为共产主义、社会主义而奋斗的纲领;三是坚信党的根基在人民、党的力量在人民;四是保持党的先进性和纯洁性。这四点分别从指导思想、远大理想、根本宗旨和本质属性方面概括了中国共产党人的"初心",也是检验中国共产党作为马克思主义政党的根本标准。其他四个方面是"初心"、"不忘初心"的具体化和时代化,包括:坚持中国特色社会主义道路自信、理论自信、制度自信、文化自信;统筹推进"五位一体"总体布局,协调推进"四个全面"战略布局;坚定不移高举改革开放旗帜;始终不渝走和平发展道路。

第三,"不忘初心"的基本要求。怎样做到"不忘初心"?习近平在讲话中提出了"八个坚持"的基本要求:坚持把马克思主义基本原理同当代中国实际和时代特点紧密结合起来,推进理论创新、实践创新;坚定共产主义远大理想和中国特色社会主义共同理想;坚持党的基本路线不动摇;全力推进全面建成小康社会进程;勇于全面深化改革,进一步解放思想、解放和发展社会生产力、解放和增强社会活力;坚持一切为了人民、一切依靠人民,充分发挥广大人民群众积极性、主动性、创造性;始终不渝奉行互利共赢的开放战略;着力提高执政能力和领导水平,着力增强抵御风险和拒腐防变能力。"八个坚持"同八个方面的"初心"、"不忘初心"相对应,具有现实性和操作性,便于广大党员遵守和践行。

第四,"不忘初心"的行动方向。"不忘初心"不是简单的怀旧,不是居功自傲,更不是畏惧挑战退缩不前,而是要总结经验、牢记初心、凝心聚力、继续前进。关于"不忘初心"的行动方向和具体任务,习近平在讲话中提出了"八个不断推向前进",即不断把马克思主义中国化、中国特色社会主义伟大事业、为崇高理想奋斗的伟大实践、"两个一百年"奋斗目标、改革开放、为人民造福事业、人类和平与发展的崇高事业、党的建设新的伟大工程推向前进。这些从理论与实践、现代化与党建、国际与国内、长远与近期、改革与发展等全方位地指明了党和人民当下的中心任务和奋斗方向。

二　铭记赤心,忠贞不渝

中国共产党人把对中华民族和中国人民的赤胆忠心镌刻于自己的根本大法。《党章》规定:党的根本宗旨是全心全意为人民服务;"党除了工人阶级和最广大人民群众的利益,没有自己特殊的利益。党在任何时候都把群众利益放在第一位,同群众同甘共苦。"[①] 新形势下,习近平将"为民服务"作为衡量好干部的重要标准,认为"党的干部必须做人民公仆,忠诚于人民,以人民忧乐为忧乐,以人民甘苦为甘苦"[②]。在七一讲话中,习近平代表中国共产党人向世人郑重宣誓:铭记赤心,忠贞不渝。

第一,历史表现。衡量一个政党的性质和作用,既要看党纲的规定,更要看党纲的践行。中国共产党成立后即领导人民投身革命洪流,同帝国主义、封建主义和官僚资本主义展开殊死斗争,无数共产党人为了民族的独立和人民的解放,抛头颅、洒热血,前仆后继,无怨无悔。新中国成立后,为了民族的振兴、国家的富强和人民的幸福,共产党人始终冲在社会主义革命、建设和改革的前沿阵地、艰苦岗位,并涌现出王进喜、焦裕禄、雷锋和牛玉儒等一代代先锋模范。共产党人以实际行动展示了对民族和人民的赤诚之心。因此,习近平在七一讲话中自豪地宣示:"95 年来,一代又一代优秀中国共产党人,为祖国和人民无私奉献,生动展示了共产党人的为民情怀、高尚情操",党之所以能够完成近代以来各种政治力量不可能完成的艰巨任务,根源在于我们党摆脱了"以往一切政治力量追求自身特殊利益的局限,以唯物辩证的科学精神、无私无畏的博大胸怀领导和推动中国革命、建设、改革"[③]。

第二,多重依据。人民史观是马克思主义唯物史观的基本观点。马克思主义指导、中国共产党领导、社会主义道路、改革开放是历史和人民的选择,人民群众的拥护、支持和爱戴是党领导革命、建设和改革事业不断取得胜利的根本保证。人民当家作主是社会主义民主政治的本质特征和核心要求。中国共产党人应该且必须坚守对人民的赤心,具有人民创造历史

---

① 本社编:《中国共产党章程》,中国法制出版社 2016 年版,第 18 页。
② 习近平:《习近平谈治国理政》,外文出版社 2014 年版,第 413 页。
③ 习近平:《在庆祝中国共产党成立 95 周年大会上的讲话》,人民出版社 2016 年版,第 6、8 页。

的唯物史观、近代以来中国人民"四个选择"的历史必然、人民当家作主的根本制度等理论、历史和现实依据。对此,习近平在七一讲话中都给予了一一阐释,指出:"人民是历史的创造者,是真正的英雄","得众则得国,失众则失国","人民立场是中国共产党的根本政治立场,是马克思主义政党区别于其他政党的显著标志";"在 95 年波澜壮阔的历史进程中,中国共产党紧紧依靠人民,跨过一道又一道沟坎,取得一个又一个胜利";"尊重人民主体地位,保证人民当家作主……毫不动摇走中国特色社会主义政治发展道路。"①

第三,今后遵循。党的十八大以来,以习近平同志为核心的党中央多次教育全党必须时刻牢记全心全意为人民服务的宗旨,坚持权为民所用、情为民所系、利为民所谋。2012 年 11 月,习近平当选为总书记后首次同中外记者见面时就指出:"我们的党是全心全意为人民服务的政党","人民对美好生活的向往,就是我们的奋斗目标。"② 在七一讲话中,习近平再次强调:今后我们不论走得多远、多光辉的未来,都要"永远保持对人民的赤子之心","把人民放在心中最高位置,坚持全心全意为人民服务的根本宗旨,实现好、维护好、发展好最广大人民根本利益。"③

三 满怀信心,坚定不移

在七一讲话中,习近平开宗明义地指出:我们隆重集会庆祝中国共产党成立 95 周年,旨在回顾党团结带领中国人民不懈奋斗的光辉历程,展望党和人民事业发展的光明前景,"动员全党全国各族人民更加充满信心朝着实现全面建成小康社会奋斗目标、实现中华民族伟大复兴的中国梦胜利前进"④。接着,习近平在讲话中又多次明确表达了满怀信心、坚定不移地为实现"两个一百年"奋斗目标、人类文明进步、共产主义远大理想而奋斗的决心和自信,强调"无论遇到什么样的困难和挑战",我们的"信

---

① 习近平:《在庆祝中国共产党成立 95 周年大会上的讲话》,人民出版社 2016 年版,第 2、6、18、19 页。
② 习近平:《习近平谈治国理政》,外文出版社 2014 年版,第 4 页。
③ 习近平:《在庆祝中国共产党成立 95 周年大会上的讲话》,人民出版社 2016 年版,第 7—8、18 页。
④ 同上书,第 1 页。

心和决心都绝不会动摇"①。

第一，满怀信心的现实意义。理想信念是共产党人精神上的"钙"，是党能够战胜一个个艰难险阻、经受住一次次严峻考验的精神支柱。当下，从整体上看，广大党员干部理想信念坚定，政治立场可靠。但是，不容否认的是，少数党员干部确实存在信仰缺失、信心动摇的问题。"有的对共产主义心存怀疑，认为那是虚无缥缈、难以企及的幻想；有的不信马列信鬼神……对社会主义前途命运丧失信心；有的在涉及党的领导和中国特色社会主义道路等原则性问题的政治挑衅面前态度暧昧、消极躲避、不敢亮剑，甚至故意模糊立场、耍滑头，等等。"② 因此，抓好党员干部的理想信念教育，增强其自信心和意志力，是党永葆先进性、纯洁性本色的客观要求。同时，当前的世界经济复苏缓慢，我国改革步入攻坚阶段和深水区，影响我国经济社会发展的各种不确定因素日益增多，尤其是经济发展新常态下各种矛盾和问题不断交织，国际上不断出现了唱衰中国发展的论调，国内也有人表达出过于悲观的言论。正是在这一背景下，习近平在七一讲话中强调，我们要有"自信人生二百年，会当水击三千里"的勇气，大刀阔斧地全面深化改革，勇往直前，坚定不移地走中国特色社会主义道路，既不走老路、回头路，也不走歪路、邪路。只有这样，才能"毫无畏惧面对一切困难和挑战"，"坚定不移开辟新天地、创造新奇迹。"③

第二，满怀信心的充足理由。习近平在七一讲话中指出："当今世界，要说哪个政党、哪个国家、哪个民族能够自信的话，那中国共产党、中华人民共和国、中华民族是最有理由自信的。"④ 中国共产党人何以对党和人民事业的光明前景、中国对人类文明进步作出重大贡献等充满自信？一是有马克思主义科学理论的指导。习近平说："95年来，中国共产党之所以能够完成近代以来各种政治力量不可能完成的艰巨任务，就在于始终把马克思主义这一科学理论作为自己的行动指南，并坚持在实践中不断丰富和发展马克思主义。"⑤ 马克思主义及其中国化的理论成果能够为党和人民提

---

① 习近平：《在庆祝中国共产党成立95周年大会上的讲话》，人民出版社2016年版，第26页。
② 习近平：《习近平谈治国理政》，外文出版社2014年版，第414页。
③ 习近平：《在庆祝中国共产党成立95周年大会上的讲话》，人民出版社2016年版，第12—13页。
④ 同上书，第12页。
⑤ 同上书，第8页。

供科学的指导思想。二是有中国共产党坚强核心的领导。历史反复证明，中国共产党是中国革命、建设和改革事业的领导核心。95年来，党领导人民完成了新民主主义和社会主义革命，推进了社会主义建设，进行了改革开放新的伟大革命，深刻改变了近代以来中华民族发展的方向和进程、中国人民和中华民族的前途和命运、世界发展的趋势和格局。习近平指出："办好中国的事情，关键在党。中国特色社会主义最本质的特征是中国共产党领导，中国特色社会主义制度的最大优势是中国共产党领导。坚持和完善党的领导，是党和国家的根本所在、命脉所在，是全国各族人民的利益所在、幸福所在。"[1] 三是有近代以来中国历史经验的启示。历史是智慧的记载，可以为人们的实践活动提供借鉴和启示。习近平在七一讲话中不仅总结了近代以来中国历史发展的基本规律和深刻启示，而且明确提出：我们回顾历史，不是为了从成功中寻求慰藉，更不是为了躺在功劳簿上、为回避今天面临的困难和问题寻找借口，而是为了总结历史经验、把握历史规律，增强开拓前进的勇气和力量。四是有建设中国特色社会主义的基础。习近平指出，新中国成立以来，特别是改革开放短短30多年来，中国成为这个世界上最大的发展中国家，一跃升为世界第二大经济体，创造了人类社会发展史上惊天动地的发展奇迹。党和人民用鲜血、汗水、泪水写就的历史，充满着苦难和辉煌、曲折和胜利、付出和收获，这是中华民族发展史上不能忘却、不容否定的壮丽篇章，"也是中国人民和中华民族继往开来、奋勇前进的现实基础"[2]。所以，习近平最后总结指出："我们比历史上任何时期都更接近中华民族伟大复兴的目标，比历史上任何时期都更有信心、有能力实现这个目标。"[3]

第三，满怀信心的集中体现。中国共产党人一直对全人类的解放、共产主义的实现和中国革命、建设和改革事业的成功等充满信心。在七一讲话中，习近平将当今中国共产党人的信心首次集中概括为"四个自信"，即坚定中国特色社会主义道路自信、理论自信、制度自信和文化自信，并指出"四个自信"是一个完整的体系，共同构成了中国特色社会主义理想

---

[1] 习近平：《在庆祝中国共产党成立95周年大会上的讲话》，人民出版社2016年版，第22页。
[2] 同上书，第5页。
[3] 同上书，第27页。

信念体系,其中文化自信是根本,"是更基础、更广泛、更深厚的自信"①。如何坚定"四个自信",习近平在讲话中特别强调:一是保持理论上的清醒。自信不是迷信,理论上清醒,政治上才能坚定。马克思主义并没有结束真理,而是开辟了通向真理的道路。因此,既要毫不动摇地坚持马克思主义指导地位,又要坚持问题导向,坚持以我们正在做的事情为中心,聆听时代声音,更加深入地推动马克思主义同当代中国发展的具体实际相结合,不断开辟21世纪马克思主义发展新境界。二是坚持基本路线不动摇。习近平引用邓小平的话说,基本路线要管一百年,动摇不得。并指出:党的基本路线是国家的生命线、人民的幸福线;以经济建设为中心的兴国之要、四项基本原则的立国之本、改革开放的强国之路,不能有丝毫动摇。三是与时俱进,重在落实。中国特色社会主义特在道路、理论、制度和文化统一于实践之中,坚持"四个自信"归根结底要落实到实际行动上。因为"历史总是要前进的,历史从不等待一切犹豫者、观望者、懈怠者、软弱者。只有与历史同步伐、与时代共命运的人,才能赢得光明的未来"②。这就要求我们坚持开拓进取,不断将中国特色社会主义事业推向前进,向历史和人民交出满意的答卷。

四 再展雄心,百折不回

中国共产党创立伊始起就立下雄心,那就是"组织无产阶级,用阶级斗争的手段,建立劳农专政的政治,铲除私有财产制度,渐次达到一个共产主义的社会"③。为了实现这一最高理想,95年来,党领导中国人民前赴后继,接力奋斗,虽百折而不回。习近平在七一讲话中再次向世人展示了中国共产党人的雄心壮志,并表达了不屈不挠为之奋斗的坚定决心。

第一,雄心壮志的时代内涵。中国共产党人是最高纲领与最低纲领、不断发展与发展阶段相统一论者,自党诞生以来,既咬定青山不放松,坚定地朝着共产主义最高理想而不断前行,又根据世情、国情、党情的变化

---

① 习近平:《在庆祝中国共产党成立95周年大会上的讲话》,人民出版社2016年版,第13页。
② 同上书,第7页。
③ 中共中央文献研究室、中央档案馆:《中国共产党第二次全国代表大会宣言》,《建党以来重要文献选编(1921—1949)》第1册,中央文献出版社2011年版,第133页。

将共产主义的长远目标具体化为不同时期的行动纲领,并为之而持续奋斗,先后制定并实现了建立"真正民主共和国"①、"建立一个独立的比较完整的工业体系和国民经济体系"②、实现总体"小康"等阶段性最低纲领。21世纪以来,特别是党的十八大以来,以习近平同志为核心的党中央既提出了全面建成小康社会、实现中华民族伟大复兴中国梦的奋斗目标,又提出了构建新型国际关系、打造人类命运共同体的倡议。在七一讲话中,习近平不仅强调共产党人要坚定共产主义远大理想,勇当全面建成小康社会、实现中华民族伟大复兴中国梦的先锋模范,而且强调中国将积极推动国际秩序和全球治理体系朝着更加公正合理方向发展,推动形成人类命运共同体和利益共同体,"努力为完善全球治理贡献中国智慧",并首次提出中国要"为人类对更好社会制度的探索提供中国方案"③。这些都是共产党人雄心壮志的最新内涵,再次发出了中国为人类做出更大贡献的强音。

第二,再展雄心的铿锵底气。中国共产党人再展雄心的底气何以铿锵十足?习近平在七一讲话中主要从以下几个方面给予了诠释:一是崇高理想,催人奋进。共产主义理想远大而崇高,不仅指引着党和人民的前进方向,而且为党和人民不断战胜前进中的艰难险阻提供着不竭动力。95年来,"我们党之所以能够经受一次次挫折而又一次次奋起,归根到底是因为我们党有远大理想和崇高追求"④。二是基础坚实,生机勃发。95年来,在一代代中国共产党人和中国人民的接续奋斗下,中国已经实现了从封建专制向人民民主、由不断衰落到持续走向繁荣、从站起来到富强起来的伟大飞跃;具有5000多年历史的中华民族全面迈向现代化,具有500年历史的社会主义主张在世界上人口最多的国家成功开辟出具有高度现实性和可行性的正确道路,具有60多年历史的新中国建设取得举世瞩目的成就,让中华文明、科学社会主义、中华民族焕发出新的蓬勃生机,展现出光明的发展前景。三是理论科学,形势有利。共产主义社会是人类社会文明发展的最美好、最崇高社会,是唯物史观得出的科学结论。以合作共赢为核

---

① 中共中央文献研究室、中央档案馆:《中国共产党第二次全国代表大会宣言》,《建党以来重要文献选编(1921—1949)》第1册,中央文献出版社2011年版,第133页。
② 中共中央文献研究室编:《政府工作报告》,《建国以来重要文献选编》第19册,中央文献出版社1998年版,第483页。
③ 习近平:《在庆祝中国共产党成立95周年大会上的讲话》,人民出版社2016年版,第14、20页。
④ 同上书,第10页。

心的新型国际关系和人类命运共同体是适应当今世界经济全球化、政治多极化、文化多元化、社会信息化的必然选择发展。"今天的人类比以往任何时候都更有条件共同朝着和平与发展的目标迈进。"[①]

第三，实现雄心的战略部署。如何实现中国共产党人的雄心壮志？严格说来，习近平在七一讲话中所提"不忘初心、继续前进"八个方面的要求都是充分阐释和精心部署。这里需要特别强调的有：一是加强党的自身建设。习近平强调，办好中国的事情，关键在党。党的建设关系重大、牵动全局。必须围绕执政能力、先进性和纯洁性建设的主线，加强理想信念教育，严肃党内政治生活，以零容忍的态度坚决开展反腐败斗争，精心培养党和人民需要的好干部等，确保党始终成为中国特色社会主义事业的坚强领导核心。二是坚持既定原则不动摇。习近平指出，历史和人民选择中国共产党领导、党领导中国人民开辟的中国特色社会主义道路、党和中国人民独立自主实现国家发展的战略是正确的，"必须长期坚持、永不动摇"[②]。三是依靠团结广大人民。除了强调必须紧紧依靠和团结全国各族人民不断把坚持和发展中国特色社会主义伟大事业推向前进，习近平还指出：什么样的国际秩序和全球治理体系对世界好、对世界各国人民好，要由各国人民商量，不能由一家说了算，不能由少数人说了算。因此，要加强同各国的友好往来，同各国人民一道，不断把人类和平与发展的崇高事业推向前进。此外，习近平还指出，要通过大力建设与我国国际地位相称并同国家安全和发展利益相适应的巩固国防和强大军队、坚决按照"一国两制"完成祖国统一大业、积极主动引领青年群众成长成才等实现远大理想和共同理想。

综上所述，习近平在七一讲话中从时间、实践和哲学等多重维度诠释了中国共产党人不忘初心、不渝赤心、不移信心和不回雄心的缘由、依据、举措和意义，内涵丰富，思想深邃，充满激情，通篇闪耀着马克思主义真理的光辉，必将指引全党全国各族人民继续朝着"两个一百年"的既定目标和共产主义的远大理想奋勇前进。

（作者单位：安徽师范大学马克思主义学院）

---

① 习近平：《在庆祝中国共产党成立95周年大会上的讲话》，人民出版社2016年版，第20页。

② 同上书，第5页。

马克思主义文化观视角下的"文化援藏"工作初探

张永攀

马克思主义认为人和自然的结合导致了文化的产生,经济基础决定了包含有文化的上层建筑,其文化观的特性在于以人为本。基于唯物史观的马克思主义文化观还阐释了文化和时代的关系,"一定的文化是一定社会的政治和经济在观念形态上的反映"[①]。边疆文化作为中华文化的组成部分,也是符合这个规律的。那么,"治国必治边,治边先稳藏",对于国家治理来说,边疆问题凸显为国家治理的系统性、全局性和战略性,"运用政权的力量,动员其他社会力量,运用国家和社会的资源,去解决边疆问题,这就形成了边疆治理"[②]。而文化角度进行边疆治理与援藏工作又密切结合在一起。援藏成为支撑国家边疆治理体系和治理能力不断发展的典型政策,作为其重要构成部分的"文化援藏"是落实中央完善边疆地区公共文化服务体系的重要举措,甚至随着全球化、信息化的发展,可以把其看作推进马克思主义大众化和国家治理体系与治理能力现代化的重要环节。本文试对之作一初探。

一 从传统到现代:国家治理中的文化援藏

以传统而言,边疆的文化意义更胜于地理意义、政治意义。在清代及其之前的中央对西藏地方的治理策略中,儒家传统文化对之影响极其深厚,囊括边疆社会的"天下太平,长治久安"是国家—地方治理的重要目的,但对于边疆地区的文化机制,中央王朝较少直接管理。清代乾隆皇帝

[①] 毛泽东:《新民主主义论》,《毛泽东选集》第 2 卷,人民出版社 1991 年版,第 694 页。
[②] 周平:《论中国的边疆政治及边疆政治研究》,《思想战线》2014 年第 1 期。

曾说，西藏为极边之地，内地不可比，"其生计风俗自当听其相沿旧习，毋庸代为经理。"① 实质上，清帝国的这种模式，史学家伯班克和库柏（Burbank & Cooper）曾指出，帝国架构的基本特点是囊括不同的文化、区域，因此有利于发展包容性治理模式。② 但由于近代民族国家的兴起、世界近代化的发展，藏传佛教理念的本身局限和信仰者理解的原因，以及西藏社会的停滞、衰败与清末两次英帝国的武装入侵，西藏封建农奴制体系内的文化创造力不断衰落。种种消极、腐朽、迷信的内容依附的藏族文化，与世界的近代化差距越来越大。此外，由于清代中央与地方的权力博弈，西藏的汉藏官员之间的罅隙与文化隔阂，造成了从国家到地方的民族之间文化的相互误解。由此，旧西藏的文化正如其社会制度一样，处于崩溃的边缘。

中华民国建立后，中央政府宣称要在文化上平等对待各民族，并颁布部分纠正传统民族文化偏见的法令。国民政府于1929年10月颁布《以后对于西藏民族不得再沿用番蛮等称谓以符中华民族一律平等之旨》法令，认为"若以民族之别，则无论康藏青海人，均可称为藏人"；"若以地方名之，则可称为前藏人，西康人，青海人"；又根据国民政府蒙藏委员会提议，"对于藏人，不容稍有歧视"，不得使用诸如"藏番"、"蛮子"、"夷人"等蔑称性称呼。③ 国民政府肯定了西藏为中华民族之一员，也在文化上认同其属于中国。1935年6月15日，蒙藏委员会再次发布文告，禁止对蒙藏等族称以番、蛮、鞑子等，要彰显中华各民族"一律平等"，禁止在文化上歧视西藏。但由于国民政府对西藏地方的管理松弛，民国期间对西藏的文化支援，大多集中于内地开办的蒙藏学校、优待蒙藏学生、印行蒙藏月报等方面，而在西藏本地则较少开办。1944年蒙藏委员会为抵制英办报纸对藏煽动独立，计划在拉萨发行报纸，认为"西藏正情特殊，交通阻梗，文字宣传无论经由西康或印度，均嫌迟缓"，准备在拉萨仅有一电台的基础上，扩至单机十部，"附以电源设备，分运前后藏重要市镇架设，

---

① 《清高宗实录》卷261，乾隆十一年三月下条。
② 周雪光：《从黄宗羲定律到帝国的逻辑中国国家治理逻辑的历史线索》，《开放时代》2014年第4期。
③ 《以后对于西藏民族不得再沿用番蛮等称谓以符中华民族一律平等之旨》（1929年10月5日），国民政府训令，《元代至民国治藏法规汇要》（下），张双智编，学苑出版社2010年版，第780页。

籍利宣传而资普遍"。①但是国民政府的这些政策大多停留在纸面上,甚少能施行。同时,以中国共产党和马克思主义的发展而言,西藏和平解放以前,西藏是唯一一个没有共产党组织的省区。中华人民共和国成立后,尤其是"十七条协议"签订之后,马克思主义中国化的路径也得以在西藏开始形成。从国家治理的高度而言,西藏文化的保护、发展迎来了希望。"十七条协议"使中央政府成为西藏建设的政策制定者,扶助西藏的观念形成。但是,在民主改革前,马克思主义在西藏的地方传播是限定在一定范围内的。

马克思主义认为各民族应该平等团结,这是马克思主义民族理论坚持和主张的核心原则。但马克思主义还提出先进民族要帮助后进民族发展的主张,"不仅要帮助以前受压迫的民族的劳动群众达到事实上的平等,而且要帮助他们发展语言和文学"。②而"援藏"作为支援西藏的简称,最早出现于1950年周保中在云南省人民政府第一次会议上所提"我省已组成援藏工作机构……"③。此时的援藏多体现于经济领域的交通、工厂等基础建设,对文化领域并无涉及。且援藏制度在建国初期并无清晰的概念,唯一明确之处在于中央决定通过"帮扶西藏",实现"民族平等、民族团结"。建国初期的国家行政体系在西藏的报纸、出版、新闻等文化领域的施建上起到了巨大作用,但这种文化的援助是以动员政治和特殊扶助等带有浓厚政治动员色彩的非体系性政策进行援助④,或者由进军西藏的十八军和十八军支队的部分文化机构进行就地改造,形成西藏核心城市的文化机构雏形。更多的领域是驻藏军队参与建设了大量基建工程,在医疗、水电、桥梁、轻工业等领域建立了大量工厂,对军事、经济领域的基础建设优先于文化领域,这种情况与西藏在民主改革前的特殊社会局势有关。实质上,经济建设与文化援助建设的关系,体现了马克思主义者对边疆治理的原则性与灵活性的统一。

---

① 《蒙藏委员会为抵制英办报纸对藏煽动独立开具加强对藏宣传意见复外交部代电》,1944年9月1日,国民政府训令,《元代至民国治藏法规汇要》(下),张双智编,学苑出版社2010年版,第1042页。
② 列宁:《列宁论民族问题》(下册),民族出版社1987年版,第747页。
③ 周保中:《云南省人民政府工作报告——在云南省第一届各界人民代表会议上的报告》,《云南政报》1950年4月16日。
④ 谢伟民、贺东航、曹尤:《援藏制度:起源、演进和体系研究》,《民族研究》2014年第2期。

"爱国"在马克思主义经典作家看来,"爱国主义就是千百年来巩固起来的对自己的祖国的一种最深厚的感情"。① 1956 年西藏自治区筹备委员会成立时,中央代表团团长陈毅副总理赴藏,传达了中央对西藏的要求:"爱国,团结,进步",其中的"爱国"一词,便隐喻着国家认同的文化构建,也彰显着这种文化构建准备普及于西藏的普通民众,以缓解当时部分分裂者策动的所谓"吃糌粑的藏人和吃草的汉人"之间的"文化对立"。"爱国"也是马克思主义者对西藏传统文化发展的新要求。

然而,在 1959 年之前,西藏宗教领袖、噶厦贵族集团、农奴主垄断着西藏文化资源,独享西藏精神财富。社会民生凋敝,社会底层人民无生产资料和人身自由,毫无文化权利,"长期政教合一的封建农奴制统治窒息了西藏社会的生机和活力,使传统的西藏文化日益走向没落和衰败。"② 所以,在 1959 年以前,西藏自治区筹备委员会的权力难以触及基层民众的文化受众面,在 20 世纪 50 年代的西藏援建中,由于旧势力的干扰,民主改革的条件还不成熟,文化的援建只能仅仅限于最基本的政府公共文化宣传机构——广播、报社等,而对于大量最基本农牧民的文化教育只能依赖内地,即使是西藏首个高等学校——西藏公学,也无法在西藏落脚,筹建者在内地多方寻觅后,只好落于陕西咸阳。③

1956 年《中国金融》杂志刊登了《援藏同志来信》,以曹福康在西藏的事迹,描述了西藏的社会风土,这是援藏干部在公开刊物发表的较早文章,也显示了在西藏工作的汉族干部的工作自我身份定位:援藏。据靳薇研究,1959 年后的很长时间内,较多的提法为"到西藏支援建设"等,关于中央文件中首次使用"援藏",最早见于 1974 年国务院批转国务院科教组的一个通知中,但靳薇认为这一通知所涉及的只是支援教师的具体问题,将西藏作为支援对象的提法,出现于 1980 年中央召开的第一次西藏工作会议上。④ 在以邓小平为核心的第二代中央领导集体的后期,"援藏机制"初步形成。此前的时间段,贺新元认为,是中央政府对支援帮助西藏

---

① 列宁:《皮梯利姆·索罗金的宝贵自供》,《列宁全集》第 28 卷,人民出版社 1956 年版,第 168—169 页。
② 国务院新闻办:《西藏文化的保护与发展》白皮书,2008 年 9 月 25 日。
③ 白云峰:《忆西藏民族学院前身——西藏公学的筹建》,《西藏民族学院学报》1988 年第 3 期。
④ 靳薇:《西藏援助与发展》,西藏人民出版社 2010 年版,第 49 页。

发展的工作机制的探索时期（1951年至1978年）。[①]

"文化大革命"的结束使得民族文化工作得到新生，1979年10月，中国第四次文代会召开，邓小平"创造出具有民族风格和时代特色的完美的艺术形式"的讲话鼓舞了援藏文化工作者的积极性和创造性。次年召开的中央第一次西藏工作座谈会，提出"中央关心西藏，全国支援西藏"，根据西藏特殊需要，要求中央各部门、全国各有关地方和单位，在物质、资金、技术和人才方面给予西藏积极支援。这次座谈会上针对文化领域提出"十分尊重和科学地继承、发扬民族的文化艺术"。但是，在援藏机制形成后的20世纪80年代初期，与亟待发展的内地经济一样，第一次西藏工作座谈会的主要着眼点均仍以边疆民族的经济建设为主，而关于西藏文化的具体援建工作，提及较少。

1984年2月召开的中央第二次西藏工作座谈会正式提出帮助西藏实施包含文化中心在内的43个公益项目，其中包含6个群众艺术馆，这些项目提高了西藏公共文化的发展水准。1990年7月，江泽民在西藏视察期间，指出要提高西藏群众的文化素质，并强调对口援藏的教育、科技、卫生等为援藏的重点领域。1994年、2001年中央又召开了第三、四次西藏工作会议，重申援藏工作的路线、方针、政策，并进行了具体分工，明确了由北京、上海等14个省市分工援助西藏7个市地。第三次西藏工作座谈会确立"援藏机制"大格局，中央以政策法规形式正式将"对口援藏"确立为主要援藏形式。此次座谈会上，江泽民对新时期西藏文化工作提出了指导思想和方针："既要注意弘扬藏族传统的优秀文化，又要注意吸收其他民族的优秀文化，使传统的优秀文化同现代文化成果结合起来，以利于西藏更好地发展社会主义新文化"。中央第三次西藏工作座谈会的召开，使西藏的文化事业进入了新的发展时期，"对口援藏"形式为"文化援藏"的正式形成提供了组织基础。此后不久的"九五"期间，在援建资金和项目的支持下，西藏5年累计新建近300座多功能文化馆，36个乡镇文化站，350余个乡村文化活动室，还有儿童文化园、公共图书馆和文化广场等，累计总投资约7000余万元，其中由自治区计委安排330万元，建设了11个县级文化馆，安排1843万元新建了自治区图书馆，其余均属国

[①] 参见贺新元《中央"援藏机制"的形成、发展、完善与运用》，《西藏研究》2012年第6期。

家文化部及对口援藏省区援助和各地自筹部分资金建设。①

第四次西藏工作座谈会进一步深化了"援藏机制"大格局，具体明确了对口支援关系并使其相对固定化，干部援藏进入机制化和对口援藏范围实现全覆盖，完成由"中央关心西藏，全国支援西藏"的大政策到"分片负责、对口援藏、定期轮换"的具体操作的机制转换，形成干部援藏为龙头，辅之经济援藏、人才援藏、技术援藏紧密结合的工作格局。② 在文化领域，江泽民指出要巩固西藏思想文化阵地，这实质上希望文化是为西藏的长治久安提供思想保障，给西藏的经济发展提供动力和才智支援。第四次西藏工作座谈会还强调了宣传思想战线是反分裂斗争的重要阵地，要求对十四世达赖喇嘛深入批驳，让藏族群众在思想上认识到维护稳定、反对分裂是中华民族的共同利益。

2008年拉萨发生"3·14"骚乱之后，中央对于增强西藏群众对于中华民族共同体意识的文化建设工作非常重视。在两年后召开的中央第五次西藏工作座谈会继续确定了分片负责、对口支援、定期轮换的办法，但对于干部援藏、经济援藏、人才援藏、技术援藏等方面提出新的高标准要求。文化方面，这次座谈会指出的"当前西藏的社会主要矛盾仍然是人民日益增长的物质文化需要同落后的社会生产之间的矛盾"是切合实际的，所以，此后西藏文化建设要"加大中央扶贫资金投入力度，重点向农牧区、地方病区、边境地区倾斜。健全公共文化服务网络，完善公共文化机构运行保障机制，推进基本文化设施建设，提高精神文化产品供给能力，丰富各族群众精神文化生活"。面对达赖集团的挑衅，中央强调在援藏中"弘扬社会主义先进文化，加强西藏物质和非物质文化遗产保护和传承"。

尽管第五次西藏工作座谈会提到培育"中华民族共同体意识"这一西藏政策的思路，但理论化、体系化则体现在2015年的第六次西藏工作座谈会上习近平所指出的"要在全社会大力弘扬社会主义核心价值观，突出中国梦主题教育、中华民族共同体教育、中华民族传统美德教育、爱国主义教育、民族团结教育、新旧西藏对比教育"，突出"老西藏精神"和"两路精神"教育、反分裂斗争教育，增强各族群众对伟大祖国、中华民

---

① 乔元忠主编：《全国支援西藏》，西藏自治区人民政府办公厅、西藏自治区党委党史研究室编著，西藏人民出版社2002年版，第356页。
② 参见贺新元《中央"援藏机制"的形成、发展、完善与运用》，《西藏研究》2012年第6期。

族、中华文化、中国共产党、中国特色社会主义的认同等内容。"中华民族共同体意识"是马克思主义民族工作理论中国化的典范,第六次西藏工作座谈会对于西藏文化发展的精神实质上与建设国家治理体系和治理能力体系是相辅相成的。

纵观文化领域援藏工作,经历了初始萌芽期、明确期、具体落实期三个漫长的历史阶段,这三个阶段也是援藏发展历史的重要篇章。而第六次西藏工作座谈会提出的弘扬"中华文化"认同,更是发展文化援藏的里程碑。此外,如果从意识形态的建设角度来说,文化援藏的路径与马克思主义在西藏的大众化路径也是一致的。近年来也有学者指出在西藏等边疆地区马克思主义大众化道路与西藏文化建设亟待加强的问题。[1]

二 "文化援藏"工作与成效

如前所述,中国共产党60多年来的西藏治理思考和实践过程中,"中央关心西藏,全国支援西藏"逐渐被确立为其西藏工作方针之一。这个方针为西藏文化发展与保护提供了保障,形成了从文化角度展开我国边疆治理的现代化路径。若以改革开放为起点,国家对西藏文化支援发展的政策下,文化援藏工作的主要成就可以归纳为以下几点:

1. 20世纪80—90年代的主要成就

第一,随着20世纪80年代全国兴起的"文化热",文化援藏工作主要体现在西藏民族文艺遗产整理和收集,这与"文革"期间西藏文化得到破坏,中央希望对西藏优秀文化进行保护的思路有关。在援藏领域,中央规划了国家重点科研项目,援助西藏编纂十部文艺集成志书《中国戏曲志·西藏卷》《中国谚语集成·西藏卷》《中国民间歌谣集成·西藏卷》,以及整理《格萨尔王传》等。在西藏的民族文化遗产抢救机构、社会科学研究领域,均有不少援藏干部参与。第二,在艺术人才的培养方面。内地为西藏艺术人才的培养提供了援助。1979年至1997年,中央民院舞蹈系和音乐系、北京舞蹈学院、四川音乐学院附中、上海音乐学院及其附中、上海舞蹈学校、上海戏剧学院等院校为西藏培养藏族文艺人才144人。1980年,

---

[1] 孙勇:《在中国时代大语境中推进马克思主义大众化——兼议西藏地区及相邻省藏区马克思主义大众化路径》,《西藏研究》2011年第5期。

西藏自治区艺术学校在国家文化部的支援下建立。1981年正式西藏自治区文联委员,其中5个协会主席团成员,理事中,援藏干部占60%以上。①

2. 20世纪90年代—20世纪末的主要成就

第一,正式形成"文化援藏"的概念。1996年6月,(第一届)全国文化援藏工作座谈会召开,这是官方首次提出"文化援藏"。西藏自治区党委根据中央第三次西藏工作座谈会和江泽民总书记有关对西藏工作的重要指示精神,提出了"要从战略和全面高度来提高对文化援藏重大认识,增强全局观念,增强责任感,做好文化援藏工作"的要求,并强调"西藏是一个特殊的地区,有特殊的文化,促进西藏文化事业的发展有特殊的意义,因此,我们支持西藏文化建设,要有特殊对待的思想"②。由此,"文化援藏"在20世纪90年代形成这一称呼。从其名称而言,更多是与中央的对口援藏政策有关,但其概念最初局限于国务院文化部这一行政体系内。第二,开展"文化援藏"调研。"文化援藏"提出后,文化部为了贯彻落实中央第三次西藏工作座谈会和全国文化援藏工作座谈会精神,在文化部牵头下,国内13个省、市文化厅局的负责人和代表以及文化部有关司局人员组成的"文化援藏考察团"赴藏考察。调研结束后,文化部认为:1. 西藏文化建设总体上落后于内地。除少数地区的文化建设搞得比较好外,西藏的大部分地区文化建设相对落后,文化设施不全,文化人才缺乏,文化设施薄弱,高原艰苦的农牧区文化生活贫乏。2. 西藏文化要走自我发展的道路,必须充分利用民族文化资源的优势,壮大自己。西藏文化部门加强与内地文化部门和文化企业合作,走共同开发、互惠互利的路子。③ 这些意见在今天依然中肯,尤其是提出的"西藏地广人稀、文化设施建设要从实际出发,最好建设多功能的文化中心"在当今依然有参考价值,可以避免极大的财力浪费。第三,形成系列"文化(文物)援藏"工作会议。1998年,文化部、国家文物局召开三次全国文化文物援藏工作会议,认为要从国家战略和全局的高度,对西藏实行优惠政策,并扶持动员全国文化文物系统积极支援西藏的文化文物事业,在文化文物援藏工作中

---

① 乔元忠主编:《全国支援西藏》,西藏自治区人民政府办公厅,西藏自治区党委党史研究室编著,西藏人民出版社2002年版,第355页。

② 西藏自治区文化厅:《克服困难,努力搞好西藏边疆文化长廊建设》,《第五次全国万里边疆文化长廊建设现场会文件材料汇编》(1996年9月14日—9月20日),第213页。

③ 兰静:《96文化援藏录》,《文化月刊》1996年第9期。

注意统筹。1998年10月21日在第七次全国万里边疆文化长廊建设现场与第二次文化援藏工作会议上,文化部副部长李源潮确定并落实了文化援藏项目。在此次签字仪式上,文化部和自治区文化厅签订了协议,设立文化援藏发展基金。此外,内地各省的文化部门和对口援助的各地市、单位签订了项目落实责任书,援助资金共计426万元。①

3. 新世纪以来的"文化援藏"工作

(1) 文化部牵头的"文化援藏"

2006年7月18日,第三次全国文化文物援藏工作座谈会召开。文化部认为要根据西藏文化发展的需要,确定并落实文化文物援藏的项目。采取多样形式,做好文化文物援藏工作。② 2012年8月7日召开的第四次全国文化文物援藏工作会议则认为文化援藏是国家全方位对口支援西藏工作的重要组成部分,大力开展文化援藏工作是贯彻落实党的十七届六中全会和中央第五次西藏工作座谈会精神。这次会议的亮点在于要求"进一步完善公共文化服务体系的重要举措"。此后,文化部、国家文物局联合成立了"文化部支持西藏文化建设领导小组",文化部的"文化援藏"工作得以快速发展。新世纪以来文化部牵头的"文化援藏"工作主要表现在:第一,根据"十五"规划和中央第四次西藏工作座谈会确定的重点文化援藏项目加大对西藏文化文物事业投入,文化基础设施建设步伐加快,重点文物得到有效保护。主要有布达拉宫、罗布林卡、萨迦寺三大重点文物保护维修工程,卡若遗址、藏王墓保护规划;青藏铁路、阿里地区、林芝地区等考古调查;西藏自治区博物馆、山南博物馆等文物征集、馆舍维修、藏品保护;建设了自治区藏剧团排练演出厅、33座县级综合文化活动中、部分群艺馆改造等项目。第二,组织开展全国文化文物援藏工作。主要为西藏文化文物单位援助资金、培训人员、购置交通工具、更新专业及办公设备等。在文化部设立援藏办公室,举办"春雨工程——全国文化志愿者边疆行",开展社会主义核心价值观和文化艺术理论宣讲活动等。第三,加大了对西藏文化文物人才支援和培养力度。"十五"期间,文化部、国家文物局和对口支援省市针对西藏文化人才匮乏的现状,派出文化管理干

---

① 转引自《全国文化援藏项目签字》,载《中国民族年鉴(1999)》,齐宝和主编,辽宁民族出版社2000年版,第498页;原载《西藏日报》1998年10月23日。

② 孙家正主编:《中国文化年鉴2007》,新华出版社2008年版,第17页。

部、专业技术人员,来藏开展短期培训、业务指导,并且对西藏对外文化交流也给予了积极支持。①

(2)对口支援省区的"文化援藏"

在中央实施"分片负责、对口支援、定期轮换"的援藏政策下,对口援藏省市的党委宣传部、文化厅也开展了"文化援藏"工作。对口支援省区的"文化援藏"虽然较晚于文化部,但在近年来出于自身的优势,在文化基础设施建设、文化援藏干部选派、文化合作交流等多个方面,成就斐然。这主要体现在:

第一,文化基础建设取得巨大成就。"十五"到"十二五"期间,内地对口支援省份先后援建了拉萨市民族艺术宫、林芝地区艺术中心和图书馆、昌都地区图书馆、天津广场、日喀则地区扎寺广场、宗山博物馆以及部分县影剧院、文化广场等一批文化基础设施。② 第二,协助打造西藏文化品牌。"喜马拉雅五条沟""陈塘"夏尔巴文化等即是文化援藏打造的著名品牌。③ 此外还有其他省区援建的尼洋阁藏东南文化遗产博物馆、林芝美术馆、工布明珠城市文化广场、米林县藏医药文化博览苑、朗县烈山古墓群、冲康庄园等文化援藏基础项目。第三,西藏的影视、舞蹈文化产业得到提升。例如,湖北文化援藏重点项目电视剧《金幡》已经启动,并采取市场化运作的方式组织该项目实施。援藏电影《守望天湖》、《远山的雪》、《太阳和月亮》、《山海情》、微电影《援藏日记》均取得良好的文化效益。上海市投资为山南地区民族艺术团培养了舞蹈专业学员。红岩联线管理中心、重庆演艺集团等单位策划实施了各类赴藏演出和专业展览项目。上海投资扶持服饰歌舞《风情日喀则》。第四,新闻出版方面。有省区策划实施了电视扶贫、图书捐赠和数字资源共享项目,以及博物馆、自然博物馆的一对一帮文化项目。第五,藏族群众公共文化水平得到提升。上海投资新建拉孜文化广场、投资启动民族民间文化抢救工程,山东省投资新建白朗县文化广场、昂仁藏汉文化村,中国广播电视协会广播电视文

---

① 孙若风:《孙家正:加强文化援藏工作 促进西藏文化事业更大发展》,《中国文化报》2006年7月20日;麦正伟、苏功庭:《提升文化在援藏工作中的作用和作为》,《西藏日报》(汉)2015年9月18日。

② 孙若风:《孙家正:加强文化援藏工作 促进西藏文化事业更大发展》,《中国文化报》2006年7月20日。

③ 安娜:《文化援藏的使者》,《中国西藏》2014年第6期。

艺"小说连播"工作委员会援建的2008首届"文化援藏"活动。第六，相关省市还投资改善文化市场科办公条件、援助配备文化市场稽查车、改善文化局办公条件、培训专业骨干人员。①

需要指出的是，部分援藏省区的"文化援藏"凸显品牌效益，被舆论界称为"文化援藏"的模式。例如，第一，"吉林模式"。吉林省成立文化援藏促进会，吉林援藏中心组创办了《吉林援藏》、《吉林省援藏工作简报》、吉林省援藏工作网，制作了《雪域丰碑》专题片，把文化援藏作为品牌和特色，充分发挥文化援藏在推进两地团结友谊发展中的作用。促进会编辑出版《情牵雪域》、《历史不会忘记》系列丛书。吉林援藏中心组还引进资金，把日喀则勉唐派积攒多年极富价值的近200幅唐卡成功地转给北京寺上美术馆，并协助组织巡展，有力促进了日喀则文化的宣传与发展。②吉林省在推进文化援藏"五项工程"、"十件实事"方面，深入挖掘西藏优秀文化遗产，建设各民族共有精神家园，还成立吉林省文化援藏赵春江工作室，该省援藏干部喜马拉雅山脉腹地进行文化采撷和田野调查，其专著《喜马拉雅五条沟》，被写入西藏旅游发展和开发规划，摄影《羌姆石窟》及相关考察报道引起中国考古界的关注。③"吉林模式"的特点在于通过文化援藏，促进西藏的文化旅游产业发展。第二，"天津模式"。④天津市注重文化教育、图书馆的援藏路子，所以在天津的文化援藏工作中，注重文化人才培养。天津艺术职业学院为西藏昌都培养了60名艺术类高职学生，并且援建大量文化设施。在昌都卡若区、江达县、丁青县分别建立天津图书馆和天津市少儿图书馆分馆，购买添置了数万册藏汉文图书，填补了昌都市没有图书馆的历史空白等。⑤

总而言之，近20年来中央与各省区的文化援藏工作内容丰富、成效显著。其工作发展脉络是：首先援助保护和建设西藏传统民族文化，其次注重发展群众公共文化平台，而后演化为扶助社会效益与经济效益相结合的西藏文化产业。这个进程与中国从计划经济走向市场经济的路径也是一

---

① 参见殷强《重庆今年文化援藏拟投入150余万元》，《中国文化报》2015年5月22日。
② 大山：《吉林省援藏工作队全力打造文化援藏品牌》，2015年4月16日，来源：中国西藏新闻网 http://www.chinatibetnews.com/yz/201504/t20150416_391106.html；赵春江：《倾力打造吉林文化援藏品牌》，《吉林日报》2012年6月19日。
③ 《吉林省文化援藏赵春江工作室正式挂牌》，《新文化报》2013年9月10日。
④ 《文化援藏的"天津模式"》，《新西藏》2015年第6期。
⑤ 《文化援藏"天津模式"为藏文化插上腾飞的翅膀》，《天津日报》2015年5月19日。

脉相承的,其发展次序带来的益处是可以彼此反哺。此外:第一,关于"文化"一词,在马恩著作中,蕴藏极为丰富,"对整个文化和文明的世界的抽象否定,……恰恰证明私有财产的这种扬弃决不是真正的占有。"①"每个人都有充分的闲暇时间去获得历史上遗留下来的文化。"② 从马克思主义文化观来看,文化含义的阐释可归纳为:广义的文化,人类在处理其与自然、社会及其自身的关系的活动中所取得的物质产品和精神产品的总和;狭义的文化,是以观念形态存在的社会意识形式,包括社会意识形态和非社会意识形态两个部分。③"文化援藏"当前涉及的内容应该为狭义的文化。所以,"文化援藏"应该有这样一个描述:"国家机构或者个人通过以促进西藏稳定和发展为目的,针对西藏文化保护和发展而做出的帮助活动。"第二,当前以政府为主导的"文化援藏"归口多是新闻、广电、出版、文物、文化管理、旅游等西藏各级行政事业机构,方式多是智力、技术、经费(项目)(多以经费带动项目为主)等能看得见、摸得着、建造周期短、效益快等的项目为主,而投资大、周期长、见效缓、影响深厚,能够增强"中华文化"、"中华民族"认同的大型文化援藏项目较少,且在文化人才的援藏方面较为薄弱。另外,文化援藏的活动大多涉及基础建设、考察培训、展览交流、成果出版、论坛会议、文物征集、技术咨询、科技保护、文化产业规划等,而适应时代发展的创新性、前瞻性,着眼于"一带一路"、"面向南亚开放的陆路大通道",以及注重国家安全与时代命运相关的文化援藏方式还较少。第三,在实现西藏跨越式发展和全面小康社会目标时,在"文化援藏"中,除了考虑物质的、技术的、能看到的文化硬件项目的同时,还要考虑西藏居民的实际文化需求、"文化援藏"的社会融入性、"文化援藏"的后期效益评估等。

三 对"文化援藏"的思考

从"文化援藏"的历程来说,其内容是马克思主义中国化、时代化、

---

① 马克思:《1844年经济学哲学手稿》,《马克思恩格斯全集》第3卷,人民出版社2002年版,第296页。
② 恩格斯:《论住宅问题》,《马克思恩格斯选集》第3卷,人民出版社1995年版,第150页。
③ 佘远富:《十七大以来中国共产党对马克思主义文化观的创新与发展》,《扬州大学学报》2012年第5期。

大众化一致的。当前，在经济一体化、信息全球化的格局下，马克思主义文化理论的价值依然要求我们思考应该如何正确处理民族文化发展中的"文化援藏"。

1. 国家治理体系和能力的现代化为"文化援藏"提出了新的要求

马克思主义文化观认为，文化是社会生产力的因子之一，也是社会生产力的表现形式。"发展属性是马克思主义文化观的显著特征"。[①]"文化援藏"政策始终要与社会发展、党和国家的大政方针同步进行。1987年6月美国前总统卡特来华访问，邓小平向其介绍了中央对西藏帮扶政策："我们对西藏的政策是真正立足于民族平等"，并评价到"关键是看怎样对西藏人民有利，怎样才能使西藏很快发展起来，在中国四个现代化建设中走进前列。"[②] 邓小平对首次援藏政策的目标和意义做了明确阐述，其中也重申创建于20世纪50年代的四个现代化理念。有学者认为，自中华人民共和国成立后中国共产党经历了三个发展阶段：1949年至1978年的第一阶段是"国家统治的阶段"。1978年至2013年的第二阶段是"国家管理的阶段"。2013年开始，党的执政进入了第三阶段，即"国家治理的最新发展阶段"，这是以习近平同志为核心的中央领导集体作出的重大决策。[③] 第三个阶段也即"全面深化改革的总目标是完善和发展中国特色社会主义制度，推进国家治理体系和治理能力现代化"。这可以理解为第五个现代化。新中国的国家治理发展阶段也是同样合适描述1949年以来中央对西藏的文化政策。那么，2015年第六次西藏工作座谈会提出的，牢固树立"治国必治边、治边先稳藏"的战略思想，把西藏工作放在纳入推进国家治理体系和治理能力现代化之中更是对西藏文化工作、文化援藏工作指明了方向。如何落实国家治理体系和治理能力现代化下的"文化援藏"是我们应该关注的命题。需要指出的是，国家治理和治理能力现代化并非单独的政策与制度构建，实质上包括人民群众的文化观念更新、文化需求升级、文化管理体制创新等问题，新时代下的"文化援藏"任重而道远。

2. 中华文化认同下"文化援藏"的必要性

中国各民族人民创造的物质产品和精神产品总和形成中华文化，中华

[①] 田贵平、竟辉：《马克思主义文化观的再解读》，《重庆邮电大学学报》2014年第4期。
[②] 邓小平：《立足民族平等，加快西藏发展》，《邓小平文选》第3卷，人民出版社1994年版，第246—247页。
[③] 许耀桐：《习近平的国家治理现代化思想论析》，《上海行政学院学报》2014年第4期。

民族内汉族与其他各少数民族的文化是平等的,彼此不分高下、强弱、优劣。"文化援藏"并非"汉文化"援助"藏文化",而是国家利用其政权力量对少数民族地区的文化进行援助,以保护和促进其发展。当前,中华文化认同下的"文化援藏"颇显急迫性。文化认同(cultural identity)是民族共同体中凝聚成的对本民族文化的肯定,核心是自身的基本价值的认同;文化认同是增强民族凝聚力的精神纽带,是民族共同体生命延续的精神基因。因而,文化认同是民族认同、国家认同最重要、最深层的基础。[①]在中国民族的形成与发展过程中,文化认同对于促进各民族之间政治、经济、文化交流,形成以中华文化为主导的中华民族多元一体格局起到了决定性作用。汉族与藏族自吐蕃时期开始,便存在悠久和灿烂的民族文化交流,共同促进了彼此的文化繁荣。中华文化是汉族、藏族和其他兄弟民族共同酿造而成的,且在文化基因中你中有我,我中有你。中医与藏医、汉藏佛经、绘画艺术、饮食文化、服饰文化、建筑文化等彼此掺杂,共同构成了中华文化的一部分。但是,由于近代以来西方民族构建国家思潮的影响,部分亲西方的分裂分子开始鼓吹西藏文化与中华文化的对立性,甚至利用被歪曲了的西方体质人类学来刻意强调藏族与汉藏的差异性,以种族论带动文化的分离性。在近年来,十四世达赖集团更是强调"构建新型汉藏关系",暗中推广"拉嘎日运动",企图以"藏族文化"破坏中华文化的整体性,并刻意强调维护藏族文化的"纯洁"。对此,"文化援藏"应该针对中华文化认同方面,在学校、博物馆、广场、佛学院等地,协调西藏文化事业机构,通过教材、图画、影响、表演等方式,进行中华文化的宣传,以增强西藏民众对中华文化的认同。

3. 以"文化援藏"促进西藏建设面向南亚开放大通道的进程

马克思主义指出经济对文化的决定作用,但同时解释了文化对于经济的反作用。"政治、法、哲学、宗教、文学、艺术等等的发展是以经济发展为基础的。但是,它们又都互相作用并对经济基础发生作用。并非只有经济状况才是原因,才是积极的,其余一切都不过是消极的结果。"[②] 社会主义道路是西藏文化发展的唯一正确选择,只有在马克思主义文化观指导

---

① 秦宣:《关于增强中华文化认同的几点思考》,《中国特色社会主义研究》2010年第6期。
② 《恩格斯致瓦·博尔吉乌斯》,《马克思恩格斯选集》第4卷,人民出版社1995年版,第732页。

下,西藏传统文化才能获得新的生机与活力,才能推动西藏跨越式发展。例如,西藏与南亚国家在文化有很深的联系,尤其在宗教文化上与印度、尼泊尔息息相关。习近平与印度总理莫迪在 2014 年和 2015 年的两次会见,预示着中印关系进一步深化,以及"一带一路"框架下中印关系的远景期望。"一带一路"的提出,为西藏对外经济贸易的方向、模式赋予了新的内容,西藏即将以青藏、川藏铁路为主,通过亚东、吉隆、樟木等口岸,搭建南亚贸易陆路大通道的主体架构。① 从历史文化方面来看,喜马拉雅山脉未割裂中国西藏与尼泊尔、印度的文化交流,反而由于西藏文明的吸引,形成了以藏传佛教和藏语为基础的喜马拉雅文化圈。文化的这种社会区域亲和力、吸引力可以跨越政治边界和自然隔绝,在区域之间贯通。中印关于印方香客进藏的协定即是其共同宗教文化在政治合作方面的体现。所以,"文化援藏"在当前西藏建设面向南亚开放大通道的进程中,应想方设法促进中国与南亚各国的文化交流,从政策、资金、人才方面支持西藏文化与周边进行交流。例如,广西利用了中国—东盟博览会在南宁永久举办的优势,加大对外宣传广西特色少数民族文化,让东盟国家充分了解到广西的少数民族文化,壮族民族自信心得到了很好的提升则是很好的范例。而由于当前西藏社会的特殊情况,在文化对外交流方面限制过于繁杂,顾忌内容太多,客观上不利于西藏社会经济的发展。"一带一路"建设是新形势下中国对外开放的重要战略布局,其以开发开放和经贸合作带动文化交流,文化交流则促进开发开放的深度和经贸合作的广度,这是"文化援藏"应努力的方向。

4. "文化援藏"要和推进文化的产业化进程相结合

西藏的自然资源和宗教历史文化资源丰富,部分城市也拥有资质较好的文化产业。但西藏偏远地区的文化资源产业化程度低。在文化产业部门调研中,地方文化管理机构谈得最多的内容是向上级政府要钱、要人、要物,而自身却很少主动靠近市场、通过市场经济来发展文化产业。可以说,西藏部分地方文化管理机构的"等、靠、要"思想较为严重。有些地区拥有优厚的非物质文化遗产的宝贵财富,"藏舞"、"锅庄"、"格萨尔王"等艺术形式驰名中外,但依然希望政府给予全额财政拨付维系其生

---

① 参见苗杨、蒋毅《融入"一带一路"战略构想 推动西藏跨越发展》,《当代世界》2015 年第 1 期。

存,其从未走出过西藏区界,甚至地市界。与此矛盾的是,"藏戏"、"藏舞"等商业化活动在内地舞台的缺失与需求。例如,全国少数民族文艺会演是国家法定的大型民族文化活动,得到党中央、国务院的高度重视,但从未形成商业化的模式,内地观众"一票难求"。当前,对于文化援藏来说,协助西藏进一步建立完善文化产业管理体系,援助做好西藏文化资源和文化产业发展情况调查,援助文化产业项目开发,打造市场品牌,发展商业演出,促使西藏文化产业"走出去"步伐,才是一条可行的路子。

5. 十四世达赖集团破坏西藏社会稳定与"文化援藏"重要性

马克思主义文化观认为文化具有阶级性,阶级的对立表现为社会意识——"文化"的对立。关于西藏,则体现在达赖集团所奉行的"文化"与社会主义的西藏文化的对立。同时达赖集团所鼓吹的"文化"又成为国际反华势力从事反华活动,或者怂恿民族分裂主义者进行分裂活动的有效工具。十四世达赖集团在国外反华势力的支持下,近年来热衷打造"拯救西藏文化"活动。"藏独"分子在海外抓住国际上流行的"文化牌",利用各种场合举办破坏西藏社会稳定的活动。例如,2015年10月在印度萨热师范学院中,"藏青会"针对其所谓的"正在消逝的西藏古代民俗文化"举办的第九次"藏学研讨会",向流亡藏人青年推崇"西藏文化灭绝论"。2016年3月与"流亡藏人学校"长期保持互动关系的美国艾默里大学公布了"西藏文化周"活动内容,该校迈克尔·卡洛斯博物馆(Michael C. Carlos Museum)展出了由十四世达赖喇嘛加持过的多件藏传佛教法器以及彩沙坛城。至今,艾默里大学已经连续举办了15届"西藏文化周"活动。2016年3月7日,因捷克前总统哈维尔(Vaclav Havel)对西藏议题的关注,以及他与十四世达赖喇嘛之间的关系,捷克援藏团体(MOST)在布拉格举办"西藏文化节",向西方不了解西藏实情的人们介绍了所谓"自焚"等西藏周边发生的"紧张"局势。该文化节还设立"西藏议题"研讨会、文艺表演,并放映鼓动"藏人自焚"的影片。2016年4月,"藏独"集团组织的"布里斯班西藏文化节"在澳大利亚开幕,邀请林喇嘛(十四世达赖经师之"转世")、印度作家范达娜·席娃(Dr Vandana Shiva)出席,并以"西藏高原的生态环境对世界的影响"为主题歪曲中国的西藏文化政策,还映展有关西藏议题的影片、图片等。所以,在全球经济一体化的背景下,"文化援藏"不仅应置于西藏本地,而且要走出国门,与西藏地方文化界一起宣扬西藏文化建设的巨大成就,如此,才能促使达赖集团"西藏文化灭绝"的谎言不攻自破。

  总之,"文化援藏"工作关系党和国家的国家与边疆治理,从中央到各地市都历来重视包括其在内的援藏工作。这个政策也是党和国家在60多年的西藏治理实践过程中,逐渐形成的治藏思路和方法。而对于援藏工作,正如习近平总书记所指出,必须全面正确贯彻党的民族政策和宗教政策,加强民族团结,增进西藏群众对伟大祖国、中华民族、中华文化、中国共产党、中国特色社会主义的认同,把中央关心、全国支援同西藏各族干部群众艰苦奋斗紧密结合起来。[①] 随着中国社会主义市场经济的不断发展,"一带一路"的不断推进,"治国必治边、治边先稳藏"和"依法治藏、富民兴藏、长期建藏、凝聚人心、夯实基础"的重要战略思想的实施,如何以全局观念和世界眼光认识西藏文化领域出现的新情况新问题,怎样在"国家治理现代化"体系下,合理使用内地文化资源,积极引导西藏宗教文化与社会主义社会相适应,推进西藏的马克思主义大众化,促进西藏文化的保护和发展,是各界需要重视的一个课题。

(作者单位:中国社会科学院中国边疆研究所)

[①]《中央第六次西藏工作座谈会召开,习近平发表讲话》,2015年8月25日,新华网(http://it.chinanews.com/gn/2015/08-25/7488714.shtml)。

"和"与马克思主义的共通性

李海玲

"和"是中华文明的灵魂,马克思主义是西方文明的精华,从马克思主义传入中国到马克思主义不断中国化,我们不断思索马克思主义在救中国之外,于文化上何以能不断与中国传统文化无缝链接,浑然天成。从外在形式上分析,"和"与马克思主义差异分明,我们也正是因为二者差异分明,天壤之别,我们才在中国危在旦夕,完全否定传统文化之时,引进了全新的马克思主义。但是,我们为什么选择了马克思主义,而不是西方其他什么主义,经过百年的反复实践、理论;理论、实践。我们猛然发现,从根本上来说,马克思主义所继承的人类文明中,包含着丰富的东方文明要素。与其说是中国历史选择了马克思主义,莫若说是中国文化选择了马克思主义。因为,从深层次分析两种哲学的本质,其实,"和"与马克思主义除了互补之外,还深刻共通。

一 "和"与马克思主义共通的可能

(一)文化交流,中西互鉴

物质是运动的,文化也不是僵死的。丝绸之路、茶马古道不仅是经济商贸的通道,也是政治、文化的通道。季羡林先生讲:"文化一旦产生,其交流就是必然的。没有文化交流,就没有文化发展。交流是不可避免的,无论谁都挡不住。……中外文化的交流,一直没有中断过。"[①]

1. "东学西渐"与文艺复兴及启蒙运动

文化交流,有"西学东渐",也有"东学西渐","和"与马克思主义作为东西方文化的继承者、集成者、精髓者,必然凝聚有共同的东西方文

---

① 季羡林:《东学西渐与"东化"》,《上海美术》2005 年第 3 期。

化精华。近代以来，以"西学东渐"为主；但近代以前，汉唐、明末清初，尤其是欧洲文艺复兴与启蒙运动时期，"东学西渐"从来就没有中断过。

季羡林先生和王宁先生主编了一套《东学西渐丛书》，从这套丛书中，我们可以清楚地看到，公元16、17世纪以前的欧洲，在文明的发展中与中国有多么大的差距。而他们向中国文明的学习，与后来中国人接受欧洲文明的顺序是相似的，即先从科学技术开始，这不仅包括造纸、印刷、火药、指南针"四大发明"，还包括陶瓷、冶金、纺织等技术，以及军事技术和兵法等。之后，又逐步深入到文化，即价值观、思想和道德，再就是哲学，进而是对中国社会制度的理性思考。[①]

欧洲启蒙运动时期文化的"东化"，曾经是欧洲启蒙运动推崇人本、理性、自然、唯物，反对宗教、神学，乃至反对一切形而上学的重要思想武器。以朱谦之为代表的一批中国学者曾考证，西方启蒙运动中推崇的理性之所以称为"理性"，乃是源于宋儒理学之"理"。

"我们可以说：18世纪时代是'反宗教'的哲学时代，就是理性时代。但我们要问，这个理性时代是从哪里来的？……无论从何方面看，都可认出有中国哲学文化的影响。而理性之'变化的范畴'，黑格尔以为这就是东方人所抱的一种理想。黑格尔说：'中国人承认的基本原则为理性（Reason）——叫做道'。赖赫准恩在《中国与欧洲》一书中说：'中国政治也就成为当时动荡的欧洲政局一个理想的模型，当时欧洲人都以为中国民族是一个纯粹理性的民族了'。"[②]

启蒙运动的旗手伏尔泰说儒家是："令人钦佩的，毫无迷信，毫无那些荒诞不经的传说，更没有那种蔑视理性和自然的教条。"[③] 启蒙思想家看到，中国传统文化没有一个高高在上的主宰万物命运的神，中国传统文化，尤其是在社会层面上，对有神、无神问题不大关心，它更关心的是道德。他们认为中国传统文化不需要神来说明世界，宋儒理气之辩，是唯物论。这些中国思想给西方中世纪以来追求自由思想的人以极大的鼓舞。西方知识界甚至尊孔子为欧洲18世纪的"守护神"。"启蒙运动中的主力思

---

① 季羡林：《东学西渐与"东化"》，《美术》2005年第3期。
② 朱谦之：《中国哲学对欧洲的影响》，上海人民出版社2006年版，第192、194、195、196页。
③ ［法］伏尔泰：《哲学辞典》，王燕生译，商务印书馆1991年版，第331页。

想家大都推崇自然,如:卢梭、魁奈、霍尔巴赫、斯宾诺莎。西方学者专门考证,启蒙运动之前,斯宾诺莎受老子'道法自然'等思想的影响不可低估。"①

总之,在启蒙运动中,中国成了西方学者改造欧洲的一个积极的参照系。他们以中国的孔孟老庄、宋儒理学为武器,反对神本,推崇人本;反对宗教迷信,推崇自然理性。而19世纪40年代诞生的马克思主义又是西方启蒙运动思想的坚定继承者与发展者。

2. 文艺复兴及启蒙运动与马克思主义

十分了解马克思的赫斯曾说过,把"卢梭、伏尔泰、霍尔巴赫、莱辛、海涅和黑格尔结合成一个人——我所说的结合不是机械地混合——这将会使你得到一个关于马克思博士的概念"②。在他看来,马克思是集诸启蒙学者为一体的"伟人"。马克思主义对启蒙运动中的唯物主义、自然主义、人文主义、无神论等思想均进行了继承,尤其在人性善思想方面,马克思深信人的完美。马克思、恩格斯在《神圣家族》中曾指出:"唯物主义关于人性本善和人们天资平等……学说,同共产主义和社会主义有着必然的联系。"③"因此一定程度上可以说,共产主义社会是为那些相信人性本善、又努力改造自身及其世界的人准备的学说。"④ 而人性本善的思想从哪儿来?李约瑟说:"当余发现18世纪西洋思潮多系源于中国之事实,余极感欣忻。……吾人对于社会进步之理想,唯有依赖人性本善之学说,方有实现之望,而此种信心,吾人固曾自中国获得也。"⑤《三字经》的首句就是:"人之初,性本善",人性本善的思想毫无疑问来自中国。

所以,马克思主义虽然是西方文明发展的必然结果,但马克思主义一传入中国就被中国知识分子热情、自然、毫不犹豫、满怀信心的接受了。李约瑟说:"中国人如此热情地接受辩证唯物主义,有很多西方人觉得是不可思议的。……但是,在我想象中,中国的学者们自己却可能会这样

---

① 王珍:《马克思主义视域中的中国传统文化资源》,《新华文摘》2014年第18期。
② [英]戴维·麦克莱伦:《青年黑格尔派与马克思》,夏威仪等译,商务印书馆1982年版,第154页。
③ 中共中央马克思恩格斯列宁斯大林著作编译局:《神圣家族》,《马克思恩格斯文集》第1卷,人民出版社2009年版,第334页。
④ 王珍:《马克思主义视域中的中国传统文化资源》,《新华文摘》2014年第18期。
⑤ [英]李约瑟:《中国文明》,转引自朱谦之《中国哲学对欧洲的影响》,上海人民出版社2006年版,第198页。

说：'真是妙极了！这不就像我们自己的永恒哲学和现代科学的结合吗？它终于回到我们的身边来了！'……从某种意义上说，这种哲学思想正是他们自己所产生的。"①

"张岱年、匡亚明等学者都认为，中国早期的马克思主义者都是读过儒书的人，是儒家学说促使他们义无反顾地接受了马克思主义"②。

张岱年先生在《马克思主义在中国的传播与中国传统哲学的背景》中指出："马克思主义在中国的传播之顺利，绝不仅由于政治的原因。如果马克思主义的理论与中国的学术传统是完全格格不入的，那必然不易被人们所接受，更不易迅速成为整个国家的主导思想。马克思主义在中国取得胜利，还有思想意识方面的原因。"③

匡亚明先生在《人类文化知识遗产的继承和发展问题》中指出："马克思主义和共产主义吸收了两千多年来人类文化中一切有价值的东西，是从人类知识的总和中产生出来的。"④ 在《批判、继承和弘扬中国传统思想文化》中指出："中国传统思想文化中的积极因素和马克思主义基本精神之间并不隔着一道鸿沟，更不是水火不相容，而是'心有灵犀一点通'的，它是有利于马克思主义在中国生根、开花、结果的思想土壤。"⑤

因此，从很大程度上说，马克思主义中国化不仅是文化的"从西到东"，更是文化的"从东到西再到东"。这也是"和"与马克思主义深刻共通的重要原因之一。

3. 德国古典哲学与中国传统文化

德国古典哲学是马克思主义的三大理论来源之一。德国古典哲学是文艺复兴及启蒙运动的继承者，同样，德国古典哲学与中国传统文化有着深刻的联系。德国古典哲学的主要代表人物有：康德、费希特、谢林、黑格尔、费尔巴哈等。其中，康德是德国古典哲学的创始人，而康德受中国文化思想影响之大以至于被尼采称为"哥尼斯堡的中国人"。康德说："有两样东西，人们越是经常持久地对之凝神思索，它们就越是使内心充满常新

---

① [英]李约瑟：《四海之内》，劳陇译，生活·读书·新知三联书店1987年版，第63、67页。
② 王珍：《马克思主义视域中的中国传统文化资源》，《新华文摘》2014年第18期。
③ 张岱年：《马克思主义在中国的传播与中国传统哲学的背景》，《中国社会科学院研究生院学报》1987年第3期。
④ 匡亚明：《人类文化知识遗产的继承和发展问题》，《孔子研究》1986年第2期。
⑤ 匡亚明：《批判、继承和弘扬中国传统思想文化》，《社会科学家》1991年第5期。

而日增的惊奇和敬畏：我头上的星空和我心中的道德律。"① 库恩说："康德的终极关怀在于道德，甚至可能是宗教。……他想要证明，即使我们无法认识绝对的实在，但是道德仍然可以对我们要求说它是绝对且不可抗辩的。使人类高于禽兽的，是道德的要求。"张汝伦先生认为，这与儒家的追求十分相像。②

康德的启蒙老师，德国启蒙运动的先驱，二进制的发明人：莱布尼茨，他认为"阴"与"阳"基本上就是他的二进制的中国版。而且莱氏还提出了神为道德的完满，将神与道德统一起来。

李约瑟说："我相信，如果我们继续深入研究新儒家对欧洲17、18世纪的哲学巨匠们，尤其是对莱布尼茨的影响的话，就会发现：西方的有机自然主义之花曾得到过中国哲学的直接滋润！……不管你怎么看，一个十分显然的事实是，黑格尔、恩格斯、怀特海哲学介绍到中国来，只不过是基于和源于中国的东西的回归。这一点终将得到所有人的赞同。"③

从莱布尼茨的二进制与易经的相互印证到康德的二律背反到黑格尔的对立统一到马克思的唯物辩证法，东西方文化的交融在马克思主义中如影随形。

马克思曾写过《关于费尔巴哈的提纲》，在对费尔巴哈机械唯物主义批判的基础上，马克思确立了实践观，并为唯物史观提供了生长点。而费尔巴哈的唯物主义受培根与斯宾诺莎的深刻影响，费尔巴哈在1833年出版了《近代哲学史》（从培根到斯宾诺莎）。马克思、恩格斯曾经称培根是"英国唯物主义的第一个创始人"；而培根的"理性主义"、"经验主义"、"现实主义"；斯宾诺莎的"神即自然"、"自然即神化身"都受到"东学西渐"的深刻影响。

总之，马克思主义的辩证法、唯物论与中国传统文化到"东学西渐"到启蒙运动到文艺复兴到德国古典哲学有着千丝万缕的历史联系。

（二）人与人的本性是共通的

人与人的本性是共通的，这也是"和"与马克思主义共通的基础。无

---

① ［德］康德：《实践理性批判》，邓晓芒译，人民出版社2003年版，第220页。
② 卢羽华：《康德290年后"再来中国"》，《深圳商报》2014年4月22日第C02版。
③ 李约瑟、郭之：《评冯友兰〈中国哲学史〉》，《中州学刊》1992年第4期。

论东方、西方，人与人的本性是共通的，对真善美的向往是共通的，两者虽然对人性思索的初意是背道而驰，一个人性善，一个人生而有罪，但最终都努力通过不同的路径抑恶扬善，追求人性的圆满与自我实现。

正是因为人性的共通，所以，东西方真正的哲学家对人类深切的同情与思考是共通的。所以，在对理想社会的向往上，从儒家的大同世界到柏拉图的理想国；从欧文的"新和谐"公社、圣西门的实业制度社会、傅立叶的法郎吉协作社到科学社会主义、到共产主义，到今天的和谐社会，无一例外都是仁爱、博爱、自由、平等、公正、民主、和谐、幸福的社会。马克思恩格斯指出："我们这个世纪面临的大转变，即人类与自然的和解以及人类本身的和解。"① 也就是社会发展最终要实现人的全面发展和人与人、人与自然之间的和谐。共产主义社会将是什么样子的社会呢？马克思说："它是人和自然界之间、人和人之间的矛盾的真正解决。"② 这种矛盾的解决不是矛盾的消除，是人和自然之间、人和人之间对立面的和谐。

无论不同时代对理想社会的命名如何变化，无论不同人群对理想社会的具体构建如何不同，都不过是对理想的地域化、时代化。因为人的本性是共通的；他觉得好的，我往往也觉得好，所以，理想社会之间有丰富的共同点。同样，我们的共产主义与和谐社会深刻共通，而且，他们还将是我们未来很长时间的一个不断接近、不断完善、不断实现、不断理想的共同前行目标。理想在与现实的不断交错中前行，如果我们对现在的理想有了新的想法，我们会进一步完善我们的理想，使之更美好、更可行；如果我们实现了心目中的理想，我们还会有新的理想，因为人不能没有理想，不能没有梦。

二 "和"与马克思主义共通的根本

黑格尔在论述同一与差别时说："假如一个人能看出当前即显而易见的差别，譬如，能区别一支笔与一头骆驼，我们不会认为这人有了不起的聪明；同样，另一方面，一个人能比较两个近似的东西，如橡树与槐树或

---

① 恩格斯：《国民经济学批判大纲》，《马克思恩格斯文集》第1卷，人民出版社2009年版，第63页。
② 马克思：《1844年经济学哲学手稿》，《马克思恩格斯文集》第1卷，人民出版社2009年版，第185页。

寺院与教堂，而知其相似，我们也不能说他有很高的比较能力，我们所要求的，是要能看出异中之同和同中之异"①。

比较"和"与马克思主义，就是比较二者的异中之同，以及异中之同之异。比如，二者的"异"在于东西方综合思维与分析思维的差异，而"异中之同"是二者的共同点：辩证思维；而辩证思维又有异，一个明晰辩证，一个模糊辩证，这是异中之同又有异。二者有"异"，异中又有"同"，同中又有"异"。所以在比较二者异中之同时，还要自觉地意识到异中之同之异。

在《"和"与马克思主义》一文中，笔者曾经论述过"和"与马克思主义的四个一致：①开放包容一致、②发展不息一致、③矛盾辩证一致、④目标一致，在此再作深入探讨。

比较之前，首先肯定"和"作为中国哲学的灵魂，其哲学的核心思想是：①阴阳"和"的辩证、②多元"和"的包容、③生生"和"的不息。其思想的直观具象化就是大道之源的太极与中华民族的图腾：龙（龙是民族融合的象征，也是文化多元融合的象征）。"和"与马克思主义的深刻共通也是太极思想与马克思主义的深刻共通。

从根本上来说，"和"与马克思主义主要有以下五点共通：①唯物论、②辩证法、③发展观、④实践论、⑤共产主义。这五点也是马克思主义哲学的根本特征。

（一）唯物论与自然论

从世界观上来说，马克思主义哲学是唯物论；而中国传统文化对世界的认识来自于对天地的观察，是自然论。

唯物论认为：世界的本质是物质，世界上先有物质后有意识，物质决定意识，意识是物质的反映。与此相似，中国传统的自然论无论从来源还是认识都是朴素的唯物论。

道教的建筑称为太极观，为什么称为"观"？因为太极的阴阳和生来自于中华人文始祖伏羲的"观"。

《周易·系辞下》：

---

① ［德］黑格尔：《小逻辑》，贺麟译，商务印书馆1980年版，第253页。

> 古者包牺氏之王天下也，仰则观象于天，俯则观法于地，观鸟兽之文与地之宜，近取诸身，远取诸物，于是始作八卦，以通神明之德，以类万物之情。

太极自然论从来源上来说就是包牺氏（伏羲）观天地鸟兽、观近身远物而来，这些都是客观存在的物质世界。

庄子云："有人，天也，有天，亦天也"。一切都是客观存在的。阮籍在《达庄论》中曰："万物生于天地，天地生于自然"。天地万物是自然而然自己生成的。

中国古代的五行学说也认为，水、火、木、金、土五种"物质"是世界的本原，五行之间相生相克促进事物的联系和发展。

另外，中国古代的"气"学认为"气"是世界本源，是构成世界的基本元素。何休在《春秋公羊传解诂》中曰："元者，气也"。《春秋繁露·重政》云："元者，为万物之本"。所以"气"又称"元气"。

"气"亦分阴阳，《道德经·四十二章》云："万物负阴而抱阳，冲气以为和"。气本为一，分为阴阳，阴阳二气对立统一。阴阳二气矛盾对立形成了气的永恒的有规律的运动变化。《论衡·自然篇》曰："天地合气，万物自生，犹夫妇合气，子自生矣"。天地万物的生成、发展和变更、凋亡，自然界一切事物的变化，不论是动植物的生育繁衍，还是无生命物体的生化聚散，无不根源于阴阳二气的交感运动。

气与物是统一的。《正蒙·太和》云："太虚不能无气，气不能不聚而为万物，万物不能不散而为太虚"。

物与理是统一的。王夫之在《读四书大全说》中云："尽天地之间，无不是气，即无不是理也"。范缜在《神灭论》中云："神即形也，形即神也。是以形存则神存，形谢则神灭也"。

气与理的统一，形与神的统一就是物质与意识的统一。

物质决定意识。《荀子·天论》云："形具而神生"。形体具备，精神随之产生。《思问录·内篇》云："气者，理之依也"。作为物质的"气"是作为意识的"理"的依存根据。

没物质则没意识。《读四书大全说》云："气外更无虚托孤立之理也"。《周易外传》云："天下唯器"、"道者器之道"、"无其器则无其道"。唯器即唯物了。

当然，中国传统文化中还有很多与唯物论不一致的观点，但总的来说，中国传统文化没有明显的唯物、唯心之分，而且总体上来说是朴素的唯物论。不过，因为中国古代哲学建立的基础不是近现代的科学技术，而是对自然界的直观经验和粗浅认识，所以自然论与唯物论在异曲同工之外还有画野分疆之处。

此外，中国哲学虽然是自然论，可是从"天"上升到"天道"后，就以道为本，器为末了，重道轻器，反对机心，反对物欲，俭以养德的传统也造成了中国对科技的轻视与落后。不过，一旦中国人要发展"器"，有"道"的指导，中国的科技与现代制造的发展是让世界瞠目而惊的。本立而道生，末器自就不是问题。中国之所以在改革开放后经济、科技、军事、制造等发展很快就是因为中国人有自己对天地之道深刻的认识的指导。

要注意的是，唯物论不是宿命论，马克思主义的唯物论强调要发挥人的主观能动性，而中国传统文化中的自强不息，厚德载物；尽人事，听天命也蕴含着既尊重客观规律又发挥人的主观能动性的深刻思想。

（二）唯物辩证法与阴阳辩证法

从方法论上来说，马克思主义哲学是唯物辩证法，唯物辩证法的三大基本规律是对立统一规律、质量互变规律、否定之否定规律。这三大规律与中国传统文化的诸多论述仍然有深刻的共通。

1. 对立统一与一阴一阳之谓道

对立统一规律又称矛盾规律。矛盾是辩证法的核心范畴，矛盾是普遍存在的，矛盾双方互相以对方而存在，矛盾双方又统一又斗争推动事物的运动、变化和发展。

运用对立统一规律就是既要一分为二，看到矛盾的同一性和斗争性，普遍性和特殊性，特殊性和多样性，根本矛盾和非根本矛盾，主要矛盾和非主要矛盾，矛盾的主要方面和非主要方面，对抗性矛盾和非对抗性矛盾，旧矛盾和新矛盾，内部矛盾和外部矛盾，二元矛盾和多元矛盾等，具体到人与事上就是要看到优点缺点，长处短处，有利不利，合作竞争，短暂长远，保守创新，双方多方，统一斗争等。还要合二为一，看到矛盾双方共存于一个统一体中，互相依赖、互相渗透、互相包含，"你中有我，我中有你"，二者不可能截然分开。二者互相排斥、互相反对、互相限制、互相否定、互相对抗，互相吸取、互相利用、互相融合、互相转化，双方力量此消彼长，不断变化，推动事物发展。

而太极恰恰就是一个对立统一体，易有太极，是生两仪，阴中有阳，阳中有阴，一阴一阳之谓道。

从史墨的"物生有两"①，到张载的"一物两体"②，到程颐的"天地之间皆有对"③，朱熹的"独中又自有对"④ 等，至大无外，至小无内都是有阴有阳的太极。物物皆有阴阳，太极的普遍性就是马克思主义矛盾的普遍性。

老子的祸福相依，以退为进，阴阳转化，荀子的"天地合而万物生，阴阳接而变化起"⑤。张载的"太和所谓道，中涵浮沉、升降、动静、相感之性，是生絪缊、相荡、胜负、屈伸之始"⑥。《易传·系辞》："刚柔相推而生变化……日往则月来，月往则日来，日月相推而明生焉；寒往则暑来，暑往则寒来，寒暑相推而岁成焉"。阴阳交感、刚柔相推、乾坤化生、屈伸转化等不就是矛盾双方的相互作用吗？张载云："动非自外"⑦，正是阴阳自己的运动推动了世界的变化发展。

《周易外传》云："阴阳不孤行于天地之间……故合二以一者，就分一为二之所固有"。一分为二，合二为一也正是辩证法的基本方法论。1957年毛泽东在《党内团结的辩证方法》中明确指出："一分为二，这是个普遍的现象，这就是辩证法"。一分为二，合二为一，是辩证法，也是太极的一而二，二而一。

2. 量变质变与阴阳消长转化

"辩证唯物主义认为，运动是物质的不可分离的根本属性，物质的任何一种形态都处于运动中，运动是物质存在最根本的形式"⑧。运动是绝对的；静止是相对的。动中有静，静中有动。辩证法的三大规律既是世界联系和发展的三大规律，也是世界运动的三大规律。"对立统一规律揭示了

---

① 左丘明：《左传·昭公三十二年》。
② 张载：《正蒙·参两》。
③ 《二程遗书·卷十五》。
④ 《朱子语类·卷九十五·程子之书一》。
⑤ 《荀子·礼论》。
⑥ 张载：《正蒙·太和》。
⑦ 张载：《正蒙·参两》。
⑧ 艾思奇：《辩证唯物主义历史唯物主义》，人民出版社1961年版，第36页。

事物普遍联系的根本内容和变化发展的内在动力；量变质变规律揭示了事物存在和变化的最基本的状态和过程；否定之否定规律更具有综合的性质，它从总体上揭示了事物发展的辩证过程，揭示了事物运动变化发展的方向与螺旋式上升的辩证形式"[1]。

生生之谓易，阴阳和生，生生不息。易，简易、变易、不易，变易是易的内涵之一。生就是变，变就是生，变动不居，发展不息是易的基本观点。如何变动？易的变化规律是什么？读太极八卦图，从乾卦到坤卦，阴越来越多，最后全阴就是坤卦；从坤卦到乾卦，阳越来越多，最后全阳，就是乾卦。由量变到向对立面转化的否定到最后的质变，元亨利贞，转转不已，两次向对立面转化即否定之否定。太极图中既有矛盾双方向对立面的相互转化，又有量变质变与否定之否定。可以说，辩证法的三大规律就是太极图的三大规律。

《易传·象·乾》云："天行健，君子以自强不息"。天（即自然）的运动刚强劲健，永不停息。《正蒙·太和》："气坱（yāng，尘埃）然太虚、升降飞扬、未尝止息者"。世界的本体：气，升降飞扬，没有止息。《周易外传》："太虚者本动……天地之气，恒生于动而不生于静"。这些都表述了运动的绝对性。运动是物质本来的、永恒的存在方式。《思问录·内篇》："静者静动，非不动也……静即含动，动不舍静"。运动是绝对的，静止是相对的，动、静，皆动也。"动极而静，静极复动……阳含静德，故方动而静，阴储动能，故方静而动"。《周易内传发例》："阴阳必动必静，而动静者，阴阳之动静也"。《周易外传》："动静互涵，以为万变之宗"；"动有动之用，静有静之质"。动静辩证统一。而且"动非自外"《正蒙·参两》。运动不是来自外力，运动的泉源就在于事物自己内部的矛盾性。这是中国传统文化中"动"与"静"的辩证法，与辩证唯物主义的运动观基本一致。

春去秋来，物转星移，阴阳消长，这是量变的过程；日中则昃，月满则亏，阴阳转化，这是质变的过程。阴阳消长（量变）是阴阳转化（质变）的前提，阴阳转化（质变）是阴阳消长（量变）发展的结果。阴阳屈伸，此长彼消，阴极而阳，阳极而阴，阴阳交替，变化日新。阴阳消长转化与量变质变规律大同小异。

---

[1] 肖前：《马克思主义哲学原理》，中国人民大学出版社1994年版，第159页。

《正蒙·神化》:"变则化,由粗入精也;化而裁之谓之变,以著显微也"。《横渠易说·乾卦》:"变言其著,化言其渐"。显著的变化叫做"变",细微的变化叫做"化","变"是突变(质变),"化"是渐变(量变)。变则化,化则变,量变可以转化为质变,质变可以转化为量变。《正蒙·天道》:"化而裁之存乎变,存四时之变,则周岁之化可裁;存昼夜之变,则百刻之化可裁"。量变中有质变,质变中有量变,这是量变与质变的辩证法。

中国文化中有丰富的蕴含量变质变规律的语句:冰冻三尺非一日之寒;一口吃不成胖子;合抱之木,生于毫末;九层之台,起于累土;千里之行,始于足下。故不积跬步,无以至千里;不积小流,无以成江海。泰极而否,否极泰来;锲而不舍,金石可镂;循序渐进;防微杜渐……

中医"治未病"的思想,强调防患于未然,"然"就是质变。上医在质变之前治病,下医在质变之后(已病)治病。上医"见微知著",量变之时知质变,"欲病救萌",及时把疾病消灭在萌芽状态(质变之前)。

3. 否定之否定与反者道之动

否定之否定规律揭示出事物自己发展自己的完整过程。辩证法认为,在任何事物的内部都包含着肯定和否定两个方面。肯定方面和否定方面相互对立、相互排斥,推动事物向前发展,当否定方面在发展中取得支配地位,事物就会改变自己的根本性质,而转化到自己的对立面。[①] 这就是事物的自我否定。自我否定是事物发展的第二阶段,第三阶段是对否定的否定,即否定之否定,经过两次否定也就完成了一个辩证的发展过程。

辩证的否定不是全盘否定,是扬弃的否定,扬弃的否定是有选择的否定,有选择的否定既包含否定也包含肯定,不是全盘否定,也不是全盘肯定。第三阶段的第二次否定是对第一阶段肯定与第二阶段否定的综合,扬弃了前两个阶段的合理性与片面性,是对立面的统一。黑格尔的"正——反——合"概括了两次否定的过程。

老子曰:"大曰逝,逝曰远,远曰反","反者道之动"。老子不仅肯定了运动变化,也指明了运动的方向:"反",物极必反。《易·系辞上》:"原始反终"。由反再到反,否定之否定,由乾到坤再到乾,终点又回到起点。太极运动就是在自身阴阳推动下的圆圈运动,这种圆圈运动对于不同

[①] 肖前:《马克思主义哲学原理》,中国人民大学出版社1994年版,第188页。

的时空对象,有的向前转,有的向后转,有的原地转。向前转是否定之否定发展,原地转就是循环。对于宇宙来说,从奇点到大爆炸到膨胀再到塌缩,最后再回到奇点,是一个循环;对于人类社会来说,从公有制的原始社会到私有制社会,再到公有制的共产主义社会,是向前转,是螺旋式上升;对于人类认识来说,"正——反——合",圆圈越滚越大,越到后面综合的认识越多,后人总是站在前人的肩膀上,所以,也是向前转。对个人来说,人生从无到有再回归无,是循环,其中子子孙孙又有绵延,这是循环中有发展。对于家族,有的向后转,衰落了,衰落到极点,可能衰极复盛,也可能回归到无。有的向前转,兴盛了,兴盛到极点,可能盛极而衰。对于灭绝的物种,是向后转,也是完成了循环。人能左右的,永远是有限的时空。王弼"贵无",裴頠"崇有","无"是循环,"有"是发展,有无相生。

从"道"的角度来说,太极运动更多的是循环论。太极本身就是一个圆,圆内的阴阳两端,胜负屈伸,推动事物发展变化。从社会,从人生,从人需要理想、需要未来的人性角度来说,太极运动更多的是循环中有发展。

反者道之动的多向循环与否定的否定发展的螺旋式上升、波浪式前进都有外在的圆与内在的自我否定,但,否定之否定发展是螺旋式上升或波浪式前进的过程,不是原地转圈或向后转的过程。二者相比较,反者道之动的时空范围更广,这是反者道之动与否定之否定发展的区别之处。

(三) 发展观与生生不息

"发展的观点同样是唯物辩证法学说的总的特征。"[①] 唯物辩证法的"发展"范畴与"运动""变化"这两个范畴的区别就是进一步揭示了物质世界运动的整体趋势和方向性。"发展是指前进的变化或进化,特别是指人类所处的现实世界从低级向高级、从无序向有序、从简单向复杂的上升运动。"[②]

世界上一切都有生成和灭亡的历史,马克思主义的发展观也不是用于任何事物,发展观主要用于社会、历史、生命、认识等的分析。

---

① 肖前:《马克思主义哲学原理》,中国人民大学出版社1994年版,第109页。
② 同上书,第111页。

在中国传统文化中，天道的运动方向总趋势还是强调循环的多，但在论述人道上，与马克思主义的发展观是异曲同工。

《易传·系辞》："变化者，进退之象也"。"变"，有进退。《易传·象传上·乾》："天行健，君子以自强不息"。但作为人，要发奋图强，力求进步，永不停息。

此外，在对"变"的认识上，中国文化强调"新"，"天地变化日新"、"苟日新、日日新、又日新"①，"新"才有生命力。《二程集·河南程氏遗书》："君子之学必日新，日新者日进也。不日新者必日退，未有不进而不退者"。"日新"是进步、是进取、是发展。《易·系辞上》："日新之谓盛德"。孔颖达疏："其德日日增新"。

日新才能日进，才能不息，才能恒久。《易传·象传上·恒》："恒，久也。天地之道，恒久而不已也"。进取中求恒，求常，求久。当然，如何日新，那还是"生生"，在《易传·系辞上》："日新之谓盛德"，紧接其后，就是"生生之谓易"。如何生生？阴阳和合，生生不息，发展日新。

发展观强调上升、前进，生生不息强调日新、日进、恒常。日新、日进中蕴含着发展、前进。

（四）实践论与知行观

实践范畴是马克思主义哲学整个体系的核心范畴。实践的观点是全部马克思主义哲学的首要的和基本的观点。实践的观点也是马克思主义超越黑格尔与费尔巴哈及超越以往全部哲学的崭新观点。②

实践是联系人与自然的中介，联系思维与存在的中介，没有实践，二者是对立的，有了实践，二者对立统一。唯心主义从精神到精神，从理论到理论，黑格尔的辩证法从理念到理念，没有实践的检验，理论最终会陷入怀疑主义、虚无主义、诡辩主义、折衷主义、教条主义等。费尔巴哈的旧唯物主义只强调自然界，忽略人的能动实践，最终陷入经验主义、宿命论、庸俗、僵化、机械。

所以说，实践论统一了人与自然，统一了思维与存在，也使马克思主义从解释世界提升到改造世界。因为实践的对象：外部的自然界是不断发

---

① 《礼记·大学》。
② 肖前：《马克思主义哲学原理》，中国人民大学出版社1994年版，第36、37页。

展变化的,所以决定了马克思主义的开放性,马克思主义必然随着实践的发展而发展。在《矛盾论》中,毛泽东阐发了"具体问题具体分析是马克思主义活的灵魂"。而实事求是、与时俱进、理论联系实际都是马克思主义实践论的必然要求。

在中国传统文化的知行观中,对于知(理论)与行(实践),同样强调"行",强调"践履",追求"知行合一"。《论语·里仁》:"君子欲讷于言而敏于行"。君子要少说多做,反对凌空蹈虚、坐而论道;重视起而施行、文德武功。《礼记·中庸》:"子曰:好学近乎知,力行近乎仁,知耻近乎勇。知斯三者,则知所以修身;知所以修身,则知所以治人;知所以治人,则知所以治天下国家矣。……博学之,审问之,慎思之,明辨之,笃行之"。内而修身,最终是要力行,笃行。格致诚正是起点,修齐治平是终点。没有治国平天下,诚意正心就没有意义。

毛泽东在《实践论》中特别强调"实践出真知"。他"把实践作为人们认识的出发点、认识的动力、认识的检验标准和认识的最终归宿"①。《思问录》:"行而后知有道","行"是"知"的出发点。《尚书引义》:"知也者,固以行为功者也;行也者,不以知为功者也。行焉,可以得知之效;知焉,未可得行之效也"。"行可兼知,而知不可兼行。君子之学,未尝离行以为知也必矣"。《读四书大全说》:"君子之道行过一尺,方有一尺;行过一丈,方有一丈"。《荀子》:"学至于行之而止矣"。"行"可以检验"知","知"不可以检验"行","行"是"知"的检验标准和最终归宿。朱舜水:"学问之道,贵在实行;圣贤之学,俱在践履"②。林鸿:"一语不能践,万卷徒空虚"③,王阳明:"知而不行,只是未知"④,"知"的目的是实践。王船山:"知行相资以为用"⑤,"并进而有功"⑥,知行并进,理论与实践相互促进。"行焉可以得知之效也,知焉未可以得行之效也"⑦。行可以检验知,而知不可以检验行。《实践论》:"实践、认识、再

---

① 何中华:《马克思主义与中国优秀传统文化的契合》,《大众日报》2015年5月20日第4版。
② 《朱舜水集·答安东守约问八条》。
③ 《闽中十子诗·饮酒》。
④ 王阳明:《传习录·卷上·徐爱录》。
⑤ 王夫之:《礼记章句·卷三十一·中庸》。
⑥ 王夫之:《读四书大全说·卷四·论语》。
⑦ 王夫之:《尚书引义·卷三·说命中》。

实践、再认识，这种形式，循环往复以至无穷，而实践和认识之每一循环的内容，都比较地进到了高一级的程度。这就是辩证唯物论的全部认识论，这就是辩证唯物论的知行统一观。"① 传统文化中的知行观与马克思主义毛泽东思想的实践论虽表述不同，但内涵相通。

在中国文化中，一方面重道轻器；另一方面，又强调行重于知。《说命》："非知之艰，行之惟艰"②。玄道再高明远大，也一定要落实到现实人生和现世社会。这也决定了中国人的现实性。章太炎先生曰："国民常性，所察在政事日用，所务在工商耕稼，志尽于有生，语绝于无验。"③ 中国文化中，重道与重行和谐统一。

当然，马克思主义的社会"实践"概念与中国传统文化的知行观相比，其内涵要丰富得多，深刻得多。中国传统的知行观虽然重"行"，但这个"行"重在道德践履。而"马克思主义的'实践'活动是一个认识自然、认识社会，认识人类自身的广泛认知活动。马克思主义的'实践'既是人类主观与客观思想打交道的桥梁，也是检验人的认识是否具有真理性的标准"④。

实践论与中国传统知行观的另一个共同点是有道德追求、有共产主义追求、有真善美的价值追求，这一点与实用主义不同。实用主义者认为只要对人们的生活有用就是真理。

（五）共产主义与和谐社会

在论述"人与人的本性是共通的"问题时，已经简单分析了大同世界、理想国、空想社会主义、共产主义、和谐社会等虽然名字不同，但都是仁爱、博爱、自由、平等、公正、民主、和谐、幸福的理想社会。只是共产主义和我们今天提出的和谐社会，与其他理想社会相比，更具有科学性和现实意义，更强调理想社会的具体化与实现路径。

马克思所说的"共产主义"，作为"自由王国"，作为"自由人的联

---

① 中共中央党校教务部：《实践论》，《毛泽东著作选编》，中共中央党校出版社2002年版，第82页。
② 《尚书·说命》。
③ 章太炎：《驳建立礼教议》，见汤志钧编《章太炎政论选集》，中华书局1977年版，第689页。
④ 吴根友：《对当代中国哲学创新的思考》，《新华文摘》2015年第24期。

合体",作为"真实的共同体","在那里,每个人的自由发展是一切人的自由发展的条件"。自由王国的实现,依赖于一定的社会条件,其中最基本的是下述两个方面。第一,必须有社会生产力的极大发展,劳动生产率的极大提高。如此,才能创造充分的自由时间,才具有消除劳动时间与自由时间对立的物质基础。第二,必须有社会关系的根本改造。其中,社会主义制度的建立是这一历史过程的重大转折点。必须依靠社会主义制度的力量,大力发展社会生产力,发展科学、文化、教育事业,通过社会主义的改革去推进社会关系的全面改造。[①] 我国现在进行的社会主义现代化建设,就处在这一历史目标的历史过程中。

党的十六届六中全会提出,我们所要建设的社会主义和谐社会,应该是民主法治、公平正义、诚信友爱、充满活力、安定有序、人与自然和谐相处的社会。社会主义和谐社会是社会主义的中国化、时代化。共产主义面向全人类,和谐社会也不仅面向中国,也面向世界,而且我们传统文化中的大同世界就是超越地域局限的,就是天下为公,旨在公有的,这些都是一脉相承。

2012年11月,党的十八大提出24个字的社会主义核心价值观:富强、民主、文明、和谐,自由、平等、公正、法治,爱国、敬业、诚信、友善。这24个字是国家、社会、个人三个层面的价值倡导,也是共产主义与和谐社会理想的不断明晰,不断具体。

总之,社会主义和谐社会是共产主义理想社会的不断实现,也是数千年来人类各种理想社会的不断实现。

三 "和"与马克思主义共通的意义

(一) 坚定马克思主义信仰

理解了"和"与马克思主义的共通性,就能更深刻的理解只有马克思主义才能救中国。我们的基因决定了我们只能做我们自己,马克思主义的唯物论、辩证法、实践论、发展观、共产主义与中国"和"文化的太极、生生殊途同归,我们接受马克思主义就是接受一个全新的自己。我们选择马克思主义,信仰马克思主义,是因为马克思主义既是对中国文化的更

[①] 肖前:《马克思主义哲学原理》,中国人民大学出版社1994年版,第549、550页。

新,也是对中国文化的继承。

　　虽然当初我们要彻底推翻传统文化,尤其是儒家文化,但传统文化的合理内核仍然根深蒂固的在无形中促使我们选择了马克思主义。文化的基因是不由我们自己做主的,在高喊推翻传统文化的同时又正是传统文化其内生的推动力促使我们选择了马克思主义。可以说,正是我们要推翻的促使我们选择了与所要推翻的深刻共通的马克思主义。

　　因此,马克思主义是对中国文化的传承与发展,而不是中断。中国文化重传承,信仰马克思主义是文化的自信,是对中国优秀传统文化的自信。

　　理解了"和"与马克思主义的共通性,就能更深刻的理解坚定马克思主义信仰与发扬传统文化的一致性。无论是坚持马克思主义、发扬传统文化还是推崇"和"学,其从根本上还是中国人几千年文化的延续,经过了包容更新,苟日新,日日新;经过了从东到西再到东,否定之否定发展。还是中国文化的自然主义、人文主义、理性主义、包容主义。"可以说,弘扬中国优秀传统文化,至少就精神气质而言,一定层面上也是在弘扬马克思主义;坚持马克思主义,一定层面上也弘扬了中国传统文化中的一些积极因素"①。

　　郭沫若在《马克思进孔庙》中描写了马克思与孔子的对话。马克思对孔子说:"我不想在两千年前,在远远的东方,已经有了你这样的一个老同志!你我的见解完全是一致的,怎么有人曾说我的思想和你的不合,和你们中国的国情不合,不能施行于中国呢?"孔子回应马克思说:"只要能够了解,信仰你的人就不会反对我了,信仰我的人就不会反对你了。"王珍在《对"选择马克思主义"的思考》中指出:"就儒家的积极性而言,中国化马克思主义可以看作儒家的当代形式。"②

　　习近平总书记在2013年8月提出四个讲清楚:讲清楚每个国家和民族的历史传统、文化积淀、基本国情不同,其发展道路必然有着自己的特色;讲清楚中华文化积淀着中华民族最深沉的精神追求,是中华民族生生不息、发展壮大的丰厚滋养;讲清楚中华优秀传统文化是中华民族的突出优势,是我们最深厚的文化软实力;讲清楚中国特色社会主义植根于中华

---

① 王珍:《马克思主义视域中的中国传统文化资源》,《新华文摘》2014年第18期。
② 王珍:《对"选择马克思主义"的思考》,《科学与无神论》2011年第4期。

文化沃土、反映中国人民意愿、适应中国和时代发展进步要求，有着深厚历史渊源和广泛现实基础。

"和"文化、太极文化是中华民族的文化基因，"和"文化是数千年来中华文化的历史传统、文化积淀，"和"文化中积淀着中华民族最深沉的精神追求，"和"文化是中华民族的突出优势。而"和"文化与马克思主义的深刻共通，说明了中国特色社会主义植根于中华文化沃土、反映中国人民意愿、适应中国和时代发展进步要求，有着深厚历史渊源和广泛现实基础。

（二）坚定马克思主义的中国化、时代化、大众化

虽然"和"与马克思主义深刻共通，但是两种文化的融合不仅仅是深层次的，而是多层次的，况且异中之同还有异，所以要坚定马克思主义信仰，要发扬中国传统文化，要使二者从内到外融为一体就必须坚定马克思主义的中国化、时代化、大众化。而马克思主义的中国化、时代化、大众化不仅包括马克思主义哲学，当然也包括马克思主义政治经济学及科学社会主义的中国化、时代化、大众化。所以我们提出中国特色社会主义政治经济学，也提出中国特色社会主义及社会主义和谐社会。而中国特色社会主义政治经济学与中国特色社会主义的具体内涵必然还有一个不断时代化的问题。

1. 坚定马克思主义中国化

钱逊先生说："没有中国特色，不中国化，就谈不上马克思主义在中国的发展。"[①]

马克思主义与传统文化既一致，又互补。一致的方面里还有不同，还可以互补。异中之同是共通，同中之异是互补，异中之同之异还是互补，在共通与互补中融合发展。张岱年先生说："马克思主义哲学中国化是一个中国与西方文化互补、共生的过程，是一个'综合创新'的过程。"

许全兴先生说："马克思主义中国化，从根本上讲就是把马克思主义的基本精神与中华民族的民族精神融为一体，使前者内化成为中华民族的灵魂，从而给原有的民族精神以新的内容和新的活力。"[②]

---

① 钱逊：《关于马克思主义与传统文化关系的几点想法》，《学术月刊》1996年第5期。
② 许全兴：《马克思主义与中国传统文化相结合二题》，《新华文摘》2014年第19期。

陈树林先生说："不同哲学、不同文化只有在对比中、在交流中、在碰撞中、在斗争中、在排斥中、在认同中才能够真正走到一起去。"①

参考历史上佛教的中国化过程，马克思主义中国化过程必然是一个从自发到自觉，从浅入深，结合中国现实问题的发展不断发展的过程。

2. 坚定马克思主义时代化

坚定马克思主义的时代化是马克思主义实践论的必然要求。实践的主体与对象随着时代的发展而变化，实践指导下的马克思主义理论必然随着时代的发展而发展。近代中国传统文化之所以落后就是因为因循守旧、固守传统，没有苟日新、日日新。正是马克思主义的斗争性、创新性挽救了中国传统文化。任何一种文化不与时俱进，都会如生命机体一样衰老、停滞、退化、甚至被淘汰。"修正是理论发展的一种不可回避的方式和命运，"②修正是马克思主义的宿命，在实践中受到必然的修正。时代化是马克思主义常青的秘诀。

3. 坚定马克思主义大众化

坚定马克思主义的大众化是马克思主义理论的起点与终点。马克思主义是无产阶级的科学理论，实现共产主义是为了无产阶级的解放，为了全人类的解放，共产党是无产阶级的先锋队，群众路线是中国共产党克敌制胜的法宝，群众路线也是中国共产党区别于其他政党的根本标志。离开群众的马克思主义是脱离初心的马克思主义，中国共产党的任何政策都是通俗易懂，都是为广大群众服务，都是为最终实现共产主义。

马克思主义必须用无产阶级的语言，用群众的语言。语言大众化了才有可能在实践中做到一切为了群众，一切依靠群众。语言大众化是共产主义理想实现的理论前提。

（三）坚定为人民服务

坚定马克思主义信仰，坚定马克思主义的中国化、时代化、大众化，就更能深刻理解毛泽东思想，深刻理解为人民服务、"三个代表"、和谐社会、中国梦，深刻理解解放思想、实事求是、与时俱进、科学发展观、中

---

① 陈树林：《马克思主义哲学中国化问题的文化哲学沉思》，《天津社会科学》2005年第3期。
② 陈树林：《实现马克思主义哲学中国化的实践维度》，《新华文摘》2013年第24期。

华民族伟大复兴以及党的各项路线、方针、政策。因为这些思想之间彼此一以贯之，都是为了一个共同理想：共产主义，都是立足实践论；都是将个体生命融入家国情怀而实现自我超越。

在中国传统文化中，儒家的兼济天下、以天下兴亡为己任的有为奉献精神与马克思主义的解放全人类在深层心理文化上深刻一致。毛主席提出为人民服务，就是这种共同的济世情怀的中国化、时代化、大众化。

物质和精神是人的两大需求，一个崇高的精神正是超越了小我、超越了私利而崇高。儒家讲：格致诚正修齐治平，家国天下，但这种崇高的精神追求主要限于社会精英或上层社会，学而优则仕，学优、仕优方可治国平天下，这种崇高的精神追求离百姓很远。习近平总书记谈精神文明建设时说：人民有信仰，民族有希望，国家有力量。人民有信仰，是每个人都有信仰，信仰不是少数人的事，也不仅仅是共产党员的事，是每个人的事。达则兼济天下，穷也不仅仅独善其身，甘做人民一块砖，哪里需要哪里搬。为人民服务比起修齐治平，它更能成为每个人的信仰。

张思德同志是一名普通的战士，毛主席为他书写了《为人民服务》一文纪念他，毛主席在《纪念白求恩》中说："一个人能力有大小，但只要有这点精神，就是一个高尚的人，一个纯粹的人，一个有道德的人，一个脱离了低级趣味的人，一个有益于人民的人。"这点精神是共产主义的精神，也是为人民服务的精神。

钱逊先生说："马克思主义最本质的灵魂是什么？对于这个问题，从不同的角度可以作出不同的回答。而最根本的一点，我想应该是为无产阶级和全人类的解放事业服务的精神，或者说，就是为人民服务的精神。……马克思主义的这一根本精神，在中国得到了发展，并且取得了新的民族的形式。'为人民服务'，就是这一精神中国化的表现形式。"[①] "为人民服务的思想，是马克思主义与中国优秀传统文化精神相结合的产物。……为人民服务成为革命者人生的最高指导原则，不仅是一个理论认识问题，而且最重要的是一个实践问题，要求人们身体力行。这样，马克思主义的这一根本精神落实到了每一个革命者的日常生活中来，成为他们自觉的追求。这对于马克思主义之真正成为现实的物质力量，对于保持马

[①] 钱逊：《"为人民服务"——马克思主义的灵魂》，《清华大学学报（哲学社会科学版）》1991年第2期。

克思主义的纯洁性，无疑都是极为重要的。"①

为人民服务，可以使每一个人的精神得到升华，使每一个人的内心充满信仰，社会只有分工不同，没有高低贵贱之分，每一个人，只要为社会主义大厦增砖添瓦就是毛主席所说的有用的人。把有限的生命投入到无限的为人民服务中去，在为人民服务中实现对有限人生的超越。

所以，当前社会，我们还要继续提倡为人民服务，无论是共产党员还是普通群众，通过为人民服务践行信仰。把为人民服务的信仰与传统文化中潜在的"和"的信仰（天人合一、家和万事兴、协和万邦）结合，（当然，"和"的信仰只是"和"文化的一个部分），在为人民服务中，在利人与利己中实现信仰的圆融。马克思主义信仰与传统文化不是对立的，包容主义在信仰上也是包容的、多元的、和谐的。儒释道耶回可以互立，中西马列毛也可以共生。

（作者单位：河北省和谐文化研究会、邯郸职业技术学院）

---

① 钱逊：《从〈纪念白求恩〉到"向雷锋同志学习"》，《清华大学学报（哲学社会科学版）》1993年第3期。

从社会主义的价值观到社会主义的核心价值观

——1990—2012 年社会主义核心价值观的发展脉络研究

宋钟亮

对社会主义价值观的探讨与社会主义核心价值观的探索从来都是在国内国际的多个层面综合的产物。从建国初期的在复杂的国际国内环境下艰难的建国实践探索；到 20 世纪 70 年代社会主义发展初期对什么是社会主义价值的讨论；继而 20 世纪 80—90 年代面对东欧剧变时出于捍卫社会主义建设成果，抵制错误观念的研讨。以及始于 2006 年发展持续至今的社会主义核心价值观爆发式发展大讨论，都是这样的历史条件下的产物。本文拟通过对社会主义价值观到社会主义核心价值观时间序列历时态研究，对学术界对社会主义价值观到社会主义核心价值观马克思哲学论述方式探讨、政治学系统的探讨、行政学系统的探索等共时性的研究，试图呈现 2006—2012 年这 13 年期间社会主义价值观到社会主义核心价值观的总体性面貌。

一 社会主义的价值观到社会主义的核心价值观研究时间序列的历程回顾

（一）1949—1990 年社会主义的价值观探讨的萌芽期

1949—1970 年之间，学术界和政界及社会主要意识认为建立社会主义制度就是对社会主义价值的认定，建设社会主义就是社会主义价值的实现，很少涉及价值主体认知角度。20 世纪 70 年代，"真理标准"讨论的兴起激发了中国价值哲学的兴起并为后来社会主义价值研究奠定了学理基础。20世纪80年代末，我国学术界由反驳西方人道主义、民主社会主义思潮引发了对社会主义民主、人道主义等问题的思考，就此延伸至社会主义价值问题，有学者提出了关于社会主义价值的几个基本问题。苏东剧变后学术界开始多视角探讨社会主义价值。学术界的讨论多为现实解说，强调捍卫反"和平演变"的成果、抵制错误思想观念。

（二）1990—2006年社会主义的价值观到社会主义核心价值观探讨的发展期

以王锐生《关于社会主义的价值和价值观》（载于《哲学研究》1990年第1期）为发端，《湖北社会科学》杂志社敏锐地发现了这一学术敏感点，发表了以《一般人类价值观与社会主义价值观》为题的摘要文章，提出"人类的共同价值是存在的。否则人类社会就不能成立。有人类共同价值，自然就有一般人类价值观。""凡属真正是一般人类价值的东西，都可以被吸收、容纳到社会主义的价值中去。""社会主义的价值（也包括资本主义的价值）相对一般人类价值来说，都是特殊。"

也就是说把社会主义的核心价值观从价值哲学研究逐步发展与当代中国的时代主题结合。

就此问题出现了一系列研究成果，重要的文献有江畅《关于有当代社会主义价值观核心范畴念的思考》（《人文杂志》1991年第5期）、王永昌《社会主义市场经济条件下价值观的变革和建设》（《浙江社会科学》1994年第2期）、王新华《论当代社会主义价值观核心范畴及其构建》（《学习与实践》1998年第7期）等。

赵永清发表于《江苏社会科学》1992年第5期的《"职能社会主义"："福利社会主义"和"基金社会主义"的中介——"瑞典模式"理论核心评价》将现代西方的社会核心价值观提供给我们参考。

张维祥发表于《北京大学学报（哲学社会科学版）》2000年第2期的《能力本位是社会主义价值观的核心理念吗?》提出"能力的充分发挥是形成丰富个性的前提条件，是'社会本位'价值观的应有之义。但如果脱离人的存在的具体形式，单独把人的能力抽象出来作为一种价值观的核心理念，在现实生活中不可避免地会产生各种问题，很难与'个人本位'价值观划清界限。因此，21世纪的人的价值观还是应以社会为本位，把个人和社会有机地统一起来，为人的个性的充分发展创造条件。"

彭赞发表于《北京大学学报》（哲学社会科学版）2001年第5期的《能力本位·社会本位·发展本位——关于"社会主义价值观核心理念"的思考与对话》提出：当代价值观研究中提出的"能力本位论"和与之商榷的"社会本位论"都有"论题价值"，也不乏启发性的思想，但是二者在总体上逻辑不周延、理论有偏颇，在实践上不可行，因而难以成为我国当代社会价值观的核心理念。在对理论依据和现实趋势进行考察的基础上，探讨了关于确立"社会价值观核心理念"的基本原则与方法，提出了把"发展"作为我国当代价值观之"本位"，认为"发展本位"能够将"能力本位"和"社会本位"二者的合理内核兼容于一身，是一个能正确反映我国当代社会及其社会成员现实要求和演进趋势的价值观核心理念。

唐林生发表于《求索》2003年第3期《"跨越"中的生产力链接、制导与控制——对一个社会主义核心问题的历史审视与现实思考》中提出了"生产力是现实社会主义运动中的一个核心问题。从过渡、形成到建设，对社会主义的解读最终要落实到社会的发展和不断地赋予其先进的内涵上来。问题的关键就是在社会主义的前提下最大限度地处理好与生产力的关系。突出表现在对生产力的链接、制导与控制上。早期的实践有着明显的政治先导和公式化体验的色彩，列宁曾在过渡时期有过'退却'中的灵光一闪，却仅把它当作权宜之计；改革开放，邓小平的生产力本质论和社会主义市场经济理论把生产力问题引向了正确解决的途径"。

《科学社会主义》2005年第2期发表的杂志专访《构建中国特色社会主义核心价值观——访李忠杰教授》一文，在学术界激起了巨大反响，据中国知网统计目前下载量已经达到1161次，被引用76次。李忠杰认为："中国特色社会主义的核心价值既具有社会主义的共性，又有中国的个性，同时还具有时代性。我们要把中国特色社会主义的理论与实践进一步推向前进，就必须及时注意研究它的核心价值，适时构建起中国特色社会主义的核心价值观。随着邓小平理论和'三个代表'重要思想的形成，价值问题已经越来越多地进入了我们的理论和实践。"

自此社会主义研究领域也逐步由社会主义本质研究而进一步深化。

（三）2006—2012年社会主义的价值观探讨的繁荣期

党的十六届六中全会提出构建社会主义核心价值体系，推动了社会主义价值研究的进一步深化。2006年10月召开的党的十六届六中全会提出构建社会主义核心价值体系，推动了社会主义价值研究的进一步深化。各主要报纸和期刊组织社会主义核心价值体系问题的笔谈，相关研究机构召开社会主义核心价值体系问题的研讨会等。其中，社会主义核心价值体系研究中都涉及了社会主义价值问题的研究。

从2006年开始，中国学术界对社会主义核心价值观的讨论进入了一个井喷式的爆发期。仅据中国知网以含有"社会主义核心价值观"的篇名为文献统计，1990年到2004年每年都只有1—2篇相关文章，2005年为5篇，2006年为88篇，2007年为992篇，2008年增加到1409篇，2009年1330篇，2010年1728篇，2011年1792篇，2012年2151篇。也就是说，基本上从2006年开始，该领域以每年翻一番的研究速度增长。

从研究层次来看，据中国知网截至2013年4月的统计数据，中国学术界对社会主义核心价值观的讨论社科类的基础研究有5244篇；社科类的政策研究有2721篇；社科类的行业指导有733篇；基础教育与中等职业教育有262篇；高等教育有165篇；社科类的职业指导有124篇；大众文化有92篇；自科类的工程技术研究有90篇；大众科普有72篇；文艺作品有69篇；党的建设与党员教育有59篇；自科类的基础与应用基础研究有16篇；自科类行业技术指导有11篇；经济信息有8篇；社科类高级科普有8篇。从以上数据可以看出，社科的基础研究和政策研究以及社科类的行业指导对社会主义核心价值观的讨论最为丰富。也就是说主要集中于哲学、政治、政策方面。

在哲学层面随着价值哲学的兴起经历了从理论研究到经验研究的过程；在政治研究方面随着对社会主义认识的深入经历了从性质讨论到结合实践研究的过程；在政策及行业指导方面随着社会主义实践的深入经历了从被动反思到主动探求的过程。

二 社会主义价值观到社会主义核心价值观的方法论探索

学术界在用马克思哲学论述方式探讨社会主义价值观到社会主义核心价值观的过程中采用逻辑递进推演法，依次界定了"价值""价值观""社会核心价值"以及"社会核心价值观"的内涵，从战略高度指出社会主义核心价值观是整个社会文化制高点，决定着国家的发展模式、制度体征和目标任务，在所有社会价值目标中处于统摄和支配地位。采用结构层次分析法，认为社会主义核心价值观是指那些在社会主义价值体系中居统治地位、起指导作用、从最深层次科学回答"什么是社会主义"这一根本问题、在马克思主义理论体系中占据核心地位的价值理念。从结构层面看，"以人为本"处于社会主义核心价值观的内核地位；"公平正义"体现着社会主义基本的价值理念和原则；"富强、民主、文明、和谐"则是在经济、政治、文化、社会领域中的具体价值指向，在社会主义核心价值观的结构体系中位于第三层次。

从社会主义研究的价值学视角看，社会主义首先是作为一种价值理想提出来的，价值原则是马克思主义的一个基本原则，社会主义价值观问题是现实社会主义运动的一个重要解释范式；从价值目标的层面来界定社会主义可以最大限度地消除分歧统一认识；从价值维度理解社会主义是全面和准确把握社会主义真谛不可或缺的思路，对社会主义价值的发掘和认识是社会主义长期保持健康和顽强生命力的必须环节。任何价值体系都有两个核心价值观念，一个是劳动观念，另一个是地位观念。社会主义核心价值的马克思主义指导思想中，以人为本的思想和人的自由全面发展的思想无疑包含极大的超越性。

（一）政治学系统的探索

学术界在用政治学系统方法的探索探讨社会主义价值观到社会主义核心价值观的过程中，有些学者认为富强、民主、文明、和谐、自由应纳入到社会主义核心价值观的组成部分，有学者把公正、和谐、共享等词纳入到社会主义核心价值观。

学术界研究的重点集中在用哪几个词组来提炼和概括社会主义核心价值观，其中，人本、民主、和谐、公正是提到最多的。从提炼的侧重点来看，主要是围绕核心价值体系提炼，注重涵盖社会主义社会政治、经济、文化等领域的价值诉求，侧重体现和谐社会的价值要求，"弘扬民族优秀文化传统，借鉴人类有益文明成果"，实现内容与形式的完美结合等。这些研究各有所长，但缺乏层次性和可操作性。

社会主义核心价值观表述，包括中国特色社会主义核心价值观、中华民族核心价值观、当代中国的核心价值观等。和谐、公正、民主、人本、富强、文明、共富、仁爱、法治、集体主义等提法最多。党的十七届六中全会后社会主义核心价值观在部门化、行业化、区域化社会主实践趋势更明显。目前已凝练出军人核心价值观、政法系统核心价值观、水利系统核心价值观、北京精神、上海城市精神、杭州城市精神、江苏精神、新疆精神、重庆精神等契合自身特质的核心价值观，这为今后凝练社会主义核心价值观奠定了基础。社会主义核心价值观表述异彩纷呈，但至今却没有一种表述得到政界、学界、民众一致认同。究其原因，社会主义核心价值观凝练难以达成共识源于中西古今各种价值观念历史背景以及中国社会面临的内外挑战，即从中国社会内部发展阶段的不确定性导致价值观塑造的复杂性与外部与资本主义社会的竞争中西方价值观对社会主义价值观的挑战。当前的社会存在需要凝聚和形成共识，又因多元多样多变而难以凝聚和形成共识制约着"社会主义核心价值观"的提炼。一些基本理论共识的欠缺使在核心价值观的社会功能和作用上、形成途径和培育方式上存在分歧。

（二）行政学系统的探索

社会主义核心价值观对行政价值观的统领强调社会主义核心价值观对行政价值观的主导作用和统摄地位。

从行政价值生态维度来说，中国特色社会主义本身就是一种价值，而且是一种核心价值和统领性价值，社会主义核心价值观作为中国特色社会主义的主流社会意识，在总体社会价值中占据主导地位，因此，其对行政价值亦具有统领作用。

社会主义核心价值观与行政价值观的相关性视角认为社会主义和社会主义核心价值观在行政意识形态、思想领域之中是占有主导地位的，一切的研究都必须以它为基准，这是一个学术方向性的重大问题。建构行政价值与行政价值观的基本理论，在中国就是要建构以中国社会主义核心价值观为主导的社会主义行政价值与行政价值观相关性理论体系。

构建行政价值观的方法论。中国公共行政主要依据逻辑理性与人文理性两种途径进行研究，前者强调行政过程的客观化、量化；后者强调人文精神主体性以及不同文化的发展轨迹，具有具体普遍性的特质，主张行政价值观应当体现人文精神，其构建路径应采人文理性路径。公共行政价值观应当采个体主义与整体主义相结合的方法论。因为个人与社会不是截然对立的，而是互动的。人除了作为个体的存在，还是一种社会的存在。公共行政无论作为社会现象还是社会制度，在其中行动的仍然是个体的人，但是，这些行动的人体现了所处时代的集体意识，反映了社会整体的利益结构，只有从整体的社会中才能理解个体的人。因此，从个体主义与整体主义相结合的方法论出发，公共行政的价值取向既要考虑个体的人之需求，也要维护作为人的整体——社会的利益。

社会主义核心价值观统领核心行政价值观，核心行政价值观规范行政价值观，三者相辅相成，从而构成一个完整、和谐的总体社会价值观系统。核心行政价值观主要包含以下四个方面的内容：一是"以民为本"；二是"正义"；三是"公共性"；四是"服务性"。

多元行政价值观的整合。有学者认为政府行政价值包括政府政治价值、政府秩序价值以及政府责任价值；有学者以满足人的主体性需要为标准，将行政价值划分为工具性价值与目的性价值，目的性价值支配着工具性价值；有学者认为公共责任、公平正义、公共效率、社会和谐、自律宽容共同构成了当代公共行政价值观；有学者认为现代公共行政的价值理念主要是公平、效率、服务、责任、民主、法治等。以上观点都在不同程度上，直接或间接地确证了社会主义核心价值观对行政价值观的统领作用，因为"以民为本"、"正义"、"公共性价值"、"公共性与服务性"的核心行政价值观，以及"秩序"、"效率"、"公平"、"责任"、"民主"、"法治"等一般的行政价值观，均是社会主义核心价值观的应有内涵，都属于社会主义核心价值观的范畴。行政学者对这些观点提炼、整合的同时，充分标识了这些价值观的公共行政属性，一方面以区别于其他学科，体现了公共行政独特的学科属性；另一方面，表征着社会主义核心价值观与行政价值观是统领而非替代之关系，反映了社会主义核心价值观、核心行政价值观以及一般行政价值观的层次性，有利于构建统一和谐并相互作用的社会总体价值观。

三 结语

笔者认为不同的历史时期在处理社会主义价值观基本问题的关系上侧重点不同。社会主义价值观讨论时期主要是重社会、集体、精神追求，社会主义核心价值观讨论时期仍以社会集体为重，但已向个人有了一定程度的倾斜，尊重个人正当的物质利益的获得。以马克思主义为指导思想、社会价值主体是人民群众共同富裕等思想仍是社会主义的价值理想和终极价值目标，社会主义制度性特征。利益主体多元化，及西方价值观的融汇造成社会价值观多元化，体现在集体主义价值观在内涵上的扩展、个人价值一定程度的突现上。

有效把握当代社会主义价值观核心范畴需要抓住"古为今用"、"洋为中用"建构方法。社会主义核心价值观应从中华民族传统价值观和西方价值观中吸取积极合理的价值观念，补充反映时代特征内容。在通晓社会价值观形成发展的规律和个体价值观形成机制的基础上提出切实有效的建议。对于个体价值观的形成来说，影响最大的就是大众传媒、传统文化、政治经济制度、政策和教育。在这些行业内应当对社会主义核心价值观部门化、行业化、区域化进行凝练实践。社会主义核心价值观探讨的过程中兼顾核心价值的主导性与宽容性，允许各种合理的不同层次的价值观在一定的范围内存在并发挥作用，在总体上保持不同的利益群体和社会成员之间一定程度的协调和合作，有助于个体进行正确的价值选择，形成积极合理的价值观，推动整个当代社会主义价值观核心范畴建设。

参考文献

[1] 王锐生：《关于社会主义的价值和价值观》，《哲学研究》1990年第1期。

[2] 文摘：《一般人类价值观与社会主义价值观》，《湖北社会科学》1990年第6期。

[3] 赵永清：《"职能社会主义"："福利社会主义"和"基金社会主义"的中介——"瑞典模式"理论核心评价》，《江苏社会科学》1992年第5期。

[4] 张维祥：《能力本位是社会主义价值观的核心理念吗?》，《北京大学学报》（哲学社会科学版）2000年第2期。

[5] 彭赟：《能力本位·社会本位·发展本位——关于"社会主义价值观核心理念"的思考与对话》，《北京大学学报》（哲学社会科学版）2001年第5期。

[6] 唐林生：《"跨越"中的生产力链接、制导与控制——对一个社会主义核心问题的历史审视与现实思考》，《求索》2003年第3期。

[7] 杂志专访：《构建中国特色社会主义核心价值观——访李忠杰教授》，《科学社会主义》2005年第2期。

[8] 王虎学：《核心价值观究竟该如何凝练——兼与包心鉴、杨永志教授商榷》，《光明日报》2012年2月11日。

[9] 辛鸣:《社会主义核心价值观的构建》,《学习时报》2010年5月3日。

[10] 叶小文:《论提炼"社会主义核心价值观"》,《民主与科学》2011年第6期。

[11] 徐学庆:《进一步推进社会主义核心价值体系建设——访中共中央党校严书翰教授》,《学习论坛》2012年第1期。

[12] 侯惠勤:《在社会主义核心价值观的概括上如何取得共识?》,《红旗文稿》2012年第4期。

[13] 李德顺:《社会主义核心价值与当代普世价值》,《学术探索》2011年第5期。

(作者单位:荆楚理工学院经济与管理学院)

世界历史视域下"中国梦"的历史叙述与逻辑澄明

——兼对国外关于"中国梦"认知偏见的驳斥

陈宗权　武丽丽

  "中国梦"作为"热点问题"之存在仅是最近几年的事，但其作为一种理想形式的存在，却可以追溯至鸦片战争时期中国被裹挟进世界历史这个"事件"；"中国梦"既是一种主观理想或意象，也是通过实践主体和载体被历史实践着的客观进程。但国外一些媒体和学者却对"中国梦"心存偏见，或是在事实上歪曲"中国梦"的实践进程，或是在理论上瓦解"中国梦"的逻辑根基。这些认知偏见主要有："中国梦"仅是个政治口号，空洞无物，无实质内涵；"中国梦"是中国的民族主义扩张梦、霸权梦；"中国梦"更大程度上是一种集体主义梦想，忽视了人民个体的梦想；"中国梦"是中国共产党为强化权力控制的"政党梦"。在本文看来，"中国梦"首先是个"世界历史性"概念。单纯着眼于中国历史的自身发展，"既不能真正理解中国近代所面临的社会主题及其解决办法，也不可能真正理解中国走上社会主义道路的巨大意义"，所以"必须紧紧把握住世界历史所规定的时代主题"[①]。本文拟运用马克思主义的世界历史理论，从历史的和逻辑的角度分析和阐释"中国梦"的理论内涵及实践旨趣，并对西方关于"中国梦"的认知偏见进行逐一驳斥。

一　"中国梦"是中国进入世界历史后被实践着的历史客观进程

  部分海外媒体和学者认为"中国梦"仅是一句空洞的政治口号。《华

[①]　丰子义：《世界历史与中国社会主义道路》，《吉首大学学报》（社会科学版）1996 年第 1 期。

盛顿邮报》专栏作家安妮·阿普尔鲍姆（Anne Applebaum）认为，"中国梦"被证明是一个空洞的口号，因为"中国梦"的内容及其如何实现都是含糊不清的。① 英国《泰晤士报》的一篇报道则认为"中国梦"这个口号"足够模糊"，因为它"什么都讲而又什么都没讲清"。② 美国著名的政治学家沈大伟（David Shambaugh）不仅认为"中国梦"是个宣传口号，而且认为它"在中国的学者和老百姓当中并没有得到真正的认同"，"已经失去效力"。③

不从客观历史的角度、而仅从本国政治的角度来解读"中国梦"，几乎是西方媒体的一个通病，也因此会造成公众对"中国梦"的误读和认知偏差。事实上，"中国梦"并非被人提及才会存在的存在，更非空洞的政治口号，而是有着丰富历史旨趣的主观理想并一直被实践着的客观进程。"中国梦"发轫于列强入侵中国并将中国强行拉入世界历史这个"事件"，至此之后便遵循世界历史的发展规律进行实践和演化。

（一）中国历史向世界历史的转化是"中国梦"的历史性开端

世界历史理论是"马克思运用其创立的唯物史观以及剩余价值理论全面地研究分析近代以来经济和社会的运动及其发展趋势的结果"④，是马克思从世界范围观照人类历史发展进程的理论视阈。马克思将黑格尔唯心主义的世界历史论再次颠倒过来，建立了科学的、唯物主义的世界历史理论。马克思说："历史向世界历史的转变，不是'自我意识'、世界精神或者某个形而上学幽灵的某种纯粹的抽象行动，而是完全物质的、可以通过经验证明的行动，每一个过着实际生活的，需要吃、喝、穿的个人都可以证明这种行动。"⑤ 世界历史的形成必须以物质性的生产力的发展为前提，因为"只有随着生产力的这种普遍发展，人们的普遍交往才能建立起来，……地域性的个人为世界历史性的、经验上普遍的个人

---

① Anne Applebaum, "In China, slogans vs. action", *The Washington Post*, March 4, 2013.
② Leo Lewis, "You are free to dream, Chinese told", *The Times*, Aug. 17, 2013.
③ Carl Gershman, "Chinese Dreams, the Fight for Democratic Pluralism", *World Affairs*, Summer 2015.
④ 马俊峰：《马克思世界历史理论的方法论意义》，《中国社会科学》2013 年第 6 期。
⑤ 马克思、恩格斯：《德意志意识形态》，《马克思恩格斯文集》第 1 卷，人民出版社 2009 年版，第 541 页。

所代替。"① 在马克思看来，正是在生产力发展的基础上，世界历史才得以形成。马克思将世界历史置于唯物主义范畴，将生产力看作是世界历史形成的动力，为世界历史理论设定了科学的前提。在唯物史观的印证下，马克思充分肯定了资本主义开创世界历史的历史贡献："资产阶级在它的不到一百年的阶级统治中所创造的生产力，比过去一切世代创造的全部生产力还要多，还要大"②；又认为："世界史不是过去一直存在的，"③ 它的形成是资本主义创造出的生产力及由此形成的大工业及世界市场的结果，"大工业创造了交通工具和现代的世界市场，控制了商业，把所有的资本都变为工业资本，……它首次开创了世界历史，因为它使每个文明国家以及这些国家中的每一个人的需要的满足都依赖于整个世界，因为它消灭了各国以往自然形成的闭关自守的状态。"④ 大工业发展越快，"各个相互影响的活动范围在这个发展进程中越是扩大，各民族的原始封闭状态由于日益完善的生产方式、交往以及因交往而自然形成的不同民族之间的分工消灭得越是彻底，历史也就越是成为世界历史。"⑤ 在马克思看来，世界历史在本质上是资本逻辑下经济矛盾运行的产物，是由资本主义新的生产方式和交往方式在全球的扩展而形成的，具有明显的历史进步意义。马克思认为，资产阶级由于"迫使一切民族——如果它们不想灭亡的话——采用资产阶级的生产方式"，所以"过去那种地方的和民族的自给自足和闭关自守状态，被各民族的各方面的互相往来和各方面的互相依赖所代替了"⑥，世界各个民族及国家都必然要进入资产阶级开创的世界历史。

事实上，中国也没有例外。"中国历史向世界历史转化"显然不是一个自发性的原生过程，而是硬生生被资本主义国家裹挟的被动历程。古代中

---

① 马克思、恩格斯：《德意志意识形态》，《马克思恩格斯文集》第1卷，人民出版社2009年版，第538页。
② 马克思、恩格斯：《共产党宣言》，《马克思恩格斯文集》第2卷，人民出版社2009年版，第36页。
③ 马克思：《1857—1858年经济学手稿摘选》，《马克思恩格斯文集》第8卷，人民出版社2009年版，第34页。
④ 马克思、恩格斯：《德意志意识形态》，《马克思恩格斯文集》第1卷，人民出版社2009年版，第566页。
⑤ 同上书，第540—541页。
⑥ 马克思、恩格斯：《共产党宣言》，《马克思恩格斯文集》第2卷，人民出版社2009年版，第35页。

国的历史基本上是经济层面的农耕文明史和政治文化层面的"内圣外王"史。政治"大一统"思想和"普天之下，莫非王土；率土之滨，莫非王臣"的理念，使古代中国自然地形成了"家国同构"的制度性特质，而儒家的德性及文化精神则引导、辅佐这套制度，即是说，儒家文化是渗入政治制度骨髓的原生性存在。从国际秩序的历史观之，一部"中国历史"基本上就是"华夷秩序史"。"华夷"之分发轫于上古时期，在汉帝国时期开始被引入中华帝国的对外关系，逐渐形成"华夷秩序"，至隋唐时期逐渐成熟，并一直持续到晚清。① 华夷秩序下的中华帝国其实是一个矛盾统一体：一方面它体现了中华帝国不同朝代都追寻"天下归一""万国朝贡"的秩序设想，如明太祖朱元璋即位之初遣使赴各国"宣谕"称"朕既为天下主，华夷无间，姓氏虽异，扶宇如一"②，体现出建立"大一统"政治格局的勃勃雄心；另一方面它又是一个相对稳定和封闭的政治系统，原因是农业文明使中华帝国缺乏开疆拓土进行国际贸易的动力，儒家文化设定的君臣父子等级和修齐治平框架更使帝国徜徉于稳定的幻象而丧失了开创"中国版"世界历史的内驱力。尽管历经数个朝代而不断更替，但"天下归一"的政治体系并没有发生本质性变化。这便是"中国历史"。这种自然状态的文化—国家以及以其为主体和主导性力量的华夷秩序在西方资本主义国家强行将中国纳入世界体系之后便逐渐消解，"中国历史"遭到了强烈的冲击。正如马克思说："满族王朝的声威一遇到英国的枪炮就扫地以尽，天朝帝国万世长存的迷信破了产"；"与外界完全隔绝曾是保存旧中国的首要条件，而当这种隔绝状态通过英国而为暴力所打破的时候，接踵而来的必然是解体的过程，正如小心保存在密闭棺材里的木乃伊一接触新鲜空气便必然要解体一样。"③ "中国历史"被解构并逐渐转化为"世界历史"，其表现有二：一是以农业为主的经济基础遭到一定的破坏，贸易及民族工业在"洋务运动"等的推动下得到一定程度的发展，这是中国部分参与世界分工体系和世界市场的表现；二是"中华民族"意识逐渐觉醒，"中国历史"中的

---

① 何芳川：《"华夷秩序"论》，《北京大学学报（哲学社会科学版）》1998年第6期。
② 转引自何芳川《"华夷秩序"论》，《北京大学学报（哲学社会科学版）》1998年第6期。
③ 马克思：《中国革命和欧洲革命》，《马克思恩格斯文集》第2卷，人民出版社2009年版，第608、609页。

"天下主义"意识被世界体系中的"民族"意识所取代。[①] 有了一定的民族意识,在政治层面将自我与他者相区别的"主权"观念便得以产生。由此,"中国历史"便开始向"世界历史"转化。[②]

"中国梦"之发轫以中国进入世界历史为开端。"中国梦"是西方列强将中国半殖民地化后所产生的"民族复兴"的主观诉求和客观情势,其前提有二:"中华民族"意识的觉醒和"救亡图存"的实践。"中华民族"是中国历史向世界历史转变后所产生的一种"我者"主体性意识,它成为凝聚无数仁人志士反抗列强压迫、追寻国家独立的精神性主体,这个主体是"伟大复兴"这个梦想集成的依托。"中华民族"的生成既是历史的终点也是历史的起点:它标志"中华帝国"作为传统文化—国家的式微与消亡,同时象征新的国家形式——"民族—国家"在中国的发轫与兴起。[③] 尽管"民族—国家"在当时还未成为现实,但其作为一种政治理想和诉求伴随着"救亡图存"的政治实践过程;而"救亡图存"的最终目标和归宿则是实现"伟大复兴",其前提是建立一个完全摆脱殖民国家控制的、主权独立的新型政治共同体——在世界历史的背景下,"民族—国家"无疑

---

① 在外族入侵之前,历代封建王朝都没有明确的"民族"概念,因为在"天下归一"的整体性秩序观当中不可能产生以"差异性"为特征的"民族"概念,"民族"意识只有在世界历史范围内与"他族"形成强烈对比之后才会出现。"民族"既是时序的历史概念,又是空间的方位概念。当资本主义国家入侵中国时,作为实体的"中国"在地理方位及器物等方面并没有发生大的变化,但作为一种抽象的"中国"在时空序列中所发生的变化却是颠覆性的:从抽象的秩序空间看,"华夷秩序"由于资本主义国家的强烈冲击而发生坍塌,天下归一的"唯我独尊"被"我者"与"他者"并行的状况所取代;从历史方位看,"中国历史"由于华夷秩序的终结而发生断裂,并不得不进入资本主义开创的世界历史。在此过程中的一个不可避免的历史性后果是真正意义上的"民族"意识的生成,它体现了"我者"在与"他者"强烈对比后的一种主体性意识的觉醒,并自觉将自己与"他族"区别开来。所以费孝通先生说:"中华民族作为一个自觉的民族实体,是近百年来中国和西方列强对抗中出现的。"(费孝通主编:《中华民族多元一体格局》(修订本),中央民族学院出版社 1999 年版,第 3 页)

② 必须指出的是,"中国历史"向"世界历史"转化之后并不意味着"中国历史"的消逝。毛泽东曾说:"今天的中国是历史的中国的一个发展;我们是马克思主义的历史主义者,我们不应当割断历史。从孔夫子到孙中山,我们应当给以总结,承继这一份珍贵的遗产。"(引自毛泽东《中国共产党在民族战争中的地位》,《毛泽东选集》第 2 卷,人民出版社 1991 年版,第 534 页。)中国历史的延续不是自我封闭的、单线条的历史演进,而应该是在汇入世界历史潮流当中以"民族"形式确认并延续自身的"历史"。

③ "民族—国家"作为一种政治共同体,是与资本主义经济相伴随行的政治建构,也是资本主义开创世界历史的一个体现。当中国被裹挟进入世界历史后,必须为"中华民族"建立新的政治共同体,完成"民族性"建设,而以"民族—国家"代替行将坍塌的"文化—国家"是必须要经历的政治事件。

承担了这个角色。因此,进入世界历史后的中国由于"中华民族"意识的觉醒及"救亡图存"的实践,最终形成"民族复兴"的理想,这就是我们所说的"中国梦"。之后,中国历史的发展进程正是"中国梦"依托现实而不断实现的过程。

(二)"中国梦"是世界历史中的中国实现"民族复兴"的历史性进程

中华民族的"伟大复兴"显然不是恢复昔日的"天朝帝国"架构和"天下归一"体系,而是在资本主义开创的世界历史当中实现富强和重新崛起并使本民族在世界体系中占有重要的一席之地。以发生的历史观之,中国近现代历史的发展进程也正是"中国梦"实践的进程。可以分三个历史阶段予以考察:

第一历史阶段:"中国梦"的被动发轫与"民族—国家"的建构(1840—1949)

"中国梦"的产生与中国被裹挟进世界历史直接相关。"中国梦"之发轫有两个条件:一是中国的"自我"认知由天下体系中的"中心"意识向世界历史中的"民族"意识转化,当资本主义国家用坚船利炮硬生生撬开中国久封的大门时,这个转化几乎是自发性地(尽管不是主观情愿地)完成了;二是"民族"必须借助于政治的外壳形成"民族—国家",才能使"中国梦"有既定的主体——如果没有独立的国家主体,又何来国家的梦想?鸦片战争之后的各类"救亡图存"实践,从洋务运动、维新改革、辛亥革命、北伐战争到中国共产党领导的新民主主义革命,建构"民族—国家"的路线图越来越清晰。如果说"世界市场"是世界历史在经济层面的表现的话,那么,以"主权"为特征的"民族—国家"体系则是世界历史在政治层面的具体体现;或者说,"民族—国家"体系是世界市场体系的一个政治后果。既然中国必然要进入资本主义国家开创的世界历史,中国就不由自主地处于西方主导的"民族—国家"体系当中。建构"民族—国家"就成为所有"救亡图存"势力的共同目标。在清王朝内部实现这个目标显然是不现实的,必须经由外部的革命力量使中国彻底摆脱封建帝制,建构主权独立的"民族—国家"。孙中山领导的辛亥革命完成了这个目标的第一步,但由于革命成果很快被意图复辟帝制的军阀所窃据,"民族—国家"建构进程戛然而止。之后的北伐战争及南京国民政府的成立,本来可以完成这一历史使命,却由于蒋介石政府的反帝不彻底和国家主权的不完全独立而未能实现,正如亨廷顿(Samuel P. Huntington)所言:"中国国民党建立之初本是一场民族主义运动,但后来却由于抗日不彻底,而且又与美国关系密切,以致染上了反民族主义的色彩。"① 邓小平认为:"国民党搞了二十几年,中国还是半殖民地半封建社会。"② 如果不肃清帝国主义在中国的影响,不消除封建帝制的残余,就无法完成政治国家的重构。中国共产党通过领导新民主主义革命,彻底推翻了"三座大山",以"中华人民共和国"的成立宣告民族解放和主权独立的实现。"民族—国家"建构的完成对"中国梦"的实践而言具有里程碑式的重大意义,"中国梦"至此有了支撑其存在和实现的共同政治家园。③ 亨廷顿认为:"二十世纪中叶最突出的政治成就之一,肯定是1949年在中国建立的一个百年来首次能真正统治中国的政府。"④ 以新中国成立为标志,"中国梦"有了政治意义上的主体,"民族复兴"由此成为具有世界历史意义的历史任务。

第二历史阶段:"中国梦"的曲折探索与中国经济发展的迟滞(1950—1978)

马克思从批判的立场肯定了资本主义制度的历史性"在场"及其重要的世界历史意义。按照马克思的世界历史逻辑,中国进入由资本主义国家开创的世界历史之后,需要在世界体系中确立自身的民族身份及地位,融入世界市场并全力发展经济。在冷战背景下,新中国选择了向社会主义阵营"一边倒",但并未完全拒斥资本主义阵营,也没有自隔于资本主义开创的世界历史。1949年4月,毛泽东指出:"现在美国方面托人请求和我方建立外交关系……如果美国(及英国)能断绝和国民党的关系,我们可以考虑和他们建立外交关系的问题。"⑤ 毛泽东并不排斥与西方国家建立互惠经济关系的可能。但随后的朝鲜战争阻碍了这种可能;中国同时肃清了

---

① [美]塞缪尔·亨廷顿:《变动社会的政治秩序》,张岱云等译,上海译文出版社1989年版,第333页。

② 邓小平:《建设有中国特色的社会主义》,《邓小平文选》第3卷,人民出版社1993年版,第62页。

③ 在世界历史下产生的"中国梦",其内涵更侧重于"民族性",而"民族"更大程度上是一个文化概念,它必须借助于政治的外壳才能成为真正意义上的实体。所以建构"民族—国家"是"中国梦"实践的重要内容之一。

④ [美]塞缪尔·亨廷顿:《变动社会的政治秩序》,张岱云等译,上海译文出版社1989年版,第370页。

⑤ 转引自赵学功《朝鲜战争中的美国与中国》,山西高校联合出版社1995年版,第34页。

西方国家在华的经济影响,而与社会主义国家建立了比较紧密的经济联系。中国在政治上选择二维划分的"平行世界",与资本主义经济的世界市场也渐行渐远。① 与此同时,"两个平行世界"思维被"反帝反修"的"世界革命"思想部分取代,中国进入"极左"时代。60年代中后期及70年代大部分时期,由于林彪、"四人帮"集团将对外贸易歪曲为"卖国主义""崇洋媚外",将技术引进及利用外资歪曲为"洋奴哲学""向资本主义国家乞讨",所以中国对外经济贸易陷入停滞状态。② "极左"的封闭僵化的路线导致中国部分地从世界历史中退却。

此段历史是"中国梦"实现进程严重受阻的时期。新中国的成立使"中国梦"获得民族形式的政治支撑点,接下来的事项理应也必须是发展经济、提振国力。社会主义改造时期确立的经济发展路线以及"大跃进"之后几年的经济政策调整,符合中国主要国情及社会主义建设基本规律,符合马克思主义关于生产力及经济基础矛盾运动等科学论断。但"波澜壮阔"的"极左"政治运动不仅破坏了政治建制及法治生态,更使经济建设严重滞后甚至陷入崩溃边缘。③ 由于"政治建设无法以经济发展为核心内容,从而无法有效实现国家富强,也无法保障民众基本权利"④,"中国梦"实现进程受到严重阻碍。

第三历史阶段:"中国梦"的飞速推进与中国向世界历史的深度融入(1979年至今)

"改革开放"不仅仅意味着中国社会主义建设道路的调整,它更标志着中国向"世界历史"的深入迈进。马克思眼中的"世界历史"以生产力的发展为基础,由资本主义国家以工业化形式向世界蔓延,将各国纳入资本主义世界主导的生产、消费过程,从而形成"世界历史"。在毛泽东时

---

① 1952年,时任外贸部长叶季壮说道:"除了尽可能做到国内自给自足之外,必须在和平民主阵营内有步骤地逐渐采取自给自足的办法,改变多年来依赖资本主义集团的对外贸易形势"。(中国社会科学院、中央档案馆编:《中华人民共和国经济档案资料选编》对外贸易卷,经济管理出版社1994年版,第4页。)这种思维主宰着新中国的外贸格局,乃至"极左"时代,对资本主义国家经济贸易的排斥达到登峰造极的程度。

② 孙玉琴:《中国对外贸易史》,对外经济贸易大学出版社2001年版,第262页。

③ "文革"十年造成的经济损失约为5000亿元,相当于1949—1979年全部基建投资的5/6。详见张润君、李宗植《中华人民共和国经济史》,兰州大学出版社1999年版,第291页。

④ 陈宗权:《中国政党政治的现代性与"中国梦"的实现》,《社会科学研究》2016年第3期。

代,中国迈入世界历史的程度是有限的,至少从生产的层面来讲,中国基本游离于世界历史的边缘。"改革开放"所确立的是中国深度向世界历史迈进的取向。邓小平以世界历史眼光深刻认识到解放、发展生产力和发展经济的重要性,他说:"我们革命的目的就是解放生产力,发展生产力。离开了生产力的发展、国家的富强、人民生活的改善,革命就是空的,""经济问题是压倒一切的政治问题"①;而"关起门来搞建设是不能成功的,中国的发展离不开世界"②。中国从20世纪80年代开始全面迈入世界历史,乃至到90年代冷战结束后开始深度融入世界历史。

而中国深入迈进世界历史的时期也是"中国梦"飞速推进的时期。自改革开放以来,中国年均经济增速约为9.8%,在世界上一枝独秀;经济总量已突破10万亿美元,与排名第一的美国的差距越来越小。经济发展带来了综合国力的全面提升,中国在政治、军事、社会、文化、科技等方面都取得长足进步,国际影响力与日俱增,国际地位有了质的提升。邓小平曾经说过:"社会主义国家应该使经济发展得比较快,人民生活逐渐好起来,国家也就相应地更加强盛一些。"③事实已经应验了这位伟人的预言。中国近30多年取得的伟大成就,是中国进入世界历史以来所没有过的,"中华民族伟大复兴"从来没有像今天这样接近现实且充满了激发人心的力量与激情。正如习近平总书记所言,"我们比历史上任何时期都更接近实现中华民族伟大复兴的目标"④。

(三)"中国梦"绝不是抽象的、空洞的政治口号

西方社会惯用意识形态"棱镜"来透视中国的政治现实及理念,对"中国梦"的解读即是如此;当部分西方媒体及学者提出"中国梦只不过是空洞的政治口号"时,其意识形态色彩彰显无遗。而实际上,"中国梦"既关涉意识形态更超越意识形态:以共产主义意识形态为指导思想的中国共产党成为实现"中国梦"的政治实践主体,从这个意义上理解的"中国

---

① 邓小平:《社会主义也可以搞市场经济》,《关于经济工作的几点意见》,《邓小平文选》第2卷,人民出版社1994年版,第231、194页。
② 邓小平:《我们的宏伟目标和根本政策》,《邓小平文选》第3卷,人民出版社1993年版,第78页。
③ 邓小平:《社会主义首先要发展生产力》,《邓小平文选》第2卷,人民出版社1994年版,第311页。
④ 习近平:《习近平谈治国理政》,外文出版社2014年版,第50页。

梦"与意识形态相关；但"中国梦"本身超越政治意识形态，是全民族共同凝聚而形成的历史理想和现实诉求。从世界历史视角观之，"中国梦"可以被看作是自中国进入世界历史以来一直不断被实践着的历史进程。"中国梦"绝不是空洞的、抽象的，而是实在的、具体的；绝不是简单的政治口号，而是有着丰富历史内涵和自身实践规律的客观进程。

二 "中国梦"是世界历史中"民族梦"与"世界梦"的统一

首先要开宗明义的是，这里的"世界梦"绝非西方社会指责中国的所谓"世界霸权梦"，而是"共产主义梦"。随着"中国梦"实现进程的飞速推进，"中国威胁论"在西方甚嚣尘上。美国哈佛大学政府系教授罗德里克·麦克法夸尔（Roderick MacFarquhar）认为"中国梦"是中国的"霸权梦"，"中国正变得越来越强大，并谋求亚洲、非洲乃至西方国家向中国屈从"[1]。英国《经济学人》杂志的一篇文章认为"中国梦"所宣扬的"民族主义"是非常危险的，因为"中国从以前的殖民地受害者，变成现在的霸权者，急于和日本清算旧账"；"中国梦""有一点民族主义和重新包装的权威主义的味道"[2]。这些观点的逻辑是：中国首先追求"民族梦""强国梦"，强烈的民族主义倾向促使中国必然追求地区甚至世界霸权。需要回归马克思主义理论学说来对这个逻辑进行解构。

（一）马克思主义充分肯定世界历史中的"民族性"

马克思的世界历史理论虽然立足于全球和整个人类，但它并不反对世界历史中的"民族性"。"科学的世界历史理论既关注作为整体的'世界历史'及其演变发展，也关注处于一定世界历史中的个人和民族国家等共同体及其演变发展。"[3] 马克思反对的是狭隘的民族本位主义。马克思曾批判"德国中心论"的民族历史观，认为"德国人的虚假的普遍主义和世界

---

[1] Ouyang Bin, "Deciphering Xi Jinping's Dream", http://www.chinafile.com/deciphering-xi-jinpings-dream.
[2] "China's future-Xi Jinping and the Chinese dream", *The Economist*, May 4, 2013.
[3] 叶险明：《马克思世界历史理论的特性与世界历史理论基本问题》，《马克思主义研究》2010年第1期。

主义是以多么狭隘的民族世界观为基础的","如果民族的狭隘性一般是令人厌恶的,那末在德国,这种狭隘性就更加令人作呕,因为在这里它同认为德国人超越民族狭隘性和一切现实利益之上的幻想结合在一起,反对那些公开承认自己的民族狭隘性和承认以现实利益为基础的民族。"① 在马克思看来,"世界性"是各个民族和国家在平等基础上交往的结果;但资本主义国家却自诩能超越民族狭隘性并以"世界主义"自居,恰恰是民族狭隘性的表现。恩格斯说:"一个民族当它还在压迫其他民族的时候,是不可能获得自由的。"② 所以,资本主义的民族和国家依靠压迫其他弱小民族而实现了"世界性",其实是狭隘民族主义的体现,不可能获得真正的自由。在马克思看来,被压迫民族在世界历史化的过程中,必须首先争取独立和统一,实现自身的"民族性"和管理自己事务的权利,因为"不恢复每个民族的独立和统一,那就既不可能有无产阶级的国际联合,也不可能有各民族为达到共同目的而必须实行的和睦的与自觉的合作。"③ 马克思和恩格斯在《共产党宣言》中说得更清楚:"工人没有祖国。决不能剥夺他们所没有的东西。因为无产阶级首先必须取得政治统治,上升为民族的阶级,把自身组织成为民族,所以它本身还是民族的,虽然完全不是资产阶级所理解的那种意思。"④ 按照马克思主义的逻辑,身处世界历史中的世界各民族,首先需要争取民族独立和解放,实现自身的"民族性",然后进行阶级联合,借助特定的政治组织形式取得政权,从而向世界性的共产主义过渡。马克思认为,世界历史的形成是实现共产主义的必要前提,因为如果地域性的个人不为世界历史性的个人所代替的话,"(1)共产主义就只能作为某种地域性的东西而存在;(2)交往的力量本身就不可能发展成为一种普遍的因而是不堪忍受的力量:它们会依然处于地方的、笼罩着迷信气氛的'状态';(3)交往的任何扩大都会消灭地域性的共产主义。"⑤

---

① 马克思、恩格斯:《德意志意识形态》,《马克思恩格斯全集》第3卷,人民出版社1960年版,第554、555页。

② 恩格斯:《恩格斯的演说》,《马克思恩格斯文集》第1卷,人民出版社2009年版,第696页。

③ 马克思、恩格斯:《共产党宣言》,《马克思恩格斯文集》第2卷,人民出版社2009年版,第26页。

④ 同上书,第50页。

⑤ 马克思、恩格斯:《德意志意识形态》,《马克思恩格斯文集》第1卷,人民出版社2009年版,第538页。

所以，交往的扩大使得各个民族进入世界历史是必然的，进入世界历史的民族在实现共产主义之前保持自身的"民族性"也是必然的，因为，实现共产主义需要无产阶级的存在；无产阶级是世界历史条件下资产阶级创造的奴役人的"异己"力量的对立物，如果没有世界历史过程，就不会产生无产阶级；无产阶级实现联合的过程中，资本主义仍然会长期存在；由此推之，共产主义实现之前，无论是资本主义国家还是社会主义国家，都应且须保持"民族性"。马克思还有一句话说得更明了："无产阶级只有在世界历史意义上才能存在，就像共产主义——它的事业——只有作为'世界历史性的'存在才有可能实现一样。"① 即是说，共产主义是作为世界历史的形式而存在的，拥有民族特性的世界历史是共产主义实现的前提条件。"民族性"是现时的现实，"世界性"是未来的理想，现实实践的指向最终会按照马克思的预测朝着人类社会的终极理想迈进。在世界历史视域下，只有"民族性"才有"世界性"，"世界性"以"民族性"为现实前提，"民族性"以"世界性"为价值导向。值得一提的是，世界历史中的"民族性"是通过政治层面的"民族—国家"体现出来的。尽管马克思认为国家是阶级矛盾不可调和的产物、是阶级统治的工具，但他并没有否定民族—国家存在的意义，正如恩格斯说："日益明显日益自觉地建立民族国家的趋向，是中世纪进步的最重要杠杆之一。"② 各个民族—国家的"民族性"是通往自由的"世界性"（共产主义）的必经之径。"世界性"与"民族性"既相互对立又相互依存，它们在现实与理想、部分与整体的交错与互融中实现了辩证统一。

（二）"中国梦"是"民族梦"与"共产主义梦"的有机统一

"中国梦"是在"中华民族"意识觉醒后并确认"民族性"的情况下生成的。中国历史转化为世界历史后，首先要确认自己的"民族"身份，建立"民族性"。在进入世界历史之前，中国传统的文化—国家并没有真正意义上的"民族"概念，"中华民族"意识只有处于世界性的历史当中才会产生，即是说，只有在进入世界历史后，中国才会产生民族主体意识。正

---

① 马克思、恩格斯:《德意志意识形态》,《马克思恩格斯文集》第 1 卷, 人民出版社 2009 年版, 第 539 页。
② 恩格斯:《论封建制度的瓦解和民族国家的产生》,《马克思恩格斯全集》第 21 卷, 人民出版社 1965 年版, 第 452 页。

如马克思所言，受压迫民族须先恢复独立和统一，才有可能向"世界性"迈进，所以中国须要解决"民族性"的事实性构建问题。在世界历史意义上，中国建立民族—国家、实现"民族性"的主要目的是实现马克思所说的政治解放和人类解放，正如国内一位学者所言，"民族国家要实现人类解放赋予的任务，必须在消灭资本主义私有制基础上，以生产者自由平等联合体为共同纽带，根据新的方式来重建和组织社会结构形式，让人本身在一种体现平等、自由和统一基础上的崭新组织秩序中生活，进而使作为政治共同体的民族得到彻底的解放，社会主义多民族国家的建立则是这一路径的具体体现"①。正是建构民族—国家、争取"民族性"的实践催生了"中国梦"。在"中国历史"的大部分阶段，中国保持了"最强大国家"的地位。② 在中国历史转向世界历史后，曾经的"最强大国家"却沦为受压迫的对象，"中华民族伟大复兴"成为建设"民族性"的题中应有之意。所以，"中国梦"生成于世界历史中的中国争取"民族性"的实践，天然地含有"民族性"。这个"民族性"有两层含义：一是身处民族—国家体系中、彰显自己传统和文化的独特性，这是具体的"民族"意义上的民族性；二是在实现世界性的共产主义之前而保持的区域性，这是抽象的"世界历史"意义上的民族性。"中国梦"以中国的主权独立和民族解放为前提，但这仅是第一个层次的民族性；只有借鉴资本主义的生产方式、大力发展生产力、不断扩大交往方式并充分融入世界历史，让中国成为共产主义事业的世界历史的一部分，才能实现第二个层次的民族性，而这既是"中国梦"所蕴含的"国家富强、民族振兴"的题中应有之义，也是"中国梦"的最终归宿。由是观之，世界历史视域下的"中国梦"既是民族梦、又是共产主义的世界梦，是"民族性"和"世界性"的有机统一。

（三）"中国梦"绝不是狭隘的"民族主义梦"和"霸权梦"

西方部分媒体和学者从"国强必霸"的现实主义逻辑认定中国强大之后必然会追寻地区乃至世界的霸权，"中国梦"实质上是"霸权梦"。他

---

① 任勇、付春：《马克思主义政治学视野中的民族和民族国家》，《政治学研究》2011年第1期。

② 美国历史学家保罗·肯尼迪认为，"在近代以前时期的所有文明中，没有一个国家的文明比中国文明更发达，更先进。"可参见［美］保罗·肯尼迪《大国的兴衰》，陈景彪译，国际文化出版公司2006年版，第4页。

们没有按照马克思所预见的人类社会发展规律、没有从世界历史的视角审视中国追求"民族复兴"的最终目的。经过曾经的曲折探索之后，中国选择全面融入世界历史进程，实质上是基于"共产主义只有作为'世界历史性的'存在才有可能实现"这一逻辑前提，"中国梦"也正是在以此为主线的社会发展规律的牵引下历史性地展开的；中国追求"强国梦"不是基于西方霸权主义逻辑，而是遵循马克思关于发展生产力对实现共产主义必要性的假设。马克思说："无论哪一个社会形态，在它所能容纳的全部生产力发挥出来以前，是决不会灭亡的。"① 目前资本主义所释放出来的生产力还远远没有达到能促使其灭亡的程度，所以社会主义中国只有先大力发展自身生产力，顺应社会发展和社会形态更替的规律。中国追求的"民族复兴"可以从两个意义上进行理解：一是从历史意义上，中国要恢复历史上曾经享有的地位，诚如澳大利亚悉尼大学中国研究中心主任克里·布朗所说，中国是在恢复"一种文化和身份特征"，它们很早便已确立，但在西方国家工业化和现代化的大潮下，这种文化和身份特征已逐渐被世人遗忘、受到蚕食或根本不予认可，所以中国提出"中国梦"的目的"是让中国重新享受几百年前的地位"②；二是从社会发展意义上，中国首先实现本民族的充分发展，目的是向以"世界历史"形式存在的共产主义迈进。不只是中国，其他所有国家都在自觉不自觉地向这个进程迈进；这个过程是自发的而非人为的，是平行向前的而非交错逆回的。社会主义中国不可能违背历史发展规律、采取霸权形式人为干涉别国内政抑或改变别国社会发展形态；中国所做的仅是在恢复历史的民族地位之时，与世界其他民族国家的无产阶级一道，充分创造自身向共产主义过渡的条件。

三 "中国梦"在历史延展中最终指向"现实的人"及其全面解放

"中国梦"的最终价值旨趣是人的自由和全面发展，在当下的世界历史语境下即指"人民幸福"。然而，西方社会却指责"中国梦"仅是"国

---

① 马克思：《〈政治经济学批判〉序言》，《马克思恩格斯文集》第2卷，人民出版社2009年版，第592页。
② "卫报：'中国梦'不是扩张主义噩梦"，参考消息网，http://column.cankaoxiaoxi.com/g/2014/0203/342912.shtml。

家梦",只重集体而忽视个人。英国《泰晤士报》驻北京记者利奥·路易斯(Leo Lewis)认为"中国梦"是由中国共产党设定的,和人民无关,因为13亿中国人已经有了自己的梦想。① 英国《经济学人》杂志的文章认为"中国梦"只会让人民的权力更少。② 需要利用马克思关于"人的解放"理论来对这一认知偏见进行逻辑澄明。

(一)世界历史的存在是为了实现"人的自由和全面发展"

"人的存在才真正是直接的'世界历史性存在'"③。"现实的历史的人"(而非费尔巴哈所说的作为"感性对象"的、抽象的人)是马克思考察人类历史发展的出发点。马克思说道:"我们的出发点是从事实际活动的人","全部人类历史的第一个前提无疑是有生命的个人的存在。"④ 人类历史是人将自然世界对象化、同时以人的主体活动为中心的历史,而"在人类历史中即在人类社会的形成过程中生成的自然界,是人的现实的自然界;因此,通过工业——尽管以异化的形式——形成的自然界,是真正的、人本学的自然界。"⑤ 大工业对自然界的改造促成了生产力的极大发展和交往方式的全球扩展,并形成了世界历史。此时的人仍然是历史的主体,但却被资本主义释放出来的一种异化力量所压迫。"单个人随着自己的活动扩大为世界历史性的活动,越来越受到对他们来说是异己的力量的支配(他们把这种压迫想象为所谓世界精神等等的圈套),受到日益扩大的、归根结底表现为世界市场的力量的支配。"⑥ 在马克思看来,资本主义开创的世界历史一方面确认了"现实的人"的主体地位并为人的解放创造出前提条件,但又由于生产力与交往形式之间的矛盾而成为人的解放的障碍,所以资本主义不可能实现人的全面自由与解放。只有当世界历史走向终极形式、即实现共产主义社会时,人们才能驾驭这种力量,成为全面的

---

① Leo Lewis, "The Chinese Dream won't go back to sleep", *The Times*, Apr. 24, 2013.
② "China's future-Xi Jinping and the Chinese dream", *The Economist*, May 4, 2013.
③ 叶险明:《马克思世界历史理论的特性与世界历史理论基本问题》,《马克思主义研究》2010年第1期。
④ 马克思、恩格斯:《德意志意识形态》,《马克思恩格斯文集》第1卷,人民出版社2009年版,第525、519页。
⑤ 马克思:《1844年经济学哲学手稿》,《马克思恩格斯文集》第1卷,人民出版社2009年版,第193页。
⑥ 同上书,第541页。

自由人。从世界历史的意义上讲,"社会主义是作为世界历史性事业"而存在的,要在资本占统治地位的世界历史时代中发展社会主义,从而实现社会主义世界历史时代对资本主义世界历史时代的取代。① 世界历史存在的主要意义是为了实现"人的自由和全面发展"。

(二)"中国梦"在历史延展中最终指向"现实的人"及其全面解放

"中国梦"蕴含"国家富强"、"民族振兴"和"人民幸福"的要义,其中国家富强是根本,民族振兴是前提,人民幸福才是最终目的。自近代以来的大部分时期,普通大众处于被压迫状态:被外国侵略者、国内地主和资产阶级压迫,被贫穷的生活压迫,被种种异化的力量压迫。目前中国已经实现政治解放、建成社会主义国家,但"政治解放本身并不就是人的解放"②,所以处于世界历史当中的中国即使是在生产力得到快速发展的社会主义建设时期,也不得不受由资本主义国家蔓延过来的一种"异己"力量——人对物质的依赖而导致一种对人的"奴役"力量——的影响。在进入共产主义之前,这种"异己"力量是必然存在的。"中国梦"中"人民幸福"内涵的实质,实际上就是将人摆脱一切"异己"力量的控制、实现人的自由和全面发展作为最终目的,而实现此目的之首要前提则是确立"人"的历史主体地位。习近平总书记说:"人民群众是历史发展和社会进步的主体力量","坚持人民主体地位,切实保障公民享有权利和履行义务。"③ 遵循世界历史的演化规律,社会主义必然要将"人"确认为历史主体、释放人的潜力和活力、大力发展生产力,实现国家富强和民族振兴,从而最终向"人的全面解放"的共产主义过渡。"中国梦"终究要汇入、融成共产主义的"世界梦"。从世界历史的意义上讲,"中国梦"的历史延展最终会指向摆脱"异己"力量的共产主义,其价值旨趣就是"人的自由和全面发展"。

(三)"中国梦"绝不是忽视个人权利的集体主义梦

西方社会惯常强调个人的自由、权利与价值,认为个体才是认识政治

---

① 叶险明:《马克思世界历史理论的特性与世界历史理论基本问题》,《马克思主义研究》2010年第1期。
② 马克思:《论犹太人问题》,《马克思恩格斯文集》第1卷,人民出版社2009年版,第38页。
③ 习近平:《习近平谈治国理政》,外文出版社2014年版,第27、140页。

价值的逻辑起点。少数西方媒体基于"个人主义"价值观批评"中国梦"只从国家层面追求"强国梦"而忽视了个人的权利。但从世界历史的逻辑看,这种批评是完全站不住脚的。"中国梦"首先当然是一种集体主义梦,因为"民族复兴"主题设定了中华民族作为一个整体必须实现富强和振兴,这是从中国历史意义上理解的①;若从世界历史意义观之,"中国梦"在历史延展时的最终指向是人的自由和全面发展,这是由社会主义国家的价值取向决定的,因为社会主义本来就是要消灭由资本主义蔓延过来的"奴役"力量而实现人的全面解放。所以说,"中国梦"既是实现集体主义的"强国梦",更是实现个人自由和全面发展的"幸福梦"。习近平总书记说:"'中国梦'既是中国人民追求幸福的梦,也同各国人民追求幸福的梦想相通。"② 通过向共产主义社会过渡,中国人民的"幸福梦"与世界人民的"幸福梦"相通。

四 "中国梦"需要借助政治实践主体的历史实践才能实现

少数国外媒体认为习近平总书记强调"中国梦"的目的是为了巩固中国共产党的统治地位、加强政党的权力。最典型的观点就是《经济学人》杂志的一篇文章提到的,"中国梦会让中共权力更集中","习近平主要关注的还是党对权力的绝对控制……他认为苏联的崩溃是因为他们偏离正统意识形态,缺乏严格的组织纪律"③。从现实角度看,这个观点似乎有些道理;但从世界历史角度看,这个观点是不正确的,因为"中国梦"最终趋向是国家消亡、政党消逝的共产主义社会。

(一) 在国家消亡之前必须由政党承担历史政治实践的主体

马克思说,"对社会主义的人来说,整个所谓世界历史不外是人通过

---

① 正如前文所述,中国历史向世界历史转化后并不意味着中国历史的消逝,中国进入世界历史恰是为了延续中国历史;或者说,中国在实现共产主义之前的历史都属于"中国历史"。
② 习近平:《习近平谈治国理政》,外文出版社2014年版,第64页。
③ "China's future-Xi Jinping and the Chinese dream", *The Economist*, May 4, 2013.

人的劳动而诞生的过程。"① 劳动即实践,"社会生活在本质上是实践的"②。在马克思看来,实践的需要是为了"人","全部历史是为了使'人'成为感性意识的对象和使'人作为人'的需要成为需要而作准备的历史"③,自然的,实践的主体也是"人"。社会主义革命和建设的实践主体毫无疑问都是人民。人们需要被组织起来才能完成各种社会实践,那么,组织、领导社会主义革命和建设的实践者是谁呢?是国家形态下的无产阶级政党。尽管马克思说国家是"与实际的单个利益和全体利益相脱离的独立形式"的"虚幻的共同体"④,但他指的国家是资本主义国家;而对于无产阶级而言,也"必须首先夺取政权,以便把自己的利益又说成是普遍的利益,而这是它在初期不得不如此做的"⑤,意思是说,无产阶级在夺取政权的初期必须要借助资产阶级创造的"国家"形式,亦即我们今天所说的"民族国家"。"国家"最终会消亡,但却是向共产主义过渡进程中不可或缺的政权组织形式。"全球化"现象进一步印证了马克思当年关于资本主义开创世界历史的预言,但目前的世界与马克思所作"世界范围内主要存在两大阶级即资产阶级和无产阶级"的假设不太相符,甚至无产阶级人数也不占优势,所以"现实的共产党执政国家其国际、国内条件不仅不允许它消亡,反而由于国际间的竞争及协调国内各阶级利益关系和所有制关系的种种压力,要求它增强其国家职能"⑥。至少在现阶段,无产阶级必须在国家形态下争取政治解放和人的解放,而完成这一使命的实践者是无产阶级政党。恩格斯说:"最好的办法就是在每一个国家里建立一个无产阶级的政党,这个政党要有它自己的政策,这种政策显然与其他政党

---

① 马克思:《1844 年经济学哲学手稿》,《马克思恩格斯文集》第 1 卷,人民出版社 2009 年版,第 196 页。
② 马克思:《关于费尔巴哈的提纲》,《马克思恩格斯文集》第 1 卷,人民出版社 2009 年版,第 505 页。
③ 马克思:《1844 年经济学哲学手稿》,《马克思恩格斯文集》第 1 卷,人民出版社 2009 年版,第 194 页。
④ 马克思、恩格斯:《德意志意识形态》,《马克思恩格斯文集》第 1 卷,人民出版社 2009 年版,第 536 页。
⑤ 同上书,第 537 页。
⑥ 胡承槐:《马克思主义国家学说与当代我国国家意识形态的构建》,《哲学研究》2004 年第 10 期。

的政策不同，因为它必须表现出工人阶级解放的条件。"① 无产阶级政党代表广大无产阶级的利益，同时承担着组织无产阶级进行革命的重任，因为"不组织群众，无产阶级就一事无成。组织起来的无产阶级就无所不能"②。列宁说："马克思主义教育工人的党，也就是教育无产阶级的先锋队，使它能够夺取政权并引导全体人民走向社会主义，指导并组织新制度，成为所有被剥削劳动者在不要资产阶级并反对资产阶级而建设自己社会生活的事业中的导师、领导者和领袖。"③ 在国家消亡之前，人民作为社会主义革命及建设的实践主体，需在无产阶级政党的组织下才能获得相应的历史主体地位、实现政治解放乃至人的解放。

（二）中国共产党是实现"中国梦"的历史实践主体

由于共产主义只有作为"世界历史性的"存在才能实现，以实现共产主义为价值旨趣的"中国梦"在相当长的一段时期内必然处于世界历史之下。在世界历史视域下，"中国梦"本然内含"民族性"涵义，民族—国家的建构是实现"中国梦"的政治前提，也是世界历史中"民族复兴"主题的应有之义。中国被裹挟进世界历史后，"中国梦"要求首先解决民族独立和主权完整的问题，然后是进行"现代性"建设；现代性诉求本然地包含政治现代性建构，这就是现代政党政治的建立。政党政治建制与民族国家体系一道成为现代政治的主要特征。从"中国梦"的实践进程来看，中国共产党作为国家的组织性力量是不可或缺的。"中国梦"实现进程需要政党政治的组织保障，政党在中国的演进与发展与"中国梦"相伴随行。模仿西方政党建制的国民党政权无法领导中国人民争取政治主权和民族独立，现代性进程戛然而止。而中国共产党领导的政党政治超越了西方"现代性"，实现了政治解放和社会解放，"建立了'中国梦'与马克思主义之间的话语通道，将'中国梦'引入马克思主义政党政治实践轨道，为'中国梦'提供了坚实的政治依托。"④ 由是观之，中国共产党是实现"中

---

① 恩格斯：《致国际工人协会西班牙联合委员会》，《马克思恩格斯文集》第3卷，人民出版社2009年版，第92页。
② 列宁：《同立宪民主党化的社会民主党人的斗争和党的纪律》，《列宁专题文集》（论无产阶级政党），人民出版社2009年版，第341页。
③ 同上书，第338页。
④ 陈宗权：《中国政党政治的现代性与"中国梦"的实现》，《社会科学研究》2016年第3期。

国梦"的历史实践主体,是实现共产主义这一历史任务的政治组织和保障。

(三)"中国梦"绝不是中国共产党强化权力控制的"政党梦"

诚如马克思主义强调的那样,无产阶级必须要组成自己的政党并取得政权,才有可能实现共产主义。当下中国还处于社会主义初级阶段且处于资本主义国家包围当中,中国共产党只有强化权力并巩固执政地位,才会实现国家富强和民族复兴。但这并不意味着中国共产党会强化对人民的"控制"。实际上,中国共产党执着于由传统革命党向现代执政党的转变,其权力的行使是为了更大程度上保障人民的权利;权力在一定程度上的集中是事实,但权力集中是为了更高效地执政和为民谋利。在法治社会的建设过程中,中国共产党的权力行使只会越来越规范、越来越具有"公共性"。依照马克思的逻辑,无产阶级政党的产生是为了将世界历史的存在形式转化成共产主义,而共产主义一旦实现,国家和政党都将消亡。从这个意义上讲,中国共产党实现"中国梦"绝不是为了强化权力控制的"政党梦",而是为了创造让政党和国家都自行消亡的实践基础和历史条件。

(作者单位:陈宗权,西南财经大学马克思主义学院;
武丽丽,成都中医药大学马克思主义学院)

构建中国边疆学需要理论与实践的结合[*]

吕文利

中国边疆学的构建已经呼吁了若干年,并有一系列论著发表和出版,是广大边疆研究者的情结所在。

2016年5月17日,习近平总书记在哲学社会科学工作座谈会上的讲话指出,"中国特色哲学社会科学应该涵盖历史、经济、政治、文化、社会、生态、军事、党建等各领域,囊括传统学科、新兴学科、前沿学科、交叉学科、冷门学科等诸多学科,不断推进学科体系、学术体系、话语体系建设和创新,努力构建一个全方位、全领域、全要素的哲学社会科学体系。"[①] "现在,我国哲学社会科学学科体系已基本确立,但还存在一些亟待解决的问题,主要是一些学科设置同社会发展联系不够紧密,学科体系不够健全,新兴学科、交叉学科建设比较薄弱。下一步,要突出优势、拓展领域、补齐短板、完善体系。"[②] 在学科体系建设中,他讲了五点,其中第四点就是"要加快发展具有重要现实意义的新兴学科和交叉学科,使这些学科研究成为我国哲学社会科学的重要突破点"。[③] 中国边疆学无疑是属于具有重要现实意义的新兴学科和交叉学科,下面结合习近平总书记的讲话,谈谈我对构建中国边疆学的认识。

---

[*] 本文作为《中国边疆史地研究》编辑部组织的"马克思主义与中国边疆研究"笔谈专栏之一,已在《中国边疆史地研究》2016年第3期发表。

[①] 习近平:《在哲学社会科学工作座谈会上的讲话》,《人民日报》2016年5月19日第2、3版。

[②] 同上。

[③] 同上。

一

如果说中国各民族"像石榴籽那样紧紧抱在一起"[①]，那么边疆就是那一层石榴皮，形塑了一个中国的独立和完整。所以边疆研究是非常重要的，其最终结果，就是要回答什么是"中国"，"中国"是如何形成的，以及"中国"怎么样等一系列问题。中国边疆学就是要解决这一系列问题的学科，但一个学科的构建是需要有学科理论和核心概念的。习近平总书记指出："要善于提炼标识性概念，打造易于为国际社会所理解和接受的新概念、新范畴、新表述，引导国际学术界展开研究和讨论。这项工作要从学科建设做起，每个学科都要构建成体系的学科理论和概念。"[②]

那么中国边疆学的"标识性概念"应该如何提炼？如何构建成体系的学科理论和概念？我认为，概念和理论应该是在与前人对话的基础上，以经验证据和实践来检验、并在实践中不断创新的，这是马克思的研究方法，也是马克思主义的科学态度。

毛泽东的《实践论》曾经鼓舞了很多人，也使很多人受益，到今天仍不过时，他指出，马克思主义的哲学辩证唯物论有两个最显著的特点：一个是阶级性；一个就是实践性，"强调理论对于实践的依赖关系，理论的基础是实践，又转过来为实践服务。"[③] 马克思正是在研究欧洲经验的基础上，撰写了《资本论》等一系列伟大著作。法国著名社会学家布迪厄在与马克思对话的过程中，继承并发展了马克思的观点，他在对阶级理论理解的基础上，提出了"习性"和"象征资本"两大概念，认为"习性"是历史的产物，是既往经验的有效存在，这些既往经验以行为逻辑、思维方式等存储于每个人身上，这样能够保证实践活动的一致性和它们历时而不变的特性，习性的趋同性形成了社会集团。习性具有历史性、规则性和生成性特征，每个个人与集团的习性的对抗、妥协可以生成无

[①] 此语来自于习近平总书记在2014年5月28日至29日第二次中央新疆工作座谈会上的讲话，见搜狐新闻：《习近平谈民族团结：像石榴籽那样紧紧抱在一起》，网址：http://news.sohu.com/20140530/n400229770.shtml，2016年7月2日登录。

[②] 习近平：《在哲学社会科学工作座谈会上的讲话》，《人民日报》2016年5月19日第2、3版。

[③] 毛泽东：《实践论》，《毛泽东选集》第1卷，人民出版社1991年版，第284页。

限实践的可能。"象征资本"关注经济活动中之象征性,它区别于以货币为交换符号的经济行为,但却是与经济资本同等重要的"资本",这一概念试图把马克思主义的"资本"论拓展到非物质的象征领域。正是习性之"生成性",与象征资本之"资本性",使得实践超脱了唯物与唯心等一切二元对立模式,构成了一种不断变化、不断生成的实践机制。布迪厄同时认为,实践具有历时性特征,故与时间关系紧密,它完全内在于持续时间,它是一种线性系列。所以科学地阐述实践,其科学有效性仅仅存在于实践产生的同时化效应,在这种意义上,实践被赋予了一种逻辑性解释,但事实上,实践是拒绝逻辑性的,因为无限的生成性特征,它更多的是无数偶然性的集合,任何理论在真实的实践面前都有简单化倾向。① 布迪厄的关于实践的解释与毛泽东指出的"客观现实世界的变化运动永远没有完结,人们在实践中对于真理的认识也就永远没有完结"②是相似的。习性具有历史性和规则性特征,由此它可以被建立在逻辑基础上的理论所描述,但用语言或理论描述的实践是受限于观察者的角度的,无法对实践进行精确描述;但是在由各个习性所构成的不同的象征资本在各个场中,则生发出无限可能,在这个意义上,实践无穷,理论亦无穷。

各个学科的"标识性概念"和学科理论正是在对过去历史,亦即规则性的习性的基础上建构起来的,这也正是"历史研究是一切社会科学的基础"③ 的科学要义,但是无论是具有资本和象征资本的个人、还是集团,其"习性"各自不同,在互相交流、碰撞的过程中,形成了实践,实践是各种"力"作用的结果,又是各种"力"发挥的起点,这也正是"实践是检验真理的唯一标准"的科学要义。中国边疆学是中国边疆学人着力构建的新兴学科,当务之急是研究中国边疆的"习性"特征,从中提炼规则性的"标识性概念",以演绎逻辑和归纳逻辑的方法构建具有内在逻辑性的学科理论,并不断在实践中检验、修改和创新。

---

① [法] 皮埃尔·布迪厄:《实践感》,蒋梓骅译,译林出版社 2012 年版,第 33—206 页。
② 毛泽东:《实践论》,《毛泽东选集》第 1 卷,人民出版社 1991 年版,第 296 页。
③ 《习近平致第二十二届国际历史科学大会的贺信》,《人民日报》2015 年 8 月 24 日第 1 版。

二

中国边疆学是新兴学科和交叉学科，其特点正是"交叉性"，但不是各个学科的研究方法简单罗列的结果，而是在对各个交叉学科融会贯通的基础上，进行具有自我学科特点的理论建构。以我最近几年的观察，中国本土大多数研究边疆的学者经验证据很多，但理论创新不足，国外研究中国边疆的学者以及关注国外边疆理论的学者，理论构建很多，但经验证据不足；阐释中央治理边疆的方略较多，相应地，研究历史上的治理边疆的经验较多，研究微观社会的、经济的成果较少；各个学科有关边疆的研究较多，但学科之间壁垒森严，统合起来研究得少；研究一个个案的、历史事件的较多，长时段、大时空研究的成果较少。这些都是应该值得我们注意的。

以朝贡贸易为例。朝贡贸易一直是中外学术界研究的热点，但在西方学者费正清等人的研究下，朝贡贸易似乎成为了中国古代贸易的主流，其主要观点是，中国古代皇帝厚往薄来，以各国朝贡来满足"天朝上国"的幻想，由此继续推理的逻辑是，只有近代西方的冲击，中国才有近代化。这种观点甚至成为研究朝贡关系的主要观点，连我国的中学教科书都把朝贡贸易书写成是厚往薄来的。事实果真如此吗？中国古代的皇帝真的这么"傻"吗？实际上，历朝历代的统治者们并不傻，他们从来都在算经济账和政治账。中国古代的对外贸易中，朝贡贸易只占很小的一部分，即便是在明朝严格实施封禁政策的时代，在北方官民私下里与蒙古贸易，在南方私下贸易更是猖獗，"倭寇"的肆虐从另外一个方面说明私下贸易的猖獗程度。在非封禁的时代，这些都释放为正常的贸易。即便是在朝贡贸易中，中国古代的统治者也在算经济账和政治账，并不主要是"厚往薄来"。我们在《二十四史》中，到处可以读到凡是有外国来朝，皇帝要求以其朝贡所值赏赐物品。这实际表现的是以物易物贸易，这种贸易比较容易控制价格，外国货物虚价较高，中国的货物也相应抬高价格，力图保持账面上的平衡。如清朝乾隆初年，与还未纳入版图的准噶尔进行贸易，准噶尔的葡萄报价1.5两一斤，清朝与之贸易的丝绸和茶叶价格也相应调高，最后算下来实际获利近13两，刚好用于购买包裹等用。① 从政治账上来讲，统治者考虑稳定的利益要高于经济利益。如乾隆皇帝一度担心与准噶尔贸易的白银太多，后来得知大部分贸易都是以货易货的方式交易的，才为之放心。他曾说"以数年不用兵所省计之，则我犹为所得者多也"，战争的费用是要高于贸易的费用的，所以古代统治者主要从政治利益上来考虑互利共赢问题。

再以现在新疆的研究为例。新疆的暴恐活动频发，学界也从自己的角度给出了"解药良方"，但是大体上是经济学者认为是经济问题，法律学者认为是法律问题，宗教学者认为是宗教问题，民族学者认为是民族问题，很少有贯通性研究。2010 年第一次中央新疆工作座谈会提出要推进新疆跨越式发展和长治久安战略目标的实现，但在实践中发现，新疆的问题远不是经济发展就能解决的，所以在 2014 年第二次中央新疆工作座谈会中调整为"社会稳定和长治久安是新疆工作的总目标"。

"中国的稳定在新疆，新疆的稳定在南疆"，这是新疆干部群众对当前中国和新疆稳定问题的普遍认识。南疆的稳定又在广大农村。南疆的农业是绿洲灌溉型农业，人均土地较少，主要种植小麦、棉花、瓜果等，有的地区有一些畜牧业。现在基本还是以家庭为单位的小农经济。虽然在市场经济条件下，农户种植棉花、瓜果等经济作物，但受市场影响很大，加之并没有什么补充型的手工业，家庭人口又多，造成了收入低下、剩余劳动力无法释放的问题。苏联著名经济学家恰亚诺夫的研究给笔者以很大启发。他在对大量家庭农场跟踪研究后发现，以家庭为单位的农民农场存在和发展的秘密就在于劳动消费均衡化和家庭生物学裂变规律。劳动—消费均衡理论是他的主要观点，他认为，家庭农场经济的发展取决于家庭消费的满足程度和劳动辛苦程度，亦即农民自我生产能力开发的程度取决于劳动者承受的来自于家庭消费需求的压力有多大，农民总是试图在最低生产成本和最高消费水平之间寻找平衡，这是家庭农场的发展机制，也是抑制机制；家庭生物学裂变规律是指家庭劳动力的变化决定了生产力水平和消费水平，从事农场经营的家庭的规模，主要依赖于家庭的年龄，而家庭规模的扩大受制于生物学规律，即经营到一定规模后要裂变分家为小家庭，从而又导

---

① 详见拙著:《乾隆前期（1736—1750 年）の清・ジューンガル貿易における価格・取引方法をめぐる駆け引きとその影響》，（日本）《満族史研究》2012 年第 11 号，第 1—21 页；或见中文版《乾隆前期（1736—1750）的清准贸易——以价格、贸易方式的博弈及其影响为中心》，《西部蒙古论坛》2014 年第 3 期，第 21—38 页。

致一个循环的开始。① 黄宗智教授在与恰亚诺夫的对话过程中,通过研究华北农村,提出了农业"内卷化"的观点,即以家庭为单位的小农经济,形成了劳力投入增加而边际报酬递减的现象,这是没有发展的增长,无法发展为资本主义。② 虽然恰亚诺夫的观点后人有很多批判,但对现实也仍有启发意义。南疆的小农经济在当今的市场经济条件下可谓步履维艰,农民对于家庭消费的满足程度要求越来越高,尤其是家庭里有几个上学的孩子更是如此。在劳力投入增加而边际报酬递减的基础上,农民的劳动辛苦感受也越来越高,尤其是在跟发达地区和较高收入者相比更是如此。在这个过程中,宗教到底起了什么样的作用?如果说历史上,宗教安慰了农民的劳动辛苦感受,那么现实中,宗教到底对农民的劳动辛苦感受有何影响,宗教活动到底多大程度上影响了劳动生产率以及与工厂的契约关系,如果再考虑到南疆缺水的现实状况,则南疆的"三农"问题则更加复杂。无疑,一个宗教氛围浓厚、小农经济比重占很大比重而又缺水的南疆,到底出路何在,需要各个学科的综合性研究,需要学者和政府的更大智慧。

若在已经非常复杂的经济问题和宗教问题上,再加上民族问题,会使问题更加复杂化,但这就是我国边疆民族地区的现实。尤其是高考加分等优惠少数民族的政策,在使少数民族群众得到实惠的同时,也使他们有矮化感。这一优惠少数民族的政策无疑来自于苏联。列宁认为"许多世纪以来大俄罗斯人在地主和资本家的压迫下,养成了一种可耻可憎的大俄罗斯沙文主义偏见"③。所以,作为"压迫民族","应当不仅表现在遵守形式上的民族平等,而且表现在压迫民族即大民族要处于不平等地位,以抵偿在生活中事实上形成的不平等"④,列宁是这么想的,也是这么做的,他把承认民族自决权和所谓"压迫民族"即俄罗斯民族要补偿少数民族作为民族政策的核心内容。新中国成立后,我们很多领导干部的汉族"欠债说"无疑是受到了列宁和苏联的影响,但列宁的这些理论是在阶级斗争的基础上提出的,是有阶级意义的。也就是说,阶级斗争理论能够战胜民族主

---

① 恰亚诺夫:《农民经济组织》,萧正洪译,中央编译出版社1996年版。
② 黄宗智:《华北的小农经济与社会变迁》,法律出版社2014年版。
③ 于逢春、冯建勇、吕文利主编:《马克思、恩格斯、列宁、斯大林论国家统一与领土主权》,中国社会科学出版社2015年版,第777页。该文出自列宁《为战胜邓尼金告乌克兰工农书》(1919年12月28日)。
④ 同上书,第735页。该文出自列宁《关于民族或"自治化"问题(续)》(1922年12月31日)。

义，他所主张的并不是各个民族的自决权，而是每个民族的无产阶级的自决权。在新中国成立前，中共一直主张源自苏联的民族自决理念与联邦制主张。但在实践中，发现这一主张有损国家统一，于是确立了民族区域自治制度。① 这是符合中国国情的体制。但是随着时代的变迁，由"阶级斗争为纲"改为"实践是检验真理的唯一标准"，诸如以高考加分等补偿少数民族的政策已不符合我国现实，现在逐渐调整由以民族加分到以地区加分为主的政策是符合实际的。

很多学者主张以法律手段来解决各种问题。依法治国固然有其政治合理性，但法律不是万能的，从某种意义上说，法律是最后的办法，或者是没有办法的办法。而且在现实中，我国现代的法律大多来源于西方，也即德国社会学家马克斯·韦伯所说的形式理性的法律。韦伯认为从法律与诉讼的发展来看，可分为四种形式，即形式非理性、实质非理性、形式理性和实质理性。若从发展阶段来看的话，是从"法先知"的卡利斯玛法启示（即巫术的形式主义和源于启示的非理性的结合形态，即形式非理性），发展到法律名家的经验性法创造与法发现（实质非理性），进而发展到世俗的公权力与神权政治的权力下达法指令的阶段（实质理性），最后发展到专门法律家体系性的法制定与演绎逻辑推理下的"司法审判"阶段（形式理性）。② 当然从全世界的发展形态来看，这个发展阶段并非是线性的和进化论式的，但韦伯认为形式理性的法律和诉讼一定是最合理的，这为西方所独有。形式理性的法律自有其合理的一面，其所用的类似于数学公式似的演绎推理逻辑，认为"法律形式主义可以让法律机制像一种技术合理性的机器那样来运作"。③ 这使得法律审判变为非此即彼的判断，并无中间调和。美国著名学者亨廷顿提出的"文明冲突论"也是从非此即彼的西方伦理出发，认为文明是"冲突"的、对立的。④ 这与中国古代观念不同，在中国古代，墨子主张"兼爱""非攻"，儒家主张礼主刑辅，孔子认为

---

① 李国芳：《中共民族区域自治制度的形成——以建立内蒙古自治政府为例》，《近代史研究》2012年第6期。
② [德]马克斯·韦伯：《法律社会学》，康乐、简惠美译，广西师范大学出版社2011年版，第3—340页。
③ 同上书，第222页。
④ [美]塞缪尔·亨廷顿：《文明的冲突与世界秩序的重建》，周琪、刘绯、张立平、王圆译，新华出版社2010年版。

"道之以政，齐之以刑，民免而无耻；道之以德，齐之以礼，有耻且格"[1]，即以德治天下，主张稳定，主张彼此相容，主张"己所不欲，勿施于人"。中国古代的这些礼制思想和非此且彼伦理有其合理性，甚至是中国古代社会的稳定器，是保持长治久安的密码，这些重要思想应该在现代社会发挥其应有的作用。在新疆地区，比出台诸如《乌鲁木齐市公共场所禁止穿戴蒙面罩袍的规定》（2015年2月1日起施行）等法律法规更重要的，是正视和研究有关宗教的内部伦理，从历史上诸如清代颁布《回疆则例》中汲取经验教训，切合当前社会现实和当地实际，以非此且彼的智慧、现代法学的逻辑，建立较为有效的预防体系和法律体系。在很多问题上，中国的传统智慧发挥了重要作用，诸如中国主张南海问题"共同开发"，主张"一带一路"倡议合作共赢，共同发展，这正是传统中国彼此相容思想的体现。中国边疆学如何在借鉴各个学科的研究方法并融会贯通的基础上，重点挖掘中国古代优秀的治国理念和传统文化是个重大课题。

总之，中国边疆学是一门交叉学科，所谓"交叉"，不是说把各种学科的理论和研究方法都放到边疆学里就行了，而是要融会贯通。这是中国边疆学构建的优势，是理论创新的源泉，当然也是难点。构建中国边疆学的"标识性概念"和学科体系，首先要来源于中国和中国边疆的实践和经验，再结合前人的研究，在融会贯通的基础上进行理论创造。习近平总书记指出，"马克思主义是随着时代、实践、科学发展而不断发展的开放的理论体系，它并没有结束真理，而是开辟了通向真理的道路……把坚持马克思主义和发展马克思主义统一起来，结合新的实践不断作出新的理论创造，这是马克思主义永葆生机活力的奥妙所在。"[2] 中国边疆学的构建应该是马克思主义的，但不是僵化的、一成不变的马克思主义的，而是在实践的基础上，与各种理论对话，发展的马克思主义的。

中国边疆学的构建任重而道远，希望中国边疆研究学人携手前行，共谋学科发展的未来。

（作者单位：中国社会科学院中国边疆研究所）

---

[1] 《论语》之"为政"篇。
[2] 习近平：《在哲学社会科学工作座谈会上的讲话》，《人民日报》2016年5月19日第2、3版。

马克思主义社会形态理论的认识及当代意义

史学理论要引导史学研究揭示社会发展规律

周溯源

历史学是对人类社会发展演化的记录，反映人类进步的足迹。从这些记录中总结经验与教训，揭示出规律，以资政育人，烛照现实和未来。这应该是史学的主要功能。如果人类没有历史学，不从历史学中汲取智慧，人类将永远幼稚，重犯昨天和前天的错误，踏步不前。

当我们研究在新世纪如何坚持唯物史观发展史学理论时，不妨先回顾刚刚过去的20世纪的历史学。在20世纪，中国史学发生了两次大进步。第一次是世纪初的史学革命。梁启超等人提出了"新史学"口号，标志着中国近代学术的觉醒。"新史学"一方面批判了封建史学；另一方面又保留了传统史学的优点，同时吸取了世界史学的长处，从而创造出符合时代要求的史学，成为"为中华民族独立而奋斗"这个总课题中的一个分课题。第二次是马克思主义史学的传播、发展和占据主导地位。它使中国史学发生了革命性的变化，使历史学成为真正的人文社会科学，使史学功能得到了极大发挥。它促进了史学和整个社会科学的进步与繁荣，为中华民族的独立富强、人民的解放幸福作出了重大贡献。

马克思主义史学为什么能产生如此巨大的作用呢？在笔者看来，最重要的是它对人类社会发展规律的正确揭示。马克思主义的唯物史观认为：生产力决定生产关系、经济基础决定上层建筑，同时，生产关系又反作用于生产力、上层建筑反作用于经济基础；生产力是引起社会变革的最终决定因素；社会存在决定社会意识，社会意识反作用于社会存在；人民群众是历史的主体，是物质财富和精神财富的创造者，是推动历史前进的决定力量；人类社会是不断进化的，总的来说有五个历史阶段，原始社会、奴隶社会、封建社会、资本主义社会、社会主义社会（共产主义社会是其高级阶段）。这些规律的揭示，帮助人们清醒地认识到人类是怎样走过来的，现在处于什么阶段,将来向哪里去。马克思主义史学发挥了指引方向、坚定信念、鼓舞人心的作用。

在揭示社会发展规律、资政育人这方面,中国传统史学由于自身的局限而做得不够、不科学,但是从一开始就有这个追求,而且也有部分成功之处。这表现在:第一,传统史学认为自然界和人类社会是有规律的,这个规律叫作"道"。第二,"道"是可认识的,人的使命就是认识"道",把握"道",按"道"办事。例如,荀子说:"天行有常,不为尧存,不为桀亡";董仲舒说:"天不变,道亦不变";孔子说:"朝闻道,夕死可矣"等,就是例证。司马迁撰《史记》,他的追求是:"究天人之际,通古今之变,成一家之言。"司马光撰《资治通鉴》,他的宗旨是:"鉴前世之兴衰,考古今之得失,嘉善矜恶,取是舍非","专取关国家盛衰,系生民休戚,善可为法,恶可为戒者",使该书成为"有鉴于往事,有资于治道"的经典之作,受到宋神宗及其以后历代统治者的重视。第三,传统史学也取得了若干规律性的认识。例如:"民惟邦本,本固邦宁";"功者自功,祸者自祸";"天人不相预";"国将兴,听于民;将亡,听于神";"至安之本,惟在得人";"为政之道,以顺民心为本,以厚民生为本";"顺民心,功名成";"君犹舟也,民犹水也,水可载舟,亦可覆舟";"忧劳可以兴国,逸豫可以亡身",等等。

在20世纪初及中叶,应该说在社会主义国家人们对马克思主义唯物史观的信仰是坚定的。但自中叶以后,情况发生了变化。随着苏联共产党对斯大林的批判、否定,接着中国又发生了十年"文化大革命"内乱,特别是80年代末至90年代初出现了东欧剧变、苏联解体,于是有人对社会主义代替资本主义表示怀疑,对唯物史观揭示的五种社会形态表示怀疑,对人类社会发展是有规律的、这些规律是可以认识的表示怀疑。愈往后,怀疑面愈大。西方某些资产阶级思想家高兴得手舞足蹈,欢呼"资本主义战胜了社会主义",断言"历史的终结"。他们不仅从政治上,而且从学术理论上批判马克思主义,否定唯物史观。与此同时,我国国内在一部分人中则出现了"信仰塌方""信任危机"。为数不少的党政干部因方向迷失、信心丧失,认为社会主义长不了,忙着为自己准备后路,信奉起"有权不使,过期作废",跌进了贪污腐败的泥坑。有的滋生了拜金主义、享乐主义,无所作为。有些人由于不相信规律,不相信必然性,转而信神信佛,占卜算命,赌风盛行;有些人不讲诚信,却热衷于坑蒙拐骗;有些人不愿为远大目标做长期的艰苦奋斗，却热衷于搞短期行为，得过且过。这些消极现象的出现，固然有多重因素的作用，但从思想源头上找原因，恐怕还是要归结到对人类社会发展规律的认识走入了误区。

没有理论上的清醒与坚定，就没有政治上的清醒与坚定。在21世纪，我们要全面建设小康社会，要实现社会主义现代化和中华民族的伟大复兴，必须用科学的世界观、科学的理论作指导，那就是马克思列宁主义、毛泽东思想、邓小平理论和"三个代表"重要思想。我们的史学理论要引导历史学深化对共产党执政规律、社会主义建设规律、人类社会发展规律的认识，要揭示出更多的"必然性"，科学地阐释更多的"道"，从"必然王国"进入"自由王国"。在科学认识社会发展规律的基础上，统一思想，凝聚人心，振奋精神，调动千军万马，向着伟大的目标，高歌猛进。要大力培育、弘扬科学精神、理性精神，引导人们把握规律，按规律办事。清代思想家龚自珍有句名言："欲知大道，必先为史。"史学毕竟是认识社会规律的一把钥匙。在解决人们的信仰问题、信心问题以及一系列思想问题方面，史学和史学理论应自觉地负起历史使命，发挥自己不可替代的作用。而史学和史学理论要发挥好作用，必须坚持和发展马克思主义唯物史观。

（作者单位：中国社会科学院近代史研究所）

探寻人类社会发展本质：马克思恩格斯"两种生产"理论的考古学观察

周广明

历史唯物主义强调，生产力决定生产关系，经济基础决定上层建筑，生产力的发展是推动人类社会进步的根本动力。

1884年，恩格斯完成了历史巨著《家庭、私有制和国家的起源》的写作。在第一版序言中恩格斯详细、系统地论述了两种生产理论，他写道：根据唯物主义观点，历史中的决定因素，归根结底是直接生活的生产和再生产。但是，生产本身又有两种：一方面是生活资料即食物、衣服、住房以及为此所必须的工具的生产；另一方面是人自身的生产，即种的繁衍。一定历史时代和一定地区的人们生活于其下的社会制度，受着两种生产的制约：一方面受劳动的发展阶段的制约；另一方面受家庭的发展阶段的制约。

恩格斯关于两种生产理论的基本原理有着深刻而丰富的内涵。

第一，直接生活的生产和再生产是历史发展的决定性因素，这种生产分为两种：一种是生活资料生产以及所必需的生产工具的生产；另一种是人类自身的生产，也就是人类的繁衍。物质资料的生产是人类社会存在和发展的基础，人类自身的生产是人类社会存在和发展的前提。

第二，社会制度受生活资料生产和家庭发展阶段的制约。两种生产对社会制度的制约，在不同的历史阶段呈现出不同的趋势。在生活资料生产不发达的情况下，社会制度受人类自身生产制约的程度更大；在生活资料生产较发达的时候，社会制度受所有制的制约会越大。在阶级社会中，家庭制度在更大的程度受所有制的支配，婚姻是男女两性结合的一种形式，个体婚姻以及由个体婚姻所组成的个体家庭也是一种特殊的社会关系，个体家庭作为社会的基本细胞形态有它的相对独立性，会对社会产生多方面的影响。

第三，家庭与财产同步演进。在原始社会向阶级社会过渡时期，血缘的变化、婚姻形态与家庭形态的发展，与私有制、阶级、国家的产生是同步演进变化的。

这就表明两种生产是人类社会存在和发展的物质基础，决定着人类社会的发展历程。

历史是由人们所创造的。人类发展的历史证明，人们创造历史首先解决的问题是衣、食、住、行等问题；否则，人们不仅不能"创造历史"，而且自身也无法生存。恩格斯在评论马克思的伟大功绩时说过："正像达尔文发现有机界的发展规律一样，马克思发现了人类历史发展的规律，即历来为繁茂芜杂的意识形态所掩盖着的一个简单事实：人们必须吃、喝、住、穿，然后才能从事政治、科学、艺术、宗教等。所以，直接的物质生活资料的生产，因而一个民族或一个时代的一定的经济发展阶段，便构成为基础；人们的国家制度、法的观点、艺术以至宗教的观念，就是从这个基础上发展起来的。因而，也必须由这个基础来解释，而不是像过去那样做得相反。"

两种生产理论是马克思、恩格斯的第一个伟大发现（即唯物史观的核心内容），是他们最重要的理论贡献，在马克思主义发展史上占有重要的地位。两种生产理论揭示了人类社会发展的一般规律，对人类形态的演进作出了科学的解释。

考古是对人类历史的逆过程——已经消失的历史，通过考古学可以重建、复原并进行研究，这是现代科技赋予人的独特能力。在此之前，人类可以通过语言的口耳相传、文字的超越时空，拥有数代乃至数千年的历史记忆；今天则可以通过考古等科技手段，将历史追溯到人类诞生之前。

作为有独特研究对象、研究方法和理论的近现代考古学诞生于19世纪。其前身在西方为文艺复兴时期出现的古物学，在中国为宋代开始兴盛的金石学。19世纪由于近代资产阶级民族国家在欧洲的出现，对民族历史的研究成为确立民族国家合法性的必要手段，而欧洲有文字记载的民族历史非常之短，于是不得不借助于古代遗存进行追溯，考古学遂应运而生。与此同时，工业革命和科学革命相互激荡之下，近代自然科学体系逐渐确立和完善，地质学和古生物学等自然科学方法融入考古学中，田野考古学和考古年代学的方法有了革命性变革。1825年丹麦考古学家汤姆森提出的石器、铜器和铁器时代"三期说"奠定了考古学的理论基础，同时也成为

C. R. 达尔文进化论的思想源泉（《物种起源》发表于1859年），进而成为近现代人类社会发展普遍的历史观，为两百年来人类思想的解放做出了重大贡献。近代考古学的学科体系也就此建立起来。

近代考古学在欧洲的发展异常迅速，不久就建立了从旧石器时代、新石器时代、青铜时代、到铁器时代完整的史前历史体系，并在其他大陆也相继发现了史前遗存。同时，由于欧洲的历史与古代埃及和西亚的历史有着千丝万缕的联系，由考古学开创的埃及学、亚述学、东方学等新的学科由于考古的不断发现而成为近代历史学的重要研究领域。一些失落的古代文明如印度河流域和古代中美洲文明也在这个时期被重新发现。从根本上改变了人类对自己历史的认识，也改变了世界各民族对本民族历史的认识。因此可以说，没有近代考古学就没有近代的史学体系和近代人类的历史观。

随着第二次世界大战后世界各地区民族国家的纷纷建立，考古学成为世界各民族国家论证国家合法性的重要工具，进而演变为研究和保护民族遗产、弘扬民族文化的重要学科。同时，人文和社会科学飞速发展，各种理论不断涌现，各学科不断扩大自己的研究领域，科技界限日益模糊，边缘学科纷纷成为学科发展的前沿和生长点。作为人文科学唯一能够提供新资料的考古学遂成为各学科索取资料、扩大研究领域、拓展研究视野的前沿。更为重要的是，战后自然科学技术的飞速发展，各种化学、物理、生物、地质、环境、数学、地球物理、地球化学、分子生物学、医学、农学等科技方法广泛成为考古调查、发掘、断代以及提取各方面信息的基本手段。考古学也在同其他学科的互动中不断完善学科的理论与方法，成为人文科学中发展最迅速的一个学科。

考古学是人文社会科学中唯一一个以物质遗存为研究对象的学科，这就决定了考古学的研究方法、技术和手段必然来自同样以自然物质为研究对象的自然科学，考古学在近代学术体系中的确立和在现代学科中的发展都是在自然科学带动下完成的。而自然科学的发展在现在看来是没有尽头的，因此考古学不断利用自然科学的技术手段，就能够在发展中一方面不断拓展它的研究范围；另一方面也能不断加深已有各个领域的研究，这是其他人文社会科学学科所不具备的优势。同时，由于考古学研究的对象是物质中的文化遗存，因此，在学科性质上必然属于人文社会科学，而不会被自然科学所包容。考古学利用自然科学技术手段研究人类历史，大大拓展了此前文献史学的研究空间、时间和内容，是推动史学研究在近现代发展的最重要的推动力。

现代考古学已经成为一门科学，它以自己关心的特定学术问题为导向来开展工作。具体地说，考古学主要是通过收集和分析古代人类或与其相关的物质遗存，来达到认识人类早期历史和文化发展过程与规律的目的。综观考古学史，有两个影响考古发掘的时代特色的主要因素：其一是社会技术进步的程度，它决定考古学家发掘中所采取的具体资料的处理过程，测量、记录、保存等手段；其二是考古学家的理论建设，它决定考古发掘总体方案的设计，它包括发掘的学术目的、人力与物力资源的配置与运作以及发掘中某些宏观、微观现象的控制与处理。

考古学所重建的过去，是通过古人所遗留的物质性证据链条攀援而上的。为此，考古学发展了类型学和地层学及一系列古代物质遗存的结构化模式与方法以观察和释读遗存，使其信息、意义和价值得以不断呈现。当今考古的理念是"透物见人"，强调通过考古材料解读人类行为和社会。尽管"见人"在越来越多的考古工作中受到关注，多学科方法的创建和应用尤其服务于"见人"这个考古目标。

考古学遗存的性质从本质上说，是人类两种生产在物质和精神领域的反映和体现。从整体观和问题意识的角度审视，它包括了考古遗存所能提供的有关人类两种生产所涵盖的物质文化和精神文化的各个方面，体现了考古学的多样性和复杂性。考古学对人类活动信息的阐释，必须以考古学的学科特点为研究基点，全面论述和阐释中国及至世界历史发展的一般规律，探寻人类社会发展本质。

恩格斯"两种生产"理论的考古学研究的命题即以马克思、恩格斯两种生产的理论为指导，以考古学的学科特点为研究基点，全面论述和阐释中国及至世界历史发展的一般规律，探寻人类社会发展本质。

在考古学研究中探讨人类社会发展本质是一个十分有意义的学术命题。正因为考古材料内在的包含人类社会发展的诸多层面，所以运用"两种生产"理论指导考古学研究是符合考古学学术研究规律的，并能够真正寻找到人类社会发展规律。

如考古学中生业和社会的研究。生业主要是指当时的农业和手工业等，亦即直接生活的生产和再生产，而社会则涉及当时的整个社会结构和精神文化，亦即两种生产的社会属性。马克思主义认为劳动是把人类从动物界中提升出来的根本途径，也是人类区别于动物的根本标志。人类在劳动中不可避免地要结成一定的关系，正是在这个基础上形成了人与人之间一定的社会关系，而这种关系正是人类社会的基础。由此可见，物质资料的生产方式既是人类产生和存在的基础，也是人类社会产生和存在的基础。中国古代生业的发展演变对古代文化和社会发展进程起着决定性的作用。不同地区的生业特点及其发展演变轨迹在一定程度上决定着各个地区的文化、社会发展进程和模式的特征。正如两种生产理论所论述，人类历史归根到底是两种生产共同起作用的结果。两种生产相互连接，相互制约，推动了人类历史的前行。

鉴于中国考古学发展历程的特殊性，如国土的地域范围大、历史延续的时间跨度长、各具特色的文化类型多、从事相关研究的人员数量少等原因，自中国考古学建立开始，在相当长的时间里一直注重人工遗迹和遗物的形状研究，在此基础上构建区系类型的时空框架。做好文化谱系的研究是中国考古学研究的基础；扎扎实实地夯实这个基础，是学科建设和发展的根本保证。自20世纪90年代开始，在中国考古学文化谱系建设大体完成的基础上，考古研究人员和相关学科的研究人员尝试着进行新的探讨，力求对考古学的研究内容进行全方位的拓展，多个新的研究领域得以建立和铺开，这些努力和实践对于实现考古学探讨人类历史的最终研究目的是十分有益的。

从人类社会发展的本质上说，是对自然界各种资源的认识、利用和开发，创造出人类生存所需要的各种物质，不断把人类的物质生活向更高的水平推进。无论是历史上发生的社会分工也好，还是人类社会发展进程过程的农业革命、工业革命，乃至世界未来的发展，都是遵循这一规律的。

生业涉及包括畜牧业在内的农业和手工业等。从某种意义上说，农业即对土地资源和人类有选择地利用植物、动物资源的历史。要做好农业研究，首先是做好植物考古。植物考古涉及植物遗骸、木材（炭）碎块、植硅体、淀粉粒等各种植物遗存的研究。通过在田野考古和实验室中建立科学的古代植物样品采集和提取方法，有效获取古代植物遗存，通过科学的鉴定确定考古遗址出土的各种植物遗存的种属并进行定量分析，把握古代各种农作物的起源和发展过程，探讨不同时空范围内古代人类的农业生产、消费方式及发展规律，认识特定植物在祭祀行为及文化交流中的作用及意义等。利用植物的生态习性在一定程度上对环境进行复原，认识古代人类活动对森林环境的影响等。

畜牧业属于农业的范畴，要做好畜牧业研究，就要做好动物考古。动物考古是指在田野考古中建立科学的采样方法，有效获取古代动物遗存，运用形态学研究、碳/氮稳定同位素和锶同位素分析、古 DNA 研究等方法，确定出土的古代动物遗存的种属、部位、年龄和性别，逐步确立鉴定考古遗址出土的各种家养动物的系列标准，通过定性定量的分析和研究，把握古代各种家养动物的起源和发展过程，探讨古代不同时期、不同地区、不同阶层的居民获取动物作为肉食资源的多种方式及利用动物进行祭祀、随葬、战争和劳役的特征和规律，探讨古代动物种属反映的文化交流等。

手工业的研究涉及的领域不少，概括起来说，就是发掘和研究与制作陶瓷器、青铜器、石器、玉器、骨器相关的作坊遗迹；通过使用各种测试、分析和观察的仪器设备，对考古遗址出土的陶瓷器、青铜器、石器、玉器、骨器等进行各种分析、观察和研究，认识不同地区、不同时期各类器物的成分、结构和制作技术特征等各种生产工艺状况及其发展变迁，探讨多种原材料的来源，研究文化交流及人类的一些特殊活动等。不同的器类往往代表一个不同的研究领域，其研究内容各有特色。

除农业和手工业以外，还有对金属和盐等重要资源利用的研究也属于生业的范畴。对各个地区的金属矿产资源、早期采矿、冶炼和铸造及制盐的遗迹和遗物进行研究，深入探讨当时对多种金属矿产资源和食盐资源的控制、开采、调配和利用，认识金属和食盐的开发利用过程。

人类进行生活资料的生产以及为此所必需的工具的生产，必然要与其他人发生联系，这就形成了生活资料的生产以及为此所必需的工具的生产的社会属性。因为"人们在生产中不仅仅影响自然界，而且也互相影响。他们只有以一定的方式共同活动和互相交换其活动，才能进行生产。为了进行生产，人们相互之间便发生一定的联系和关系；只有在这些社会联系和社会关系的范围内，才会有他们对自然界的影响，才会有生产"。从人类生产第一件石器、第一把石刀的时候起，就形成了最初的生产关系和与生产方式相对应的上层建筑。伴随着生产力的进步，人类的生产关系和上层建筑不断地发生变化。

生活资料的生产以及为此所必需的工具的生产，是人类对自然界不同领域的认识、利用和改造。在生活资料与生产工具的生产过程中，人类首先是认识自然界的规律，然后再利用它们来为人类服务，从早期人类石器的制造，火的利用，弓箭的发明，一直到近代产业革命和当代技术革命，都是在认识与利用自然界所固有的规律，使物质发生物理的、化学的、生物的变化，创造出人类生存所需要的各种物质，不断把人类的物质生活向更高的水平推进。这是生活资料的生产以及为此所必需的工具的生产的自然属性。

从人类发展动力和本质意义上来说，人类自身的生产也处在"直接生活的生产和再生产"这个范畴之中，把生业置放于两种生产下予以审视和考察，强调的是人的主体性。马克思、恩格斯指出："全部人类历史的第一个前提无疑是有生命的个人的存在。因此，第一个需要确认的事实就是这些个人的肉体组织以及由此产生的个人对其他自然界的关系。"人类自身的存在与再生产是人类社会存在与发展的前提，这个前提与生活资料生产同时并存，共同发展，人类社会才不断由低级阶段向高级阶段前进。人作为社会生产力的首要因素，不仅直接参与生活资料生产以及所必需的生产工具生产的全部过程，而且还是各种生活资料的消费者，人类自身的生产与再生产，是构成生产力和生产关系的内在因素，它不仅决定着生产力水平的高低，而且影响着生产力的发展和方向，它和生活资料生产以及所必需的生产工具的生产结合在一起，制约着人类社会的全部历史。

人类自身的生产，是人们对自然界一个特定领域的认识、利用和改造，具体地讲就是人类的生存和繁殖，它主要包括婚姻关系、血缘关系、人类体质的自然演化、个体的发育和衰老、后代的孕育、人类与疾病的斗争等。

人类自身的生产的自然生理是人类自身生产的生理平台，但"人的本质不是单个人所固有的抽象物，在其现实性上，它是一切社会关系的总和"。因此人类自身的生产的实现途径和表达方式则是婚姻与家庭，而婚姻、家庭关系又是一种人类所特有的社会关系。在婚姻、家庭的形态和形式受经济、社会、文化的制约的同时，婚姻、家庭自身还包含着生活资料的生产以及属于上层建筑领域的许多具体内容。马克思就这个问题指出："现代家庭在萌芽时，不仅包含着 seritus（奴隶制），而且也包含着农奴制，因为它从一开始就是同田间耕作的劳役有关的。它以缩影的形式包含了一切后来在社会及其国家中广泛发展起来的对抗。"

两种生产同时存在的自然属性与社会属性是不容争辩的，其自然属性是人类存在、发展的天然基础，社会属性则是人类存在和发展不可缺少的社会条件，两者不仅共同支撑着整个人类的历史进程，而且同处于"直接生活的生产和再生产"这个范畴之中，它们相互分离，相互排斥，相互否定，又相互联结，相互依存，相互渗透，构成既对立又统一的辩证关系。

由此可见，根据马克思主义的经典论述，两种生产不仅有其自然属性，而且有其社会属性。生业与社会是古代历史中不可或缺的两个重要方面，两者既各司其职，又相辅相成。因此，如何以考古学为基础，以马克思主义的关于两种生产的经典论述为理论指导，全面探讨生业与社会的发展状况和社会发展规律，这是我们考古学者值得深思和探讨的一个富有意义的课题，它不仅具有深远的历史意义，亦具有深刻的现实意义。同时也是历史赋予我们考古学者所应有的学术自觉、学术自信、学术责任、学术使命。

根据目前中国考古学发展的现状，要进一步做好生业与社会的研究，必须以马克思、恩格斯两种生产理论为指导，以考古学为本位，包括由动物考古学、植物考古学、陶器制作工艺研究、冶金考古研究、玉器制作工艺研究、矿料和盐业资源利用研究等，以及生业与社会相互关系的讨论，探讨家庭、私有制和国家的起源，以此为基础，并置放于世界文明发展史的视野下予以审视，全方位研究和探索中华文明的特征、形成和演进规律，这才是考古学的魅力之所在。

人类从来就没有停止过对以往历史进行的重新审视，人们以史为鉴，从过去了的历史中汲取营养成分，寻找智慧之光，以有助于走好当今和未来的路。其实，考古学与其他学科一样，都有服务于人和人类社会的功用，它具有大众化的一面。无论是人文科学、社会科学还是自然科学，其最终的目的都是要直接或者间接地服务于人和人类社会，而人文科学与人的关系就更为直接和密切，因为它直接研究和直接反映以人为中心的人类的各种活动。虽然考古学直接面对的是古代人类在各种活动中遗留下来的种种遗存（遗物、遗迹和遗痕），但是考古发掘并不仅仅只是掘出古代的遗存，而正像英国著名考古学家惠勒所强调的，考古发掘也要掘出古代的"人民"；考古学的研究并非只是"见物不见人"，最终是要发现和研究"物"背后的人和人类活动，也就是要通过对"物"的世界的研究最终要反映古代"人"的物质、社会和精神世界。我们均由过去塑造而成，人类的过去就是人类现在及其将来的"根"和"源"，谁也无法与历史断然绝缘。因而，对人类过去的发现和认识，在某种意义上也是现今人类自我发现的过程，所以考古学无疑会为人的自我发现作出特殊的贡献。考古学的研究不仅要对古代的遗迹、遗物等进行分类、排比，鉴定其年代，判定它们的用途和制造方法，更重要的还要阐明存在于实物背后的人类各种行为和社会发展过程中的某些差异及其历史原因和规律，其最终的目的无疑是为了规划现今社会的某些方面以及为建设未来社会提供有益的借鉴。

考古学研究的发展和精进，离不开马克思主义的理论指导，离不开经典理论和方法的继承、发扬。探寻人类社会发展本质，马克思、恩格斯"两种生产"理论的考古学研究必定能够为中国考古学的全面发展作出独到的贡献。

（作者单位：江西省文物考古研究所）

红山文明在中华五千年文明进程中的地位和影响

刘国祥

人类起源、农业起源和文明起源是中外考古学界共同关注的三大重要课题。就文明起源而言,世界范围内不同地区的古代先民在文明化进程中走过不同的道路。中华文明有别于世界其他地区古老文明最显著的特征是连续发展5000多年,换言之,中华民族拥有5000多年的文明史,是世界范围内唯一未曾中断、延续至今的古老文明。随着考古材料的积累和研究的深入,对中华文明起源的背景、动因、机制、特征、模式等问题日渐清晰,有关中华文明起源的理论研究也取得了实质性突破,经历西来说、中原一元论之后,关于中华文明起源多元一体格局的理论认识在考古界和史学界达成广泛共识。苏秉琦先生曾经指出:"中国文明史之所以独具特色、丰富多彩、连绵不断,中华民族之所以能够形成一个统一的多民族国家并在数千年来始终屹立在世界的东方,都与中国文化的传统、中国文明的多源性有密切关系。同世界上其他文明古国的发展模式不同,多源、一体的格局铸就了中华民族经久不衰的生命力。"红山文明在辽西地区的崛起,是中华文明多元一体格局形成过程中的重要实证。

红山文明形成于红山文化晚期晚段,距今5300—5000年,辽西地区率先跨入文明的门槛,成为中华文明多元一体格局中的重要一元,对中原地区的古代文明产生了深远的影响。红山文化与红山文明是两个不同的概念,红山文明是在红山文化基础上的辽西地区新石器时代文化发展的高级阶段。其特点是出色传承、发挥优势、彰显本色;博采众长、融会贯通、凝聚精华;引领时代、开拓创新、文明典范。其主要标志:一是建筑、玉雕、陶塑为代表的高等级技术能力的出现;二是等级制度确立,玉礼制系统形成,特权阶层出现,独尊一人式的王权确立;三是公共信仰和祭祀礼仪系统成熟,以祖先崇拜、天地崇拜、龙图崇拜最具代表性。红山文明所揭示出的社会管理体系是神权和王权的统一。以种植粟、黍为主导的成熟的旱作农业体系和发达的渔猎经济传统助推了红山文明的诞生。

夏鼐先生曾经指出："中国文明有它的个性、它的特殊风格和特征，在中国新石器时代主要文化中已具有一些带中国特色的文化因素。中国文明在形成过程是在这些因素的基础上发展的。"红山文明形成于距今5300—5000年，在中华文明的历史长河中居于源头地位，影响深远。

（作者单位：中国社会科学院考古研究所）

社会形态从低级向高级发展规律的再认识和再检验

庞卓恒

学过一些马克思主义理论的人,大都曾经相信,生产力与生产关系和经济基础与上层建筑的矛盾运动推动人类历史从原始社会经过奴隶制度、封建制度和资本主义制度的社会进入社会主义、共产主义社会,是人类历史发展的普遍规律。可是,经过近100年的社会历史科学研究的讨论和争鸣,特别是经过20世纪90年代苏联解体和东欧剧变的历史震荡,到现在,很多人都不再相信有什么人类历史发展的普遍规律了。

但是,如果大家都认同根本没有什么人类历史发展的普遍规律,也就否定了以揭示客观规律为标准的哲学、社会科学的客观真理存在的可能性;这样一来,哲学和社会、历史科学的研究,以及现实社会发展方向的博弈,还有什么判断是非得失的科学真理标准可言呢?没有了科学真理的标准,就只能把"物竞天择,适者生存"的社会达尔文主义"法则"——实际上就是动物世界的"丛林法则"——奉为"普世价值"。试看今日之世界,无论是哲学和社会、历史科学的研究,以及现实社会发展方向的博弈,种种的乱象,难道不都是与社会达尔文主义的"普世价值"肆虐有关吗?[①]

严峻的现实向我们提出了不能回避的严峻问题:难道真的不存在社会形态从低级向高级发展的规律吗?真的不存在人类历史发展的普遍规律吗?本文力求对此陈述一管之见,以就教于同仁师友。

---

① 我说当今时兴的"普世价值"实际上不过是社会达尔文主义崇尚的丛林法则的文雅说词,可能会引起一些朋友的反感。我在此要请这些朋友原谅,因为我实在找不到更确切的词语来表述它的本质,如当今的国际争端中,强势者总是倾向于以杀人机器的效率高低来判断是非得失;国际国内的交易市场上,强势者总是倾向于以控制价格的实力高低定输赢;国内政治中强势者总是倾向于以控制选票的实力高低论成败;哲学社会科学研究中,强势者总要以多大程度上接近他们崇尚的普世价值定是非。凡此种种,不是社会达尔文主义的丛林法则的表现,又是什么呢?

一

社会形态从低级向高级发展规律遭遇的质疑，可以归纳为以下三个方面：

其一，按现有定义难以证明存在一个生产力推进生产关系、经济基础推进上层建筑从低级向高级发展的规律。如：1. 如果认定衡量生产力水平的主要标志是生产工具，生产关系主要就是生产资料所有制关系，那就必须先有生产工具的变革才能促成所有制关系的变革。可是，为什么从奴隶制、封建制、资本主义手工工场制到我们社会主义初级阶段很长一段时期的农业，所有制关系变化那么大，生产工具却没有发生相应的变革，全都主要是使用手工工具？2. 如果只有先进的生产工具的应用才能促进先进的所有制关系的产生和确立，那又怎么解释为什么迄今所有的社会主义国家的社会主义所有制都是在主要使用落后的手工工具条件下建立起来的，相反的是，所有发达资本主义国家尽管已经经历多次技术—产业革命，至今却没有一个国家建立我们定义的那种社会主义所有制？3. 如果认定社会经济基础主要就是生产资料所有制，上层建筑主要或首先就是政治权力和法律制度，那么人们从历史和现实中看到的就应该是生产资料所有制的变革推动政治权力及其施政方针和法律制度的变革；可是人们看到的事实却往往相反，如战国时期"爰田制""初税亩制""丁田制"纷纷取代先前的"井田制"，唐后期和宋元明清各代推行的土地赋税制度取代先前的"授田制""占田制""均田制"，还有当代中国经历的农业、手工业、资本主义工商业的所有制的社会主义改造、人民公社制度的兴废……无不是政府行为所致？究竟是生产资料所有制的变化决定政府施政方针和法律制度的变化，还是政府施政方针和法律制度的变化决定生产资料所有制的变化？

其二，按现有定义难以证明从原始社会经过奴隶制、封建制、资本主义到社会主义、共产主义这样"五种生产方式"依次递进是历史发展的普遍规律。如：1. 现有的研究已经证明，世界历史上大多数民族都没有经历过古希腊、罗马那样的奴隶制；即使在古希腊也主要是在雅典、科林斯一些城邦，在纪元前5世纪、4世纪时期盛行过奴隶制，其他时间和其他地区都没有出现过那样的奴隶制，而在斯巴达、克里特和特萨利亚等地，占主要地位的是农奴制。在古罗马，主要是在意大利半岛、西西里和北非一些地区在公元 2 世纪一段时间盛行过奴隶制,在其他时期和其他地区盛行的都不是奴隶制,而是形形色色的自耕农、依附农或被迫集体受奴役的村社制。2. 马克思、恩格斯从来没有把希腊、罗马社会整个地称为奴隶制社会,而只是称为"古典古代社会"或"古希腊罗马社会"。3. 马克思在谈到奴隶制、农奴制时指出,"这不适用于例如东方的普遍奴隶制,这只是从欧洲的观点来看的"①。这里已经明确指出不能把欧洲经历过的制度看成是全世界都要普遍经历的。4. 有的论者认定马克思在《〈政治经济学批判〉序言》中所说的"大体说来,亚细亚的、古希腊罗马的、封建的和现代资产阶级的生产方式可以看做是经济的社会形态演进的几个时代"② 那段话中的 4 个时代再加上社会主义—共产主义社会,就是"五种生产方式依次递进的普遍规律"的经典依据。可是如今已有充分事实证明,马克思在那篇《序言》中所说的 4 个时代都只是就西欧历史而言的,绝不是对全人类历史发展的普遍规律的概括。③ 5. 胡钟达先生经过仔细的文本考证后指出,"五种生产方式说"的源头,大概最早是出自列宁 1919 年 7 月间在斯维尔德洛夫大学做的演讲速记稿。该稿在列宁生前未曾发表,在他过世后,在 1929 年才以《论国家》的题名发表在《真理报》。按发表出来的速记稿称,列宁曾说道:"世界各国所有一切人类社会数千年来的发展都向我们表明,这种发展的一般规律和次序是这样的:起初是无阶级的社会,即氏族社会,没有贵族的原始社会;然后是以奴隶制为基础的社会,即奴隶占有制社会。……另一个形态是农奴制。在绝大多数国家里,奴隶制发展成了农奴制。……后来,在农奴制社会内,随着商业的发展和世界市场的出现,随着货币流通的发展,产生一个新的阶级,即资本家阶级……"④ 胡先生对速记稿中这些论说是否准确表达了列宁的原意表示怀疑,说道:"列宁对他的讲话记录一向是不很满意的。一九一九年四月,即列宁在发表《论国家》的讲演前三个月曾说过:'关于我的讲话,我在报上见到过令人满意的报道,但一次也没有见到过稍微令人满意的记录。我不打算来分析,这究竟由于我讲话太快,或者由于讲话结构有毛病,或由于别的原

---

① 《马克思恩格斯文集》第 8 卷,人民出版社 2009 年版,第 147 页。
② 《马克思恩格斯文集》第 2 卷,人民出版社 2009 年版,第 592 页。
③ 参见拙文《马克思关于社会形态演进理论的四次论说及其历史哲学含义》,载《中国社会科学》2011 年第 1 期。
④ 《列宁全集》第 29 卷,人民出版社 1956 年版,第 432—433 页。

因，但事实总是事实。我的讲话记录，无论是速记记录或是别的什么记录，没有一个是令人满意的。宁可要一篇好的讲话报道，而不要一篇坏的讲话记录。因此我请求：绝不要发表我的讲话记录。'"① 胡先生还有一个疑点是，列宁在1894年发表的《什么是人民之友》一文中曾说到，应该把历史唯物主义的方法"应用于其余各种社会形态"，可是在当时，"这些社会形态尚未经过专门的实际研究和详细分析"。② 既然如此，怎么会在那个速记稿中就以那样肯定的语调断言"世界各国所有一切人类社会数千年来的发展都向我们表明，这种发展的一般规律和次序"就是相继经过原始社会、奴隶制社会、封建制社会和资本主义社会呢？我觉得胡先生提出的疑点很值得进一步探索，不过限于篇幅，只好在此打住。接下来的是，斯大林在1938年发表《辩证唯物主义和历史唯物主义》，大体上就是按《真理报》发表的列宁那篇速记记录文本讲述从原始社会到资本主义社会的4种生产方式，后面再加上社会主义、共产主义社会，就成为一个完整的"五种生产方式说"。该文是作为《联共（布）党史简明教程》中的一章发表的，那是包括中共在内的第三国际所属各党的必修教材，当时是具有法典性权威的文件。

我个人觉得，"五种生产方式说"虽然同实际历史进程多不吻合，但它还是在一定程度上反映了社会形态从低级向高级发展的规律性。然而，不把它作为可以讨论、批评的学术上的一家之言，而是作为执政党的法典性文件强令遵行，以致像雷海宗先生那样对它提出不同看法，就被打成右派分子，其负面的后果就严重了。许多人会因此而否认任何的普遍规律的说法。

其三，按列宁、斯大林的定义，难以从理论和实践上证明社会主义必然优于资本主义，更难以证明共产主义到来的必然性。

1917年8—9月，也就是十月革命前夕，列宁写成《国家与革命》一书，其中谈到怎样实现共产主义时写道："我们看到，资本主义目前已经在令人难以置信地阻碍这种发展，而在现代已经达到的技术水平的基础上本来是可以大有作为的，因此我们可以绝对有把握地说，剥夺资本家一定会使人类社会的生产力蓬勃发展。但是，生产力将以什么样的速度向前发展，

---

① 胡钟达：《试论亚细亚生产方式兼评五种生产方式说》，载《内蒙古大学学报》1982年第2期，文中所引列宁的话，见《列宁全集》第29卷，第67页。
② 《列宁全集》第1卷，人民出版社1955年版，第125页。

将以什么样的速度发展到打破分工、消灭脑力劳动和体力劳动的对立、把劳动变为'生活的第一需要',这都是我们所不知道而且也不可能知道的。"①

1920年,列宁在题为《青年团的任务》的讲话中,给共产主义下了一个定义,说道:"什么是共产主义者呢?共产主义者是个拉丁词,communis一词是'公共'的意思。共产主义社会就意味着土地、工厂都是公共的,实行共同劳动——这就是共产主义。"还说道:"现在50岁左右的这一代人,是不能指望看到共产主义社会了,那时候他们都死了。至于现在15岁的这一代人,就能够看到共产主义社会,也要亲手建设这个社会。因而他们就应当知道,他们终身的全部任务就是建设这个社会。在旧社会中,是各家各户单独劳动,除了压迫老百姓的地主和资本家外,谁也没有组织过劳动。……我们应该估计到,要全国实现电气化,使我国贫瘠化了的土地能采用最新的技术来经营,至少要花10年工夫。因此,现在是15岁、再过10—20年就会生活在共产主义社会里的这一代人,应当这样安排自己的全部学习任务:在每个乡村和城市里,青年每天都能实际完成共同劳动中的某种任务,哪怕是最微小、最平常的任务。能否保证共产主义建设成功,就要看这个工作在每个乡村里进行得怎样,就要看共产主义竞赛开展得怎样,就要看青年组织自己的劳动本领怎样……"②说"土地、工厂都是公共的,实行共同劳动——这就是共产主义",而且在"10—20年"内就会建成那样的社会,而且还丝毫没有涉及怎样"打破分工、消灭脑力劳动和体力劳动的对立、把劳动变为'生活的第一需要'"的问题,可见这里说的"共产主义"实际上还只是它的"第一阶段",即社会主义社会。

1921年,十月革命胜利3年以后,列宁在全俄苏维埃第八次代表大会上的演讲中又一次对什么是共产主义提出了一个定义,说道:"共产主义就是苏维埃政权加全国电气化。"这里,"全国电气化"只是一个略去了具体内涵的简略说法,具体含义是"要努力把小农经济基础变成大工业经济基础。只有当国家实现了电气化,为工业、农业和运输业打下了现代大工业的技术基础的时候,我们才能得到最后的胜利。""不然我国仍然是一个

---

① 《列宁专题文集·论马克思主义》,人民出版社2009年版,第267页。
② 《列宁选集》第4卷,人民出版社1995年版,第293、296—297页。

小农国家,这一点我们必须清楚地认识到。我们不仅在世界范围内比资本主义弱,在国内也比资本主义弱。"① 由此看来,这里说的仍然还只是共产主义的第一阶段,即社会主义阶段。

那么,在列宁心目中什么是社会主义呢?他说道:"社会主义就是消灭阶级。为了消灭阶级,首先就要推翻地主和资本家。这一部分任务我们已经完成了,但这只是任务的一部分,而且不是最困难的部分。为了消灭阶级,其次就要消灭工农之间的差别,使所有的人都成为工作者。这不是一下子能够办到的,这是一个无比困难的任务,而且必然是一个长期的任务。这个任务不能用推翻哪个阶级的办法来解决。要解决这个任务,只有把整个社会经济在组织上加以改造,只有从个体的、单独的小商品经济过渡到公共的大经济。"② 同时还必须坚持阶级斗争。"无产阶级专政时代的俄国经济表现为如下双方的斗争,一方面是在一个大国的全国范围内按共产主义原则联合劳动的最初步骤,另一方面是小商品生产,是保留下来的以及在小商品生产基础上复活着的资本主义。说劳动在俄国按共产主义原则联合起来了,第一,是指废除了生产资料私有制;第二,是指由无产阶级国家政权在全国范围内在国有土地上和国营企业中组织大生产,把劳动力分配给不同的经济部门和企业,把属于国家的大量消费品分配给劳动者。"③

1921年3月以后,列宁先后提出以粮食税代替余粮征集制;在农村保留和发展农民小商品生产,同时建立供销合作社,引导农民离弃资本主义,倾向社会主义;利用租让制、租赁制等国家资本主义途径积累发展社会主义经济的资金等一系列"新经济政策"和建议,大刀阔斧地改变了先前的一些不切实际的想法和做法。然而,"新经济政策"的最终目标终归是要"从农民的、庄稼汉的、穷苦的马上,从指靠破产的农民国家实行节约的马上,跨到无产阶级所寻求的而且不能不寻求的马上,跨到大机器工业、电气化、沃尔霍夫水电站工程等等的马上。"④ 也就是说,目标同先前所讲的"从个体的、单独的小商品经济过渡到公共的大经济""土地、工厂都是公共的,实行共同劳动""苏维埃政权加全国电气化"的目标是一样的。

1927年,斯大林认定作为向"个体的、单独的小商品经济"让步的

---

① 《列宁选集》第4卷,人民出版社1995年版,第364页。
② 同上书,第64页。
③ 同上书,第60—61页。
④ 同上书,第797页。

新经济政策已经实行到了尽头，应该是转而"跨到大机器工业、电气化、沃尔霍夫水电站工程等的马上"的时候了。这就是后来人们所说的"斯大林模式"。

在此我要冒昧地说，人们所说的"斯大林模式"其实并非斯大林首创，它的核心内涵就是列宁首创的"苏维埃政权＋全国电气化＝共产主义"公式。因此，确切地说，苏联的社会主义模式应该称为"列宁—斯大林模式"。

这个"列宁—斯大林模式"的要件有以下4项：

第一，剥夺地主、资本家的生产资料所有权，消除地主、资本家对工人、农民的剥削和压迫；

第二，通过共产党领导的苏维埃政权的国家计划，发展"共同劳动"的国有经济大生产，实现电气化、工业化；

第三，通过共产党领导的苏维埃政权推进农业集体化，促使农民从个体的小商品生产者转变成集体化的生产组织的劳动者；

第四，发展社会主义公有制下的共同劳动和集体劳动过程必然充满阶级斗争，"一方面是在一个大国的全国范围内按共产主义原则联合劳动的最初步骤，另一方面是小商品生产，是保留下来的以及在小商品生产基础上复活着的资本主义"[①]之间的斗争。整个无产阶级专政时代都充满阶级斗争。因此必须坚持无产阶级专政。"没有无产阶级专政，阶级是不会消失的"。[②]

如今，苏共崩溃、苏联解体的震撼性事件已经过去了四分之一世纪，我们应当可以平下心来，对那个苏联模式的是非得失做一番冷静的清点了。

首先应该看到创造和践行了苏联模式的那几代苏联人，包括加入苏联共同体的10多个民族的领袖和人民，曾经创造了令全世界惊诧的辉煌业绩。其中最耀眼的是，他们在反击国内武装叛乱和国际帝国主义武装干涉、包围封锁和法西斯疯狂侵略的极端艰难的条件下，创造了远高于大多数发达资本主义国家的GDP和人均GDP增长率。请看我们从国际上公认具有顶级学术水准和求实精神的经济学家和经济历史统计大家安格斯·麦迪森的著作中整理出来的数据：

[①] 《列宁选集》第4卷，人民出版社1995年版，第60页。
[②] 同上书，第66页。

表 1　　　　　　　苏联与美英德法意 GDP 年增长率比较表

国家	组合年 GDP 增长率　%		
	1913—1950 年	1950—1973 年	1973—2001 年
苏联	2.15①	4.84②	-0.42
美国	2.84	3.93	2.94
德国	0.30	5.68	1.75
英国	2.60	4.51	1.16
法国	1.05	5.05	2.20
意大利	1.49	5.64	2.30

数据来源：Angus Maddison：The World Economy：Historical Statistics, p. 260。

表 2　　　　　　苏联与美英德法意人均 GDP 增长率比较表

国家	组合年人均 GDP 增长率　%		
	1913—1950 年	1950—1973 年	1973—2001 年
苏联	1.76	3.35	-0.96
美国	1.61	2.45	1.86
德国	0.17	5.02	1.60
英国	0.93	2.42	1.86
法国	1.12	4.04	1.71
意大利	0.85	4.95	2.1

数据来源：Angus Maddison：The World Economy：Historical Statistics, p. 265。

首先请看 1913—1950 年这个时段的数据。麦迪森把 1913 年定为这个时段的起点，显然是因为下一年爆发的世界大战中断了经济运行的常态，

---

① 苏联官方历来只统计"工农业生产总值"，不统计"国内生产总值（GDP）"，西方学者按自己的标准把苏联统计数据加以改算并换算成 GDP，一般倾向于偏低，但以此与西方国家比较，还是有一定意义。

② 麦迪森给的苏联数据看来偏低。有的学者认为 1950 年至 1970 年苏联曾经经历过 20 年的快速增长。据苏联经济学家别尔金计算，苏联的 GDP 年均增长率 1971 年至 1975 年为 5.7%，1976 年至 1980 年为 4.3%，1981 年至 1985 年 3.6%，1986 年至 1987 年为 3.2%。（转引自谢尔盖·赫鲁晓夫《政治顶峰：赫鲁晓夫（1954—1964）》，人民日报出版社，《结局》）不过，别尔金也未否认 1971 年后苏联 GDP 增长率呈每况愈下的递减趋势。

再以它作为一个时段的起点不合适。若以战后恢复到战前水平的年代作为统计时段起点似乎比较合理，但各国恢复到战前水平的年代参差不齐，这大概是麦迪森终于决定把1913年定为这个统计时段的起点的主要原因。但这样统计对苏联特别不利，因为大多数国家都在三四年内恢复到战前水平，唯独苏联，因为反击国内反革命叛乱和外国武装干涉，直到世界大战结束7年后的1925年，才恢复到战前水平。如果以1925年为起点，计算1925—1950年GDP年均增长率，那么苏联的比较位置一定比现在高出很多。但即使按现在这样对苏联极为不利的统计方式，如表1所示，它的GDP年均增长率也大大高于德、法、意三国，只是略低于美国和英国。尤须注意的是表2显示的人均GDP的年增长率，后面我们将阐明，人均GDP实际上可以视为把一个国家的全体国民视为一个"总体工人"的平均劳动生产率。表2显示，苏联人民当时创造了全世界最高的人均GDP增长率，比德国高出10倍，比英国、意大利高两倍左右，比当时正在上升为第一超级大国的美国还高出0.15个百分点。这是何等辉煌的纪录！在这些无声无色的数字后面，展露出让世界震惊的事实：从1928年到1940年，苏联经过不到三个五年计划的努力，实现了国家的社会主义工业化，苏联从一个落后的农业国变成了先进的工业国。当时先进的工业化实力和人民全力支援，红军成了摧毁德国法西斯侵略的决定性力量和击溃日本军国主义侵略者的重要力量。接着，1953年8月，仅在美国首试之后9个月，它试爆了自己的氢弹。1957年10月，它发射了人类第一颗人造地球卫星，令美国惊恐不已⋯⋯

还应看到，那时的苏联取得这些令世界惊奇的物质成就的同时，还有同样令世界惊奇的精神感召力。当时的苏联领袖和人民之间、共产党各级领导同底层的劳动大众之间结成了真正的同呼吸共命运的共同体。领袖们带领劳苦大众在枪林弹雨的战场和血雨腥风的阶级斗争中同地主资产阶级反革命势力作殊死斗争。劳苦大众把领袖们视为救苦救难的大恩人。当时的纪录片中保存下来的群众大会场上响应领袖召唤的雷鸣般的掌声、欢呼声，是那个命运共同体心灵脉动的历史记录。有的年轻夫妇给初生的孩子取名为"列宁娜""斯大林娜"⋯⋯。勃列日涅夫的侄女柳芭·勃列日涅娃根据他父亲和伯父向她讲述的往事回忆，记述了她爷爷所在工厂的工人们的奉献精神的一些情景："他们对工厂展现了真正的奉献精神，在'义务的星期六'和'义务的星期天'无偿地劳动。在卡缅斯科耶，留在工厂日夜工作的有经验的工人们修复了内战期间损毁或遗弃的平炉和高炉。他们的工作服就扔在地上，在他们的机器旁边睡觉，他们的孩子给他们带送食物。"柳芭的父亲和伯父，那时只有十几岁的勃列日涅夫兄弟，就是给父亲送饭的孩子，那时哥哥十五六岁，弟弟十来岁。

1923年，勃列日涅夫加入了共青团，那时他16岁，是刚考入库尔斯克土地管理技术学院的学生。他一边上学，一边参加共青团组织的打击地痞流氓维护苏维埃秩序的巡逻队之类的活动，有点像是以"保尔·柯察金"为象征那一代充满革命激情的青年中的一分子。他们行进中爱唱的一首战歌是："跟踪足迹，全速前进，步枪已经上膛。我们没有回头路，公社就是我们要去的地方。"①

正是苏联共产党当时焕发出来的巨大的精神感召力激发起一两代苏联人勇猛奋进，创造了令世界震惊和钦佩的物质业绩。

可是，前举表1和表2的数据显示，支撑那辉煌业绩的经济增长曲线从50年代以后就显得有点趋缓迹象，到70年代以后，竟由幅度越来越大的下降走向了断崖式的滑坡！

经济增长曲线如此天翻地覆似的巨变的根源是什么？它同苏共崩溃和苏联解体的政治巨变有什么关系？"共产主义＝苏维埃政权＋全国电气化"的公式以及由此推演出来的"四要件"模式显然回答不了如此始料未及的大问题。因为按斯大林的判断，那个模式预设的共产主义第一阶段即社会主义阶段的4个要件的任务和目标在1938年已经完成，应该着手进行它的高级阶段的建设了。这一宏图被法西斯侵略战争打断。反法西斯战争胜利后，斯大林在1946年和1948年曾两度要求制定建设共产主义的规划，但都因冷战等原因未能如愿。赫鲁晓夫主政后决意要重新规划，制定出一个新的共产主义宏图。这时他才发现，原来什么是共产主义都还没有弄明白，怎样建设共产主义也就难于构想了。这也难怪，因为列宁当初就说过，"生产力将以什么样的速度向前发展，将以什么样的速度发展到打破分工、消灭脑力劳动和体力劳动的对立、把劳动变为'生活的第一需要'这都是我们所不知道而且也不可能知道的。"谢尔盖·赫鲁晓夫说，他父

---

① Luba Brezhnewa: The World I Left Behind, Random House, New York, 1995, pp. 15, 18, 20, 21 etc.

亲曾向美国出版家考尔斯解释说，"共产主义就是富裕。比方说，如果在十个人只有一条裤子的时候宣布已是共产主义，把这条裤子平分，结果十个人全都没有裤子穿。我们不承认这种没有裤子的共产主义"。可是他父亲也说不清楚要"富裕"到什么程度才称得上共产主义。1959年12月14日，中央主席团讨论《建设共产主义纲领》草案初稿。调子是由赫鲁晓夫定的。他说："这是一个具体的任务，必须以15—20年国家经济发展方案为基础，一切都应当根据各个五年计划来计算"。他还说，"纲领中必须注重全国的电气化，列宁的这个遗训我们还没有实现。"他设想，需要分几个阶段走：首先将儿童和老人置于国家的保障之下，然后经过一两个五年计划，真正做到全体居民吃饭免费。在资本主义国家也有一些食堂你随便交点钱就可以爱吃什么都随便吃。为什么在共产主义社会做不到呢？① 如此浅薄的"共产主义"自然就只能被视若笑柄了。因此，勃列日涅夫上台后就不再说建设共产主义，只说建设"发达的社会主义"了。但"发达的社会主义"是什么模样，他同样说不清楚。

总之，从列宁、斯大林到赫鲁晓夫、勃列日涅夫，都没有从马克思揭示的生产力推动生产关系、经济基础推动上层从低级向高级发展的根本规律和原理上阐明过实现社会主义、共产主义的必备条件和历史的必然性。

二

近一个世纪以来的历史、理论探讨和实践探索表明，按现有的生产力与生产关系和经济基础与上层建筑的定义，我们无法从理论与实践的结合上彻底弄清楚社会形态从低级向高级发展规律的真正内涵。

追根寻源，可以看到，现在流行的生产力和生产关系定义本是出自斯大林。他在《辩证唯物主义和历史唯物主义》一文中写道："生产力怎样，生产关系就必须怎样。生产力的状况所回答的问题是人们用怎样的生产工具生产他们所必需的物质资料，生产关系的状况所回答的则是另一个问题：生产资料（土地、森林、水流、矿产、原料、生产工具、生产建筑物、交通工具、通信工具等等）归谁所有，生产资料由谁支配——由全社会支配，还是由个人、集团和阶级支配并且被用来剥削其

---

① 谢尔盖·赫鲁晓夫：《政治顶峰：赫鲁晓夫（1954—1964）》，人民日报出版社。

他的个人、集团和阶级。"① 令人惊诧不解的是，精明过人的斯大林怎么没有注意到，他那样简单化的定义立刻会导出这样一个与世界历史进程大相径庭的逻辑："有什么样的生产工具就会有什么样的生产资料所有制"，或者，"生产工具怎样，生产资料所有制就必须怎样"。不幸的是，正是那两个简单化的定义和由此导出的奇怪逻辑，再加上"五种生产方式"的断言，在大半个世纪的漫长岁月里，引起人们无休无止的争议和怀疑，成为导致许多人最终否定社会形态从低级向高级发展规律的一个关键性因素。

严峻的现实促使我们回过头去对马克思的定义和他对社会形态从低级向高级发展规律的整个科学体系做一番仔细的再解读。

要理解马克思揭示的社会形态从低级向高级发展规律的内涵，首先必须弄清马克思所讲的生产力和生产关系的确切含义。因为唯物史观和科学共产主义的整个科学逻辑体系就是建立在这两个科学概念基础上的。

生产力概念是马克思经过了20多年的探索才逐渐完备的一个科学概念。

大约在1845—1846年，马克思在和恩格斯合著的《德意志意识形态》中第一次明确提出了生产力概念②，他写道："生产力与交往形式的关系就是交往形式与个人的行动或活动的关系。""由于这些条件在历史发展的每一阶段都是与同一时期的生产力的发展相适应的，所以它们的历史同时也是发展着的、由每一个新的一代承受下来的生产力的历史，从而也是个人本身力量发展的历史"。③ 这里实际上已经指出了生产力的发展是推动"交往方式"乃至整个历史发展的根本动力和终极原因，但究竟什么是生产力还没有作出界定。

1846年12月马克思在致安年科夫信中写道："生产力是人们实践能力的成效（le resultat de i'energic pratique des hommes），但是这种能力本身受到人们所处的条件、先前已经获得的生产力以及在他们以前已经存在、不

---

① 《斯大林选集》下，人民出版社1979年版，第445页。
② 鲁克俭教授经过精细考证认定《德意志意识形态》第1卷第1章出自马克思手笔，恩格斯对原稿做过整理。我完全赞成这一结论。
③ 《马克思恩格斯文集》第1卷，人民出版社2009年版，第575、576页。

是由他们创立而是由前一代人创立的社会形式的制约"①。这是我们第一次见到马克思把生产力说成是"人们实践能力的成效",但未见进一步说明。

约在 1847 年上半年,马克思在《哲学的贫困》中写道:"随着新生产力的获得,人们改变自己的生产方式,随着生产方式即谋生的方式的改变,人们也就会改变自己的一切社会关系。手推磨产生的是封建主的社会,蒸汽磨产生的是工业资本家的社会。人们按照自己的物质生产率建立相应的社会关系,正是这些人又按照自己的社会关系创造了相应的原理、观念和范畴。"②在这里我们第一次见到马克思把生产力等同于"物质生产率"(1847 年的德文版为 materiellen Produktivität,英文版为 material productivity)。但也未作进一步说明。马克思逝世后,恩格斯主持出版的该书 1885 年版、1892 年版和 1895 年版把"物质生产率"改成了"生产方式"。这段论述留下的另一个疑点是,"生产力"和生产工具(手推磨或蒸汽磨)都能改变"社会关系",它们的地位是同等的还是有主有次的? 很可能的是,马克思当时还不能作出决断,因为他那时正集中注意力批评蒲鲁东认定"分工决定机器的应用"的谬误,认为实际上恰恰是机器的应用决定了分工,所以他说:"劳动的组织和划分视其所拥有的工具而各有不同。手推磨所决定的分工不同于蒸汽磨所决定的分工。"③他显然已经意识到自己在这里有点尴尬了,因为他当然记得自己已经说过生产力决定生产关系,怎么现在又说手推磨和蒸汽磨各自决定不同的生产关系("劳动的组织和划分")呢? 生产力和生产工具究竟谁决定生产关系呢? 他实在拿不定主意,于是就说

---

① 这段引语出自马克思 1846 年 12 月 28 日致帕维尔·瓦西里耶维奇·安年科夫的信,原文是法文。引语的法语原文是:Ainsi les forces productives sont le resultat de i'energic pratique des hommes, mais cette energie elle meme est circonscrite par Ies conditions, dans lesquelles les hommes se trouvent places, par les forces productives deja acquires, par la forme sociale, qui existe avant eux, qu'ils ne creent pas, qui est le produit de la generation antericure. 相应的英文版译文是 Thus the productive forces are the result of man's practical energy, but that energy is in turn circumscribed by the conditions in which man is placed by the productive forces already acquired, by the form of society which exists before him, which he does not create, which is the product of the preceding generation. 本人以在最新版的《马克思恩格斯文集》的译文"生产力是人们应用能力的结果,但是这种能力本身决定于人们所处的条件,决定于先前已经获得的生产力,决定于在他们以前已经存在、不是由他们创立而是由前一代人创立的社会形式。"(《马克思恩格斯文集》第 10 卷第 43 页)为基础,根据法文本并参照英文本,对这段文字做了如上的改译,主要的改动是:"应用能力的结果"(le resultat de i'energic pratique, the result of man's practical energy)改为"实践能力的成效";"决定于"(meme est circonscribe, is in turn circumscribed)改为"受到……制约"。如有不妥处,敬请方家同仁指正。

② 《马克思恩格斯文集》第 1 卷,人民出版社 2009 年版,第 602—603 页。

③ 同上书,第 622 页。

"各个人借以进行生产的社会关系,即社会生产关系,是随着物质生产资料,生产力的变化和发展而变化和改变的"①,意思是说两者都决定生产关系,但又把"物质生产资料"置于"生产力"的前面,大概斯大林就因此引用马克思这段话认定生产力的主要标志就是生产工具,进而认定生产工具决定生产资料所有制,由此引起了无休无止的争议。

1857—1858年,马克思撰写了《资本论》的第一部手稿,就是现在我们看到的《经济学手稿(1857—1858年)》,其中写道:"在劳动生产力发展的过程中,劳动的物的条件即物化劳动,同活劳动相比必然增长,——这其实是一个同义反复的命题,因为,劳动生产力的增长无非是使用较少的直接劳动创造较多的产品,从而社会财富越来越表现为劳动本身创造的劳动条件。"②这样的表述表明,马克思此时已经明确认定劳动生产力的增长就是劳动生产率的增长。特别值得注意的是,此时马克思已经把经济学中的必要劳动和剩余劳动概念置于他创立的实践唯物史观的核心概念——生产力即劳动生产率统摄之下,进而揭示生产力即劳动生产率的发展怎样推动社会从低级向高级发展,以至发展到共产主义。他说:"关键在于,满足绝对需求所需要的劳动时间留下了自由时间(自由时间的多少,在生产力发展的不同阶段有所不同),因此,只要进行剩余劳动,就能创造剩余产品。"③随着生产力即劳动生产率的提高,剩余劳动的产品或剩余的"自由时间"也相应地增加。当"直接劳动主要变成看管和调节的活动"时,也就是通过仪表对自动化、智能化的生产线进行"看管和调节"之时,劳动者就必然主张"自己应当占有自己的剩余劳动",而且有足够的力量使自己的主张变为现实;那时,必要劳动时间和剩余劳动时间或剩余的可自由支配时间就不再是对立的了,共产主义就到来了。④

1859年,马克思在《〈政治经济学批判〉序言》写道:"我所得到的,并且一经得到就用于指导我的研究工作的总的结果,可以简要地表述如下:人们在自己生活的社会生产中发生一定的、必然的、不以他们的意志为转移的关系,即同他们的物质生产力的一定发展阶段相适合的生产关系。这些生产关系的总和构成社会的经济结构,即有法律的和政治的上层

---

① 《马克思恩格斯文集》第1卷,人民出版社2009年版,第724页。
② 《马克思恩格斯全集》第46卷下,人民出版社1980年版,第360页。
③ 同上书,第114页。
④ 同上书,第221、222页。

建筑竖立其上并有一定的社会意识形式与之相适应的现实基础。物质生活的生产方式制约着整个社会生活，政治生活和精神生活的过程。不是人们的意识决定人们的存在，相反，是人们的社会存在决定人们的意识。社会的物质生产力发展到一定阶段，便同它们一直在其中运动的现存生产关系或财产关系（这只是生产关系的法律用语）发生矛盾。于是这些关系便由生产力的发展形式变成生产力的桎梏，那时社会革命的时代就到来了。随着经济基础的变更，全部庞大的上层建筑也或慢或快地发生变革。在考察这些变革时，必须时刻把下面两者区别开来：一种是生产的经济条件方面所发生的物质的、可以用自然科学的精确性指明的变革，一种是人们借以意识到这个冲突并力求把它克服的那些法律的、政治的、宗教的、艺术的或哲学的，简言之，意识形态的形式。……无论哪一个社会形态，在它所能容纳的全部生产力发挥出来以前是决不会灭亡的；而新的更高的生产关系，在它的物质存在条件在旧社会的胎胞里成熟以前，是决不会出现的。"[1] 马克思在这里除了以较前更加精练的语言表述了生产力推动生产关系乃至整个社会从低级向高级发展的规律外，还有两点值得注意：一是他说道，"生产的经济条件方面所发生的物质的、可以用自然科学的精确性指明的变革"；二是他说道："无论哪一个社会形态，在它所能容纳的全部生产力发挥出来以前是决不会灭亡的，而新的更高的生产关系，在它的物质存在条件在旧社会的胎胞里成熟以前，是决不会出现的。"这表明，马克思是主张"用自然科学的精确性"态度和方式去考察和揭示经济条件方面的状况和变革趋势的。

19世纪60年代是马克思从事《资本论》1—4卷的研究和写作时期，也是对他长期积累的经济学和整个哲学、社会科学探索成果做总体性的归结和思考时期。也正是在这个时期，生产力概念的科学含义的提炼和表达达到了一个新的高度。这主要表现在以下三个方面：

其一，更加明确除了生产力就是生产能力，就是劳动生产率。他十分明确地说："生产力当然始终是有用的、具体的劳动的生产力，它事实上只决定有目的的生产活动在一定时间内的效率"；"劳动生产力的提高，我们在这里一般是指劳动过程中的这样一种变化，这种变化能缩短生产某种商品的社会必需的劳动时间，从而使较小量的劳动获得生产较大量使用价

---

[1] 《马克思恩格斯文集》第2卷，人民出版社2009年版，第591—592页。

值的能力。"① "总之，劳动生产力越高，生产一种物品所需要的劳动时间就越少，凝结在该物品中的劳动量就越小，该物品的价值就越小。相反地，劳动生产力越低，生产一种物品的必要劳动时间就越多，该物品的价值就越大。可见，商品的价值量与实现在商品中的劳动的量成正比地变动，与这一劳动的生产力成反比地变动。"②

这些论述中的生产力、劳动生产力或社会生产力概念，在他的德文原著中用 Produktivkraft 或 Produktivität，在《资本论》第 2 卷的德文版文本中为 Die Produktivität der Arbeit，在经他亲自校定过的英文版中用 Productive power、productiveforces、produtivity 或 productiveness 表达，都是毋庸置疑地表示生产能力或劳动生产率的意思。

有的朋友认为，不能把生产力等同于劳动生产率，因为唯物史观讲的生产力指整个社会的生产力，而劳动生产率只是指直接生产者的生产效率。我体会，马克思讲的生产力或劳动生产率，本来就包含着整个社会的生产能力或劳动生产率的含义。如他指出，"作为资本关系的基础和起点的现有的劳动生产率，不是自然的恩惠，而是几十万年历史的恩惠"③；"人们不能自由选择自己的生产力——这是他们的全部历史的基础，因为任何生产力都是一种既得的力量，是以往的活动的产物"④；他还指出："劳动生产力是由多种情况决定的，其中包括：工人的平均熟练程度，科学的发展水平和它在工艺上应用的程度，生产过程的社会结合，生产资料的规模和效能，以及自然条件"⑤。这就意味着，任何一个社会、任何一个时代的生产力或劳动生产率都不单纯是直接生产者劳动的绩效，它既含有前代人的历史积累，也包含着同时代各行各业的人们的直接和间接的投入，当然其中难免既有正能量的投入，也有负能量的投入。在这个意义上，我们可以把一个国家的 GDP 总量视为该国全体国民的生产能力或劳动生产率成果的算术总和，也就是把全体国民视为一个"总体工人"，GDP 总量是那位"总体工人"劳动生产率的总成果，人均 GDP 是那位"总体工人"中平均化个体的劳动生产率成果。正是这 GDP 总量和人均 GDP 在

---

① 《马克思恩格斯文集》第 5 卷，人民出版社 2009 年版，第 59、366 页。
② 同上书，第 53—54 页。
③ 同上书，第 586 页。
④ 《马克思恩格斯文集》第 10 卷，人民出版社 2009 年版，第 43 页。
⑤ 同上书，第 53 页。

很大程度上决定着一个国家的总的面貌。如表3所示：

表3　1500—1820年欧洲7国人均GDP变迁轨迹表（以英国1820 = 100）

	1300左右	1400左右	1500左右	1570左右	1650左右	1700左右	1750左右	1820左右
英国	29	38	43	43—45	54	69	84	100
荷兰	—	—	58	58	95	94	94	92
比利时	—	—	46	55	53	55	61	62
意大利	71	71	67	65	60	57	61	53
西班牙	—	—	43—48	43—48	39—48	39—44	40—41	48
瑞典				51			.	56
波兰			45—53	42—48	42—48	35—40	30—33	41

数据来源：*The Long Road to the Industrial Revolution. The European Economy in a Global Perspective, 1000 - 1800*, By Ian Luiten van Zanden, BRILL LEIDEN. BOSTON, 2009, p. 241.

从表3可以看出，欧洲7国在1500—1820年这320年间人均GDP的历史变迁轨迹多么清晰地"跟踪"着那7个国家兴衰沉浮的历史轨迹，那"跟踪"的紧随度，简直就像如影随形。

再看前面所列表1和表2展示的苏联GDP和人均GDP增长率由高到低的变化轨迹，也是同样如影随形地"跟踪"苏联模式的社会主义由兴到衰的历史轨迹。

历史和现实的事实都表明，总体性、总合性的劳动生产率概念的解释力是完全可以同生产力概念等价的，而且它的价值还在于可以使生产力概念由一个抽象概念变成一个多少"可以用自然科学的精确性"方式加以估量的科学概念。例如怎样判断某种生产关系是否适合生产力发展的要求，怎样判断某种生产方式是否已经"在它所能容纳的全部生产力"已经发挥殆尽以至已经濒临灭亡；"新的更高的生产关系，在它的物质存在条件在旧社会的胎胞里"是否已经"成熟"，都没有一个哪怕少许客观的衡量标准，往往只凭主观意志定夺。这样就难免失误。现在我们用总体性、总合性的劳动生产率作为一个衡量参数，至少可减少一些失误的可能性。[①]

其二，经过《资本论》精炼的生产力概念把生产工具与生产力的关系

[①] 现有的GDP计算方式确有许多缺陷，但大家都承认至今还没有一个更合适替代者。窃以为，对它的缺陷当然可以而且应该修正，但要抛弃它，恐怕要犯因噎废食的毛病。

讲得比以前明确了。马克思在《资本论》第1卷中指出:"动物遗骸的结构对于认识已经绝种的动物的机体有重要的意义,劳动资料的遗骸对于判断已经消亡的经济的社会形态也有同样重要的意义。各种经济时代的区别,不在于生产什么,而在于怎样生产,用什么劳动资料生产。劳动资料不仅是人类劳动力发展的测量器,而且是劳动借以进行的社会关系的指示器。在劳动资料本身中,机械性的劳动资料(其总和可称为生产的骨骼系统和肌肉系统)远比只是充当劳动对象的容器的劳动资料(如管、桶、篮、罐等,其总和一般可称为生产的脉管系统)更能显示一个社会生产时代的具有决定意义的特征。"① 这里虽然说"劳动资料不仅是人类劳动力发展的测量器,而且是劳动借以进行的社会关系的指示器",但他明确地指出"机械性的劳动资料(其总和可称为生产的骨骼系统和肌肉系统)"。也就是说,生产工具只相当于一个"生产机体"的"骨骼系统和肌肉系统",而不是"生产机体"本身;根据生产机体的骨骼系统和肌肉系统可以估量那个生产机体可能发挥出多大的能量及其影响,但还不是那个能量及其影响本身。这样就避免了把生产力等同于生产工具引起的逻辑混乱。

其三,经过《资本论》提炼的生产力概念,把生产力即劳动生产率的发展同人类社会从低级向高级发展的规律同步地连接起来,使那个规律具有了毋庸置疑的逻辑说服力。如马克思在《资本论》第1卷指出:"在文化初期,已经取得的劳动生产力很低,但是需要也很低,需要是同满足需要的手段一同发展的,并且是依靠这些手段发展的。其次,在这个文化初期,社会上依靠他人劳动来生活的那部分人的数量,同直接生产者的数量相比,是微不足道的。随着社会劳动生产力的增进,这部分人也就绝对地和相对地增大起来。此外,资本关系就是在作为一个长期发展过程的产物的经济土壤之上产生的。作为资本关系的基础和起点的现有的劳动生产率,不是自然的恩惠,而是几十万年历史的恩惠。"② 特别值得注意的是,马克思在《资本论》第3卷中,运用与自然科学同等严格的逻辑推导,从劳动生产率的提高的必然性证明了共产主义到来的必然性。他写道:"自由王国只是在必要性和外在目的规定要做的劳动终止的地方才开始;因而按照事物的本性来说,它存在于真正物质生产领域的彼岸。像野蛮人为了

---

① 《马克思恩格斯文集》第5卷,人民出版社2009年版,第210页。
② 同上书,第585—586页。

满足自己的需要,为了维持和再生产自己的生命,必须与自然搏斗一样,文明人也必须这样做;而且在一切社会形式中,在一切可能的生产方式中,他都必须这样做。这个自然必然性的王国会随着人的发展而扩大,因为需要会扩大;但是,满足这种需要的生产力同时也会扩大。这个领域内的自由只能是:社会化的人,联合起来的生产者,将合理地调节他们和自然之间的物质变换,把它置于他们的共同控制之下,而不让它作为一种盲目的力量来统治自己;靠消耗最小的力量,在最无愧于和最适合于他们的人类本性的条件下来进行这种物质变换。但是,这个领域始终是一个必然王国。在这个必然王国的彼岸,作为目的本身的人类能力的发挥,真正的自由王国,就开始了。但是,这个自由王国只有建立在必然王国的基础上,才能繁荣起来。工作日的缩短是根本条件。"① 这里说的"必然王国"就是维持人的生存所必须付出的劳动时间,"自由王国"就是前面提到的《经济学手稿(1857—1858)》说到的作为劳动剩余的"自由时间"。这里的逻辑严密性在于:人区别于其他动物的特性就是他必须劳动才能生存;要劳动就必然要不断提高劳动能力或者说劳动生产率;随着劳动生产率的提高,剩余劳动或作为劳动剩余的自由时间必然要相应地增加,工作日必然要相应地缩短;工作日缩短到极短而自由时间增加到极多之时,人们必然要在自己喜欢的多领域发展自己的自由个性和特长,那时,脑体劳动和简单劳动与复杂劳动的差别与由此引起的高低贵贱的差别必然消逝,"每个人的自由是一切人的自由的前提"的"自由人联合体"就必然要出现。这样的逻辑必然性,谁能否定得了呢?

下面再说什么是生产关系。

生产关系概念也是马克思经过近20年精炼出来的科学概念。

马克思最早是在他和恩格斯合著的《德意志意识形态》② 中提出这个概念。那时他还没有称之为生产关系,而是称为"交往方式"。他写道:"生产力与交往形式的关系就是交往形式与个人的行动或活动的关系。……个人相互交往的条件……是个人的自主活动的条件,并且是由这种自主活动产生出来的。"这是第一层意思,主要是指出交往形式即生产关系是在一定

---

① 《马克思恩格斯文集》第7卷,人民出版社2009年版,第928—929页。
② 以下引马克思语皆出自《马克思恩格斯文集》第1卷,人民出版社2009年版,第575、535页。

的生产力水平下从事生产活动的人们互相交换活动的产物。第二层意思是指出，那种交换关系是由物质劳动和精神劳动分离而产生的；"因为分工使精神活动和物质活动、享受和劳动、生产和消费由不同的个人来分担"，因此必然产生矛盾；而要消除矛盾就必须"消除分工"①。第三层意思是指出，由物质劳动和精神劳动分离产生了所有制，"所有制是对他人劳动力的支配"，因此"分工和私有制讲的是同一件事情，一个是就活动而言，另一个是就活动的产物而言"②；"分工的各个不同发展阶段，同时也就是所有制的各种不同形式。这就是说，分工的每一个阶段还决定个人在劳动材料、劳动工具和劳动产品方面的相互关系"。这第三层意思或许会让人觉得生产关系可以等同于所有制。原文明确指出所有制是由分工"产生"的，是分工的"产物"，两者是不能等同的。历史和现实中许多事实表明，即使同样是私有制或公有制，实际的交换关系性质可能很不相同。

像生产力概念一样，马克思的生产关系概念也是经过了至少20年的提炼和精炼的。这突出表现在《资本论》第3卷中的一段论述："任何时候，我们总是要在生产条件的所有者同直接生产者的直接关系——这种关系的任何当时的形式必然总是同劳动方式和劳动社会生产力的一定的发展阶段相适应——当中，为整个社会结构，从而也为主权关系和依附关系的政治形式，总之，为任何当时的独特的国家形式，发现最隐蔽的秘密，发现隐藏着的基础。不过，这并不妨碍相同的经济基础——按主要条件来说相同——可以由于无数不同的经验的情况，自然条件，种族关系，各种从外部发生作用的历史影响等等，而在现象上显示出无穷无尽的变异和色彩差异，这些变异和差异只有通过对这些经验上已存在的情况进行分析才可以理解。"③

这就是使我们清楚地看到，生产关系主要就是一定的生产力水平决定的生产条件所有者同直接生产者之间的活动分工和交换关系。

厘清了生产力和生产关系的科学含义，再来看社会形态怎样从低级发展到高级的规律，就不会有理解上的障碍了。

---

① 《马克思恩格斯文集》多译为"消灭分工"，查马克思德文原著，中文版所译"消灭"一词，马克思在德文原著中多是用aufgehoben，即aufheben，兼有"停止""废弃"等义，马克思多用它表达必然而自然地消除之意，而不是人为地消灭。因此我译为"消除"。
② 本段引语参照德文原著做了调整。
③ 《马克思恩格斯文集》第7卷，人民出版社2009年版，第894—895页。

我们先来看马克思关于人类社会必然经历"三大形态"或"三大阶段"的论述。

他说:"人的依赖关系(起初完全是自然发生的),是最初的社会形式①,在这种形式下,人的生产能力只是在狭小的范围内和孤立的地点上发展着。以物的依赖性为基础的人的独立性,是第二大形式,在这种形式下,才形成普遍的社会物质变换,全面的关系,多方面的需求以及全面的能力的体系。建立在个人全面发展和他们共同的、社会的生产能力成为从属于他们的社会财富这一基础上的自由个性,是第三个阶段。第二个阶段为第三个阶段创造条件。因此,家长制的,古代的(以及封建的)状态随着商业、奢侈、货币、交换价值的发展而没落下去,现代社会则随着这些东西同步发展起来。"②

马克思这"三大形态"或"三大阶段"的表述同他在《德意志意识形态》的"三阶段"表述和《〈政治经济学批判〉序言》中的"四阶段"表述有3个根本性的区别:1. 前者说的是包括东方西方在内的全世界必然要发生的事件;后者是单指在西欧已然发生的事件。③ 2. 正因为前者讲的是因果必然性的普遍规律,因此讲了"第二阶段"必然要为"第三阶段"即共产主义社会准备条件;后者因为只是对已然发生的事件做"大体上"的归纳,因此没有直接连上共产主义社会,只是对已然事件概述以后,才讲到未来势必是共产主义社会。3. 前者并未把第二阶段的社会直称为资本主义社会,而只是称之为"现代社会",看来这是马克思为后来明确申明他在《资本论》所讲的资本主义的历史必然性"只限于西欧各国",为西方国家有可能不经过"资本主义的卡夫丁峡谷"的论说预留了后续空间;而后者则说的是只要走上西欧那样的原始积累道路就必然要遭受"资本主义的卡夫丁峡谷"的一切苦难,然后才升华到共产主义。

这就意味着,非西方国家建立的既要越过"资本主义的卡夫丁峡谷"、

---

① 《马克思恩格斯文集》第8卷把马克思这段论述中原来在《全集》(46卷上第104页)所译的"社会形态"一律改译为"社会形式",其实这样改译似无必要,也不甚合适。这段论述中改译的"社会形式"在英文版中为 social forms,相应的德文词语为 Sozialformen,既可译为"社会形态",也可译为"社会形式"。但在本文语境下原先所译"社会形态"似更合适。

② 《马克思恩格斯文集》第8卷,人民出版社2009年版,第52页。

③ 参见拙著《唯物史观与历史科学》,高等教育出版社2004年版,第2章第2节:什么是人类历史发展的普遍规律;另见拙文《马克思关于社会形态演进理论的四次论说及其历史哲学含义》,载《中国社会科学》2011年第1期。

又要"占有她的一切积极的成果"的社会主义社会，不同于马克思在《哥达纲领批判》中所说的推翻资本主义制度之后建立的社会主义社会：后者是高于资本主义社会的共产主义社会的第一阶段，是已经基本消除了市场交换，实行计划经济的社会主义，而前者是必须占有资本主义的"一切积极的成果"的社会主义社会，而且必须占有的积极成果不仅包括"采用机器、轮船、铁路等"，还包括把"一整套交换机构（银行、信用公司等等）……引进到自己这里来"[①]，由此可见，这种社会主义社会不是《哥达纲领批判》中所说的那种已经基本消除了市场交换、实行计划经济的社会主义社会，而是还必须引进包括"一整套交换机构（银行、信用公司等）"的资本主义积极成果的社会主义社会，也就是说，是还须实行市场交换的社会主义社会；它不是高于资本主义社会，而是与资本主义社会同处于"第二大阶段"的非资本主义的"现代社会"，是后进国家为了避免资本主义弊端和灾难而采取非资本主义方式，以较短的时间和较少的代价达到为"第三阶段准备条件"的发展水平的社会主义社会。我觉得，列宁、斯大林在理论和指导思想上的一个重大失误，就是他们始终没有意识到马克思说的两种社会主义的区别，始终认为他们建立的社会主义社会就是《哥达纲领批判》中所说的那种已经基本消除了市场交换、实行计划经济的社会主义社会。由此导致的严重后果和惨重教训，需要深思再深思。

现在我们把"三大形态"或"三大阶段"的规律的理论置于世界历史和中国历史的实际进程中去检验，就不会有什么困惑了。

中古史分期讨论中遇到的种种困惑，我想应该是可以迎刃而解了。

欧洲历史从古典古代到封建制的过渡，以及从封建制向资本主义的过渡讨论中遇到的普遍和特殊的关系问题，断裂和连续的关系问题，也应该能够迎刃而解了。

再把这个规律的理论认识置于当代历史进程中来加以检验，看看当前这个第二阶段是否在为第三阶段做准备吧。

[①] 《马克思恩格斯文集》第3卷，人民出版社2009年版，第571页。

从马克思的资本有机构成原理
看共产主义的历史必然性[*]

李天成

马克思的资本有机构成理论不是一般的理论或论断,而是一个揭示了资本主义制度必然灭亡的因果必然性规律的原理。

它从三个层次揭示了资本主义走向灭亡的必然性:

第一,资本家追求利润最大化的本性决定了资本有机构成(C∶V)必然要不断提高。这是因为,资本家要增加利润只有两个途径:一是延长工作日或强制增加劳动强度,这种做法现在已受到越来越严格的劳动法的限制。二是设法提高劳动生产率,从而提高劳动剩余(m),进而把提高了的劳动剩余率(m′)转化为利润。但要做到这一步,就必须增加不变资本(C)的投入,减少可变资本(V)的投入,也就是说,必然要不断提高资本有机构成(C∶V)。

第二,提高资本有机构成(C∶V)必然导致利润率降低。这是因为利润率 $p′=v/(c+v)$。[①] 这意味着不变资本(C)投入越多,利润率($p′$)必然要相应地降低。在现实中,资本家会采取各种方法——主要是利用劳动人口相对过剩竭力降低工资和/或限制工资提高的做法——阻止利润率降低的趋势。但是,随着工人阶级捍卫劳动权利和合法权益的力量逐渐增强,利润率必然降低的规律的作用力必定会越来越强。当今世界,发达国家的利润率一般比发展中国家低,原因就在这里。利润率必然要随着资本有机构成的提高而降低的规律的力量一定要越来越强地发挥出来,这是任何力量也阻挡不了的。试设想,如果资本有机构成为9∶1,利润率的理论

---

[*] 本文写作过程中得到庞卓恒教授悉心指导和帮助,谨在此深表谢意。

[①] 马克思的利润率公式:$p″=m/(c+v)$,即利润率等于剩余价值 m 除以不变资本加可变资本;按马克思的设定,剩余价值率 $m′=m/v=1$,由此决定 $m=v$,据此可把利润率公式写为 $p″=v/(c+v)$。

值 = 1/（9 + 1）= 0.1，也就是 10%；如果资本有机构成比值升高到 99∶1，利润率的理论值就将降为 1/（99 + 1）= 0.01，即 1%。试想，当利润率降到如此低下的水平时，还有多少资本主义企业能够支撑下去呢？还有多少人愿意当资本家呢？固然，这只是逻辑推导的结果，但谁能否认，它是一个无法推翻的逻辑结论呢？

第三，资本有机构成的提高意味着 V 相对于 C 的不断增加而不断减少，也就意味着资本主义企业雇佣的工人越来越少，从而导致失业者越来越多。从逻辑的必然性看，如果资本有机构成的比值达到 99∶1 的程度，绝大多数的劳动生产者势必都要被排斥到生产过程之外了，那就意味着马克思说的资本主义的生产方式再也容纳不了它所激发出来的生产力的时刻到来了。当然，在现实生活中，劳动大众不可能容忍到那个逻辑的崩溃点到来之时才采取改变命运的行动，但那个逻辑的必然性毋庸置疑地表明，劳动大众必然要在适当的时刻，采取不同的方式，和平的或暴力的方式，去埋葬威胁自己生存和阻碍自己发展的资本主义的生产生活方式，寻求有利于自己生存和发展的新的生产生活方式。

劳动大众在寻求取代资本主义的新的生产生活方式过程中，势必会有越来越多的人认同于马克思指引的经过社会主义走向共产主义的道路。

马克思和恩格斯在《共产党宣言》中指出："代替那存在着阶级和阶级对立的资产阶级社会的，将是这样一个联合体，在那里，每个人的自由发展是一切人的自由发展的条件。"为什么必须一切人都能得到自由发展呢？这是因为，如果只是一部分人自由发展，另一部分人不能自由发展，就不可能消除阶级和阶级对立；那么，怎样才能保证一切人都能得到自由发展呢？马克思说："自由王国只是在必要性和外在目的规定要做的劳动终止的地方才开始；因而按照事物的本性来说，它存在于真正物质生产领域的彼岸。……这个自由王国只有建立在必然王国的基础上，才能繁荣起来。工作日的缩短是根本条件。"[①] 为什么"工作日的缩短是根本条件"呢？因为只有缩短了物质生产劳动时间，劳动者才有可能增加发展自由个性的时间，在自己喜爱的领域增长知识和能力，从而缩小脑体劳动和简单劳动与复杂劳动的差距，为最终消除那些差距创造条件。试设想，资本——资本指的是马克思所说的"资本一般"意义上的资本——有机构成

[①]《资本论》，中文版第 3 卷，人民出版社 2004 年版，第 928—929 页。

比值达到 99∶1 之时，劳动者每天就有可能只需用一两个小时"站在生产过程的旁边"遥控着"无人工厂""无人农场""无人运输线"……从事物质生产，其余绝大部分生命活动时间都用于在自己喜爱的多个领域增长知识和能力，那时还会有脑体劳动或简单劳动与复杂劳动的差别吗？还会有高低贵贱的差别吗？还会有人说共产主义永远是可望而不可即的乌有之乡吗？！

由此可见，马克思的资本有机构成原理不仅蕴含着资本主义必然灭亡的必然性，同时还蕴含着共产主义必然到来的必然性。

固然，共产主义不可能像自然界的美丽花朵那样自己绽放出来，而是必须而且必然要人们自己创造出来。

从历史和现实历程可以看出，人们可能大致上经过三种途径达到共产主义境界：

（1）失业率达到极限时，爆发暴力革命，建立巴黎公社式的社会主义政权，大力发展生产力，促进劳动阶级稳步提高自身的物质和精神生产力，逐步消除脑体劳动差别和阶级差别，达到马克思说的那个"每个人的自由发展是一切人的自由发展的前提"的境界。

（2）"切香肠"式的和平过渡。因为 V 的减少和 C 的增加意味着劳动生产率不断增长，从而意味着劳动剩余率 m' 必然随之增大，劳动阶级必然据此要求逐步增加剩余劳动的分享份额；在当今一些发达国家现实中表现为工作日逐步缩短，自由支配时间逐步增多，社保福利不断增进，近来还表现为"全民发薪"的呼声日益强烈。劳动阶级必将利用这些"切香肠"的果实，稳步提高自身的物质和精神生产力，逐步消除脑体劳动差别和阶级差别，达到"每个人的自由发展是一切人的自由发展的前提"的境界。

（3）后进国家建立不经过资本主义卡夫丁峡谷的社会主义制度，在共产党领导的人民政府主导下，按照马克思揭示的科学的经济运动规律调控社会主义市场经济，保证经济持续稳定增长，促进劳动阶级稳步提高自身的物质和精神生产力，逐步消除脑体劳动差别和阶级差别，达到"每个人的自由发展是一切人自由发展的前提"的境界。

当前正在迅猛推进的以智能化、全自动化为核心的新产业革命，势将促进 C∶V 的比值迅猛增高。这是否意味着，缩小乃至消除脑体劳动之间和简单劳动与复杂劳动之间的差距的历史进程正在逼近呢？且让我们拭目以待。

年长的师友们，年轻的朋友们，你们对社会形态从低级向高级发展的规律的原理是不是放之四海而皆准的普遍真理，还有什么疑问吗？如有，欢迎和我争辩，我甘愿做争辩的靶子。

（作者单位：天津师范大学）

马克思恩格斯关于原始社会历史的理论及其启示

沙健孙

一 "随同人，我们进入了历史"

全部人类历史的第一个前提无疑是有生命的个人的存在。任何历史记载都应当从这些自然基础以及它们在历史进程中由于人们的活动而发生的变更出发。①

人是从哪里来的？是上帝创造的？或者是女娲抟土而成的？……这个长期以来令人困惑的关于人类自身来源的问题，直到近代才得到了科学的说明。

1809 年，拉马克在《动物哲学》一书中断定人类起源于类人猿；1859 年，达尔文在《物种起源》一书中揭示了生物从低级到高级进化的理论；1863 年，赫胥黎在《人类在自然界的位置》一书中论述了人猿同祖的学说；1871 年，达尔文在《人类起源与性的选择》一书中指明了人是从已经灭绝的古猿进化而来的。②

不过，达尔文等并没有回答古猿怎么变成人的问题。恩格斯在《劳动在从猿到人转变过程中的作用》一文中对此作出了回答。

人本身是自然界的产物。恩格斯在论述人类形成过程时指出：首先是攀树的猿群，即"成群地生活在树上"的古代类人猿；而后是"正在生成中的人"；再后是"完全形成的人"，即已经能够制造工具的生物。③

劳动在从猿到人转变过程中起着决定性的作用。正是通过劳动，人才

---

① 《马克思恩格斯文集》第 1 卷，人民出版社 2009 年版，第 519 页。
② 刘文鹏等：《外国历史常识（古代部分）》，中国青年出版社 1987 年版，第 18—20 页。
③ 《马克思恩格斯文集》第 9 卷，人民出版社 2009 年版，第 550—556 页。

从动物中分离出来。

人是由分化产生的。"经过多少万年的努力,手脚的分化,直立行走,最后终于确定下来,于是人和猿区别开来,于是奠定了分音节的语言的发展和人脑的巨大发展的基础,这种发展使人和猿之间的鸿沟从此不可逾越了。手的专业化意味着工具的出现,而工具意味着人所特有的活动,意味着人对自然界进行改造的反作用,意味着生产。"①

从利用天然工具,如石块和木棒,到将石块和木棒制作成自己需要的形状,经过了漫长时期的劳动经验的积累。马克思曾从肯定的意义上引证过富兰克林给人下的定义,即人是制造工具的动物。② 恩格斯则明确地指出:人类社会区别于猿群的特征"是劳动",而"劳动是从制造工具开始的"③。

火的使用,从利用天然火到学会人工取火,对人的最终形成、发展具有重要的意义。"摩擦生火第一次使人支配了一种自然力,从而最终把人同动物界分开。"④ 由于使用火,鱼类和猎物以及可用于烧烤的淀粉质的根和块茎等成为人的食物。熟食缩短人的消化过程,有助于促进大脑和身体其他部分的发展。它还可以用来驱逐猛兽,增强人们的自卫能力。它还使人们能够抵御寒冷,从而扩大人们的活动范围。人的生存不再受气候和地域的严格限制了。

总之,人"把自己和动物区别开来的第一个历史行动不在于他们有思想,而在于他们开始生产自己的生活资料"⑤。因为"动物所能做到的最多是采集,而人则从事生产"。"动物仅仅利用外部自然界,简单地通过自身的存在在自然界中引起变化;而人则通过他所作出的改变来使自然界为自己的目的服务,来支配自然界。这便是人同其他动物的最终的本质的差别,而造成这一差别的又是劳动。"所以,"劳动是整个人类生活的第一个基本条件,而且达到这样的程度,以致我们在某种意义上不得不说:劳动创造了人本身"⑥。

---

① 《马克思恩格斯文集》第 9 卷,人民出版社 2009 年版,第 421 页。
② 《马克思恩格斯文集》第 5 卷,人民出版社 2009 年版,第 210 页。
③ 《马克思恩格斯文集》第 9 卷,人民出版社 2009 年版,第 555 页。
④ 同上书,第 121 页。
⑤ 《马克思恩格斯文集》第 1 卷,人民出版社 2009 年版,第 519 页。
⑥ 《马克思恩格斯文集》第 9 卷,人民出版社 2009 年版,第 548、559、550 页。

世界上许多地方的考古发掘，包括对古人类化石与生产工具的发掘，对达尔文关于人是从古猿进化而来的论断和恩格斯关于劳动在从猿到人演化过程中作用的论断，提供了证明。

就中国而言，远在距今800万年，腊玛古猿禄丰种就已经繁衍生息在云贵高原之上，开始了从猿到人的进化过程。我国境内已知最早的人类是巫山人，距今204万—203万年，他们已经使用打制石器。距今170万年的元谋人，除使用粗糙的石器外，已知用火。距今71万—23万年的北京人，过着采集和狩猎的生活，不仅懂得用火，而且还能保存火种。距今约1.8万年的山顶洞人，仍使用打制石器，但已掌握磨光和钻孔技术，并已会人工取火。所以，中国是远古人类起源的一个重要地区。①

人类的历史是人类自身和人类社会发展的历史。"随同人，我们进入了历史。"②

原始时代距今十分遥远。当时还没有发明文字，没有文字记载的历史。所以，要弄清楚原始时代人类的历史是十分困难的。我们研究原始社会历史的主要依据是：第一，对远古人类文化遗存进行的考古发掘。第二，通过民族学、人类学的研究，从某些"残存"的"落后的蒙昧人"的生活，追溯远古人类的某种生存状态。这种"落后的蒙昧人"曾被恩格斯称为"社会的化石"③。第三，从历史文献与民间文学中关于远古的传说，推断原始人类的某些踪迹。④ 将这几个方面的材料进行综合和对照，我们已经能够对原始社会的基本轮廓和发展线索作出大体的描述和论证。

美国民族学家亨利·摩尔根于1877年发表《古代社会》一书。他通过研究印第安人和世界其他地方的部落及希腊、罗马等的古代民族史，揭示了氏族的本质和氏族制度存在的普遍性，证明母系制先于父系制，说明氏族制度发展的结果必然产生自身的对立物——政治社会即国家。该书的副题即为"人类从蒙昧时代经过野蛮时代到文明时代的发展过程的研究"。恩格斯认为："关于人类原始史，直到1877年，摩尔根才给我们提供了理

---

① 《简明中国历史读本》，中国社会科学出版社2012年版，第20—22页。
② 《马克思恩格斯文集》第9卷，人民出版社2009年版，第421页。
③ 《马克思恩格斯文集》第4卷，人民出版社2009年版，第42页。
④ 《古代世界史》，日知译，苏联国立莫斯科教育出版局1952年版，中国高等教育部教材处1954年印，第4—5页。

解这一历史的钥匙。"① 他"以他自己的方式,重新发现了40年前马克思所发现的唯物主义历史观"。他为原始历史找到了一个新的基础。"这样就为原始历史的研究方面开始了一个新时代。"②

马克思曾经在1881年至1882年期间,研究过《古代社会》一书,并对该书作了详细的摘要和写了批语。在此基础上,恩格斯利用摩尔根的材料又补充了自己掌握的材料,写成了《家庭、私有制和国家的起源》这部关于原始社会历史的重要著作。

中国学者认为,"重建中国古史的远古时代是当代考古学者的重大使命"。20世纪初,中国学者就曾萌发过要为恩格斯的《家庭、私有制和国家的起源》一书书写续篇的宏愿。有的学者认为,随着考古工作的深入开展,我们将会有可能写出"确实称得上是恩格斯《起源》一书的中国续篇"③。

二 从原始群到原始公社

(一)"人类的原始状态即所谓石器时代"

生产是人类生存和发展的先决条件。一切人类生存的第一个前提,一切历史的第一个前提,就是:"人们为了能够'创造历史',必须能够生活。但是为了生活,首先就需要吃喝住穿以及其他一些东西。因此第一个历史活动就是生产满足这些需要的资料,即生产物质生活本身,而且,这是人们从几千年前直到今天单是为了维持生活就必须每日每时从事的历史活动,是一切历史的基本条件。"④

生产是从人类制造工具开始的。

"人类的原始状态即所谓石器时代。"⑤ 原始时代的人类首先利用石器同自然界作斗争,以求得生存和发展。石器时代包括旧石器时代和新石器时代。旧石器时代的特点是使用打制石器,新石器时代的特点是使用磨制石器。马克思说过:"一般说来,劳动过程只要稍有一点发展,就已经需

---

① 《马克思恩格斯文集》第9卷,人民出版社2009年版,第12页。
② 《马克思恩格斯文集》第4卷,人民出版社2009年版,第15、28页。
③ 白寿彝总主编:《中国通史》第2卷,上海人民出版社1994年版,第1—2、20页。
④ 《马克思恩格斯文集》第1卷,人民出版社2009年版,第531页。
⑤ 《马克思恩格斯文集》第9卷,人民出版社2009年版,第94页。

要经过加工的劳动资料。在太古人的洞穴中,我们就发现了石制工具和石制武器。在人类历史的初期,除了经过加工的石块、木头、骨头和贝壳外,被驯服的,也就是被劳动改变的、被饲养的动物,也曾作为劳动资料起着主要的作用。"①

已知最早的石器发现于埃塞俄比亚的奥莫地区,距今约 250 万年。

史前的文化阶段,按照摩尔根确立的系统,包括蒙昧时代和野蛮时代。它们又可分别区分为低级、中级、高级三个阶段。

人类在蒙昧时代的高级阶段以前,是属于旧石器时代。旧石器时代占人类历史的绝大部分时间,它开始于二三百万年前,一直延续到 1.5 万年前。这个时期几乎占了整个人类历史的 99.6% 或 99.7% 以上的时间。②

蒙昧时代的高级阶段,进入了新石器时代。它开始于弓箭的发明,终结于发明制陶术之前。"弓箭对于蒙昧时代,正如铁箭对于野蛮时代和火器对于文明时代一样,乃是决定性的武器。"③ 弓箭的使用,使打猎的范围扩大,效率提高。以弓箭狩猎,还使个人有了行猎的可能。

蒙昧时代是以获取现成的天然产物为主的时期;人工产品主要是用作获取天然产物的辅助工具。人们主要从事采集和狩猎。

野蛮时代开始于制陶术的发明。有了陶器,人类增加了熟食的方法,便利了饮用水的储存和运送,使人类比较能够定居下来,从事农业生产。④ 这个时代,是学会畜牧和农耕的时期,是学会靠人的活动来增加天然产物生产的方法的时期。

野蛮时代包括新石器时代、青铜时代、铁剑和铁犁铁斧时代,结束于文字的出现。大约在公元前三四千年代,在埃及、西亚等地发明了铜器,进入铜石并用时代。到了公元前二三千年代,西亚、南亚、埃及等地发明和使用了青铜器。已发现的铁的熔铸与加工的最初遗迹,约在公元前 14 世纪。到公元前一千年代前后,西亚、北非和欧洲基本上进入铁器时代。⑤

铁器的发明和使用,意义重大。恩格斯认为,田野农业,"如果没有

---

① 《马克思恩格斯文集》第 5 卷,人民出版社 2009 年版,第 210 页。
② 刘文鹏等:《外国历史常识(古代部分)》,中国青年出版社 1987 年版,第 3、40 页;齐世荣总主编:《世界史(古代卷)》,高等教育出版社 2006 年版,第 11 页。
③ 《马克思恩格斯文集》第 4 卷,人民出版社 2009 年版,第 34 页。
④ 王玉哲:《中华远古史》,上海人民出版社 2000 年版,第 69 页。
⑤ 刘文鹏等:《外国历史常识(古代部分)》,中国青年出版社 1987 年版,第 3 页。

铁斧和铁锹,也不可能大规模进行"。① 一般说来,是这样。世界上许多地区由大规模从锄耕农业向犁耕农业的过渡,是人们在掌握了铁器工业的基础上才实现的。不过,也不尽然。"在有些民族中,由于某些自然条件的关系,还在他们发现铁的加工方法之前,这种过渡已可能完成了。例如,尼罗河流域的居民,由于采用了人工灌溉与利用了极坚固的黑檀木犁头的关系,还在青铜发现以前,就已经达到欧洲居民只有在发明了铁器以后才能达到的那种劳动生产率。因此尼罗河流域的居民,与古代两河流域的居民一样,甚至还在铜器时代就过渡到了阶级社会。在另一些情形下,大畜群的畜牧业的发展,同样促使一些才掌握了青铜技术的部落过渡到了阶级社会,在赫梯人和亚洲其他某些民族方面便有这样的情形。"②

马克思说过:"劳动资料不仅是人类劳动力发展的测量器,而且是劳动借以进行的社会关系的指示器。"③ 因此,劳动资料的遗骸,对于判断已经消亡的经济的社会形态具有重要的意义。这个原理在根本上是正确的。不过,对此不能从绝对的意义上加以理解,不能把劳动资料局限地理解为仅仅是指残存的劳动工具。如上所述,由于其他条件的不同,一些地区的原始社会在金石并用时代就解体了,有的要到青铜时代,有的则要到铁器时代。④

(二) 人类社会的原始状态:"共产制共同体"

"随着完全形成的人的出现又增添了新的因素——社会。"⑤ 社会是什么呢?"是人们交互活动的产物。"⑥

恩格斯说过:"社会本能是从猿进化到人的最重要的杠杆之一。最初的人想必是群居的。"⑦ 因为人是一切动物中最爱群居的动物。我们的猿类祖先就"是一种群居的动物"⑧。因为单独的个人力量有限,不依靠群体,

---

① 《马克思恩格斯文集》第4卷,人民出版社2009年版,第37页。
② 《古代世界史》,日知译,苏联国立莫斯科教育出版局1952年版,中国高等教育部教材处1954年印,第38页。
③ 《马克思恩格斯文集》第5卷,人民出版社2009年版,第210页。
④ 刘文鹏等:《外国历史常识(古代部分)》,中国青年出版社1987年版,第60页。
⑤ 《马克思恩格斯文集》第9卷,人民出版社2009年版,第554页。
⑥ 《马克思恩格斯文集》第10卷,人民出版社2009年版,第42页。
⑦ 同上书,第413页。
⑧ 《马克思恩格斯文集》第9卷,人民出版社2009年版,第553页。

就无法生存。"为了在发展过程中脱离动物状态,实现自然界中的最伟大的进步,还需要一种因素:以群的联合力量和集体行动来弥补个体自卫能力的不足。"①

人类社会最古的形态是怎样的,它在原始时代又经历过哪些变化?

马克思在《摩尔根〈古代社会〉一书摘要》中曾经写道,"最古是:过着杂交的原始群的生活";写到过原始群状态的自行解体,"发展出氏族和家庭"的问题。② 列宁在1913年12月给高尔基的信中,把原始社会分为"原始人群和原始公社"两个连续的阶段。③

不过,对于原始社会历史的分期,史学界存在着不同的理解。

关于原始群:一种意见认为,它是指从猿到人过渡阶段"正在生成中的人"的群体;另一种意见认为,它是指包括直立人在内的真正人类社会的群体。笔者倾向于后一种解读,因为"正在生成中的人"的群体,还不是"完全形成的人"的群体,还不能构成真正的人类社会。关于原始公社:一种意见认为,它是指原始氏族公社的阶段;另一种意见认为,它是指包括血缘家庭公社和氏族公社在内的阶段。笔者倾向于后一种解读,因为这样的解读才能覆盖整个原始公社的历史。④

这就是说,原始社会可分为原始群和原始公社两个阶段;原始公社又包括血缘家庭公社和氏族公社两个阶段。

1. 关于原始群

人们对于自己将生活于其下的社会制度,是不可能不受限制地任意加以确定的。

恩格斯指出,根据唯物主义观点,历史中的决定性因素,归根结底是直接生活的生产和再生产。但是,生产本身又有两种:一方面是生活资料即食物、衣服、住房以及为此所必需的工具的生产;另一方面是人自身的生产,即种的繁衍。"一定历史时代和一定地区内的人们生活于其下的社会制度,受着两种生产的制约:一方面受劳动的发展阶段的制约,另一方面受家庭的发展阶段的制约。劳动越不发展,劳动产品的数量,从而社会的财富越受限制,社会制度就越在较大程度上受血族关系

---

① 《马克思恩格斯文集》第4卷,人民出版社2009年版,第45页。
② 《马克思恩格斯全集》第45卷,人民出版社1985年版,第337、208页。
③ 《列宁全集》第35卷,人民出版社1959年版,第111页。
④ 《中国大百科全书·民族》,中国大百科全书1986年版,第514、517页。

的支配。"①

在原始时代，由于生产力水平极其低下，可供支配的劳动产品极其有限，不可能形成规模较大的社会组织。"亲属关系在一切蒙昧民族和野蛮民族的社会制度中起着决定作用。"②

马克思在《摩尔根〈古代社会〉一书摘要》中写道，"最古是：过着杂交的原始群的生活；没有家庭；在这里只有母权能够起某种作用"③。在《马·柯瓦列夫斯基〈公社土地公有制，其解体的原因、进程和结果〉（第一册，1879 年莫斯科版）一书摘要》中，他也曾经记载："人类社会的原始群状态，没有婚姻和家庭；他们之间的关系是：共同生活和相同的营生（战争、狩猎、捕鱼）；另一方面，则是母亲及其亲子之间的骨肉关系。"④ 原始群时期，"这是人类的童年。人还住在自己最初居住的地方，即住在热带或亚热带的森林中。他们至少是部分地住在树上，只有这样才可以说明，为什么他们在大猛兽中间还能生存。他们以果实、坚果、根作为食物；音节清晰的语言的产生是这一时期的主要成就。"⑤

人类是否经历过杂乱的性关系的社会阶段？原始群的时期，是不是就是人类实行杂乱的性关系的时期？对于这个问题，今天，我们已经不可能找到直接的证据。恩格斯认为，"同从动物状态向人类状态的过渡相适应的杂乱的性关系的时期"是存在过的。"不仅兄弟和姊妹起初曾经是夫妇，而且父母和子女之间的性关系今日在许多民族中也还是允许的。"⑥ 有的学者也确认，"原始群内实行杂乱的性交关系"⑦。

不过，有的学者对此抱有存疑的态度。理由是："在大多数非人灵长类群体中，母猿和子猿间从不交配。这意味着人类诞生之初的性关系也可能已有所限制，无限制的杂交的可能性并不大。"⑧ 这是一个有待进一步探讨的问题。

原始群时期，应该相当于蒙昧时代的初级阶段。它可能存在于旧石器

---

① 《马克思恩格斯文集》第 4 卷，人民出版社 2009 年版，第 16 页。
② 同上书，第 40 页。
③ 《马克思恩格斯全集》第 45 卷，人民出版社 1985 年版，第 337—338 页。
④ 同上书，第 207 页。
⑤ 《马克思恩格斯文集》第 4 卷，人民出版社 2009 年版，第 33 页。
⑥ 同上书，第 46 页。
⑦ 刘文鹏等：《外国历史常识（古代部分）》，中国青年出版社 1987 年版，第 45 页。
⑧ 齐世荣总主编：《世界史（古代卷）》，高等教育出版社 2006 年版，第 13 页。

时代的早期（250万—270万年至20万—30万年）的靠前的阶段。

2. 关于血缘家庭

历史上发生的男女之间的关系，起源于人们的现实生活条件。① 与这种现实的生活条件及其变化相适应，男女之间的关系经历了一系列的变化。在原始时代，与这种变化相适应，人类社会也经历了相应的变化。

从杂乱的性关系的原始状态中，发展出来的第一个阶段的家庭是血缘家庭。② 马克思的《摩尔根〈古代社会〉一书摘要》在"血缘家庭"一章中写道，"一旦原始群为了生存必须分成较小的集团，它就从杂交转变为血缘家庭：血缘家庭是第一个'有组织的社会形式'。"③

在血缘家庭时期，婚姻是按照辈分来划分的：在家庭范围以内的所有祖父和祖母，都互为夫妻；他们的子女，即父亲和母亲，也是如此；后者的子女，构成第三个夫妻的圈子……。在这里，仅仅排斥祖先和子孙、双亲和子女之间互为夫妻的权利和义务。④ 这是血缘家庭与实行杂交的原始群的不同之处，也是人类在家庭组织上的第一个进步。

血缘家庭在人类远古时代的存在，是摩尔根推断出来的。他根据夏威夷人的亲属称谓，认为他们先前曾存在过这种婚姻状态。这种兄弟姐妹互为夫妻的婚姻制度在世界上许多民族的神话传说中都留下了自己的痕迹。我国《后汉书》中曾记载南蛮的兄弟姐妹十二人"自相夫妻"的故事（见《后汉书卷八十六南蛮西南夷列传第七十六》）。⑤

血缘家庭是一个公社。在血缘家庭内部，实行共劳动，平均分配。当时所实行的，是"原始共产制的共同的家户经济"⑥。

有的学者推断："它是一个小集团，人数不可能很多，每个集团大约二十五人到五十人。"除了本集团的人以外，一个人可能一辈子也看不到别的人。⑦ 据记载：在欧洲人到达澳洲以前，澳洲人约以四十人为一群生活着，游浪于一定的区域之内，此地区为该集团的"给养区"，禁止任何

---

① 《马克思恩格斯文集》第4卷，人民出版社2009年版，第43页。
② 同上书，第47页。
③ 《马克思恩格斯全集》第45卷，人民出版社1985年版，第348页。
④ 《马克思恩格斯文集》第4卷，人民出版社2009年版，第47—48页。
⑤ 刘文鹏等：《外国历史常识（古代部分）》，中国青年出版社1987年版，第48页。
⑥ 《马克思恩格斯文集》第4卷，人民出版社2009年版，第50页。
⑦ 刘文鹏等：《外国历史常识（古代部分）》，中国青年出版社1987年版，第48页。

"外人"进入。① 血缘家庭大约存在于旧石器时代的早期（250万—270万年至20万—30万年）的原始群时期之后的阶段，以及中期（20万—30万年至4.5万年）。

3. 关于氏族

血缘家庭排除了父母与子女之间相互的性关系，如果说这是家庭组织上的第一个进步，那么，它的第二个进步就在于对于姐妹和兄弟也排除了这种关系。② 首先，可能是排除同胞兄弟姐妹之间的婚姻；其后，旁系兄弟姐妹之间的婚姻也被禁止。这样，从血缘家庭就发展出了普那鲁亚家庭。

普那路亚，为夏威夷语的音译，原意为"亲密的朋友"或"亲密的伙伴"。普那鲁亚家庭的特点是，若干同胞的、旁系的或血统较远的一群姐妹，与其他集团的一群男子互相集体通婚，丈夫们互称为普那鲁亚；同样的，若干同胞的、旁系的或血统较远的一群兄弟，与其他集团的一群女子互相集体通婚，妻子们也互称为普那鲁亚。由这种婚姻关系产生的家庭形式，称为普那鲁亚家庭。③ 这"是群婚的最高发展阶段"。群婚盛行于蒙昧时代。④

从血缘家庭进步到普那路亚家庭，按照摩尔根的说法，这是"自然选择原则在发生作用的最好说明"。⑤ 所谓自然选择，"即缓慢变异借以实现的形式"⑥。有的研究者还指出了发生这种变化的另一类原因，这就是：由于在人类社会里，婚姻不复为生物的现象，而成为社会的制度，人们最初之所以禁止经济集团内部的婚姻关系，系为抑制破坏该集团之劳动团结的本能冲动。⑦

由于当事者的年龄比较接近，排除兄弟姐妹之间的性关系，比排除父

---

① 《古代世界史》，日知译，苏联国立莫斯科教育出版局1952年版，中国高等教育部教材处1954年印，第17页。
② 《马克思恩格斯文集》第4卷，人民出版社2009年版，第49页。
③ 《中国大百科全书·民族》，中国大百科全书1986年版，第366页。
④ 《马克思恩格斯文集》第4卷，人民出版社2009年版，第57、64页。
⑤ 同上书，第49页。
⑥ 《马克思恩格斯文集》第9卷，人民出版社2009年版，第348页。
⑦ 《古代世界史》，日知译，苏联国立莫斯科教育出版局1952年版，中国高等教育部教材处1954年印，第18页。

母与子女之间的性关系,要"困难得多"①。从南部非洲人类学的资料来看,早期人类迈出禁止兄弟姐妹之间性关系和婚配这一步,很不容易。"在南部非洲的科伊人(西方更通常的称法是霍屯督人)中,从遥远的过去遗留下来的禁止兄弟姐妹之间性关系和婚配的矫枉过正的习俗,常令外人感到可笑:兄弟和姐妹之间需严守礼节,避免接触,甚至防止他们单独在一起或直接说话。"②尽管如此,这种转变还是逐步实现了。

氏族制度,在绝大多数情况下,都是从普那路亚家庭中发展起来的。③这是因为,原先的血缘家庭,经过若干世代,由于规模扩大,不能不发生分裂。而分裂出来的不同的亲属集团,即转化为不同的坚固和确定的女系血缘亲属集团。由于排斥兄弟姐妹之间的婚姻,女系亲属集团内部的成员不能通婚,只能同另一女系亲属集团的成员通婚。这样,原先的血缘家庭就转化为氏族。这就是说,"氏族不仅是必然地,而且简直是自然而然地从普那路亚家庭发展起来的"④。

一个氏族的成员必须同另一个氏族的成员才能通婚。这种互相通婚的氏族就构成早期的部落。这就是说,氏族和部落应该是同时发生的。⑤氏族,实行外婚制,这有利于强健人们的体质;部落内部,实行内婚制,这有利于巩固部落内部的团结。

氏族曾经是构成"大多数野蛮民族的社会制度的基础"⑥。比如,在澳洲的土著居民中,就实行过群婚制,那里的部落分作两个或四个互相通婚的集团。俄国民意党人史唯尔保19世纪末在流放远东时,曾经发现了尼夫赫人的群婚制。⑦我国仰韶文化遗址中发现的男女分区埋葬的现象,也应是当时人们实行族外群婚这种情况的反映。

氏族的任何成员都不得在氏族内部通婚。这是氏族的根本规则,维系氏族的纽带。摩尔根由于发现了这个简单的事实,就第一次揭示了氏族的

---

① 《马克思恩格斯文集》第4卷,人民出版社2009年版,第49页。
② 何芳川、宁骚主编《非洲通史·古代卷》,华东师范大学出版社1990年版,第47页。
③ 《马克思恩格斯文集》第4卷,人民出版社2009年版,第52页。
④ 同上书,第53—54页。
⑤ 刘文鹏等:《外国历史常识(古代部分)》,中国青年出版社1987年版,第50页。
⑥ 《马克思恩格斯文集》第4卷,人民出版社2009年版,第49页。
⑦ 《古代世界史》,日知译,苏联国立莫斯科教育出版局1952年版,中国高等教育部教材处1954年印,第18—19页。

本质。① 这样就为认识原始社会的历史提供了钥匙奠定了基础。

氏族在蒙昧时代中级阶段产生，在高级阶段继续发展起来，到了野蛮时代低级阶段，它便达到了全盛时期。它在野蛮时代的高级阶段遭到破坏。而随着文明时代的到来，又把它完全消灭。②

史学界一般认为，氏族萌发于旧石器时代中期，完全形成于旧石器时代的晚期（4.5万年至1.5万年）③，一直延续到新石器时代、金属器时代。

氏族是一个"共产制共同体"④，是人们生产和生活的单位，所以一个氏族就是一个氏族公社。氏族公社的历史分为两个阶段，即母系氏族公社时期和父系氏族公社时期。

（1）母系氏族

在共产制家户经济中，大多数或全体妇女都属于同一氏族，而男子则来自不同的氏族，这种共产制家户经济是原始时代普遍流行的妇女占统治地位的客观基础。⑤ 由于实行族外群婚制，"民知其母、不知其父"。而只要存在着群婚，世系就只能按母亲方面来确定，因此也只承认母系。妇女受到人们普遍的尊敬，这同她们在经济和社会生活中所处的地位也有关系。在旧石器时代晚期，妇女从事采集。她们采集的获取，比较稳定。她们还承担着家务劳动和教养子女的责任。而男子则从事狩猎活动，而狩猎的获取并不稳定。⑥

母系氏族的存在，是有证据的。埃及的新石器时代文化遗存，"从发掘的女人墓一般比男人墓稍大些，并放置涂有红色的女人小雕像来看，可能反映了崇拜女性的母系氏族社会的面貌，但社会成员似无明显的社会差别。"⑦ 民族学、人类学的研究表明，母系制在世界许多地方存在过。19世纪以前的印度喀拉拉邦的纳亚尔人，阿萨姆的卡西人和加罗人，以及16世纪北美大多数的印第安部落，都按母系制组成。⑧ 恩格斯说过：在欧洲

---

① 《马克思恩格斯文集》第4卷，人民出版社2009年版，第100页。
② 同上书，第177页。
③ 齐世荣总主编《世界史（古代卷）》，高等教育出版社2006年版，第14页。
④ 《马克思恩格斯文集》第4卷，人民出版社2009年版，第193页。
⑤ 同上书，第60页。
⑥ 刘文鹏等：《外国历史常识（古代部分）》，中国青年出版社1987年版，第52页；王玉哲：《中华远古史》，上海人民出版社2000年版，第74页。
⑦ 何芳川、宁骚主编《非洲通史·古代卷》，华东师范大学出版社1990年版，第37页。
⑧ 《中国大百科全书·民族》，中国大百科全书1986年版，第339页。

人发现美洲的时候,全北美洲的印第安人都是按照母权制组成的氏族。仅在某几个部落,氏族已经按父权制组成了。[①]

中国的古籍中也有这方面的记述。如《吕氏春秋·恃君》中说,"昔太古尝无君矣,其民聚生群处,知母不知父"。《庄子·盗跖》中也讲过,太古时代"民知其母,不知其父"。中国有的学者还对姓的性质进行过研究,指出"姓是出自同一祖先的团体","姓有母系的痕迹(如多从女)","姓为不能自相通婚的团体"等,"这可以使我们理解到'姓'大概是氏族制度的残余"[②]。

在母系制时期,在氏族内部,分工是纯粹自然产生的,它只存在于两性之间。家户经济是共产制的,包括几个往往是许多个家庭。凡是共同制作和使用的东西,都是共同财产。男女分别是自己所制造的和所使用的工具的所有者。[③] 恩格斯指出:"有两个自发产生的事实,支配着一切或者几乎一切民族的古代历史:民族按亲属关系的划分和土地公有制。"[④]"这里没有统治和奴役存在的余地。"[⑤]

从中国仰韶文化(公元前7000年至前5000年)的半坡和姜寨遗址中发现,当时储藏产品的地窖密集地分布在房屋外,形成窖群。这说明劳动果实没有归私人占有,而是集体储藏,共同利用。死者的随葬品绝大多数为生活用具,没有显著的差别。[⑥] 民族学的调查表明,印第安人的"家户经济是由一组家庭按照共产制共同经营的,土地是全部落的财产,仅有小小的园圃归家户经济暂时使用"[⑦]。

在母系氏族公社的晚期,家庭形式有了新的变化,从群婚制发展出了对偶婚制。对偶制家庭由一对配偶结合而成,即一个男子和一个女子共同生活。男女双方仍分别属于各自的氏族,没有形成独立的家庭经济。双方各自居住在自己母亲的氏族,起初通常由丈夫到妻子家中过夫妻生活(望门居);后来丈夫迁到妻子家中居住(从妻居)。所生子女归于女方。这种婚姻关系并不牢固,很容易由任何一方解除。

---

① 《马克思恩格斯文集》第4卷,人民出版社2009年版,第103页。
② 王玉哲:《中华远古史》,上海人民出版社2000年版,第80页。
③ 《马克思恩格斯文集》第4卷,人民出版社2009年版,第178页。
④ 《马克思恩格斯全集》第19卷,人民出版社1963年版,第353页。
⑤ 《马克思恩格斯文集》第4卷,人民出版社2009年版,第178页。
⑥ 王玉哲:《中华远古史》,上海人民出版社2000年版,第72—73页。
⑦ 《马克思恩格斯文集》第4卷,人民出版社2009年版,第111页。

对偶制家庭产生于蒙昧时代和野蛮时代交替的时期，大部分是在蒙昧时代高级阶段，有些地方刚刚达到野蛮时代的低级阶段。这是野蛮时代所特有的家庭形式。① 由于人口的增加和氏族的扩大，由于亲属之间婚姻禁规日益错综复杂，群婚就越来越不可能，这样，"群婚就被对偶制家庭排挤了"。这种过渡，"主要是由妇女所完成"的，因为随着群婚失去森林原始的素朴性质，必然使妇女感到屈辱和压抑，因而她们必然地要求取得暂时地或长久地保持贞操的权利。②

从群婚制发展为对偶婚制，是家庭组织上的又一个进步。没有血缘亲属关系的氏族之间的婚姻，生育出在体质上和智力上都更强健的人种。自然选择的积极效果更加显示出来。至此，"自然选择已经通过日益缩小婚姻共同体的范围而完成了自己的使命"③。这个过渡，改变了以往"民知其母，不知其父"的情况，从一个方面为其后父系氏族和专偶制家庭的产生准备了条件。马克思指出："父权的萌芽是与对偶制家庭一同产生的，随着新家庭日益具有专偶婚制的性质而发展起来。"④

（2）父系氏族

父系氏族制是继母系氏族制之后产生的社会制度。其存在时间相当于新石器时代晚期至金石并用时代。

父系氏族制代替母系氏族制，与男女在生产中所处地位的变化有直接的关系。

弓箭的发明和使用，使个人行猎成为可能，并且使猎获有了保证。于是狩猎成为常规的生产部门，原始的狩猎发展成了畜牧业，畜牧业与农业开始实行分离。与此同时，随着农具的改进和畜力的利用，农业由锄耕农业逐步过渡到犁耕农业。锄耕农业要靠几十个人的集体力量，犁耕农业使小规模的乃至个体化的生产成为可能。这种新兴的农业和畜牧业，使男子从事的劳动日益占据主要的地位，而妇女所从事的家务和其他生产活动下降到次要的、附属的地位。这是父系氏族制之所以代替母系氏族制的关键。

生产力的发展，开发出前所未有的财富，引出了新的财富归谁所有的

---

① 《马克思恩格斯文集》第4卷，人民出版社2009年版，第64页。
② 同上书，第58、64页。
③ 同上书，第64—65页。
④ 《马克思恩格斯全集》第45卷，人民出版社1985年版，第366页。

问题。这是父系氏族制代替母系氏族制的重要的动因。恩格斯以旧大陆家畜的驯养和畜群的繁殖为例，指出这些财富"最初无疑是归氏族所有。然而，对畜群的私有制，一定是很早就已经发展起来了"。但是，按照母权制，男子的子女是不能继承自己的父亲的，因为他们不属于父亲的氏族，而属于母亲的氏族。这就是说，"随着财富的增加，财富便一方面使丈夫在家庭中占据比妻子更重要的地位；另一方面，又产生了利用这个增强了的地位来废除传统的继承制度使之有利于子女的原动力。""因此，必须废除母权制，而它也就被废除了。"实行这个转变，其实并不困难，具体地说，就是规定：以后男性成员的子女应该留在本氏族内，而女性成员的子女应该离开本氏族，转到他们父亲的氏族中去。"这样就废除了按女系计算世系的办法和母系的继承权，确立了按男系计算世系的办法和父系的继承权"。马克思认为，"这看来是一个十分自然的过渡"。①

由于母权制的倾覆、父权制的实行，对偶婚制逐步过渡到了专偶制即一夫一妻制。专偶制家庭是在野蛮时代的中级阶段和高级阶段交替的时期从对偶制家庭中产生的，它的最后胜利乃是文明时代开始的标志之一。②

中国的考古发掘，提供了有关这种变化的若干证明。比如，山东宁堡头龙山文化遗址和山东大汶口文化遗址的墓葬中，女子多随葬纺轮，男子多随葬农具。这说明了男耕女织的分工和男子在农业劳动中的主要地位。山东大汶口文化遗址的八座墓葬中有四座为男女成年人合葬。男子居墓穴正中，女子则在扩出的长方形坑内，随葬品也多偏置于男性一侧。这显示了男子在家庭中的主要地位。③

随着父权制的确立，母系氏族就让位于父系氏族。父系氏族由若干家长制家庭公社组成。土地归氏族所有，耕地定期分配给家长制家庭公社使用，森林、牧场等仍由氏族共用。恩格斯认为，这种"实行土地的共同占有和共同耕作的家长制家庭公社"，"是实行个体耕作以及起初是定期的而后来是永久的分配耕地和草地的农村公社和马尔克公社从中发展起来的过渡阶段"。④

从母系氏族制向父系氏族的转变，是"人类所经历过的最深刻的革命

---

① 《马克思恩格斯文集》第4卷，人民出版社2009年版，第65—68页。
② 同上书，第73页。
③ 王玉哲：《中华远古史》，上海人民出版社2000年版，第92—93页。
④ 《马克思恩格斯文集》第4卷，人民出版社2009年版，第72页。

之一"。与此同时,恩格斯又指出:"母权制被推翻,乃是女性的具有世界历史意义的失败。"①

三 私有制和阶级的产生与氏族制度的解体

(一)私有制的产生

原始时代,人们在"共产制共同体"内生活。恩格斯指出:在进入文明时代即阶级社会之前,"先前的一切社会发展阶段上的生产在本质上是共同的生产,同时,消费也是在较大或较小的共产制共同体内部直接分配产品。生产的这种共同性是在极狭小的范围内实现的,但是它随身带来的是生产者对自己的生产过程和产品的支配"。② 土地公有制"真正是全部历史出发点"③。由于生活资料极其有限,没有任何剩余产品,所以不可能产生人剥削人的现象。这种原始共产制的共同的家户经济,毫无例外地一直盛行到野蛮时代中级阶段的后期。④

氏族是继血缘家庭之后原始社会的基本组织和生产单位。在这里,第一,没有强制和压迫性质的权力机构,除了舆论以外,它没有任何强制手段。社会组织是自然生成的,组织结构仅仅由氏族、胞族、部落、部落联盟这样的简单机构组成,它们代表着不同的血缘集团,各自管理着自己内部的事务。在血缘组织内部,这些组织机构代表全体氏族成员的意愿,执行人民大会的决议。第二,氏族成员之间的关系主要是血缘关系,再加上外界自然的压力,"自尊心、公正、刚强和勇敢"是社会风尚的主流,即使发生一些争端和纠纷,也"都由当事人的全体即氏族或部落来解决,或者由各个氏族相互解决;血族复仇仅仅当做一种极端的、很少应用的威胁手段"。第三,由于氏族事务是大家共同的事情,所以,在氏族制度内部,还没有权利和义务的分别;参与公共事务、实行血族复仇或为此接受赎罪,究竟是权利还是义务这种问题,对氏族成员来说是不存在的。⑤

氏族制度的伟大,但同时也是它的局限,就在于这里没有统治和奴役

---

① 《马克思恩格斯文集》第4卷,人民出版社2009年版,第67、68页。
② 同上书,第193页。
③ 《马克思恩格斯文集》第9卷,人民出版社2009年版,第271页。
④ 《马克思恩格斯文集》第4卷,人民出版社2009年版,第50页。
⑤ 《马克思恩格斯列宁历史理论经典著作导读》,人民出版社2012年版,第358—359页。

存在的余地。① 因为当时人们之所以不能不在氏族制度下共同生产、共同消费，之所以没有统治和奴役关系存在的可能性，是由当时生产力水平极其低下、没有剩余产品这种情况决定的。马克思说："这种原始类型的合作生产或集体生产显然是单个人的力量太小的结果，而不是生产资料社会化的结果。"② 但是，生产力总是要向前发展的，而随着生产力发展到一定高度，人们开始有了剩余产品，私有制和阶级、统治和奴役关系就不可避免地会产生出来，而"没有统治和奴役存在的余地"的氏族制度，也就注定地要走向解体和灭亡。

恩格斯认为："在相当早的生产发展阶段上，人的劳动力就能够提供大大超过维持生产者生存所需要的产品了，这个发展阶段，基本上就是产生分工和个人之间的交换的那个阶段。"③ 这就为私有制和阶级的产生创造了必要的前提。

按照恩格斯的分析，第一次社会大分工是游牧部落从其余野蛮人群中分离出来，畜牧业与原始农业开始分离。第二次社会大分工是手工业和农业的分工。第三次社会大分工是产生了一个不从事生产而只从事商品交换的商人阶级，使商业同生产部门分离。不过，这已经是发生在文明时代之初的事情了。

随着分工和交换的发展，私有制和阶级逐步地形成和发展起来。因为"分工和私有制是相等的表达方式，对同一件事情，一个是就活动而言，另一个是就活动的产品而言"。④ "私有制是阶级矛盾的根源和破坏古代公社的杠杆"。⑤

氏族制度存在的"前提是生产极不发展"。⑥ "私有财产的形成，到处都是由于生产关系和交换关系发生变化，都是为了提高生产和促进交换"。⑦

如前所述，随着生产工具和生产技术的改进，几十个人在一起共同劳动，已经不再是生产上的必需，而由小家庭进行的个体生产开始成为可能。

---

① 《马克思恩格斯文集》第4卷，人民出版社2009年版，第178页。
② 《马克思恩格斯文集》第3卷，人民出版社2009年版，第573—574页。
③ 《马克思恩格斯文集》第4卷，人民出版社2009年版，第195页。
④ 《马克思恩格斯文集》第1卷，人民出版社2009年版，第536页。
⑤ 《马克思恩格斯文集》第10卷，人民出版社2009年版，第515页。
⑥ 《马克思恩格斯文集》第4卷，人民出版社2009年版，第112页。
⑦ 《马克思恩格斯文集》第9卷，人民出版社2009年版，第169页。

与生产的家庭经营相联系，各个家庭开始有了或多或少的财产的积累。"无论在古代或现代民族中，真正的私有制只是随着动产的出现才开始的。"①比如，对畜群的私有制。由于各个家庭的劳动力强弱多寡、生产技能的高低和其他生产条件的优劣不同，它们之间的财产差别开始发展起来。"各个家庭家长之间的财产差别，炸毁了各地迄今一直保持着的旧的共产制家庭公社；同时也炸毁了为这种公社而实行的土地的共同耕作。耕地起初是暂时地，后来便永久地分配给各个家庭使用，它向完全的私有财产的过渡，是逐渐进行的。""个体家庭开始成为社会的经济单位。"这样，"在古代的氏族制度中就出现了一个裂口：个体家庭已经成为一种力量，并且以威胁的姿态起来与氏族对抗了"。②原先适用于"生产极不发达"条件下的土地公有制，经过或长或短的中间阶段之后，逐渐变成了私有制。③

中国的考古发掘，提供了社会逐渐发生贫富分化的证据。比如，仰韶文化（公元前7000年至前5000年）早期的姜寨聚落的公共墓地，各个墓葬的随葬品不多，差别不大，说明当时的社会还未发生贫富分化。距今6000年至5000年的聚落遗址的情况就不同了。山东大汶口遗址的一些大墓墓穴规模宏大，随葬品精美、丰富，而一些小墓墓穴仅容一具尸骨，随葬品极少甚至根本没有，说明当时的社会已经发生贫富分化。而陶寺遗址发现的1000多座墓葬，可划分为大型墓、中型墓、小型墓三大类七八种等级，说明从公元前两千年开始，"陶寺社会已形成金字塔式的等级结构和阶级关系"。④

（二）统治关系和奴役关系的形成及其途径

私有制导致阶级的产生。

首先，私有制使氏族内部成员发生贫富分化，逐步形成阶级的对立。

恩格斯指出，"财产的集中是一个规律"，它"是私有制所固有的"。⑤土地私有，使财富迅速地积聚和集中到一个人数很少的集团手中。小块耕作，造成了财产多寡和社会地位高下的不平等。

---

① 《马克思恩格斯文集》第1卷，人民出版社2009年版，第583页。
② 《马克思恩格斯文集》第4卷，人民出版社2009年版，第183、181—182页。
③ 《马克思恩格斯文集》第9卷，人民出版社2009年版，第145页。
④ 《简明中国历史读本》，中国社会科学出版社2012年版，第25、27、31页。
⑤ 《马克思恩格斯文集》第1卷，人民出版社2009年版，第83页。

古代自然形成的公社同外界的交往,进一步促使它们内部产生财产上的差别。① 个体交换的发展,进一步破坏着原始的经济平等和社会平等。② "在公社内部,原始的自发的分工被交换排挤得越多,公社各个社员的财产状况就越不平等,旧的土地公有制就被埋葬得越深,公社就迅速地瓦解为小农的乡村。"③ 这样,氏族内部成员中的富人和穷人的分化和对立就发展起来了。

正是私有制的产生和发展,造成了氏族内部成员在分配上出现了差别。"随着分配上的差别的出现,也出现了阶级差别。社会分为享有特权的和受歧视的阶级,剥削的和被剥削的阶级,统治的和被统治的阶级。"④

其次,与私有制的产生相联系,奴隶制产生和发展了起来。

由于随着生产力的发展,人的劳动力能够生产出超过维持劳动力所必需的产品,即剩余产品,这就使吸收新的劳动力成为必要和可能的事情。新的劳动力首先是由战争提供的。战争中的俘虏不再被杀掉甚至被吃掉,而是变成了奴隶。其后,原先氏族成员中的穷人,由于种种原因,如不能偿还债务,也变成了奴隶(债务奴隶)。

为了能使用奴隶,必须掌握两种东西:第一,奴隶劳动所需的工具和对象;第二,维持奴隶困苦生活所需的资料。因此,先要在生产上达到一定的阶段,并在分配上的不平等达到一定的程度,奴隶制才会成为可能。这也就是说,奴隶制的出现是同私有制的产生和发展直接关联着的。奴役者"必须拥有一定的超过平均水平的财产"。⑤

第一次社会大分工,在使劳动生产率提高,从而使财富增加并且使生产领域扩大的同时,"在既定的总的历史条件下,必然地带来了奴隶制。"⑥ 在第二次社会大分工之后,在前一阶段上刚刚产生并且是零散现象的奴隶制,现在成为社会制度的一个根本的组成部分;奴隶们不再是简单的助手了;他们被成批地赶到田野和工场去劳动。第三次社会大分工的社会意义在于,阶级形成不再是直接与生产相联系,新出现的商人阶级根本不从事

---

① 《马克思恩格斯文集》第 9 卷,人民出版社 2009 年版,第 155 页。
② 《马克思恩格斯文集》第 3 卷,人民出版社 2009 年版,第 586 页。
③ 《马克思恩格斯文集》第 9 卷,人民出版社 2009 年版,第 169 页。
④ 同上书,第 155 页。
⑤ 同上书,第 168—169 页。
⑥ 《马克思恩格斯文集》第 4 卷,人民出版社 2009 年版,第 180 页。

生产但完全夺取了生产领导权,成为不可缺少的中间剥削人。这样就使前二次社会大分工已经开始的奴隶制生产方式最终确立起来,使奴隶的强制成为整个社会的基础。

恩格斯指出,统治关系和奴役关系"是通过两种途径产生的"。除了上面所讲的那种阶级形成过程之外,还有另一种阶级形成过程。这就是,原先的社会公仆逐步变成了社会主人。

在原始社会的公社中,一开始就存在着一定的公共利益,维护这种利益的工作虽然是在全体的监督之下,却不能不由个别成员来担当。由个别成员担当的社会职能逐渐产生对社会的"独立化"的倾向,以致在一定的条件下,这种独立化"逐渐上升为对社会的统治",起先的公仆有利时"逐步变为主人"。① 诚然政治统治到处都是以执行某种社会职能为基础,而且政治统治只有在它执行了它的这种社会职能时才能维持下去。但是,为了维持执行这种社会职能的机构,它必然向全体居民征收赋税。这些公职人员开始脱离体力劳动,并且垄断了精神劳动。他们竭力把社会赋予的权力作利己的运用,使自己在拥有权力的同时,拥有越来越多的财富。这样,他们就逐渐成了高踞于社会之上的统治者,成了统治阶级的核心和支柱。

什么是阶级?"所谓阶级,就是这样一些大的集团,这些集团在历史上一定的社会生产体系中所处的地位不同,同生产资料的关系(这种关系大部分是在法律上明文规定了的)不同,在社会劳动组织中所起的作用不同,因而取得归自己支配的那份社会财富的方式和多寡也不同。所谓阶级,就是这样一些集团,由于它们在一定社会经济结构中所处的地位不同,其中一个集团能够占有另一个集团的劳动。"② 阶级是生产发展到一定阶段的产物,是分工及其发展的必然后果。

分工的规律就是阶级划分的基础。③ "分工只是从物质劳动和精神劳动分离的时候起才真正成为分工。"分工使精神活动和物质活动、享受和劳动、生产和消费由不同的个人来分担这种情况不仅成为可能,而且成为现实。④ 由此,"劳心者治人,劳力者治于人",就成为原始社会解体以后的

---

① 《马克思恩格斯文集》第4卷,人民出版社2009年版,第186—187页。
② 《列宁专题文集·论社会主义》,人民出版社2009年版,第145页。
③ 《马克思恩格斯文集》第3卷,人民出版社2009年版,第562页。
④ 《马克思恩格斯文集》第1卷,人民出版社2009年版,第534、535页。

一种世界性的历史现象。

（三）氏族制度的解体和国家的起源

氏族制度在往后的发展中之所以遭到破坏并走向解体，是由于随着生产力的发展和私有制的产生，社会经济生活条件发生了根本性的改变。

氏族原本是共产制共同体。"氏族制度是从那种没有任何内部对立的社会中生长出来的，而且只适合于这种社会。"但是，随着个体化劳动和个体家庭的发展，家长制家庭逐渐成为整个社会的经济单位。随着分工和交换的发展，不同的家庭拥有的财产有了差别。"同一氏族内部的财产差别把利益的一致变成氏族成员之间的对抗"（马克思语）。新的社会经济生活条件导致社会"分裂为自由民和奴隶，进行剥削的富人和被剥削的穷人"。[①] 在社会分裂为阶级、社会内部的利益尖锐对立的情况下，维持原先的共产制共同体，并继续由全体氏族成员按照民主、平等的原则参与并决定公共事务，已经在事实上变得不可能。恩格斯曾经以雅典氏族的破坏为例，说明公社"只有在其成员间的财产差别很小的条件下，它才可能存在。这种差别一旦扩大，它的某些成员一旦成为其他较富有的成员的债务奴隶，它就不能再存在下去了"。[②] 这是氏族制度遭到破坏并走向解体的根本原因。

氏族是"由血缘关系形成和联结起来的"。氏族制度的前提，是一个氏族或部落的成员共同生活在纯粹由他们居住的同一地区。[③] 但是，随着分工和交换的发展，氏族或部落的成员按血缘关系居住同一地区的情况，已不复存在。在同一个地区中，不再是氏族或部落的成员共同生活，而是不同氏族或部落的成员杂居在一起；其居民也不再主要是有血缘关系的亲属、具有平等地位的人，而是包括了奴隶主和奴隶、被保护民和外地人。每一个社会团体都是由属于极不相同的氏族、胞族和部落的人们组成的。这就是说，氏族制度存在的前提已经不存在了，它已经不可能像过去那样，承担起管理社会公共事务的任务。这是氏族制度遭到破坏并走向解体的一个重要的原因。

这就是说，"氏族制度已经过时了。它被分工及其后果即社会之分裂

[①] 《马克思恩格斯文集》第 4 卷，人民出版社 2009 年版，第 184、188 页。
[②] 《马克思恩格斯文集》第 10 卷，人民出版社 2009 年版，第 664 页。
[③] 《马克思恩格斯文集》第 4 卷，人民出版社 2009 年版，第 189、187 页。

为阶级所炸毁"。于是，它就被国家所代替。①

恩格斯认为：国家和旧的氏族组织不同的地方，第一，是它按地区来划分它的国民。而氏族是"由血缘关系形成和联结起来的"。第二，是公共权力的设立。构成这种权力的，不仅有武装的人，而且还有物质的附属物，如监狱和其他强制措施，这些东西是以前的氏族社会所没有的。② 这后一点区别，具有根本性的意义。因为"国家的本质特征，是和人民大众分离的公共权力"。③

国家不是从来就有的。它是"由分工决定的阶级的基础上产生的"。"其中一个阶级统治着其他一切阶级"④。

在氏族制度下，不存在脱离居民、凌驾于居民之上的特殊的公共权力。随着社会"分裂为自由民和奴隶，进行剥削的富人和被剥削的穷人"，他们之间的对立日益尖锐化。压迫者、剥削者是少数，他们不依靠脱离居民、凌驾于居民之上的特殊的公共权力，采取强制手段，就无法对多数人实行压迫和剥削；被压迫者、被剥削者是多数，如果他们的自由不受到强力的限制，就必然会运用一切可能的手段来进行反抗。这样，正如恩格斯所指出的，"为了使这些对立面，这些经济利益互相冲突的阶级，不致在无谓的斗争中把自己和社会消灭，就需要有一种表面上凌驾于社会之上的力量，这种力量应当缓和冲突，把冲突保持在'秩序'的范围以内；这种从社会中产生但又自居于社会之上并且日益同社会相异化的力量，就是国家"。⑤ 这里所说的国家要保持的"秩序"，并不是社会全体成员之间的和谐共处，而是压迫阶级统治被压迫阶级的"秩序"，保持这种"秩序"的目的正是为了使这种压迫固定化；而这里所说的国家要"缓和冲突"，并不是要根本否定少数人对多数人的压迫，其实际含义主要是剥夺被压迫阶级用来推翻压迫者的一定的斗争手段和斗争方式。

正是适应阶级社会形成和阶级斗争发展的这种历史情况，"整个氏族制度就转化为自己的对立物：它从一个自由处理自己事务的部落组织转变为掠夺和压迫邻近部落的组织，而它的各机关也相应地从人民意志的工具

---

① 《马克思恩格斯文集》第4卷，人民出版社2009年版，第188页。
② 同上书，第189—190页。
③ 同上书，第135页。
④ 《马克思恩格斯文集》第1卷，人民出版社2009年版，第536页。
⑤ 《马克思恩格斯文集》第4卷，人民出版社2009年版，第189页。

转变为独立的、压迫和统治自己的人民的机关了"。① 所以，国家，这是阶级矛盾不可调和的产物和表现；国家的存在本身，恰恰表明了阶级矛盾的不可调和。

由于国家是从控制阶级对立的需要中产生的，由于它又是在这些阶级的冲突中产生的，所以，它照例是最强大的、在经济上占统治地位的阶级的国家。② 尽管国家在表面上是凌驾于社会之上的力量，但它既不是中立的，更不是属于全体居民的。国家运用强力工具，是为了维护当时的社会秩序，这种社会秩序在根本上是有利于在经济上占统治地位的那个阶级的，所以从本质上讲，它只能是在经济上占统治地位的那个阶级的国家。

人们通常把国家的形成作为人类进入文明时代的最重要的标志。由于各地区的情况不尽一致。公元前四千年代中叶，埃及出现了"州"形式的奴隶制小国家。公元前三千年代，两河流域出现了一些城市国家。③ 中国、印度和欧洲的爱琴海地区约在公元前两千五百年至公元前两千年进入文明时代。中南美洲约在公元前一千年左右进入文明时代。④

四 历史的启示

马克思、恩格斯关于原始社会的理论，有一个形成和发展的过程。他们在 1848 年发表的《共产党宣言》中曾说："至今一切社会的历史都是阶级斗争的历史。"从《共产党宣言》1883 年德文版序言开始，恩格斯对它进行了修改。在 1888 年英文版序言中，这一思想被表述为"人类的全部历史（从土地公有的原始氏族社会解体以来）都是阶级斗争的历史"。⑤

马克思、恩格斯关于原始社会的理论，揭示了原始时代历史发展的基本轮廓和主要线索，进一步论证和丰富、发展了他们创立的唯物主义历史观。

历史是一部生动的、富有教育意义的教科书。古人说过，"所贵乎史者，述往以为来者师也"。马克思、恩格斯关于原始社会的理论，对于我

---

① 《马克思恩格斯文集》第 4 卷，人民出版社 2009 年版，第 184 页。
② 同上书，第 191 页。
③ 刘文鹏等：《外国历史常识（古代部分）》，中国青年出版社 1987 年版，第 67 页。
④ 齐世荣总主编：《世界史（古代卷）》，高等教育出版社 2006 年版，第 20 页。
⑤ 《马克思恩格斯文集》第 2 卷，人民出版社 2009 年版，第 31、14 页。

们科学地认识人类社会的发展规律、思考人类社会未来的发展道路、确立和坚持正确的理想信念，都提供了许多有益的启示。

（一）私有制和社会的阶级划分，是一种历史现象

私有制不是一向就有的。① 在原始社会，人类在"共产制共同体"中生活。恩格斯认为，远古时代的共有制，"必定是原始的、来源于动物界的"。无论无时何地，我们都找不到一个例子能证明，共有制是作为派生现象从最初的个人占有发展起来的。②

在人类历史的绝大部分的时期，不存在私有制，没有社会的阶级划分，没有统治关系和奴役关系。人们共同劳动，平等分配。与此相适应，人们由于依存于"自然形成的共同体的脐带"，而形成了集体的观念。"部落、氏族及其制度，都是神圣不可侵犯的，都是自然所赋予的最高权力，个人在感情、思想和行动上始终是无条件服从的。"③

私有制和社会的阶级划分，是一种历史现象。它们在一定的历史条件下产生，也将在一定的历史条件下归于消灭。

正因为如此，那种认为私有制是永恒的、自私是亘古不变的"人的本性"等的观点，是把社会发展某个特定阶段的情况绝对化、普遍化，根本不符合人类历史发展的实际。用这种偏狭的认识，来否定共产主义的崇高理想，来为诱使社会主义国家实行"私有化"进行论证，是完全站不住脚的，是十分有害的。

（二）私有制和社会的阶级划分以生产的不足为基础，将被生产力的充分发展所消灭

在原始社会，人类之所以在"共产制共同体"中生活，是与生产力的极不发达的情况相适应的。恩格斯说过，"人们最初怎样脱离动物界（就狭义而言），他们就怎样进入历史：他们还是半动物，是野蛮的，在自然力量面前还无能为力，还不认识他们自己的力量；所以他们像动物一样贫困，而且生产能力也未必比动物强。"④ 列宁也说过："原始人完全被生存的困

---

① 《马克思恩格斯文集》第 1 卷，人民出版社 2009 年版，第 684 页。
② 《马克思恩格斯全集》第 35 卷，人民出版社 1971 年版，第 448 页。
③ 《马克思恩格斯文集》第 4 卷，人民出版社 2009 年版，第 112、113 页。
④ 《马克思恩格斯文集》第 9 卷，人民出版社 2009 年版，第 186 页。

难，同自然斗争的困难所压倒。"所以，"过去从来没有过什么黄金时代"。①

应当看到：对一定的时期、一定的社会条件，社会的阶级划分"具有某种历史的理由"。因为这"是以前生产不大发展的必然结果。只要社会总劳动所提供的产品除了满足社会全体成员最起码的生活需要以外只有少量剩余，就是说，只要劳动还占去社会大多数成员的全部或几乎全部时间，这个社会就必然划分为阶级。在这个被迫专门从事劳动的大多数之旁，形成了一个脱离直接生产劳动的阶级，它掌管社会的共同事务：劳动管理、国家事务、司法、科学、艺术等等"。② 这是一种历史性的进步。

与此同时，还应当看到：阶级的"划分是以生产的不足为基础的，它将被现代生产力的充分发展所消灭"。"社会阶级的消灭是以生产高度发展的阶段为前提的，在这个阶段上，某一特殊的社会阶级对生产资料和产品的占有，从而对政治统治、教育垄断和精神领导地位的占有，不仅成为多余的，而在经济上、政治上和精神上成为发展的障碍。"③ 这就是说，为了消灭社会的阶级划分，必须进行长期的斗争，必须经历一系列将环境和人都改变过来的过程，而实现这种改变必须具备的物质条件，就是生产的"高度发展"。

正因为如此，列宁说过："无产阶级取得国家政权以后，它的最主要最根本的需要就是增加产品数量，大大提高社会生产力。"因为"劳动生产率，归根到底是使新社会制度取得胜利的最重要最主要的东西"。④ "我们既然热心于共产主义事业，就必须首先热心于发展我们的生产力。"⑤ 我们之所以要建立、坚持和发展社会主义制度，重要的就是为了解放和发展社会生产力。建设社会主义，必须以经济建设为中心，推进经济的发展和社会的全面进步，道理就在这里。

（三）建设社会主义，必须走共同富裕的道路

原始社会的历史表明，"私有制是阶级矛盾的根源"。⑥ 正是私有制的

---

① 《列宁全集》第5卷，人民出版社1986年版，第90页。
② 《马克思恩格斯文集》第3卷，人民出版社2009年版，第562、563页。
③ 同上书，第563页。
④ 《列宁专题文集·论社会主义》，人民出版社2009年版，第301、151页。
⑤ 《中共中央文件选集（1949年10月—1966年5月）》第29册，人民出版社2013年版，第305页。
⑥ 《马克思恩格斯文集》第10卷，人民出版社2009年版，第515页。

产生和发展，造成氏族内部成员在分配上出现差别，形成"进行剥削的富人和被剥削的穷人"的对立。这是阶级产生和发展的两个基本途径之一。

中国经过新民主主义革命，已经建立了工人阶级领导的人民民主政权。与以往少数人压迫多数人的剥削阶级的国家不同，它的建立，开辟了广大人民当家做主的时代。经过社会主义改造，又确立了公有制的主体地位，进入了社会主义初级阶段。这是伟大的历史性的进步。我们必须沿着社会主义道路继续向前发展，而决不能倒退到以剧烈的阶级对抗为基础的旧制度的框架里去。

正因为如此，一个公有制占主体，一个共同富裕，这是我们所必须坚持的社会主义的根本原则。只有坚持这两个根本原则，我们才能有效地遏制两极分化，防止社会倒退，促进社会和谐，保持政治稳定，实现健康、快速的发展。

（四）建设社会主义，必须防止社会公仆蜕变为社会主人

原始社会的历史表明，掌握公共权力的人，在一定的条件下，由社会的"公仆"蜕变为社会的"主人"，这是阶级产生和发展的两个基本途径之一。

巴黎公社是人类历史上的第一个无产阶级政权。有鉴于原始社会的历史所提供的有关经验，马克思十分注意研究巴黎公社采取何种措施来防止社会的"公仆"蜕变为社会的"主人"这个问题，并且在《法兰西内战》一书中对此作出了总结。列宁说过，工人在夺取政权以后，为了防止在新机构中任职的人变成官僚，应"立即采取马克思和恩格斯详细分析过的措施：（1）不但选举产生，而且随时可以撤换；（2）薪金不得高于工人的工资；（3）立刻转到使所有的人都来执行监督和监察的职能，使所有的人暂时都变成'官僚'，因而使任何人都不能成为'官僚'。"[①]

正因为如此，为了保持人民政权的本质属性，我们必须根据上述巴黎公社原则的精神，坚持人民的主体地位、充分发扬人民民主；使党和政府的干部保持同人民群众的密切联系，反对享有特权、反对以权谋私和贪污腐败现象；并且从各个方面使他们受到监督和监察。

---

① 《列宁专题文集·论社会主义》，人民出版社2009年版，第395页。

（五）社会主义是妇女解放的必由之路

在远古时代，大家都是平等、自由的，包括妇女在内。由于在生产和家庭中起着重要的作用，妇女在社会上享有崇高的地位。但是，随着母权制的倾覆，"丈夫在家中也掌握了权柄，而妻子则被贬低，被奴役，变成丈夫淫欲的奴隶，变成单纯的生孩子的工具了"。①

妇女受压迫的根源在于私有制和社会阶级划分的形成。倍倍尔指出："和私有财产制确立的同时，妇女也就成了男人的隶属"。"私有制占统治地位就注定了妇女遭受男人压迫。此后随之而来的是轻视，甚至蔑视的时代。"②

正因为如此，妇女问题是整个社会问题的一部分，它是不可能孤立地得到解决的。既然妇女受压迫的根源在于私有制和社会的阶级划分，那么，只有以废除私有制和社会阶级划分为目标的社会主义运动，才能为妇女的彻底解放指明根本的出路。恩格斯说过："只有在废除了资本对男女双方的剥削并把私人的家务劳动变成一种公共的行业以后，男女的真正平等才能实现。"③ 由于一切社会的从属和被压迫是起因于被压迫的经济的从属，所以，妇女解放的第一个先决条件就是一切女性重新回到公共事业中去。④

妇女解放的程度，是衡量普遍解放的天然尺度。傅立叶的这个论断，受到过马克思、恩格斯的赞赏。历史已经证明并将进一步证明，社会主义是妇女解放的必由之路。只有以解放全人类为目的的社会主义的最终胜利，才能导致妇女的彻底解放。妇女在全人类中占了半数。妇女的彻底解放，她们的积极性、创造性的充分发挥，将为人类社会的发展，提供极其广大的力量，开辟无限光明的前景。

摩尔根在《古代社会》一书中说过："自从文明时代开始以来所经过的时间，只是人类已经经历过的生存时间的一小部分，只是人类将要经历的生存时间的一小部分。"历史"将揭开社会的下一个更高的阶段"。"这

---

① 《马克思恩格斯文集》第4卷，人民出版社2009年版，第68页。
② 奥古斯特·倍倍尔：《妇女与社会主义》，中央编译出版社1995年版，第25、34页。
③ 《马克思恩格斯文集》第10卷，人民出版社2009年版，第536页。
④ 《马克思恩格斯文集》第4卷，人民出版社2009年版，第88页。

将是古代氏族的自由、平等和博爱的复活,但却是在更高级形式上的复活。"[1] 这个论断被恩格斯写在了《家庭、私有制和国家的起源》的末尾,成为这部著作的结束语。

人类的社会形态是一个逐步演进的过程。共产主义者把实现共产主义作为自己的社会理想和奋斗目标,是以对人类社会发展规律的科学认识、对未来社会的科学预见为依据的。

(作者单位:北京大学)

---

[1]《马克思恩格斯文集》第4卷,人民出版社2009年版,第198页。

社会形态理论的回溯及其当代应用

周 群

马克思主义社会形态理论是马克思将其哲学运用于社会历史领域结出的理论硕果，是我们观察世界历史、分析现实社会的强大思想武器。在历史研究中，"坚持以马克思主义为指导，最重要的是要坚持历史唯物主义的基本原理，特别是坚持用社会形态理论指导我们的研究"。[①] 坚持马克思主义社会形态理论，既不能沉溺于简单化、泛化的理论探讨，也不能僵化、教条化地理解运用，而是要在参与现实的理论和舆论斗争中，加强对世界历史和中国社会的分析，深刻回答当前中国社会面临的重大时代命题。本文即是基于此种考虑，拟对马克思主义社会形态理论的形成、发展及其应用做一评述，并尝试运用马克思主义社会形态理论分析当前中国社会及其性质，敬祈方家指正。

一 马克思社会形态理论的形成

形态（Formation）一词，在地质学中指的是用以表示在地壳的历史中先后形成的不同岩层，一个形态就是一个不同的岩层单位，所以最初的含义是"地层"。据日本学者大野节夫考证，马克思于1851年夏天阅读地质学讲义时接受了这个"地层"的含义，并于几个月后将它类比到社会的研究中。[②] 在《路易·波拿巴的雾月十八日》一文中，马克思首先使用"社会形态"（Gesellschaftsformation）一词指"现代资产阶级社会"这一"新的社会形态"。他说：

[①] 高翔：《正确对待社会形态研究的历史地位》，《当代中国史研究》2007年第2期。
[②] 大野节夫：《马克思的社会形态和生产方式的概念》，《历史唯物主义论丛》第5辑，清华大学出版社1984年版，第292—294页。

> 新的社会形态一形成，远古的巨人连同复活的罗马古董——所有这些布鲁土司们、格拉古们、普卜利科拉们、护民官们、元老们以及凯撒本人就都消失不见了。冷静务实的资产阶级社会把萨伊们、库辛们、鲁瓦耶—科拉尔们、本杰明·贡斯当们和基佐们当作自己真正的翻译和代言人；它的真正统帅坐在营业所的办公桌后面，它的政治首领是肥头肥脑的路易十八。①

马克思在这里使用"社会形态"概念，其用意在于表明资本主义社会是人类历史发展的一个新阶段，是不同于以往的社会形态。

在1859年的《〈政治经济学批判〉序言》中，马克思对"社会形态"概念做了进一步界定。他说：

> 大体说来，亚细亚的、古代的、封建的和现代资产阶级的生产方式可以看作是经济的社会形态演进的几个时代。资产阶级的生产关系是社会生产过程的最后一个对抗形式，这里所说的对抗，不是指个人的对抗，而是指从个人的社会生活条件中生长出来的对抗；但是，在资产阶级社会的胎胞里发展的生产力，同时又创造着解决这种对抗的物质条件。因此，人类社会的史前时期就以这种社会形态而告终。②

在这里，马克思所说的社会形态，首先指的是一种"经济的社会形态"，并具体体现为一种"生产方式"，从而将人类历史大体划分为亚细亚的、古代的、封建的和现代资产阶级的总共四种"生产方式"，或者说四种"生产关系"。

马克思此处对"经济的社会形态"演进的分析，是建构在他同一篇文章如下一段对唯物史观基本内容的概括和论述基础上的：

> 人们在自己生活的社会生产中发生一定的、必然的、不以他们的意志为转移的关系，即同他们的物质生产力的一定发展阶段相适合的生产关系。这些生产关系的总和构成社会的经济结构，即有法律的和

---

① 《马克思恩格斯选集》第1卷，人民出版社1995年版，第585—586页。
② 《马克思恩格斯选集》第2卷，人民出版社1995年版，第33页。

政治的上层建筑竖立其上并有一定的社会意识形式与之相适应的现实基础。物质生活的生产方式制约着整个社会生活、政治生活和经济生活的过程。不是人们的意识决定人们的存在，相反，是人们的社会存在决定人们的意识。社会的物质生产力发展到一定阶段，便同它们一直在其中运动的现存生产关系或财产关系（这只是生产关系的法律用语）发生矛盾。于是这些关系便由生产力的发展形式变成生产力的桎梏。那时社会革命的时代就到来了。随着经济基础的变更，全部庞大的上层建筑也或慢或快地发生变革。①

在这段话中，马克思所说的"物质生活的生产方式"，在现实历史中，即具化为了前文所引的"亚细亚的、古代的、封建的和现代资产阶级的"四种生产方式，并最终体现为一种"经济的社会形态"。此时的马克思已经深刻认识到，恰恰是这种"物质生活的生产方式"，"制约着整个社会生活、政治生活和经济生活的过程"。循此路径，马克思展开了资本主义社会"物质生活的生产方式"更精致、更本质的分析，以"揭示现代社会的经济运动规律"②，并最终于19世纪60年代写成《资本论》这部鸿篇巨制。

在《资本论》1867年第一版"序言"中，马克思重提了"经济的社会形态"这一概念，并将"经济的社会形态的发展理解为一种自然史的过程"。他说：

> 我决不用玫瑰色描绘资本家和地主的面貌。不过这里涉及的人，只是经济范畴的人格化，是一定的阶级关系和利益的承担者。我的观点是把经济的社会形态的发展理解为一种自然史的过程。不管个人在主观上怎样超脱各种关系，他在社会意义上总是这些关系的产物。同其他任何观点比起来，我的观点是更不能要个人对这些关系负责的。③

而实际上，"经济的社会形态"不仅体现在生产力、生产关系中，还通过生产资料所有制形式表现出来。在成书于19世纪40年代中期的《德意志

---

① 《马克思恩格斯选集》第2卷，人民出版社1995年版，第32—33页。
② 同上书，第101页。
③ 同上书，第101—102页。

意识形态》中，马克思早就深入分析了人类历史上所经历过的几种所有制形式，即部落所有制、古典古代的公社所有制和国家所有制、封建的或等级所有制以及现代的所有制。马克思认为，"分工发展的各个不同阶段，同时也就是所有制的各种不同形式"，部落所有制与其生产的不发达阶段相适应，分工"仅限于家庭中现有的自然形成的分工的进一步扩大。因此，社会结构只限于家庭的扩大：父权制的部落首领，他们管辖的部落成员，最后是奴隶"；古典古代的公社所有制和国家所有制时期，分工已经比较发达，"公民和奴隶之间的阶级关系已经充分发展"；封建的或等级的所有制时期，"一方面是土地所有制和束缚于土地所有制的农奴劳动，另一方面是拥有少量资本并支配着帮工劳动的自身劳动"，"这两种所有制的结构都是由狭隘的生产关系——小规模的粗陋的土地耕作和手工业式的工业——决定的"，"在封建制度的繁荣时代，分工是很少的"；现代的所有制时期，在大工业和竞争中，"个人本身完全屈从于分工，因此他们完全被置于相互依赖的关系之中"①。

在1847年的《雇佣劳动与资本》中，马克思又从生产关系的视角对人类历史发展的社会形态做了分期。他说：

各个人借以进行生产的社会关系，即社会生产关系，是随着物质生产资料、生产力的变化和发展而变化和改变的。生产关系总和起来就构成所谓社会关系，构成所谓社会，并且是构成一个处于一定历史发展阶段上的社会，具有独特的特征的社会。古典古代社会、封建社会和资产阶级社会都是这样的生产关系的总和，而其中每一个生产关系的总和同时又标志着人类历史发展中的一个特殊阶段。②

在这里，马克思根据生产关系的不同，至少列举了人类历史发展的三个不同社会阶段，即古典古代社会、封建社会和资产阶级社会。

在随后于1848年出版的《共产党宣言》中，马克思、恩格斯指出：

在过去的各个历史时代，我们几乎到处都可以看到社会完全划分为各个不同的等级，可以看到由各种不同的社会地位构成的整个阶

---

① 《马克思恩格斯选集》第1卷，人民出版社1995年版，第68、69、71、127页。
② 同上书，第345页。

梯。在古代的罗马，有贵族、骑士、平民和奴隶；在中世纪，有封建领主、陪臣、行会师傅、帮工和农奴，并且几乎在每一个阶级内部，又有各种特殊的等第。从灭亡了的封建社会里产生出来的现代资产阶级社会，并没有消灭阶级矛盾。它不过用新的阶级、新的压迫条件、新的斗争形式代替了旧的罢了。"①

在这段话中，马恩以时间为序，基于阶级分析，把人类历史明确划分为古罗马、中世纪、"从灭亡了的封建社会里产生出来的现代资产阶级社会"三种阶级社会；加上马恩在该文所说的未来共产主义社会，则总共为四种社会。

综合来看，从《德意志意识形态》到《雇佣劳动与资本》《共产党宣言》，再到《〈政治经济学批判〉序言》，马克思分别从所有制、生产关系、阶级和"物质生活的生产方式"，将人类历史划分为了不同的发展阶段和社会形态，分别是：部落所有制、古典古代的公社所有制和国家所有制、封建的或等级所有制以及现代的所有制；古典古代社会、封建社会和资产阶级社会；古罗马、中世纪、"从灭亡了的封建社会里产生出来的现代资产阶级社会"；亚细亚的、古代的、封建的和现代资产阶级的。通过对比，不难发现，尽管因划分标准不同造成马克思对社会形态具体命名不同，但人类社会要大致经历原始社会、奴隶社会、封建社会、资本阶级社会，以及未来的共产主义社会等几个阶段，在马克思这里已基本明晰。

二　社会形态理论的发展及其应用

1884年，恩格斯在《家庭、私有制和国家的起源》中，将社会形态理论具体运用于研究人类社会从原始社会向阶级、国家时代过渡的转变，最终成就了一部在历史科学中具有划时代意义的伟大著作。在书中，恩格斯明确指出："奴隶制是古希腊罗马时代世界所固有的第一个剥削形式；继之而来的是中世纪的农奴制和近代的雇佣劳动制，这就是文明时代的三大时期所特有的三大奴役形式。"② 恩格斯这里将阶级社会的历史区分为三

---

① 《马克思恩格斯全集》第4卷，人民出版社1958年版，第466页。
② 《马克思恩格斯选集》第4卷，人民出版社1995年版，第176页。

大奴役形式，是与其和马克思合著的《共产党宣言》的观点一脉相承而又有所发展的；而恩格斯对原始社会向阶级、国家时代过渡的研究，则进一步具化、丰富了对马克思在《〈政治经济学批判〉序言》中所提到的以"亚细亚"为代表的原始社会"物质生活的生产方式"的考察。

列宁高度重视马克思关于"经济的社会形态"的基本思想，认为马克思与以前的经济学家和社会学家在研究方法上存在的差别乃在于，以前的经济学家和社会学家总是谈论"一般社会"，而马克思却说"现代社会"。在引用了马克思《资本论》1867年第一版"序言"中的两个论断——"本书的最终目的就是揭示现代社会的经济运动规律"和"我的观点是：社会经济形态的发展是一种自然历史过程"——之后，列宁写道：

> 只要把序言里引来的这两句话简单地对照一下，就可以看出《资本论》的基本思想就在于此，而这个思想，正像我们听说的那样，是以罕见的逻辑力量严格地坚持了的。说到这里，我们首先要指出两个情况。马克思说的只是一个"社会经济形态"，即资本主义社会经济形态，也就是他说的，他研究的只是这个形态而不是别的形态的发展规律，这是第一。第二，我们还得指出马克思得出他的结论的方法……从旧的（对俄国说来不是旧的）经济学家和社会学家的观点看来，社会经济形态这一概念完全是多余的，因为他们谈论的是一般社会，他们同斯宾塞们争论的是一般社会是什么，一般社会的目的和实质是什么等等。……显而易见，马克思关于社会经济形态发展的自然历史过程这一基本思想，从根本上摧毁了这种以社会学自命的幼稚说教。……他做到这一点所用的方法，就是从社会生活的各种领域中划分出经济领域，从一切社会关系中划分出生产关系，即决定其余一切关系的基本的原始的关系。①

列宁的这一论述对理解马克思的社会形态理论有着重要的意义，即：马克思的社会形态理论不是什么其他理论，而是"从社会生活的各种领域中划分出经济领域，从一切社会关系中划分出生产关系"后，对人类社会发展的自然历史过程做了成熟而非幼稚的深刻分析。掌握这一点，对正确

---

① 《列宁选集》第1卷，人民出版社1995年版，第5—6页。

理解此后马克思主义社会形态理论的发展及其在中国的运用,对我们分清当前社会形态理论争议中的清浊源流,有着极其特殊的价值。

列宁是继马恩之后,对社会形态理论的发展和建构作出重大贡献的人。列宁不但运用社会形态理论分析世界历史,指出帝国主义是资本主义发展的最高阶段,而且具体运用于分析俄国的国情,并以之指导俄国革命。人们一般认为,五种社会形态说是由斯大林较早明确概括出来的,但实际的情况是,早在19世纪末,当社会形态理论传入俄国后,就有学者尝试将社会形态分期理论运用于经济发展的分析。1897年,波格丹诺夫的《经济学简明教程》出版。列宁在1898年写的书评中认为,"《教程》的突出优点,正在于作者始终坚持了历史唯物主义";"叙述不是教条式的(如大多数教科书那样),而是按经济发展的各个时期依次叙述,也就是依次叙述原始氏族共产主义时期、奴隶制时期、封建主义和行会时期、最后是资本主义时期。政治经济学正应该这样来叙述。"①

列宁不但充分肯定波格丹诺夫的这种历史唯物主义分析,而且身体力行,在1919年的《论国家》中已经用相当明确的语言肯定了人类社会所要经历的从父权制原始社会、农奴制到资本主义的发展演变。他说:

> 世界各国所有人类社会数千年来的发展,都向我们表明了它如下的一般规律、常规和次序:起初是无阶级的社会——父权制原始社会,即没有贵族的原始社会;然后是以奴隶制为基础的社会,即奴隶占有制社会。整个现代的文明的欧洲都经过了这个阶段,奴隶制在两千年前占有完全统治的地位。世界上其余各洲的绝大多数民族也都经过这个阶段。……在历史上继这种形式之后的是另一种形式,即农奴制。在绝大多数国家里,奴隶制发展成了农奴制。……在18世纪(更正确些说,从18世纪末起)和19世纪,世界各地发生了革命。农奴制在西欧各国被取代了。……结果一种社会形式被另一种社会形式所代替——农奴制被资本主义所代替。……在人类史上有几十个几百个国家经历过和经历着奴隶制、农奴制和资本主义。②

---

① 《列宁全集》第4卷,人民出版社1984年版,第3、2页。
② 《列宁全集》第37卷,人民出版社1986年版,第64—66页。

在列宁的以上叙述中，人类社会前后依次大致要经历的五种形态已经呼之欲出。在笔者看来，后来的斯大林不过是在列宁上述概括的基础上，加上了未来共产主义社会，从而因为向前多走了一小步，才最终形成了具有广泛影响的五种社会形态说。

1938年，在斯大林领导下，由联共（布）中央特设委员会编、联共（布）中央审定的《联共（布）党史简明教程》对五种社会形态说作出了明确概括，即："历史上有五种基本类型的生产关系：原始公社制的、奴隶占有制的、封建制的、资本主义的、社会主义的。"[①] 苏共的这一概括，是对马克思主义社会形态理论的新发展，体现了理论传播和应用的一种自然历史过程，具有重大的理论和学术价值。正如有学者所指出的，"五种社会形态说虽由苏共较早概括，但绝不能证明它不符合马克思和恩格斯关于人类社会历史发展的基本认识，刚好相反，它是对这一认识的科学总结。将五种社会形态的理论完全归结于斯大林、甚至将这种理论和历史唯物主义刻意区别的做法显然是不妥当的"。[②]

事实上，社会形态理论形成以后，尤其是斯大林对五种社会形态说的定型，不但对俄国和苏联的历史，而且对中国的革命和历史都产生了十分重大的影响。五四运动后，马克思主义在中国已经得到了广泛传播，并被中国的先进分子所选择和接受。"自从中国人学会了马克思列宁主义以后，中国人在精神上就由被动转入主动。"[③] 1922年7月在上海召开的中国共产党第二次全国代表大会，对中国经济政治状况的分析，以及制定的反帝反封建的民主革命纲领，实际上揭示出中国社会的半殖民地半封建社会性质，是马克思主义社会形态理论在中国的活用。

在历史学研究领域，将社会形态理论运用于中国历史的分析并取得瞩目成就的，首推马克思主义史学家郭沫若。从1928年8月至1929年11月，郭沫若连续写了《〈周易〉时代的社会生活》《〈诗〉〈书〉时代的社会变革与其思想上的反映》《卜辞中的古代社会》《周代彝铭中的社会史观》《中国社会之历史的发展阶段》等文章，积极探索中国古代社会的发展规律。1930年3月，郭沫若将这些文章汇集成册，命名为《中国古代社

---

① 《联共（布）党史简明教程》，人民出版社1975年版，第137页。
② 高翔：《正确对待社会形态研究的历史地位》，《当代中国史研究》2007年第2期。
③ 《毛泽东选集》第4卷，人民出版社1991年版，第1516页。

会研究》,交由上海联合书店出版。在这部书中,郭沫若首次根据马克思主义社会形态理论,特别是恩格斯《家庭、私有制和国家的起源》的思想、观点和方法,对中国古代社会形态进行了系统研究,"是史学界把马克思主义同中国历史实际相结合的开山之作,开启了用马克思主义研究中国历史的一代风气"。[①]

与《中国古代社会研究》的出版几乎同时,20世纪二三十年代,中国学术界爆发了长达十年的社会史大论战。论战大体围绕亚细亚生产方式、中国历史是否存在奴隶社会、秦汉以后中国社会性质等三大主要论题展开。在论战中,以郭沫若、吕振羽等为代表的一批马克思主义史学家崭露头角。他们自觉运用社会形态理论开展中国历史研究,彰显了马克思主义史学的生命力,赢得了广泛的肯定。

新中国成立后,随着马克思主义在意识形态领域指导地位的确立,马克思主义史学成为新中国史学发展的主流,逐步形成了以唯物史观为指导,以社会形态研究为主体的新的史学体系。围绕中国古代史分期问题、中国封建土地所有制形式问题、中国封建社会农民战争问题、中国资本主义萌芽问题、汉民族形成问题这"五朵金花"展开的研究和讨论,揭示了中国社会既遵循人类社会发展的一般规律,又具有自己鲜明民族特色的独特历史发展道路。当然,在这个过程中,由于对唯物史观存在简单化、教条化理解,加之苏联对中国的影响,五种社会形态说成为中国史学界社会形态理论发展的主流,并有将五种社会形态说简单化为从原始社会到共产主义社会单线发展的倾向。[②] 这种研究导向实际上为20世纪80年代中期以后史学界对社会形态理论的"反动"埋下了伏笔。

"文化大革命"中断了史学界正常的学术研讨,关于中国社会形态问题的研究在此间归于沉寂。1978年,"文化大革命"结束。同年10月,《历史研究》编辑部和《社会科学战线》杂志社在长春联合召开了中国古代史分期问题学术讨论会。这次会议的成功召开,激发了史学界再次研讨社会形态问题的热情。不过,因为西方资产阶级价值观和学术思潮的传入,史学界淡化理论、非意识形态化倾向的凸显,到80年代中期以后,

---

① 高翔:《马克思主义与20世纪中国学术道路》,《马克思主义研究》2005年第2期。
② 有学者就认为,我们过去正是长期将五种社会形态说当作铁定的历史发展规律去看待。我们旷日持久的古史分期讨论便是在预设了"中国不能没有奴隶社会"的前提下进行的。见沈长云《在历史研究中坚持与发展唯物史观》,《史学理论研究》2003年第1期。

有关社会形态问题的探讨又逐渐冷却下来,甚至出现了批评甚至否定社会形态理论的倾向。

应该指出的是,在这股批评甚至否定社会形态理论的思潮中,一些学者是出于严肃的学术探讨的目的,对马克思主义社会形态理论采取了批评甚至否定的态度。例如,在1988年7月全国史学理论讨论会上,学者们主要围绕马克思主义的社会形态理论展开了讨论。会上有学者认为,五种社会形态的思想不是马克思的,而是斯大林的思想;五形态说过于单一化、简单化,涵盖不了整个人类社会历史,应该用其他的划分法代替五形态说;奴隶社会并不是人类社会普遍必经的阶段,历史上只有少数几个民族经历过奴隶社会阶段。[1] 1999年11月,由《历史研究》编辑部和南开大学历史系联合发起的"中国社会形态及相关理论"学术研讨会,可以看作是史学界在经历多年实证研究之后,对重大理论问题的再次关注和重新思考。参加会议的多数学者认为,就社会形态问题而言,这是历史理性思维中的最高阶段,不应简单抛弃,但大家普遍认为,"五种社会形态"并不是一个"放之四海而皆准"的规范序列,不同地区、不同民族都可能有自己独特的发展道路;历史研究的任务,就应该是解放思想,在探讨历史发展深层内涵的基础上,讨论各民族的独创性和变异性、人类历史的统一性和多样性。[2]

---

[1] 殷永林:《1988年全国史学理论讨论会综述》,《文史哲》1988年第5期。这次会议只是类似观点的集中反映,学术报刊中有更多相似主题的文章。如启良在1988年3月23日《光明日报》发表的《社会形态理论与历史规律辨异》一文中就认为,马克思主义社会形态理论不是一种历史规律的概括;从今天世界史研究成果看,经过由原始社会到奴隶社会,到封建社会,再到资本主义社会发展序列的民族几乎没有。

[2] 黄月:《中国社会形态及相关理论学术研讨会在津举行》,《历史教学问题》2000年第2期。这次会议之后,《历史研究》编辑部组织了一组文章,刊发于《历史研究》2000年第2期。其中,何兆武在《社会形态与历史规律》一文中认为,马克思确实提到五种社会形态的相续,但他的这一提法只是对西方历史发展历程的一番描述性说明,并无意以此作为一种所谓不以人的意志为转移的普遍必然的规律;在全世界历史上,只有西欧自发地步入了资本主义社会;田昌五在《中国历史发展体系的新构想》一文中认为,我们现在所说五种生产方式的含义是由斯大林定下来的,未必符合马克思和恩格斯的意愿。我们必须放弃用五种生产方式套改中国历史的做法,另行考虑解决中国历史发展体系的途径和方法;马克垚在《说封建社会形态》一文中认为,社会形态学说,封建社会形态中的理论、概念、规律等,都是来自西方的,是从西方的历史总结出来的。其中当然有合理的因素,但也有不少体现西方特殊性的东西。以前我们向先进学习,难免有生搬硬套的毛病。现在第三世界的史学研究蓬勃兴起,提出了许多新问题,旧概念、旧模式、旧规律自然不能适应,应当有所改变。

其实，仔细观察学者们对社会形态理论的批评甚至否定，不难发现，这些批评甚至否定更多地集中在对五种社会形态说以及世界历史单线发展论的否定上。一些学者虽然否定了五种社会形态说和单线发展论，但又在社会形态理论的框架下提出了两形态说、三形态说、六形态说，以及一线双元、一线多元等新的发展模式；① 一些学者虽然对社会形态理论从整体上提出了否定性意见，但其所采用的新的分析框架，仍然在唯物史观的整体原则范围内；一些学者即使抛弃了社会形态理论、离开了唯物史观的整体范畴、转而采用西方理论分析中国历史，但其出发点并无恶意，其研究成果也实际地起到了丰富中国历史的观察视角、深厚中国历史的研究基础的作用。对以上这三类学者，尤其是第三类学者，我们要采取包容和鼓励的态度。

不过，在完全否定和抛弃社会形态理论的学者中，② 确有一批人不但对社会形态理论，而且对唯物史观都采取了轻视甚至敌视的态度。他们否定唯物史观、否认历史发展存在规律，转而用新自由主义、后现代主义为代表的西方理论来研究中国历史、观察中国社会，虽然披着学术的面纱，但最终目的却并非是纯学术的。他们有的借新自由主义、后现代主义等西方理论，为解构中国历史和中国社会开出现实的药方；有的采用历史虚无主义手法，借否定五种社会形态说否定社会形态理论，否定近代中国社会的半殖民地半封建性质，否定中国共产党领导中国人民反帝反封建斗争的合法性，③ 否定新中国成立以来唯物史观特别是社会形态理论在史学领域取得的研究成果，否定新中国成立以来中国社会的社会主义性质，以及中

---

① 相关研究，可参见前揭殷永林《1988年全国史学理论讨论会综述》，黄斌《准确把握社会形态演进的规律——基于"五种社会形态理论"批评与质疑的辨正》（《理论探索》2013年第1期），以及刘忠世《人类历史：马克思历史分期理论的研究单位——兼评近年来社会形态划分理论研究中的一些问题》（《天津社会科学》1995年第6期）。

② 如有学者为了破除原始社会、奴隶社会、封建社会、资本主义社会和共产主义社会的社会形态分期，构建了远古、上古、中古、近古等名目繁多的新的分期体系。这类学者或许主观上没有恶意，没有否定中国特色社会主义的意图，但客观上至少在学术的层面造成了淡化理论、淡化马克思主义指导思想的实际效果。

③ 例如绮骅就针对辛亥革命前中国社会性质为封建社会，辛亥革命后为资本主义社会，但无论前后都不是半殖民地半封建社会的观点，认为半殖民地半封建社会概念是对近代中国社会性质的正确分析，是研究近代中国历史的一个总的观点；如果否定了这种正确分析，那就意味着否定了中华人民共和国成立的理由（《近现代史研究中的一些"新观点"》，《当代思潮》1996年第3期）。

国共产党领导中国人民在社会主义建设和改革开放中取得的伟大成就。对这样的一批人,我们必须保持高度警惕。就当前来说,在历史学研究领域,主要的任务就是要做好反对历史虚无主义的斗争。①

当然,在反对历史虚无主义的同时,作为认可、拥护社会形态理论的马克思主义史学工作者,也要反思我们在社会形态理论研究中存在的突出问题,尽量避免以下两种研究倾向:

一是脱离马克思主义经典作家的原始表述,抓不住社会形态理论的核心和精髓,造成矮化社会形态理论,将其局限于五种社会形态说等具体结论并奉为圭臬的倾向。五种社会形态说是社会形态理论被用于分析人类历史时得出的具体结论,其所揭示的人类社会从低级向高级不断发展的规律有着充分的合理性和规律性,但同时我们要看到,站在不同的研究角度,完全可以对人类社会形态作出新的区分。② 如在《政治经济学批判(1857—1859年草稿)》中,马克思说:

> 人的依赖关系(起初完全是自然发生的),是最初的社会形态,在这种形态下,人的生产能力只是在狭窄的范围内和孤立的地点上发展着。以物的依赖性为基础的人的独立性,是第二大形态,在这种形态下,才形成普遍的社会物质交换,全面的关系,多方面的需求以及全面的能力的体系。建立在个人全面发展和他们共同的社会生产能力成为他们的社会财富这一基础上的自由个性,是第三个阶段。③

很显然,在这里,马克思根据人对自然和社会不同的关系形态,又将人类社会分成了三种不同形态或者说三个不同阶段。所以,只要是在唯物史观的视域下,采用了社会形态的分析框架,要多鼓励学者们对人类社会的历史,包括中国的历史,展开视角独特、结论多样的研究。

二是满足于躺在故纸堆里刨食,脱离社会实践和现实,对当今时代和

---

① 朱佳木:《同历史虚无主义思潮作斗争是当今马克思主义史学工作者的一项重要任务》,《史学理论研究》2015年第4期。龚书铎和梁柱是较早对历史虚无主义思潮进行批判的学者。见龚书铎《历史虚无主义二题》,《高校理论战线》2005年第5期;梁柱:《历史虚无主义思潮评析》,《红旗文稿》2009年第9期;梁柱:《历史虚无主义思潮的泛起、特点及其危害》,《中共福建省委党校学报》2009年第4期。
② 国内学者的相关观点,可参见前揭殷永林《1988年全国史学理论讨论会综述》一文。
③ 《马克思恩格斯全集》第46卷上册,人民出版社1979年版,第104页。

世界风云的变幻采取不闻不问、漠不关心的态度，造成社会形态理论在分析当今时代和中国现实时失语失声的倾向。史学工作者应深刻认识到，中国和世界正在发生着的深刻变化，为我们研究、创新马克思主义社会形态理论，提供了极其宝贵的机遇。① 只有抓住了机遇的学者，才能赢得未来。

三 社会形态理论的当代应用

"前识者，道之华，而愚之始。"老子2000多年前《道德经》中的这句话，饱含哲理，至今仍闪耀着思辨的光芒。恩格斯说："马克思的整个世界观不是教义，而是方法。它提供的不是现成的教条，而是进一步研究的出发点和供这种研究使用的方法。"② 对分析人类社会的发展历史来说，马克思主义社会形态理论所能为我们提供的，正是一种科学的分析框架和一套行之有效的分析方法。

在马克思主义社会形态理论发展史上，如果把马克思作为这个理论的最初创立者的话，则马克思从创立这套理论开始，就一刻也没有忘记将之运用于对现实社会的分析；或者说，马克思的社会形态理论，正是在对现实社会的深刻分析中得以创生并不断展现出其强劲的生命力。而紧随恩格斯之后的列宁，不但如恩格斯一样掌握了社会形态理论的真谛，成功地将之运用于对俄国国情和世界资本主义的剖析，而且指导俄国革命取得了胜利。

20世纪二三十年的中国先进分子，以中国共产党为代表，将社会形态理论运用于中国国情分析，得出了近代中国社会为半殖民地半封建社会性质的科学结论。毛泽东是中国共产党的杰出代表，是中国化马克思主义——毛泽东思想的主要创立者。在1939年12月写就的《中国革命和中国共产党》一文中，不仅明确指出"自从一八四〇年的鸦片战争以后，中国一步一步地变成了一个半殖民地半封建的社会"，而且鲜明地亮出"中国封建社会内的商品经济的发展，已经孕育着资本主义的萌芽，如果没有外国资本主义的影响，中国也将缓慢地发展到资本主义社会"观点。正是

---

① 王伟光：《深入研究中国发展道路和发展经验 丰富和发展马克思主义社会形态理论》，《中国社会科学》2011年第1期。
② 《马克思恩格斯全集》第39卷，人民出版社1974年版，第406页。

建立在对中国近代社会性质科学判断的基础上，毛泽东在同一篇文章中指出了中国革命的基本任务乃是民族革命和民主革命，[①] 文中有关新民主主义的思想随之在1940年的《新民主主义论》一文中得到了扩充和发展。[②] 新中国成立后，经过短暂的新民主主义社会以及"一化三改造"，中国社会最终于1956年底进入了社会主义时期。"凡贵通者，贵其能用之也。"从旧民主主义革命到新民主主义革命，再从新民主主义社会到社会主义社会，这其中的每次思想转变，每个实际的社会运动，都充分体现了中国共产党人对唯物史观和社会形态理论的活用，都蕴含了中国共产党人处理复杂社会问题的高度政治智慧。

从1956年底中国进入社会主义社会，到今年已过60年。60年在人类社会的发展史上，不过是匆匆一瞬；但对科技和信息都以几何速度发展的今天来说，人类社会的面貌极有可能在未来十年甚至五年的时间内发生极大的改变。恩格斯指出："必须重新研究全部历史，必须详细研究各种社会形态存在的条件，然后设法从这些条件中找出相应的政治、私法、美学、哲学、宗教等等的观点。在这方面，到现在为止只做了很少的一点工作，因为只有很少的人认真地这样做过。"[③] 面对急速变化的当代世界和当代中国，我们不能做空头理论家，必须根据已经变化了的条件，在唯物史观和社会形态理论的指导下，对当下中国的社会形态和历史方位作出客观的恰如其分的分析。

在展开对当下中国社会形态的分析之前，我们有必要对马克思主义社会形态理论的这个基本前提做一番梳理，从而保证我们稍后的分析建立在科学的基础上。在我看来，正如前引列宁所指出的，马克思的社会形态理论是"从社会生活的各种领域中划分出经济领域，从一切社会关系中划分出生产关系"，从而在分析人类社会发展的自然历史过程之后，最终揭示出现代社会的经济运动规律。根据前面对社会形态理论形成的历史考察，以下几点可以作为对当代中国社会形态展开讨论的理论出发点：

第一，经济分析始终是马克思主义社会形态理论最基本的出发点。无论是从所有制、生产关系、阶级关系还是从"物质生活的生产方式"划分

[①] 《毛泽东选集》第2卷，人民出版社1952年版，第620、631页。
[②] 同上书，第623—670页。
[③] 《马克思恩格斯选集》第4卷，人民出版社1995年版，第692页。

社会形态，其最初的出发点或者说最终的归宿，都是经济，而不管这种经济分析的视角存在多大的差异。在所有这四种经济的划分方法中，尽管引起生产资料所有制变迁的最根本动因在于生产力的发展和分工的变化，但根据生产资料所有制区分社会形态，无疑是最有效同时又最可靠的标准。

第二，社会形态虽然主要依靠生产资料所有制进行区分，但一种社会形态之所以不同于另一种社会形态，还在于其生产资料所有制需要有"法律的和政治的上层建筑竖立其上并有一定的社会意识形式与之相适应"。这种"法律的和政治的上层建筑"以及"社会意识形式"虽然因为国家和时代的不同有可能造成相当的差异，但正如西方国家采取两党制或者多党制都改变不了资产阶级当政一样，并不能改变处于一定社会形态下的国家性质。

第三，无论是五种社会形态说还是三种社会形态说，"只是讲的一种总的历史趋势，或者说总的历史规律，并不等于说每个国家、每个民族都必须完整地经历这五种社会形态。……讲五种社会形态的前后递进，也是如此，并不等于否定历史的跨越……也不等于否定历史可能出现的倒退"。[①] 拿马克思自身来说，他从来就不认可把他"关于西欧资本主义起源的历史概述彻底变成一般发展道路的历史哲学理论"，并认为那些主张"一切民族，不管他们所处的历史环境如何，都注定要走这条道路"的人，其实是在给他"过多的侮辱"。[②]

在以上三点理论基础上，我们观察当前中国社会，就很容易形成如下几点印象：

第一，根据生产资料所有制的区分标准，当前中国实行的是公有制为主体、多种经济成分并存的所有制结构，公有制无论具体体现为全民所有制、集体所有制，还是混合所有制，其在国民经济中都占据着主要地位，在关键领域、关键行业都占据着主导地位。但也要注意到，如果国家不能有效调控公私经济占比，如果社会贫富分化进一步加剧、普通百姓的基本社会保障不能得到满足，则社会主义的生产资料所有制有可能发生质的变化，最终将导致社会性质的变革。

第二，与生产资料所有制以公有制为主体相适应，当前国家的权力掌握在人民的手中。人民行使国家权力的机关是全国人民代表大会和地方各

[①] 高翔：《正确对待社会形态研究的历史地位》，《当代中国史研究》2007年第2期。
[②] 《马克思恩格斯选集》第3卷，人民出版社1995年版，第341—342页。

级人民代表大会。在实际的政治生活中，中国共产党作为中国工人阶级的先锋队，同时作为中国人民和中华民族的先锋队，作为中国特色社会主义事业的领导核心，如何进一步发挥人民代表大会制度的优势，如何更好地体现人民代表大会的人民性，从而让普通老百姓有更多参与国家政权建设和运作的机会，将考验中国共产党的执政智慧。

第三，当前中国在意识形态领域实行以马克思主义为指导的思想，并具体体现为马克思主义中国化的理论成果——毛泽东思想、中国特色社会主义理论体系和习近平治国理政新思想新理念新战略。但不容忽视的是，以新自由主义、后现代主义为主的西方思潮仍在深刻影响着中国社会实际的经济生活和舆论生态，历史虚无主义思潮、文化复古主义思潮也有不小的影响，国内外敌对势力企图西化、分化、瓦解中国的整体态势不但没有改变，而且随着中国崛起有越来越趋于强化的倾向。

通过分析当代中国得出的以上三点印象，可知当代中国社会主义的性质没有改变，当代中国仍处于向共产主义过渡的中间状态。但我们要注意到，马克思在《哲学的贫困》一书中曾指出，历史运动创造了社会关系，"随着新生产力的获得，人们改变自己的生产方式，随着生产方式即谋生的方式的改变，人们也就会改变自己的一切社会关系。手推磨产生的是封建主的社会，蒸汽磨产生的是工业资本家的社会"。[①] 对当今世界和中国来说，什么是新生产力？有人会说是科技和互联网，因为科技和互联网的发展对社会发展的提速作用愈来愈大，尤其是近些年互联网行业的发展，已经深刻地改变了中国人的生存方式和生活方式。不过在我看来，随着高等教育的普及和全民素质的提高，随着知识产权意识和专利意识的强化，代表未来生产力发展方向的将不再是资本，也不是科技和互联网，而是拥有知识生产和创新能力的新知识群体。马克思说："一旦直接形式的劳动不再是财富的巨大源泉，劳动时间就不再是，而且必然不再是财富的尺度。"[②] 这正应了马克思如下的另一段话：

> 只要分工还不是出于自愿，而是自然形成的，那么人本身的活动对人来说就成为一种异己的、同他对立的力量，这种力量压迫着人，

[①] 《马克思恩格斯文集》第1卷，人民出版社2009年版，第602页。
[②] 《马克思恩格斯全集》第46卷（下），人民出版社1980年版，第218页。

而不是人驾驭着这种力量。原来,当分工一出现之后,任何人都有自己一定的特殊的活动范围,这个范围是强加于他的,他不能超出这个范围……而在共产主义社会里,任何人都没有特殊的活动范围,而是都可以在任何部门内发展,社会调节着整个生产。①

也就是说,掌握了知识生产和创新能力的新知识群体,将有更大的自主权选择权,既"没有特殊的活动范围",也"可以在任何部门内发展",还有更多的机会让自己掌握的知识变成资本,从而最终影响和改变社会。马克思说:

> 事实上,自由王国只有在必要性和外在目的规定要做的劳动终止的地方才开始;因而按照事物的本性来说,它存在于真正物质生产领域的彼岸……这个领域内的自由只能是:社会化的人,联合起来的生产者,将合理地调节他们和自然之间的物质变换,把它置于他们的共同控制之下,而不让它作为一种盲目的力量来统治自己;靠消耗最小的力量,在最无愧于和最适合于他们的人类本性的条件下来进行这种物质变换。但是,这个领域始终是一个必然王国。在这个必然王国的彼岸,作为目的本身的人类能力的发挥,真正的自由王国,就开始了。但是,这个自由王国只有建立在必然王国的基础上,才能繁荣起来。②

也就是说,对当前的中国来说,扩大普及的高等教育,从战略决策人才、科学管理人才和专业技术人才三个层面培养数量巨大的新知识群体,将是中国崛起、中国复兴的重要途径,也是中国共产党人带领中国人民立于世界民族之林,引领世界各国从必然王国迈进自由王国的希望所在。可喜的是,我们的这个新知识群体已悄然产生且已初具规模。

(本文删节本已发表于《东南学术》2017年第5期)
(作者单位:中国社会科学院中国社会科学杂志社)

---

① 《马克思恩格斯选集》第1卷,人民出版社1995年版,第85页。
② 《马克思恩格斯全集》第46卷,人民出版社2003年版,第928—929页。

全球史视野下的资本主义萌芽研究

曹守亮

1954年前后，英美日等国的学者在国际史学界展开一场英国资本主义萌芽的大辩论。这场辩论最初是由美国学者斯维塞对英国学者道卜所著《资本主义发展研究集》一书（1946年）[1] 提出不同意见（1950年）引起，日本学者东京大学高桥教授对他们的讨论提出意见（1952年），道卜又著文答辩，斯维塞也撰文答复（1953年），此后，又有学者加入讨论。这场讨论的成果最终形成《从封建到资本主义的过渡讨论集》（1954年）。苏联、波兰、捷克和法国的历史学家纷纷加入辩论当中，"这场轰轰烈烈的论战受到全世界史学界的重视"[2]。

一 中国台湾地区学者对中国资本主义萌芽问题的探索

中国台湾地区学者对中国资本主义萌芽问题的研究，更多的是着眼于传统中国实现近代化历程与路径的探索。他们也敏锐地抓住了中国从传统社会向近代社会嬗变过程中的内在因素加以探讨。比较著名的有台湾"中央研究院"研究员刘石吉，他这样分析道：

> 明清时代江南地区兴起的市镇，可说是当时"资本主义萌芽"的主要发源地，这几乎是前此学者所共同接受的观点，综观明清江南市镇的历史发展：宋代以来，直到十五世纪末年，可说是它的萌芽与形

---

[1] 本书共分为什么是资本主义、封建主义的衰落与城市的成长、资产阶级的起源、工业资本的兴起、资本积累与重商主义、无产阶级的成长、工业革命与19世纪、两次大战之间及其后果八章。本书主要论述英国资本主义的起源与发展，也涉及对资本主义在全世界范围内的产生与发展问题。

[2] 齐思和、马克垚：《西方进步史学家关于英国资本主义萌芽问题的论战》，北京大学历史系编辑：《北大史学论丛》，高等教育出版社1959年版，第132页。

成时期；十六世纪以后，其成长与发展已十分明显。1500—1800 的三百年间，地方志资料显示这是一段市镇稳定成长时期，尤其在正德、万历以迄乾隆年间，市镇的数量平均增加 1—2 倍以上，而且有许多市镇达到空前的繁荣。这与明末以来江南一带商业资本主义萌芽，及清初全国统一，恢复安定、和平与社会经济繁荣有密切关系。许多市镇在明清之际，由一个乡村聚落，快速的发展成为地方贸易的中心，且往往成为数千或万户人口的大市镇。这些大市镇多数分布在苏州府城附近及邻近各县。十八世纪苏州米市及商品经济之繁盛，可推知彼时正是苏州发展至最高峰的时代，而其临近各市镇，亦多受苏州商业机能的影响而肇兴。[1]

这是作者参加全美中国研究学会（AACS）1987 年年会宣读之论文中的一段话。作者在这次会议上宣读论文之后的反响如何，我们不得而知，能够把这一题目确定为国际学术大会的选题本身，似乎也就昭示了这一研究课题所具有的世界性。[2] 明清史的研究越来越成为世界性的学术关注学科，与众多的学者对这一问题的研究和关注是有着相当大的关系的。

他在另外一篇文章中的论述也值得我们关注：

近世以来，中国城市发展的过程中，江南地区，尤其是太湖流域及沿长江三角洲各地，无疑居于最显著的地位。这因为江南地区自唐宋以来即已成为中国经济史上的枢纽地带；无论就人口、税额、农业生产与商品经济，甚至人文政治的发展，在全国都是首屈一指的。随着宋代工商业的发展，原有乡村地区的草市逐渐演变为商业性的聚落；而军事性及以行政功能为主的城镇也渐次蜕化为工商业的据点。明清以来，商品经济的发展与商业市镇的兴起，在江南地区更是普遍与突出的现象；经济结构在此起了大变化，初期的资本主义业已萌芽

---

[1] 刘石吉：《明清市镇发展与资本主义萌芽——综合讨论与相关著作之评介》，《社会科学家》1988 年第 4 期。
[2] 参见石锦《中国资本主义萌芽——研究理论的评价》（杜念中、杨君实编：《儒家伦理与经济发展》，1989 年台北版）；黄宗智：《华北的小农经济与社会变迁》（1986 年中华书局版）；布罗代尔：《商业的运转》（Fernand Braudel, The Wheels of Commerce, Civiliation and Capitalism 15 - 18th Century, Vol. II, 1979, New York）。转引自罗荣渠《现代化新论》，北京大学出版社 1993 年版，第 247 页，注释①。

发展。十九世纪中叶西方经济势力冲击到中国沿海,及近代通商口岸都市出现之前,江南地区"近代化"(不是"西化")的程度已达到相当的水平。从事研究中国的"传统内变迁",这地区提供了极佳的范例。①

作者在这段叙述中有以下三点值得注意:第一,它在很大程度上否定了大陆有些学者,尤其是对这一时期的中外城市作比较的学者所持的中国的传统城市多是政治、军事据点而非经济中心的结论。第二,作者指出了在此基础上"资本主义业已萌芽",而这种萌芽就是近代化的开端,它与"西化"有着本质的区别。这与时下有的学者一提到"资本主义萌芽"研究,尤其是20世纪五六十年代的"资本主义萌芽"研究就简单地归结为"欧洲中心论",而得出那些时期的研究者是在拿所谓的"五种生产方式"来绳矩中国历史的论断相比,确实是值得深思的一件事情。第三,在上述"资本主义业已萌芽"的地方,刘石吉还有一个注释,可以约略反映出中国大陆20世纪五六十年代的学者在这一领域的研究所带来的影响。其全文如下:

> 详细分析可参看以下各书:《中国资本主义萌芽问题讨论集》(上、下 1957年版,续1960年版);《明清社会经济形态的研究》(1957年版);傅衣凌:《明清时代商人及商人资本》(1956年版);《明代江南市民经济试探》(1957年版)各书所收论文。关于这方面的研究介绍与评论,可参看:田中正俊:《中国近代史研究序说》(东京,1973年版,205—241页)。
> Albert Feuer Werker, "China's Modern Economic History in Communist Chinese Historigraphy", The China Quartcrly 22(1965), pp. 31 - 61。②

在此我们大致可以看到,研究明清史的中国台湾地区学者对大陆史学界20世纪五六十年代的研究成果的重视与关注。国外的研究介绍与评论

---

① 刘石吉:《明清时代江南地区的专业市镇》,《明清时代江南市镇研究》,中国社会科学出版社1987年版,第1—2页。
② 刘石吉:《明清时代江南地区的专业市镇》,《明清时代江南市镇研究》,中国社会科学出版社1987年版,第1页,注释②。

也在一定程度上体现出了20世纪五六十年代中国学者的"资本主义萌芽"问题研究所产生的影响。

戎笙在《台湾清史研究一瞥（续二）》一文中指出：

> 萧一山早年就主张从明清之际开始了中国近代史。在1945年2月出版的《清代史》（原名《清史大纲》）《引论》中说："一部清史，就是一部中国近代史"。在六十年代初修订出版的大部头专著《清代通史》导言中，又重复了他的观点。他说："清史既属于近世，亦可称为中国近代史。今人常有以近百年史名近代史者，意谓吾国自鸦片战争以后，始受帝国主义者之压迫，自强维新革命诸运动，不过欲救亡图存，建设一近代国家，正如李鸿章所云：'二千年未有之一大变局'，故应划为一时代也。殊不知就世界大势与中国历史观之，三百年以前，方为此'大变局'之开端。始无论西洋之近代文明，乃始于十六、七世纪，即就欧亚通航，与西力东渐而言，岂非由于明清之际乎？丰臣秀吉之遣将西侵，哥萨克骑兵之东下远征，与夫葡萄牙人之租占澳门，已为后来日俄及西洋诸国之侵略，启其序幕"。①

在此，我们可以看出，萧一山对历史体悟的敏锐，对清代历史的研究具有一种全局的器识。他不仅把西方资本主义的扩张纳入考察的视野，而且还把对中国的考察放在了大的世界背景下进行，从而使得其研究与考察具备鲜明的时代特色，能够反映出历史发展的趋势和动态。如果说萧一山的论述，只能算是从比较的角度来看待清代的历史变化的话，那么刘石吉则从更加微观的研究中明显地得出了近代化的结论。他认为：

> 明清时代，有许多明显的例子说明了彼时全国性市场的成立不在大城市，而在小城镇中，如芜湖的米市、南浔、盛泽等丝市。牟复礼教授认为中国的工业主义滥觞于各市场（如景德镇之瓷器、佛山镇之制铁），而不在大城邑，洵为中肯之论。向来认为中国传统城市只具备一种行政或军事机能的说法，并不确实的；而认为传统城市仅是一个消费中心，不具备生产性因素，更是一偏之论。明清以来，江南这

---

① 戎笙：《台湾清史研究一瞥（续二）》，《清史研究通讯》1985年第1期。

些专业市镇的兴起，配合与代表了新兴商业资本主义的扩张。在近代以前，这些市镇中有的或已经发展至接近现代人文地理学者所定义的"充分成长的城市"。有些著名市镇的"中央性"机能极为显著，不但是其周边乡村地区货品的主要供应者，而且也逐渐成为新思潮的传播媒介。许多江南的专业市镇，其市场范围扩大及全国，而且在现代交通线的接引下（如江南水运及19世纪末期后之铁路），逐渐与国外市场相连系。面对近代西方商业势力冲击的这些传统市镇，不但没有扑倒沉沦，而且在清末更是踵事增华，在传统高度的经济韧性中，平添了不少"现代"的气息。从明清以来江南市镇的形成发展与机能演变史实中，使我们可以再度肯定中国社会经济发展的"长期趋势"。从这个基点来观察19世纪中叶以后江南市镇经历的所谓"近代化"过程，则施坚雄教授的描写颇值得玩味：在旧有的市场贸易体系中，导进现代的因素，终究只能助燃传统的烈焰而已。①

这一段话颇值得反思"中国资本主义萌芽"的学者注意。这里作者不仅论述了江南专业市镇与"新兴商业资本主义"的关系，而且充分地肯定了这些专业市镇在中国社会经济发展和向近代转变过程中的影响和作用。作者不仅没有否定中国社会经济自身的发展过程，而且还对这一"长期趋势"给予了很高的评价。即便是主张"冲击—反应"模式的美国学者费正清，在20世纪80年代后也部分地修正了自己的观点，承认自己的中国史观并非无懈可击，并在《中国新史》（China: A New History）和再版《美国与中国》中对自己以前的观点进行了修正，承认中国近代化主要是基于中国自身的内在生命和动力，西方的影响是有限的。②而费正清的学生——美国学者罗兹·墨菲在其《亚洲史》中则这样评价明代在政治、经济和文化等方面所发生的变化："1970年代中国的马克思主义历史学家把明代的这些发展趋势称为'资本主义早期的萌芽'，这些见解是非常合理的。"③很显然这里的1970年代是指的大陆史学界在20世纪五六十年代。与大陆马克思主义史学家相比，在对"资本主义萌芽"的重视和评价方面，我们甚至觉得中

---

① 刘石吉：《明清时代江南地区的专业市镇》上册，《食货月刊》1978年第8卷第6期，第26页。
② 参见王新谦《对费正清中国史观的理性考察》，《史学月刊》2003年第3期。
③ ［美］罗兹·墨菲：《亚洲史》，黄磷译，海南出版社、三环出版社2004年版，第296页。

国台湾地区学者,甚至西方学者更像"马克思主义史学家"了。因而,从上述三个方面来看,把"资本主义萌芽"问题的研究简单说成是对领袖言论、思想的注释都是值得讨论的。对中国资本主义萌芽的基本认识是从中国历史实际的考察中得出的,并不是给中国历史生搬硬套地贴上马克思主义、毛泽东思想的"标签"。①

二 日本学者对资本主义萌芽问题的研究

日本学者对资本主义萌芽问题的关注,具有更为典型的意义。其中以中国学者翻译的《日本对明清史的研究》②最值得关注。该文以时间为线索,分为"1946—1957年"、"1958—1962年"、"1963—1967年"、"1968—1972年"、"1973—1977年"五个部分对第二次世界大战后至20世纪80年代的日本史学界,对明清史的研究发展历程作了系统的梳理,从中可以看出日本史学界对"资本主义萌芽"问题所涉及问题的关注。③作者在概括日本明清史发展历程时,认为"明清史的研究曾是日本东洋史学中最落后的领域,研究者的人数也极其少。但是,从战争开始期间开始,渐渐出现了新的研究者到战后,突然呈现出盛状来。其中,社会经济史的研究最盛行,明末清初变革时期的问题,从理论、实证方面加以研究,正在日益深入。"④如"产业史,由于明清时代农业以及各种产业都很发达,所以近来对这方面的研究颇盛行,尤其倾向于明末清初的研究。从考察中国社会近代化问题的观点来看,这些研究是极其重要的。首先是西嶋定生着眼于明末新兴起的普及木棉栽培和棉业的发达。他的方法是以西洋经济史上的'农村工业'这一历史范畴为线索,作实证性的研究。其结

---

① 张显清主编:《明代后期社会转型研究·导论》,中国社会科学出版社2008年版,第9页。

② 本文原为国际历史学会日本国内委员会编撰的《日本历史学的发展与现状》中东亚章中国节的明清部分。它包括1960年在斯德哥尔摩召开的第十一回、1965年在维也纳召开的第十二回、1970年在莫斯科召开的第十三回、1975年在旧金山召开的第十四回、1980年在布加勒斯特召开的第十五回等会议报告中的有关明清部分。它包括自第二次世界大战结束至1977年间的日本明清史研究的主要成就的说明。

③ [日]和田清、酒井中夫、佐伯富、田中通彦、奥崎裕司、佐佐木宽:《日本对明清史的研究》,冬哥、大鹏、松林译,《松辽学刊》(社会科学版),1985年增刊。

④ [日]和田清:《日本对明清史的研究》之"1946—1957"部分,冬哥译,《松辽学刊》(社会科学版),1985年增刊。

论，认为这个时代的农村工业已完全商品生产化，形成了全国市场；同时指出，农村的小农副业棉布生产因为以负担银纳化的过重田赋为背景，所以受到商业资本的激烈掠夺，不要说发展近代工场手工业，连形成批发商生产制的余地都没有。（参见［日］西嶋定生《明代木棉的普及》，《史学杂志》五七之四、五（1948），《中国初期棉业的创立及其构造》，《东方研究》二（1949），《中国初期棉业市场的考察》，《东洋学报》三一之二（1947），《以十六、十七世纪为中心的中国农村工业考察》，《历史学研究》一四八（1950）等文章。）"① 在此，西嶋定生尽管没有使用"资本主义萌芽"的术语加以研究，并且他的研究要较中国历史学界的研究为早，可得出的结论与中国历史学界的结论基本上是一致的，而《日本对明清史的研究》一文的作者们对西嶋定生的研究，也给予了充分的注意。应该说这两者都是以往的史学界所忽视或者说是没有引起足够重视的。事实上也从另外的一个侧面，印证了20世纪五六十年代史学界的"资本主义萌芽"的学术含量。

再比如对待明清时代历史的总体看法上，日本学者认为："明清时代在中国历史上是近世还是中世，这一时代划分的看法上是有差异的。但一般都在政治、社会、文化各方面，明清时代是中国传统的集约成熟时期，并且是创造近代力量的萌生时期。日本史学界对此从各个方面展开了深入细致的研究。"② 这里所谓"近代力量的萌生"所指与大约与之同时期的中国学术界所探讨的"资本主义萌芽"所指大致相同，应该不会有太大的问题。在该文的第四部分，作者开门见山指出："在前五年期间，围绕时代划分的讨论，关于明清历史的时代性质上，主要是从地主、佃户制和税制角度，展开了丰富多彩阶级史观的论争。尽管这种论争时有变化，但其课题都与中国近代化的历史观相关联。"③ 很显然，即使仅仅是通过上述几个例子，我们也可以看出中国台湾地区学者和西方学者对这一问题的研究很显然是不能归结为"注释说"的。因而，这一时期中国学者的研究是带

---

① ［日］和田清：《日本对明清史的研究》之"1946—1957"部分，冬哥译，《松辽学刊》（社会科学版），1985年增刊。
② ［日］酒井中夫：《日本对明清史的研究》之"1963—1967"部分，松林译，《松辽学刊》（社会科学版），1985年增刊。
③ ［日］酒井中夫、田中通彦、奥崎裕司、佐佐木宽：《日本对明清史的研究》之"1968—1972"部分，松林译，《松辽学刊》（社会科学版），1985年增刊。

有必然性的。日本学者从探讨中国近代化的视角入手进行研究，对我们在今天重新认识"资本主义萌芽"问题的讨论，及其在中国当代史学史上的地位无疑是具有相当的启发作用的。

众所周知，日本步入现代社会的历程与中国有一些相似。日本学者对资本主义萌芽问题的研究成果引起了一些中国学者注意。早在1981年就有学者对中日资本主义萌芽进行了比较研究，作者通过对中日两国封建社会中的"纺"与"织"的分离、包买主的出现和工场手工业的发展演变，以及对中日两国棉纺织业的资本主义萌芽发展状况的对比，得出如下的结论。"中国封建社会历史漫长，一直到鸦片战争前，资本主义萌芽还是迟缓和稀少的；而日本封建社会的历史较短，在某种程度上类似于西欧的领主制，并正处于逐渐消坏过程中，当时日本的资本主义萌芽已高于中国。"[①] 有的学者指出："日本学者在研究本国近代化问题时，一开始也是强调西方因素的作用，只是到了近十年来，他们才看到日本的近代化也有本土的因素在起作用，而且是起主要作用。在这一基点上，他们将日本的近代化看成是自身发展的必然结果。我认为，与日本相比，近代中国的工业化有类似之处，中国的工业化其实受到两方面的作用：其一来自欧洲工业革命生产力的推动；其二来自传统社会早期资本主义的发展。二者哪一个起到更大的作用是另外一个问题，但我们不可否认传统企业是中国工业化的一支方面军。"[②] 涂文的结论恰当与否，我们当然可以进一步讨论，但其观察和研究问题的方法，却是值得注意的。由20世纪80年代强调近代化发展过程中的外部因素的作用，到90年代对中国历史上的近代化因素的内部因素的强调，这在一定程度上可以看作中国近代化研究的一大转折。

20世纪90年代末，有的学者通过对日本工业化前经济形态的考察，对资本主义萌芽作出了新的认识："我们在分析日本时曾经指出，日本的原初工业化无论是棉纺织业和丝织业都在文政、天保（1818—1843）年间出现过许多以雇工生产为基础的集中作坊，其中有不少具有一定规模的手工工场，只是到了幕末时期，由于国内市场发展的停滞和封建包买商的渗

[①] 徐新吾：《中国和日本棉纺织业资本主义萌芽的比较研究》，《历史研究》1981年第6期。
[②] 参见涂晓望《"中国资本主义萌芽论"的合理内核与中国近代化问题》，《学术研究》2003年第1期。

透才逐渐退化为包买商制生产形式占主导地位。在中国，原初工业化的生产形式更为落后。中国的棉纺织业在鸦片战争前一直是完完全全的家庭生产，既未出现雇工生产的集中生产方式，也未出现商人支配生产的包买商制生产形式。"① 作者紧接着指出了包买主和包买商的区别："前者是从生产者中成长起来的农村商人，而后者则是从封建大商人转化而来的大包买商；前者是促进资本主义生产方式发展的，而后者则是阻碍资本主义生产方式发展的。"② 严氏仅从国内的发展状况所作出的中国不存在资本主义萌芽的论断是有一定的局限性的，但其研究的思路和方法却是具有启示价值的。

三 资本主义萌芽研究是对全球化时代主题的因应

唯物史观的社会形态理论是分析中国历史发展道路的锐利理论工具。针对质疑"五朵金花"研究科学性和客观性的声音，著名近代专家马勇在研究中提出，从学术史层面分析毛泽东的看法，即便是他发自内心认同那个观点：假如没有帝国主义入侵，中国也将缓慢走上资本主义道路。那也不是毛泽东的创造，而是20世纪20年代之后中国知识界在思考中国社会转型，尤其是在开始思考中国现代化路径时出现的一个学术看法。③"如果仅就中国资本主义萌芽问题而论，20世纪50年代以后的讨论其实就是没有'现代化叙事'话语体系的中国现代化研究"，是"变相的现代化叙事"。④ 20世纪五六十年代"五朵金花"问题的讨论，就是对"中国能现代化吗"这样一个恒久不变问题的探讨，只不过这个讨论是变换了论说方式和学术语言。这是非常有道理的，是对中国资本主义萌芽问题研究的新评价。以现代化的视角来审视资本主义萌芽研究，能够轻而易举地抓住问题的实质：资本主义萌芽研究最终的问题指向究竟是什么？很显然，中国资本主义萌芽问题讨论绝非有的批评者所认为的那样简单，是对五种生产方式理论或五种社会形态理论的简单套用或机械模仿，而是对中国如何实

---

① 严立贤：《中国和日本的早期工业化与国内市场》，北京大学出版社1999年版，第196页。
② 同上书，第197页。
③ 马勇：《现代化起点：以资本主义萌芽为中心的讨论》，《文化学刊》2015年第4期。
④ 同上。

现现代化的深层次思考与探讨,是对近代中国的时代主题的回应与关切。更有研究成果指出,现代世界并不是由西方独自缔造的而是由包括中国在内的世界各国共同创造的。① 因而"五朵金花"研究在学术史意义上也就是在探索中国逐渐走向现代世界的途径与过程,从而也就使得这一探索具有了内在的原发性驱动力。19 世纪中期中国资产阶级的维新派和洋务派是一次大规模的探索,20 世纪五六十年代与八九十年代的"五朵金花"问题研究也是一次卓有成效的探索。这一认识极大地拓展了"五朵金花"问题的研究空间,从而也就在一定程度上给"五朵金花"研究正了名。

有人以马克思从来没有使用过"资本主义"之类的观点,来从根本上否认"五朵金花"研究的必要性。更多观点则是将中国马克思主义史家有关中国社会形态理论归结为五种社会经济形态的单线发展论而加以否定,甚至认为中国历史上的奴隶社会与资本主义萌芽的研究都是建筑在"欧洲中心论"基础上的。其实,这些否定中国历史上存在奴隶社会、封建社会,乃至资本主义萌芽的诸种观点都曾在中国马克思主义史学发展史上展开过广泛的讨论,引起过激烈的论战。正是在讨论和论战的过程中,唯物史观为指导的中国马克思主义史学获得了长足的进步,中国历史研究得到了长足的发展。现在的事实是,无论否定者怎么阐述自己的观点,却始终构建不起自己完整的理论与话语,更拿不出运用自己的理论阐释中国历史道路的研究成果来,尤其拿不出探究中国历史发展道路的通史性成果来。唯物史观的这些基本话语和研究范式依旧不失服膺者和捍卫者,"五朵金花"研究所致力于探讨的问题也仍在如火如荼地探讨着,不断取得新认识和新进展,早已经越出了国界,成为国际史坛瞩目的重要研究课题。"五朵金花"研究对中国历史发展道路的贯通性研究,仍然是最有说服力的,仍然是人们认识中国历史不可或缺的基本依据。

中国史学界日渐兴起的中国在世界历史发展进程中的定位意识和学术实践,日益彰显了中国学者将中国史融入世界历史中加以思考和研究的理论自觉。尽管当今学界已经很少有人再提"资本主义萌芽"说,但是,却没有人能否认,穿着不合体概念外衣的资本主义萌芽研究,却实实在在地呈现出明清时代中国社会、经济、政治、文化方方面面都有着一种快速的

---

① 原祖杰:《东方与西方,还是传统与现代——论"东西方"两分法的历史渊源和现实误区》,《文史哲》2015 年第 6 期。

发展态势,这种发展态势带来了大不同于以往社会的异质性因素。① 有学者指出:"摆脱西方中心论的桎梏,不再把资本主义的诞生当作历史的命定目的和归宿,不是从资本主义产生的历史中抽象出什么普遍、必然的历史规律,并以之为标准尺码来否定或肯定自己的历史,而是回到历史之中,回到历史复杂的真实的相互联系,在世界史的范围内,在不同地区和文明的比较和联系之中,探究明清以来乃至整个中国史的动力系统和动态过程。"② 在论者看来,重新将"中国史"置于"世界史"之中,"以形成新的符合时代要求的'中国史'和'中国论述'",这才是全球史带来的"现实感的思想启发"③。从这个意义上讲,这也正好验证了全球史是民族记忆中的全球史的观点。中国学者撰写的全球史自然是中华民族记忆中的全球史。这就不仅要求中国学者从中国史研究的视角对中国继续深入研究,而且更要求中国的世界史学者在世界历史发展的进程中对中国进行研究,以更加客观、中肯地呈现在世界历史中。

中国当代史学不仅要在全球化视野下研究中国历史发展道路,并构建具备较强理论影响力和学术阐释力的分析框架和解释范式,而且还要在全世界范围内展现中华文化和中华文明的历史形态和现实模式。中华民族在充满信心地面对世界、走向世界、融入世界的同时,也面临着保持中国文化的民族特点和风格,构建具有中华民族气派和品格的马克思主义史学新形态的艰巨任务。从这个意义上看,这也是在延续"五朵金花"研究曾经成功构建起国人自信心的接续努力,这是时代赋予当代史学工作者的重要任务。

这表明,一个时代之学术,自有其发生、发展、嬗变等不以人的意志为转移的客观性。现实提出能够解决的问题,而时代则只能作出这个时代能够接受的可能的答卷。不同的时代之所以对"五朵金花"研究揭示的问题表现出持之以恒、不绝如缕的研究兴趣,也正说明了这些问题乃是事关中国历史发展道路的大命题,需要根据时代的需求和不断发展变化的认识水平,作出不断接近客观历史真相的研究成果。以资本主义萌芽研究为代表的"五朵金花"研究对于中国历史发展道路的研究具有发覆之功,成功

---

① 江湄:《重新将"中国史"置于"世界史"之中——全球史与中国史研究的新方向》,刘新成主编:《全球史评论》第七辑,中国社会科学出版社2014年版,第218页。
② 同上书,第219页。
③ 同上书,第194页。

构建了一个时代学术研究的话语体系和学术范式，并对西方学界产生了重大影响。而将资本主义萌芽问题研究置于全球化的世界历史发展大背景下加以审视，将资本主义萌芽研究放在构建现代世界的人类命运共同体的探索与尝试中加以诠释，或许能够得出更具启示意义和价值的看法。

（作者单位：中国社会科学院当代中国研究所）

马克思社会形态思想视域下的中国道路

陈广亮

正像有学者指出的那样，十年前，第四届马克思哲学论坛曾经以现代性作为主题，但那时还没有中国道路、中国模式甚至中国问题这类明确的提法，我们把目光定位在西方，基本上是围绕西方现代性展开讨论的。[1] 21世纪新形势下，如何以中国学术话语体系诠释和评价"中国现代社会转型的性质、特点、道路及其历史前提？这是学术理论界在中国改革开放30多年的重大历史时刻必须回答的重大课题"[2]，某种意义上而言，对这类问题的理论总结与学术建构，堪称"中国社会科学的最高成就"[3]。在马克思唯物史观的理论框架内，以马克思社会形态思想探究中国道路的学理基础，确是在研究路径上具有一定的"基础"性和"思想"性。基于学术理论界对马克思社会形态思想的理论探究已在哲学、政治经济学等层面下进行过充分的解读，本研究主要是对其进行整体马克思主义的视角审视，进而以整体马克思主义解读马克思的社会形态思想分析、透视中国道路的学理基础。

一 整体马克思主义与马克思社会形态思想的基本特质

（一）何谓整体马克思主义

马克思主义并不仅仅由马克思主义哲学、政治经济学、科学社会主义三个部分构成，而是由一系列立场、观点、方法聚合成的"一个艺术的整

---

[1] 王海峰：《现代性问题的中国阐释》，《中国社会科学报》2015年10月29日。
[2] 孙麾、李潇潇：《中国现代性叙事的理论深度》，《中国社会科学报》2010年6月15日。
[3] 同上。

体"①。从整体意义上对待马克思主义，才能全面把握其科学内涵、精神实质。何谓整体的马克思主义呢？就学界把整体马克思主义作为规范的学术问题提出只是"近几年的事情"②和探究仍在起点阶段而言，迄今代表性的观点，一方面是从狭义角度把整体马克思主义理解为对社会主义的探究或为了无产阶级与全人类的解放，譬如高放的《加强对马克思主义科学的整体研究》(《马克思主义与现实》2005年第2期)、奚广庆的《关于马克思主义整体研究的几点看法》(《毛泽东邓小平理论研究》2007年第12期)。具体到多维的层次结构划分，鲁品越把整体马克思主义从逻辑主线具化为"物质生产实践与唯物辩证法——剩余劳动与社会关系结构——资本权力结构及其内在否定性社会主义与人的解放"③；余金成则把整体马克思主义认之为唯物史观基础上具化发展是剩余价值理论、抽象化发展是辩证唯物主义。④另一方面是从广义角度对整体马克思主义的多层划分，譬如马克思主义理论研究与建设工程重点教材《马克思主义基本原理概论》分别从它的创造继承者的认识成果、阶级属性、研究对象与主要内容等方面划分。张雷声认为宏大复杂的整体马克思主义从学科建设、基本内涵、发展特性三个层面而言，学科建设包括理论整体、学科整体、思政课整体，基本内涵包括方法整体、逻辑整体、历史整体，发展特性包括马克思主义史的整体性发展和理论的整体性发展；⑤韩庆祥等认为以不同形式表现出来的整体马克思主义包括形成的整体性、主题的整体性、方法的整体性、理论的整体性、发展的整体性、形态的整体性、功能的整体性、叙述的整体性等方面。⑥本文应用的整体马克思主义视角，采用的是狭义层面的认识。在"整体马克思主义的批判性建构"为题的研究中，笔者把整体马克思主义认之为由各自鼎立、各有主次而又相互关联的三层面组成的一个整体：第Ⅰ层面，揭示整个世界和人类社会本质由来——辩证唯物主义（主要指辩证的唯物论和辩证主义的认识论）（主）以及学科的研究方法——唯物辩证法（次）；第Ⅱ层面，探究人类社会发展的一般原理——历史唯物主义（次）尤其是

---

① 《马克思恩格斯文集》第10卷，人民出版社2009年版，第231页。
② 赵培：《马克思主义整体性研究的缘起、进展和走向》，《科学社会主义》2014年第2期。
③ 鲁品越：《作为整体的马克思主义原理的基本架构》，《学术界》2012年第1期。
④ 余金成：《从宏观上认识对马克思主义理论的整体研究》，《理论学刊》2008年第7期。
⑤ 本刊记者：《从整体上把握马克思主义》，《思想政治教育》2013年第7期。
⑥ 韩庆祥、邱耕田、王虎学：《论马克思主义的整体性》（下），《哲学研究》2012年第9期。

前时间经济形态阶段的商品经济形态阶段社会发展规律（主）；第Ⅲ层面，揭示人类社会发展的终极方向（主）及其社会建构与社会成员——自由人发展的一般原则（次），贯穿这三部分的主线是所在社会中人尤其是现代社会中人（历史创造者）——无产阶级如何通过社会的发展而实现自由全面发展。①

（二）整体马克思主义审视的马克思社会形态思想的基本特质

马克思的社会形态思想有何基本特质？由于对马克思社会形态思想的探究常常出于特定学科的审视，很少有跨学科、整体的视野，常是被纷解于现行马克思主义分科化研究中，何谓本源意义上的马克思社会形态思想的基本特质，实际上一直是处于隐然待研究的状态。从整体马克思主义的视角探究马克思社会形态思想，突出社会形态理论是马克思主义哲学、政治经济学、科学社会主义等共同关注的基础性课题，坚持以整体马克思主义的形式，根据中国特色现代化的鲜活实践，全面、系统地研究、阐释。整体马克思主义审视的马克思社会形态思想的基本特质有哪些呢？

第一，整体马克思主义视角突出马克思社会形态思想的立论基础是社会的三维存在及其中介性运演。对社会形态及其发展阶段的探究前提是对社会本质及其运演规律的科学把握。马克思在《关于费尔巴哈的提纲》中曾直陈，"从前的一切唯物主义（包括费尔巴哈的唯物主义）的主要缺点是：对对象、现实、感性，只是从客体的或者直观的形式去理解，而不是把它们当作感性的人的活动，当作实践去理解……和唯物主义相反，唯心主义却把能动的方面抽象地发展了"②。什么意思呢？唯心主义者虽然坚持存在的能动性，但只是"抽象地发展"，具体到社会的本质，坚持社会要么是由客观的上帝等创造，要么是由主观的个体创造，不是把社会神化，就是把社会精神化；旧唯物主义注重世界的物质性，但对其运演缺乏辩证认识，具体到社会的本质，仅是直观形式的感知，缺乏对社会动态运演的立体认识。"这两类社会本质观从表面上看是相互反对的，因为前者的视界是超验的；而后者的视界则是经验的。但二者却有一个共同的特点，即

---

① 陈广亮：《整体马克思主义的批判性建构》，《燕山大学学报》2013年第2期。
② 《马克思恩格斯文集》第1卷，人民出版社2009年版，第499页。

都将社会视为与人的现实和现实的人毫不相干的存在。"① 整体马克思主义坚持整个世界存在的辩证唯物性,具体到人类社会,它的辩证唯物存在依托于现实的人的实践的立体存在。人为了现实的存在,不仅需要肉体组织,即以鲜活生命的形式呈现,还需要与他人、与自然的一定联系。如何供给这些需要的实现呢? 在一定群体通过劳动的形式进行衣食住行等物质生活资料和有层次的精神生活资料的生产,现实的个体因此存在,社会因此存在。社会生活在本质上是实践的,这种实践的立体性不仅表现在诸多层面,譬如传统区分的政治、经济、文化、社会、生态等层面,而且由于"社会结构和国家总是从一定的个人生活过程中产生的",一定的个人生活总是"在一定的物质的、不受他们任意支配的界限、前提和条件下活动着的"②,社会即使在任何时候都是一种三维性的实践存在,并且这种三维性存在是逐渐由起初较少较局限的社会实践层面向日益较多较全面的社会实践层面发展,但在社会的实践运演达到共产主义之前,这种三维性存在既不是在社会的所有层面内,也不是均质化的实践运演,而始终只是在立体社会的一些核心层面内的梯度性存在。所谓归属一些核心层面内的存在,是指由于受一定发展水平、程度的制约,实践性的社会之存在只是局限于一定的、关键的层面内;所谓梯度性存在,是指社会各个有限实践层面的地位、影响各不一样。社会的三维存在所以是一种梯度性存在,这源于社会实践运演的中介自主性特质。中介自主性,是指不同事物之间或同一事物内部一定的"运动或关系"在相近关联中起着主导的居间联系作用。马克思认为,事物的辩证运动,会促使"这种运动或关系表现为自身的中介,表现为主体,两极只是这个主体的要素,它扬弃这两极的独立的前提,以便通过这两极的扬弃本身来把自己确立为唯一独立的东西"③。社会的三维存在和发展,正是依托中介的自主化,譬如正是介于封建地主和农民之间,且对二者存在起到一定中介作用的商人,促使社会向前进入了一个新的发展阶段。

第二,整体马克思主义视角突出马克思社会形态思想的主旨是唯物辩证地揭示人类社会发展的阶段性规律。追求全人类的彻底解放是整体马克

---

① 李万鹏:《马克思主义哲学社会本质论的生存论指向》,《教学与研究》2002 年第 11 期。
② 《马克思恩格斯文集》第 1 卷,人民出版社 2009 年版,第 524 页。
③ 《马克思恩格斯全集》第 30 卷,人民出版社 1995 年版,第 293 页。

思主义的根本宗旨。在现实的个人的整体性发展总是依托于社会的发展背景下，探究社会发展的普遍规律和一般趋势，助推全人类在追求解放过程中"缩短和减轻分娩的痛苦"，这是马克思探究人类社会发展的阶段性规律的深刻动因。马克思为什么要以社会形态的形式探究呢？马克思社会形态思想揭示人类社会阶段性演绎的主要依据是什么呢？就前一问题而言，马克思之所以要以社会形态形式探究人类社会的阶段性演绎规律，其一是因为，马克思之前对社会阶段性演绎规律的哲学审视被纷繁的"循环论""倒退论""神导论""理性运演论""抽象人性发展论"等非历史论调把持着。"循环论"即"历史循环论"，"倒退论"即"历史倒退论"，二者强调人类社会的存在像其他自然现象一样，服从完全异己的、不可制服的外部力量支配，或者是过去发展的循环，或者是过去发展的倒退，这是无法从人与自然的整体关系中梳理社会阶段性演绎规律的古代时期的典型认识；"神导论"突出上帝是社会运演的基础，他规划的人类社会经历了创世—毁世—救世的线性运动，这是人类以虚幻的神的安排形式间接地揭示社会阶段性演绎规律的中世纪时期的典型认识；"理性运演论"强调人类社会的发展是一个理性展现的过程，虽然理性是通过人的需要、本能、热情、兴趣等实现、实行，这是人类以唯心辩证的形式揭示社会阶段性演绎规律的近代时期的一种典型认识；"抽象人性发展论"重视人类自身对社会存在的创造，但人类自身的创造，不是存在于心灵深处的变化，就是受着抽象化的人的关系诸如友情、爱等的支配，这是人类以机械唯物的形式揭示社会阶段性演绎规律的近代时期的又一典型认识。其二是因为，马克思之前庸俗经济学对社会阶段性演绎规律的反历史审视。马克思之前的经济学家，一方面在资本主义对封建主义的替代上，坚持其历史性和必然性；另一方面就资本主义的历史存在而言，却强调其在人类社会中的永恒性，"他们认为只有两种制度：一种是人为的，一种是天然的。封建制度是人为的，资产阶级制度是天然的。……以前所以有历史，是由于有过封建制度，由于在这些封建制度中有一种和经济学家称为自然的、因而是永恒的资产阶级社会生产关系完全不同的生产关系"①。这是一种对社会阶段性演绎规律的"非常奇怪的"的论证方式、反历史主义的论证方式。因为正像封建主义有过自己好的方面和坏的方面一样，资本主义作为人类社会

---

① 《马克思恩格斯文集》第 1 卷，人民出版社 2009 年版，第 612—613 页。

发展中的一种历史性存在,不是只有好的方面,根本不存在坏的方面,譬如资本主义也是一个阶级压迫的社会,它的内部存在着"掩饰起来的,常常处于隐蔽状态"的资产阶级对无产阶级的压迫、剥削。其三是因为,马克思之前社会主义者对社会阶段性演绎规律的空想式探索。马克思之前的社会主义者,无论是16—17世纪的托马斯·莫尔、康帕内拉,还是18世纪的摩莱里、梅叶、巴贝夫,抑或19世纪上半期的圣西门、傅里叶、欧文等,虽然他们对未来社会发展阶段的探索,经历了从文学游记式的关注到理论探讨与论证再到有意识的理论认识与实践结合,但由于他们是立足于唯心的"自然法则"基础上,而非唯物辩证地从现实资本主义存在的历史必然性与阶段性中揭示其所以被新社会取代,因而他们对社会阶段性演绎规律的关注在本质上是一种"幻想的描绘"。就后一问题而言,马克思认为,社会"不是坚实的结晶体,而是一个能够变化并且经常处于变化过程中的有机体"①。之所以经常变化的社会有机体是阶段性的演绎,其根源在于社会生产关系是会"随着物质生产资料、生产力的变化和发展而变化和改变的"②,当社会的物质生产力由量变转为质变时,曾经是生产力发展形式的现存生产关系由于沦为了生产力的桎梏而不得不根本性地被变革,"随着经济基础的变更,全部庞大的上层建筑也或慢或快地发生变革"③;之所以不同社会有机体的阶段性演绎会存在差异性,原因在于,历史本质上是追求自己的目的的人的活动,现实的、活生生的人的实践的能动发挥复合在不同的内外环境上,必然是造成具体社会阶段性发展的独特性,因而即使是极为相似的事变,若是"发生在不同的历史环境中",就会"引起完全不同的结果"④。

第三,整体马克思主义视角突出马克思社会形态思想的重心是探究现代社会形态的资本文明本质及其扬弃。对人的解放的关注是整体马克思主义的终极旨趣,在有生命的个体的总体发展总是基于社会的发展背景下,整体马克思主义注重从社会演进的角度探究人的解放的实现。而以社会运演关注人的解放,即要在对社会运演的探究上,依托过去,立足现在,才是对未来的科学把握。由于在16世纪左右人类社会开始由传

---

① 《马克思恩格斯选集》第2卷,人民出版社1995年版,第102页。
② 《马克思恩格斯选集》第1卷,人民出版社1995年版,第345页。
③ 《马克思恩格斯文集》第2卷,人民出版社2009年版,第592页。
④ 《马克思恩格斯文集》第3卷,人民出版社2009年版,第466页。

统阶段向新的发展阶段迈进，这种新的发展阶段，一般被称为现代社会时期。在现代社会之前的发展阶段就是传统社会时期；在现代社会之后的发展阶段就是后现代时期。马克思的社会形态思想正是在着重对现代社会形态的本质运演探究中，科学地发现了实现人的真正解放的社会发展规律。现代社会秉具怎样的发展特质，使马克思发现了有生命的个体真正得以解放之道呢？马克思的社会形态思想认为，支撑现代社会运演的中介要素是资本，或者说现代社会本质上居于资本文明阶段。何以16世纪左右转型迈进的新的发展阶段是资本文明阶段？这是因为，在现实上，这一阶段"由于封建家臣的解散，大量不受法律保护的无产者被抛向劳动市场。……大规模的封建战争已经消灭了旧的封建贵族，而新的封建贵族（本文作者注：即资产阶级）则是他们自己的时代的儿子，对这一时代说来，货币是一切权力的权力。"[1] 英国典型的"羊吃人圈地运动"、"15世纪末以来惩治被剥夺者的血腥立法"[2]、西欧的各种宗教改革、文艺复兴运动等就是为现代社会的资本文明特质奠定基础的变革序幕。在理论上，现代社会的资本文明特质在于，资本文明是由在传统社会中处于结构边缘但又是重要润滑剂的商品经济发展而来，资本文明一方面促使了基于对人的依赖的各种原生形态（原生形态包括各种原始的共同体，譬如亚细亚公社）、次生形态（"次生形态包括建立在奴隶制上和农奴制上的一系列社会"[3]）的共同体逐步解体；另一方面也同时造成了社会需求与社会供给的普遍性，造成了社会个人的毫不相干但又必须互相的和全面的依赖。正是资本文明的特质，使得现代社会"不断革命化，摧毁一切阻碍发展生产力、扩大需要、使生产多样化、利用和交换自然力量和精神力量的限制"[4]，逐步地趋向"普遍的物质交换、全面的关系、多方面的要求以及整体的能力体系"的时空境态形成。不过，隶属资本文明的现代社会，并不能够真正实现人的解放。这是因为资本文明虽然促使现代社会创造出了普遍的劳动体系、普遍利用自然属性和人的属性的体系，创造出了社会成员对自然界和社会联系本身的普遍占

---

[1] 《马克思恩格斯文集》第5卷，人民出版社2009年版，第825页。
[2] 同上书，第843页。
[3] 《马克思恩格斯文集》第3卷，人民出版社2009年版，第586页。
[4] 《马克思恩格斯全集》第30卷，人民出版社1995年版，第390页。

有①，但也正因为资本逻辑的存在，现代社会各个有生命的个体之间的全面的相互依赖对他们本身而言，并不是直接基于他们之间自由全面发展的需要，而是依托于异己的、独立的"物"。只有当"资本不可遏止地追求的普遍性，在资本本身的性质上遇到了限制，这些限制在资本发展到一定阶段时，会使人们认识到资本本身就是这种趋势的最大限制，因而驱使人们利用资本本身来消灭资本"②，社会发展的这种阶段就是扬弃资本文明的共产主义社会阶段，可见，正是通过着重对现代社会形态的资本文明本质的把握，整体马克思主义才真正发现实现人的解放的社会发展规律。

第四，整体马克思主义视角突出马克思社会形态思想的思维维度是多视角的形态思想的并存互补。旨在通过科学把握社会发展规律探求人的解放的整体马克思主义对社会形态的关注是多视角的，并非只是非此即彼的单一视角。马克思的社会形态思想所以是多视角的探究，这是因为，一方面，从社会的客观存在而言，有生命的个人的现实实践是社会存在的前提，"各个人借以进行生产的社会关系"总和起来才构成社会，"并且是构成一个处于一定历史发展阶段上的社会，具有独特特征的社会"③，如同"地球的太古结构或原生结构是由一系列不同年代的叠覆的地层组成的"，社会形态形式也可相应"表现为一系列不同的、标志着依次更迭的时代的类型"④，不过，由于探究视角的不同，对不同发展阶段具有不同特征的复杂多维的社会演绎的认识即通过何种方式归纳社会以形态形式的发展规律也将不同，譬如依照社会发展是否存在阶级与阶级对抗，可将社会区分为无阶级的原始社会形态、阶级社会形态与共产主义社会形态；根据社会之技术发展的程度，依次区分社会为渔猎社会（石器时代）、农业社会（铜器时代和铁器时代）、工业社会（蒸汽时代和电气时代）、信息社会（电子技术时代）等；依照社会中现实的人的实践是否是异化劳动，区分社会形态为未异化的具有类本质的人自身阶段、劳动异化与财产私有阶段、扬弃异化的人自由全面发展阶段。另一方面，从马克思的认识历程而言，《德意志意识形态》中既依据社会分工和分配关系的历史发展，将社会发

---

① 《马克思恩格斯全集》第30卷，人民出版社1995年版，第390页。
② 同上。
③ 《马克思恩格斯文集》第1卷，人民出版社2009年版，第724页。
④ 《马克思恩格斯全集》第25卷，人民出版社2001年版，第472页。

展大致区分为"部落所有制"、"古典古代的公社所有制和国家所有制"、"封建的或等级的所有制"①、"现代资本"② 所有制、"无产者的占有制"③，也根据现实的人的人化自然实践，将社会发展大致区分为"自然形成的共同体"④ 阶段、"虚幻的共同体"⑤ 阶段、"真正的共同体"⑥ 阶段，这是马克思唯物史观创立后对社会形态的初次系统阐述时期。《〈政治经济学批判〉序言》中依据经济的社会形态的三维演进，区分社会为史前时期的"亚细亚的、古代的、封建的和现代资产阶级的生产方式"⑦ 等阶段，之后才是真正的人类史时期。⑧《1857—1858年经济学手稿》中依据现实的人人化自然的实践程度，区分社会为对人的依赖、对物的依赖、个人自由全面发展三个阶段。⑨ 这是马克思对社会形态的全面系统阐述时期。《给〈祖国纪事〉杂志编辑部的信》和《给维·伊·查苏利奇的复信》（包括初稿、二稿、三稿、四稿）中对西欧基于土地私有走上的暴力剥夺农民土地的资本主义式现代转型的时空实践限定，强调以俄国、印度为代表的存

---

① 《马克思恩格斯文集》第1卷，人民出版社2009年版，第521—522页。
② 同上书，第583页。
③ 同上书，第581页。
④ 同上书，第584页。
⑤ 同上书，第536页。
⑥ 同上书，第571页。
⑦ 《马克思恩格斯文集》第2卷，人民出版社2009年版，第592页。
⑧ 这即传统研究坚持的马克思"五形态论"，不少论者认为马克思的这一形态思想是仅仅局限于欧洲，这是不对的。且不论马克思已经批驳把原始的公有制形式仅局限于斯拉夫民族特有的可笑偏见，坚持它在"罗马人、日耳曼人、克尔特人那里都可以见到，直到现在我们还能在印度人那里遇到这种形式的一整套图样"（《马克思恩格斯全集》第31卷，人民出版社1998年版，第426页），那种坚持亚细亚生产方式包括两种内涵：一种是原始公有制含义；一种是"'普遍奴隶制'或'家长制'"含义，马克思的"五形态论"思想中的亚细亚形式指称仅是表达前一种意思，并不涵盖亚洲国家后来发展赋予亚细亚生产方式第二层内涵认识的说法，（庞卓恒：《马克思社会形态理论的四次论说及历史哲学意义》，《中国社会科学》2011年第1期），一则缺乏对亚细亚生产方式即使包含第二层内蕴但本质上仍只是原始公有制派生形式的真确把握；二则机械地以马克思的"五形态论"解释亚非拉美地区的社会发展，有意无意忽视亚非拉美地区社会发展20世纪前仍处原始公有制及其派生形式阶段的现实。为什么一些国家能够直接从亚细亚的生产方式直接跳到现代的资本主义或社会主义生产方式上，一则亚细亚的、古典古代的、封建的生产方式，都只是在一些地区性国家的孤立存在，一些国家长期秉持亚细亚生产方式，一些国家社会应用以古典古代的或封建的生产方式，但它们相互之间并没有现代社会全球意义上比较的实际价值，因为经济的社会形态阶段和地区性的孤立存在决定了它们都只是不全面的复杂多维社会的某一特定领域或层面的发展，各自在发展的领域、层面上的差异，使得它们之间没有相互全面比较的可能性。二则资本的全球扩张，为所有处于前现代生产方式的地区的现代转型提供了外部鉴戒的历史机遇。
⑨ 《马克思恩格斯全集》第30卷，人民出版社1995年版，第107页。

在农村公社的国家的现代转型,基于其所处的内外历史环境,或者走上利用西方资本文明的非资本主义道路,或者走上由原始公有制变为资本主义私有制的道路,这是马克思对社会形态的拓展阐释时期。总体而言,立足社会的三维演进视角和现实的人的人化自然实践视角是马克思社会形态思想的基本思维维度。

二 马克思"经济的社会形态"思想对现代道路多样性的揭示与中国形成区别于西方的现代化道路的可能

以"经济的社会形态"而非社会经济形态的范畴更新对马克思社会形态思想的关注,是随着关于马克思恩格斯著作的历史考证版(MEGA)工程启动后展开的。在学界迄今对"经济的社会形态"探究上,除仍坚持"经济的社会形态"与社会形态概念一致观点外,有人认为"经济的社会形态"是指阶级社会阶段的小社会形态演变的几个阶段[1],有人主张"经济的社会形态"是指"'社会形态'范畴的私有'社会形态'中的抽象逻辑'叠覆''更迭'的'累积时期'"[2],有人强调"经济的社会形态"是"人的生产从属于物质资料的生产、为物质资料的生产所支配的阶段"[3],等等。在整体马克思主义的视角下,虽然社会是一个立体多维的时空存在,但它在达到共产主义阶段之前,并不是在所有的层面全面地铺陈,只是主要在一些核心的层面发展,并且社会展开的这些核心层面并非毫无关联,也非地位同等,而是各有限核心层面呈现为围绕其中一个核心层面形成梯度结构的关系。直接地说,"经济的社会形态"就是指社会形态发展的这样一个阶段——社会有限展开的核心层面(譬如政治层面、思想层面)以经济层面为重心形成梯度结构关系的发展阶段。相比社会经济形态则只是社会政治形态或社会思想形态等层面的相对应层面,"经济的社会形态",则本身内蕴了经济形态层面、政治形态层面、思想形态层面等。社会存在"经济的社会形态"阶段,相应的也必然具有非"经济的社会形态"阶段。所谓非"经济的社会形态"阶段,就是社会形态发展的这样一

---

[1] 孟庆仁:《马克思的大小社会形态范畴及其重要意义》,《莱阳农学院学报》2006年第1期。

[2] 杨木:《"读懂"马克思》,《甘肃理论学刊》2011年第5期。

[3] 张凌云:《马克思社会形态理论片论》,《学术月刊》2008年第9期。

个阶段——社会不再是以经济层面为重心和各有限核心层面形成梯度结构的关系，而是社会各个层面以人的自由全面发展为中心均衡地存在和发展。何以社会存在"经济的社会形态"阶段与非"经济的社会形态"阶段之分呢？这是因为，社会是一个类似自然界事物的时空存在，它不仅是多维立体的，而且这种多维立体形式是依照一定的生成逻辑逐渐产生和完满起来的。马克思对此直称道，"我的观点是把经济的社会形态的发展理解为一种自然史的过程"①。正像地球的存在结构是由一系列不同年代的叠覆的地层组成的，经济的社会形态阶段的社会发展存在着如下逻辑：物质的生产是这一阶段社会存在的基础，建基于物质生产之上的各种社会生产关系，譬如同这种生产相适合的法律的和政治的上层建筑，以及一定的社会意识形态等和物质生产一起形成立体多维的社会时空存在。

社会演绎必然首先经历非全面均衡发展的"经济的社会形态"阶段，而由于世界各个地区、国家在这一阶段发展的内外历史环境的不同，它们各自在这一阶段的时空演绎，既遵循一般规律，也具有明显的不同发展特质。具体到近现代时期世界各地区、国家的社会发展，一方面，不论是哪一个地区，哪一个国家，实现由传统社会向现代社会的转型，是它们在这一时期发展所共同遵循的普遍规律；另一方面，因为各个地区、国家在传统社会时期形成的既定的社会独特三维时空存在，同时面对的近现代时期的世界外部环境的不同，又决定了这些地区、国家的现代转型又各自带着明显的地区或国家的特色印记，换句话，世界各个地区、国家的现代转型同时也是一个多样性发展的过程：以英国为代表的西欧国家，因为转型前土地私有，它们的现代转型建基于对农民进行可怕与痛苦的剥夺，是以"微不足道的少数人的资本主义所有制代替劳动者私有的、分散的所有制形式的过程，是一种所有制代替另一种所有制的过程"②；以俄国等为代表的一些国家，其本身内在既定的社会三维结构之突出特质是土地从未被农民"私有"，而是被村社或公社所有。"如果资本主义生产要想在俄国确立自己的统治，那么，绝大多数农民即俄国人民定将变成雇佣工人，因而也会遭到剥夺，即通过共产主义所有制先被消灭而遭到剥夺。"③ 这就是说，

---

① 《马克思恩格斯文集》第5卷，人民出版社2009年版，第10页。
② 《马克思恩格斯全集》第25卷，人民出版社2001年版，第470页。
③ 同上书，第471页。

虽然俄国若要以资本主义道路转向现代社会，不过它的这种演绎并不同于英国为代表的西欧国家的资本主义现代转型。如果俄国充分利用自身于欧洲所有国家中"唯一保存到今天"的"农业公社"及其他秉具的有利因素，譬如"俄国土地的天然地势适合于大规模使用机器。农民习惯于劳动组合关系，这有助于他们从小地块劳动向合作劳动过渡"①，在"和控制着世界市场的西方生产同时存在"，通过对外开放把"资本主义制度所创造的一切积极的成果用到公社中来"，俄国也"可以不通过资本主义制度的卡夫丁峡谷"②，"直接变成现代社会所趋向的那种经济体系的出发点，不必自杀就能获得新的生命"③；以印度为代表的一些国家，虽然其社会既定的三维结构中也存在"农村公社"，由于处于英国的殖民统治下，"是外国征服者的猎获物"，它的现代转型，并非依托农村公社，走避开资本主义式的现代化道路，"英国人在东印度就这样尝试过：他们得到的结果不过是破坏了当地的农业"④，它实际上是在外国强烈干预下通过原始所有制消灭方式走上资本主义式现代转型道路；中国的现代转型，因为面临的既定的内外历史环境，既不同于西欧，也不同于俄国，与完全沦为殖民地的印度也并不一致，这就决定了它的成功现代化，必然形成的是合乎时代要求和契合中国国情的独特现代发展道路。

三 马克思对现代社会形态的资本文明本质的阐释与中国实现现代化的两种选择

近现代时期是人类世界由传统社会向现代社会过渡的历史时期，资本由于自身秉具的独特特质——同劳动和商品具有二重性一样，资本具有物质外观和关系内核的二重性，因而资本生产过程同时是劳动过程和资本社会关系生产过程二重化的辩证统一过程——是人类社会在这一阶段时空发展的基础动力和实现社会普遍联系的中介媒质，因而，现代社会的存在是"推广以资本为基础的生产或与资本相适应的生产方式"⑤，因为除了资本

---

① 《马克思恩格斯选集》第3卷，人民出版社1995年版，第765页。
② 同上。
③ 《马克思恩格斯全集》第25卷，人民出版社2001年版，第479页。
④ 同上。
⑤ 《马克思恩格斯全集》第30卷，人民出版社1995年版，第388页。

对现代社会生产和交换的支配，整个社会"再也没有什么东西表现为自在的更高的东西，表现为自为的合理的东西"①。

资本是现代社会的基础动力。在现代社会，以资本为基础的生产或与资本相适应的生产方式都有哪些呢？就学界以往的相关研究而言，一方面，尽管已有一些学者发现，马克思并未把资本主义视为现代社会发展的唯一发展样态②，不过资本主义至今仍在相当程度上被认为是相应现代社会的唯一发展样态。另一方面，虽然也早有一些学者发现，现实社会主义是与现代资本主义并列的两种社会制度③，但社会主义或现实社会主义仍被相当程度地认为是替代和高于资本主义的发展样态。由此可知，科学地把握相应现代社会的发展样态，必须对近现代时期人类实践的资本主义与社会主义两种基本发展样态予以准确地界定。而要准确地认知资本主义、社会主义，关键之点则在于正确地把握何谓资本，资本与资本主义、社会主义有怎样的关联、社会主义是否是共产主义的低级阶段。首先，作为现代社会应用最广的一个概念范畴，资本已被做了过多的解读。究竟何者为马克思文本意义上的资本呢？我们知道，利用已有财富（主要是以货币形式呈现）通过市场交换把生产资料和劳动力购买过来，役使劳动力把生产资料加工为包含剩余价值的商品售卖出去，这一过程就是资本存在。虽然资本早在现代社会之前即已存在，但前现代社会只是"力图寻求闭锁的形态、形式以及寻求既定的限制的一切方面"④，以增殖财富为追求目的的商业民族只是"生活在古代世界的缝隙中"⑤，现代世界则不一样，它是力求不满足的商业主导一切。商业所以能够如此，正源于资本的存在，因为资本是一种既具动力拓展又具异化支配的劳动积累方式，潜在地影响着现代社会的方方面面。其次，在资本与资本主义、社会主义的关系上。资本与资本主义并不

---

① 《马克思恩格斯全集》第30卷，人民出版社1995年版，第390页。
② 譬如王友洛在《社会主义初级阶段的"三形态说""五形态说"解释》（《中州学刊》2000年第3期）中认为，虽然"马克思在其所生活时代所能看到的现代社会的发展，唯一的只是和资本主义生产方式联系在一起，也就是说，社会生产类型和生产方式直接呈现出一种单一的重叠状态，而不是像前资本主义社会那样，一种社会生产类型包容了多种生产关系并构成了多种生产方式"，并且，注意现代社会的生产类型与资本主义生产方式的区别，并非是马克思十分着重的课题，但并不能因此坚持马克思认知的现代社会只有资本主义一种发展样态。
③ 譬如洪韵珊早在1989年《中国社会科学》第一期发表的《对社会主义所处时代的重新界定》中即是坚持这种观点。
④ 《马克思恩格斯全集》第30卷，人民出版社1995年版，第480页。
⑤ 同上书，第479页。

直接等同。追求不断增殖的资本只是支配现代世界的潜在的社会中介媒质，资本主义则是由建基于资本理念之上的经济系统、政治系统、思想系统等一整套社会环节集合而成的总体表现样态。因为资本立足的已有财富既可以是私人拥有，也可以是全民公有或集体所有，如果是私人所有，它的资本运演所得形成的就是私人资本；如果是全民公有或集体所有，它的资本运演所得形成的就是公有资本或集体资本。资本主义对资本的运用，主要是立足于资本的私有化发展。社会主义并非完全摒弃资本的社会发展样态，它同样是基于资本理念的经济系统、政治系统、思想系统等一整套社会环节集合而成的总体表现样态。而与资本主义对资本私有化运用不同，社会主义对资本运用的主导方向是资本的公有化和集体化发展。因而，社会主义和资本主义都是立足于对资本运用的社会发展样态。最后，社会主义是和共产主义属于同一社会形态，并是其初级阶段吗？答案是否定的。社会主义立足于对资本的驾驭式运用，是归属于现代社会形态的发展样态。共产主义是在资本本身成为其不可遏制的追求的普遍性的限制和人们认识到资本本身是社会普遍发展的最大限制背景下，扬弃资本的社会发展样态。它存在于后资本时代和社会发展的非"经济的社会形态"阶段，因而，建基于运用资本和归属现代社会形态的社会主义与扬弃资本和归属非"经济的社会形态"阶段的共产主义并非属于同一社会形态阶段。把通行于现代社会形态的社会主义视为归属非"经济的社会形态"阶段的共产主义的低级样态，实际上是对社会主义的越位认识和错位认识。

可见，在人类世界向现代社会的转型过程中，由于资本在现代社会的中介媒质作用，由于社会主义和资本主义都是立足于对资本的运用，因而社会主义和资本主义同属于引领一国或地区实现现代化的基本发展样态。中国的现代化，究竟是选择资本主义，还是选择社会主义，既取决于其时总体的世界发展背景，也与自身既定的三维历史环境密切相关。

四 马克思"亚细亚生产方式"思想与中国开创现代化的社会主义实践

在近现代时期，一个地区或国家选择什么样的现代化道路，既取决于时代发展、世界形势，也与它自身既定的社会三维运演方式密切相关。向现代社会转型之前的中国既定社会三维运演方式是马克思所称的"亚细亚生产方式"。何谓"亚细亚生产方式"呢？就学界迄今的已有研究而言，存在有"原始社会生产方式说"、"奴隶社会生产方式说"、"封建社会生产方式说"、"普遍性原始公社在东方独特阶级社会贯穿的表现形式说"、"特定的社会结构和社会形态说"等认知观点。在整体马克思主义的视域中，马克思对亚细亚生产方式的认识，分为前后两个时期。在前期，亚细亚生产方式是被马克思基于下述目的关注：在"阅读麦克库洛赫、克累姆、贝尔尼埃、萨尔梯柯夫的著作以及其他有关印度和中国的历史和经济的著作"①中，马克思发现原始的农村公社并非俄罗斯的特有形式，而是在"罗马人、日耳曼人、克尔特人那里都可以见到，直到现在我们还能在印度人那里遇到这种形式的一整套图样，虽然其中一部分只留下残迹了"②，因而原始公有制是普遍存在的，它的客观遗存，证明了私有制并非永恒存在，而亚细亚生产方式就是客观遗存的完全的、最原始的公有制。在后期，马克思发现，由于亚细亚生产方式，在土地关系上，虽然存在着土地的私人的和共同的占有权和使用权，但个人"没有私有土地的所有权"；在经济形式上，农业和手工业直接结合，分工固定，形成一个自给自足的生产整体，"产品的主要部分是为了满足公社本身的直接需要，而不是当做商品来生产的"③；在组织形式上，坚持的是血缘与地缘相结合的村社、村落形式；在管理形式上，从最小的家庭单位开始，不同规模、层次的共同体以宗法礼教规束着其成员，凌驾于所有小的共同体之上的总和的统一体则对所有成员具有规约权力，它实际上既区别于西欧奴隶社会、封建社会存在的内生指向现代资本主义的生产方式，又同时和西欧奴隶社会、封建社会存在的生产方式在时空上并行共进。柯瓦列夫斯基在探究尚未实现现代化的亚洲地区的经济形态时，认之为"资本主义经济还没有能够形成的地方"，仿佛这些地区只有走上资本主义道路，才能进入现代社会。马克思则认为这些地区的生产方式（即亚细亚生产方式）与指向现代资本主义发展方向的西欧式古代社会的生产方式并不一样，它们本质上属于"非资本主义生产方式"④。是不是西欧由原始社会经奴隶社会—封建社会最终以资本主义跨进现代社会就是人类社会发展的一般规律，存在亚细亚生产方式的地区或国家，如

---

① 《马克思恩格斯生平事业年表》，人民出版社1976年版，第118页。
② 《马克思恩格斯全集》第31卷，人民出版社1998年版，第426页。
③ 《马克思恩格斯文集》第5卷，人民出版社2009年版，第413页。
④ 《马克思恩格斯全集》第45卷，人民出版社1985年版，第323页。

果由"亚细亚生产方式"经社会主义等非资本主义的发展道路跨进现代社会就是人类社会发展的特殊规律呢？答案是否定的。因为，在人类社会发展跨进非"经济的社会形态"之前，各个地区或国家历史运演形成的立体三维结构各不一样，阶段性演绎的规律也不一样。存在亚细亚生产方式的地区或国家的社会阶段性演绎规律是特殊的，西欧地区或国家的社会阶段性演绎规律同样是特殊的。至于它们的现代转型，是选择资本主义还是非资本主义的发展道路，则取决于其具体的内外历史环境。

中国在1840年之前，社会既定的立体三维运演方式本质上归属于亚细亚生产方式；1840年之后，国家处于半殖民地半封建状态，并不断受着西方强国日益严峻的亡国灭种的威胁。面对上述内外历史环境，中国的现代化，一方面存在通过资本主义道路进入现代社会的可能；另一方面也存在通过非资本主义的社会主义道路进入现代社会的可能。不论是以何种道路进入现代社会，促成这一目标实现的第一步则是赢得国家主权的独立并建立真正的现代政治国家。如果以资本主义道路进入现代社会，首先在性质上与西欧式资本主义进入现代社会存在根本上的区别，中国是从土地国有（皇帝所有）向土地私人所有转进。其次，中国不仅将不能积极整合本身秉具的非资本主义的亚细亚生产方式的优势，失去跨过私有的资本主义卡夫丁峡谷直接以公有的社会主义进入现代社会的历史机遇，而且国家遗存的农村公社也将步入灭亡。如果以社会主义道路进入现代社会，中国的现代化实践，首先在世界现代化的历史上真正地开创了本质区别于一种私有制转向另一种私有制或者一种土地国有制转向土地私有制的资本主义式的现代化道路，强烈地冲击了只有资本主义才能实现现代化的谬论，增加了世界现代化多样发展的可能。其次，不是无视转型前本身秉具的非资本主义的亚细亚生产方式的优势，恰恰是立足于这一优势，更好更快地推动中国的现代转型。历史实践证明，中国虽然曾积极地尝试过以资本主义实现现代化的实践，但由于资本主义一则不能有效地整合利用自身秉具的亚细亚生产方式的优势；二则在实现国家主权独立和建立真正现代政治国家上存在天然的软弱性和妥协性，最终失去对中国转型现代社会的引领。非资本主义的社会主义发展道路的开创及其实践则被证明是切合中国实际和合乎时代发展的唯一正确选择。

（作者单位：南华大学马克思主义学院）

从社会形态的有机性整体性认识我国目前最紧迫的任务

高永丽

人类社会的存在及演进并非杂乱无章，也不以人的意志为转移，而是严格遵循自身铁的秩序和法则。社会形态就是社会一定阶段的存在状态，是同生产力发展的一定阶段相适应的经济基础和上层建筑的统一体，是社会存在和演进的单位。[①] 由此就可知，各社会形态之和就构成人类社会的整个存在过程（轨迹见图1，另文详述）。

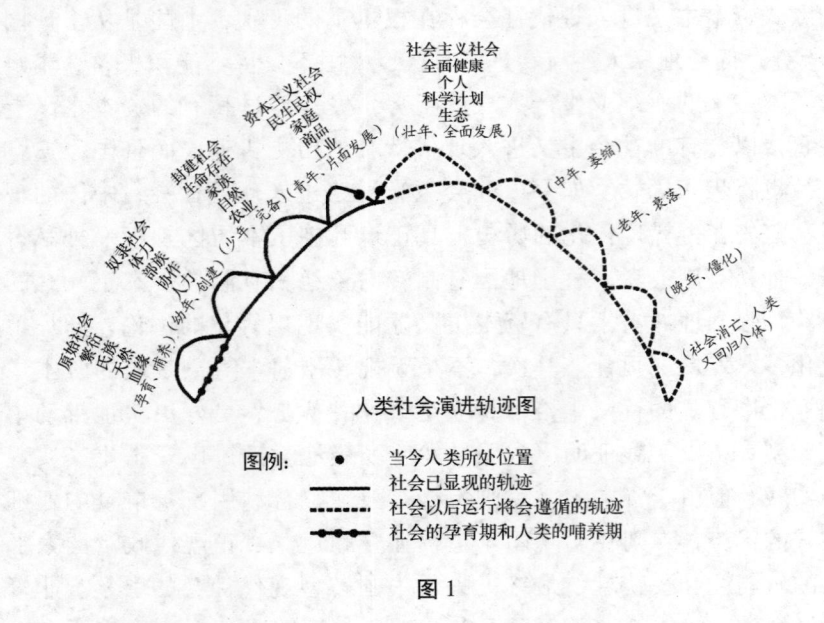

人类社会演进轨迹图

图例：
- ● 当今人类所处位置
- ── 社会已显现的轨迹
- ---- 社会以后运行将会遵循的轨迹
- ●─●─● 社会的孕育期和人类的哺养期

图1

[①] 高永丽：《社会形态学说岂能否定》，《唯物史观与马克思主义史学新视野——中国社会科学院首届唯物史观与马克思主义史学理论论坛文集》，中国社会科学出版社2016年版，第746—751页。

各社会形态都是社会存在过程中的特殊阶段,所以都特征鲜明、差异巨大、极易辨别。这些意思在马克思的表述中已十分清晰:"人们在自己生活的社会生产中发生一定的、必然的、不以他们的意志为转移的关系,即同他们的物质生产力的一定发展阶段相适合的生产关系。这些生产关系的总和构成社会的经济结构,即有法律的和政治的上层建筑竖立其上并有一定的社会意识形式与之相适应的现实基础。物质生活的生产方式制约着整个社会生活、政治生活和精神生活的过程。不是人们的意识决定人们的存在,相反,是人们的社会存在决定人们的意识。社会的物质生产力发展到一定阶段,便同它们一直在其中运动的现存生产关系或财产关系发生矛盾。于是这些关系便由生产力的发展形式变成生产力的桎梏。那时社会革命的时代就到来了。随着经济基础的变更,全部庞大的上层建筑也或慢或快地发生变革。"[①] "各个人借以进行生产的社会关系,即社会生产关系,是随着物质生产资料、生产力的变化和发展而变化和改变的。生产关系总和起来就构成所谓社会关系,构成所谓社会,并且是构成一个处于一定历史发展阶段上的社会,具有独特的特征的社会。古典古代社会、封建社会和资产阶级社会都是这样的生产关系的总和,而其中每一个生产关系的总和同时又标志着人类历史发展中的一个特殊阶段"[②]。还有《德意志意识形态》、《政治经济学的形而上学(〈哲学的贫困〉第二章)》、《路易·波拿巴的雾月十八日》、《共产党宣言》、《资本论》、《家庭、私有制和国家的起源》等著作中的表述。可见关于社会形态的概念、性质、构成要素、运行方式等,马克思、恩格斯都有科学揭示。笔者不揣浅陋,通过多年对社会存在及演进规律再深入探究,也提出一点不成熟的看法,希图对唯物史观的社会形态学说再具体、再丰富。不当之处,敬请方家教正。

一 社会形态都是相对独立的有机的统一体

1. 社会形态和构成自身的各大要素以及各要素之间都有机统一,相互支撑、相互巩固;不可分割、不可或缺;不可和其他社会形态要素长期共处。

人们都生存在社会的特定阶段,要生存首先须进行物质生产,怎样将

---

① 《马克思恩格斯选集》第 2 卷,人民出版社 1995 年版,第 32—33 页。
② 《马克思恩格斯选集》第 1 卷,人民出版社 1995 年版,第 345 页。

众多的个体凝结为社会整体统一认识统一行动,社会必然要根据当时人们的生产水平、认识水平,制定相应的政治经济制度,构建社会秩序,规范人们的思想和言行,因之就会产生反映并维护当时存在的意识形态、文化形态,以及硬维护手段即军事形态。也就是马克思早已揭示的生产力和生产关系、经济基础和上层建筑。由此即可明白,每一社会形态都是由众多子形态,即生产力和生产关系、经济基础和上层建筑构成,社会形态和各子形态是整体和局部的关系。社会形态的健康存在依赖各子形态完整的支撑和维护,各子形态则统属于社会形态整体、凝聚为一个大的统一体,各子形态也相互支撑、相互维护。如生产关系就是根据当时生产力的需要产生,就是来维护、巩固、服务该生产力的;反之,根据这种生产力的需要产生的生产关系,必然也需要该生产力的存在才能获得自身存在的充分理由。可见构成一种社会形态的各种要素,以及社会形态和各种要素亦即自己的子形态,都是密切关联、相互支撑、相互维护的有机的统一体,不可分割、不可或缺。这就是马克思说的,为什么人们在自己生活的社会生产中一定、必然会发生不以他们意志为转移的生产关系,以及经济基础和上层建筑。再则,每一种社会形态都是为取代低一级社会形态而来,且都是通过暴力手段将其母体低一级社会形态摧毁才出世,所以每一种社会形态对其他社会形态都是敌对关系,都强烈排斥,加之社会形态的有机性统一性,就决定了不同社会形态的要素不能随人意搭配、不能长期共处。

2. 每一种社会形态都是一个不断成长变化的动态存在。

(1) 究竟什么是奴隶社会、什么是封建社会? 因我国史学界很多人否认我国有奴隶社会,否认我国有社会形态意义上的封建社会,这就使笔者不得不在此重申①究竟何为奴隶社会,何为封建社会。

根据笔者再深入探究,人类社会作为一个整体,迄今显现五种社会形态无任何问题(轨迹参看图1),但在一种社会形态内,各地域因历史渊源、地理环境、创建基点(创建社会形态时其他国家所处的社会形态)的不同,就演绎出了丰富的不完整社会形态的运行轨迹(图2,另文详述)。我国历史最悠久、最完整、演变最清晰、史料最丰富,经历五种社会形态

---

① 奴隶社会、封建社会在《社会形态学说岂能否定》一文中已概要阐述。《唯物史观与马克思主义史学新视野——中国社会科学院首届唯物史观与马克思主义史学理论论坛文集》,中国社会科学出版社2016年版,第763—767页。

也完全清晰可见：高度发达的原始社会①——至夏朝建立，不发达、不充分的奴隶社会②——夏商周，高度发达的封建社会——秦至清，一晃而过的资本主义社会（因 1912 年建立的中华民国虽应归于资本主义社会形态，但中华民国在内地仅存在 38 年，38 年相对于其他社会形态存在的两三千年，或一千多年都可谓极其短暂。而且其中还出现两次帝制复辟和社会主义革命的迅速发育，可见不仅短暂而且发展微弱，作为一种社会形态几乎是一晃而过。在港澳台都只是局部存在。资本主义社会形态在我国虽极其短暂，但社会在资本主义阶段依赖工业化迅速连成一体的任务，我国从"洋务运动"始，至今仍在赶补)，必将高度发达的社会主义社会。原始社会是人类社会的孕育阶段，以血缘为经纬联结个体的母系氏族存在形式，当父系氏族萌芽并发展时，说明血缘文明已进入衰落阶段，氏族是社会孕育阶段正常的发育形式。所以是血缘文明③、天然的经济、天然的血缘政

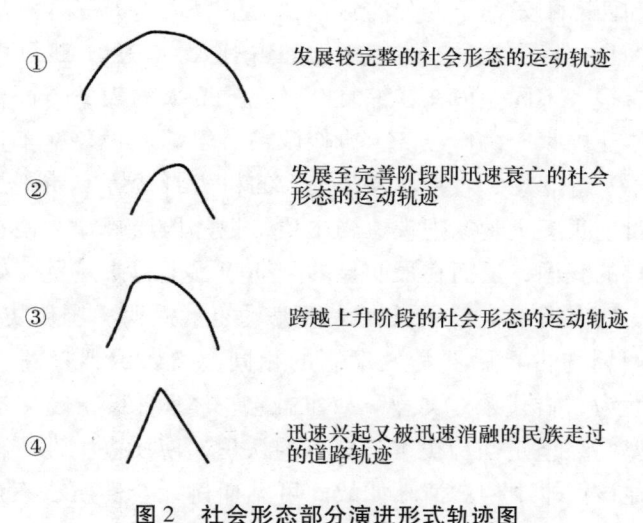

① ⌒ 发展较完整的社会形态的运动轨迹

② ⌒ 发展至完善阶段即迅速衰亡的社会形态的运动轨迹

③ ⌒ 跨越上升阶段的社会形态的运动轨迹

④ ∧ 迅速兴起又被迅速消融的民族走过的道路轨迹

图 2　社会形态部分演进形式轨迹图

---

① 高永丽：《社会形态学说岂能否定》，《唯物史观与马克思主义史学新视野——中国社会科学院首届唯物史观与马克思主义史学理论论坛文集》，中国社会科学出版社 2016 年版，第 761—763 页。

② 同上书，第 763—766 页。

③ 原始初民时代，社会还未形成，大多原始人群便以血缘为纽带将个人联结为群体，统一认识统一行动，并进而形成整体。血缘联结方式在当时是最有利于个人和群体发展的存在方式，是社会孕育阶段正常的发育形式，因此形成血缘文明。

治关系。奴隶社会是社会的创建阶段，协作经济，协作政治，以部族为存在单位，以发展人力为本、以最大限度占有人力为目标的人力文明。① 其中最鲜明的特征，一是人的生存和社会的前进主要依赖人本身力量协作推动；二是统治者通过直接占有人本身获得其劳动成果，且把被统治者不当人看，随意杀戮、买卖、残害肉体。我国因原始社会高度发达使奴隶社会的部族血缘色彩浓厚，以族为单位的存在形式使对个体的奴役很难展开，所以奴役就表现为以族对族的形式，因而不可能形成古希腊罗马那样高度繁荣的单个奴隶买卖、大量奴隶属于奴隶主个人等典型的奴隶制特征。就是说，我国原始社会高度发达使奴隶社会具有浓厚的血缘色彩，原始社会高度发达使奴隶社会无法顺畅、充分发展（这从我国封建社会高度发达，资本主义社会就无法顺畅、充分发展即可明白），不发达不充分的奴隶制和古希腊罗马高度发达的奴隶制必然表现出巨大差异，就像我国高度发达的封建社会和西欧不发达不充分的封建社会的巨大差异一样。加之我国是大陆型国家，自古以农立国，占有土地和占有人力并重，也和海洋性国家古希腊罗马有很大不同。但在错综复杂、差异巨大的表象下面，社会存在第二阶段，创建国家、协作经济、协作政治、以部族为存在单位、人力文明、赤裸裸不平等观念、直接对肉体统治的粗劣野蛮等实质则是完全相同的。但我国目前很多史学家把现象当本质，把片段当规律，使在史学领域应最有发言权的我国，反而在最明显的分期问题上越来越乱。好在中国社会科学院历史研究所卜宪群所长在该所编写的《简明中国历史读本》中，既认识到夏商周与古希腊罗马奴隶制的相同，又认识到夏商周的特殊表现，因此定性为"古代东方类型"奴隶社会。② 卜所长在歧见迭出的"创新"面前，坚持、坚定与历史本身一致的认识，使演进、性质都极为清晰的中国历史在该读本中依然清晰如故。可见探讨社会性质，不是罗列、堆积现象就能解决问题，而是必须兼具哲学的目光，才能穿透表象，看到本质，并抓住那深藏表象背后绵延起伏几千年的规律。

"封建"二字的含义，本源于我国西周时的"封邦建国"，实质就是自

---

① 因当时人们认识、利用自然的水平极为有限，生产生活用具都十分笨重，所以必须主要依靠人力协作生存，如协作统治（古希腊罗马时的军事同盟、我国西周时的诸侯协助天子治国等）、协作作战（如车战）、群体生产、结群抢劫等，人自身的生存和社会的前进都主要依靠人力协作推动，因此形成人力文明。

② 卜宪群：《简明中国历史读本》，中国社会科学出版社2015年版，第3页。

上而下构建政体的观念、方式和制度。犹如资本的功能在资本主义社会发挥到了极致，整个社会都受资本的意志操控，所以该阶段就以资本主义命名一样，以封建命名的社会形态，也必然是把自上而下构建社会的封建功能发挥到极致，整个社会都受封建意志操控的社会存在阶段。我国原始社会高度发达，在氏族时代长期形成的以族为单位生存，及全族对首领的依赖和服从，就使我国在国家创建时自然采用自上而下的分封建制形式。从黄帝"以师兵为营卫。官名皆以云命，为云师。置左右大监，监于万国。万国和，而鬼神山川封禅与为多焉。……举风后、力牧、常先、大鸿以治民"①，自上而下构建政体拉开封建大幕开始，经过夏商"禹为姒姓，其后分封，用国为姓"②"契为子姓，其后分封，以国为姓"③ 的不断发展，到西周时就发展为"封建亲戚，以蕃屏周"④ 的"封邦建国"。西周时的"封建"，意在"以藩屏周"，但因很不成熟，隐含着分裂的种子，实质就成为分国，所以在仅仅兴盛半个多世纪后就走上了中衰之路，一直走向诸侯争霸天下大乱、西周自己也灭亡的春秋。不难看出，西周的"封建"显然属于封建的低级阶段，是因我国奴隶社会不发达、不充分，对封建要素排斥不力，使封建胎儿得以健壮成长。亦即西周"封邦建国"的"封建"只是发育良好的封建胎儿，根本未使封建的功能得到充分发挥，自然不能归为社会形态意义上的封建社会。秦始皇排除了西周封建制中分裂的因素，创建了中央集权的自上而下一整套严密的封官分权制，把自上而下的封建功能发挥到了极致，把封建制推向了顶峰。在当时是与生产力最适应最先进最文明的社会制度，所以秦灭亡后秦始皇创建的中央集权封建制度却传至千世万世。可见，秦始皇只是消除了西周封建制中分裂的因素，而对自上而下构建社会的封建意图和功能，都是得到了加强而不是削弱。毫无疑问，秦汉至明清就是标准的封建社会，而且是最先进最完善最充分的封建社会，因此我国才能在世界封建史上遥遥领先近千年，并创造了高度辉煌的封建文明，在今天仍有巨大影响，还将影响深远。

（2）中国封建社会是研究社会形态最优良的标本。历史清楚显示，每一种社会形态都不是凭空而来，也不是诞生后就一成不变、一副面孔从始

---

① 《史记·五帝本纪》，中华书局1982年版，第6页。
② 《史记·夏本纪》，中华书局1982年版，第89页。
③ 《史记·殷本纪》，中华书局1982年版，第109页。
④ 《左传·僖公二十四年》，岳麓书社1988年版，第76页。

至终，更不是长生不老，普世永恒（如有些人认为资本主义社会价值普世、制度永恒，说明完全不知社会时刻都在运动的事实，也完全未认识到资本主义社会已深陷"黄昏哀愁"，很快就会日落西山的社会发展大势。根本不懂社会如何存在及演进，有什么资格谈论社会问题?）而是一个从无到有、从小到大、从盛到衰再到亡不断成长变化的有机的统一体，整个存在过程和社会存在完全相同，也是由低级向高级作抛物线式运动，也呈明显的阶段性，也有上升阶段和下降阶段（图3，以中国封建社会运行轨迹为例）。而且根本无长生不老之说，都只是社会存在的一个阶段，在完成该阶段肩负的任务后，就会被更高一阶段、即新的社会形态所取代。从社会整体而言，每一种社会形态都基本完整，即都走过了从诞生到消亡的整个存在过程（轨迹参看图1）。

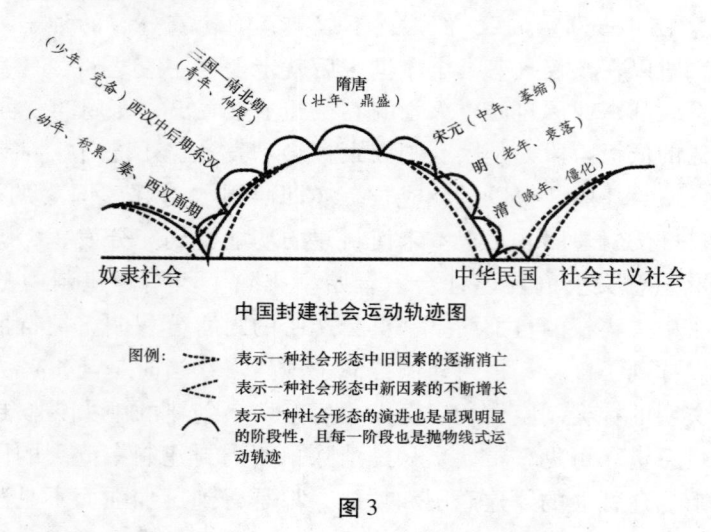

图3

但在一社会形态内，各地区因进入早晚不同，就呈现出丰富的不完整社会形态的运行轨迹（参看图2）。但研究社会形态，应以较完整的社会形态为标本，因从中可全面考察社会形态怎样从无到有、从小到大、从盛到衰再到亡的不断演变；还可全面考察社会在该阶段的任务、性质、存在特征、最佳表现形式，以及所能达到的高度；更能清楚认识社会形态怎样在有机性整体性的规定下存在和运行。而在不完整、不充分的社会形态中就不可能获得完整的认识。纵观历史，可见每一社会形态中都有一个国家或几个国家相继（实质上起着一个国家的作用）发展得最完善、最充分，集中体现了该社会形态存在的本质特征、任务、最佳表现形式及所能达到的高度，具有代表性意义。我国原始社会就高度发达，但即使能详细阐明也过于久远，其后比较典型的几个社会形态代表国中，埃及古希腊罗马也距今遥远；英美作为相继代表资本主义发展阶段的国家，虽已经历了成长、鼎盛几个阶段，目前已处于完全的衰落中（另文详述），但终究还未完全走完资本主义存在的全过程，社会主义社会发展史则更短，只有中国封建社会典型、高度发达、基本完整，又远近适中便于认识，所以中国封建社会就成为研究社会形态最优良的标本。我国也因此将对实现全面科学的认识社会作出重大贡献。本文就以中国封建社会为例，可清楚看出，每一完整社会形态的存在过程，大致走过积累、健全（完备）、伸展、鼎盛、萎缩、衰落、僵化七个阶段（轨迹参看图3）。

社会形态创建后第一阶段，积累（初级）阶段：两种社会形态的交替，组成社会形态的思想、政治、经济三大子形态（军事文化艺术等子形态都是衍生品）的变革并非同步实现，而是分跨在旧新两个社会形态内先后完成。我国在创建封建社会时就首先是思想形态在奴隶社会内的变革，即通过"百家争鸣"，以"仁爱""兼爱""始作俑者岂无后乎"[①] 等人的生命、肉体存在平等和大一统、尚贤、德政的思想，批判奴隶社会以血统论优劣、为赤裸裸的人生而不平等服务的等级思想，以及把被统治者不当人看，随意摧残人的生命、肉体的野蛮观念，为摧毁奴隶社会、创建一个生命平等和仁义礼智信的大一统的新社会奠定了坚实的思想基础，指明了奋斗目标，首先从思想上摧毁了奴隶社会，完成了思想形态的根本性变革（犹如西欧"文艺复兴"，首先在封建社会内从思想上摧毁封建社会，为即将到来的资本主义社会奠定思想基础一样）。仁爱思想是儒家治世的指导思想；在暴力夺权的过程中，法家思想作用重大。

经过春秋战国几百年的争战，直至天下一统于秦，秦始皇为了巩固来之不易的和平和打算传至万世的江山，全面革除了西周封建制中导致分裂的隐患，开创皇帝独尊，下设三公九卿，地方实行郡县制，直至基层甚至个人的一整套自上而下构建的封建政体。秦始皇的创建，更大的加强了封建功能。大一统的中央集权封建制的建立，就完成了政治形态的变革。但是很清楚，政治形态变革的完成，新的社会形态才初步建立，因经济形态

[①] 《孟子译注·梁惠王章句上》，中华书局1988年版，第9页。

还未完成质变，新政治形态就还高悬空中。在这里清楚看到经济基础决定上层建筑原理的正确性，因经济基础处于过渡阶段，政治形态也就随之在旧新之间摆动。所以西汉王朝建立过程中，又顺应实际需要部分恢复分封诸侯制。但分封异姓诸侯只是权宜之计，所以夺取政权后刘邦迅即展开翦灭异姓诸侯的行动，同时又分封同姓诸侯。事实证明，无论同姓异姓，只要是诸侯，就都是在分国，久之必危及中央政权。由此即可清楚，积累阶段是新社会形态才初步建立，经济形态还未完成质变，当时的封建社会是奴隶、封建几种社会形态要素杂糅共处的混合状态。混合存在使社会面目模糊，与完全建成的封建社会还有很大差异。但社会形态的有机统一要求，决定了封建社会不可能与奴隶经济基础长期共处，所以积累阶段社会发展的要求十分强烈，但总有旧因素牵绊手脚。可见积累阶段奴隶制残余还作为一种要素存在，力量还相当强大。就像新中国创建以后、我国农民最多时达9亿、比封建社会人数还翻一番一样，封建社会积累阶段还存在大量人身不自由的奴隶非常正常，我国有史学家以此认为两汉、魏晋是奴隶社会显然是浅见。从我国中央集权封建社会由秦始皇创建到汉武帝时确立近一个世纪，从英国资产阶级革命成功到工业革命开始近一个世纪，就可知积累阶段为百年左右。由此还可知，不只是资本主义社会起飞前需要原始积累，每一种社会形态起飞前都须有相当的积累，秦皇汉武之间就是我国封建社会的积累阶段，社会主义社会也不例外，新中国成立以来我国就一直处在社会主义社会的积累阶段，就是我们所说的初级阶段。

第二阶段，健全阶段：经过近百年的大力积累，奴隶制残余的势力也在不断发展，对封建上层建筑形成严重威胁，使封建上层建筑迫切要求实现经济形态的根本质变，以排除奴隶社会要素，实现自身的有机统一。社会因此开始了轰轰烈烈的变革经济形态、确立新的文明形态的农业革命（封建社会是农业文明，这场变革也主要以农业领域的变革为基础，所以是农业革命。有人把原始农业的确立称农业革命并不准确），这一伟大变革由雄才大略的汉武帝领导完成。汉武帝在经济领域统一货币、官营盐铁、建立官营运输和官营商业管理的均输与平准制度、建立直接打击大商贾的"算缗""告缗"制度，使中央政权有力把控着国家的经济命脉；在农业领域大力推广铁制农具、牛耕技术、先进耕作技术"代田法"、兴修水利、徙民边地组织屯田，使农业领域发生革命性变革，生产力水平大大提高，使奴隶社会主要依靠人力群体协作生产的形式，发展为封建阶段一家一户在畜、水、风、势等自然力协同下的小农生产形式，自然经济全面确立。封建经济形态的确立，使为中央集权服务的大一统理论、尊君思想、对君臣父子夫妇言行都有严格规范的儒学有了强有力的支撑，更使大一统的中央集权封建制稳如磐石。三大子形态的齐备，封建社会才成长为健全的有机统一体，才成为健全的封建社会，即封建社会形态存在的第二阶段。健全的封建社会，农业文明的面貌，较奴隶社会的巨大进步，空前的优越性、优势，旺盛的生命力，光辉的前景等都清晰展现出来。就像西方工业革命在资本主义社会内的完成，标志着英美社会才全面跃上资本主义阶段，资本主义社会是工业文明的面貌才清晰展现，较封建社会的巨大进步和优势也才清晰展现一样。

由此清楚可知，每一种社会形态都是靠自己本身才完全长成，而不是在母体内长成再诞生。而且，和昆虫从幼虫到成虫的蜕变、丑小鸭到白天鹅的演变、人从婴儿到成年的演变完全相同，积累阶段的社会面貌距该形态健全后的面貌还差异很大。这从秦皇汉武间的封建社会和汉武帝以后各个时期的封建社会稍作比较就不难明白。所以，不可以为积累阶段还不确立，甚至和确立后的社会面貌大相径庭，就不是该社会形态的面貌。就是说，不要以为全面建成后的社会主义社会就是我们今天这个样子，那是诗意的生存。

第三阶段，伸展阶段：封建社会健全后，奴隶社会要素就再无存在的理由，其残余随着封建社会的不断成长就会被永远排除出历史。人类社会迄今仍处在上升阶段，所以每上升一社会形态，社会就成长到更高一阶段，就意味着人类认识水平更高、顺应和利用自然的程度更深更广、解决问题的能力更强、力量更大、社会制度更先进更文明，人的潜力也进一步显现。所以封建社会的健全，只是说明封建社会的基本要素都已完备，自身已完全成为一个有机的整体，再无担心奴隶社会分裂因素颠覆之虞，从此大刀阔斧真正开始了自身发展的历史。从汉武帝以后直至隋唐时，在选拔官吏、土地、赋税制度，及疆土、人口等方面的不断拓展，就可看出秦皇汉武的很多开创实质都只是"万里长征走完了第一步"。以后社会内仍有奴隶制遗毒未清除、制度中不成熟之处、因各地域发展不平衡导致的问题、向周边伸展与各民族的矛盾等问题，都需要通过大力发展来解决。所以东汉、三国两晋、南北朝五百多年都是封建社会的各方面都不断伸张扩展时期。在不断的发展中，封建社会日益走向成熟。

第四阶段，鼎盛阶段：经过秦皇汉武开创确立及此后几百年的不断发展，政治经济思想不断调整、相互适应，封建社会到隋唐时，各方面都走向了高度统一（这从三省六部制、科举制、府兵制、均田制等方面制度的完备、相互的适应即可看出），社会就进入了如日中天的鼎盛时代。尤其是唐前期百余年的国力之强盛、制度之完备、社会之先进之文明、文化之繁荣、思想之开放、胸襟之博大、活力之四射、对内之凝聚力对外之吸引力、创造的极其辉煌的封建农业文明等，在中国封建社会和整个世界封建史上都达到了空前绝后的峰巅。

第五阶段，萎缩阶段：社会是一个有机的统一体，处在不断的发展变化中。随着唐前期的鼎盛，经济文化等都得到快速发展，直至两宋。而两宋，甚至从唐后期开始，经济的再发展，就成为封建社会衰落的起点。因在唐前期，封建社会形态的生产力、经济基础、上层建筑都达到了高度统一，使社会达到鼎盛。但统一仅仅是瞬间，社会的再发展很快就打破了这种高度统一，所以兴盛百余年后，就成为衰落的起点。因随着经济、思想、文化的再发展，就超出了封建上层建筑的框架，就意味着社会的再发展，封建上层建筑就将变得日益不适应，而且最终退出历史舞台。所以北宋经济的快速发展，商业、文化的繁荣，人口流动性的增加，实质已迈出了超越封建框架的第一步，已在为放置资本的种子培土造壤。人们看到资本主义萌芽产生于明代，实质宋代就已经在酝酿。就是说，过了相互完全适应的时代，生产力的再发展，经济和政治就将相背而行，这就是两宋时期经济高度繁荣，却被"冗官""冗兵""冗费"和"重文轻武"之风搞得"积贫积弱"的根源所在。社会内部从此不再完全统一，经济要求发展，政治则开始阻挠，妇女缠足就是开始破坏生产力的表现，因人是生产力的主导因素。封建社会再无法昂扬向上，因此萎缩，进入了下降阶段。

第六阶段，衰落阶段：元明时经济更加发展，尤其是明中叶代表资本主义萌芽的工场手工业和雇佣劳动的出现，标志着经济形态已明显向着资本主义方向发展，但政治、思想、主流文化却仍在坚持、加固封建方向。如朱元璋废除宰相、加强皇权、屡兴文字狱、加强思想文化专制，程朱理学的思想控制，特务政治，严刑峻法、禁止百姓流动、加强人身控制，实行海禁等，实质都是在压迫生产力只能在封建框架内精雕细刻。朱元璋还在《皇明祖训》中说，"四方诸夷皆限山隔海……彼既不为中国患，而我兴兵轻犯，亦不祥也。吾恐后世子孙倚中国富强，贪一时战功，无故兴兵，杀伤人命，切记不可"。一个从贫苦农民到夺取天下的开国皇帝，竟毫无开疆拓土的雄心壮志，而这一祖训也被明朝大多皇帝都遵循。人是社会意志的体现者和实现者，就说明中国封建社会到此已全无汉唐上升阶段那种开拓奋进的精神和气魄，完全成为一个故步自封的老人。此后的封建社会，经济愈发展政治就会愈危机，所以政治、思想、生产关系都在捆绑生产力的手脚，封建社会日益衰落。虽有郑和七下西洋，但只是走亲串门式的经济、文化交往，根本不是西欧资本主义胎儿在迅速发育，急需金钱充实胃口，所以整个社会都急于扩张。而郑和七下西洋从某种程度说也是破坏生产力的表现，因把大量的财富和人力，周游世界式地耗散，使积累起来的财富不能用于扩大生产，实质就是实现封建政治的意志、阻挠生产力发展的一种表现。可见郑和下西洋和西欧开辟新航路是完全不同的性质、不同的目的，自然结果也大相径庭。明代和西欧同属资本主义萌芽破土而出的时期，但资本主义萌芽在两地的不同境遇，发育的不同结果，就可清楚看出，在一社会形态中愈先进、愈强盛、愈充分的国家或地区对高一级形态的排斥就愈有力，因此在高一级形态中就必然愈落后、愈屡弱、愈举步维艰。也就是说，我国封建社会的高度发达是资本主义萌芽难以顺畅发展，并一再被摧折的根源所在。明代政治经济的愈行愈远，决定了我国不可遏止的日益衰落。

第七阶段，僵化阶段：清朝的建立和英国资产阶级革命发生在同一时期，这就更注定了两国在不久将来的必然交锋及结果。英国资产阶级革命后，资本主义就不再是萌芽而是小树，尤其是推翻了封建社会，政治发展的方向和经济发展要求就不再冲突，而是一致。政治因此大力为经济发展开辟道路，如重商主义、"圈地运动"、开发殖民地、奴隶贸易、金融投机等，全面为经济形态的质变积聚力量。工业革命完成后，资本主义社会就完全长成，犹如展翅的雄鹰，英国肩负着资本的使命向全世界扩张。而清王朝仍体现着封建意志，继续加强皇权、大兴文字狱、禁锢思想、钳制文化、限制人身自由、对商业活动管理日益严密、对外来文化贸易人员防范越来越严厉。专制高压之下，社会长期在原地徘徊，汉唐时刚健魁梧、雍容华贵、唯我独尊的中华民族，到晚清时已佝偻成谨小慎微、表情木讷的"东亚病夫"，都以为关起门来，与世隔绝就会永存于世。风烛残年、完全僵化的封建老人，在充满生命力、奋勇开拓的资本主义列强来敲门时，就和同样腐朽不堪的大门一道，轰然倒塌。有人指责康熙不像俄国彼得大帝，把我国领向资本主义，因此错失发展良机，乾隆的傲慢自大也使我国丧失崛起机会，以及郑和下西洋时我国本来就可崛起等，这显然是根本就不懂人只是社会的细胞，只是体现着社会的意志。社会的存在及演进是以社会形态为单位，明清时封建社会已衰老，但驾驭社会的政治却炉火纯青，使资本主义经济长期无法突破，只能等到封建社会灭亡，社会才可重获新生。社会演进是严格遵循自身的意志，而不以人的意志为转移。

从以上的简要说明中（篇幅所限，容后专著展开）可知，社会形态都是有机的统一体，处在不断的成长变化中，显现明显的阶段性，而且不同阶段的任务、存在特征等都有很大不同。这就要求社会决策者科学认识当时社会发展意志，及时调整方向，就会少走弯路、避免失误并取得巨大成功。若不能适时调整，就会出现问题，甚至误入歧途。正如董仲舒向汉武帝献言，"当更张而不更张，虽有良工不能善调也；当更化而不更化，虽有大贤不能善治也"①。再一点，将一种社会形态固化的认识也会犯错误。第三点，因社会形态都是有机的统一体，若不统一就是残缺，亦可谓残废，就会问题丛生，所以社会形态对自身的有机统一要求贯穿其存在始终。

二 社会形态对自身的有机统一要求极为严格

1. 社会形态不统一，社会就不统一、就难以健康发展、就难以长久存在

人们一般只知国土的不统一是国家分裂，还未认识到社会形态的不统一使社会信念不一，标尺不一，人们心不往一处想，劲不往一处使，政治经济思想文化等相互冲突，整个社会难以凝聚。如我国近几年来对毛主席邓小平的评价、人口政策、转基因食品、东莞扫黄还有人喊挺住、柴静的雾霾调查、王伟光院长论阶级斗争的文章、吴建民的外交主张、雷洋事件、于欢杀人案、司马南"三天人大教授"事件，等等，同是一人一事，人们却各持一端、几乎完全对立。根源就是我国目前几种社会形态要素杂糅共存，而人是组成社会的细胞，是社会规律和意志的体现者和实现者，所以每一种社会形态要素都有其代表者和体现者，有几种社会形态要素就有几种社会形态的思想观念及生存方式，而各社会形态要素又都是相互冲突、强烈排斥的，所以意识形态领域的代言人各自站在不同的立场、斗争激烈就自然而然。还有我

---

① 《汉书·董仲舒传》，中华书局1987年版，第2505页。

国改革开放以来，经济迅猛发展、物质生活水平显著提高，人们反而对社会主义信念动摇了、信心不足了，有的人甚至还产生了敌意，根源就是发展中的资本主义因素在不断排斥和瓦解着社会主义上层建筑，政治经济是冲突的，社会内部不统一。还有蒋介石政权在抗战胜利后迅速被贪污彻底腐蚀、短短三年就被打得落花流水，就是其政权基本是封建与资本主义相混合的结果。晚清搞洋务运动，出发点是为了借资本主义的坚船利炮维护封建统治，却不知更加速其灭亡。美国建立后资本主义与奴隶制度并存，反对蓄奴制度的共和党人林肯一当选总统，美国立刻就像"房子一样裂开"，爆发南北战争。苏联解体就是在社会主义社会内长期大力发展资本主义要素的必然结果，等等。说明社会形态对自身的整体性有机性要求非常严格，就像一台精密的仪器，内部不统一。社会不仅只是形式上的统一，还存在着严重的分裂倾向。几种社会形态要素在社会内部相互冲突、相互扯绊，使社会无法凝聚为一个紧密的整体，不仅力量分散，且有风吹草动，瞬间就可土崩瓦解。蒋介石政权在大陆的落花流水、苏东共产党政权的瞬间崩塌、我国战国时其他六国在秦始皇统一中如残枝枯叶，等等，都是社会形态本身不统一，社会实质就是在一个貌似统一的框架下，却有几股力量一直在其中打斗，社会内部还未真正成长为一个整体。

2. 社会形态有机统一，社会就统一、就是凝结牢固的整体、就力量强大、就蓬勃发展

组成社会形态的各部分尤其是三大子形态有机统一时，社会才真正成长为一个整体。如在小农自然经济之上，层层分封的等级制度，以及支撑、维护这种秩序的思想形态儒学三足鼎立，就构成了稳固的封建社会。同样，大工业支撑的市场经济、为之服务的权力有限政治形态以及要求按资本意志自由流动的极端片面自由民主思想，就构成了稳固的资本主义社会。三者缺一，该社会形态就不健全，就无法顺畅发展、正常运行；若统一，各子形态之间都是极力支持、极力维护，就使社会不仅统一，且凝聚力极强。加之消除了内部的分裂因素，社会就表现为上下同欲，人人积极性高昂，力量倍增，因此政治、经济发展迅速，国力强盛。如战国时秦国的商鞅变法，因从政治、经济、文化全面突破了奴隶制的框架，开始踏上中央集权封建制之路，顺应了社会发展的要求，实现了社会形态内部的统一，秦国因此气势如虹，不可遏止地日益强大。而其他各国都是在奴隶社会框架内进行封建性质的变革，因内部是冲突的，结果就如晚清搞"洋务

运动"一样，不仅未使国家强大（在刚变革后都只兴盛一时），反而日益衰落。再如我国解放战争时期，因人民当家作主、建立新中国的政治目标，土地改革与广大农民的确翻身做主人的统一，就使同为中国人而交战的结果却是人民解放军所向披靡，装备精良的国民党部队如落花流水。抗美援朝时期志愿军的英勇顽强也是同理。还有英国工业革命完成后，资本主义社会形态的有机统一，资本主义社会的健全，就使英国的资本主义社会表现出旺盛的生命力和极强的战斗力，因此成为"日不落帝国"，等等。说明社会形态内部有机统一，社会才真正成长为一个整体，内部的凝聚，社会才会爆发出极强的力量，并展现一个新形态的蓬勃旺盛和远大前景。

3. 对自身自始至终有机统一的要求规定了社会形态的抛物线式运动轨迹

从上述封建社会形态整个存在过程就可看出，社会形态存在的前期，因政治形态可突变，经济还需不断发展，质变也在后，所以是上层建筑一直要求经济快速发展，以不断排除体内遗毒，实现自身的有机统一。就是说，前期一直是上层建筑领先，经济基础落后，上层建筑一直领推经济基础加速发展；加之旧形态的残余要随着新形态的日益完善才能逐渐被彻底清除，新形态自身还需通过发展不断完备、完善，所以前期就形成社会一直快速发展的上升阶段。经过长期大力发展，政治经济思想文化等都高度统一后，上层建筑就开始阻挠生产力的发展，因此后期是经济领先、上层建筑滞后，仍然是为了自身的有机统一，政治阻挠经济日益缓慢甚至停滞，所以后期就形成社会的下降阶段。可见社会形态对自身有机统一的严格、始终不变的要求，使社会形态的整个存在过程就呈现抛物线式运动轨迹。

4. 对自身的有机统一要求决定了社会形态极强的排他性[①]

社会形态对自身有机统一的严格要求，决定了每一种社会形态在经历了生产力和生产关系、经济基础和上层建筑的全面适应后，该生产关系和上层建筑就会一反前期一直积极为生产力开辟道路的常态，开始阻挠生产力的发展。但社会是要不断成长的，要冲破阻挠继续前进，就必须生出新的力量对现存形态取而代之。而现存形态要维护自身继续存在，就会对新生力量展开无情的镇压。二者经过殊死搏斗，新生力量因代表着社会发展的要求最终取得胜利，新的社会形态因此诞生，原有的社会形态作为过时

---

① 关于社会形态排他性在其他文章中亦讲过，因与本文密切关系，在这里又简要说明。

的旧形态被赶下统治舞台。可见每一种社会形态都是因旧形态已使社会无法前进而产生（跨越式演进另论），所以新形态创建后必然要全面革除旧形态中阻挠社会发展的种种弊端，使社会得以继续前进。新旧因此作为你死我活的对立面，在观念、制度、生存方式等方面都强烈排斥，就形成了社会形态的极强排他性，对无论比自己高级或低级的社会形态都强烈排斥。

5. 对自身的有机统一要求又使后来者居上成为社会形态演进的一条法则

从资本主义萌芽在我国高度发达封建社会中的悲惨遭遇，和在西欧尤其是英国的成功发育、直至面世，加之奴隶社会就未在原始社会高度发达的我国首创（我国因原始社会高度发达，比古埃及晚进入奴隶社会一千多年），封建社会在我国奴隶社会发展很晚、也很不成熟、很不完善的秦国壮丽日出、在西欧也是由刚从原始社会瓦解而来的落后的日耳曼人创建，资本主义社会在封建社会很不发达、很不充分的英国创建，以及社会主义社会在资本主义发展微弱的俄国首先诞生，都清楚表明，"每一种社会形态都不是在低一级形态中最先进最发达的国家顺序诞生，而是在落后的迫切要求上升的国家横空出世。这就说明，社会的演进并非直线而是曲线、准确地说是抛物线，后来者居上是历史演进的常态而非变态"①。可见社会形态的有机性整体性决定了每一种社会形态都有极强的排他性，而社会形态的排他性就决定了在一社会形态中愈先进、愈强盛、愈充分的国家或地区对高一级形态的排斥就愈有力，因此在高一级形态中就必然愈落后、愈羸弱、愈举步维艰。因此又使后来者居上成为社会形态演进的一条铁的法则。马克思、恩格斯因未认识社会形态的有机性、整体性引起的极强排他性，所以得出社会主义革命会首先在资本主义发达的英美国家爆发的结论，事实证明有误。

三 确立生态文明，社会主义社会才全面建成

1. 社会主义社会的文明形态是生态文明

纵观历史，人类社会作为一个整体已清晰显现五种社会形态（轨迹参看图1），每一种社会形态都表现为一定生产力支撑的文明形态。如人类社会迄今已经历的原始社会是血缘文明、奴隶社会是人力文明、封建社会是

---

① 高永丽：《秦国为何能后来居上》，《秦始皇帝陵博物院》2012年辑，第469—483页。

农业文明、资本主义社会是工业文明，可见文明形态就是社会形态的存在方式。社会主义社会形态已创建，因仍处在封建主义、资本主义、社会主义几种社会形态要素杂糅共处的积累阶段，文明形态还未创建，经济形态还未完成质变，所以社会主义社会还未全面建成，人们迄今还不能按照社会主义社会的规定生存，对何谓社会主义社会也无法全面把握。但从社会形态的存在及演进规律清楚可知，每一种社会形态都是因旧形态已使社会无法前进而产生（跨越式演进另论），所以新形态创建后必然要全面革除旧形态中阻挠社会发展的种种弊端，因此又可知，全面革除旧形态中阻挠社会发展的弊端就是新形态产生的理由、肩负的任务、存在的特征和意义。那么从旧形态中阻挠社会发展的弊端，就可推知新形态的性质、任务及存在特征等。也就是说，每一种社会形态都是从低一级社会形态的弊端中生出。因此，从资本主义工业文明阶段，人类大肆破坏地球、大肆破坏社会（迄今人们还未清楚认识，另文详述），致使人和地球所有生命都日益深陷生存危机的弊端，就可知比资本主义社会高一阶段的社会主义社会，必然要全面革除资本主义工业文明大肆毁坏生态的弊端，大力修复、保护生态，使人的生存和发展与自然生态和社会生态的健康存在完全一致。可见，生态文明不是人们今天站在资本主义框架内认识的，以为不终结破坏，在工业文明框架内修修补补就可建成，甚至一方面大力发展工业文明一方面建设"生态文明"，而是全面革除工业文明大肆破坏生态的弊端，人与自己生存完全依赖的自然、社会共同健康存在及发展的崭新的生存方式，是比工业文明高一阶段的文明形态，是社会主义的存在方式，即社会主义社会的文明形态，所以生态文明的确立才是社会主义社会的全面建成。生态文明是完整的文明形态，包括人生存必须依赖的大环境自然生态和社会生态。

2. 进行生态革命，开创生态文明

（1）进行生态革命，是社会主义社会获得牢固支撑的唯一途径，是人类终结破坏、根本解决生态问题的迫切需要。社会主义社会已创建整整一个世纪，但因经济形态还未确立，文明形态还未创建，社会主义社会形态就未成长健全，上层建筑就只能在封建、资本主义成分极大的经济基础之上晃动，不仅缺乏有力支撑难以稳固，且时时都在被资本主义要素侵蚀以至最后的颠覆，这正是我们从毛泽东时代直至今天都一直紧张的根源所在（新中国成立后很多政治运动、阶级斗争很多都出自防止资本主义复辟的目的)。在经过一百年大力积累的今天，已相当强大的资本主义势力，对社会主义上层建筑的束缚已强烈不满。几种社会形态要素的激烈冲突，致使社会问题丛生、裂痕日益加大，使社会主义上层建筑显现危局。在此重要关头，社会主义上层建筑对排除其他社会形态要素、实现自身有机统一的要求就极为强烈，所以进行生态革命、完成文明形态、经济形态的变革已是关乎社会主义社会存亡的重大事件。生态持续恶化使资本主义国家也不得不日益重视生态问题（特朗普却例外，可见特朗普的短视与平庸，这也是资本主义的本性），但环境保护在资本主义国家已搞了几十年，也取得局部性效应，但生态恶化的总趋势是在日益加剧而不是减轻。这就清楚说明，根源于资本主义破坏的生态恶化，根本不可能在资本主义框架内解决。而且在资本主义认识水平之上，就不可能认识什么是真正的生态文明，何谈解决生态问题？目前资本主义各国对生态问题的日益重视，只是现实中生存问题日益严重的逼迫，只是社会主义萌芽在资本主义社会内不断发育的反映；而彻底解决生态问题，必然从社会主义国家开始，而且就是我国（另文详述）。可见，无论是社会主义社会的存亡，还是人自身的存亡，都迫切要求人类彻底终止破坏、尽快进入生态文明时代，所以进行生态革命、开创生态文明，已是我国目前万分紧迫的任务。

（2）进行生态革命首先是思想革命，即认识首先要突破工业文明，提高到生态文明阶段。近代以来，人类只片面地看到自己，而且把自己放大为整个世界，根本不明白自己只是组成地球生机的一员，生存与发展都必须完全依赖地球的健康存在、都必须严格遵循自然法则（即使认识到，不会运用或者不运用，亦等于不认识）；也不明白地球内外的所有生命都是地球健康存在、正常运行的必不可少，各种生命的欣欣向荣是地球健康存在的表现，也是继续健康的前提；更不明白地球是一个有机的整体，人不可恣意破坏各部分之间的密切关联，[1] 等等，所以认为自己就是地球的主人，地球内外的一切、包括月球火星的所有都是因人的存在而存在。因此无视自然法则，以"征服自然"为荣，以"控制自然"为目标，生活生产处处让自然从属于人类：水泥城市及道路、开山填海、上天入地、大量使用污染毒害空气土壤水的化工用品、制造大量毒害地球的垃圾、大面积单

---

[1] 高永丽：《水泥城市化：不可持续的发展》，《社会科学评论》2008年第3期；《新华文摘》2009年第1期选载。

一养殖种植、破坏物种性能、扰乱物种存在时空，等等，严重割裂地球与各种生命、各种生命之间、地球部分与整体之间的有机关联，大肆破坏地球的面貌、结构及秩序，大量灭绝地球健康存在必需的多种生命，严重影响地球的内外连通、纵横交流，使地球日益面目全非、秩序混乱、功能失调，严重无法按照自身的规律存在及运行，呈现日益严重的病态，即愈来愈反常。在社会领域，同样认识不到社会也是一个有机的整体，认识不到个体和社会是细胞和肌体的关系（即使认识到，不会运用，亦等于不认识），个体的健康生存与发展都完全依赖社会的健康存在、都必须严格遵循社会法则。所以轻视社会决定作用，高扬绝对个人主义大旗，为扫清资本无限扩张的道路大肆贬低社会作用、削弱社会功能，处处使社会从属于个人，导致社会的严重扭曲甚至瘫痪。社会的严重病态，必然使其中的细胞也呈严重病态，这就是今天很多人无视地球社会及人本身的健康、个体扩张至畸形、以人的意志任意妄为、为追逐物质和金钱造假造毒不惜害人害己的根源所在。资本主义几百年在自然界孤立地发展人类，在社会中片面地强调个人，在人的发展方面畸形追求物质，这种极端片面的生存与发展，在短短几百年间就使自然生态和社会生态全面恶化，生存其中的人也自然就站在了毁灭的边缘。人类若仍沿着资本主义工业文明的老路前行，必然使今天面临的各种灾难都更加严重，毁灭性结局无法逆转。

可见，进行生态革命首先是提高认识，就是把人只片面地看到自己、且把自己与自然、与社会整体割裂的极端片面认识提高到人只是组成地球生机的一员、个人只是组成社会的细胞、人和地球、社会都是不可分割的有机的整体、地球、社会的健康是人健康存在、持续发展的前提和条件。也就是说，把在资本主义阶段以人为中心的片面认识，提高到社会主义阶段人和自然是一个整体、个人和社会是一个整体的全面科学认识，使人清楚认识到自己和地球及其所有生命的一体关系、个人和社会及他人的一体关系，清楚认识到每一种生命都是地球健康存在正常运行必不可少的，也是人健康存在必不可少的，天赋生命权，万物生而平等。所以，在地球上、在社会中都要严格遵循自然法则和社会法则，把人的生存和发展都放在生态健康的范围内开展，人的生存和发展就完全与生态的健康存在一致，而不是资本主义阶段的冲突对立，破坏污染就成为历史。认识突破了资本主义框架，工业文明对生态的毁灭性破坏就一目了然，人们就会清楚认识到资本主义整个生存方式都与生态的健康背道而驰，是毁灭性的，就再不会以为减排点二氧化碳、在工业文明框架内修修补补生态就会好转。认识提高了，人们就会自觉把资本主义阶段为追求利润大肆破坏生态的观念和生存方式，变革为人顺应自然顺应社会和生态共同健康发展的生存方式，这个变革过程就是生态革命。在生态革命过程中，近代以来大肆破坏生态的所有弊端都会被革除，人与自己生存完全依赖的自然、社会共同健康存在及发展的生态文明由此就创立。

（3）认识提高了，习近平总书记的宏图伟志及艰辛努力才会真正开花结果、才会成就千秋伟业。对生态建设的重要性，习近平总书记表现出非凡的远见卓识。早在福建工作时，对长汀县的水土流失治理和生态建设就非常重视、大力扶持，经过长期努力，使长汀实现了荒山—绿洲—生态家园的巨变，实现了"百姓富"与"生态美"的有机统一。还以长汀经验在福建全省大力推动水土流失治理和生态建设，使福建省成为全国生态建设的一面旗帜。到浙江工作后，依然大力推动生态文明建设，明确提出"绿水青山就是金山银山"的新发展理念，并以此为导向形成一整套新的绿色生态发展观，使绿水青山变成金山银山，使浙江人的生存、发展方式发生重大变化。进入中央工作后，在主持起草的十八大报告中，习近平总书记更明确提出要大力推进生态文明建设，从此生态文明建设上升为党的执政方针。党的十八大以来，随着生态问题的继续凸显，习近平总书记的生态思想也不断深化，践行也更加努力。无论是国内考察、开会学习、商讨对策，还是各种外交场合，都不断强调生态文明建设的重要性，并积极参与、领导各类保护生态的活动。如：

"生态环境保护是功在当代、利在千秋的事业。要清醒认识保护生态环境、治理环境污染的紧迫性和艰巨性，清醒认识加强生态文明建设的重要性和必要性，以对人民群众、对子孙后代高度负责的态度和责任，真正下决心把环境污染治理好、把生态环境建设好，努力走向社会主义生态文明新时代。""要正确处理好经济发展同生态环境保护的关系，牢固树立保护生态环境就是保护生产力、改善生态环境就是发展生产力的理念，正确处理好经济发展同保护生态环境的关系，把保护生态环境摆在更加突出的地位。"

"生态兴则文明兴，生态衰则文明衰。"

——主持中央政治局第六次集体学习时讲话，2013年5月24日

"希望北京乃至全中国都能够蓝天常在、青山常在、绿水常在，让孩子们都生活在良好的生态环境之中，这也是中国梦中很重要的内容。"

——在APEC欢迎宴会上的致辞，2014年11月13日

"到目前为止，地球是人类唯一赖以生存的家园，珍爱和呵护地球是人类的唯一选择""我们要为当代人着想，还要为子孙后代负责。"

"坚持绿色低碳，建设一个清洁美丽的世界。人与自然共生共存，伤害自然最终将伤及人类。空气、水、土壤、蓝天等自然资源用之不觉、失之难续。工业化创造了前所未有的物质财富，也产生了难以弥补的生态创伤。我们不能吃祖宗饭、断子孙路，用破坏性方式搞发展。绿水青山就是金山银山。我们应该遵循天人合一、道法自然的理念，寻求永续发展之路。"

"我们要倡导绿色、低碳、循环、可持续的生产生活方式，平衡推进2030年可持续发展议程，不断开拓生产发展、生活富裕、生态良好的文明发展道路。《巴黎协定》的达成是全球气候治理史上的里程碑。我们不能让这一成果付诸东流。各方要共同推动协定实施。中国将继续采取行动应对气候变化，百分之百承担自己的义务。"

——在联合国日内瓦总部的演讲，2017年1月18日

"推动形成绿色发展方式和生活方式，是发展观的一场深刻革命。这就要坚持和贯彻新发展理念，正确处理经济发展和生态环境保护的关系，像保护眼睛一样保护生态环境，像对待生命一样对待生态环境，坚决摒弃损害甚至破坏生态环境的发展模式，坚决摒弃以牺牲生态环境换取一时一地经济增长的做法，让良好生态环境成为人民生活的增长点、成为经济社会持续健康发展的支撑点、成为展现我国良好形象的发力点，让中华大地天更蓝、山更绿、水更清、环境更优美。""要充分认识形成绿色发展方式和生活方式的重要性、紧迫性、艰巨性，把推动形成绿色发展方式和生活方式摆在更加突出的位置。"

——中央政治局第四十一次集体学习时的讲话，2017年5月26日

习近平总书记关于生态文明建设的思想非常丰富，近乎完整，极大地丰富和发展了马克思主义生态思想，丰富和发展了我国自古以来的天人合一理念。从地方到中央长期不懈的努力，也使我国在生态文明建设方面取得了显著的成效，和正反两方面都可资借鉴的经验。但不可否认的是，无论是我国还是全球，生态恶化总体上都呈加速加剧之势，人类面临的生存危机愈益严重而不是减轻。正如习近平总书记在联合国日内瓦总部演讲中追问的，"世界怎么了、我们怎么办"。问题究竟出在哪里呢？深入探究就

会明白，就是因我国仍在赶补工业化，"只缘身在此山中"，整天思考的都是工业化程度如何提高再提高，步子加快再加快，自然不可能清楚认识资本主义工业文明对地球面貌、结构、秩序的毁灭性破坏，不可能清楚认识生态恶化就根源于资本主义的存在方式。这就使习近平总书记也以为在工业文明框架内吸取一些教训，作一些改进就可建成生态文明。习近平总书记清楚认识到，"人类归根结底是自然的一部分，在开发自然、利用自然的过程中，人类不能凌驾于自然之上，人类的行为方式必须符合自然规律。人与自然是相互依存、相互联系的整体"[①]。可是我们的水泥城市及道路、开山填海、抽油挖矿、上天入地、大量使用污染毒害空气土壤水的化工用品、制造大量毒害地球的垃圾、人口大规模频繁流动，等等，哪一种行为不是对自然及其规律的严重破坏？可见，认识不突破资本主义框架，不上升至社会主义生态文明阶段，就无法清楚认识生态恶化的根本缘由。抓不住罪魁祸首，就搞不清楚究竟什么是保护生态，什么是破坏生态，还以为我们严重破坏地球的水泥城市化和工业化都是绿色发展，还以为减排一些二氧化碳生态问题就会好转。这就是我国及世界各国都越来越重视生态保护，但生态却越来越恶化的根源所在。

  地球是一个各个部分都有机关联的统一体，有着非常科学的构造，严格的交流、循环秩序和通道，天堂一样生机勃勃、神奇无比的美丽容颜，这就说明生态原本就很平衡、很"文明"。特别是资本主义阶段人对地球面貌、结构、秩序的大肆破坏，才导致地球面目全非、秩序混乱、功能失调，生命存在的条件日益恶化、丧失，生态严重失衡。资本主义整个存在方式都严重违背地球、社会健康的要求，生态恶化就源于人类在资本主义阶段的破坏性，在资本主义破坏性模式内，怎能建成生态文明（因就不可能正确认识什么是生态文明，几十年不断召开国际会议、制定条约，包括民间的环保努力等，仅能取得局部性效应，根本未改变灾难仍在加速加剧的实质和趋势，就是再清楚不过的说明）？真正的生态文明是因资本主义工业文明对地球、社会的大肆破坏，使人类日益面临生存危机而产生的，是来彻底革除工业文明破坏生态的弊端，并取代、埋葬资本主义存在方式的，二者是根本冲突的，就不可能同时并存。这再一次说明"不破不立"，

[①] 习近平：《习近平总书记系列重要讲话读本》，学习出版社、人民出版社2014年版，第121页。

我国因未根本破除工业化的破坏性，才使习近平总书记长期以来的巨大努力未建起应有的历史性丰碑。只要破坏还在继续，生态就不可能根本好转！认识清楚了，相信我国就会在习近平总书记带领下，率先终止破坏，首创与生态一体健康发展的社会主义生态文明，我国立刻就远远走在世界前列，自然就是引领世界的火车头（我国若打算停留在资本主义世界当老大，那就意味着社会主义性质的完全丧失，因社会形态的有机性整体性排他性都决定了，资本主义世界不可能让社会主义国家领导，除非是打着社会主义幌子的资本主义社会）。生态文明的创建，社会主义社会三大子形态的齐备，社会主义上层建筑就牢固地站在了自身经济基础、文明形态之上，不仅坚如磐石，而且会因摆脱了旧因素的羁绊迅速实现全面腾飞，并在世界范围内围剿资本主义（因生态文明就不容许再继续破坏生态）。习近平总书记提出的实现中华民族复兴的伟大的"中国梦"，"保护生态环境就是保护生产力、改善生态环境就是发展生产力的理念"，"绿色低碳，建设一个清洁美丽的世界。人与自然共生共存"，"构建人类命运共同体，实现共赢共享"的中国方案，人与自然构成"生命共同体"等生态文明理念，自然就是生态文明时代的指导思想，习近平总书记自然就是当之无愧的世界领袖。社会主义生态文明的创建，习近平总书记就像秦始皇创建汉武帝确立的封建社会一样，也把以毛泽东为首的老一代创建的社会主义社会推向健全阶段，牢固确立。

　　社会主义社会的健全，社会主义社会美丽的绿色容颜、空前的优越性、无比的优势、旺盛的生命力的清晰展现，大肆破坏的没落的资本主义存在方式立刻就无任何理由继续存在，破坏才能彻底终止，创伤才能逐渐修复，人和地球内外的万物才都获得根本性拯救。这不仅使社会主义社会在中国彻底摆脱了苏联的结局，而且根本扭转了人类在自我毁灭道路上的狂奔，并从此踏上与生态共同健康存在和发展的康庄大道。习近平总书记在人类存亡关头（今天生态恶化已十分严重，人类已处在巨大的危险之中，可大多数人还未清醒认识）划时代的伟大贡献，不仅会受到我国人民的永远爱戴，也会受到世界人民千秋万代的传颂，会在人类历史的长河中永远光芒万丈。而这一切，我国首先终止破坏是起点，若不终止破坏，方向不对，即使再努力，不仅生态文明无望，人类的持续生存也无望！习近平总书记付出的巨大努力就会随着生态问题日益严重而付诸东流。

3. 生态文明的创建，社会主义社会就成长为有机的整体

（1）经济形态未确立，生态文明未创建，社会主义社会就还未成长健全。社会主义社会创建以来，构成社会主义社会形态的三大子形态——马克思主义思想形态，人民当家作主、共同富裕的政治形态从形式上都已建立，只有科学的计划经济形态还未创建（毛泽东时代的"计划经济"，因认识还未提高到全面科学阶段，属盲目、僵硬的"计划经济"。就是说，真正的计划经济还未开始它自身的历史）。因无经济基础支撑，社会主义的存在方式生态文明自然也未创建，社会主义社会形态就还未成长健全，亦即还不完备。因封建的根基大部分还在，创建的简单理解的公有制又逐渐演变为一定程度的领导所有制，实质就是封建官有制一定程度变相的延续（改革开放以来这一点已发展到无以复加的程度），人民权益在很大程度上被侵吞，并未完全真正成为自己和国家的主人，所以劳动积极性日益丧失，也就出现了"大锅饭""磨洋工"等现象，导致"一穷二白"。这就是当时封建根基深厚，决定上层建筑，使幼稚的社会主义社会还带有浓厚的封建色彩的根源所在。改革开放，大力向资本主义国家学习，市场经济的大潮汹涌地冲击着封建根基，使其大部分从根本上迅速松动并瓦解，所以后30年社会主义上层建筑很大程度站立在资本主义的经济基础之上（虽然国有经济占主导，但实质都遵循着市场经济规律，在资本主义世界追逐利润，所以社会主义性质微弱。内外私资更是明里暗里都在发展，尤其是金钱对人们观念的渗透、塑造力日益增强）。在基本是资本主义的经济基础之上，国家发展和个人的社会行为都受资本无限追求利润的意志操控，拜金、贫富分化、破坏生态、极度享乐、挥霍浪费等资本主义没落阶段的思想观念和生存方式都自然而然涌入和产生。结果使社会主义社会和资本主义社会的边界日益模糊，有人就认为美国比我们还社会主义社会、北欧就是真正的社会主义社会等。可见积累阶段因社会主义经济基础还未完全创建，社会主义上层建筑就只能在封建、资本主义占比极大的经济基础之上晃动，难以稳固，且使社会主义社会面目模糊、优越性朦胧、问题众多。实践再一次有力证明马克思主义经济基础决定上层建筑原理的正确性，百年来社会主义上层建筑站立在其他经济基础之上，不仅不能建成真正的社会主义社会，而且最终有被颠覆的危险，苏东剧变就是证明和表现。所以在积累任务已完成的今天，我国就应顺应社会意志，尽快进行生态革命、确立生态文明。

（2）进行生态革命，社会主义社会就消除了内部分裂因素，就成长为健全的整体。超越了资本主义工业文明的极端片面发展，生态文明是全面科学存在及发展的社会，不仅是人全面而自由的发展（是所有人，极端分化就烟消云散），也是自然、社会全面而自由的存在和发展（另文详释），这就要求人必须顺应自然、顺应社会，把对生态的破坏缩小到最小限度。生活水平大大提高，同时要求最小限度破坏，就决定了必须高度节约，人类在资本主义阶段为无限追求利润、而最大限度生产、而无限挥霍浪费的病态消费就成为不堪回首的败家史。而要实现高度节约，就必须以科学、周密的计划为保证，市场经济的盲目、无序，甚至疯狂也都再无市场，经济基础在生态革命的过程中自然就完成了质变。生态文明是社会主义社会的存在方式，全面科学的计划经济是社会主义社会的经济形态（基础），马克思主义是全面科学发展的社会主义社会的指导思想（当然，是不断发展的马克思主义），人民当家作主、共同富裕是全面科学发展的社会主义社会的目标、任务、存在特征，也是政治形态。这三大子形态的齐备，社会主义社会形态就成长为有机的整体，三者相互支撑，相互维护，社会就再不会相互冲突，更不会四分五裂，社会主义上层建筑从此就站立在自己的经济基础、文明形态之上，获得了牢固的支撑，永远不再有资本主义势力渗透、颠覆之虞。社会从此凝聚为密不可分的整体，像今天强调一下共同富裕，整顿一下市场，经济立刻就受影响、就下滑；放手发展经济，贫富分化、生态恶化、贪污腐化、造假造毒、要求政府放权等社会问题就盛开、就怒放，这样的体内相互扯绊，使国家往往进退两难的政治经济不统一状况就成为历史。可见只有社会主义经济基础、文明形态的确立，马克思主义在意识形态领域占主导地位，人民当家作主、共同富裕的政治形态才都能牢固确立，并主导社会。我们以往在实践中忘记经济基础与上层建筑的统一性，总在上层建筑领域内巩固上层建筑，不重视社会主义经济基础的创建，结果一直未改变上层建筑根基不稳的局势。

生态文明的创建，社会主义社会三大子形态的完备，积累阶段存在的封建、资本主义要素就再无存在的理由，因其存在导致的贪腐、失业、拜金、极度享乐、雾霾、气候极端异常、污染破坏、恐怖、争战、垃圾、任何事情都各持一端争论不休等难题也都会烟消云散。犹如晚清时鸦片、小脚、宦官、外戚、妻妾成群、皇帝、奴才等，一旦走出封建社会，这些寄生在封建肌体上的光怪陆离很快就不复存在一样。因此，我国一旦终结几种社会形态杂糅的积累阶段，进行生态革命，根本不用再为反腐、暴恐、思想不统一、节能降耗、就业（除资本主义社会，人类社会哪个阶段都不会出现结构性失业问题，包括富贵病、老龄化、退休时间等问题都姓资、属资本主义特色）、治理污染、各种犯罪等难题劳神费力。因社会形态自身已完全统一、不再冲突，健康的社会就不会滋生大量的问题，何来病态的表现？健全的社会主义社会犹如农业革命后的封建社会、工业革命后的资本主义社会一样，其无比的创造力和旺盛的生命力都会空前爆发，较资本主义社会的巨大进步就会清晰展现。到此社会主义社会才全面建成，我国才完全跃上社会主义阶段。

（3）进行生态革命，社会主义社会的优越性就清晰展现。进行生态革命，社会主义社会形态的健全，社会整体向全新阶段的跃进，必然要求方方面面都须有质的飞跃，因此就如工业革命过程中的连锁创新一样，我国各个领域都会涌现众多的创新人才，掀起一浪高过一浪的创新潮。一个生态健康、制度先进文明、经济发展科学、文化昌盛、人才群星灿烂、国民团结一致的强盛的社会主义国家就会出现在全人类面前（长期以来人们总纳闷我国为何缺乏创新，而不知是社会还未健全，仍有大量旧的残余绊扯所致），到那时，谁还会认为资本主义社会比社会主义社会文明、先进、普世？资本主义对生态的破坏必然把人类推向毁灭、全球化必然是社会主义社会的全球化的历史发展大势，自然会被人们清楚认识。我国社会实现全面起飞的要求，和社会主义社会进入健全阶段的要求的契合，正表明这一神圣使命已历史地落在当今中国人肩上。中华民族将在实现这一伟大飞跃中再次走在世界前列，不仅成功避免社会主义社会在苏联的结局，而且把全人类都带进全面科学的社会主义社会。

建成后的社会主义生态文明（将专著详述，在此只能简谈结论），全面超越了近代以来的极端片面发展，是人不仅自己全面发展，还要和生存其中的自然、社会一体健康生存全面发展；是人者有其劳，劳动者与劳动一体，生产与消费一体，城乡一体，脑体一体，家办（居住与工作场所）一体，高度节约、科学计划，花园式居住，开放性建筑，终身免费受教育，快乐的劳动，轻松的学习，融洽的人际关系，人人以健康为美为目标，以劳动为荣为手段，完全是和人的本质要求一致的（根据笔者研究，人是一种全面追求美的劳动动物①，只有通过劳动才能实现所追求的美，所以在愉悦的心境中劳动就是社会主义社会的以人为本）诗意的生存；是建立在按劳分配基础上的按需消费（不是人们以往理解的想要什么就有什么），人人当家做主的绿色自由王国（也不是人们今天理解的谁的主都去做）。全面把握了社会主义社会，社会主义核心价值观"全面发展，人人健康"立刻就凸显出来，因社会主义核心价值观首先就凸显的是社会主义性质。可见真正的社会主义亦即共产主义社会既不是永远都无法实现的乌托邦，也不是遥不可及的未来，而是我国一踏上创建社会主义生态文明之路，人类机车的车头就驶进了全面科学的社会主义社会。

生态文明的创建，人们就再也不用工作、居住相隔几十里，每日疲于奔命，车辆堵塞交通，排放、占地、耗油。新家老家就再也不用相隔几百里、几千里，甚至几万里，中华民族最追求团圆、吉祥、美好的春节，却让人们像战斗一样奔波劳累、不堪重负，等等。工业文明的极端片面发展，导致病态的生存方式，导致人的病态，导致生态的病态，都将被革除。生存方式的科学化、需求的科学化，我们还上天入地找能源资源干什么？没有病态需求，我们还破坏地球干什么（在生态文明时代，人类把自己的需求都会尽力和地球、社会健康存在相统一，所以也不容许大肆破坏地球）？分配的科学化，人的才能、志趣的全面展现，都依赖社会的有效调节，极端个人主义就再无立足之地，社会生态自然就会日益健康。

一言以蔽之，社会形态有机统一，社会主义社会才能一泻千里，全面跃进，真正崛起，加之生存危机的日益加剧，都迫切要求我国全面提高认识，改变观念，进行生态革命，把社会主义社会推向健全阶段。我国将在这一无与伦比的伟大飞跃中，真正实现民族伟大复兴，并从根本上拯救人类，拯救地球内外所有生命。"鲲鹏展翅九万里，试看天地翻覆。"②

（作者单位：陕西历史博物馆文博杂志编辑部）

---

① 高永丽：《人是一种全面追求美的劳动动物》，《社会科学评论》2009 年第 4 期。
② 毛泽东：《念奴娇·鸟儿问答》，《毛泽东诗词鉴赏》，长春出版社 2000 年版，第 311 页。

原始社会私有制产生与社会大分工模式问题的考古新认识[*]

何 驽

马克思和恩格斯在创立马克思主义关于人类社会形态发展理论体系时，关于原始社会的学术资料主要来源于美国人类学家摩尔根的《古代社会》，关于奴隶制社会的认识主要取材于古希腊和罗马历史研究成果，最终由恩格斯完成了著名的《家庭、私有制和国家的起源》纲领性理论文献。[①] 时至今日，世界范围内的考古学、人类学、历史学研究有了突飞猛进的发展，对于原始社会和奴隶社会的很多具体问题有了突破性的新认识。

考古学研究自 20 世纪 20 年代引入中国，至今也近 90 年的历史，对于原始社会和奴隶社会的一些关键问题有了新的认识，对于发展和完善马克思主义关于人类社会形态发展理论，很有裨益。

一 关于平等社会采集狩猎经济与交换及私有制产生的关系问题

马克思主义政治经济学认为，原始社会的平等氏族社会阶段，采集狩猎经济的产品仅够氏族或部落生存，没有多少剩余产品，没有社会分工与交换，不可能有私有制。[②] 其中的逻辑关系环环相扣，非常严谨：社会分

---

[*] 本文得到中国社会科学院"哲学社会科学创新工程"重大项目"中华思想通史"之"原始社会编"资金支持。

[①] 恩格斯：《家庭、私有制和国家的起源》，《马克思恩格斯文集》第 4 集，人民出版社 2009 年版。

[②] 《马克思主义政治经济学概论》编写组：《马克思主义政治经济学概论》，人民出版社、高等教育出版社 2011 年版，第 85 页。

工导致剩余产品，剩余产品产生交换，交换产生私有制。由于采集狩猎经济没有社会分工，所以就没有后来的一系列后果。

从中国考古研究结果看，上述貌似严谨的逻辑链条是存在问题的。

山西省沁水县下川遗址是一处2.2万年至4万年前的旧石器晚期文化遗址。2014年山西省考古研究所和北京师范大学历史学院组成联合发掘队，在对下川遗址的发掘中，在2.6万年前的地层中，发现石磨盘，并与6处火塘共存（图一），周边还散落着很多赤铁矿粉。

图一　下川遗址发现的火塘遗迹（资料图片）

有一个火塘保存相当完整，火塘中心有大量木炭。火塘周围由砾石围成石圈，石圈外围还有几块扁平砾石石磨盘。发掘者之一王益人联系到发掘过程中常常发现的赤铁矿粉，初步判断下川遗址在某一个时段可能与加工赤铁矿粉有关。[①] 这使我们联想到大致同时代的北京山顶洞人墓葬里撒赤铁矿粉现象。经地质资料检索，北京房山附近没有这类赤铁矿，山顶洞人使用的赤铁矿粉可以推断来自外地。而山西沁水的下川遗址在2.6万前后，应当是主要用于采集和加工赤铁矿粉的专业化遗址，其产品即使没有证据表明直接输出到北京房山的山顶洞，也应该是供应到下川遗址甚至晋东南以外的地区。赤铁矿粉并非一般的生存必需品如食物、皮毛、工具、

---

① 邢兆远、李建斌：《山西省沁水县考古有新发现——下川遗址可能是2.2万年前人类栖居地》，《光明日报》太原2015年3月7日电。

薪柴等，而是用于宗教信仰方面的特殊产品，因此下川遗址在距今2.6万年前后的生业经济是物品的交换，应当属于手工业经济或商品交换的范畴。诚然，在当时沁水地区及其以外地区的其他遗址，包括北京房山山顶洞人的生业经济仍然是采集狩猎。下川遗址考古实例告诉我们，在采集狩猎经济的社会里，很可能就已经产生了手工业与采集狩猎经济的社会分工，就已经存在着物品的长途贸易交换。

即使社会分工与贸易交换发展到了一定程度，也未必马上就产生私有制。这是因为平等的氏族社会能在一定程度和一定范围内控制、掌握和协调小商品的生产、销售以及利润和剩余产品的集体化处置，再加上平等社会的平等意识形态，可以最大程度地限制私有化现象的出现，更不能容忍私有制的出现。下川遗址中尚无任何考古资料能够证明当时存在私有制现象。

如此，我们回归到恩格斯的本意："劳动分工是私有制产生的社会前提，剩余产品的增加是私有制产生的物质前提，劳动个体化的趋势是决定因素，交换的发展促进了私有制的普遍化。"[①] 恩格斯这样的论述可能更加符合史实。劳动分工和剩余产品都是前提，交换只是促进机制，这些都不是产生私有制的必然条件。决定私有制产生的是劳动的个体化。下川遗址从事赤铁矿采集加工的劳动者，集中在6个火塘周围，很可能是集体劳动，并不是个体劳动，因此下川遗址没有产生私有制是在情理之中的。换句话说，平等的氏族社会中，采集狩猎经济基础内很可能已经产生了社会分工或具体说是手工业与采集狩猎经济的分工，甚至已经出现长途贸易交换，但只要劳动的个体仍是集体劳作，就不意味着私有制产生的充分条件已经具备，就一定会出现私有制。

二 对三次社会大分工的东亚模式理解

恩格斯认为人类历史上有三次社会大分工：第一次是农业和畜牧业的分离，形成了剥削者与被剥削者、主人与奴隶两个阶级；第二次是手工业与农业的分离，出现了新的阶级划分，除了自由民和奴隶之外，又出现了穷人和富人的差别，一夫一妻制核心家庭成为社会的经济单位；第三次是

[①] 中共中央组织部等编：《马列主义经典著作选编学习导读》，学习出版社、高等教育出版社2011年版，第129页。

商业和农牧业的分离,商人阶级出现。第三次社会大分工彻底打破了氏族制度赖以生存的前提,国家诞生。①

恩格斯关于三次社会大分工的内容与先后次序的判断,是基于欧洲或亚欧大陆西部的史料观察得出的结论,我称之为"欧亚模式"。然而东亚地区的考古研究发现,社会大分工确实发生过,但是内容与次序同"欧亚模式"迥异,我称之为"东亚模式"。社会大分工的"东亚模式"又以中国的黄河流域、长江流域和西辽河流域为中心。这三个流域的植物考古研究表明,在距今8000—9000年前后,栽培农业基本成熟。其中黄河流域和西辽河流域以旱作粟作农业为主,长江流域以稻作农业为主。而当时的蒙古高原、松嫩平原包括广袤的东西伯利亚地区的史前文化,基本停留在采集渔猎生业经济形态中。珠江三角洲及岭南地区也长期以采集渔猎生业经济为主。总之,东亚地区的畜牧业出现较晚,手工业专业化和商品交换、商品经济出现却很早。下面我们稍加论述。

1. 磁山遗址的市场商品交换

在距今7000—8000年前磁山裴李岗文化时期,黄河流域早已进入成熟的旱作农业经济时代。河北武安磁山遗址却是一处商贸中心聚落。该遗址发掘面积2579平方米,清理灰坑476个②,有学者分析其中有粮食窖穴88个,总容积约109立方米,可装粟米十万斤以上。③ 磁山遗址中出土大量石磨盘和石磨棒以及陶盂(图二)。仅第二期石磨盘就达52件,石磨棒50件,残石磨棒183件。尽管有科学检测显示,磁山文化石磨盘处理的植物种子包括粟、黍、野生植物、橡子、禾本科、豆科、块茎等④,但是结合磁山遗址存在较多的粟黍窖穴,仍可认为磁山遗址出土的大量石磨盘和石磨棒,主要用于谷物加工,暗示磁山遗址有较大的粮食加工能力。

---

① 中共中央组织部等编:《马列主义经典著作选编学习导读》,学习出版社、高等教育出版社2011年版,第130页。
② 河北省文物管理处、邯郸市文物保管所:《河北武安磁山遗址》,《考古学报》1981年第3期。邯郸市文物保管所、邯郸地区磁山考古队短训班:《河北磁山新石器遗址试掘》,《考古》1977年第6期。
③ 佟伟华:《磁山遗址的原始农业遗存及其相关的问题》,《农业考古》1984年第1期。
④ 刘莉、陈星灿、石金鸣:《山西武乡县牛鼻子湾石磨盘、磨棒的微痕与残留物分析》,《考古与文物》2014年第3期,第109—118页。Liu Li, Judith Field, Richard Fullagar, Sheahan Bestel, Xiaolin Ma, and Xingcan Chen, *What Did Grinding Stone? New light on Early Neolithic subsistence economy in the Middle Yellow River Valley*, *China*. Antiquity. 2010 (84): 861 – 833.

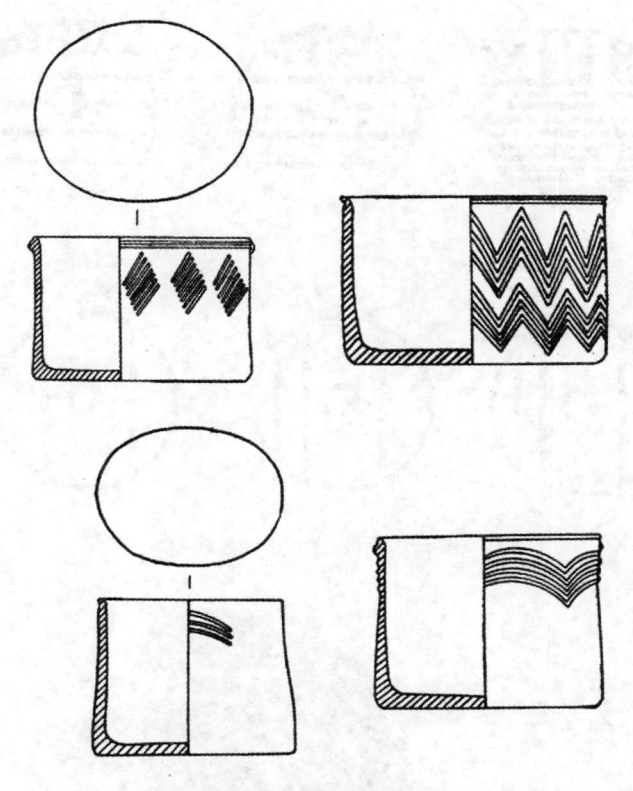

原始社会私有制产生与社会大分工模式问题的考古新认识 / 1157

图二 磁山遗址出土部分陶量（盂）

  葛英会先生认为，磁山遗址是"天下第一粮仓"，出土的陶盂140余件，是当时当地统一流行的陶量。他进一步认为，磁山遗址是史前的仓廪遗址，暗示仓廪是政府管理行为。因此不仅陶盂是磁山的标准量器，而且出土的一期的80余件陶石"弹丸"与19件"纺轮"穿孔圆陶片，很可能也是仓廪管理的记数工具。尤其是穿孔圆陶片，穿起来可以帮助记事或数量加减，类似后来的算盘。[①] 西亚考古发现的主要用于贸易记账的圆片形陶筹（图三）和陶筹封泥球（图四），可以间接佐证葛英会先生的观点的合理性。

---

  ① 葛英会：《天下第一粮仓的陶量》，北京大学震旦古代文明研究中心编《古代文明研究通讯》（总48期）2011年第3期，第1—2页。

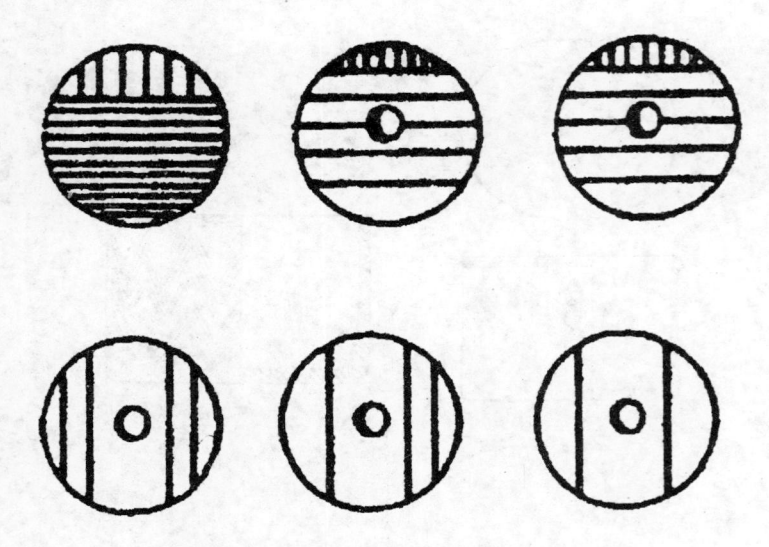

图三　西亚出土圆片形陶筹

图四　乌鲁克出土陶封球及其小陶筹

我进一步分析认为,磁山遗址一期的H32出土陶量(盂)3陶支脚2弹丸式陶筹一堆近40个,从考古存在背景关系的角度,表明葛英会先生将磁山遗址的陶量与陶筹联系起来是有道理的。H32以东的Ⅰ区T62、T25、T14、T21是一片相对空白的空场,有卵石面建筑遗迹(图五)。卵

原始社会私有制产生与社会大分工模式问题的考古新认识 / 1159

石面建筑遗迹内侧即西侧第二层中，出土 5 组石磨盘、石磨棒、陶量、陶支脚组合遗物堆。① 我怀疑是交易市场摊位所在，一边加工一边用陶量交易。

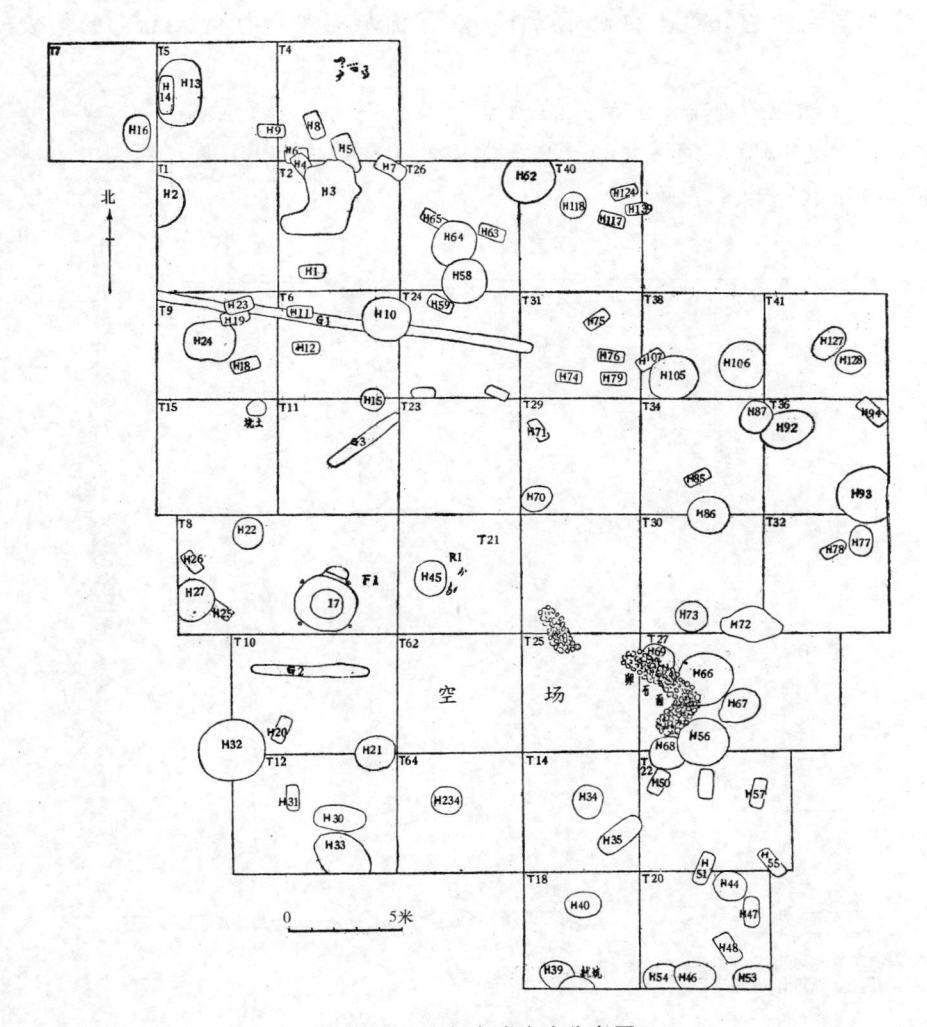

图五 磁山遗址遗迹分布图

---

① 河北省文物管理处、邯郸市文物保管所：《河北武安磁山遗址》，《考古学报》1981 年第 3 期，第 335—336 页。

考古分析显示,磁山遗址主体功能是粮食加工与交易市场。该遗址并非这些商品粮的产地。磁山遗址仅收集粮食,进行加工处理,在市场上销售。这表明假如2.6万年前旧石器时代晚期下川遗址的赤铁矿粉贸易尚不足以证明黄河流域的首次社会大分工的发生,那么8000年前磁山工商业同农业的分离,的确可以作为黄河流域第一次社会大分工的代表了。

2. 北福地遗址手工业与商品交易

距今约8000年的河北易县北福地遗址,面积仅3000平方米,出土遗迹遗物却十分丰富。①

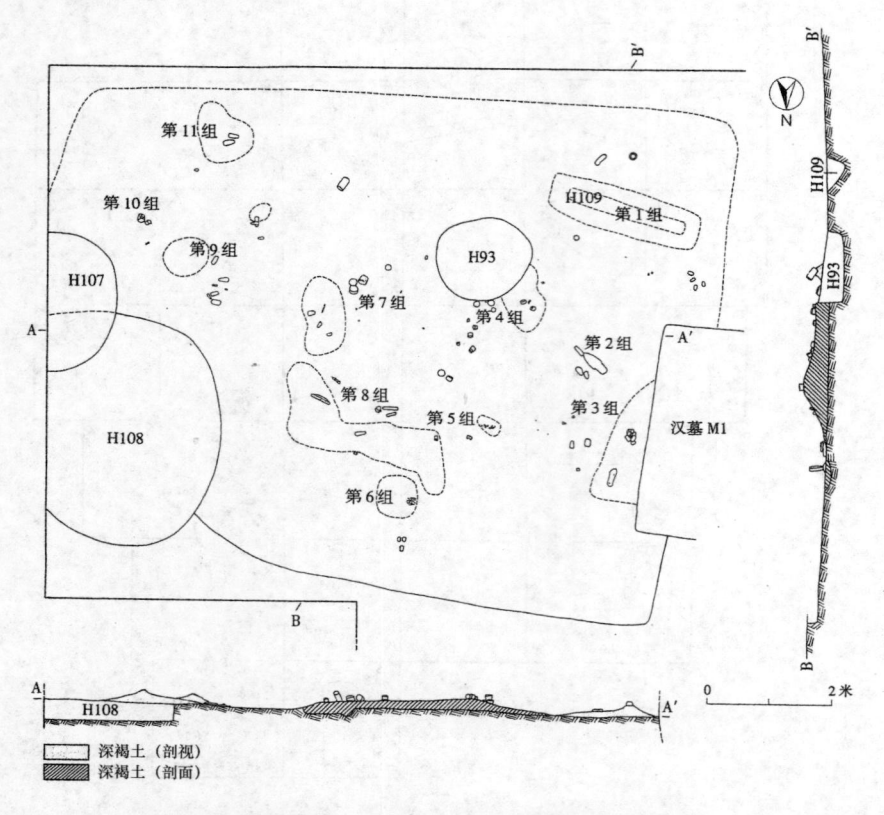

图六 北福地村北高台市场(原报告称"祭祀场")

---

① 河北省文物研究所:《北福地——易水流域史前遗址》,段宏振主编,文物出版社2007年版,本文所用北福地考古资料皆引自该报告。

原始社会私有制产生与社会大分工模式问题的考古新认识 / 1161

原报告称遗址高台部位有一片"祭祀场",面积大约100平方米,大致呈东西长方形。台面上残留着摆放的器物91件,大致可分为11组相对集中的器物群(图六),我认为这11组器物群可视为11个交易的摊位(图六)。大量的石器成品和数量不多,玉饰品基本上都是实际交易的商品,即北福地市场的主打商品。陶量模型则与粮食交易有关,甚至在一定程度上起到了一般等价物实物符号功能——最原始的货币职能。① 石器与粮食、石器与玉器、玉器与粮食之间的买卖很可能通过粮食作为等价物媒介,陶量作为象征粮食的符号(图七),代表粮食充当一般等价物。

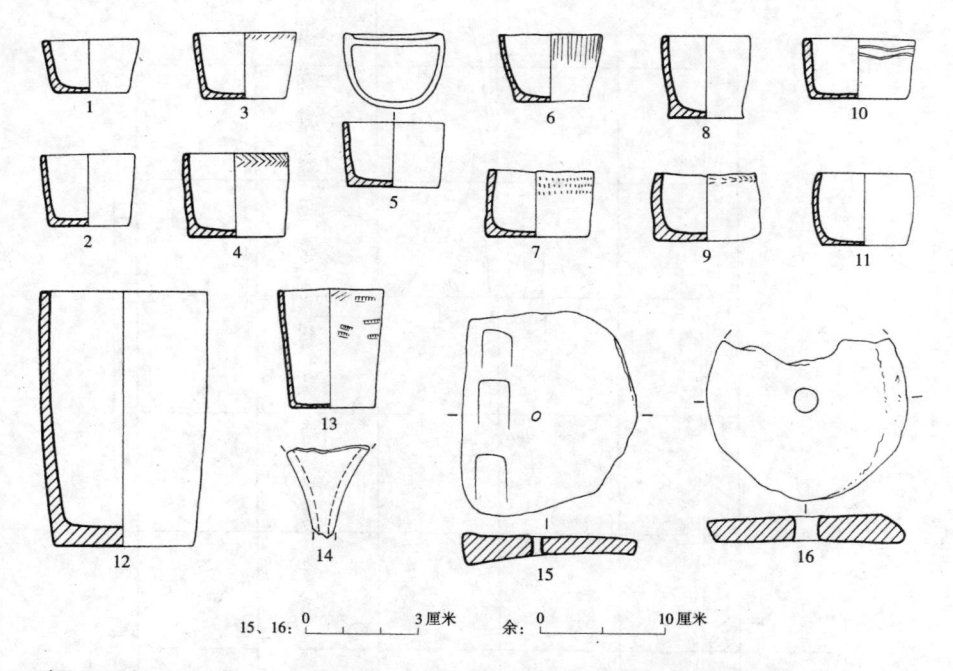

1.杯 J：2　2.杯 J：30　3.杯 J：33　4.杯 J：38　5.杯 J：35　6.杯 J：40　7.杯 J：47　8.杯 J：48　9.杯 J：64　10.杯 J：72　11.杯 J：85　12.筒形罐 J：73　13.筒形罐 J：10　14.漏斗形器 J：25　15.纺轮 J：21　16.纺轮 J：69

图七　北福地市场上现存的陶量模型及其他陶器

北福地遗址本身有石器制造场,如 S2。遗址一期的房子内废弃堆积中均包含数量相当可观的石制品。通过对北福地一期房子内部废弃堆积里包

---

① 《马克思主义政治经济学概论》编写组:《马克思主义政治经济学概论》,人民出版社、高等教育出版社2011年版,第50—51页。

1162 / 马克思主义社会形态理论的认识及当代意义

含的石制品分析，不难看出该村社的石器制造手工业是以家庭为单位的小商品生产。

这些石器制造手工业，生产资料是家庭私有的，生产者以家庭为单位属于个体生产者。其生产出来的石器作为商品拿到村北头的市场去销售。

从房子的空间布局来看，F1—F2—F3—F6—F7—F10—F11—F9 可以顺时针围成一个椭圆形的圈（图十），是北福地细石器生产的主要家族。

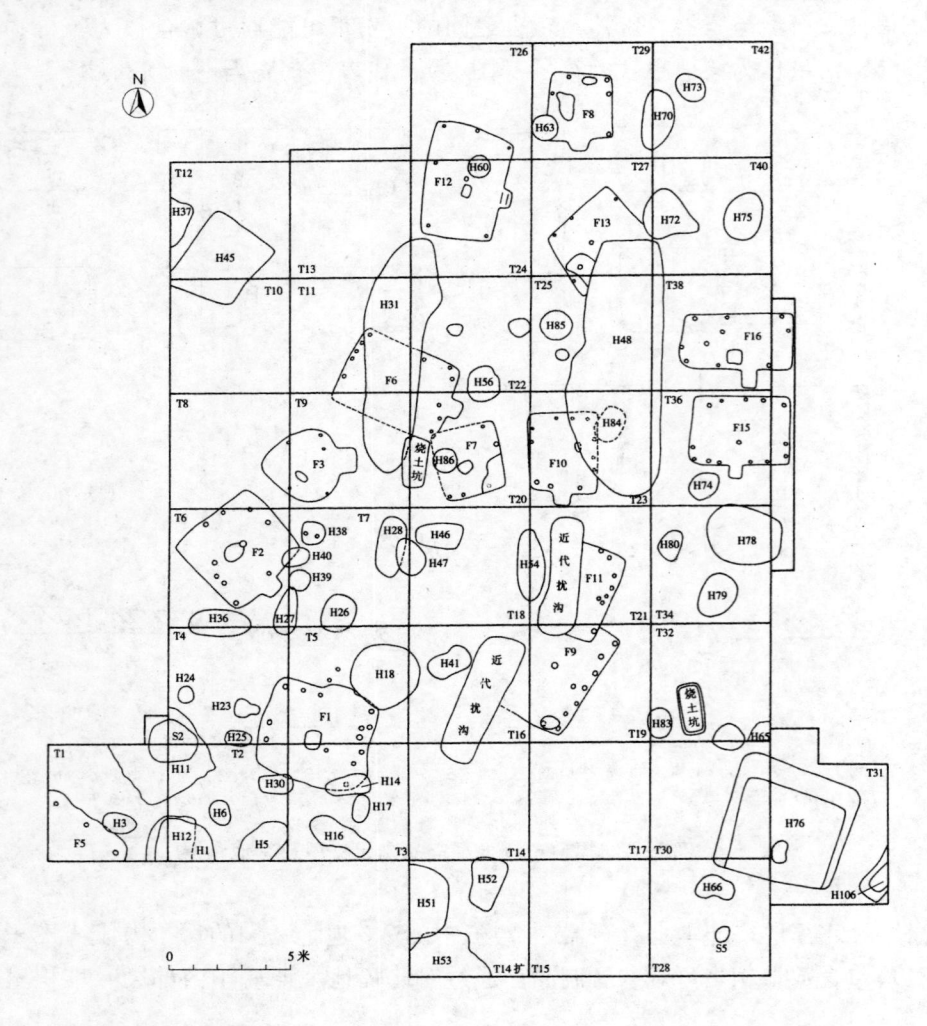

图八　北福地 I 区居址遗迹分布图

另一个家族可能由 F12—F8—F13—F16—F15—H76—F5—F4 构成，围在 F1 家族房子的外围（图八），主要生产磨制石器。这意味着北福地一期的石器小商品生产，尽管是家庭手工业，但也不是放任各核心家庭随意组织生产，而在家族层面上高一层次的生产组织管理。这个管理是家族内部式的，很可能以宗法制度为依托，不一定立刻造成社会的不平等。北福地的考古例证很好地说明，以家庭为单位的小商品生产与销售经济，从农业经济中分离出来，一开始可以由家族进行管理，虽然已经产生了家庭私有制，却不一定马上催生社会的不平等。同时，北福地遗址资料还说明，黄河流域第一次社会分工是工商业从农业中分离出来并非磁山遗址孤例。

3. 崧泽文化圈的工商业

距今 5800—4900 年，长江下游环太湖地区形成了崧泽文化圈的核心。张弛先生曾提出"大溪文化中晚期和崧泽文化时期形成了一个沿长江的（石器与玉器）贸易圈"[①]。受此启发，我通过小商品经济生产特征、犁耕与集约化农业商品粮生产、商品交易衡具、记数陶筹、陶豆商业化量产、艺术家的出现、产品互补性等方面，比较全面地分析了崧泽文化圈的商品经济特征。[②] 崧泽文化圈为代表的长江下游地区，首次社会大分工同样是工商业同农业的分离。连云港市东山村崧泽文化最大墓葬之一 M90 墓主头部摆放石锥、砺石和一堆解玉砂[③]，表明东山村的"贵族"即领导层，本身原本是治玉的匠人。长江下游地区首次社会大分工，将社会按照不同氏族或部落在社会中的职能不同，分裂为贵族与平民两个阶层，社会的贫富分化与等级化发生在不同社会分工或职能的氏族或部落之间，而不是发生在氏族或部落内部。

随后的距今 4900—4500 年间，崧泽文化的后继者良渚文化成为长江流域商业国家的龙头老大，将长江流域的玉器、高端石器、纺织、漆木器、商品粮等工商业，推向了顶峰。

4. 石峁集团的商品经济

陕西神木石峁城址的发掘，出人意料地揭示出一个距今 4200—3800

[①] 张弛：《大溪、北阴阳营和薛家岗的石、玉器工业》，《考古学研究》（四），科学出版社 2000 年版，第 72 页。

[②] 何驽：《关于崧泽文化商品经济的思考》，《东南文化》2015 年第 1 期，第 88—94 页。

[③] 南京博物院、张家港市文广局、张家港博物馆：《江苏张家港市东山村新石器时代遗址》，《考古》2010 年第 8 期。

年前，与中原王朝旗鼓相当的、极盛一时的文明与政治中心。石峁城址的考古学文化面貌为老虎山文化①，主要分布于中国内蒙古南部、陕西北部、山西中北部一带。大致沿长城地带分布，以一系列石城为主要特征。其中石峁石城是最大的，总面积400万平方米，乃全中国史前时期最大的城址。其中内城面积约210万平方米，外城面积约190万平方米。内城核心是皇城台，很可能是王宫之所在，面积约8万平方米，用石块包砌外壁②，从沟底到台等共有七级，总高近百米。石峁城址被学术界视为一座都邑聚落。石峁遗址出土过大量玉器，包括玉钺、戚、环、璇玑、牙璋、玉质圆片算筹（通常称之为玉纺轮）、石质算筹（通常所谓的石纺轮）、玉质仿货贝等，还出土过陶筹封球（通常所谓的陶响器）、少量的子安贝（货贝）等。③以往学界通常将石峁的玉器从宗教祭祀的角度来解读，几乎不从商品经济的角度来解读石峁遗址的玉器与生业。由于石峁遗址采集的玉算筹、石算筹、陶筹封球等重要资料均未发表，无法从商品交换的记账工具④角度分析，然而我们可以从石峁遗址的市场特征与石峁玉器的一般等价物功能角度进行分析。

石峁遗址出土玉器难以准确统计，据王炜林与孙周勇大略统计，有明确收藏资料的玉器不下150件，"文化大革命"期间流散出去的不下四五百件，实际私人收藏更多。石峁玉器的年代上限为龙山时期，下限不晚至商代。石峁玉器器形以片状器为主，典型器类有刀、铲（或称钺）、圭、斧、璜、牙璋等（图九）。剖片现象普遍，改器现象流行，存在着较多的半成品。据此，王炜林与孙周勇认为，这一方面暗示玉器在石峁人（包括新华遗址人）心目中的崇高地位，反映出玉料资源的稀缺导致重复利用；另一方面也暗示石峁与新华先民可能从事玉器制造与再加工，这两处遗址显然已经成为河套地区玉器消费和流通的中心。⑤

---

① 韩建业：《中国北方地区新石器时代文化研究》，文物出版社2003年版，第126—155页。
② 陕西省考古研究院等：《陕西神木县石峁遗址》，《考古》2013年第7期，第15—24页。
③ 陕西神木县博物馆展品。
④ 何驽：《怎探古人何所思——精神文化考古理论与实践探索》，科学出版社2015年版，第375—378页。
⑤ 王炜林、孙周勇：《石峁玉器的年代及相关问题》，《考古与文物》2011年第4期，第40—49页。

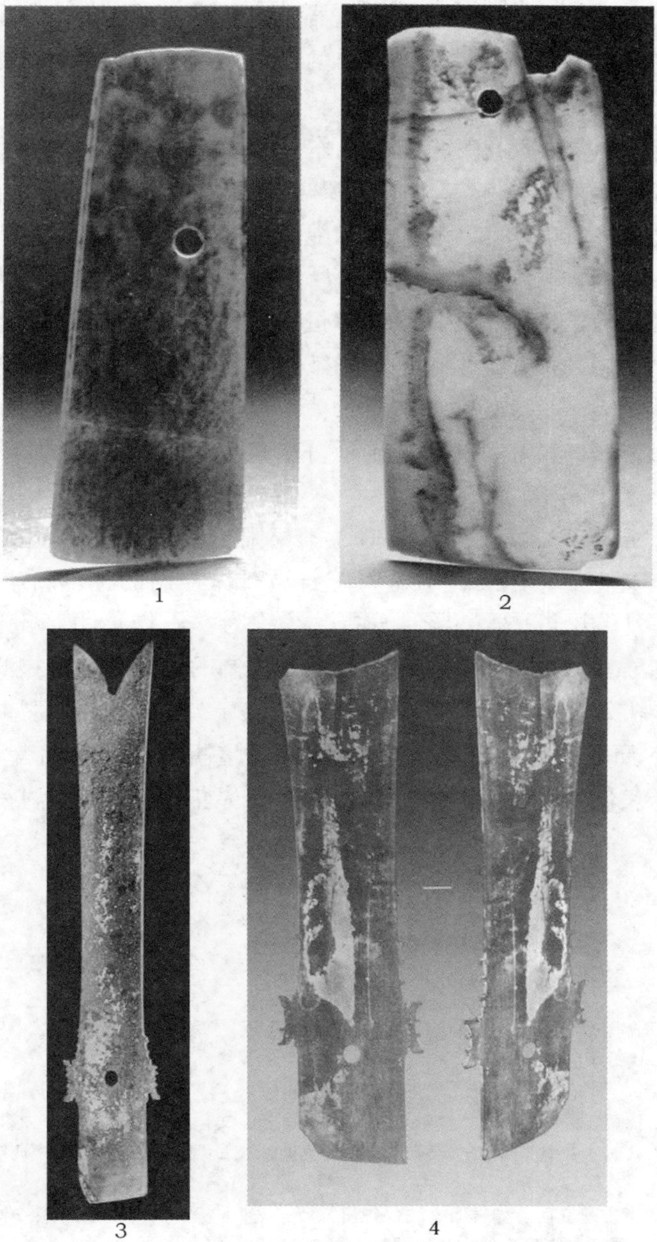

原始社会私有制产生与社会大分工模式问题的考古新认识 / 1165

图九 石峁城址出土部分玉器
1、2：城墙内出土玉钺 3、4：石峁遗址采集玉牙璋

石峁玉器在器类上与传统的玉礼器确实没有本质不同，如果要论证其作为一般等价物的功能，就要从货币的价值尺度功能入手，才能从使用性质上同玉礼器剥离出来。

所谓货币的价值尺度，"即货币作为表现、衡量、计算商品价值大小的尺度。货币之所以能够起到价值尺度的作用，是因为货币本身也有价值。正如尺子之所以能作为衡量布和绳子长度的工具，是因为尺子本身也具有长度一样。"为了能够衡量和计量各种商品的价值量，同时也便于交换流通，必须确定货币本身的计量单位，即在技术上把某一标准固定下来作为货币单位。① 通常金银等贵金属都采用重量，玉器由于材质庞杂，重量不易控制，因而长度便成为货币价值尺度的技术选择。具体地说，我们可以从石峁玉器的尺寸，比较明确地分出级差，表达不同的货币面值，表明其价值尺度职能。

我们分析石峁玉器尺寸级差时，不局限于石峁遗址出土的玉器②，而是将同属于老虎山文化的、明显属于石峁政体控制的神木新华遗址③和延安芦山峁遗址④出土玉器，统一分析，统称为"石峁集团"玉器。所谓石峁集团是指石峁城址为都城的政体及其所控制的各地方政治中心。⑤

通过分析发现，石峁集团玉器的分级决定性指标是长度。我们按照1陶寺尺=25厘米的长度基元⑥，将玉器的长度折算成寸，四舍五入得到整寸，再结合长度与特征性器类，我们暂将石峁集团玉器分为七个层级，如下所示：

---

① 《马克思主义政治经济学概论》编写组：《马克思主义政治经济学概论》，人民出版社、高等教育出版社2011年版，第52—53页。
② 戴应新：《神木石峁龙山文化玉器探索（一—六）》，《故宫文物月刊》第125—130期，1993年8—12月（连载）。戴应新：《陕西神木县石峁龙山文化玉器》，《考古与文物》1988年第5—6期合刊。西安半坡遗址博物馆：《陕西神木石峁遗址调查试掘简报》，《史前研究》1983年第2期。
③ 陕西省考古研究院、榆林市文物保护研究所：《神木新华》，科学出版社2005年版。
④ 姬乃军：《延安市发现的古代玉器》，《文物》1984年第2期。
⑤ 何驽：《对于陶寺文化晚期聚落形态与社会变化的新认识》，《新世纪的中国考古学（续）》，科学出版社2015年版，第158—171页。
⑥ 何驽：《怎探古人何所思——精神文化考古理论与实践探索》，科学出版社2015年版，第153—167页。

附表　　　　　　　　　石峁集团玉器分级标准

别级	陶寺尺	长度基元	寸
特级	20	22	
Ⅰ	14	15	16
Ⅱ	11	12	13
Ⅲ	8	9	10
Ⅳ	6	7	
Ⅴ	4	5	
Ⅵ	2	3	

　　特级至第Ⅲ级大面值的玉器货币主要由牙璋和多孔刀来担当，Ⅳ和Ⅴ级中等面值的玉器货币主要有钺和戚来担纲，而Ⅵ级小面值的零钱，则主要有玉璜辅以玉片和小玉刀等来承担。众所周知，中国东周时期的金属货币、布币源自青铜工具铲或镈的货币符号化，刀化（货）来源于青铜削刀。[①] 那么圜钱体圝（圆）有中孔，所谓有"肉"有"好"[②]，术语描述同于玉璧，于是我认为圜钱很可能仿自玉璧。足见，东周时期是中国古代金属货币成熟时期，布币、刀币、圜钱均能在石峁集团玉器中找到历史的痕迹。比如石峁玉钺和玉戚，同玉铲的区别仅在于装柄的方式不同，侧装为钺、戚，竖装即为铲。石峁玉刀是大面值玉器货币的主要器类。璧则是中等面值的玉器货币中的一员。我们并不认为东周三种青铜货币的形态直接源自石峁玉器的钺（铲）、刀、璧，而是试图借此说明石峁玉器的牙璋、刀、钺、璧等，有可能同东周时期青铜铲、削、玉璧从一般商品转化成为一般等价物一样，从石钺、石刀、石璧转化成为玉料材质货币的可能性与合理性。

　　石峁集团的玉器作为货币出土以石峁遗址最为集中，石峁城址的中心市场地位非常突出。因而我推断石峁城址是一个商贸中心城市，同时石峁集团应当是一个建立在商业文明上的国家。而石峁商城以及石峁集团商业国家恰好横亘在农牧交错带上，显然是作为黄河中下游地区的农业文明区

[①] 王毓铨：《我国古代货币的起源和发展》，科学出版社1957年版，第25—28、56—58页。
[②] 同上书，第73页。

与北方草原地区游牧经济区之间商品贸易的中间商而存在。石峁集团的生活方式如突出军事、使用双鋬陶鬲等，都与草原游牧文化有着千丝万缕的联系，这暗示石峁集团很可能是从游牧集团中分离出来的专于商业的部族，发展出来文明，进入到国家。那么石峁集团可以作为中国境内史前时期商业从农牧业分离出来的一个案例。

三　小结

通过上述考古分析，足见在中国史前时期，一旦家庭手工业或工商业作为个体劳动单位和经营单位，私有制便开始出现，但一开始并未立刻带来社会的等级分化。长江下游地区随着手工业和商品贸易的扩大，特别是形成区域贸易圈之后，工商业的精英成为了社会的上层即贵族，普通的从业者则成为平民，社会进入不平等甚至发展成为国家。

黄河中游地区则从距今5500年前开始进入庙底沟文化时期，小商品生产以及商品贸易并未成为社会经济的主体，主体经济是以家庭为单位个体小农经济，私有化迅速发展，催生了社会的复杂化，以河南灵宝西坡遗址大墓与小墓四级等级为代表[1]，也进入不平等社会，李伯谦先生更认为进入到了仰韶古国阶段。[2]

而以中国境内史前文化为代表的东亚地区社会大分工，有可能只有两次。第一次是大约距今7000—8000年前，建立在小商品生产的工商业从农业中分离出来。长江流域的第一次社会大分工，使长江流域成功地走上了商品经济文明道路，诞生了良渚文化。黄河流域的第一次社会大分工进行得并不彻底，也不成功，被纳入了王权管理的计划经济体制内，即成为官营手工业和官商，在社会经济中所占地位有限。第二次是距今4300年前后，黄河上游农牧交错带出现了商业同农牧业的分离，石峁商城出现，石峁商业国家诞生。

据此，我总结原始社会大分工的"东亚模式"为：两次社会大分工，第一次是工商业同农业的分离；第二次是商业同农牧业的分离。

---

[1] 中国社会科学院考古研究所、河南省文物考古研究所：《灵宝西坡墓地》，文物出版社2010年版，第293—298页。

[2] 李伯谦：《中国古代文明演进的两种模式——红山、良渚、仰韶大墓随葬玉器观察随想》，《文明探源与三代考古论集》，文物出版社2011年版，第43—54页。

需要指出的是,"东亚模式"的两次社会大分工中都是工商业或商业独立出来,却在东亚地区没能最终彻底战胜农业经济,个中原因极其值得深入探讨。

(作者单位:中国社会科学院考古研究所)

唯物史观中"决定"的涵义探微

陈元明

自马克思主义唯物史观产生至今，一直有不少人将唯物史观中的"决定"不加分析地理解成"必然"或"一定"，即把 A "决定" B 理解成：只要有 A 就必然有 B。如果借用数学语言，就是说 A 是 B 的充分条件。那么唯物史观中的"决定"都能这样理解吗？如果把唯物史观中的"决定"都理解成"必然"或"一定"，就极易把唯物史观误解成机械的历史决定论，忽视甚至否定了人的能动作用和其他因素的作用，从而给唯物史观带上历史宿命论的色彩。这也是近年来一些学者反对唯物史观，走向唯心史观，从而坠入历史虚无主义泥淖的主要原因之一。下面，我们就对唯物史观中"决定"的涵义进行具体考察。

一 "决定"的词源探究

要具体考察唯物史观中"决定"的具体涵义，首先应该从词源上对"决定"一词进行探究。在马克思、恩格斯的英文版原著中，涉及"决定"之处一般用的是"determine"一词。《牛津高阶英汉双解词典》对"determine"的解释如下：1. to discover the facts about sth; to calculate sth exactly 查明；测定；准确算出 2. to make sth. happen in a particular way or be of a particular type 决定；形成；支配；影响 3. to officially decide and/or arrange sth. 确定；裁决；安排。① 显然，唯物史观中的"决定"应该取第二个义项，原意为：以特定的方式使某事发生或使某事成为特定的类型，亦即"支配、影响"之意。在"determine"的英英释义中也有"fix in scope

---

① ［英］霍恩比：《牛津高阶英汉双解词典》第 8 版，赵翠莲等译，商务印书馆 2014 年版，第 557 页。

限定范围之意。可见,"determine"一词作为"支配、影响、限定范围"的释义理解时,不一定是"必然"或"一定"之意。"A determine B"或"B is determined by A"不一定意味着 A 是 B 的充分条件。

《现代汉语词典》中"决定"一词有三个义项:(1)对如何行动作出主张;(2)决定的事项;(3)某事物成为另一事物的先决条件;起主导作用,如决定性;存在决定意识等。① 《商务国际现代汉语大词典》中"决定"一词有两个义项:(1)打定主意不改变;(2)定出(某事物成为另一事物的先决条件)。② 《新华汉语词典》中"决定"一词有四个义项:(1)对事项、问题或如何行动作出主张;(2)某事物成为另一事物的先决条件或对另一事物起主导作用,如存在决定意识、生产力的发展决定生产方式的变革等;(3)客观规律促使事物一定向某方面发展变化,如决定性、决定因素等;(4)决定的事项。显然,唯物史观中的"决定"应该是"某事物成为另一事物的先决条件或某事物对另一事物起主导作用"或"客观规律促使事物一定向某方面发展变化"之意。如果是前者,此处的"先决条件"并非唯一条件,"主导作用"也并非全部作用,那么这里的"决定"就不是"必然"或"一定"之意,"A 决定 B"或"B 决定于 A"就不意味着 A 是 B 的充分条件而只是其必要条件。如果是后者,"决定"才是"必然"或"一定"之意,"A 决定 B"或"B 决定于 A"才意味着 A 是 B 的充分条件。

根据英国学者威廉斯的考证,"决定〔determine(动词)〕"的本义是"设定边界"(setting bounds)或"设定限度"(setting limits),起初暗指某些事物脱离(甚至外在于)特定行动却又决定或控制着这一行动,常用于抽象决定论(外因决定论),后发展到内因决定论,经过中世纪唯心主义决定论和近代机械唯物主义决定论的影响,包含了支配性、必然性的意思,从开始的消极设定限度走向规律支配过程的更积极的"施加作用力"③。然而,唯物史观不是唯心主义决定论,而是唯物主义决定论;不是

---

① 中国社会科学院语言研究所词典编辑室:《现代汉语词典》第 6 版,商务印书馆 2012 年版,第 708 页。
② 龚学胜主编:《商务国际现代汉语大词典》,商务印书馆国际有限公司 2015 年版,第 763 页。
③ [英]威廉斯:《马克思主义与文学》,王尔勃等译,河南大学出版社 2008 年版,第 89—96 页。

机械的决定论，而是辩证的决定论，其中的"决定"虽有主动"施加作用力"的意思，但不一定意味着"绝对的支配性、必然性"。

二 唯物史观三对范畴中"决定"的涵义

在唯物史观中，"决定"一词常用于以下三对范畴：社会存在和社会意识、生产力和生产关系、经济基础和上层建筑，即社会存在决定社会意识、生产力决定生产关系、经济基础决定上层建筑。这些基本原理是每一个对唯物史观有初步了解的人都熟悉的。但问题是对唯物史观这三对范畴中的"决定"究竟如何理解，就仁者见仁智者见智了。下面，我们就对唯物史观这三对范畴中的"决定"进行具体分析。

（一）"社会存在决定社会意识"中"决定"的涵义

"社会存在决定社会意识"实际上是唯物主义"物质决定意识"的原理在社会历史领域的运用，就是肯定"人们的社会存在决定人们的意识"。[①] 这里的"决定"是指社会存在是社会意识的根源，社会意识是社会存在派生的，有什么样的社会存在，就有什么样的社会意识与之相适应。正如马克思、恩格斯所说"意识在任何时候只能是被意识到了的存在，而人们的存在就是他们的现实生活过程"[②]；"甚至人们头脑中的模糊幻象也是他们的可以通过经验来确认的、与物质前提相联系的物质生活过程的必然升华物。因此，道德、宗教、形而上学和其他意识形态，以及与它们相适应的意识形式……没有历史，没有发展，而发展着自己的物质生产和物质交往的人们，在改变自己的这个现实的同时也改变着自己的思维和思维的产物。不是意识决定生活，而是生活决定意识。"[③] 这里的"决定"可以理解为"必然"或"一定"，在社会存在和社会意识之间，有 A 就必然有 B，A 是 B 产生和发展的充分条件。如图 1 所示：

---

① 《马克思恩格斯选集》第 2 卷，人民出版社 1995 年版，第 32 页。
② 《马克思恩格斯选集》第 1 卷，人民出版社 1995 年版，第 72 页。
③ 同上书，第 73 页。

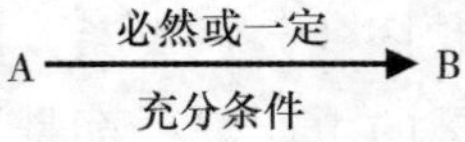

$$A \xrightarrow[\text{充分条件}]{\text{必然或一定}} B$$

图1

注：在图1中，A代表社会存在；B代表社会意识。

（二）"生产力决定生产关系"中"决定"的涵义

那么，对于"生产力决定生产关系"、"经济基础决定上层建筑"是否也可这样理解呢？关于"生产力决定生产关系"，虽然马克思、恩格斯曾说"人们生产力的一切变化必然引起他们的生产关系的变化"[①]，"这些关系的性质必然随着这些生产力的改变和发展而改变"[②]，但这里的"决定"并不意味着生产力水平和生产关系的先进程度之间是线性的必然的一对一的关系，并不是说生产力水平较高生产关系就一定较先进或生产力水平较低生产关系就一定较落后。如古罗马帝国比其后的日耳曼诸国的生产力水平高，但日耳曼诸国的封建制生产关系却高于古罗马帝国的奴隶制生产关系；鸦片战争前的中国生产力总量高于英国，但其封建制生产关系却已落后于英国的资本主义生产关系。生产力与生产关系之间其实是复杂的"一对多"和"多对一"的关系。一方面，在生产力发展的一定阶段上，可能有多种生产关系与之相适应。如第二次世界大战前，中国和印度两国生产力的结构和水平比较相似，但在战后，中国建立了社会主义的生产关系，而印度却走上了资本主义道路；[③] 当代北欧诸国内部，在同一生产力水平上既有资本主义私有制生产关系，也有一定比例的社会主义公有制生产关系。另一方面，在不同的生产力水平上可能建立起相同性质的生产关系。如第二次世界大战后中国的生产力水平虽然远远落后于苏联和东欧国家，却与后者一样建立了社会主义生产关系。然而，这里的"一对多"和"多对一"都不是任意的，而在生产力所限定的一定限度内，石器时代的生产力水平决不可能产生资本主义或社会主义生产关系。值得注意的是，唯物史观中的"生产力"不仅指生产力水平，也指生产力结构；其中被生产力所决定的"生产关系"是就生产关系的基本性质而言，而不是指生产关系的具体表现形式。"生产力决定生产关系"绝不意味着相同结构和水平的生产力就一定

[①] 《马克思恩格斯选集》第1卷，人民出版社1995年版，第152页。
[②] 《马克思恩格斯选集》第4卷，人民出版社1995年版，第536页。
[③] 贾英健：《唯物史观社会结构的层次决定及辩证特性》，《理论学刊》1993年第4期。

会产生从内容到形式都完全相同的生产关系。如当代法国、英国的生产力结构和水平相似，决定了两国的生产关系都是资本主义性质的，但两国生产关系的具体表现形式却各有不同。因此，生产力只是某一种生产关系存在和发展的必要条件而非充分条件，还要与其他条件综合在一起，才能产生一定的生产关系，但在其所有的必要条件中，生产力又是主要的条件。总之，在生产力与生产关系之间，有 A 可能有 B，A 是 B 的必要条件而非充分条件，A 还需与 C、D……其他条件一起影响 B，但 A 是 B 的主要条件。如图 2 所示：

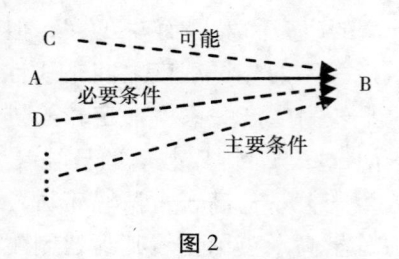

图 2

注：在图 2 中，A 代表生产力；B 代表生产关系；C、D……代表其他因素。

（三）"经济基础决定上层建筑"中"决定"的涵义

"经济基础决定上层建筑"中的"决定"是从"归根到底"的意义上讲的，经济基础并非直接决定上层建筑的具体内容和形式，换言之，经济基础是上层建筑的最终动因或终极原因，而非直接原因。经济基础对上层建筑的影响往往是比较间接和疏远的，因此并非上层建筑的任何变化都是由经济原因直接引发的。唯物史观并不要求人们对于上层建筑的任何变化，都要机械地从经济上进行说明。正如恩格斯所说："要从经济上说明每一个德意志小邦的过去和现在的存在，或者要从经济上说明那种把苏台德山脉至陶努斯山所形成的地理划分扩大成为贯穿全德意志的真正裂痕的高地德意志语的音变的起源，那么，很难不闹出笑话来。"① 那么，经济基础与上层建筑之间是一对一的关系还是一对多的关系呢？一方面，就基本性质而言，经济基础与上层建筑是一对一的关系，即有什么样的经济基础就有什么样的上层建筑与之相适应。资本主义的经济基础决定了其上层建筑的基

---

① 《马克思恩格斯选集》第 4 卷，人民出版社 1995 年版，第 696—697 页。

本性质是资本主义的，同理，社会主义的经济基础决定了其上层建筑的基本性质是社会主义的；在资本主义的经济基础上不可能建立社会主义的上层建筑，在社会主义的经济基础上也不可能建立资本主义的上层建筑。另一方面，就具体内容和形式而言，经济基础与上层建筑是"一对多"的关系，在同样的经济基础之上，其上层建筑的具体内容和形式可能有所差异。如美国、德国和日本虽然同样是资本主义国家，但其上层建筑中国家政体、法律、社会保障体制等却有较大差异。总之，经济基础与上层建筑之间就基本性质而言，有 A 就必然有 B，A 是 B 的充分条件；就具体内容和形式而言，有 A 就可能有 B，A 是 B 的必要条件。如图 3 和图 4 所示：

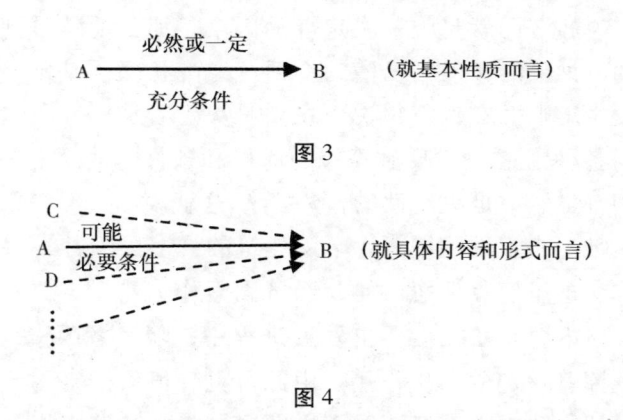

$$A \xrightarrow[\text{充分条件}]{\text{必然或一定}} B \quad （就基本性质而言）$$

图 3

$$A \xrightarrow[\text{必要条件}]{\text{可能}} B \quad （就具体内容和形式而言）$$

图 4

注：在图 3 和图 4 中，A 代表经济基础；B 代表上层建筑；C、D……代表其他因素。

三　唯物史观关于社会历史发展中"决定"的涵义

唯物史观中的"决定"一词除常用于以上三对范畴外，也常用于社会历史发展中。马克思、恩格斯在论述唯物史观时经常强调生产、经济等在社会历史发展中的作用。他们在《德意志意识形态》中指出："它们①没有历史，没有发展，而发展着自己的物质生产和物质交往的人们，在改变自己的这个现实的同时也改变着自己的思维和思维的产物。"② 恩格斯在《反杜林论》中认为，"唯物主义历史观从下述原理出发：生产以及随生产而来的产品交换是一切社会制度的基础……一切社会变迁和政治变革的终

---

① 指道德、宗教、形而上学和其他意识形态以及与它们相适应的意识形式。
② 《马克思恩格斯选集》第 1 卷，人民出版社 1995 年版，第 73 页。

极原因……应当到生产方式和交换方式的变更中去寻找……到有关时代的经济中去寻找。"① 恩格斯在致约·布洛赫的信中也说，"经济的前提和条件归根到底是决定性的"②。这就是说，经济因素是社会历史发展中的决定因素，它既决定着社会历史发展中的意识形态、意识形式等其他因素，也决定着社会历史本身的发展，但这是否意味着唯物史观像国内外某些学者所说的那样，是机械的、单线的、直接的经济决定论呢？

恩格斯就这一问题在致约·布洛赫的信中进一步作了比较详细的阐释："根据唯物史观，历史过程中的决定性因素归根到底是现实生活的生产和再生产。无论马克思或我都从来没有肯定过比这更多的东西。如果有人在这里加以歪曲，说经济因素是唯一决定性的因素，那么他就是把这个命题变成毫无内容的、抽象的、荒诞无稽的空话。经济状况是基础，但是对历史斗争的进程发生影响并在许多情况下主要是决定着这一斗争的形式的，还有上层建筑的各种因素……政治等等的前提和条件，甚至……传统，也起着一定的作用，虽然不是决定性的作用。"③ 这就表明，经济因素在社会历史发展中不是唯一决定性的因素，上层建筑的许多因素往往决定着历史斗争的具体形式。这里值得注意的是：经济因素作为基础，仍然主要决定着历史斗争的实质内容；在社会历史发展进程中，除经济因素外，政治、传统等因素都发挥着一定的历史作用。由此可见，虽然经济因素在社会历史发展中是主要的决定因素，但社会历史发展是包括经济因素在内的诸多因素相互作用的结果。也就是说，经济因素和社会历史发展之间也不是一对一的关系，而是"多对一"的关系，即多种因素相互作用，共同影响社会历史发展进程，但其中经济因素是影响社会历史发展的终极原因。这里经济因素对社会历史发展的"决定"作用可以理解为终极原因之意。借用数学语言表达，有 A 就可能有 B，A 是 B 的必要条件而非充分条件，但 A 是 B 的终极原因。由此可见，唯物史观主张辩证的、多线的历史决定论。

另外，值得注意的是，经济因素对社会历史发展的这种"决定"是在归根到底的意义上才成立的。恩格斯说，"这里（社会历史发展）表现出这一切因素间的相互作用，而在这种相互作用中归根到底是经济运动作为

---

① 《马克思恩格斯选集》第 3 卷，人民出版社 1995 年版，第 617—618 页。
② 《马克思恩格斯选集》第 4 卷，人民出版社 1995 年版，第 696 页。
③ 同上书，第 695—696 页。

必然的东西通过无穷无尽的偶然事件（即这样一些事物或事变，它们的内部联系是如此疏远或者是如此难于确定，以致我们可以认为这种联系并不存在，忘掉这种联系）向前发展。否则把理论应用于任何历史时期，就会比解一个最简单的一次方程式更容易了"①；"它（经济）决定着现有思想材料的改变和进一步发展的方式，而且多半也是间接决定的，因为对哲学发生最大的直接影响的，是政治的、法律的和道德的反映"。② 这就清楚地表明了经济因素是通过众多复杂的中间环节间接决定社会历史发展的，换言之，经济因素对社会历史发展的决定作用具有明显的间接性。如果不是在"归根到底"的意义上，经济因素对社会历史发展的"决定"作用就不一定成立。这里的"归根到底"具有以下三方面的涵义：一是经济因素是社会历史发展的始发力量；二是经济因素是社会历史发展的基础力量；三是经济因素对社会历史发展的决定作用是就总体上、长时段、宽范围而言的。如果只从个体上、短时段、窄范围来考察，决定某些具体历史事件或历史过程的可能是经济因素之外的其他因素。如我国古代汉族与少数民族以及少数民族之间战争的起因往往是民族问题；欧洲中世纪后期的宗教战争，其爆发的主要原因是宗教矛盾；我国近代的"五四运动"、"东北易帜"的决定因素是政治因素。但如果从总体上、长时段、宽范围来考察历史，经济因素归根到底仍是决定社会历史发展整体进程的。正如恩格斯所说，"如果您划出曲线的中轴线，您就会发现，所考察的时期越长，所考察的范围越广，这个轴线就越同经济发展的轴线接近于平行"。③ 由此可见，唯物史观还是间接的历史决定论。

那么历史究竟是怎样创造的呢？恩格斯指出，"历史是这样创造的：最终的结果总是从许多单个的意志的相互冲突中产生出来的，而其中每一个意志，又是由于许多特殊的生活条件，才成为它所成为的那样。这样就有无数互相交错的力量，有无数个力的平行四边形，由此就产生出一个合力，即历史结果，而这个结果又可以看作一个作为整体的、不自觉地和不自主地起着作用的力量的产物……历史总是像一种自然过程一样地进行，而且实质上也是服从于同一运动规律的。但是，各个人的意志——其中的

---

① 《马克思恩格斯选集》第 4 卷，人民出版社 1995 年版，第 696 页。
② 同上书，第 704 页。
③ 同上书，第 733 页。

每一个都希望得到他的体质的和外部的、归根到底是经济的情况使他向往的东西——虽然都达不到自己的愿望,而是融合为一个总的平均数,一个总的合力,然而从这一事实中决不应作出结论说,这些意志等于零。相反地,每个意志都对合力有所贡献,因而是包括在这个合力里面的"[1];"它们[2]又都互相作用并对经济基础发生作用。并非只有经济状况才是原因,才是积极的,其余一切都不过是消极的结果。这是在归根到底总是得到实现的经济必然性的基础上的互相作用。……并不像人们有时不加思考地想象的那样是经济状况自动发生作用,而是人们自己创造自己的历史,但他们是在既定的、制约着他们的环境中,在现有的现实关系的基础上进行创造的,在这些现实关系中,经济关系不管受到其他关系——政治的和意识形态的——多大影响,归根到底还是具有决定意义的,它构成一条贯穿始终的、唯一有助于理解的红线。"[3]

恩格斯在这里既强调了人的意志在创造历史中的重要作用,又说明了人的意志的作用的局限性,认为历史既是人创造的,又不是人随心所欲地创造的,历史是多种力量的合力共同创造的,而不是经济因素自行创造的。这就是著名的"历史合力论"。但在这种合力中不同力的作用是不平衡的,经济因素归根到底仍然是最重要的,其他因素不可能与经济因素等量齐观。正如恩格斯所说:"相互作用的力量很不相等:其中经济运动是最强有力的、最本原的、最有决定性的。"[4]

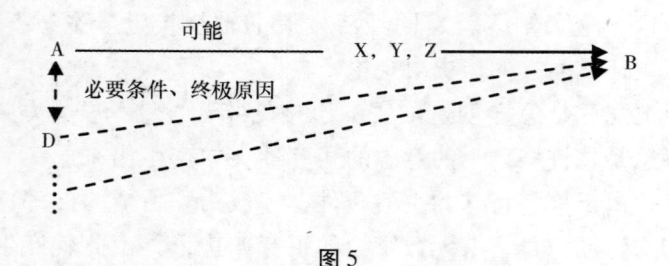

图5

注:在图5中,A代表经济因素;B代表社会历史发展;C、D……代表经济之外的其他因素;X、Y、Z……代表中间环节。

---

[1] 《马克思恩格斯选集》第4卷,人民出版社1995年版,第697页。
[2] 指政治、法、哲学、宗教、文学、艺术等。
[3] 《马克思恩格斯选集》第4卷,人民出版社1995年版,第732页。
[4] 同上书,第705页。

然而，对这里的"（历史结果）可以看作一个作为整体的、不自觉地和不自主地起着作用的力量的产物……历史总是像一种自然过程一样地进行，而且实质上也是服从于同一运动规律的……各个人的意志虽然都达不到自己的愿望"应该如何理解呢？恩格斯在致威·桑巴特的信中也说："迄今为止的整个历史，就重大事件来说，都是不知不觉地完成的，就是说，这些事件及其所引起的后果都是不以人的意志为转移的。要么历史事件的参与者所希望的完全不是已成之事，要么这已成之事又引起完全不同的未预见到的后果。"① 既然历史结果是不自觉地和不自主地起着作用的力量的产物，历史上的重大事件在不知不觉中就能完成，历史发展像一种自然过程，各个人的意志都达不到自己的愿望，历史是不以人的意志为转移的，那么人在历史上的作用何以体现呢？

关于这个问题，除了上述有关历史合力论的论述之外，还应该作如下进一步的理解：第一，历史结果从整体上看是独立于单个人、少数人的意志之外的，是不以他们的意志为转移的，在单个人、少数人看来，历史好像是在不知不觉中完成的，历史发展类似一种自然过程。但如果只从局部或个体来看，某些具体历史事件的结果是可能以某些人的意志为转移的。如我国历史上"陈桥兵变"的结果就符合赵匡胤及其心腹的意志。第二，历史上发生的一些微小事件，可能是以某些人的意志为转移，在某些人的知晓中完成的。如古代皇帝在某个时段宠幸某个大臣基本上取决于皇帝的个人喜好。第三，"各个人的意志都达不到自己的愿望"并不意味着各个人的意志都完全达不到自己的愿望，个人的意志部分达到自己的愿望还是可能的。第四，"历史发展不以人的意志为转移"并不意味着历史独立于所有人的意志之外，因为历史结果正是由历史上的所有人共同参与创造的"合力"的结果。其实，此处的"人的意志"多指单个人或少数人的意志，从整体上看，历史发展确实不以单个人或少数人的意志为转移。但在遵守客观规律的前提下，历史发展是可能以多数人的意志为转移的。如中国新民主主义革命在尊重社会发展规律的前提下，通过多数革命者的共同努力，取得了革命的胜利。因此，单个人或少数人的意志与多数人的意志，二者的作用是不一样的。另外，唯物史观在强调历史必然性的同时也不否定历史人物的重要作用。正如列宁所说"历史必然性的思想也丝毫不

---

① 《马克思恩格斯选集》第4卷，人民出版社1995年版，第742页。

损害个人在历史上的作用：全部历史正是由那些无疑是活动家的个人的行动构成的"。① 这就说明，在创造历史过程中，单个人与单个人的意志之间也可能是不等同的，其中作为"活动家"的杰出个人的历史作用往往更突出。

总之，马克思主义唯物史观在社会历史发展上，不仅是历史决定论，还是历史合力论，是历史决定论与历史合力论的辩证统一。

四　结语

综上所述，马克思主义唯物史观中的"决定"在不同的范畴中、不同的语境下有着不同的涵义，对其中"决定"的涵义不能作简单化的理解，尤其是不能将其都机械地理解为"必然"或"一定"，而需要具体问题具体分析。只有比较准确地把握唯物史观中"决定"的涵义，才能更好地理解唯物史观，从而更有力地回应针对唯物史观的种种非议和诘难，使人们更加坚定对唯物史观的信心，推进唯物史观的广泛传播，进一步破除历史虚无主义思潮的种种困扰。

（作者单位：桂林电子科技大学马克思主义学院）

---

① 《列宁选集》第 1 卷，人民出版社 1995 年版，第 26 页。

文本解读和历史再认知：
从马克思恩格斯"多国说"到列宁
"一国说"的理论与实践创新*

王旭东

列宁的"一国胜利说"否定了马克思主义"多国说"，这一观点曾在 20 世纪 90 年代以前的我国理论界、史学界和普通大众中间被普遍接受。然而，若依现今置身于科学发展、理论创新的新语境，对以往历史上的一些理论观点或提法加以梳理并立足唯物史观作重新审视，我们不禁会提出下列的问题：（1）这种观点源于经典作家，还是出自其他什么地方？（2）回归到经典原著当中去分析，这种观点能够成立吗？（3）倘若不能成立，那么，前者（一国胜利说）同后者（多国说）之间又会是怎样一种关系？（4）在 21 世纪的新背景下，该如何客观看待其中的世界历史意义？对于这些问题，本文尝试复归到经典著作的历史语境中去，从原著入手寻求答案。当然在此还须先行指出，"多国说"和"一国胜利说"这两个科学社会主义范畴的重大理论问题，我国学界曾在 20 世纪 90 年代以来分别有过一些讨论，但由于时代局限性所形成的某些特定因素的制约而并没深入下去，旧有的理论困惑其实也没能真正得到排除。笔者重新予以探讨，不妥之处敬请指正。

一

"一国胜利说"否定"多国说"这种观点，源自于斯大林亲自审定的

---

* 本参会论文系正在完成中的长篇论文《理论在实践中前行：从马克思恩格斯"多国说"、列宁"一国说"到中国革命及社会主义建设探索》节选，且其中的展开部分（Ⅲ）尚须修改完善，故在会前提交给会议论文集时略去。

《联共(布)党史简明教程》(以下略称《教程》)。该书这样写道:"马克思主义者认为社会主义在单独一个国家内胜利是不可能的,认为社会主义将在一切文明国家内同时获得胜利。列宁……推翻了这种陈腐的方针,并且定出了新的理论方针,即认为社会主义在一切国家内同时胜利是不可能的,而社会主义在单独一个资本主义国家内胜利是可能的"。① 对于《教程》的这种论点,笔者持有的不同看法是:(1)《教程》的作者在阐述"一国胜利说"与"多国说"的关系时,在逻辑上置换了概念(尽管可能并非主观故意,但至少可以归咎于认知偏差的结果);(2)事实上,列宁并没否定马克思主义的"多国说",而是仅对"多国说"做了补充意义上的发展。

为此首先须指出的是,《教程》中有关马克思主义"多国说"的表述,不同于马克思、恩格斯原著中的"多国说"。

马克思、恩格斯原著中的"多国说",见于恩格斯以问答方式撰写的《共产主义原理》。在这篇著作的第19个答案里,恩格斯写道:"共产主义革命将不是仅仅一个国家的革命,而是将在一切文明国家里,至少在英国、美国、法国、德国同时发生的革命。在这些国家的每一个国家中,共产主义革命发展得较快或较慢,要看这个国家是否有较发达的工业,较多的财富和比较大量的生产力。"②

---

① 《苏联共产党(布)历史简明教程》,人民出版社1954年版,第224页。
② 《马克思恩格斯选集》第一卷,人民出版社1995年版,第241页。为更准确地理解,在此列出含有这段论述的整个第19个答案的德文原文:
"Nein. Die große Industrie hat schon dadurch, daß sie den Weltmarkt geschaffen hat, alle Völker der Erde, und namentlich die zivilisierten, in eine solch Verbindung miteinander gebracht, daß jedes einzelne Volk davon abhängig ist, was bei einem andern geschieht, Sie hat ferner in allen zivilisierten Ländern die gesellschaftliche Entwicklung so weit gleichgemacht, daß in allen diesen Ländern Bourgeoisie und Proletariat die beiden entscheidenden Klassen der Gesellschaft, der Kampf zwischen beiden der Hauptkampf des Tages geworden. Die kommunistische Revolution wird daher keine bloß nationale, sie wird eine in allen zivilisierten Ländern, d. h. wenigstens in England, Amerika, Frankreich und Deutschland gleichzeitig vor sich gehende Revolution sein. Sie wird sich in jedem dieser Länder rascher oder langsamer entwickeln, je nachdem das eine oder das andre Land eine ausgebildetere Industrie, einen größeren Reichtum, eine bedeutendere Masse von Produktivkräften besitzt. Sie wird daher in Deutschland am langsamsten und schwierigsten, in England am raschesten und leichtesten durchzuführen sein. Sie wird auf die übrigen Länder der Welt ebenfalls eine bedeutende Rückwirkung ausüben und ihre bisherige Entwicklungsweise gänzlich verändern und sehr beschleunigen. Sie ist eine universelle Revolution und wird daher auch ein universelles Terrain haben." (Karl Marx/Friedrich Engels, Historisch-kritische Gesamtausgabe, Erste Abteilung, Bd. 6, Berlin 1932, S. 503 – 522.)

恩格斯的这段论述，有两点值得我们注意。其一，论述的主语是"共产主义革命（kommunistische revolution 或 communist revolution）"，整段所谈的是这种革命的"发生"。其二，这段论述明确指出，共产主义革命发生、发展的物质前提，是生产力的发展水平。生产力发展水平较高的国家，可以发生共产主义革命。生产力发展水平愈高，共产主义革命发展得亦就愈快。论述中的这两点，再加上"多国"和"同时"这两个含义，就构成了马克思主义"多国说"的基本内容。

如果我们将恩格斯的论述与《教程》表述的"多国说"相对照，不难看出两者的区别。《教程》的作者把恩格斯著作中的"共产主义革命"的"发生"，换成了"社会主义"的"胜利"，并且，删除了原文的后半段，即共产主义革命与生产力发展水平密切关联的重要部分。《教程》在引用原文意思时所做的如此更改，虽然看起来使马克思主义"多国说"在文字表述上与列宁"一国胜利说"统一起来，而且格外强调出两者之间的相互对立，但是，却使得恩格斯论述中的马克思主义"多国说"的基本内容仅仅留存下来"多国"和"同时"这两个含义，其余的那些重要内容均被舍弃。因而笔者认为，《教程》对马克思主义"多国说"在引用时所做的表述，不仅字面上有别于马克思、恩格斯原著中的"多国说"，而且内容上也存在着很大差异。如此这般，权且不说《教程》的引用使原著面目全非，至少也应算是削足适履的。

其次，《教程》作者为了适应列宁的"一国胜利说"，用"社会主义"的"胜利"去替代恩格斯论述中的关键性词语——"共产主义革命"的"发生"，然而，这两组词语并非等同。

一般理解的社会主义胜利，指的是什么？

此外，为了比照理解，答案中"多国说"语句的英译本表述也一并在此列出：

"It follows that the communist revolution will not merely be a national phenomenon but must take place simultaneously in all civilized countries—that is to say, at least in England, America, France, and Germany. It will develop in each of the these countries more or less rapidly, according as one country or the other has a more developed industry, greater wealth, a more significant mass of productive forces. Hence, it will go slowest and will meet most obstacles in Germany, most rapidly and with the fewest difficulties in England. It will have a powerful impact on the other countries of the world, and will radically alter the course of development which they have followed up to now, while greatly stepping up its pace. It is a universal revolution and will, accordingly, have a universal range." (Frederick Engels 1847, *The Principles of Communism*, Marxists Internet Archive, http://www.marxists.org/archive/marx/works/1847/11/prin-com.htm ［访问日期：2009 - 05 - 27］)

从历史实际的角度考察，社会主义胜利可以有两种解释：其一，无产阶级用革命手段夺取了政权并建立了无产阶级的统治（称为无产阶级专政）；其二，废除生产资料私有制，建立社会主义公有制。前者如俄国十月社会主义革命；后者如新中国成立后的社会主义改造的完成。

从斯大林的理论考察，社会主义胜利这一概念则分为两个层次，即胜利和最后胜利。斯大林认为，"在无产阶级专政下，我们有克服所有一切内部困难而建成完全的社会主义社会的一切必要条件"①，这就是社会主义的胜利；而"社会主义的最后胜利就是有免除武装干涉企图、因而就是有免除复辟企图的完全保障"。② 受斯大林思想支配，联共（布）第十四次代表会议所做的决议，亦"把社会主义的最后胜利解释为免除武装干涉和资本主义复辟的保障"③。

从列宁的著作中考察，社会主义胜利就是社会主义革命的胜利。④ 而社会主义革命这一概念的含义，列宁在《论欧洲联邦口号》《社会主义革命和民族自决权（提纲）》和《论尤尼乌斯的小册子》三篇文章中又做了专门的阐释。列宁指出："不能把社会主义革命看作是一次行动，而要把它看作是一个充满剧烈的政治和经济动荡、最尖锐的阶级斗争、国内战争、革命和反革命的时代。"⑤ 他认为，社会主义革命是"在经济和政治的一切问题上进行的一系列的会战"⑥，是"反对资产阶级的战争，也就是说，首先是无产阶级和资产阶级争夺政权的国内战争……，其次是在一定的特殊条件下可能发生的保卫社会主义国家，反对资产阶级国家的战争"⑦。这种阶级斗争、国内战争和反对资产阶级国家的战争，以无产阶级取胜作为标志的结局，就是社会主义革命的胜利。这种胜利，在列宁看

---

① 《斯大林全集》第7卷，人民出版社1958年版，第98页。
② 斯大林：《列宁主义问题》，人民出版社1964年版，第159页。
③ 同上书，第164页。
④ 《列宁选集》第2卷，第554、722页。列宁在《论欧洲联邦口号》一文中，先谈什么是社会主义革命，尔后提出社会主义在一国胜利的推测，紧接其后，他写道："这个国家的获得胜利的无产阶级……就会奋起同其余的资本主义世界抗衡。"在《无产阶级革命的军事纲领》中，列宁亦紧接"一国胜利说"的结论之后写道：社会主义在一国首先胜利"必然引起其他各国资产阶级力图打垮社会主义国家中胜利的无产阶级的直接行动"。原著上下文关系显示，列宁"一国胜利说"中社会主义胜利的含义实际上指的是社会主义革命的胜利。
⑤ 《列宁选集》第2卷，人民出版社1995年版，第551—552页。
⑥ 同上书，第562页。
⑦ 同上书，第699页。

来,也仅仅是向列宁自己设想的"建成社会主义社会"即"文明的合作社工作者的制度"社会过渡的开始。① 而即便如此,建成了一个"文明的合作社工作者的制度",列宁也认为距共产主义社会的建立还是存在相当长的历史过渡时期的。

概言之,一般理解的社会主义胜利这一概念的含义,不外乎是无产阶级在政治上经济上战胜资产阶级,并具备免除外国武装干涉和使资本主义难以复辟的保障而已。

那么,什么是共产主义革命的发生呢?若要回答这个问题,必须复归到提出这一概念的马克思主义原著——《共产主义原理》中去。只有结合原著的特殊语境,才能对此作出准确判定。

从文体结构的角度考察,恩格斯的《共产主义原理》中由 25 个问答组成的文本,呈现出"A→B→C……"整体结构。这种结构的内在规律,可以说是属于一种循序推导思维逻辑。即,每一环节都是其前一系列环节依次推导的结果,并与其后的一系列环节形成逻辑上的因果关系。由于这一规律的作用,结构的性质与结构各部分的性质相互沟通。为此,"共产主义原理"总命题,便赋予了文章各个组成部分"共产主义"的"色彩"。换言之,即文章结构的各个部分均是为了阐明总命题而存在的。如此一来,同一概念,不论是用作总命题,还是用作结构最小的零部件,其内涵或外延上都只能是同一性的。

文章的"A→B→C……"整体结构如若具体化,即为:Ⅰ.共产主义是"关于无产阶级解放的条件的学说"。(问答1)→Ⅱ.废除私有制的前提条件,即"只能在大工业高度发展的前提下废除";私有制不能一下子废除;取代私有制的将是"财产公有"。(问答2—17)→Ⅲ.私有制废除是重大社会变革,其进程是:第一步,建立"民主的国家制度";→第二步,通过民主制度"直接或间接地建立无产阶级的政治统治",为尔后"直接侵犯私有制"提供政治保证;→第三步,"一个跟着一个实行"十二项主要措施向私有制进攻;→第四步,当全部资本、全部生产和全部交换都集中在人民手中之后,"私有制将自行灭亡,金钱将变成无用之物,生产将大大增加,人将大大改变,以致连旧社会最后的各种交往形式也能够消失"。(问答18)→Ⅳ."共产主义革命"发生"多国说"。(问答

---

① 《列宁选集》第4卷,人民出版社1995年版,第771页。

19）→Ⅴ. 彻底废除私有制的结果，建立起一个崭新的社会——共产主义社会。（问答 20）……①

　　循序推导的思维逻辑使我们从上述结构内容中看到，由于提出共产主义革命发生"多国说"之前，所论述的内容是废除私有制的前提条件及过程；由于"多国说"之后，所论述的内容是废除私有制的结果；最后，由于恩格斯在行文中指出，私有制的废除只能是长期的自行消亡的过程。所以，马克思主义"多国说"中的共产主义革命的含义，只能是以进入共产主义社会为结果的私有制自行消亡的过程。这一概念的含义，在《共产主义原理》的姊妹篇——《共产党宣言》中表达得更为明确。马克思、恩格斯在后一篇著作中指出："共产主义革命就是同传统的所有制关系实行最彻底的决裂"。② 那么不容置疑，共产主义革命的发生当然是指私有制自行消亡的过程开始了。在这里必须特别指出，恩格斯认为共产主义革命——私有制自行消亡的物质前提，应当是生产力发展到相当高的水平，而物质基础则应当是社会产品（生产资料和生活资料）的极大丰富。也正因如此，恩格斯在"多国说"中才格外强调了"文明国家"和突出了当时生产力水平较高的英、美、法、德四国。而突出在于强调和说明问题，并不等于非此莫属。

　　经过上述的比照分析，显而易见，社会主义胜利与共产主义革命发生完全是两回事。笔者认为，恩格斯所说的共产主义革命的发生，并非指无产阶级夺取政权本身。这是因为，恩格斯在"多国说"中强调共产主义革命在几国内同时发生时，并不一定否认无产阶级夺取政权可以首先在一国内进行。这一点反映在《共产党宣言》中。在这篇著作里，马克思、恩格斯就曾明确指出："如果不就内容而就形式来说，无产阶级反对资产阶级的斗争首先是一国范围内的斗争。每一个国家的无产阶级当然首先应该打倒本国的资产阶级。"③ 这段论述表明，马克思、恩格斯在强调"多国说"的同时，并不排斥无产阶级在一国夺取政权的这类胜利。

　　同样，恩格斯所说的共产主义革命的发生，亦不可能是指恩格斯之后的历史现实中社会主义国家进行的社会主义改造的完成。恩格斯在其致布鲁塞尔共产主义通讯委员会的第三封信中，谈及共产主义者的宗旨时就曾

---

① 《马克思恩格斯选集》第 1 卷，人民出版社 1995 年版，第 230—243 页。
② 同上书，第 293 页。
③ 同上书，第 283—284 页。

说过,"消灭私有制而代之以财产公有"①。由此显而易见,这里的财产公有并非完全等同于生产资料公有,因为前者的涵盖远远大于后者。事实亦是如此,历史现实中的社会主义改造的完成,并没能解决"财产公有"问题,仅是解决了生产资料公有的问题。因而,社会主义改造完成的这种社会主义胜利,绝不可能等同于以财产公有取代私有制的共产主义革命的发生。

当然,更不可能是指斯大林——《教程》(《教程》由斯大林审定,其对社会主义胜利含义的理解无疑是斯大林式的)所认为的反武装干涉和防资本主义复辟的保障。无须赘言,也是有别于列宁的社会主义革命胜利概念的含义的。

从上可见,社会主义胜利概念与共产主义革命发生概念在内涵或外延上存在着明显差异。两者是不能相互替代的。为此,马克思主义"多国说"并非"社会主义胜利多国说",而是"共产主义革命发生多国说"。从这个意义上讲,《教程》对马克思主义"多国说"的表述所出现的偏差,比削足适履更甚,实际上是偷换了概念。

二

既然《教程》对马克思主义"多国说"与列宁"一国胜利说"相互关系的论述是建立在概念置换基础上的,那么,我们就完全有必要重新认识"多国说"与"一国胜利说"之间的关系,并对这种关系作出切合实际的评价。

为了更好地阐述问题,现将列宁首次提出"一国胜利说"的有关中译本原文摘录如下。

列宁在《论欧洲联邦口号》一文中写道:

> 在共产主义的彻底胜利使一切国家包括民主国家完全消失以前,世界联邦(而不是欧洲联邦)是同社会主义相联系的、各民族实行联合并共享自由的国家形式。然而,把世界联邦口号当作一个独立的口号未必是正确的,第一,因为它是和社会主义交融在一起的;第二,因为它会造成一种曲解,以为社会主义不可能在一个国家内获得胜

---

① 《马克思恩格斯选集》第4卷,人民出版社1995年版,第530页。

利，并且会使人曲解这样的国家和其余国家之间的关系。

　　经济和政治发展的不平衡是资本主义的绝对规律。由此就应得出结论：社会主义可能首先在少数甚至在单独一个资本主义国家内获得胜利。这个国家的获得胜利的无产阶级既然剥夺了资本家并在本国组织了社会主义生产，就会奋起同其余的资本主义世界抗衡，把其他国家的被压迫阶级吸引到自己方面来，在这些国家中发动反对资本家的起义，必要时甚至用武力去反对各剥削阶级及其国家。无产阶级推翻资产阶级而获得胜利的社会所采取的政治形式将是民主共和国，它将日益集中该民族或各该民族的无产阶级力量同还没有转向社会主义的国家作斗争。没有无产阶级这一被压迫阶级的专政，便不可能消灭阶级。没有各社会主义共和国对各落后国家的比较长期而顽强的斗争，便不可能有各民族在社会主义下的自由联合。①

　　上述引文，是《论欧洲联邦口号》的第十、十一自然段的全文。（照录于此以便下述分析的直观参比）由其行文可见，列宁阐述"一国胜利说"的段落—文字关系，呈示出"A→B→C→A"整体结构。即：Ⅰ."世界联邦"是通往"共产主义彻底胜利"的道路。→Ⅱ.世界联邦口号不能独立提出。因为，容易同社会主义割裂开来，并会产生社会主义不能在一国内胜利和沙文主义的错误见解。世界联邦不等于社会主义。→Ⅲ.历史的客观现实是社会主义可能在一国内获胜。（即"一国胜利说"）→Ⅳ.获胜的无产阶级在本国剥夺资本家并组织社会主义生产，必然与资本主义世界对立，起来反对其余资本主义世界，从而诱发并促成了其他国家的革命。→Ⅴ.一国无产阶级获胜的社会的政治形式是民主共和国。在它的吸引下，社会主义革命在世界范围内普遍兴起，使世界上的国家先后建立社会主义社会，最终实现"各民族在社会主义中的自由联合"。→Ⅵ.各民族在社会主义中的自由联合即是世界联邦的建成，这就使思路又回到"Ⅰ"。列宁在整体结构组成部分Ⅰ中明确指出，世界联邦是"同社会主义相联系的各民族联合和自由的国家形式"。→Ⅶ."A→B→C→A"整体结构内在具有的循环推导思维逻辑规律，使我们看到了列宁阐述"一国胜利说"思路发展的终极，即：世界联邦的建立，既不是社会主义本身，又不等于共产

---

① 《列宁选集》第2卷，人民出版社1995年版，第554页。

主义的完全胜利亦即共产主义社会的确立，而是社会主义一国胜利通向共产主义完全胜利发展道路上的中间环节，或这一中间环节的外在形式——国家形式。列宁行文的整体结构内在规律推导出的这个结论，实际上使列宁阐述的问题复归到马克思主义"多国说"中去，也就是说回到共产主义革命发生这一问题上来了。这种复归，仿佛在暗示我们，列宁"一国胜利说"与马克思主义"多国说"之间，的确存在着某种隐性联结。这是什么样的隐性联结呢？为了便于分析，我们不妨借助框图，把"一国说"和"多国说"两种内在结构即思路作进一步的直观比照。见图一。从结构框图上明显可见，除了共产主义完全胜利这点之外，列宁"一国胜利说"的其余部分，均是恩格斯"多国说"所没有涉及的崭新内容。再者，由于列宁把世界联邦规定为向共产主义社会过渡道路最后阶段的外在形式；而恩格斯所说的共产主义革命——私有制逐渐自行消亡，无疑是向共产主义社会过渡道路最后阶段的具体内容。这就使我们获得一个极其重要的启示，即列宁"一国胜利说"可否正是对恩格斯"多国说"的补充呢？如果我们把结构框图的比照以思路的方式线性展开，亦如图二所示，那么，问题的答案也就一目了然了。

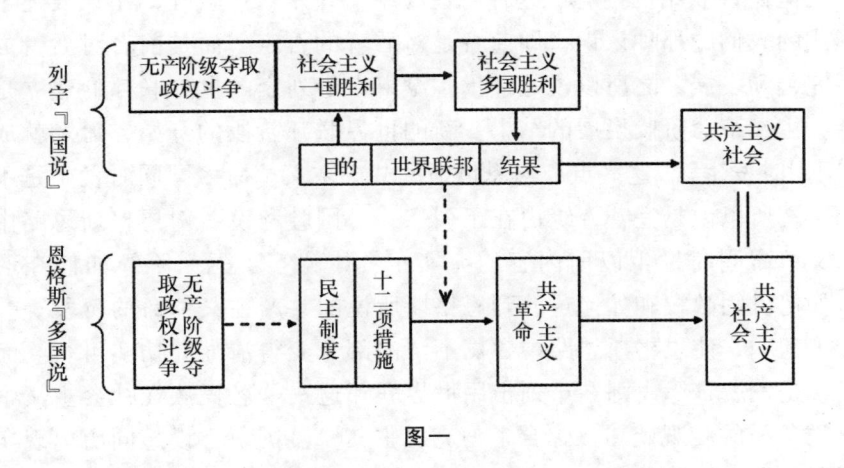

图一

在图二中，箭头线代表着思路中的历史进程；垂直双实（虚）线代表着对应关系。由图可见，列宁用"世界联邦"这一设想，把自己的社会主义革命理论同恩格斯的共产主义革命理论联接起来，充实了恩格斯思路中失之简单的共产主义革命同时发生以前的内容。

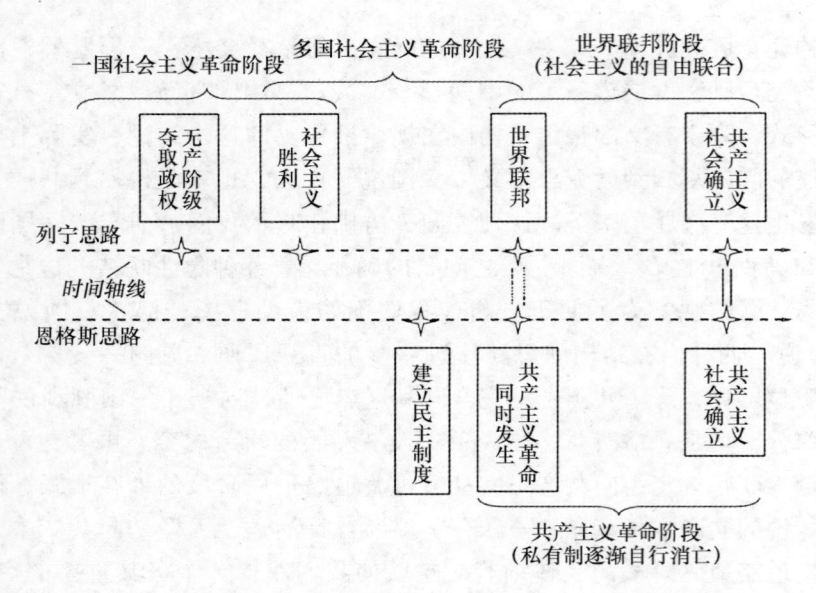

1190 / 马克思主义社会形态理论的认识及当代意义

```
                一国社会主义革命阶段  多国社会主义革命阶段   世界联邦阶段
                                                    (社会主义的自由联合)
                        ┌─────┬─────┐    ┌─────┬─────┐
                        │无产阶│社会主│    │世界 │共产主│
                        │级夺取│义胜利│    │联邦 │义社会│
                        │政权 │     │    │     │确立 │
                        └─────┴─────┘    └─────┴─────┘
        列宁思路 ────────────★─────────★────────★─────────★────────
        时间轴线
        恩格斯思路 ──────────────────────────────────────────────
                        ┌─────┐  ┌─────┐  ┌─────┐
                        │建立民│  │共产主│  │共产主│
                        │主制度│  │义革命│  │义社会│
                        │     │  │同时发│  │确立 │
                        │     │  │生   │  │     │
                        └─────┘  └─────┘  └─────┘
                              共产主义革命阶段
                              (私有制逐渐自行消亡)
```

图二

图论分析，使我们看清了列宁"一国胜利说"与马克思主义"多国说"之间隐性联结的内容。这种隐性联结，并非受《教程》错误表述影响而形成的人们的那种认识，即前者是对后者的否定。而是前者对后者的继承、完善和发展。之所以说是继承，缘由在于列宁的世界联邦的建立是多国社会主义革命阶段发展的结果。新的世界联邦阶段的开始，无疑就成了"多国同时发生"。这一点，与恩格斯的共产主义革命多国同时发生是不矛盾的。之所以说是完善，缘由在于列宁"一国胜利说"对恩格斯思路中共产主义革命同时发生以前内容的充实，具体解答了无产阶级如何夺取政权、如何巩固政权和如何过渡到恩格斯所说的共产主义革命的阶段等一系列理论问题，使恩格斯思路中含糊不清的部分变得清晰并切实可行。而之所以说是发展，缘由则在于列宁用世界联邦这一"各民族在社会主义中的自由联合"的壮观蓝图，弥合了马克思主义"多国说"设想同历史现实之间因资本主义进入帝国主义阶段所造成的差距，并为贫困落后国家的无产阶级及其他被压迫人民不受生产力发展水平的限制即可能为国家主人，指引了一条得以实现的道路——社会主义道路。

列宁在《无产阶级革命的军事纲领》一文中曾再次提出"一国胜利说"。然而，此次提出的目的仅在于论证"在一国取得胜利的社会主义决不能一下子根本排除一切战争"①。从战争的角度出发,列宁仅对自己在《论欧洲联邦口号》一文中阐述的思想做了有限的补充。

另外,笔者查阅了列宁的其他著作,没能见到一处明确否定马克思主义"多国说"或表明自己的"一国胜利说"是修正"多国说"的文字。相反,却从列宁的晚年思想中感到,他一直都在期待着世界范围内的那种恩格斯所说须几个生产力发达国家同时发生的"共产主义革命"。国外学者经研究亦证实,列宁在提出"建成社会主义社会"概念时,始终期待着"全世界的社会主义革命"②。这些学者指出,列宁在1917年以后认为当时的俄国革命是世界范围内革命第一阶段的思想,"保留了不少经典的马克思主义内容"③。这里所说的经典马克思主义内容,无疑是指马克思主义"多国说"。国外学者的研究成果,为笔者对《论欧洲联邦口号》一文中有关思想的剖析提供了佐证。

综上所述,列宁"一国胜利说"的提出,不仅没有否定马克思主义"多国说",而且在批判欧洲联邦口号的同时,继承、完善和发展了马克思主义的"多国说"。

(作者单位:中国社会科学院世界历史研究所)

---

① 《列宁选集》第2卷,人民出版社1995年版,第722页。
② 叶·盖·瓦尔加:《走向社会主义的俄国道路及其后果》,载自《苏联问题译丛》第三辑,生活·读书·新知三联书店1980年版,第330页。另,列宁在《宁肯少些,但要好些》一文中写道:"现在全世界正进入一种必然引起全世界社会主义革命的运动,这对我们是有利的。"(《列宁选集》第4卷,第795页)
③ 叶·盖·瓦尔加:《走向社会主义的俄国道路及其后果》,载自《苏联问题译丛》第三辑,生活·读书·新知三联书店1980年版,第329页。

"社会对抗形式"的条件

——基于租值耗散理论的解读

盛 洋

导 语

在《〈政治经济学批判〉序言》中，马克思将"资产阶级的生产关系"称为"社会生产过程的最后一个对抗形式"，并且"人类社会的史前时期就以这种社会形态而告终"。也就是说，在资产阶级生产关系不断发展，生产力和物质条件极大丰富之后，就能够解决这种"对抗"，那时人类社会的历史才真正展开。其中的"社会对抗形式"这一概念常常被简单地理解为"阶级斗争"的替换说法，但本文认为"阶级斗争"只是"社会对抗形式"发展到成熟阶段的特定形态，"社会对抗形式"覆盖对象更为广泛复杂，研究空间更为宽广，尤其是"社会对抗"从无到有，从偶然出现到成为新的社会规则的过程，往往是以"阶级斗争"为研究起点难以覆盖的。目前有关"阶级斗争"的研究和论述往往过于突出其价值评价的尺度，即"阶级"的消除是共产主义社会理想，许多研究把重点放在划分不同社会形态下的阶级，论述不同社会形态下阶级斗争的不同表现，而忽略了其同时应有的科学尺度，即"社会对抗形式"如何从"个人的社会生活条件"中生长出来，是偶然产生还是按照特定规律线性演进，为什么它能够推动社会形态演变。这种思路的盲点在于，在社会形态演进的过程中，在压迫阶级与被压迫阶级已经明显区分、维护阶级统治的上层建筑已经成熟、阶级斗争已经激化时，这一社会形态已经即将从成熟走向衰败，因而越是重视阶级的划分、阶级压迫与阶级斗争，越难以理解作为"阶级斗争"萌芽阶段的"社会对抗"。尽管"人体解剖是猴体解剖的一把钥匙"，成熟的社会形态下的阶级斗争是完善成熟的人体，但找到了这把钥匙并不是要否定人体结构与猴体结构的不同,而是更需要从进化的历史进程中,理解不同生理结构的演化。通过观察特定的演化结果,研究生物演化至此的经历与环境相互作用的历程,揭示背后的生理规律。

本文选取"温州模式"作为观察对象,因为"温州模式"既在实践上是中国特色社会主义市场经济的成功模式之一,在经济发展新常态的转型升级中提出了新的问题,又在理论上与马克思晚年所关注的问题,即东方传统社会跨越"资本主义制度的卡夫丁峡谷"而进入共产主义社会的思考不谋而合。温州作为交通不便、资源匮乏的偏远地区,传统的氏族观念保留较好、影响深远,许多民营企业起步初期因为亲戚合股、氏族融资的助力顺利完成最初的积累,商业信息、技术秘诀在一村一乡间迅速传播,十余万走遍全国的购销员带起了山乡中的手工工场、工厂。传统的氏族观念与敏锐的商业嗅觉,加上吃苦耐劳、勤恳与大胆,温州的一系列奇迹似乎都可以印证马克思对俄国农村公社既可以利用资本主义制度的紧密的社会联系、活跃的市场交易、丰富的物质生产,又可以利用氏族公社没有私有观念、惯于协作的制度优势使资本主义的肯定成果得到进一步放大,从而不需要经历资本主义私有制的阵痛直接进入共产主义社会。然而,之后的温州却出现了由于技术创新不足带来的山寨成风,炒房、炒煤、炒棉的大规模投机,以及民间融资链断裂带来的破产潮,这一系列问题的爆发似乎又将温州送回了"资本主义制度的卡夫丁峡谷",同时暴露出了农耕文明的同质化和资本主义盲目逐利的阴影。尽管"温州模式"的潜能还远远没有释放完全,无法确定温州会如何突破现有的困境,但"温州模式"的迅猛发展伴随着剧烈的问题爆发,给我们提供了一个典型的观察对象,让我们有机会通过还记忆犹新的温州历史理解这一唯物史观的基本原理:社会关系在一定条件下促进生产力发展,又在不能容纳生产力时阻碍生产力发展。本文就以今天的温州面临的两大困境即技术创新不足和盲目扩张切入,理解"劳动与劳动条件的对抗"这一"社会对抗形式",并引入制度经济学的租值耗散理论,阐明特定历史条件下各种剥削形式所起到的积极作用,这一理论表明,简单地取消或避免各种剥削形式会造成更大的资源浪费。只有研究各种剥削形式对解放生产力、发展生产力起到的积极作用及背后的原理,才能以更少的损失推动社会形态的顺利演进,为中国特色社会主义建设提供科学、全面的理论指导。

一 如何"占有"技术

20世纪80年代初，偏远的温州苍南县宜山区成为全国最大的再生腈纶产品产销基地。在1983年的全国农村工作会议上，宜山被时任中共中央书记处书记、国务院副总理的万里赞为"展现出生产力充满生机的发展前景"。这一奇迹始于腈纶开花时易起火的工艺处理难题。由于这一劣势，腈纶边角料一直是没人要的"废物"，价格远低于废棉布，腈纶开花再织一旦成为可能，利润会翻番。而破解这一技术难题的"当代黄道婆"孙阿茶从没想过靠"绝活"发财，热心指点每一位上门求教者，宜山山乡迅速响起了上万台织机。与此类似的，是因为目睹火爆的走私太阳镜而自主仿制的富长根，在仿制成功后技术机密同样迅速扩散，短时间内温州的太阳镜制造从业者达数万人，最高时整镜日产量近40万副，让走私太阳镜的狂潮因"东方眼镜城"的崛起而消退。[①]

尽管创新在这两个案例中都发挥了巨大的作用，而且主人公缺少专利或技术秘密的意识似乎并没有减少自身的收入，甚至打响了当地的品牌，通过产业集聚效应降低了生产成本和营销成本。然而，到了80年代晚期，温州就开始品尝这种"无私"的苦果，各种跟风而上的仿制品中充斥着假冒伪劣，温州轻工业产品和小商品开始给人留下"低端"的印象。发展至今天，温州研发投入不足、技术创新能力弱的短板开始显现，产业转型升级成为进一步发展的最大瓶颈。这"成也萧何，败也萧何"的进程可以视为"社会对抗形式"的一次典型的演进。孙阿茶的无私传授也许只是淳朴的秉性使然，而富长根的秘密泄露已经难以追问是否是本人所愿，但之后无数厂商在大量投入研发后却被竞争对手轻易模仿时，一部分人反对另一部分人的"社会对抗"已成事实。

特别需要强调的是，笔者认为"社会生活条件"应该更倾向于指向让社会成员从合作中得利的"条件"，即一个社会个体存在于特定的社会关系中，比他独立于这一关系更有利于实现他的个人目标、实现他的个人发展，使个体选择进入这一关系中成为更优选择。因此如资源匮乏引发的竞

---

① 谢春雷：《温州模式三十年，"大众创业，万众创新"的温州密匙》，澎湃新闻网（http://www.thepaper.cn/newsDetail_forward_1329791）。

争、观念冲突爆发的战争尽管也可以理解为"从社会生活条件中生长出来的社会对抗形式",却很难发挥推动生产关系发生变革的作用,因为人作为社会形态的能动主体,面对上述困境往往只能被动地应对,只有在社会关系中让个人的力量得到更大的发挥、得到更充分的发展,才能真正发挥其主体能动性。而且这些冲突也和马克思所用的"不能容纳生产力"的比喻有所冲突。而当我们将"生产关系能否容纳生产力"的原理套入上述案例时,会发现这一比喻变得异常清晰。在改革开放初期蓬勃兴起的广大市场中,宜山的上万台织机仍远远供不上腈纶再生布的需求,技术的传播仿佛只是未尝不可的"溢出"。而当生产能力渐渐添补上庞大的市场缺口,技术毫无防范的传播就成为阻碍生产进一步发展的短板。当然,生产力的核心仍然是人力改造、利用自然力的能力,此处更为突出了其中的"协作"因素,即作为"共同生活方式"的生产力。

当我们想到"剥削"而举出的例子是一个人仅仅占有土地、货币和资本,就可以依靠这种占有来收取地租、利息和劳动力的人身支配权,这种"社会对抗形式"的剥削性质显得十分清楚,但同样的"占有"技术的人是否有资格借这种"占有"获取更多的利益呢?这却并不那么清晰,因为对技术的"占有"比对土地、货币和资本的"占有"附带了更多的人身性。一个占有技术的人(并非拥有专利权的人)往往是更懂得利用技术的人,更理解如何使给定资源发挥更大效率的人,而且往往为掌握这种技术付出了相应的时间和精力,而占有土地和资本的人并非如此,有时甚至恰恰相反是最远离生产、最不事生产的人。甚至可以说,如果不是农民没有土地便无法生产,不是货币已经成为现代社会维持生存的必需品,那么妄图通过收取地租、利息和支配劳动者人身只是一种盲目的自信。如果就把地主、高利贷者、资本家看作盲目的自信者,然后将时间拉回到没有人知道这些已知条件的更为原始的时代,即没有人意识到、发现过土地、货币、资本是劳动者维持生存和进行生产的必备条件,我们就会发现对土地、货币、资本的"占有"和对"技术"的占有一样带有人身性,并且对生产力发展具有肇始性的巨大的推动作用。"谁第一个把一块土地圈起来并想到说,这是我的,而且找到一些头脑简单的人居然相信了他的话谁就是文明社会的奠基者。"当我们用这一视角重新审视卢梭这一名言时,会发现其中的讽刺意味有所减弱。"第一个把一块土地圈起来"的人,是否真是如此幸运遇到了"头脑简单的人"相信他的话呢?假如这是从来没有见过农业耕作的原始人,也许"头脑简单的人"只是更愿意选择在采摘渔猎后返回洞窟,而不是定期劳作吸引危险动物的追捕;如果这是逐水草而居的游牧者,也许"头脑简单的人"只是不愿为已经不再肥沃的草场浪费时间,骑上马去寻找更丰美的绿洲;反而是这个"圈地者"需要为未知的土地利用方式投入精力、承受风险。

二 "剥削"的必要性:劳动与劳动条件的对抗

当然,这种美化了的阶级起源论的构想是过于理想化的,阶级斗争的历史中的暴力、血腥、阴谋不可抹杀。这一思想实验不过是用来强调在劳动与劳动条件没有达到按劳分配这一最科学合理的状态之前,一些特定的"剥削"形式可以使二者更有效率、更具稳定性地结合在一起。以货币资本的剥削形式高利贷为例,在《说文解字》中,"贷,施也",仅仅是单纯地给他人财物而不要求归还,西周井田制破坏、私有制发展、社会贫富分化之后,才出现了需要归还本金的社会现象,春秋战国时代借贷生息乃至高利贷才成为社会常态。[①] 马克思将工商业的发展、与外国人的交往及债务的发展都视为古代希腊罗马社会形态崩溃的原因,东汉时期也曾经颁布禁止官员放高利贷的律令,可见高利贷的确造成了社会的动乱。但债务发挥的积极作用在于降低古代社会个人对共同体的依赖性,促进社会资源在时间和空间上更有效率的分配。马克思认为,在亚细亚生产方式中,个人不是土地的所有者,而是土地的占有者,只能作为公社的一员取得土地进行生产。而当这种难以形成有效积累的小农体系面对冲击时,如《管子·治国篇》中提及的凶荒之年或临时加征徭税时,利息和高利鼓励了借贷行为的发生,使受到冲击的个体更容易度过短暂的困难时期,在初期有利于需要借贷关系的个体。这种"人的依赖性"是前资本主义社会"社会对抗形式"的普遍特征。因此,地租、高利贷以及资本主义为终极代表的一系列剥削形式在初期都起到了积极的作用,使劳动者从个别的共同体和身份限制中解放出来,使"共同的社会生活""普遍的社会交往"发展起来。

"凡是共同体以主体与其生产条件有着一定的客观统一为前提,或者

---

① 匡小红:《论中国古代借贷的产生及其演变》,《经济思想史评论》2010年第6辑。

说，主体的一定的存在以作为生产条件的共同体本身为前提的所有一切形式，（它们或多或少是自然形成的，但同时也都是历史过程的结果），必然地只和有限的而且是原则上有限的生产力的发展相适应。"《政治经济学批判》中的这一论述，通常被看作是对生产关系必须与一定的生产力相适应的表述，然而，结合"所有这一切，一方面促进了旧的生产关系的解体，加速了劳动者或有劳动能力的非劳动者与其再生产的客观条件的分离，这样就促进了货币转化为资本"可以看到，在货币转化为资本的过程中，一大助力因素便是劳动者与潜在劳动者与"其再生产的客观条件"的分离，即自耕农、小工场主这些原本占有一定生产资料的劳动者失去了生产资料的过程，也就是无产阶级的产生。将这两段论述结合起来，可以发现，成熟的资本主义社会劳动者不再以特定的共同体成员身份为限，不再需要以奴隶、农奴等身份才有机会与劳动条件相结合，可以说，劳动者与劳动条件的统一是必然的，却又不是客观的。说这种统一是必然的原因是，作为无产阶级的劳动者除了出卖劳动已经别无谋生方式，为了维持生存，只有谋求与劳动条件相结合才有机会出卖劳动维持生存，尽管劳动者被释放一切限制，只以劳动者的身份参加社会生产，不再以特定共同体为前提进行劳动，却带来对普遍的社会生产更深程度的依赖；说这种统一不是客观的原因是，这种统一永远服务于资本的逐利本性，不断扩张，不断变化，从而有可能超越第一段表述中的限定，资本主义社会有机会解放无限扩张的生产力。当然，一切统治阶级都是逐利的、扩张的，为什么只有资本主义社会有机会成为社会对抗的终结形式呢？

三 基于租值耗散理论的解读

经济学上的租值耗散理论也许可以从一个侧面为这个问题提供答案。租值理论的基础是：1. 每种生产要素都有多种"可能的未来"；2. 所有者都有"选择"如何处置自己所有的生产要素的权利。所有者从生产要素中所得的收入可分为"看到的可选机会成本"与"没看到的可选机会成本"，前者为通常意义上的成本，后者为"租值"。在同一生产要素存在不同处置方式（理论上可能是无限的）的前提下，生产要素本身不存在一个固定的"租值"，因为租值随着处置者观察到的可选项与观察的方式而变化。租值耗散理论的结论是产权的明晰有利于生产资料最大效率的利用，其理论应用有以下两种典型：1. 如果进行价格管制，使供不应求的产品维持在低价位上，实际上并不能真正达到产品的低价供给，因为过剩的需求会形成高价黑市或其他比价格更不明晰的交易条件，使需求更难以得到有效满足；2. 公地悲剧，有需求的产品未界定产权视为公用，可能引起过度使用导致每个人都不能达到最高利用效率，如公共牧场的过度放牧、公海的过度捕捞。

与第一种情形类似，如马克思所说"生产与消费是同一过程的两个方面"，这一论断是以因为将劳动力的生产即人的生存也纳入到了社会生产的事业之中，因而消费本身就是人的生产。有劳动能力的劳动者和潜在劳动者作为一种生产要素，在以"人的依赖性"为主的前资本主义社会，必须从属于一定的共同体、"作为具有某种社会规定性的个人"如成为奴仆、农奴等才有机会与生产资料相结合，也就如同价格受到管控一样受到压制，没有机会作为劳动力被"消费"去进行生产。以此为前提，资本主义社会的进步之处在于从地租、高利贷到雇佣劳动这些一系列剥削形式都使个体可以不从属于一定共同体，而有机会与作为劳动条件的生产资料相结合，从而使被上层建筑所管控劳动力的租值释放到整个社会生产力之中。也就是说，这些"剥削形式"或称之为"社会对抗形式"都是对劳动与劳动条件的错配的突破，使有劳动力的劳动者有机会加入社会生产之中。尽管这一理论主张清晰的产权界定即私有制，但这并不影响将其纳入马克思社会形态理论。因为从上文分析中可以看出，以租值耗散理论解读"社会对抗形式"有一个明确的约束条件：劳动与劳动条件的不匹配，其积极价值也在于此。

结　　语

正如刘同舫教授所言，"只有从人类解放学说中才能找到社会形态理论的意义之源和理论之根"[①]。"社会对抗形式"既包括了前资本主义社会的部分人反对部分人的战争，也包括了资本主义社会一切人反对一切人的战争，其终结意味着"每个人的自由发展是一切人的自由发展的条件"这一共产主义理想的实现，是"人的解放"这一价值尺度的必备要素，是理

[①] 刘同舫：《人类解放的进程和社会形态的嬗变》，《中国社会科学》2008 年第 3 期。

解"人类社会的史前史"的核心线索之一。对其科学尺度的研究和理解,有利于使马克思社会形态理论成为科学社会主义理论的有益补充。

笔者认为马克思的社会形态理论尽管具有严格的科学性,但也像前述进化规律一样具有开放性,不是事先断言所有社会对抗形式,而是对所有看似偶然出现的对抗形式都抱有兴趣,为何这种形式能够保存下来并发挥积极作用,而在什么情况下又成为生产力进一步发展的束缚,都应是社会形态理论的研究对象。我国目前处于且将长期处于社会主义初级阶段,作为通向共产主义社会的最初阶段,加上我国复杂的社会历史背景,农耕文明思想、封建专制参与和市场经济体制同时并存,"社会对抗"不可避免地出现在中国特色社会主义建设进程中。只有以唯物史观的基本原理对社会形态尚不成熟的阶段的历史规律也进行充分的研究,才能更好地对中国特色社会主义初级阶段的经验进行理论总结和理论建构,为富有前瞻性地指导实践奠定理论基础。

(作者单位:沈阳铁路局党校)

人性与价值体系

岳德常

马克思说:"整个历史也无非是人类本性的不断改变而已。"① 这个过程同时也是人类对人类本性的不断深入认识过程而已。两千多年来,无数哲学家在这个问题上绞尽了脑汁,众说纷纭,莫衷一是。在建设中国特色社会主义的伟大实践过程中,中国共产党人提出了建设社会主义核心价值体系的新目标,站在这个新的认识水平上,我们就可以重视审视人性这个老问题,提出一些新认识。

一 从人性到价值体系的认识发展过程

人性与价值体系所指向的是同一个客体。既然已经有了"人性"这个名称,我们为什么还要给它换一个名称呢?这是因为,即使是同一个客体,人们对它的认识也会不断深入。这就像物理学一样,原来认为世界是由金木水火土构成的,后来发现了近百个元素,再后来又发现原子核,再后来又发现原子核里面有几百个基本粒子,现在则知道6种夸克和3种电子是最基本的。据说物理学家们还在进一步研究,所以这些知识还不能算完。关于人性的知识也同样要不断进步,从哲学史的发展过程来看,从人性演变到我们现在所说的价值体系,经历了四个发展阶段,也即是四个哲学范式。

在第一阶段,哲学家们提出的问题是"世界的本原是什么",我们称之为"本原论范式"。在这种范式的主导下,人们力图透过客观世界的各种现象,运用抽象思维,找到人的固定不变的本质属性,于是就产生了"人性"这个词。但这是一个无法完成的任务,人之为人的特性就在于他

---

① 《马克思恩格斯选集》第1卷,人民出版社1995年版,第172页。

的本性的丰富、微妙、复杂，人们找不到固定不变的本质属性。柏拉图说人是两腿而无毛的动物，于是就有人提着一只拔光了毛的鸡说，"这就是柏拉图所说的人"。还有其他各种关于人的定义，但它们都不准确。

尤其重要的是，人性处于发展变化过程之中，运用本原论的思维范式难以认识进化中的人性，就像难以用一幅静止的照片来反映物体的运动过程一样。采用人性的概念，研究者只能在现有的人性发展水平上认识人，于是就会不由自主地把现有人性视为天经地义，从而按照这个假设来设定人性，这样的研究成果如果形成了社会共识，便会压抑人性的向上成长。人性的进化有如逆水行舟，不进则退，压制了向上成长的倾向，便会趋向于堕落，进而把整个社会都引向堕落。

在第二阶段，哲学家们提出的问题是"人性是善的还是恶的"，我们称之为"善恶论范式"。为了解决人性趋向于堕落的问题，人类就要形成关于善恶的认识，在道德不断提升的基础上建立社会秩序。这个范式以引导人性向善为核心价值。老子、孔子、墨子、孟子、荀子等圣贤都教导人类向善去恶。在中国以外的地方，则有苏格拉底、柏拉图、佛陀、基督和穆罕默德等人向民众宣传他们发现的真理，其目标也同样是引导人类向善。

雅斯贝斯把这种对人性向善的需求萌发的时期称为轴心期，在地球的几个不同地域里，都开始有人"意识到整体的存在、自身和自身的限度。人类体验到世界的恐怖和自身的软弱。面对空无，他力求解放和拯救"[1]。人类的社会结合本来是为了更好地生存，但由于人类自身的缺陷，反而导致矛盾对立与灾难，威胁人类自身的生存。这就迫使那些特别敏感的人们把追寻世界本原的目光收回来，关注自身的命运。"一切高级宗教、高级哲学，对人的行动都进过同样的切合实际的良言，都指出人的最高目的就是要克制自己，不能为满足贪欲而企图统治宇宙；并指明克制自己的目的就在于为超越自己的某种东西而献身。"[2] 这些学说都为人类提供一个超越性目标，为人性的提升开拓了空间。但它们没有认识到人与社会的有机联系，"人"就是"社会"，"社会"也即是"人"，因而要想提升人性，那

---

[1] [德] 卡尔·雅斯贝斯：《历史的起源与目标》，华夏出版社1989年版，第8页。
[2] 《展望二十一世纪——汤因比与池田大作对话录》，国际文化出版公司1985年版，第349页。

就要把整个社会一块加以提升。由于这些学说忽略了这个有机联系，所以也就解决不了人性的成长问题。

在第三阶段，哲学家们研究人的认识过程与客观世界的关系，我们称之为"认识论范式"。在这个阶段，首先出场的笛卡儿，他开启了哲学思考的新方向。笛卡儿对知觉的结果持怀疑态度，对每个看似真理的东西，笛卡儿都坚持要通过思考来重新验证。他要找到那种不证自明的第一判断，即根本无法怀疑的东西，然后再根据理性，一步一步地重新建立起自认为可靠的体系来。为了限制人类从动物界脱颖而出时所随身带来的非理性的情欲物欲，宗教曾经进行了艰难的努力，却没有完成任务，反而导致了中世纪的各种悲剧，总结教训之后，人们干脆放弃这种努力。历史的钟摆又摆向了另一个方向，在经历了漫长的压抑的中世纪之后，人们又重新开始关注现世的幸福。

沉溺于思维与存在的关系的哲学思辨不仅没有推进人性的进化，反而把人们的注意力从这个问题上引开，把这个真正重要的问题遮蔽起来。这种哲学"爱好宁静孤寂，追求体系的完满，喜欢冷静的自我审视；""像一个巫师，煞有介事地念着咒语，谁也不懂得他在念叨什么"①。要引导人性提升，那是一件非常困难的事情，但要让人性堕落下去，则只需把那个向上进化的方向遮蔽起来，于是人们便放纵情欲物欲，以财富的私人占有为核心价值，建立起资本主义的生产方式。对物欲情欲的过度放纵反过来又危害了人的生存，在召唤出巨大的生产力、彻底改变了地球面貌的同时，也给人类自身制造了巨大的麻烦与灾难。哲学因而就还需要进一步发展，把笛卡儿的怀疑进一步扩展开来，从认识过程深入到实践过程，深入到人类实践的价值体系层面，进而突破价值体系的独断论，突破人们对私有制价值体系的迷信，建立起新的价值体系，以保证人们的认识与实践的合理性。

在第四阶段，哲学家们研究人的实践过程中的价值体系问题，我们称之为"知行论范式"。西方哲学从马克思开始，进入这一阶段，针对笛卡儿以来的哲学陷入空疏思辨的弊端，他发现了"实践"在哲学中的中心意义，他说："人的思维是否具有客观的真理性，这不是一个理论的问题，

---

① 《马克思恩格斯全集》第 1 卷，人民出版社 1995 年版，第 219 页。

而是一个实践的问题。"① 针对宗教在单个人身上寻找人的本质的弊端,他发现了人与社会的有机联系:"费尔巴哈把宗教的本质归结于人的本质。但是,人的本质不是单个人所固有的抽象物。在其现实性上,它是一切社会关系的总和。"② 这个论断进一步开辟了人性理论成长的新方向,奠定了马克思主义理论的基石。认识到人的本质是"一切社会关系的总和",自然就会发现这个"一切社会关系的总和"还有一个发展过程,所以,马克思后来明确地说:"整个历史也无非是人类本性的不断改变而已。"达到了这个认识,马克思自然就要强调人对这个改变过程的积极作用:"哲学家们只是用不同的方式解释世界,问题在于改变世界。"③ 此后马克思便投身于改造社会的伟大实践之中,现实的紧迫任务占据了他的注意力,由于这个原因,他虽然突破了黑格尔和费尔巴哈的理论,提出了人的实践问题,却没有进一步提出价值体系问题,因而这种新范式在马克思那里还没有完全成型。"一种政治理想和一个社会纲领,开始时总是处在比较模糊的、潜在的状态,后来通过发展才变得明确起来。"④

对人性的认识过程必须在改造旧世界的过程中不断深入,进一步完善马克思所开创的理论范式的任务落在了中国人的肩上。中国共产党人在改造旧社会的过程中不可避免地涉及人性的改造问题。这是因为,人性与社会是一个有机整体,只有在改造社会的实践中,人们才能不断地深入认识人性。毛泽东在推翻"三座大山"的伟大实践中发现了帝国主义和一切反动派的行为逻辑,那就是"捣乱,失败,再捣乱,再失败,直到灭亡","帝国主义分子决不肯放下屠刀,他们也决不能成佛,直至他们的灭亡"⑤。对他们就只能是"丢掉幻想,准备斗争","把他们打倒,制裁他们的犯法行为,'只许他们规规矩矩,不许他们乱说乱动'。然后,才有希望在平等和互利的条件下和外国帝国主义国家打交道。然后,才有希望把已经缴械了和投降了的地主阶级分子、官僚资产阶级分子和国民党反动集团的成员及其帮凶们给以由坏人变好人的教育,并尽可能地把他们变成好人"⑥。在

---

① 《马克思恩格斯选集》第1卷,人民出版社1995年版,第55页。
② 同上书,第56页。
③ 同上书,第57页。
④ [德] 恩斯特·卡西尔:《人论》,上海译文出版社2008年版,第229页。
⑤ 《毛泽东选集》第四卷,人民出版社1991年版,第1486—1487页。
⑥ 同上书,第1487页。

改造客观世界的同时,无产阶级和革命人民还要改造自己。在革命队伍内部,毛主席也提倡开展积极的思想斗争,开展批评与自我批评,改造世界观。他有一句名言:"世界观的转变是一个根本的转变。"但这项工作极其艰难漫长,由于他的长期不懈的坚持,形成了重视思想教育的优良传统和政治优势。

在毛泽东之后,历届领导人都高度重视这个问题,邓小平指出:"要教育全党同志发扬大公无私、服从大局、艰苦奋斗、廉洁奉公的精神,坚持共产主义思想和共产主义道德。我们要建设的社会主义国家,不但要有高度的物质文明,而且要有高度的精神文明。所谓精神文明,不但是指教育、科学、文化(这是完全必要的),而且是指共产主义思想、理想、信念、道德、纪律、革命的立场和原则,人与人的同志式关系,等等。"① 江泽民同志指出:"树立正确的世界观和人生观,无论过去、现在和将来,对于每一个干部和党员来说,都是首要的问题。"② 胡锦涛同志指出:"对于共产党员和领导干部来说,保持和弘扬艰苦奋斗的精神,说到底就是牢固树立和坚持马克思主义的世界观、人生观、价值观的问题。"③ 有了这些前期准备工作,在党的十六届六中全会上提出建设社会主义核心价值体系的目标,也就是水到渠成的事情了。习近平总书记继承了这个伟大传统,不仅重视社会主义核心价值观的培育和践行问题,而且还高度重视中华优秀文化传统的继承弘扬,为东西方文明的优秀成果的进一步融会贯通指引了方向。

有了社会主义核心价值体系的提出,我们就可以提出新的哲学问题,那就是人们所要培育和践行的是哪一种价值体系的问题,哲学发展的第四个范式也就终于成型了,我们称这种哲学范式为"知行论范式"。对于人的实践来说,必然存在一个价值体系问题,是践行社会主义核心价值体系,还是践行以物为本的价值体系,两者之间有着本质的区别。认识这种区别,并自觉地践行社会主义核心价值体系,这正是哲学变革所要达到的

---

① 《邓小平文选》第二卷,人民出版社1994年版,第367页。
② 江泽民:《加强思想政治建设,提高干部和党员队伍素质》(1995年1月23日),载《十四大以来重要文献选编》(中),人民出版社1997年版,第1191页。
③ 胡锦涛:《坚持发扬艰苦奋斗的优良作风,努力实现全面建设小康社会的宏伟目标》(2002年12月6日),载《十六大以来重要文献选编》(上),中央文献出版社2005年版,第85页。

最高目标。达到了这个认识，再回头来看马克思对哲学所作的创新，我们就会发现，马克思虽然没有明确地提出价值体系问题，仍然对它有大量的描述。他提出了"实践"，并区分了两种不同的实践，一种是"卑污的犹太人的表现形式"；另一种是"革命的实践"①。这两种实践的区别实际上也就是实践者的价值体系问题。他虽然强调"物质生活的生产方式制约着整个社会生活、政治生活和精神生活的过程"②，却并不认为人类只能以物质财富的追逐为核心价值，在《资本论》中尖锐地批判了"拜物教"，他研究资本主义的运行规律并不是为了论证资本主义制度的科学合理性，而是为了论证那个代替资产阶级旧社会的"联合体，在那里，每个人的自由发展是一切人的自由发展的条件"③，因而他在实际上坚持着社会主义核心价值体系。但由于他没有明确地提出价值体系问题，所以为人们就以"唯物主义"的名义歪曲他的理论提供了可乘之机，以至于他无奈地说："我只知道我不是一个'马克思主义者'。"

马克思主义对哲学的创新，只能是在改造旧世界的过程中逐步完成。哲学的发展过程也就是对人性的深入认识过程，改造社会的目标自然也就包含着改造人性的目标，同时也只有在人性提升的基础上，共产党人改造旧世界的成果才能巩固下来，保持下去。共产主义运动的实践过程推动了人类对自身本性的认识的进一步深入。从马克思以来，国际共产主义运动既经历了辉煌壮丽的高歌猛进，也遇到了艰难曲折的低潮。在建设中国特色社会主义的伟大实践中，中国共产党人提出建设社会主义核心价值体系的目标，它不仅是现实的政治目标，而且也是对人类本性的认识的新突破，同时还是哲学发展第四级范式的最终成型。

认识自我乃是哲学探究的最高目标，这是各种不同哲学思潮的牢固而不可动摇的中心，同时也是历史发展过程的内在动力。突破认识论范式的束缚，深入认识人的价值体系，这是人类对自身认识的一大飞跃。有了价值体系这个新概念，我们也就无须继续沉溺于虚幻的思辨之中，为寻找一个关于人的本性的定义而绞尽脑汁，而是站在现实的土地上观察现实中的人。借助于价值体系这个分析工具，我们就可以把人性的不断改变过程理

---

① 《马克思恩格斯选集》第1卷，人民出版社1995年版，第54、55页。
② 《马克思恩格斯选集》第2卷，人民出版社1995年版，第32页。
③ 《马克思恩格斯选集》第1卷，人民出版社1995年版，第294页。

解为价值体系的进化过程，准确地描述人类自身与社会的不断改变过程，进而找到其中的规律，为人类的自觉进化与社会的科学管理奠定理论基础，找到人性进化的方向。通过自觉追求这个目标，共产主义运动也就具有了内在动力，人类也就可以进而开辟历史发展的新境界。

二 必须借助于价值体系这个概念，才能看清个体与社会的有机联系

人之所以不同于动物，就在于人在意识的支配下行动。在人们的意识的深处发挥主导作用的是其价值体系，它受社会制度、文化环境以及个人成长过程、受教育程度等诸因素的控制，其进化水平的高低决定了人的认知过程与行为。在中国共产党人提出建设社会主义核心价值体系的目标之后，我们就可以把人性的不断改变过程理解为价值体系的进化过程。社会价值体系的发展水平决定了个体价值体系的发展程度，水涨船高。

于是我们就可以发现，有一个社会价值体系在我们之外和之前存在着。它产生于无数人类个体的生命过程，是这个过程的总和，并随着时代的发展而演变，在无数个体的生命过程之上获得了独立的生命，即使作为一个个体的人们不存在了，它也仍然存在着。根据协同学的理论，系统的有序状态支配着各个个体，各个个体的状态又决定着系统整体的有序状态；同样道理，社会的政治经济文化的发展水平支配着各个个体的价值体系，各个个体的价值体系的水平反过来又决定着社会政治经济文化运行过程。这个在个体价值体系与社会价值体系之间互相决定的过程，我们可以借用现代科学的术语，称之为"超循环"。当人们深入认识到价值体系"超循环"的存在，便会发现，"社会"即是"人"，"人"也就是"社会"。社会价值体系与个人价值体系之间存在着一个互相决定、互相制约和互相推动的成长过程。这是一个有机的发展过程，个人的成长与社会的进步有机地联系在一起。这个价值体系"超循环"才是社会历史过程的中心。整个历史也无非是人类价值体系"超循环"的不断演变过程而已。

处在这个"超循环"过程中，人们各自有不同的命运，有人做了大官，有人在底层挣扎；有人贪腐而被抓，有人依然逍遥法外；有人在宝马车里哭，有人在疯人院里笑。这各种不同命运的区别，只不过是站在个体的立场上来观察的结果；当我们像后退一步以欣赏一幅油画一样整体地观

察社会历史进程的时候，个人的升沉荣辱便微不足道了，所有的人都不过是在社会潮流中漂荡而已。

当我们突破了对个体的兴衰际遇的感叹，从宏观尺度上来观察历史过程的时候，我们就会发现社会价值体系的进化过程，它产生于无数人类个体的生命过程，却又超越和凌驾于各个个体的悲欢与命运之上，就像台风的形成过程与其中的每个水分子的关系一样。它经历了一系列发展阶段。在每个历史阶段的价值体系都有一个"核心价值"，都会形成一种"超循环"，它有独立的生命过程和发展规律，整个历史也无非是人类价值体系"超循环"的不断演变过程而已。在这个巨大的过程中，个体的生命是微不足道的，是被决定的，但这个巨大的过程确实又是由无数个体的生命过程组成的。以私有制社会为例，虽然人们分裂为彼此对立的阶级，却具有同样的价值体系。个体价值体系的发育的不充分决定了社会价值体系的低水平，社会价值体系低水平反过来又进一步决定着个性发展的不充分，两者互相决定，形成了一个"超循环"。人们来去匆匆地投入这个过程中，只能演好自己在这场历史剧目中的角色，是资本家还是工人，是打手还是黑窑奴，则纯粹是一种偶然的命运，而作为一个被卷进这个"超循环"的人，人们都被强加了同样的价值体系。正如马克思所说的那样："不管个人在主观上怎样超脱各种关系，他在社会意义上总是这些关系的产物。"①

由于个体与社会之间的这种有机联系，所以以往的道德家们便面临着一个非常尴尬的处境：他们所主张的道德不过是"说教"，是一个软弱无力的"应该"，无法实现自己。"在这种'应该'里，总是包含有一种软弱性，即某种事情，虽然已被承认为正当的，但自己却又不能使它实现出来。"② 其之所以如此，原因就在于人们只能在口头上坚持道德，真正起主导作用的是社会生活过程中的那个价值体系"超循环"。要想使道德变成真道德，就必须打破旧价值体系的"超循环"；而要想打破旧价值体系的"超循环"，那就不仅要改造自己，同时还要改造社会，所以就需要有价值体系的提升，不仅要坚持那些道德规则，而且要像老子所说的那样"闻道勤行"，把大道"修之于身"，而后才能"其德乃真"，然后还要把它"修之于家"、"修之于乡"，直至"修之于天下"。

---

① 马克思：《资本论》第1卷，人民出版社2004年版，第10页。
② ［德］黑格尔：《小逻辑》，商务印书馆1980年版，第208页。

把大道"修之于天下"是一个漫长的历史过程。要实际地完成这项任务,对于老子来说,太遥远了,这是我们这一代人的任务。我们可以站在马克思主义的立场上重新审视这个问题:人们所实际具有的价值体系并不仅仅是他自己可以随心所欲地改造的"世界观",这是马克思所说的那个"一切社会关系的总和",是包括了经济基础、上层建筑、生活习惯、文化环境等因素的总和。它像一面大网,笼罩着每一个人,限定着每一个人的生存状况。虽然大家都不满意这种状态,但如果不能从自身开始改变,就无法摆脱这种状态。人们要想改变这种僵持状态,就必须有人从自身做起,通过把自己的价值体系提高到一个新水平上,进而来改变这种价值体系"超循环",拖带这面大网一块上升到一个新水平上。这样才能改变物欲横流、道德沦丧的现状,"每一个人都在改造自己和改变自己,其程度正如他改变和改造那整个一套的相互关系,而在这一套相互关系中他本人就是一切线索汇集的枢纽。"①

我们可以断言,如果没有新的价值体系的"超循环"来取代旧价值体系的"超循环",社会就只能在旧的历史轮回中打转,这也就是人们通常所说的历史周期律的根源。一旦人们这样来提出问题,解决问题的办法也就找到了,那就是自觉推进价值体系的进化。人们要关心自己的命运,就必须投身到建设社会主义核心价值体系的过程中去。只有内在价值体系的提升,才能使人们从旧价值体系的"超循环"的控制下解放出来。反过来说,如果人们达不到社会主义核心价值体系的高度,就不可能合理行动,也就不可能掌控自己的命运。有些贪官企图捞一把就跑,到国外过自己的幸福生活,这就极其荒诞。当一个社会被腐败的大潮席卷而去的时候,有谁能独得幸免?当整个地球生态环境都被大崩溃的危机所席卷的时候,又有谁能找到"诺亚方舟"?

三 必须深入认识和自觉推进价值体系的进化,人类才能走出困境

陷在思维与存在关系的哲学范式中,人们陷在一系列的两极对立之中,比如唯物主义与唯心主义、个体与社会、理想与现实,如此等等。在

---

① [意]安东尼奥·葛兰西:《狱中札记》,人民出版社1983年版,第36页。

这种范式中，人们既不能正确地提出问题，也无法正确地解决现实问题。这种思维范式容纳不下价值体系，它在思维与存在的两极对立中无法归类，既是思维，又是存在，它凌驾于两者之上。陷在第三级范式中的人们处理不好这个问题，干脆就像鸵鸟一样把头埋在沙堆里，闭眼不看它。这种思维范式遮蔽了真正重要的问题——价值体系问题，把实际上支配着人们行动的低水平的价值体系隐藏在无意识的黑暗之中。在低水平价值体系"超循环"的控制下，人们既不能认识到自己的真正利益，也不能客观准确地认识外部环境以合理行动，所以就会搬起石头砸自己的脚。不仅帝国主义和一切反动派会这么做，那些不是反动派的人，由于价值体系的发育不全，也会经常地这样做。

在本能的驱使下，动物们都可以合理行动。与之形成鲜明对比的是，拥有智慧头脑、又拥有强大科技能力的人类反而不能合理行动。我们可以以贪官们为例，据网上文章介绍，贪官藏钱的手段可以说非常之多，令普通百姓难以想象。贵州省长顺县发展计划局原局长胡某将巨额存单藏于特制的皮带内，没想到被小偷从窗口钓去裤子连带皮带，小偷扔掉的裤子被小学生发现后报警，结果是东窗事发；还有江苏省建设厅原厅长徐某则将受贿的400万元中的部分现金用塑料纸包裹藏在树洞、灰堆、稻田、粪坑里和屋顶瓦下；而江西赣州市公路局原局长李某则特别定制了一个煤气罐，贮藏了数百万元赃款，其创新精神令人叹为观止。

网上有文章说："别以为这些贪官拥有这么多财富就很牛，很有幸福感，其实他们一个个生活得相当悲惨。本来，这些贪官凭职务就可以'吃喝嫖赌全报销'了，他们要钱并无多少实际意义，因此不但不能享受这些财富带来的生活质量的同步提高，相反却要时时面对反腐机构的调查，每听警笛声、每听某某官员'落马'消息，都会不由自主地联想到自己的未来，甚至担心藏钱的地方被小偷光顾。有些贪官自知总有一天会被查，却退赃无门，因此一分钱赃款都不敢花，等着全额被追缴以便从轻发落。在这样的心态下生活，无疑是'生不如死'。"[①]

人有可能进化到至善至美的程度，也有可能堕落下去以至于自我毁灭。究竟要选择哪个方向，很多人并没有主动地进行选择。很多人浑浑噩

[①] 周蓬安：《家藏亿元现金，其实已"生不如死"》[DB/OL]. [2014-05-18] 价值中国网（http://www.chinavalue.net/General/Blog/2014-5-18/1040661.aspx）。

噩地生存，一生下来就接受外部世界既有的秩序，很少有人考虑为什么是这样，也不考虑这么做是对还是错。那些狂热地放纵自己的低层次欲望的人，看起来是追求着自己的目标，实际上却不过是低水平价值体系"超循环"的"刍狗"，在把这种"超循环"延续下去的同时，也把自己推向自我毁灭。唯有在价值体系进行创新，用新的价值体系的"超循环"来取代旧价值体系的"超循环"，才能使人们从这种悲剧中走出来。所以我们就需要格物致知，反思自己的价值体系。而且还必须是在共产党的领导下，在社会主义制度下，人类才能自觉培育和践行社会主义核心价值体系，使之形成稳定的"超循环"。

价值体系的提出是哲学上的一次伟大创新。在此基础上，人类便可从中开拓出一门新的政治学理论，进而带来人性进化的飞跃和社会运行轨道的提升。做好这件事情，是我们中华民族的强项。我们有一个伟大的优秀的传统，那就是相信人性本善，它是潜藏于人的本性中的深层次的需要，只要把它发掘出来，就可以放下屠刀，立地成佛，焕然一新，成为一个新人。中国人一直思考着人的"常道""天命"，也就是对自己的价值体系进行反思。经过一系列的艰苦攀登过程，最终认识到那个最重要的核心价值，并通过对它的践行而把它"修之于身"，我们才能说是实现了自己的"常道"与"天命"。这是中华民族最深沉的精神追求。从老子、孔子的"常道""天命"，演变到朱熹的"天理"、王阳明的"良知"，一路发展下来，我们提出的建设社会主义核心价值体系的目标与之一脉相承，同时也是对它丰富完善和真正实现，我们不仅要把"常道""天命""天理""良知"修之于身，而且要彻底改造旧世界，使之形成稳定的"超循环"。只有做好了这件事情，人性中的巨大潜能才能释放出来，在此基础上，我们才能建设一个理想的政治制度。只有认识了这个"超循环"，并建立起社会主义核心价值体系的"超循环"，社会主义制度才能稳定下来，我们才能在社会政治领域进入自由王国，为万世开太平。我们现在已经有了共产党的领导，建立了社会主义制度，有了这些优越条件，应该是做好这件事情的时候了。

一旦人们闻道了，自然就会认同共产党的领导和社会主义制度，因为这是其实现生命最大价值的必要条件。但如果人们没有闻道，就不知道社会主义制度的珍贵，他们放纵自己的低层次欲望，所以就认同西方那一套政治制度和意识形态，把"自由、民主、人权"作为"普世价值"来宣扬，狂热地反对共产党的领导，给它贴上"专制"的标签。在他们看来，当前的主要矛盾就是"民主"与"专制"的矛盾。他们不知人的"常道""天命"，更没有能力实现自己的"常道""天命"，所以就不可能对人生与社会问题发表正确意见，也不能合理行动，不是挤进体制内以权谋私，就是站在体制外呼吁"政改"，即使有了最优越的社会主义制度，也必欲把它折腾垮了才肯罢休。由于他们的核心价值不过是物质财富的私人占有，这个核心价值在价值体系的进化水平上处于较低的位置，不过是动物的本能，拿不出手，所以就把它藏起来，用"自由、民主、人权"等抽象词句做包装。由于坚守这种"普世价值"的人们所坚持的价值体系水平太低，代表了人性中的堕落倾向，因而它就是各种社会丑恶现象的根源，包括生态环境的不断恶化、收入分配差距的不断拉大、腐败现象的易发多发，根源都在这里。人们之所以堕落腐败，不管是"老虎"还是"苍蝇"，其根源都在于价值体系的狭隘片面。不管是中国的腐败分子，还是其他国家的腐败分子，都产生于这个根源。那些呼叫"普世价值"的人们也反腐败，但他们所坚持的价值体系就是腐败之源，所以就陷在自相矛盾之中而不自知，其所声称的"自由、民主、人权"也流于空谈、笑柄。

闻道勤行是每个人都应自觉承担的责任。价值体系的进化是整个历史发展的内在动力，因而是不可抗拒的历史发展大趋势。所有的人都处于价值体系演变的历史潮流之中，没有谁能置身其外，大家都要面临一个选择：是自觉推进它的进化，还是阻碍它的进化？能够意识到这个进化过程的人们，自然也就能够超越个体的悲欢际遇，自觉投入到这个历史潮流之中，正确认识现实，合理行动，实现生命的最大价值。这样的人肯定会遇到很多艰难，但终将因为顺应了时代潮流而取得胜利；那些抗拒这个进化过程的人，则必然要归于失败。就像当年的蒋介石一样，虽然兵多将广，却致力于消灭共产党。由于共产党承载着推进价值体系进化的历史使命，蒋介石也就是在与历史大趋势相抗衡，其最终失败的命运就预先注定了。不管他如何挣扎，都是徒劳的。现代的国内外的敌对势力，为了阻滞中国的发展步伐，从外部的围堵到内部的煽动破坏，无所不用其极，但由于其方向的错误，其最终失败的命运也是无法改变的。

总之，所谓人性，并非是从无数人类个体身上抽象出来的某种抽象物，人性就是社会整体价值体系的进化过程，一个向着"人的自由全面发展"这一终极目标进化的历史过程。要实现这个目标，人们就要超越两极对立的思维范式，认识到价值体系的存在，进而认识到社会主义核心价值体系的存在，自觉地培育和践行它，把它变成自己的东西，并在共产党人的领导下，使之形成稳定的"超循环"，主导整个社会生活过程。只有借助于价值体系这个概念，人们才能深入反思自身的价值体系，抛弃低水平的价值体系，在社会主义核心价值体系的主导下，正确认识现实，合理行动；只有在共产党人的领导下，人类才能深入认识和自觉推进价值体系的进化，使社会主义核心价值体系形成稳定的"超循环"。只有做好了这件事情，人类才能真正地进化为人。

不管我们生活在什么时代，也不管个人的得失际遇状况如何，我们能够作为人而生活在世界上，都是一个绝无仅有的奇迹，所以就应当高度重视，高度珍惜，所以就必须在平凡的生活中始终坚守大道，充分地运用自身的智慧、才能和勇气，自觉地推进价值体系的进化，为人类进步事业和大自然的进化过程发挥一分积极作用，也就可以说是不虚此生了。

（作者单位：黄河科技学院）